Das Buch

Seit die „Königin der Therapieformen", die klassische Psychoanalyse von Sigmund Freud, auf ihrem Thron Platz genommen hat, wurde sie ebenso gepriesen wie verdammt – von den unterschiedlichsten Standpunkten aus, je nach Kulturkreis und nationaler Tradition. Diesen Aspekt des kulturgebundenen Kontextes der Freud-Adaption beziehungsweise Freud-Kritik hat Edith Kurzweil zum Ausgangspunkt ihrer umfassenden Studie gemacht. Es ist ein bisher unbeachteter Aspekt, den die Autorin in die originelle These faßt: „Jedes Land bringt die Psychoanalyse hervor, die es braucht." Sie zeigt, wann und in welcher Form die Freudsche Psychoanalyse in den jeweiligen Ländern Fuß gefaßt hat, welche Richtungen sie einschlug und wie einzelne Persönlichkeiten wie Ernest Jones, Alexander Mitscherlich und Jacques Lacan die Freud-Rezeption geprägt haben. Es wird verständlich, daß die Psychoanalyse mitnichten aus einem Guß ist und weshalb ausgerechnet diese Therapieform in so herausragendem Maße die Moderne beherrscht.

Die Autorin

Edith Kurzweil, Professorin für Soziologie an der Rutgers University, Newark, und Herausgeberin der Zeitschrift 'Partisan Review', ist eine in den USA weithin bekannte Psychoanalyse-Forscherin. Publikationen unter anderem zu Claude Lévi-Strauss und Jacques Lacan sowie in der deutschen Fachzeitschrift 'Psyche'.

Edith Kurzweil:
Freud und die Freudianer

100 Jahre Psychoanalyse

Eine Bestandsaufnahme in Österreich
und Deutschland,
Frankreich, England und in den USA

Aus dem Amerikanischen von
Max Looser

Deutscher Taschenbuch Verlag

Ungekürzte Ausgabe
September 1995
Deutscher Taschenbuch Verlag GmbH & Co. KG,
München
© der deutschsprachigen Ausgabe:
1993 J.G. Cotta'sche Buchhandlung Nachfolger GmbH,
gegr. 1659, Stuttgart
ISBN 3-608-95903-3
Umschlaggestaltung: Boris Sokolow
Satz: Mitterweger Fotosatz, Plankstadt
Druck und Bindung: C.H. Beck'sche Buchdruckerei,
Nördlingen
Printed in Germany · ISBN 3-423-35097-0

Inhalt

Vorwort

IX

Einleitung

1

ERSTER TEIL:
DIE PSYCHOANALYSE VOR 1945

1. Kapitel
Die Rezeption von Freuds Theorien

15

2. Kapitel
Von der informellen Gruppe zu
formellen Strukturen

58

3. Kapitel
Von der Therapie zur Theorie

100

4. Kapitel
Versprechungen für die Kultur

136

ZWEITER TEIL:
ANWENDUNGEN DER PSYCHOANALYSE

5. Kapitel
Psychosomatische Medizin

173

6. Kapitel
Pädagogik

209

7. Kapitel
Die Psychologie der Frau

249

8. Kapitel
Literatur und Literaturwissenschaft

285

DRITTER TEIL:
DIE PSYCHOANALYSE SEIT 1945

9. Kapitel
Das organisatorische Netz

335

10. Kapitel
Das kulturelle Unbewußte in
nationalem Gewand

381

11. Kapitel
Theoretische Neuerungen

429

12. Kapitel
Psychoanalyse und Politik

474

Schlußfolgerung

513

Bibliographie

531

Personenregister

588

Vorwort

Über die Psychoanalyse ist von allen erdenklichen Gesichtspunkten aus geschrieben worden. Sie wurde gepriesen und verdammt, verzerrt und revidiert. Obwohl endlose klinische Untersuchungen, neue Theorien, Darstellungen, Geschichten sowie Biographien zahlreicher Beteiligter veröffentlicht wurden, gibt es bisher keinen ernsthaften Versuch, die Entwicklung der Psychoanalyse in verschiedenen Kulturen miteinander zu vergleichen. Auch wenn sowohl die alten als auch die neu zugänglichen Primärquellen gründlich durchgemustert wurden, scheint noch niemand die zugrundeliegenden Voraussetzungen dahingehend untersucht zu haben, wie sie durch Faktoren beeinflußt wurden, die aus den spezifischen nationalen Kontexten heraus entstanden sind. Es wird wohl oder übel unterstellt, die von den klassischen Freudianern gekennzeichnete Psychoanalyse sei aus einem Guß. Besonders auffällig ist dies, wenn man die Sekundärquellen liest, auf die ich mich ziemlich ausführlich stützte, um mich auf die jeweiligen lokalen Unterschiede zu konzentrieren: Diese liefern die Hinweise auf die unterschiedlichen Deutungen, Prioritäten und Betonungen, mit denen sowohl die Historiker als auch die Psychoanalytiker selbst die ursprünglichen Texte versehen.

Während der Arbeit an einem früheren Buch, *The Age of Structuralism: Lévi-Strauss to Foucault* (1980), stellte ich insbesondere bei einem Kapitel über den französischen Psychoanalytiker Jacques Lacan fest, daß gewisse Freudianer in Paris (und zwar nicht nur Lacanianer) zahlreiche Annahmen über Freud und die Psychoanalyse vertraten, die ihre Kollegen, beispielsweise von der New York Psychoanalytic Society, niemals akzeptieren würden. Wie kommt es dazu, fragte ich mich, daß gutgläubige Angehörige der Société Psychanalytique de Paris und der International Psychoanalytic Association sich der Wahrheit „ihres" Freud ebenso gewiß sind wie die New Yorker der ihrigen? Nach der Veröffentlichung meines Buches baten mich amerikanische Freudianer zuweilen – häufig bei gesellschaftlichen Anlässen – darum, die Lacansche Psychoanalyse in wenigen Sätzen zu erklären. Da die Fragesteller zu den angesehensten Mitgliedern ihres Berufsstandes gehörten (während ich reine Soziologin bin), stellte ich weitere Überlegungen dazu an, wie und warum bestimmte Freudsche Theorien in einem bestimmten Land gedeihen und in einem anderen abgelehnt werden, und inwiefern besondere institutionelle Bedingungen deren Verbreitung fördern oder behindern.

Meine eigene Sichtweise ist nicht die eines Freudianers, und ich wende auch nicht die Techniken der Psychohistorie an. Ich bin Soziologin und vergleiche die Wege, welche verschiedene praktizierende Analytiker innerhalb des umfassenderen Bereichs der psychoanalytischen Theorie und Praxis eingeschlagen haben. Historiker und Psychoanalytiker haben gewöhnlich ihre eigenen Interpretationen der Vergangenheit. Als Soziologin biete ich indessen keine neue psychoanalytische oder historische Sicht dar; vielmehr stelle ich die verläßlichsten und auch einige der provozierendsten geschichtlichen Darstellungen nebeneinander, um eine Landkarte vorzulegen und zu untersuchen, in welcher Weise die Psychoanalyse die einzelnen Aspekte der modernen Kultur durchdringt – zur selben Zeit, da bestimmte Persönlichkeiten in der psychosomatischen Medizin, in der Literatur- und Kunstwissenschaft, in der Politikwissenschaft und in der Politik die Richtungen beeinflußt haben, welche die Psychoanalyse in Deutschland, England, Frankreich, Österreich und in den Vereinigten Staaten eingeschlagen hat. (Beim Umfang dieses Projektes mußte ich die übrigen Teile der Welt beiseite lassen.)

Was zu der Zeit, da ich aufwuchs, als ein schrecklicher Nachteil erschien, erwies sich beim Schreiben des vorliegenden Buches als hilfreich. Da ich in Wien geboren wurde, eine Zeitlang in Belgien zur Schule ging, bevor ich in den USA die Highschool abschloß, und später dann in Mailand lebte, bin ich viersprachig und neige automatisch dazu, Übersetzungen zu überprüfen und kulturelle Gewohnheiten und Erscheinungen miteinander zu vergleichen. In meinem Soziologiestudium lernte ich, wenn auch mit einigem Zögern, diese persönliche Angewohnheit in einen beruflichen Vorteil umzuwandeln. Im Laufe der Jahre stellte ich überdies fest, daß Menschen, die keine Analyse gemacht haben, in der Regel auch kein Gefühl für den Gegenstand haben, so daß meine früheren persönlichen Schwierigkeiten sich ebenfalls als Vorzug herausstellten, zumindest beim Umgang mit den komplexen und zuweilen etwas heiklen Problemen, die die Psychoanalyse aufwirft.

Angesichts der üppigen Vermehrung von Veröffentlichungen in allen Bereichen, in die die Psychoanalyse eingedrungen ist, und der Notwendigkeit, mir eine Übersicht über alle zu verschaffen, bevor ich mich an den Versuch eines Vergleiches wagen konnte, holte ich Ratschläge bei einigen wenigen bekannten Psychoanalytikern ein, hauptsächlich in New York, Cambridge, Frankfurt, Paris und Wien. Ich besuchte viele Konferenzen in New York und internationale Treffen in den erwähnten Städten sowie in Hamburg, Jerusalem, Montreal und Boston, wo ich Freudianer anhörte, beobachtete und mit ihnen sprach. Vor allem aber stützte ich mich auf die psychoanalytische Literatur – eine so reiche und immense Literatur, daß ich lediglich repräsentative Arbeiten von zentralen Vertretern auswählen konnte. Auf die Erwähnung vieler wichtiger Personen und Beiträge mußte ich ebenso verzichten wie auf die vielen faszinierenden klinischen Fälle und Vignetten.

Die Psychoanalytiker, mit denen ich Kontakt aufnahm, räumten mir in großzügiger Weise Zeit ein und berichteten mir häufig über bedeutsame theoretische und persönliche Differenzen innerhalb ihrer jeweiligen Institute. Da ich eine umfassendere Perspektive anstrebte, konzentrierte ich mich auf die sich abzeichnenden institutionellen Grundmuster, und nicht auf Bewertungen oder ausführliche Darstellungen einzelner „Erfolge" oder „Fehlschläge", und zur Darstellung der Arbeit von „Dissidenten" entschloß ich mich nur insoweit, als sie die klassische Psychoanalyse berührte. Da inzwischen auch viele ausgezeichnete historische Darstellungen einzelner Organisationen vorliegen (siehe die entsprechenden bibliographischen Hinweise) und weitere in Arbeit sind, hielt ich es für vertretbar, auf eingehendere Berichte über die institutionelle Psychoanalyse zu verzichten, um mich auf den Vergleich ihrer Entwicklung innerhalb spezifischer Kontexte und Kulturen zu konzentrieren.

Ohne ein Stipendium der Rockefeller Humanities und eine Beurlaubung von der Rutgers University 1982–1983 hätte ich mit diesem Projekt gar nicht anfangen können, und ohne einen zusätzlichen Urlaub und ein Stipendium des National Endowment for the Humanities hätte seine Fertigstellung vermutlich noch länger gedauert. Dankbar bin ich ferner auch für ein Arbeitsstipendium am Maison des Sciences de l'Homme (Paris), am Center for European Studies (Harvard), am Sigmund-Freud-Institut (Frankfurt) und bei der Sigmund-Freud-Gesellschaft (Wien). In diesen sechs Jahren traf ich in Europa und in Amerika bei Einladungen zu Gesprächen über den Fortgang meines Buches Hunderte von Psychoanalytikern, Psychologen, Historikern und Soziologen, deren Fragen und Kommentare oft überaus hilfreich waren. Unter ihnen möchte ich mich besonders bei den Parisern Maria Torok, Alain de Mijolla, Janine Chasseguet-Smirgel, René Major, Piera Castoriadis-Aulagnier, Serge Lebovici, J.-B. Pontalis, Conrad Stein, Joyce McDougall, Françoise Pinaud und Rachel Rosenblum (die eine enge Freundin wurde) bedanken. In Deutschland schulde ich Dank vor allem Margarete Mitscherlich, Alfred Lorenzer, dem verstorbenen Klaus Horn, Dieter Ohlmeier, Mechthild Zeul, F.-W. Eickhoff und Karola Brede. Als Karola Bredes inzwischen verstorbener Ehemann, Helmut Brede, mich 1984 einlud, an der Frankfurter Johann Wolfgang Goethe-Universität zu unterrichten, bot er mir damit eine weitere Forschungsmöglichkeit an: ich lernte die Analytiker um Hermann Argelander und Peter Kutter kennen; Emma Moersch ließ mich an Seminaren mit Ausbildungskandidaten teilnehmen. Und in Frankfurt waren die Bibliothekare Inge Pabel und Helmut Bareuther ebenso hilfreich wie David Ross von der Brill Library in New York. Da ich keine Gelegenheit zu einem Englandaufenthalt hatte, wurde ich anläßlich von Gesprächen auf Kongressen – besonders mit Pearl King, Dissona Poines, Edna O'Shaughnessy und den Orfords – auf die wichtigste Literatur der Kleinianer und Neo-Kleinianer hingewiesen. In Wien öffnete mir Harald Leupold-Löwenthal die Türe, die zu meinem sechswöchigen Arbeitsaufenthalt in Freuds erstem Praxisraum führte – ein ebenso ehrfurchtgebietendes wie unvergeßliches Erlebnis. Dort führte ich lange Gespräche mit Hans Strotzka, Elisabeth Jäger-Jandl, Elisabeth Brainin, Kitty Schmidt, Peter Schuster, Wolfgang Berner, Eva Laible, Ernst Federn und Hans Lobner. Sanford Gifford, Reuben Fine, Leo Rangell, Mortimer Ostow, Judith Kestenberg, Arnold Cooper und Gail Reed schickten mir Kopien von ihren Arbeiten, als sie von meinem Vorhaben erfuhren; ebenso André Haynal, Anna Maria Accerboni, Alain de Mijolla und Janine Chasseguet-Smirgel. (Aus Platzgründen habe ich von den einzelnen Autoren jeweils nur wenige Beiträge angeführt.) Bei den Frühstücken mit Alain Roland und den Mittagessen mit Marion Oliner, deren Bücher (über die Psychoanalyse im Fernen Osten und in Frankreich) zur gleichen Zeit wie das meinige in Arbeit waren, erhielt ich viele ermutigende Anregungen. Peter Loewenberg diskutierte nicht nur jedesmal, wenn ich an der West Coast war, mit mir über das Manuskript, sondern las es auch sorgfältig durch und lieferte mir bis zur Drucklegung des Buches Informationen über den Rechtsstreit von amerikanischen Psychologen gegen die „medizinisierten" Freudianer. Von den Verlagsmitarbeitern der Yale University Press möchte ich sowohl meinem überaus kompetenten Lektor Cecil Waters als auch Gladys Topkis für ihre Ermutigungen und Ratschläge danken. Ein besonderer Dank richtet sich an William Phillips, der mehrere Entwurfsfassungen las und mich ständig ermahnte, psychoanalytische Sprache in Alltagsenglisch zu übersetzen. Ihnen allen danke ich und hoffe, daß sie das Buch jenes Interesses für würdig halten, das sie mir bei seiner Abfassung erwiesen haben.

Einleitung

Jedes Land bringt, wenn auch unbewußt, die Psychoanalyse hervor, die es braucht. Nationale Überlieferungen, Interessen, Glaubensansichten und Institutionen beeinflussen nämlich sowohl die Öffentlichkeit als auch die Avantgarde dadurch, daß sie eine Art von kollektivem Unbewußtem prägen. Ich will damit nicht etwa sagen, Psychoanalytiker spiegelten den sogenannten „Nationalcharakter" [„national character"] (Inkeles und Levinson, 1954) oder den „Sozialcharakter" (Fromm, 1942) wider, sondern nur, daß auch die besten Psychoanalytiker, jene nämlich, denen es gelingt, ihre Patienten zu heilen, notwendigerweise *auf dem Boden der einheimischen philosophischen Grundannahmen, der intellektuellen Auseinandersetzungen und der Moden ihrer jeweiligen Kultur wirken.* Und diese Voraussetzungen beeinflussen am Ende nicht nur die Berufstätigkeit der Analytiker, sondern auch ihre umfassenderen intellektuellen Belange wie menschliche Freiheit, Demokratie oder Krieg und Frieden.

Das vorliegende Buch befaßt sich mit den Wurzeln dieser lokalen und nationalen Grundannahmen und mit deren Einfluß auf die Psychoanalyse. Außerdem konzentriere ich mich auf jene Variablen, die tendenziell einzelne *Strömungen* und Sichtweisen *innerhalb der Psychoanalyse* beeinflussen. *So zeichne ich nicht nur nach, wie die Ideen Freuds sich entwickelten, Fuß faßten und zu Konflikt oder Einklang führten, sondern auch, wie sie sich im Spiegel von mehreren unterschiedlichen Kulturen brechen.* Welche Personen Freud anhörten, wie seine Begriffe aufgenommen und wie psychoanalytische Therapien institutionalisiert wurden – das war nämlich in Deutschland, England, Frankreich, Österreich und den Vereinigten Staaten nicht nur völlig verschieden, sondern es legte auch fest, in welcher Weise die Psychoanalyse in der gesamten westlichen Welt ihren Fortgang nahm. Ferner berücksichtige ich auch, *wie die Psychoanalyse diese Kulturen jeweils veränderte* und wie solche Veränderungen ausgelöst wurden durch die *Emigration von* (hauptsächlich jüdischen oder „marginalen") *Freudianern,* deren Gedanken sich zuweilen in der Reaktion auf ihre neue Umwelt weiterentwickelten. Und schließlich will ich zeigen, daß das Zusammentreffen besonderer Persönlichkeiten und Überlieferungen in besonderen historischen Augenblicken und an verschiedenen Orten *zu einer Divergenz im freudianischen Denken führte,* die es uns nicht länger gestattet, von einer einheitlichen psychoanalytischen Lehrmeinung oder Doktrin zu sprechen.

Die Psychoanalyse ist inzwischen überall verbreitet, so daß wir gerne vergessen, welchen Sturm sie einst entfachte, oder daß sowohl ihre Wertschätzung als auch die Kritik an ihr ständig eine oder mehrere ihrer vielen Grundannahmen zu bestätigen oder zu verändern pflegte. Unterschiedliche psychoanalytische Traditionen wurden sowohl von Freuds loyalen Nachfolgern geschaffen als auch von denen, die mit ihm brachen sowie von anderen, die wiederum mit den Nachfolgern brachen. Im Namen Freuds wurden psychologische und soziale Themen stets wieder unter die Lupe genommen, und manche Ideen der Nachfolger wurden aufgegriffen oder wieder fallengelassen, um neue Ansprüche zu steigern oder zu entkräften. Zum Beispiel riefen deutsche Psychoanalytiker nach dem Zweiten Weltkrieg eine Schar von „analytischen Sozialpsychologen" ins Leben (um den Antisemitismus auszurotten und die Bevölkerung umzuerziehen), während die Amerikaner für die „(natur-)wissenschaftliche Psychoanalyse" eintraten (indem sie empirische Daten und Fallgeschichten sammelten). Für die Franzosen war es ebenso selbstverständlich, sich über die metaphorischen Eigenschaften der Psychoanalyse zu streiten (ob sie es dabei nun vorzogen oder nicht, Jacques Lacan in ihr „französisches" Unbewußtes zu folgen), wie es für die

Österreicher selbstverständlich war, „an der Oberfläche" zu bleiben (indem sie Freud irrtümlicherweise in ein Denkmal ihres untergegangenen Imperiums verwandelten). Und ebenso, wie es für die Erben von Sándor Ferenczi notwendig war, sich in die „innere Emigration" zurückzuziehen – d. h. im Untergrund zu praktizieren oder gar nicht –, wenn sie nach 1948 in Budapest bleiben wollten, war es für die Jugoslawen notwendig, ihre „dynamische Psychiatrie" als eine mehr oder weniger freudianische auszugeben.

Die voneinander abweichenden nationalen psychoanalytischen Gesellschaften – die alle ihre direkte und privilegierte Herkunft von Freud behaupteten –, mußten notwendigerweise ihre eigenen Theorieinteressen entwickeln, selbst dann noch in Begleitung von hitzigen Kontroversen, wenn sie in der International Psychoanalytical Association verankert blieben. Die Art und Weise, in der die jeweiligen Vertreter ihre eigenen klinischen Auffassungen und theoretischen Positionen auf den alle zwei Jahre stattfindenden Konferenzen vortrugen und wie sie es schafften, Kompromisse zu schließen, ohne sich selbst über Gebühr zu kompromittieren, wird ein ständiges Thema des vorliegenden Buches sein.

Es wäre zweifellos ebenso schwierig, das freudianische Unbewußte eindeutig zu bestimmen – das Ziel der Psychoanalyse –, wie ein vollständiges Wissen von der Übertragung zu erlangen: von der Beziehung, innerhalb derer der Patient den Analytiker in die wahrgenommene Rolle eines Elternteils oder eines Geschwisters versetzt. Freilich wußten die Psychoanalytiker schon immer, daß sich diese Phänomene niemals vollständig erforschen ließen; allerdings erwarteten sie, im Laufe der Behandlung ihrer Patienten und aus der Erörterung ihrer Beobachtungen auf Fachkonferenzen mehr darüber zu erfahren. Das, was sie aus der Erkundung der psychischen Mechanismen ihrer Patienten lernten, wurde zum Kern der Psychoanalyse, und nicht etwa die pikanteren Thesen, die Eingang in die Öffentlichkeit und in die Medien fanden – etwa ob *Wo Es war, soll Ich werden* falsch übersetzt oder betont wurde, oder ob Jeffrey M. Masson ein Genie oder ein Scharlatan sei und ob Freud ein Verhältnis mit seiner Schwägerin hatte. Dennoch sind Ort und Zeitpunkt, an dem besondere Streitpunkte an die Oberfläche gelangen, Hinweise auf aktuelle intellektuelle Interessenpunkte in den verschiedenen Kulturen. Sie sagen mehr aus über die Gesellschaften, die solche Debatten pflegen, als über die Psychoanalyse selbst, obwohl man letztlich erwartet, daß die Psychoanalytiker sich auf die Interessen ihres jeweiligen Publikums beziehen – was sie ja auch tun.

So wie die Dinge liegen, bringt jedes Land (und jede Stadt) seine (ihre) eigene Kakophonie des psychoanalytischen Diskurses hervor, seine besondere Lesart der Geschichte, besondere Betonungen, Deutungen und Kontroversen. Diese waren wiederum von Entwicklungen im Anschluß an das Denken eines oder mehrerer bevorzugter „Söhne" (oder „Töchter") abhängig, deren Ideen im Einklang mit zeitgenössischen Fragestellungen an Bedeutung zu- oder abnehmen. Ob es nun aber die sprachorientierte französische Version ist, die deutsche Problematik der „Kritischen Theorie" oder der angelsächsische „Szientismus": die Psychoanalytiker pflegen alte Orthodoxien in Frage zu stellen, um schließlich selbst wieder bei neuen anzulangen. Und je etablierter sie werden, desto kämpferischer verteidigen sie ihren Boden. Dies gilt auch für Jacques Lacan, nachdem er eine Schulrichtung oder eine Reihe von Schulen geschaffen hatte, um die von ihm als abstumpfend und abtötend bezeichneten Aspekte der Professionalisierung zu überwinden. Mithin wurden mit zunehmender Ausbreitung von Freuds Ideen in der westlichen Welt die Sezessionen und Spaltungen der Psychoanalytiker zum eigentlichen Inhalt der Psychoanalysegeschichte. Die Analytiker selbst konnten sich nie darüber einig werden, ob ihre Uneinigkeiten auf berechtigte theoretische Unterschiede zurückgingen oder auf subjektive, in unbewußten Motiven verwurzelte Faktoren, und Außenstehende entschieden sich kaum je zu ihren Gunsten.

Meine vergleichende Betrachtungsweise konzentriert sich darauf, wie die Psychoanalyse entstand und Fuß faßte, sowie auf die sogenannten Determinanten für jene Erfahrungen und Wissensformen, die zur Gruppenbildung führen.[1] Die freudianische „Gruppe" war freilich sowohl national als auch international, so daß die Bindungen oft wechselten. Diese Wechsel vollzogen sich gleich von Anfang an, als Analytiker damit begannen, die Neurosen ihrer Gegner mit Bezug zu bestimmten kulturellen Grundannahmen zu „diagnostizieren". In gewissem Maße war dieses Vorgehen gerechtfertigt, da die Analytiker ja erkunden mußten, in welcher Weise das Unbewußte ihrer Patienten von der Gesellschaft geprägt oder gehemmt wurde – durch regressive Regierungsformen oder vorherrschende religiöse Glaubensformen. Dies erklärt auch die unablässigen Versuche, freudianische und marxistische Ansichten in der Erwartung zu integrieren, die beiderseitigen Versprechen auf Befreiung zu realisieren. Sogar globale Geschichtsauffassungen, die bestimmt waren von Konzeptionen entweder des Bruchs oder der Kontinuität oder von der Vision einer idealen Gesellschaft, ließen sich anhand der Persönlichkeit ihrer Vertreter erklären, wobei diese Geschichtsauffassungen wiederum zeitliche, örtliche oder organisatorische Aspekte widerspiegelten, die von ihren Vertretern häufig übersehen oder unterschätzt wurden. Ich stehe im Prinzip diesen umfassenderen psychoanalytischen Zielsetzungen zwar positiv gegenüber, zweifle jedoch – ebensosehr wie Freud gegen Ende seines Lebens – daran, ob sie mehr als nur partielle Einsichten einbringen. Ungeachtet dessen, wie viele klinische Durchbrüche die Psychoanalytiker noch erzielen werden, braucht es nämlich neben dem Wissen über die unbewußten Prozesse des Individuums noch sehr viel, um die menschliche Aggression zu kanalisieren und, in einem erweiterten Sinne, eine gute Gesellschaft zu schaffen.

---

[1] Ich schließe mich hier den theoretischen Auffassungen von Karl Mannheim (1929) an. [Vgl. dazu Volker Meja und Nico Stehr, Hrsg., *Der Streit um die Wissenssoziologie*. Frankfurt a. M.: Suhrkamp, 1982 (2 Bde.). Anmerkungen und Zusätze im Text und in der Anmerkung, die in eckigen Klammern [...] stehen, sind Anmerkungen des Übersetzers *A. d. Ü.*]

Von Anfang an war die Frage, ob es um den Preis der theoretischen Reinheit Zuwachs geben soll oder nicht, ein zentraler Streitpunkt, der die Eigenart der Psychoanalyse zuweilen verzerrte.[2] Die Psychoanalytiker, die sich notwendigerweise auf spezifische Aspekte der Psychoanalyse zu konzentrieren hatten, konnten legitimerweise Freud zitieren, um jede beliebige, von ihnen selbst gewählte Facette oder Richtung zu rechtfertigen. Da nun aber die Amerikaner beispielsweise dazu neigen, aus ihrer eigenen unmittelbaren Umwelt heraus zu verallgemeinern, waren sie entsetzt, als französische Psychoanalytiker (und zwar nicht nur Lacanianer) ihre wissenschaftliche Haltung anzuzweifeln begannen oder als einige der deutschen Kollegen ihre bourgeoise Voreingenommenheit kritisierten. Prinzipiell distanzierten sich viele Franzosen von der Betonung der Wissenschaftsaspekte der Psychoanalyse und vom damit einhergehenden Jargon; die Engländer wurden von der Spaltung zwischen Kleinianern und Freudianern absorbiert; und viele Deutsche zogen sich auf Freuds soziologische Bemerkungen zurück, um die älteren Freudo-Marxismen aufzupolieren. Natürlich heben alle diese Bemühungen einzelne Teilideen von Freud hervor, revidieren sie oder verknüpfen sie mit anderen und stützen sich mehr oder weniger auf eine österreichische Nostalgie.

Der *erste,* vier Kapitel umfassende *Teil* des vorliegenden Buches konzentriert sich auf die *Rezeption der Psychoanalyse, auf ihre Frühgeschichte, ihre Grundideen und deren Anwendungen vor 1945.* Angesichts der vielen widerstreitenden Interpretationen der Jahrhundertwende in Wien und im Berlin der Weimarer Zeit sowie der Biographien über Freud und die frühen Freudianer, benutze ich diese Texte zur Nachprüfung, in welcher Weise die Betonung des einen oder anderen Gedankens durch Historiker und Analytiker wiederum das heutige Nachdenken über die Psychoanalyse

---

[2] Das ergab sich aus den unentwirrbaren Verflechtungen zwischen Therapie, Theorie und Persönlichkeitsfaktoren, die im 3. Kapitel zusammengefaßt werden.

und ihre Praxisformen fördert – Praxisformen, die jeweils unterschiedlichen Ideologien, Philosophien und sozialen Problemstellungen entsprechen. Außerdem weise ich nach, wie Freuds Streben nach einer internationalen Vereinigung damit endete, daß den nationalen Vereinigungen unbrauchbare oder gar praxisverhindernde Regeln auferlegt wurden, die zwangsweise zu Reibungen in und zwischen ihnen führten, und daß diese Reibungen sich noch verschärften, als es den Psychoanalytikern mißlang, institutionelle, intellektuelle und emotionale Anliegen voneinander zu trennen.

Der *zweite Teil* des Buches befaßt sich mit den *psychoanalytischen Anwendungsformen, insbesondere den Weiterentwicklungen der psychoanalytischen Begriffe als Reaktion auf intellektuelle und politische Konflikte innerhalb der jeweiligen Milieus.* Das 5. Kapitel behandelt die *psychosomatische Medizin* – den ursprünglichen Ort von Freuds Entdeckungen – sowie deren Institutionalisierung innerhalb der verschiedenen medizinischen Körperschaften. Im 6. Kapitel werden die frühen *Anwendungen der Psychoanalyse in der Pädagogik* – in Deutschland und Österreich – sowie *ihr Mißbrauch durch Nazi-„Therapeuten"* im Zweiten Weltkrieg untersucht. In diesem Kapitel wird außerdem erörtert, wie *die Psychoanalyse zur Umerziehung der deutschen Bevölkerung benutzt wurde,* wie auch die allgemeine *Ersetzung der psychoanalytischen Pädagogik zunächst durch die Kinder- und später durch die Adoleszenzforschung.* Im 7. Kapitel werden freudianische Ansichten der Frau und *feministische Ansichten* Freuds untersucht – von den frühen Abweichungen von Freud, wie sie von Nachfolgern wie Karen Horney und Helene Deutsch markiert wurden, bis zu den jüngeren Theorien. Auf diesem Gebiet sind die transkulturellen Einflüsse, insbesondere zwischen Frankreich, England und den USA, besonders stark ausgeprägt.

Im 8. Kapitel wird die *Beschäftigung der Psychoanalytiker mit literarischen Werken und deren Autoren* analysiert. Im Anschluß an Freud fuhren viele Psychoanalytiker damit fort, einzelne Künstler und Schriftsteller im Hinblick auf

ihre Werke zu untersuchen, obwohl andere Analytiker
solche Aktivitäten für marginal hielten. Die psychoanalytischen Interpretationen von Literatur und Kunst in den
verschiedenen Ländern und die polemischen Differenzen
werden als Ausdruck zeitgebundener intellektueller Interessen im Zusammenhang mit der Kultur des Narzißmus, den
Konzeptualisierungen des Selbst und den Theorien der
Dekonstruktion gesehen.

Der *dritte Teil* des Buches befaßt sich mit der *Psychoanalyse in der Nachkriegszeit.* Als die Mehrheit der europäischen Analytiker nach dem Zweiten Weltkrieg „angelsäch-
sisch" geworden war, begannen die psychoanalytischen
Theorien und Praxisformen immer stärker voneinander
abzuweichen. Die sogenannte Medizinalisierung der
Psychoanalyse *[Medicozentrismus],* die gegenüber Freuds
Vorliebe für die Zulassung der Laienanalyse die Oberhand
gewonnen hatte, wurde zu einem Zankapfel bei den deutschen Psychologen. Gleichzeitig brachte sie den nicht-
analytisch geschulten Psychiatern überall Nutzen. In England blieb die Medizinalisierung zwar mehr oder weniger
eingegrenzt, während sie in den USA dazu beitrug, den
Zugang zur Psychoanalyse für die mittleren Schichten zu
begrenzen. Deutsche Analytiker, die aus beiden Welten das
Beste zu übernehmen suchen, attackierten den Medicozen-
trismus und ließen damit die Diskussionen unter den frühen
Wiener Sozialisten und der Berliner Gesellschaft wiederauf-
leben. (Psychoanalyse für die Arbeiterklasse, für Kriminelle
und gesellschaftlich Marginalisierte war ein zentraler Streitpunkt in der Polemik anläßlich von Freuds Bruch mit Alfred
Adler.)

Das 9. Kapitel legt den Schwerpunkt auf die Probleme,
vor denen die internationale Organisation nach 1945 stand.
Inzwischen waren in den USA die sogenannten anpassungsorientierten Bestandteile der Ich-Psychologie populär
geworden, und in England fanden sie ihren Niederschlag in
Anna Freuds Theorien über die Abwehrmechanismen des
Ichs. Gleichzeitig erreichte die *Auseinandersetzung zwischen Anna Freud und Melanie Klein,* samt der institutio-

nellen und intellektuellen Rivalität über ihre Nachfolge, ihren Höhepunkt. Die von zwei „Töchtern" angeführte „Generation der Söhne" wurde immer stärker von idealistischen Versprechungen, Rivalitäten, politischen Prioritäten und vom Karrieredenken auf Abwege geleitet – stets im Namen von Freud. Hätten die Angelsachsen zum Beispiel nicht die International Psychoanalytical Association beherrscht, dann hätten sich beispielsweise die französischen Psychoanalytiker, die die Ich-Psychologie oder zumindest die für sie erforderliche Ausbildungszeit für Kandidaten teilweise ablehnten, in eine andere Richtung entwickelt. Bei der gegenwärtigen Sachlage wissen wir, daß in den USA nichtfreudianische und neofreudianische Therapien bestimmte populär gewordene Gedanken mit aufnahmen, während die etwas strengeren Freudianer zusehends orthodoxer wurden, und daß klassische Analytiker in Frankreich, die oft philosophisch gebildet waren, die Lacansche Lesart im Auge behielten, auch wenn sie diese ablehnten. In Deutschland wurde die Psychoanalyse, die nach der Behandlung von psychischen oder psychosomatischen Krankheiten durch Psychoanalytiker bekannter geworden war, nach dem neuen Überweisungssystem von der Krankenkasse bezahlt.

Der Einfluß von Freuds weiterentwickelten *Theorien und Therapien auf die Kultur* insgesamt wird im 10. Kapitel untersucht, während das 11. Kapitel eine Übersicht über jene theoretischen Positionen bietet, die die Grundlage für die Unstimmigkeiten zwischen den Freudianern und ihren Fraktionsbildungen darstellen. Das 12. Kapitel befaßt sich mit den *Ansichten der Psychoanalytiker zur Politik* und mit ihren Verbindungen zu dieser und berücksichtigt das Eindringen der Psychoanalyse in jeden einzelnen Aspekt des modernen Bewußtseins. Wenn man ihren Einfluß auf die Medizin, auf die Universitäten und die allgemeine Kultur – als Reaktion auf neue Formulierungen, politische Gegebenheiten und auf die übersetzungsbedingten Unklarheiten – beachtet, lassen sich vorgefaßte Begriffe entkräften, ohne zu mißachten, daß die Psychoanalyse den kulturellen Eigenheiten gerecht geworden ist. Ihre französische Variante hat die

Eigenschaft des Phantasievollen, benutzt eine elegante Sprache und geht mit Anmerkungen und Registern sparsam um; ihr deutscher Widerpart ist schwerfällig, kompliziert und gründlich dokumentiert; ihr angelsächsischer Zweig dagegen ist persönlichkeitsorientiert und neigt zum szientistischen Jargon. Einige dieser Punkte fasse ich in der Schlußfolgerung zusammen.

Selbstverständlich wanderten die psychoanalytischen Begriffe aus und wurden dabei verändert. Sie „wanderten zurück", als die einstigen Europäer aus Südamerika in die USA kamen und kleinianische Synthesen mitbrachten oder als Lacansche Ideen von amerikanischen Feministinnen und von Literaturtheoretikern übernommen wurden. So wurde die Psychoanalyse internationalisiert, als sie besondere Übernahmen und Umformulierungen förderte, während sie zuweilen auch lokale und ideologische Prioritäten unterstützte. Diese Prioritäten hingen wiederum von der Entwicklungsstufe der jeweiligen Gesellschaft ab. Schließlich vermochte die Psychoanalyse die intellektuellen Gewohnheiten der modernen Welt keineswegs zu beseitigen, wozu Freud sie in einigen überschwenglichen Augenblicken für fähig hielt.

Als Freud Persönlichkeit und kulturelle Faktoren miteinander verknüpfte, verband er seine Einsichten mit einer Dynamik, die keiner seiner Nachfolger besaß. Nach dem Zweiten Weltkrieg gab es nur zwei Persönlichkeiten, die ihm, wenn überhaupt, auf ihre eigene Weise nahekamen: *Alexander Mitscherlich* in Deutschland und *Jacques Lacan* in Frankreich. Beide waren charismatische Figuren, was besagt, daß ihre Führungseigenschaft gewisse religiöse Empfindungen auslöste. Das Ausmaß, in dem ein solches Charisma die psychoanalytische Übertragung störte oder stützte, verwandelte eine kulturelle Frage wiederum in eine therapeutische. Und genau dies führt uns zu der Frage, inwieweit der Auftrieb der Analyse in Deutschland und Frankreich von diesen beiden „Großen" verursacht wurde und ob die eher durchschnittliche Qualität der amerikanischen Psychoanalyse in den letzten Jahren auf das Fehlen visionärer Einzelgänger zurückzuführen ist oder darauf, daß diese Psychoanalyse Eingang in die Hauptströmung gefunden hatte.

Gewiß gab und gibt es allzu viele kulturelle und institutionelle Variablen, um zu enge oder kategorische Schlüsse zu ziehen. Die radikale Reichweite von Freuds Denken, seine enge Verwurzelung in seiner eigenen Analyse, in seinem Judentum und im Wien der Jahrhundertwende rechtfertigen die vielen Deutungen und Neubewertungen. Deshalb verdient Freuds Korrespondenz, die nach und nach zugänglich gemacht wird, ebenso wie die seiner Nachfolger die überaus große Aufmerksamkeit, die ihnen zuteil wird: die Ergiebigkeit und Zukunftsträchtigkeit von Freuds Gedanken sind von den Archiven in der ganzen westlichen Welt nur bestätigt worden. Aber auch die Auseinandersetzungen werden sich notwendigerweise vermehren, wenn wir die Frage stellen müssen, ob zum Beispiel Anna Freud Abschnitte aus den Briefen von Fließ oder gar ganze Briefe unterdrückte, um ihren Vater, ihre eigenen Theorien oder die ganze Bewegung zu schützen; ob Maria Torok (1984) mit ihrer Behauptung recht hat, daß Freud einige seiner Gedanken von Sándor Ferenczi übernahm; oder ob Manès Sperber mit seiner Überzeugung im Recht ist, Freud habe einige seiner Begriffe bei Alfred Adler entlehnt. Wie die endgültigen Urteile auch immer lauten mögen, sie werden nicht nur diese und andere Geheimnisse aufdecken, sondern auch über nationale und kulturelle Prioritäten Aufschluß geben. Die vergleichende Betrachtung einiger dieser Prioritäten deckt örtliche und institutionelle Einseitigkeiten auf und beleuchtet sowohl die enormen Fortschritte als auch die blinden Flecken bei den unterschiedlichen Theoriekonstrukten, die das menschliche Unbewußte erklären.

Im Jahre 1908 teilte Ferenczi die Psychoanalyse ein in die Ära von Freuds Isolation und Entdeckungen, die Ära der Zusammenarbeit zwischen den Pionieren und die künftige Ära der Organisation. Er konnte die Konsequenzen dieser weitblickenden Vorhersage nicht ahnen. Ich möchte noch eine vierte Ära dazuzählen: die gegenwärtige Ära der Neubewertungen von Freudiana durch Akademiker und Freudianer. Einige davon liefern interessante Leckerbissen;

andere laufen darauf hinaus, sich zu einer ebenso langweiligen Spezialität zu entwickeln wie einst die Marxismusstudien; andere wiederum schreiben die Geschichte der Psychoanalyse um und bilden damit eine Herausforderung für die Freudianische Theorie und Therapie. Trotz dieser theoretischen Höhenflüge sind die Analytiker jedoch nach wie vor damit beschäftigt, Patienten zu heilen und neue klinische Einsichten zu gewinnen. Ihre Fallberichte sind plausibler als ihre Verallgemeinerungen über die Kultur – die zu zerpflücken eine feindselig gestimmte Presse stets nur allzu gerne bereit ist.

Leider kann ich in einem Buch, das mit einem so breiten Pinsel gemalt ist, nicht einmal die besondere Atmosphäre einer der vielen Fallgeschichten vermitteln. Sie bezeugen jedoch häufig die vielfältigen Wege, auf denen das Unbewußte das menschliche Verhalten zu bestimmen vermag. Was die Freudianer von ihren Patienten lernen, übersetzen sie in klinische Theorien, die, ironischerweise, nach wie vor Beiträge nicht nur zur Psychoanalyse, sondern auch zu manchen jener populär gewordenen Therapien liefern, die Freud denunzieren.

Erster Teil

Die Psychoanalyse vor 1945

1. Kapitel
Die Rezeption von
Freuds Theorien

Die Geschichte der Psychoanalyse stellt uns vor ganz eigene Probleme, weil die Psychoanalytiker nicht nur zu den üblichen theoretischen Einseitigkeiten wie die anderen Sozialwissenschaftler neigen, sondern weil ihre Ansichten über die Vergangenheit auch noch weitgehend von der Art der Psychoanalyse geprägt sind, die sie selbst praktizieren. Klassische Freudianer schließen sich deshalb gerne Ernest Jones an, der, als einer der ersten Schüler Freuds, auch der Bannerträger von Freuds Schrift „Zur Geschichte der psychoanalytischen Bewegung" (1914d) war. Jones behauptete, die Psychoanalyse sei um 1900 mit der Veröffentlichung der *Traumdeutung* entstanden, und Freuds frühere Arbeiten, etwa die *Studien über Hysterie* (1895d) und der „Entwurf einer Psychologie" (1895, in 1950a) – in der „Zeit der Ausarbeitung" – hätten dazu den Weg gebahnt. Er behauptete, die Psychoanalyse hätte eine direktere Wirkung haben können, wenn die wissenschaftlichen Zeitschriften mit der Rezension der *Traumdeutung* nicht so lange gewartet hätten (Jones 1953–57, Bd. I, 360–361; dt. Ausgabe Bd. I, S. 417–418). Natürlich stützte Jones sich bei dieser Behauptung auf Freuds eigene Erinnerungen an seine Isolation und Einsamkeit (1914d) vor der Veröffentlichung der *Drei Abhandlungen zur Sexualtheorie* (1905d).

Hannah S. Deckers Nachforschungen (1977) stützen jedoch Skeptiker wie Henry Ellenberger, der behauptet, Freud habe sich während dieser Jahre gar nicht so sehr in seiner „Oase" niederlassen müssen, weil er nämlich bereits dabei war, „sich ein Ansehen zu verschaffen" (1970,

S. 445–447; dt. Ausg. S. 621f). Und nicht ohne Ironie schreibt Frank J. Sulloway, Freuds „splendid isolation" habe nur kurze Zeit gedauert (1979, S. 484–489; dt. Ausg. S. 610–612). Freilich mußte Ellenberger die Bedeutung der Zeit vor 1900 überbetonen, um belegen zu können, daß Freud lediglich ein Glied in der Kette der dynamischen Psychiatrie gewesen sei, und Sulloway versuchte den Nachweis zu führen, Freud sei eigentlich ein „heimlicher Biologe" gewesen, der die Physiologie niemals aufgegeben habe.

In der französischen Überlieferung kam es dagegen kaum zu Spekulationen über Freuds angebliche Isolation. Die Franzosen waren stärker an ihrer eigenen Geschichte der Psychoanalyse interessiert und bezogen sich auf die Thesen von Ellenberger und Sulloway nur zur Stützung bestimmter Ansichten über die „amerikanische" Ich-Psychologie, deren Aufstieg, wie einige französische Freudianer behaupten, die Aufmerksamkeit von Freuds umfassenderen Beiträgen abgelenkt und seine Kunst in eine Pseudowissenschaft verwandelt hätten. Sie konzentrierten sich auf die vor-psychoanalytische Zeit, um die Beziehung zwischen Freud und seinen Anhängern zu erforschen oder um auf die Ideen hinzuweisen, die er von Jean-Martin Charcot, einem Neurologen und berühmten Lehrer an der Salpêtrière, sowie von Hippolyte Bernheim übernommen hatte, einem Professor für Innere Medizin, der die Hypnose praktizierte. Oder sie untersuchten den Einfluß, den Paris auf den jungen Freud ausübte. Die Österreicher hingegen legen nach wie vor mehr Gewicht auf den Einfluß von Wien um die Jahrhundertwende – das Wien des Fin-de-siècle: jenes intellektuelle Treibhaus, das Figuren wie R. von Krafft-Ebbing und Moriz Benedikt hervorgebracht hatte, deren Untersuchungen über die Zusammenhänge zwischen Hysterie und Sexualität den Untersuchungen Freuds vorhergegangen waren; und sie spielen Freuds Gefühl der Isolation und seine Ambivalenz gegenüber Österreich gerne herunter. Einige deutsche Autoren, die eher dazu neigen, Freuds Einsamkeit zu bestätigen, haben die Einzelheiten im Zusammenhang mit bestimmten Herabsetzungen und Kränkungen sowie die zugrundeliegenden Motive aufgelistet, um dem Thema der Isolation Nahrung zu geben. Die Londoner übernahmen die Version von Jones, auch wenn den meisten Kleinianern Freuds Lebensgeschichte gar nicht bekannt war. In Wirklichkeit war Freud weder so isoliert und umstritten, wie einige Freudianer behaupten, noch war er übermäßig populär.[1]

Die Freudianer sind gewöhnlich Anhänger des von Sulloway so genannten Heldenmythos und der Geschichte von der gefährlichen Reise. Sogar Freuds Verächter müssen zugeben, daß er ein Pionier war, der sich gegen überwältigende Widerstände durchsetzte. Und dennoch hat jedes Land seine eigene Geschichte zu erzählen. Die Loyalität deutscher Freudianer verleitete diese dazu, den Ruhm der Berliner Organisation und ihres fortwährenden Einflusses auf die Ausbildung zu betonen; die Franzosen weisen auf den Vorrang und das Ansehen ihrer psychiatrischen und philosophischen Traditionen hin; die Wiener glorifizieren die sozialistischen Bestrebungen der Pioniere; die Ungarn betonen Freuds besondere Hingabe für Sándor Ferenczi sowie Freuds Hoffnung, seine Tochter Anna würde Ferenczi heiraten; die Italiener beklagen den Einfluß des Katholizismus (und später des Faschismus), der die Psychoanalyse in Schach hielt. Alle diese Auffassungen sind natürlich kulturgebunden. Die Geschichte der Psychoanalyse kann nicht so wertfrei sein wie die Geschichte der Mathematik oder der Physik, und sei es auch nur deshalb, weil die Psychoanalyse sowohl Kulturgeschichte und Persönlichkeitsgeschichte als auch Deutungen umfaßt, welche diese Geschichtsschreibung beeinflussen. Kulturelle, berufliche und persönliche Einstellungen färben sowohl feindlich als auch freundlich gesonnene Geschichtsschreibungen und Biographien. Und weil diese Untersuchungen ja Begriffe enthalten, die der Psychoanalyse entlehnt sind, werden die

---

[1] Ellenberger und Sulloway hatten vermutlich recht mit ihrer Behauptung, Freud als jemanden zu betrachten, der ringsum von Feinden umgeben war, habe seine Glorifizierung gefördert. Doch selbst wenn dies zutrifft, trug diese Glorifizierung weder dazu bei, den Wert seiner Beiträge zu mindern, noch dazu, daß die Psychoanalyse Eingang in die Kernströmung der Kultur fand.

Schwierigkeiten bei jeder angestrebten Objektivitätsfindung noch erheblich verstärkt.[2]

In der Rezeption von Freuds neuer Psychologie spiegelten sich offenkundig die herrschenden Grundannahmen der Zeit wider. Den Freudianern zufolge wurde *Die Traumdeutung* (1900a) von den „wichtigen Fachzeitschriften" aufgrund eingefleischter Sitten und hartnäckiger Glaubensüberzeugungen ignoriert (Brodthage und Hoffmann, 1981, S. 135–147). Ellenberger weist jedoch auf begeisterte Besprechungen in der populären Presse hin (1970, S. 783–784; dt. Ausgabe S. 1046 f.). Freud war offensichtlich entrüstet über Angriffe von Psychologen, von denen er ein Lob erwartet hatte. Es war dies lange bevor er sich selbst hinreichend distanziert hatte, um dem Umstand, daß die Psychoanalyse drei „Aufgaben hatte – die Untersuchung psychischer Vorgänge, die Behandlung neurotischer Störungen und den Aufbau allgemeiner psychologischer Einsichten" –, „Mißverständnisse" zuzuschreiben. Freud spielte freilich auch herunter, in welchem Maße seine häufigen Umformulierungen, die teilweise das Ergebnis neuer Erkenntnisse über seine eigene komplexe Persönlichkeit waren, weitere Mißverständnisse begünstigten.

Weil die Psychoanalyse der Selbstanalyse Freuds so viel verdankt, sind seine Person, sein Familienhintergrund und seine frühen Beziehungen allen nur denkbaren Deutungen ausgesetzt. Eben deshalb konnte Ellenberger zum Beispiel behaupten, indem er die Zeit zwischen 1894 und 1900 als Zeit der Vorbereitung und der „schöpferischen Krankheit" Freuds – einer Krankheit im Anschluß an eine Zeit voller Isolationsgefühle und der Depression, mit neurotischen und psychosomatischen Symptomen – betonte: Alles was nach der *Traumdeutung* noch gekommen sei, seien nur noch Nachträge gewesen. Die Freudianer dagegen, die ebenfalls

---

[2] Siehe dazu besonders Peter Gay, *Freud for Historians* (1985); Peter Loewenberg, *Decoding the Past* (1983); David James Fisher, „Rereading Freud's Civilization and Its Discontents" (1982); Dennis Klein, *The Origins of the Psychoanalytic Movement* (1981).

die Leidenszeit Freuds überbetonen, sind der Auffassung, diese Prüfung habe ihn verwandelt, weil er seine Psyche „besiegt" und damit die Wurzeln des Unbewußten entdeckt habe. Für sie ist *Die Traumdeutung* der Grundstein für eine endlose Folge von psychoanalytischen Entdeckungen.

Schlüssel zu diesem Zeitabschnitt ist wahrscheinlich Freuds Beziehung zu Wilhelm Fließ. Die Freudianer neigen dazu, Fließ' Rolle als Mentor Freuds herunterzuspielen (Freud selbst strich Fließ fast völlig aus seinem Gedächtnis) und weisen auf die Verrücktheit von Fließ' Glauben an einen Zyklus von siebenundzwanzig oder achtundzwanzig Tagen hin, in dem sich unbewußte psychische Mechanismen manifestierten, und daß psychosomatische Mechanismen ihren Ort häufig in der Nase hätten. Bis zu der neueren Veröffentlichung der vollständigen Freud-Briefe an Fließ (Masson 1985; deutsche Ausgabe 1986) räumten die Freudianer nur selten ein, welche Macht Fließ über Freud gehabt hatte. Ellenbergers Behauptung, Freud sei nichts weiter als ein langer Moment in der Geschichte der dynamischen Psychiatrie gewesen, erhielt dadurch neuen Auftrieb, daß Ellenberger die Verbindung zwischen Freud und Fließ wieder stärker hervorhob. Und die Veröffentlichung von Freuds Briefen (die Briefe von Fließ sind vernichtet worden), die das erste Dokument einer Übertragung darstellen – zudem eben jener Übertragung, die zum Grundmuster aller Psychoanalysen werden sollte –, löste legitime Neubewertungen von Freuds Beiträgen und der Beziehungen zu seinen Schülern aus.[3]

---

[3] Die Heimlichkeiten im Zusammenhang mit Freuds Korrespondenz haben zu zahllosen Spekulationen über den Inhalt geführt (Gay, 1988, S. 741–746, dt. Ausg. S. 824–825). Man entdeckte, daß in früheren Veröffentlichungen ungünstige Äußerungen über Freud weggelassen worden waren (Rand und Torok, 1987). Die Veröffentlichung der vollständigen Briefwechsel von Freunden und Schülern wird zweifellos zu weiteren Umdeutungen der Interaktionen, freien Assoziationen, Zweifel, Phantasien und Gefühle der frühen Freudianer führen – zur Erhellung von Freuds

Neue Interpretationen, Entmystifizierungen und Exegesen stehen zwangsläufig unter dem Einfluß der jeweiligen Traditionen. In Frankreich dienen sie wahrscheinlich einmal mehr für den Beweis, daß die Psychoanalyse gar nicht so „wissenschaftlich" sei, wie die Amerikaner gerne glauben, und daß Freud von F. A. Mesmer oder A. A. Liébault mehr gelernt habe, als er in seinen eigenen Werken über Hysterie zugebe (Roussillon, 1984, S. 1386). In den deutschsprachigen Ländern werden einige Forscher den Schlüsseln zu der „übersteigerten Anpassungsfähigkeit" der Psychoanalyse nachgehen; andere werden Belege für die Feindschaft von Freuds medizinischen Zeitgenossen finden; wieder andere werden Freuds human- und geisteswissenschaftlichen Untersuchungen eine größere Bedeutung zumessen. Andererseits hat das neuerliche Interesse für die Anfänge der Psychoanalyse bereits internationale und interdisziplinäre Konferenzen angeregt, die es am Ende vielleicht ermöglichen werden, jene nationalen Vorurteile und ideologischen Lücken zu überwinden, welche die meisten Freudianer zu ignorieren versuchten.[4] (Dies wird sich vermutlich eher in der akademischen Welt ereignen, wo eine solche Kooperation heutzutage gefördert wird, als in psychoanalytischen Instituten, wo der Schwerpunkt auf den spezifischen Therapiepraktiken liegt.)

Als die Freudianer nach und nach immer mehr über die psychische Ambivalenz lernten, vermochten sie psychoanalytische „Wissenschaft" und Klatsch nicht immer klar voneinander zu trennen. Deshalb sind die Aufzeichnungen aus den Anfangsjahren eine wahre Fundgrube für Historiker; sie ermöglichen es ihnen, fehlerhafte Rekonstruktionen

---

menschlichen Eigenschaften. Zu dem Zeitpunkt, da die gesamten Freud-Archive geöffnet sein werden, wird der Heldenmythos wohl zerstört sein.

[4] Der französische Freudianer Alain de Mijolla gründete die Internationale Vereinigung für die Geschichte der Psychoanalyse (1985), um Psychoanalytikern, Historikern, Soziologen und Psychologen die Möglichkeit zu bieten, neue Informationen über die Anfänge der Psychoanalyse vorzulegen.

zu überprüfen sowie Unklarheiten und Gefühlsausbrüche auszusondern. Es gibt jedoch keine Möglichkeit, zwischen Vorurteilen unparteiisch zu entscheiden, da es keine endgültige „psychoanalytische Wahrheit" gibt. Auf Spekulationen beruhende Deutungen können nicht dieselbe Gewichtung bekommen wie eine historische Forschung, die sich über die Fallstricke der Erinnerung oder der parteilichen Voreingenommenheit im klaren ist.[5] Und da die Psychoanalyse darauf zielt, Subjektivität objektiv zu betrachten, ist es auch nicht überraschend, daß der Kampf um die Vergangenheit weitergeht. Jede Fraktion hegt die Überzeugung, daß die Gruppe, die diese Vergangenheit kontrolliert, auch deren Zukunft kontrollieren wird.[6]

Freud und die Wiener

Sowohl die Anhänger als auch die Verächter Freuds hatten Mühe, seine Erwartungen von der tatsächlichen Situation abzugrenzen – d. h. von beruflichem Ehrgeiz und persönlichen Rivalitäten –, und seine Ambivalenz im Verhältnis zu seiner antisemitischen Umgebung und zu seinen Professoren (Theodor Meynert, Ernst Brücke, Hermann Notnagel sowie zu seinem Mentor Josef Breuer) zu klären. In den Kämpfen

---

[5] Die Untersuchungen konzentrieren sich auf Freuds Beziehung zu Jung, auf die Ariernachweise Jungs und seinen nach 1933 zum Ausdruck gebrachten Antisemitismus, auf die jüdische Herkunft der meisten Wiener Freudianer oder auf die nichtjüdische Zusammensetzung der frühen amerikanischen Psychoanalyse. Im allgemeinen sind die historischen Texte der Freudianer ehrfurchtsvoller und stützen sich stärker auf psychologische Erklärungen, als die Texte der Historiker. Daher das schmalere und eher doktrinäre Spektrum ihrer Deutungen, die sprachlich oft im Jargon der eigenen Umwelt abgefaßt sind.

[6] [Sulloway (1979; deutsche Ausgabe S. 34) zitiert in diesem Zusammenhang eine einschlägige Stelle aus Orwells Roman *Neunzehnhundertvierundachtzig*, nämlich den Slogan der Partei des Großen Bruders: „Wer die Vergangenheit beherrscht, beherrscht die Zukunft; wer die Gegenwart beherrscht, beherrscht die Vergangenheit." *A. d. Ü.*]

zwischen Anhängern und Verächtern sind die jeweiligen Positionen im Hinblick darauf, ob die Schüler den Wiener Antisemitismus und Antiintellektualismus übertrieben und ob Sexualität und Eltern-Kind-Beziehungen als Thema tabu waren, ebenfalls zentral.[7]

Die Bedeutung von Freuds Judentum ist bei den Historikern ein ständiger Streitpunkt. Freud selbst war über seine eigene Ambivalenz ebenso beunruhigt wie über den Antisemitismus, und er bedauerte die nachteiligen Folgen für seine Karriere. Insbesondere wandte er sich dagegen, daß die Psychoanalyse als jüdische Wissenschaft bezeichnet wurde, denn diese Etikettierung mußte im Wiener Milieu ganz einfach Schaden anrichten und der Verbreitung der Psychoanalyse entgegenwirken. In Wirklichkeit waren jedoch von den ersten siebzehn Schülern zwischen 1902 und 1906 alle Juden, und deshalb war Freud besonders erfreut, als der Christ C. G. Jung nicht nur Psychoanalytiker wurde, sondern im psychiatrischen Krankenhaus Burghölzli in Zürich auch noch eine Gruppe gründete. (Später schlossen sich Ernest Jones und mehrere andere Angelsachsen der Bewegung an.) Wie berichtet wird, war Freud über Otto Ranks „jüdisches" Aussehen verlegen; man hielt es für eine Bestätigung des „jüdischen Charakters" der Psychoanalyse. In einem Brief von 1930 an A. A. Roback, einen amerikanischen Jiddisten und Psychologen, schrieb Freud jedoch, daß er nicht nur keine jüdische Erziehung gehabt habe, sondern dies auch bedauere (E. L. Freud, 1960,

---

[7] Arthur Schnitzler, ein zeitgenössischer Arzt und bekannter Schriftsteller, schrieb zum Beispiel über einen Liebhaber, der seine Geliebte dadurch vor hysterischen Symptomen „bewahrte", daß er sie verführte. Sexualität und Romantik waren in den Wiener Salons vorherrschend, während die allgemeinere intellektuelle Unruhe zu sozialistischen Ideen Anstoß gab. In dieser Atmosphäre wurde die psychoanalytische Radikalisierung der sexuellen Erfahrung willkommen geheißen, weil sie einen Angriff gegen die vom kaiserlichen Wien gehegte Heuchelei bedeutete.

S. 393–394)[8], und an Marie Bonaparte schrieb er 1926, nach der Ehrung der B'nai B'rith zu seinem siebzigsten Geburtstag, daß er entgegen gewissen Gerüchten niemals geleugnet habe, jüdisch zu sein (S. 367). Dem Historiker Dennis B. Klein (1981) zufolge bringen die vielen widersprüchlichen Berichte über Freuds Einstellung zu seinem Judentum die Einseitigkeiten und (bewußten oder unbewußten) Absichten revisionistischer Historiker, engstirniger Theologen, schubladisierender Soziologen, apologetischer Anpasser und streitsüchtiger Judaisten zum Ausdruck. Mit einiger Glaubwürdigkeit wies Klein nach, daß die Einstellungen Freuds und seiner Zeitgenossen sich in jener kurzlebigen Zeit des Liberalismus zwischen 1860 und 1880 gebildet hatten, die überaus offene politische Auseinandersetzungen entstehen sowie intellektuelle und künstlerische Anregungen fruchtbar werden ließ, und daß die Reaktionäre trotz ihrer Gegenmaßnahmen die fortschrittlichen Ideen nicht zu zerstören vermochten. Freud, der sowohl dieser deutschen Kultur als auch der jüdischen angehörte, hatte sich natürlich all jene Konflikte und Ambivalenzen zu eigen gemacht, die durch eine solche doppelte „Zugehörigkeit" zwangsweise verstärkt werden mußten. Klein hoffte mit seiner Darstellung der inneren Widersprüche zwischen dem Österreichischen und dem Jüdischen und durch Vermittlung zwischen den einander entgegengesetzten „anpassungsorientierten und den auf die Ungleichheiten abzielenden Rekonstruktionen" die verschiedenen „fiktiven" Rekonstruktionen zu beseitigen.[9]

---

[8] [Es handelt sich um einen Dankesbrief für ein Buch, das Roback mit einer Widmung an Freud geschickt hatte. Vgl. Gay, *Freud*, dt. Ausgabe S. 674: „Ich hatte eine so nichtjüdische Erziehung, daß ich heute nicht einmal imstande bin, Ihre Widmung zu lesen, die offensichtlich in hebräischer Schrift geschrieben ist. In späteren Jahren habe ich diese Lücke in meiner Erziehung oft bedauert." *A. d. Ü.*]

[9] Vgl. z. B. Cuddihy (1974), der behauptete, daß die Juden, als sie auf einmal die Gettos verlassen durften, Schwierigkeiten mit der bürgerlichen Gesellschaft hatten; Marthe Robert (1976), die behauptete, *alle* Juden seien hartnäckig auf Integration aus

Klein schrieb Freuds Ambivalenz nicht seiner Psyche zu, sondern verglich ihn mit denjenigen unter seinen jüdischen Landsleuten, die ihre Religion entweder anerkannten oder ignorierten: sie behandelten den Antisemitismus je nach ihrem Status, ihren Lebensumständen, den politischen Präferenzen und den jeweiligen Provokationen. Freuds Reaktionen waren natürlich folgenreicher als die seiner Zeitgenossen, da sie in die Psychoanalyse Eingang fanden. In jüngster Zeit hat Peter Gay (1987) überzeugend argumentiert, daß nur ein Atheist die Psychoanalyse hatte ausdenken können und daß Freuds weltliches Judentum und sein Außenseiterstatus es ihm erlaubten, unbefangener als jeder Insider über Sexualität zu sprechen. In diesem Zusammenhang erwähnen Freudianer häufig Freuds Erinnerung an ein Kindheitserlebnis und dessen Wiederauftauchen in einem seiner Träume: „Ich mochte zehn oder zwölf Jahre alt gewesen sein, als mein Vater begann, mich auf seine Spaziergänge mitzunehmen und mir in Gesprächen seine Ansichten über die Dinge dieser Welt zu eröffnen. So erzählte er mir einmal, um mir zu zeigen, in wieviel bessere Zeiten ich gekommen sei als er: Als ich ein junger Mensch war, bin ich in deinem Geburtsort am Samstag in der Straße spazieren gegangen, schön gekleidet, mit einer neuen Pelzmütze auf dem Kopf. Da kommt ein Christ daher, haut mir mit einem Schlag die Mütze in den Kot, und ruft dabei: Jud, herunter vom Trottoir! 'Und was hast du getan?' Ich bin auf den Fahrweg gegangen und habe die Mütze aufgehoben, war die gelassene Antwort. Das schien mir nicht heldenhaft von dem großen starken Mann, der mich Kleinen an der Hand führte. Ich stellte dieser Situation, die mich nicht befriedigte, eine andere gegenüber, die meinem Empfinden besser entsprach, die Szene, in welcher Hannibals Vater, *Hamilkar Barkas*, seinen Knaben vor dem Hausaltar schwören läßt, an

---

gewesen; sowie die bibliographischen Hinweise auf revisionistische Geschichtsschreibungen, die einen österreichischen Antisemitismus leugneten (Nelson, 1958; Janik und Toulmin, 1973; Gay, 1978; D. Klein, 1981; Morton, 1979; Schorske, 1980; Clark, 1980).

den Römern Rache zu nehmen. Seitdem hatte *Hannibal* einen Platz in meinen Phantasien." („Das Traummaterial und die Traumquellen", 1900*a*, *G. W.*, Band II/III, S. 202–203).

Einige (einschließlich Freud selbst) betrachteten diesen Vorfall und dessen Wiederauftauchen in einem Traum während der Selbstanalyse als zentrales Moment der Desillusionierung im Hinblick auf den eigenen Vater. Ebenso wie Freud verbanden sie ihn mit seiner (Phantasie-)Identifizierung mit dem semitischen Kriegerkönig Hannibal, der gegen die Macht der katholischen Kirche gekämpft hatte, sowie mit seinem Wunsch, nach Rom zu reisen. Die eklektischeren Freudianer verknüpften diesen Vorfall mit Freuds mehrfach wiederholten Untersuchungen über Moses. Aber nur wenige von den vielen Untersuchungen über Freuds fragile Beziehung zum Judentum befaßten sich damit, daß der Antisemitismus eine alltägliche Realität war, mit der er selbst leben mußte – welches auch immer seine eigenen, unbewußten Reaktionen gewesen sein mögen. Natürlich hätte niemand daran gedacht, Fragen über das Christentum von Freuds Zeitgenossen Brücke, Meynert oder Charcot zu stellen, die ja schließlich in einer christlichen Welt lebten. Freud hingegen und auch seine Schüler mußten nicht nur die Last der bewußten und unbewußten Schuld und Verleugnung wegen der jüdischen Vergangenheit, wegen der Assimilation und Anpassung auf sich nehmen, sondern sie mußten auch mit dem Antisemitismus leben, samt der Politik, zu der er gehörte.

Freuds Pessimismus, seine übliche Depression nach der Heimkehr von Auslandsreisen und sein Zögern, Wien vor dem Anschluß von 1938 zu verlassen, werden gewöhnlich seinem Unbewußten zugeschrieben. Auch wenn solche Deutungen zweifellos gültig sind, weil Freud eben Freud war, ist dem Umstand, daß jeder Wiener Jude der eigenen Gesellschaftsschicht gegenüber ambivalente Gefühle hegte und die österreichisch-deutsche Kultur samt ihrem Antisemitismus verinnerlicht hatte, zu wenig Aufmerksamkeit geschenkt worden. (Wien war die Heimat; selbst unter günstigsten Umständen hätte die Emigration Unsicherheit und Angst zur Folge gehabt.) Deshalb mußten sie einfach glauben, daß die Assimilation in Kleidung, Sprache und Verhalten sowie das „Sich-verhalten wie ein Christ" sich positiv auf alle Juden auswirken würde und eine allgemeiner verbreitete, echte Aufnahme und Toleranz bei allen Wienern nach sich ziehen würde. Im großen und ganzen wurden die persönlichen und die beruflichen Faktoren von allen durcheinandergeworfen, so daß die Aufnahme der Person Freuds und die Aufnahme der Psychoanalyse so wenig voneinander zu trennen waren wie die beiden Seiten einer Münze.

Freuds medizinische Kollegen – in deren karrieristischen und wissenschaftlichen Vorurteilen einiges von jenem vorherrschenden Antisemitismus zum Ausdruck kam, der mit dem Chauvinismus einherging –, vervielfachten die Ambiguitäten nur noch. Automatisch stellten sie die Verbindungen zu Frankreich in Frage, die Freud so sehr betonte, sowie seine Begeisterung über Charcots Lehre. Lehnte Meynert nicht eher die Verbindung zu Frankreich ab, als die zur Sexualität, wenn er anläßlich von Freuds Vortrag über männliche Hysterie vor der Wiener Ärztegesellschaft 1886 anmerkt, wie es heißt, Wien bringe keine solchen Fälle hervor, wie Charcot sie in Paris behandelt hatte?[10] Und in welchem Maße verschärfte diese provinzielle Einstellung Freuds Ambivalenz gegenüber Wien?

Jones unterschätzte den Wiener Antisemitismus vor 1930 weitgehend. Es ist unklar, ob dies darauf zurückzuführen ist, daß er Christ war, daß er diplomatisch war oder daß er zu weit entfernt war, um Verständnis aufbringen zu können. Außerdem waren die Freudianer inzwischen so weit, daß sie jede Kränkung routinemäßig als Quelle des psychischen Widerstandes, der Eifersucht oder der Abwehr von Gefühlen untersuchten. Diese Gewohnheit machte Freuds Kolle-

---

[10] Die französische Psychoanalysehistorikerin Elisabeth Roudinesco (1982) behauptete vor kurzem, Meynert sei wütend gewesen, weil Freud Charcot als seinen „Vater" angesehen habe. [Vgl. zur Rezeption dieses Vortrags vom 15. Oktober 1886, Sulloway, 1979; deutsche Ausgabe S. 68–78. A. d. Ü.]

gen angeblich ebenso verdächtig wie sein eigener Widerstand, einem „akzeptablen" medizinischen Spezialfach anzugehören. Spätere Ereignisse bewiesen allerdings, wie sehr Freud recht gehabt hatte: die meisten Österreicher hießen die Nazis noch bereitwilliger willkommen als die Deutschen, und einige von ihnen übertrafen sie noch, wenn es um antisemitische Aktionen ging. Inzwischen gibt es eine ausführliche Dokumentation darüber, daß der Antisemitismus tatsächlich eine Rolle spielte, als Freuds Beförderung durch das Ministerium aufgehalten wurde, die seinen Status, sein Einkommen und sein allgemeines Ansehen bestimmen sollte.[11] Kurz gesagt, es waren objektive Bedingungen, die Freuds „Doppelidentität" als Wiener und als Jude rechtfertigten. Deshalb konnten die Kommentatoren jeweils die Identität hervorheben, die ihnen paßte, und sie konnten jedes Urteil über die Psychoanalyse bekräftigen, das sie ohnehin schon vertraten. Die meisten Historiker sind sich darüber einig, daß die Wiener der Psychoanalyse feindlich gegenüberstanden und daß diese Feindschaft zu einem umfassenden und oft nicht zum Ausdruck gebrachten Antisemitismus gehörte. Die Psychoanalyse stellte eine Bedrohung der bürgerlichen Werte dar. Zweifellos nahmen die Verdächtigungen gegenüber Juden und Ausländern noch zu, als das österreichisch-ungarische Imperium zerstört wurde (und zwar wiederum von Ausländern), und diese Ereignisse verstärkten die Ablehnung der Psychoanalyse durch die Österreicher nur noch mehr. Bis vor kurzem kümmerten die Österreicher sich nicht einmal um die Geschichte der Psychoanalyse; und als sie es taten, schienen sie dazu eher durch Patriotismus und Nostalgie motiviert zu sein als durch ein eigentliches Interesse an der Psychoanalyse selbst.[12] Nirgendwo sonst hatte die psychoanalytische Kri-

---

[11] Schorske (1980) beschreibt die an Verzweiflung grenzenden Enttäuschungen und die Verbitterung, die Freud siebzehn Jahre lang (und nicht nur die üblichen acht) verfolgt hatten, bis er eine Professur erhielt.

[12] Der erste historische Text dieser Art stammt von Wilhelm Solms-Rödelheim (1959). Die Organisatoren der Konferenz über „Die vertriebene Vernunft" luden zwar Historiker und

tik an Glauben und Vaterland so genau zugetroffen, und ebensowenig hatten andere Milieus so dramatische (und durch Psychoanalyse behandelbare) Neurosen hervorgebracht, wie Wien.

Die Rezeption in den deutschsprachigen Gebieten

Die Feindschaft gegenüber der Psychoanalyse in den deutschsprachigen Gebieten kam, außer von Psychiatern, von Psychologen, Soziologen, Theologen und Philosophen. Sie ignorierten die Psychoanalyse oder lehnten sie als unwissenschaftlich oder unmoralisch ab oder weil sie die christliche Ethik aushöhle. Johannes Cremerius (1981a) zufolge fühlten sich die Angehörigen dieser mehr oder weniger gut verankerten akademischen Disziplinen bedroht. Weder Max Weber noch Leopold von Wiese versuchten die Psychoanalyse einzusetzen, um ihre eigene soziologische Theorie – die *verstehende Soziologie* und die *Beziehungslehre* – zu bereichern.[13] Bei der Zitierung aller bekannten Rechtfertigungen des Widerstands gegen die Psychoanalyse – ihre Akzeptanz der Sexualität, der Masturbation und der vorehelichen Sexualität; ihre Bedrohung der Personen, die „Beteiligte" des ödipalen Dreiecks sind, und der männlichen Autorität – achtete Cremerius indessen nicht besonders darauf, daß Freuds Zeitgenossen mit ihrer Diskreditierung der Psychoanalyse – sie sei „Altweiberpsychiatrie, paranoisches Geschwätz, Hexenwahn, seelische Masturbation, tal-

---

Psychoanalytiker ein, um die Hitler-Zeit zu untersuchen, aber dies geschah als Reaktion auf Fragen im Zusammenhang mit der Wahl Kurt Waldheims zum Staatspräsidenten und nicht aufgrund eines allgemeinen Interesses an Erkenntnis.

[13] Weber und von Wiese begriffen nicht, daß die Psychoanalyse zur Erklärung sozialer Pathologie hätte beitragen können. Die Soziologen Georg Simmel, Ferdinand Tönnies, Alfred Weber, Ernst Troeltsch, Werner Sombart und andere ignorierten die Psychoanalyse ebenfalls (Cremerius, Hrsg., 1981b).

mudistische Spitzfindigkeit; die Psychoanalytiker seien reif
für das Irrenhaus, bornierte Phanatiker [sic]" – den status
quo schützten. Decker (1977) hingegen hob die andere Seite
hervor: die günstigen Einschätzungen und die gemischten
Reaktionen. Sie konzentrierte sich auf praktische Ärzte, die
Psychoanalyse zu betreiben versuchten, und tadelte Freud
wegen seiner Zurückhaltung, seine Ideen bei *allen* deutschsprachigen Psychiatern zu verbreiten; sie verteidigte diese
Psychiater mit dem Hinweis, sie hätten in einem Milieu zu
wirken, das eine „philosophische" Medizin verachtete und
sich durch „theatralische" Demonstrationen wie die von
Charcot bedroht fühlte. Während Cremerius also das Mißtrauen der deutschen Akademiker gegenüber Freud beklagte, war Decker geneigt, sie in Schutz zu nehmen. Mit Blick
auf das umfassendere deutsche Milieu, nicht nur auf das
professionelle, erklärte sie, warum so viele deutsche Ärzte
zusammen mit ihren Landsleuten weiterhin an die „Überlegenheit ihrer Gene über die der Franzosen" (S. 56) oder an
die Dekadenz der Franzosen glaubten.

Im Grunde wollte Cremerius, der zwar frühe Einstellungen zur Psychoanalyse untersuchte, herausfinden, ob es die
gleichen Einstellungen waren, die später den Holocaust
ermöglichten. Er differenzierte zum einen die frühe Rezeption nach Fächern – Soziologie, Psychologie, Theologie und
Philosophie –, unterschied jedoch bei dem, was geschah,
nicht nach den jeweiligen Ländern: Österreich, Deutschland, Schweiz.

Der Soziologe Hans-Dieter Brauns (1981), der die politische Voreingenommenheit und die religiösen Bindungen
prominenter Soziologen um die Jahrhundertwende untersuchte, fand heraus, daß *Totem und Tabu* (Freud
1912–1913; *Stud.* Bd. IX, S. 287–444) bei einigen Ethnologen eine so große Beachtung gefunden hatte, daß auch
manche Soziologen das Buch zur Kenntnis nehmen mußten
(Brauns 1981, S. 43). Die meisten hielten indes Freuds
Urhordenhypothese für unplausibel: er habe nicht nachgewiesen, wie die Erinnerung an dieses Anfangsereignis – die
Ermordung des Urvaters durch die Söhne – im menschlichen
Unbewußten aufbewahrt wird und später im Verhalten der

Neurotiker und der Massen wieder auftaucht. Und obwohl die Theorien von Darwin und deren Anwendung in der Anthropologie durch J. J. Atkinson in Mode waren und Freud sie zitierte, war man der Auffassung, Freud habe einfach eine weitere induktive Theorie über die Anfänge des Menschen aufgestellt.[14]

Brauns zufolge gab es nur einen einzigen Soziologen, nämlich F. Müller-Lyer, der im Sinne der Psychoanalyse schrieb, doch lief dies bei ihm nur auf die Feststellung hinaus, seine eigenen Resultate ähnelten denjenigen Freuds (Brauns, 1981, S. 40–41). Brauns vermochte nicht zu sagen, weshalb die Erklärungen Müller-Lyers nicht weiter reichten.[15] Ebensowenig schrieb er die relative „Bekanntheit" von Freuds *Massenpsychologie und Ich-Analyse (1921c)* dem Zeitpunkt der Veröffentlichung zu: das Werk erschien nämlich zu einer Zeit, da die öffentlichen Diskussionen über die emotionale Beziehung zwischen Masse und Führer einen Höhepunkt erreicht hatten.[16] Immerhin nahm der Politolo-

---

[14] L. H. Morgan, W. Robertson Smith und andere Anthropologen entwickelten diese Theorien weiter.

[15] Brauns unterläßt den Hinweis darauf, daß das von Karl Grünberg 1929 gegründete Institut für Sozialforschung (sowie die *Zeitschrift für Sozialforschung*) sich zum Ziel gesetzt hatte, die Ideen von Freud und Marx miteinander zu „verschmelzen". Da die ökonomischen und politischen Probleme der zwanziger Jahre jedoch so schwer in den Griff zu bekommen waren, glaube ich, daß man psychoanalytische Untersuchungen von seiten der Soziologen für einen unbegreiflichen Luxus gehalten hätte.

[16] Wilhelm Vleugels („Zu Freuds Theorien von der Psychoanalyse", 1923/24) stimmte zwar zu, daß ein Massenereignis, indem es den Individualismus unterdrückt, dem Unbewußten „gestattet", mit anderen geteilt zu werden, um an die Oberfläche zu gelangen und zu dominieren. Er zitierte Alfred Vierkandt (*Handwörterbuch der Soziologie*, Stuttgart 1931), der den Eindruck hatte, daß alle – Freud, Vleugels, Le Bon und Georg Simmel – das Massenverhalten nicht vollständig zu erklären vermochten. Für Vleugels selbst „kann" das Massenverhalten aus der Regression auf die vorherige Vaterbeziehung des Individuums während der ödipalen Frühphase hervorgehen. Othmar Spann lehnte die Theorie der Sexualität ab und nannte Freud einen „Sexualverbre-

ge und Aktivist Robert Michels von Freud Notiz, auch wenn er die Absicht mißverstand, die Freud mit seiner *Massenpsychologie* verfolgte, weil er den Begriff der Libido mit Erotik und Sexualität gleichsetzte (Brauns, 1981, S. 60–63). Der Soziologe Werner Sombart behauptete wiederum, das Werk sei unklar, und beschloß deshalb, auch die übrigen Ideen Freuds zu ignorieren (ebd., S. 58–59). Theodor Geiger, ebenfalls Soziologe, gab seine Skepsis und seinen Abstand zu, indem er beipflichtete, daß man „nicht von Suggestion (einem Vorgang), sondern von der Suggerierbarkeit (einer Eigenschaft) sprechen müsse" (S. 75–76). Insgesamt hatten die Soziologen um die Mitte der zwanziger Jahre die Massenpsychologie Freuds fallengelassen. Brauns schloß, daß die meisten von ihnen Freud außer acht ließen, ohne ihn überhaupt gelesen zu haben. Sie fühlten sich von dem Gedanken bedroht, daß die Phantasie für die Konstruktion der Wirklichkeit verantwortlich sei. Ich halte ihre Vernachlässigung der Psychoanalyse nicht für das Symptom einer „eindeutig irrationalen Abwehr", sondern meine, daß die Soziologen, die sich mit den Historikern auseinandersetzten, zunächst einmal damit befaßt waren, ihr eigenes Fach als akademische Disziplin zu begründen, und die Psychoanalyse war ja noch weniger wissenschaftlich als die Soziologie selber. Außerdem versuchten sowohl Soziologie

---

cher". Für Franz Wilhelm Jerusalem galt, daß Kollektivismus und Individualismus als zwei Prinzipien „sich in der Gemeinschaft gegenüberstehen und in der Entwicklungsgeschichte der Menschheit einander in ihrer Vorherrschaft ablösen. Als konstituierendes Moment des Kollektivismus sah Jerusalem dabei die Vorgänge der Einfühlung, bzw. Identifizierung, die ihm auch durch die psychoanalytische Theorie untermauert schienen" (Brauns, 1981, S. 72). Brauns zitiert dazu eine Textstelle aus Jerusalems *Soziologie des Recht*, (Jena 1925, S. 177): „Besonders die medizinische Praxis weiß von merkwürdigen Fällen solcher Identifizierung. Der berühmte Ödipus-Komplex von Freud beruht darauf. Diese Identifikation kann soweit gehen, daß der Träger der Einfühlung sich seiner eigenen Persönlichkeit völlig zu entäußern scheint, daß er nur noch in der fremden Persönlichkeit lebt, von ihr aus fühlt und denkt und handelt und tätig ist."

wie Psychoanalyse ein Stück institutionelle Macht und ein Betätigungsfeld zu gewinnen.

Auch im Verhältnis zur deutschen Psychologie erging es der Psychoanalyse nicht besser (Brodthage und Hoffmann, 1981, S. 135–253). Um 1900 hatten viele Universitäten Lehrstühle für Psychologie (oder für Psychologie und Philosophie) eingerichtet. Die Psychologen publizierten entweder über eng begrenzte Themen in ihren eigenen Fachzeitschriften oder befaßten sich in der Tagespresse mit den umfassenderen psychologischen Fragen der Menschheit im allgemeinen. Ihre Ansätze gründeten auf der Philosophie (d. h. der verstehenden Psychologie von Wilhelm Dilthey, Eduard Spranger oder Ludwig Klages) oder auf der Physiologie (den naturwissenschaftlichen, „nomothetischen" Modellen von Gustav Theodor Fechner, Wilhelm Wundt oder Ernst Mach). Diese Aufteilung verwischte sich allerdings zuweilen, da einige Psychologen ihren Untersuchungen eine eigentümliche Richtung gaben. Sie konkurrierten zwar miteinander, wollten aber auch das schlechte Ansehen vermeiden, das die Philosophie sich ihres spekulativen Charakters wegen zugezogen hatte (S. 141). In der Hoffnung, ihre Themenstellungen wissenschaftlich zu begründen, waren die Psychologen zu sehr damit beschäftigt, den Zerfall ihres Faches aufzuhalten, um sich auch noch mit der Psychoanalyse befassen zu können. (Oft wechselten die psychologischen Publikationsorgane ihre Orientierung zusammen mit dem Titel und den Herausgebern.) Sie wahrten Abstand und wandten sich gegen Freuds Anspruch, Psychoanalyse sei ebenfalls ein Zweig der Psychologie.

Im Grunde entwickelten sich Psychologie und Psychoanalyse auf parallelen Wegen. Psychologen der unterschiedlichsten Richtungen waren von anderer Herkunft als die Psychoanalytiker; sie sprachen eine andere Sprache, legten andere Annahmen zugrunde und verteidigten andere Interessen. Auch wenn die Psychologen mit den Psychoanalytikern nicht direkt um institutionelle Positionen kämpften, waren sie in der Defensive, als die beiden Gruppen sich schließlich auf einen Dialog einließen. Das galt zum Beispiel für die *Zeitschrift für Psychologie*, die im Gegensatz zur

Psychologischen Forschung und zu den *Psychologischen Studien* – die Freud völlig ignorierten – bereits um 1900 Freud in Rezensionen scharf kritisierte. (Auch in den Psychologie-lehrbüchern wurde Freud ignoriert.) Selbst Autoren, die Freud sorgfältig gelesen hatten, bezeichneten die Psychoanalyse als unwissenschaftlich, und verwahrten sich gegen die „phantastischen Konstruktionen von verdrängten Vorstellungen" [Störring, in Cremerius, Hrsg., 1981b, S. 151].

In den seriöseren psychologischen Zeitschriften gab es vor 1910 einige wenige Besprechungen der *Traumdeutung*; sie waren abschätzig: die Theorie war falsch, unannehmbar, wissenschaftlich unbewiesen. Viele Psychologen folgten der „nichtanalytischen" *Völkerpsychologie* Wilhelm Wundts, um zu zeigen, daß die Psychoanalyse ihre Behauptungen nicht beweisen könne, und verglichen sie mit der „alten Traummystik" [Ausdruck von Wundt, zit. in Brodthage und Hoffmann, 1981, S. 154]. Andere neigten zu der Ansicht, wer sich mit der Psychoanalyse einlasse, neige zur Hysterie und Sexualpathologie (Brodthage und Hoffmann, 1981, S. 154). Die wohlwollendsten Psychologen lobten Freud für seine „klare und einleuchtende Darstellung des Traummechanismus" – „Hüter des Schlafes". Dennoch wandten sie ein, der Begriff des Unbewußten sei unwissenschaftlich, mithin sei die Psychoanalyse einer „Widerlegung weder fähig noch bedürftig" (S. 155).

Den *Drei Abhandlungen zur Sexualtheorie* (1905d) erging es noch schlechter als der *Traumdeutung*, und *Zur Psychopathologie des Alltagslebens* (1901b) wurde kaum erwähnt: die Psychologen lehnten die kindliche Sexualität als reine Spekulation oder als Krankheit ab (Brodthage und Hoffmann, 1981, S. 158).[17] Einer forderte, das Thema Sexualität sei um jeden Preis zu vermeiden; ein anderer machte den Vorschlag, die Psychologen sollten Freud zwar studieren, aber die Eltern müsse man vor Freud warnen; wiederum ein

---

[17] [In Cremerius, Hrsg., 1981b, S. 158 wird ein Vortrag von Moll – „Das Sexualleben des Kindes" – referiert; Brodthage und Hoffmann schreiben dazu: „Sexuelle Vorgänge beim Kind sind entweder reflektorisch oder krankhaft." *A. d. Ü.*]

anderer kritisierte Freud, weil er sich auf den Inhalt statt auf die Form – d. h. die Gestalt[18] – konzentriere (S. 158–164). Ludwig Klages, der zwar vorgab, Freud zu respektieren, war der Ansicht, die in der Psychoanalyse gewonnenen „Bekenntnisse" hätten keinen „Beweiswert" und könnten auch keinen haben, und sie hätten zum Wissen über die Hysterie kaum etwas beigetragen. William Stern hielt die Psychoanalyse für eine von Wien und Zürich aus sich verbreitende Krankheit; verbreitet werde sie von Freudianern, denen „jede wissenschaftliche Sachkenntnis" fehle (S. 160). Insgesamt waren die Psychologen sich darin einig, Freuds Methode ebenso abzulehnen wie den Gedanken einer kindlichen Sexualität. Sie glaubten nicht einmal an die Heilung des „Kleinen Hans".

Als die Psychologen um 1920 einsahen, daß die Psychoanalyse mehr als ein Strohfeuer war, begannen sie, deren Ansprüche zu kritisieren, statt sich nur mit zweizeiligen Ablehnungen zu begnügen. In den frühen dreißiger Jahren zeigten sie sich überrascht darüber, daß die Psychoanalyse zwischen 1900 und 1930 aufgeblüht war, während der Konsens in der Psychologie sich ebenso verflüchtigt hatte wie ihr allgemeiner Anreiz. Sie mußte den Erfolg der Psychoanalyse „als ungerechtfertigt erleben" (Brodthage und Hoffmann, 1981, S. 176). Im Grunde hatten Psychologen und Psychoanalytiker begonnen, um dieselben „Wahrheiten" zu kämpfen, aber als die Nazis an die Macht gelangten, kämpften sie bereits um gleiche Universitätspositionen.

Dem Philosophen Carl Eduard Scheidt zufolge akzeptierten seine Kollegen die Psychoanalyse ebensowenig. Zurückzuführen war dies auf die rechts wie links vorherrschenden Ideologien, auf die Herausforderung, welche die Psychoanalyse gegenüber den anerkannten Paradigmen bedeutete, und auf die bestimmenden Diskussionen zwischen den Vertretern des Naturalismus und denen des Idealismus.

---

[18] [Nach Brodthage und Hoffmann, 1981, S. 167, erhebt Karl Bühler gegenüber der Freudschen Theoriebildung den Vorwurf, „daß sie nur den Inhalt, nicht aber Formprinzipien berücksichtigt. Freud ist für Bühler ein 'Stoffdenker'." *A. d. Ü.*]

Diese Uneinigkeit im Hinblick auf die Wurzeln der kulturellen Voraussetzungen und die damit verbundene Einordnung der Psychoanalyse in den Naturalismus bedeuteten, daß die idealistisch ausgerichteten Zirkel, welche die „Schulphilosophie" – die Philosophie also, die den Studenten beigebracht wurde – beherrschten, eine wohlwollende Aufnahme der Psychoanalyse nicht zulassen konnten. Vor allem die Kritiken im Zusammenhang mit Freuds Beiträgen zur Kultur wiederholten immer wieder, die Psychoanalyse beruhe auf einem biologischen Monismus, der die Besonderheit von Geist und Kultur bestreite und sie auf biologische Triebe zurückführe. Erst 1945 begannen deutsche Philosophen, sich mit den empirischen Ergebnissen der Psychoanalyse zu befassen. Scheidt stellte fest, daß dieser Wandel zu einer permanenten „Identitätskrise" der Philosophie geführt habe (1986, S. 7–13).

Die Theologen, die seit Beginn der Moderne einigen Boden an die Naturwissenschaftler abzutreten hatten, lehnten die Psychoanalyse als Gegensatz zur Religion ab. Wäre da nicht der Pfarrer Oskar Pfister gewesen, ein liberaler Schweizer Protestant, so hätten sie sich vielleicht nicht einmal darum gekümmert, sie als Naturwissenschaft abzulehnen, weil die Bereichsaufteilung in das Naturwissenschaftliche und das Geistige die Psychoanalyse aus ihrem Blickfeld rückte. Pfister versuchte jedoch seine Kollegen davon zu überzeugen, daß die Psychoanalyse, eben weil sie eine Wissenschaft war, es verdiente, studiert und berücksichtigt zu werden. Weil Psychoanalytiker und Theologen die Sublimierung kontrollierten, bestünden religiöse Moralvorstellungen und psychische Komplexe aus demselben Material. Er drängte die Theologen dazu, Psychoanalytiker zu akzeptieren, mit ihnen zusammenzuarbeiten und die eigenen moralischen Vorurteile fallenzulassen. Indem er sich die Psychoanalyse und insbesondere die Übertragung zu eigen machte, ließ er auch den Katholizismus als zweifelhaft erscheinen (Scharfenberg, 1981, S. 264). Er attackierte das Priesterzölibat und die sexuelle Enthaltsamkeit, weil sie eine maximale Unterdrückung natürlicher Triebe bewirken. Damit wertete er den Protestantismus auf: „Der Protestantismus hat aus seinem religiös-sittlichen Empfinden heraus getan, was der Psychoanalytiker auf Grund wissenschaftlicher Erkenntnis anstrebt. Er macht die in Zölibat, Hierarchie und Klostertum typisch ausgebildeten Verdrängungserscheinungen rückgängig, indem er die verdrängten Triebe in primäre und sublimierte Funktionen überleitete und zwar so, daß die sublimierten (religiösen) Triebbetätigungen als das höhere die direkten Triebauswirkungen billigten, normierten und damit idealisierten." Pfister „belegte" seine Behauptungen dadurch, daß er die irrationalen Ansprüche der Gläubigen gegenüber ihren Priestern mit den Ansprüchen verglich, die die Patienten an ihre Analytiker richten sowie mit den Ansprüchen der frühen Christen gegenüber Jesus. Er war sogar der Ansicht, psychoanalytisch geschulte Theologen würden sich als bessere Psychoanalytiker erweisen als die Ärzte – was auch heute noch behauptet wird.

„Zur Zeit Jesu", schreibt Pfister, „litten die Juden an einer national bedingten, durch die riesigen Sexualverdrängungen des mosaischen Gesetzes hervorgerufenen Zwangsneurose, die sich in Orthodoxie und peinlichem Zeremoniewesen, sadistischem Fanatismus usw. deutlich genug spiegelt. Jesus hob die schädliche Verdrängung dadurch auf, daß er den Eros mit idealer Vollkommenheit in direkte Liebe zu Gott und den Menschen sublimierte und den primären Regungen der Libido freie Betätigung ließ, soweit sie im Einklang mit der sublimierten Erotik stand. Er befreite den Eros (...). Damit überwand er die Angst, die auch hier der unbefriedigten Libido entsprang (...)." Wer als Nachfolger Jesu das Licht noch nicht gesehen habe, der könne, so Pfister, sich mit Hilfe der Psychoanalyse von seiner Abwehr der Liebe befreien (S. 272 f.). Dennoch blieb er dabei, daß die Psychoanalyse über der Religion stehe: Religion lasse sich nicht analysieren (S. 257). Zwang und grobe Sexualisierungen sind neurotische Störungen und verwandeln sich erst dann in „Religion", wenn die Liebe (mit Hilfe der Religion) dem Individuum geholfen hat, seine Angst zu überwinden. Wahre Religion ist progressiv (S. 258). Als er von Freud *Die Zukunft einer Illusion* (1927c) zugeschickt bekam, kritisierte er diese als „volkstümlich" und sagte, daß hier die Psychoanalyse gegen halluzinatorische Wünsche ausgespielt werde. Er trat indes weiterhin für die psychoanalytische Übertragung als nützliches Werkzeug ein.

Obwohl Pfister ständig wiederholte, der Glaube an Gott verkörpere Moral, Menschlichkeit und Wissen und die Psychoanalyse könne diese drei Bereiche fördern, vermochte er andere Theologen nicht zu überzeugen. Pfister blieb beinahe der einzige, der glaubte, die Psychoanalyse sei nicht zu voreilig dabei, die Menschen von ihren Sünden freizusprechen (Scharfenberg, 1981). Zur Verteidigung unnachgiebiger Theologen behaupteten einige Historiker, in der Weimarer Republik hätten diese Theologen die Identität ihrer Anhänger stabilisieren müssen, um sie zum Widerstand gegen totalitaristische Einflüsse insbesondere des Faschismus zu befähigen. Der zunehmende politische Liberalismus war jedoch gegen jede Religion gerichtet, und die Psychoanalyse bedrohte neben dem Status der Theologen auch jede religiöse Ader. Die Theologen verteidigten ihre Glaubensüberzeugungen, fürchteten sich davor, Häresien genauer zu betrachten und hielten die Theorie der Sexualität für gefährlich. Sie bekämpften die Relativierung von Normen und Werten und den Gedanken der verdrängten Triebregungen. Die deutschen Theologen behaupteten unnachgiebig, die Traumdeutung erfordere ein größeres Wissen über die menschliche Psyche, als sie besäßen, und sie könnte die Priester zu einer gefährlichen Berührung mit den „weiblichen Gemeindemitgliedern" treiben. Sie neigten eher zum jungschen Mystizismus (Scharfenberg, 1981, S. 275–277).[19]

---

[19] E. K. Knabe vertrat 1929 die Auffassung: „Ihre [d. i. der Psychoanalyse] Wertungen der infantilen Bindungen sind sicher übertrieben (...) Die starke Beschäftigung mit dem eigenen Ich züchtet Autismus, und die Freudsche sexuelle Einstellung wühlt nur allen Schmutz auf." [Zit. in Scharfenberg, 1981, S. 276]. E. Pfenningsdorf, der diese Auffassung wiederholt, fügt noch hinzu, daß Freuds Idee der „Sublimierung" die „himmlische Liebe in fast frivoler Weise aus der sehr irdischen Liebe" herleite [zit. in Scharfenberg, 1981, S. 277]. Andere Theologen brachten Freuds Ideen über Religion mit dem Judentum und der Säkularisierung in Zusammenhang.

Offensichtlich trat also keine Fachrichtung in Deutschland für die Psychoanalyse ein, und die von Psychologen, Philosophen, Soziologen, Theologen und Ärzten geübte Kritik muß sich wechselseitig verstärkt haben. Trotz dieser Ablehnungen faßten die Freudschen Gedanken jedoch Fuß. Wir müssen deshalb wohl den Schluß ziehen, daß die Klagen der Freudianer im einzelnen zwar berechtigt waren, daß aber auch noch andere Kräfte wirksam waren. Die frühen Rückschläge trieben Freuds Anhänger ohne Zweifel dazu, als geschlossene Formation aufzutreten, und eben dies trug sowohl zum Erfolg als auch zur „Kastenähnlichkeit" der Bewegung bei.

Amerika öffnet seine Pforten

Die Psychoanalyse erlebte nach der Überquerung des Atlantiks eine große Wandlung. Freuds Reise im Jahre 1909 war ein sofortiger Erfolg, und der Beifall, den er für seine (später veröffentlichten: 1910a) Vorlesungen an der Clark University erhielt, ließen ihn über Nacht berühmt werden. Diese unmittelbare Popularität hing wohl mit der amerikanischen Neigung zusammen, alles Neue willkommen zu heißen.

Der Historiker Nathan G. Hale (1971a) wies in seiner Beschreibung der kulturellen Atmosphäre um die Clark-Vorlesungen darauf hin, daß das Anwachsen der Bewegung und die Theorie von der amerikanischen Gesellschaft geprägt wurde. In seinen Augen wurde diese Gesellschaft von einer staatsbürgerlichen Moral beherrscht – von einem zusammenhängenden System zur Regulierung der wirtschaftlichen, sozialen und religiösen Normen, die das korrekte Verhalten festlegten und eine einzigartige Kontrolle der Sexualhygiene vorschrieben und sogar Modelle für die Existenz als Mann und als Frau vorgaben. „Dieses Moralsystem versuchte eine widerständige und feindselige Gegenwart unter seinen Zwang zu bringen" (S. 25) und ging mit einer verbissenen Leidenschaft für geschäftlichen Erfolg, für Aufwärtsmobilität und Vermögenserwerb einher. Der hohe

Stellenwert, den man der vorehelichen Enthaltsamkeit, der religiösen Reinheit, der Opfer im Namen harter Arbeit und sogar der ehelichen Keuschheit einräumte, führte indessen zu „psychischen Problemen". Überdies war man der Ansicht, „höherrangige Schöpfungen" würden aus Umwandlungen von körperlicher und sexueller Energie (die wie die elektrische Energie wirkte) hervorgehen. Quacksalber verkauften Heilmittel gegen alle Arten von „sexuellen Beschwerden", einschließlich der Masturbation, und niemand wußte, nicht einmal die Ärzte, wie mit den Beschwerden oder auch mit den Heilmitteln umzugehen sei. Für die Amerikaner, die besessen waren von einer romantischen Gefühlsseligkeit, die Körper und Geist, Liebe und Sexualität voneinander trennte, war die Psychoanalyse einfach ein weiteres Hilfsmittel, um diese Zwangslage zu überwinden. Eine Reihe von amerikanischen Psychiatern und Neurologen hatten Jean-Martin Charcot und Hyppolite Bernheim in Frankreich aufgesucht, und 1906 hatte Pierre Janet in Harvard behauptet, Hysteriekranke hätten eine geschwächte Fähigkeit ererbt, ihre Erlebnisse ganzheitlich zu erfassen. Deshalb hatten einige amerikanische Ärzte Versuche angestellt, in Fällen von Hysterie die Hypnose anzuwenden. Da ihnen zu Ohren gekommen war, daß die Psychoanalyse bessere Resultate erzielen könne, luden sie Freud (sowie Jung und Ferenczi) ein, ihnen beizubringen, wie sie die psychischen und sexuellen Beschwerden ausmerzen könnten.

Unter den Zuhörern bei Freuds Vorlesungen befanden sich der introspektiv arbeitende Psychologe Edward Bradford Titchener; Freuds erster Übersetzer, A. A. Brill; der Psychologe und Philosoph William James und der Psychiater Adolph Meyer (der direkt von den Konferenzen des neugegründeten National Committee for Mental Hygiene – Nationales Komitee für psychische Gesundheit – herkam, das sich zum Ziel gesetzt hatte, psychische Störungen zu beheben). Anwesend waren ferner der Anthropologe Franz Boas, der rassistische Lehrmeinungen bekämpfte; der aus einer alteingesessenen Bostoner Familie stammende James Jackson Putnam, einer der namhaftesten amerikanischen

Neurologen, und die Anarchistin Emma Goldman. Die Heterogenität und die Erwartungshaltung dieser Gruppe scheinen Freud dazu angeregt zu haben, eine ausführliche Zusammenfassung der Psychoanalyse zu geben, die für die Amerikaner besonders gut geeignet war: er vereinfachte die psychoanalytische Theorie, hob die praktische Anwendbarkeit und den Optimismus hervor und erörterte die Sublimierung. Indem er sich auf Trauma- und Katharsisbeispiele konzentrierte, betonte er die Wirksamkeit der psychoanalytischen Behandlung und überhöhte das Potential der rationalen Entscheidung. Außerdem nahm er eine zwar kühne, aber höchst zweideutige Haltung zur Reform konventioneller Maßstäbe der Sexualmoral ein. Damit fand er Anklang bei jenen Zuhörern, die auf eine Veränderung der Vorgehensweise bei psychischen Störungen drängten, und zwar zu einer Zeit, da die psychoanalytischen Behandlungen sich weder mit den Wechselfällen der Sexualität, des Narzißmus und des Todestriebs noch mit der Aufteilung der Persönlichkeit in Ich, Es und Über-Ich befaßt hatten (Hale, 1971a, S. 6). Wenn er diese Konzepte entwickelt hätte, dann wären die Amerikaner wohl weniger begeistert gewesen.

Offensichtlich regte die Begeisterung der Amerikaner über die Psychoanalyse Freud zu radikalen Verallgemeinerungen und zur Zusammenfassung seiner verstreuten Einsichten in einer schlüssigen und brillanten Synthese an (Hale, 1971a, S. 14). Mit seiner Betonung, daß verdrängte unbewußte Wünsche zu neurotischen Symptomen führten, und einer eher vagen Definition der Sublimierung begünstigte er sowohl eine simplifizierende Auslegung der psychoanalytischen Theorie als auch eine oberflächliche Anwendung. In den Clark-Vorlesungen nahm Freud unwissentlich Stellung zu amerikanischen Problemen – zur Beziehung zwischen Körper und Geist, zwischen Vererbung und Umwelt, und auch zu der Frage, wie die Ärzte ihre Patienten behandeln sollten. Und er war ahnungslos über die seltsamen Verbindungen zwischen amerikanischer Populärkultur und Berufskultur, die für das Tempo ausschlaggebend sind, mit dem neue Ideen sich zu verbreiten pflegen. Anfänglich fand er an der Berichterstattung in der Presse Gefallen: Nachrichten und Neuigkeiten über die Psychoanalyse wurden in einer überhöhten und leicht zugänglichen Form verbreitet.

Für Emma Goldman hatte Freud bewiesen, daß die sexuelle Unterdrückung den Verstand der Frauen beeinträchtigte. Der Neurologe Morton Prince war mittels Hypnose auf das Unbewußte gestoßen, und Putnam vertrat die Auffassung, das Bewußtsein, einschließlich des Unbewußten, sei die „höchste Wirklichkeit" (Hale, 1971a, S. 133).[20] Durch die Forschungen in der funktionalen Psychiatrie, in der Psychopathologie und bei psychologischen Problemen der kindlichen Sexualität (in Verbindung mit klinischen Beobachtungen von Boris Sidis, Edward Cowles und Adolph Meyer) waren die Ärzte vorbereitet auf das, was Freud ihnen berichtete. Das professionelle und das kulturelle Klima waren gleichsam reif für ihn, und umgekehrt waren seine Vorlesungen vieldeutig genug, so daß seine Zuhörer sie in mancher Weise deuten konnten. Freud fühlte sich durch diesen Erfolg herausgefordert. Kurz nach seiner Rückkehr schrieb er am 5. Dezember an Putnam: „Die meisten Leute demonstrieren, daß sie nicht bereit sind, etwas Neues zu akzeptieren (...) Ich weiß, daß Ihnen solche Geistesgewohnheiten fremd sind, und deshalb nehme ich an, daß Sie nach und nach auch von dem überzeugt sein werden, was im Augenblick noch als undenkbar erscheint" (Hale, 1971a, S. 90). Er war froh darüber, daß Putnam begonnen hatte, die Psychoanalyse zu praktizieren und daß andere Amerikaner sie so bereitwillig akzeptierten. Die von ihnen beschriebenen Fälle bestätigten stets seine Theorien, und in der Art und Weise, wie die Amerikaner seine Kritiker als neurotisch, als unwissend und als ungeeignet für die Beherrschung der Psychoanalyse abtaten, übertrafen sie beinahe noch die Anhänger aus Wien.

---

[20] Hale fand auch heraus, daß man noch zu keiner einheitlichen Auffassung des Unbewußten gelangt war: 1908 hatten Morton Prince, Hugo Munsterberg, Pierre Janet und Alfred Binet sechs allgemeine Definitionen erörtert, ohne eine Übereinstimmung zu erzielen.

Allerdings schürten diese Einstellungen die Opposition in der kulturellen Öffentlichkeit. Ob Journalist, Philosoph, medizinische Berühmtheit oder Religionsführer, jeder verteidigte nun sein Terrain gegen das Eindringen der Psychoanalyse in die Massenmedien. Obwohl Havelock Ellis sagte, Freud habe den sexuellen Gefühlen in der Ätiologie der Hysterie ihre Rolle wiedergegeben (Hale, 1971a, S. 261), behauptete er andererseits, der Geschlechtsverkehr sei Privatsache und sexuelle Freizügigkeit fördere jene geistige Unabhängigkeit, die gegen die gesellschaftliche Moral ankämpfen könne. Die staatlichen Sittenwächter bestätigten, daß das gesellschaftliche Laster der Prostitution überall verbreitet sei, besonders in den Städten, und daß es durch Ausländer, durch die Trinksitten und das Tanzen noch gefördert werde. Zumindest implizit wurde auch die Psychoanalyse angeklagt. Diese Ablehnung einigte jedoch die Anhänger der Psychoanalyse nur um so mehr, und die öffentlichen Auseinandersetzungen trugen wiederum zur Verbreitung dieser neuen Denkweise bei.

Einige amerikanische Anhänger, darunter viele Ärzte, blieben auf brieflichem Weg mit Freud in persönlicher Beziehung. Er analysierte einige von ihnen auf langen Spaziergängen anläßlich von Kongressen und führte bei ihren Fällen auf dem Korrespondenzweg eine „Supervision". Die amerikanischen Schüler konzentrierten sich vor allem auf die Heilungsmöglichkeiten der Psychoanalyse und kämpften unerbittlich gegen Kurpfuscher, Quacksalber und Geistheiler, die sich als Analytiker ausgaben.

Bekanntlich waren Freud und die Amerikaner bei der Frage der Laienanalyse bald uneinig. Freud war bereit, Laien zu den psychoanalytischen Organisationen zuzulassen, um das ethische und intellektuelle Niveau der Gruppen zu heben und aus der Psychoanalyse etwas anderes als nur eine medizinische Spezialität zu machen. In einem Brief an Pfister schrieb er am 25. November 1928, daß er eine heimliche Verbindung sehe zwischen der *Frage der Laienanalyse* (1926e) und der *Zukunft einer Illusion* (1927c): In ersterer wolle er die Analyse vor den Ärzten in Schutz nehmen und in letzterer vor den Priestern, und zwar zugunsten eines

Berufes, den es noch gar nicht gebe, nämlich eines Berufsstands von Laien, die keine Ärzte zu sein brauchten und
keine Priester sein sollten (Mengs und Freud, 1963,
S. 126).

Europäische Freudianer zitieren diese Passage immer
wieder, um die anschließende amerikanische Medizinalisierung der Psychoanalyse in Frage zu stellen. Sie vergessen
dabei freilich gerne, daß Freud sich ebenfalls jener Art von
Laienanalyse widersetzte, die man in den Vereinigten Staaten zu praktizieren begann. Obwohl er sich durch die
Aufnahme der Psychoanalyse in den USA geschmeichelt
fühlte, machte er sich Sorgen über die oberflächlichen und
leichtfertigen Anwendungen: Er sagte, die Amerikaner seien
auf eine allzu einfache Art zu Wahrheiten gelangt, um deren
Entdeckung andere hätten kämpfen müssen, und sie hätten
sich nur zu rasch mit oberflächlichen Erscheinungen zufrie-
dengegeben. Die Aufnahme der Psychoanalyse in den USA
führte bei Freud zu einer ambivalenten Einstellung: Ebenso
wie in Europa, wo die Bewegung durch die „oberflächlichen" Verfahrensweisen Jungs und Adlers geschwächt worden war, konnte er ihre Orientierung nicht mehr steuern.
Wie aber konnte in Freuds Augen die amerikanische Situation anders als oberflächlich sein? Allein schon die ausführliche Berichterstattung in der Presse mußte ein bedeutendes
Echo auslösen. Hale stellte fest:

„Zwischen 1915 und 1918 erhielt die Psychoanalyse drei
Fünftel der Aufmerksamkeit, die die Geburtenkontrolle auf
sich zog; mehr Aufmerksamkeit als die Ehescheidung und
beinahe viermal so viel wie die Heilung von Geisteskrankheiten. Das volkstümliche Bild der Neurosenursache hatte
den Umweltstreß beiseitegeschoben, es verstärkte die bereits
vorhandene Betonung eines Kindheitstraumas und fügte nun
noch die Bedrohung durch unterdrückte sexuelle und
aggressive Triebregungen hinzu (...) Das Unbewußte war zu
einem darwinschen Riesen geworden und die Traumdeutung
zum Weg, ihn zu zähmen." (1971a, S. 397)

Da das öffentliche Interesse an der Heilung psychischer
Krankheiten sich nun auch auf die Psychoanalyse erstreckte,
fragten Journalisten die Psychoanalytiker über ihre Fälle

aus. Im Eifer ihres Proselytentums prahlten einige von ihnen über Wunderheilungen. Die Klischees der Reporter verbanden sich schließlich mit den Übertreibungen und wurden durch die Begeisterung noch verstärkt. In der Nähe von New York gingen Psychoanalytiker so weit, in Volkshochschulen, Sommerseminaren und „Mädchenschulen" Kurse über Sexualhygiene und über „Neuere Psychologie" anzubieten (Hale, 1971a, S. 398–400).

Es läßt sich nicht feststellen, inwieweit Freud vorausgesehen hatte, daß sein Wiener Charme, zusammen mit der Vereinfachung der Theorie, seine amerikanischen Zuhörer verführen würde. Ebenso unklar ist, warum seine Vorlesungen an der Wiener Universität 1916 am Anfang viele Zuhörer fanden, am Ende aber nur noch wenige. Deshalb spekulieren sowohl die Freudianer als auch ihre Gegner weiterhin darüber, inwieweit das österreichische und das amerikanische kulturelle Klima mit ihren jeweiligen Vorlieben und Vorurteilen die Wirkung der Psychoanalyse von Anfang an festlegten.

Das französische Tor wird geschlossen

„Wie können wir den Abstand ermessen, der um die Jahrhundertwende Wien und Paris voneinander trennte?", fragte 1979 der Pariser Analytiker Victor N. Smirnoff. Er erinnerte zudem daran, daß die Franzosen die Psychoanalyse weder attackiert noch ausgenutzt, sondern sich vielmehr dafür entschieden hatten, sie zu ignorieren. Anscheinend wurde der französische Chauvinismus und Fremdenhaß samt den herkömmlichen französischen Denkweisen von der Psychoanalyse bedroht (1979, S. 21). Smirnoffs Bemerkungen beziehen sich indessen nicht nur auf die damalige Situation, sondern auch auf die aktuelle Faszination der Pariser über die Frühgeschichte der Psychoanalyse. Zumindest quantitativ übertreffen ihre Interpretationen die Geschichte selber bei weitem.

Um die Jahrhundertwende erklärten die Franzosen Geisteskrankheiten immer noch als eine Form von Besessenheit.

Darüber hinaus gab es in Frankreich eine einflußreiche psychiatrische und neurologische Tradition, so daß die Psychoanalyse den Ärzten keinen Anreiz bot und auch der Öffentlichkeit nicht vorgestellt wurde (Roudinesco, 1982, S. 68).[21] Man behandelte die Hysterie mit Suggestion, Hypnose oder Magnetismus (vgl. 5. Kapitel), und Ärzte aus der ganzen Welt kamen nach Frankreich, um diese Methoden zu lernen. Deshalb teilen die meisten Historiker die Auffassung von Ellenberger, daß die dominierende psychiatrische Tradition – von Pinel bis Délasiauve, von d'Esquirol bis Magnan – für die Rezeption der Psychoanalyse ein ebenso großes Hindernis war wie die Tradition der rationalen, introspektiven und humanwissenschaftlichen Psychologie. (Im Gegensatz zu ihren deutschen Kollegen mußten die französischen Psychologen nicht gegen eine rigide Psychophysiologie ankämpfen.) Gesundbetern wie Augustus Ambreuse Liébaut (1823–1904) war man zwar nicht mehr gewogen, aber Hippolyte Bernheim, Arzt und Oberhaupt der Schule von Nancy, den Freud 1889 besucht hatte, behandelte seine ·Patienten weiterhin mit dem Mittel der Suggestion. (Freud hatte Bernheims Aufsatz *De la suggestion dans l'état hypnotique et dans l'état de veille* von 1884 gelesen, worin bei der Hysteriebehandlung zwischen hypnotischer Suggestion und Hypnose unterschieden wurde.)

In Frankreich ging der stärkste Widerstand gegen die Psychoanalyse von der Psychologie Pierre Janets aus. Seine dynamische Theorie, die einen aus dem Erleben, aus Zwangsgedanken und -vorstellungen [fixen Ideen] und aus einem organischen Substrat abgeleiteten psychogenen Prozeß zugrundelegte, fand in den Gedanken von Henri Bergson eine philosophische Stütze (Ellenberger, 1970, S. 377–386; dt. Ausg. S. 482–483). Ellenberger zufolge ähnelte Bergsons Begriff der „Lebensaufmerksamkeit" [*attention à la vie*] der *fonction du réel* [Funktion des Realen] bei Janet, und seine besondere Beachtung des élan vital (als

---

[21] Weil Joseph Babinskis neurologische Konzeption der psychischen Leiden Oberhand gewann, hieß es, sei die Psychoanalyse bis 1925 ferngehalten worden.

Vorhut der Evolution) läßt sich mit Janets Konzeption der „psychischen Spannung" vergleichen. Außerdem hatte Janet gegenüber Freud wohl einen gewissen Vorsprung, weil er jener französischen Gemeinschaft von Intellektuellen angehörte, die Freud in den Briefen an seine Verlobte Martha Bernays so gut beschrieben hatte.

Janet, der drei Jahre jünger war als Freud, hatte nämlich zur selben Zeit wie Freud in der Salpêtrière zu den Zuhörern von Charcot gehört. Ellenberger schreibt Janet das Verdienst zu, als erster ein eigenes System der dynamischen Psychiatrie gefunden zu haben, das Janet denn auch unverrückbar gegenüber der Psychoanalyse verteidigte. (In einem Brief an Jung, der Janet in London treffen sollte, warnte Freud ihn vor der ablehnenden Haltung Janets und schlug einen möglichen Argumentationsweg vor [McGuire, 1974, S. 32–33; Brief 20F]). Roland Jaccard, ein französischer Psychoanalytiker und Historiker der Psychoanalyse, wandte jedoch vor kurzem ein, daß Janet sich gar nicht so sehr für die Psychoanalyse interessierte, um nach den *Studien über Hysterie* (1895d) von Freuds Theorien noch Kenntnis zu nehmen, und daß das Wohlwollen der französischen Kritiker gegenüber Janet so weit ging, die Freudsche Terminologie durch diejenige von Janet zu ersetzen, so daß sie sogar den Terminus „unterbewußt" benutzten, von dem Freud nie Gebrauch machte (Jaccard, Hrsg., 1982, Bd. II, S. 13; franz. Taschenbuchausgabe 1985, Bd. II, S. 9).[22]

---

[22] [„Il (d.i. Jane) ignore ou feint d'ignorer la dynamique du refoulement, la découverte du fantasme, la description des conflits psychiques, toutes notions absentes de ses propres théories, et nombre de critiques français lui emboîteront le pas. Comme ils emploieront à sa suite le terme de 'subconscient' que Freud n'a jamais utilisé."

„Janet ignoriert oder gibt vor, zu ignorieren: die Dynamik der Verdrängung, die Entdeckung der Phantasie, die Beschreibung der psychischen Konflikte – alles Begriffe, die in seinen eigenen Theorien fehlen, und zahlreiche französische Kritiker folgen ihm darin auf dem Fuß. So verwenden sie in seinem Gefolge beispielsweise den Begriff des 'Unterbewußten', den Freud

Nach seiner Berufung an das Collège de France verhinderte Janet die Psychoanalyse ziemlich direkt. Ihm zufolge hatten die Vorlesungen von Charcot über traumatische Neurosen sowie seine eigenen Ideen Freud zwar angeregt, aber Freud hatte sie mißverstanden: Janet behauptete insbesondere, daß Freud seine eigenen frühen Untersuchungen über unbewußte Phänomene bei Hysteriekranken zu ernst genommen habe.[23] Jedenfalls lehnte Freud Janets Behauptung ab, die Bewußtseinsspaltung sei ein primäres Merkmal der Hysterie, weil er und Breuer sie als eine sekundäre Eigenschaft eruiert hatten – als Bilder nämlich, die während der Hypnose entstanden und vom Bewußtsein abgeschnitten waren (S. E., Bd. 2, S. 41). Er verleugnete mithin Janets Einfluß auf die Psychoanalyse, während er entgegen seiner sonstigen Gewohnheit denjenigen Charcots anerkannte. Und das Verdienst, die Beobachtungen über Hysterie zu einem „Theoriegebäude" ausgebaut zu haben, kommt allein Freud zu (Lorenzer, 1984).

---

niemals gebraucht hat." Jaccard, Hrsg., 1982; franz. Taschenbuchausgabe – Livre de Poche; biblio essais 4026 – 1985, Bd. II S. 9. *A. d. Ü.*]

Nach Aussage von Alfred Lorenzer deutete Ellenberger die Rivalität zwischen Freud und Janet im Zusammenhang mit zwei Themen: der Entdeckung des Unbewußten und dem Persönlichkeitsmodell. „Das Janetsche Persönlichkeitsmodell steht auch all jenen Vorstellungen nahe, die Psychoanalyse nicht auf triebtheoretischer, sondern auf ichpsychologischer Basis zu begründen suchen – von Hartmann bis zu Kohut und Roy Schafer" (Lorenzer, 1984, S. 101). Damit widerspricht Lorenzer jenen amerikanischen Psychoanalytikern, die Ellenbergers Interpretation zurückweisen wollen, weil sie die dynamische Psychiatrie gegenüber der Ich-Psychologie bevorzuge.

[23] Roudinesco zufolge hatte Freud 1925 Janets Ablehnung der Konstitutionstheorie mißverstanden und gleichzeitig seine ambivalente Haltung ihm [Janet] gegenüber zum Ausdruck gebracht. Janet hielt jedoch am Gedanken des Unterbewußten fest – an der Idee von zwei Persönlichkeiten, deren eine der schlafwandelnde Doppelgänger der anderen ist. Außerdem war für Janet die Heredität nicht einfach eine Bedingung unter mehreren, sondern eine Ätiologie (Roudinesco, 1982, S. 261). [Vgl. Ellenberger 1970, dt. Ausg. S. 489ff.]

Weder schmähten die Franzosen die Psychoanalyse so, wie es die Österreicher taten, noch „adaptierten" sie sie so wie die Amerikaner. Vielmehr wahrten sie Distanz. Trotzdem wird in heutigen französischen Geschichtsdarstellungen der französische Einfluß übertrieben, um die einstige Gleichgültigkeit zu erklären. Die Franzosen heben die Bedeutung von Freuds Auftreten bei Charcots großzügigen Empfängen hervor, bei denen er *tout Paris* begegnete, und sie zitieren Jones' Paraphrase von Freuds Erklärung, Charcot habe Freuds Interesse an der Hysterie und Psychopathologie geweckt und ihn damit, zum Vorteil der Psychoanalyse, zum Überdenken von Breuers Beobachtungen veranlaßt (Jones, 1953–57, Bd. 1, S. 74; dt. Ausgabe Bd. 1, S. 99). Die Franzosen überhöhen auch die Bedeutung von Freuds Übersetzungen und Vorworten von Charcots Vorlesungen von 1886 und 1892–94 (*S. E.*, Bd. 1, S. 19–22, S. 113–143) sowie von Bernheims *Die Suggestion und ihre Heilwirkung* (1888–89, in: *S. E.*, Bd. 1, S. 71–85.[24] Gewisse französische Historiker loben Charcot indirekt mit der Unterstellung, Freud habe sich Ideen aus Paris zu eigen gemacht, um seine Karriere in Wien zu beschleunigen. Andere zitieren Freuds Erinnerung an die chauvinistischen Bemerkungen Meynerts, als er Charcots Konzepte (zur *hystérie masculine*, am 15. Oktober 1886) vorstellte, um den Schluß zu ziehen, daß die Wiener weder Charcots noch Freuds Genius erkannten, weil sie das französische Denken nicht ertragen konnten.[25] In Wirklichkeit waren sowohl die Österreicher als auch die Franzosen gegenüber ausländischen Ideen relativ immun und behaupteten ihre jeweilige nationale Selbständigkeit und ihren Rang.

---

[24] Ellenberger betont die Fruchtbarkeit des damaligen Denkens und Experimentierens. Außerdem stellt er fest, daß der Deutsch-Französische Krieg von 1870–71 sowohl den französischen als auch den österreichischen Chauvinismus verstärkte, der einen intellektuellen Austausch behinderte und vorhandene Vorurteile festigte.

[25] Ellenberger, der herausgefunden hatte, daß die Hypnose für Bernheim die Wirkung von Suggestion war – die Fähigkeit, eine Vorstellung in Handeln umzusetzen –, betrachtete ihn als ein

Trotz des gegenseitigen Mißtrauens zwischen Paris und Wien bestand jedoch ein minimaler Wissensaustausch. Freud klammerte sich an jeden Strohhalm: jeder Besuch und jeder Text nährte in ihm die Vorstellung, daß die Franzosen für seine Ideen empfänglicher wurden. 1910 zum Beispiel freute er sich übermäßig über einen Brief, den er am 3. Dezember von Dr. Morichau-Beauchant aus Poitiers erhielt (McGuire, 1974); in einem Brief vom 13. Dezember erhielt Freud von Jones die Nachricht, daß der Franzose aus Poitiers einen Beitrag für das *Zentralblatt* – über Homosexualität und Paranoia – zu schreiben gedachte. Bald danach schrieb Freud an Abraham von der 'soliden Unterstützung aus Poitiers' und über einen Brief eines Schülers von Régis in Bordeaux (Abraham und Freud, 1965). Allerdings waren nur wenige Werke Freuds in französischer Sprache erhältlich. Zwar wurden „Les diplégies cérébrales infantiles" (1893e) und „Obsessions et phobies" (1895c) für die *Revue neurologique* übersetzt, aber diese Übersetzungen blieben ebenso folgenlos wie die Verweise durch verschiedene schweizerische Autoren (die mehr von Jung als von Freud angeregt worden waren): Théodore Flournoy hatte 1903 eine Rezension der *Traumdeutung* geschrieben [vgl. Sulloway, dt. Ausgabe 1982, S. 782]; Alphonse Maeder schrieb 1907 einen Kommentar über Traumdeutungen und Fehlleistungen (Barande und Barande, 1975, S. 40; Roudinesco 1982, S. 12) [vgl. Gay 1988, dt. Ausg. 1989, S. 272 f.]; und Théodule Ribot wies auf die Psychoanalyse hin (Barande und Barande, 1975, S. 40).

---

wichtiges Verbindungsglied in der Kette der dynamischen Psychiatrie. Roudinesco behauptet, Freud habe der Rivalität zwischen Charcot und Bernheim keine große Aufmerksamkeit geschenkt. Ihr zufolge entzweiten sich Charcot und Bernheim wegen ihren konkreten empirischen Methoden, und ihr Zwist regte Freud dazu an, zwischen den Gedanken beider zu vermitteln, indem er neurologische und psychische Faktoren voneinander trennte und damit die Übertragung, die Rolle der Katharsis und schließlich die freie Assoziation entdeckte (1982, S. 55–57).

Janine Chasseguet-Smirgel (1981), sicherlich angeregt durch die aktuelle Neugier über diese Geschichte, entdeckte vor kurzem einen Aufsatz aus dem Jahre 1907 von Schmiergeld, de Lodz und Provotelle, worin erklärt wurde, Freuds neue Psychologie stütze sich auf eine „Umerziehung des psychischen Zustands von Psychoneurotikern und Hysteriekranken" und er leite die Patienten dazu an, auf eine frühere psychische Stufe zurückzukehren, indem er sie in vergessene Erinnerungen eintauchen lasse. Sie verglichen indessen Freuds Auffassungen der Geisteskrankheit (er berücksichtigte hereditäre Faktoren und war der Ansicht, daß die Intelligenz der Patienten intakt bleibe) mit den Konzeptionen von Janet (er stellte einen psychischen Zerfall fest). Anschließend beurteilten sie Janets Analyse von dessen Patientin Marie (ihre Symptome hingen mit dem Schamempfinden zusammen) als der Psychoanalyse überlegen. Immerhin räumten diese Autoren ein, daß die Psychoanalyse Symptomzusammenhänge zwischen dem psychischen und dem organischen Leben nachweise (S. 1405) und sie bemerkten, daß Freuds Methode eher für Personen von höherer Intelligenz als für intellektuell Benachteiligte nützlich sei. Trotzdem zogen sie den Schluß, daß die Psychoanalyse „die symbolischen Manifestationen des sexuellen Wunsches" übertreibe (S. 1390–91). Offensichtlich war ihnen bekannt, daß Janet seine Fallgeschichten – über Lucie (1886), Marie (1889) und Marcelle (1891) – veröffentlicht hatte, bevor Freud über Anna O. berichtete, obwohl diese zwischen 1880 und 1883 behandelt worden war.[26] Obwohl Schmiergeld die Psychoanalyse ziemlich fair darstellte, konnte er nicht umhin, sich auf die Seite von Janet zu stellen. Wie es scheint, hatten andere Autoren noch größere Befürchtungen, sich gegen den Zeitgeist zu stellen. Ellenberger und manche französische Historiker stellen sich freilich ebenfalls auf die

---

[26] Freud veröffentlichte die *Studien über Hysterie* zwar erst 1895, aber Breuers Begegnung mit Anna O. ging auf das Jahr 1880 zurück. Siehe vor allem Gay (1988, S. 63–69; dt. Ausg. 1989, S. 78–84).

Seite von Janet, wenn sie Janets Auseinandersetzung mit Freud dem Freudschen Streben nach Ruhm zuschreiben. Andererseits kontern klassische Analytiker mit Bemerkungen über den unangenehmen Charakter Janets und erinnern gerne an Freuds Warnungen vor ihm gegenüber Jung (McGuire, 1974; vgl. den Brief vom 14. April 1914).

Die Betrachtungen der frühen Auseinandersetzungen in Frankreich schreiben den Widerstand gegenüber Freud im allgemeinen einem kulturellen Chauvinismus zu. Die Freudianer erklären die Feindseligkeiten meist als irrationale Abwehrformen, während die Historiker sich auf konkurrierende Praktiken konzentrieren: von der immer noch bestehenden Anziehung des Magnetismus und Mesmerismus bis zur Anwendung der Hypnose oder des sogenannten ärztlichen Blicks.[27] Die französischen Kommentatoren neigen jedenfalls dazu, den Einfluß *auf* Freud aufzublähen und die Beiträge aus Paris zu übertreiben. Sogar Freuds Bemerkung zu seiner Verlobten, die selbstzufriedenen Pariser schrieben jede wichtige Idee oder Erfindung sich selbst zu, wird zuweilen so zitiert, daß der Vorwurf sich in ein indirektes Kompliment verwandelt.

Der britische Zweig

Die britische Psychoanalyse kam 1913 durch Ernest Jones in Gang. Freud hatte ihn auf dem ersten Internationalen Psychoanalytischen Kongreß in Salzburg kennengelernt und an seinem Referat über „Rationalization in Everyday Life" Gefallen gefunden. 1919 hatte Jones sich nach einer Reihe von Auseinandersetzungen mit der British Medical Association in Kanada niedergelassen. Auch dort war er indes ein Unbequemer, eine Art enfant terrible: angeblich hatte er eine Patientin sexuell attackiert, und er lebte, zum Entsetzen der ziemlich provinziellen Einwohner von Ontario, offen mit

---

[27] Der „Blick" Michel Foucaults kam vor allem nach der Veröffentlichung von *Wahnsinn und Gesellschaft* (Frankfurt a. M.: Suhrkamp, 1969) und *Die Geburt der Klinik. Eine Archäologie des ärztlichen Blicks* (München: Hanser, 1973) in Mode.

seiner Geliebten zusammen (Grosskurth, 1986, S. 157). Jones folgte dann dem Rat von Freud und ließ sich in Budapest von Ferenczi analysieren (zwei Monate lang mit zwei Sitzungen pro Tag). Bald nach seiner Rückkehr nach London 1913 rief er nicht nur fünfzehn Kollegen zusammen, um die London Psycho-Analytical Society zu gründen, sondern wurde auch Mitglied in Freuds „Komitee der sieben Ringe" und später Präsident der International Psycho-Analytical Association (IPA).

Zweifellos hatte Jones' Bedeutung als Engländer und Nicht-Jude für die Bewegung sowie seine Ablehnung der Jungschen Ideen Freud dazu veranlaßt, sich auf ihn zu stützen. Als nämlich der zweite Senior der Londoner Analytiker, David Eder, Jungsche Ansichten kundgab, löste Jones die ursprüngliche Londoner Psycho-Analytical Society auf. Nur kurze Zeit später gründete er sie neu, diesmal als British Psycho-Analytical Society, nachdem er zwölf Personen gefunden hatte, die den Mitgliedschaftsbedingungen der IPA genügten. Das Format dieser Gründungsmitglieder und jener, die sich kurz darauf anschlossen – zu ihnen gehörten James und Alice Strachey, Ella Sharpe, Joan Riviere, James und Edward Glover – verliehen der Psychoanalyse eine gewisse Prägung.

Um 1925 war die London Psycho-Analytical Society auf insgesamt vierundfünfzig ordentliche und außerordentliche Mitglieder angewachsen. Ebenso wie die Wiener verkörperten sie verschiedene Fachrichtungen. Fast alle kamen jedoch aus christlichen Familien in Schottland, England oder Wales und sie hatten eine ausgeprägte Neigung zum Agnostizismus und Humanismus (King, 1988, S. 128). Jones gab das *International Journal of Psycho-Analysis* heraus (1920); die IPA hatte mit einer internationalen psychoanalytischen Buchreihe begonnen (International Psychoanalytical Library, 1921) und war dabei, eine Klinik zu gründen (1926). James Strachey fing mit der Übersetzung und Herausgabe der Schriften Freuds im Verlag Hogarth Press an (1924) (Kohon, 1986, S. 27–28). Mit anderen Worten, die Psychoanalyse war dabei, Fuß zu fassen, und wenn auch nicht in der allgemeinen Kultur, so doch bei einer Elite.

Der Bloomsbury-Anteil war für die Angehörigen der britischen Elite keineswegs typisch. George Homans zufolge stellen britische Gentlemen in der Regel die Motive anderer Gentlemen nicht in Frage, und die Klassenunterschiede werden dadurch gewahrt, daß man gesellschaftliche Leistungen so lange für bare Münze nimmt, wie sie für den jeweiligen Kreis nicht störend wirken (Hampden-Turner, 1983, S. 63). Die frühen Londoner Analytiker gehörten entweder zur Elite der Dissidenten oder zur jüdischen Bourgeoisie, und die Angehörigen der traditionellen Elite fühlten sich ihnen überlegen. Diese Isolation förderte die Ausbreitung der Psychoanalyse in der Öffentlichkeit natürlich nicht, und deshalb blieb sie lange Zeit auf mehr oder weniger intellektuelle Kreise begrenzt.

In England als einem liberalen Land gab es keine scharfen Trennungen zwischen den herrschenden Klassen wie in Frankreich zwischen Katholiken und Kirchenfeinden und auch keine rechtsgerichteten Bewegungen wie in Deutschland und Italien. Die Engländer achteten ihre stabile Demokratie, ihre menschenfreundliche Toleranz und ihr Mitgefühl, und sie respektierten Menschenrechte und Gesetzesgleichheit. Sie hatten kein „Bedürfnis" nach Psychoanalyse. Deshalb sahen sich die Analytiker dem mehrheitlichen Widerstand der Öffentlichkeit, der Kirche, der medizinischen und psychiatrischen Berufe, der Elite und der Presse ausgesetzt. Nachdem ihnen ein minimaler Zugang gelungen war, brach in der British Medical Association der offene Kampf aus. Zahlreiche heftige Beschuldigungen führten zur Gründung eines besonderen Komitees zur Überprüfung der Psychoanalyse. Nachdem Jones zwei Jahre lang gegen die „psychologisch ungebildeten" Gegner gekämpft hatte (von seinen eingeschüchterten Berufskollegen erhielt er kaum Unterstützung), brachte er das Komitee dazu, „die Ansprüche Freuds und seiner Anhänger auf die Definition und die Anwendung des Terminus 'Psychoanalyse' zu respektieren, so wie er gebraucht wird für die Theorie (und die darauf beruhende Technik), die von Freud entwickelt worden war, dem man auch zuerkannte, daß er diesen Terminus als erster verwendet hatte" (Kohon, 1986, S. 29). Außerdem pflichte-

te das Komitee bei, daß seine Angehörigen von der Psychoanalyse nicht genug wußten, um urteilen zu können; sowohl
die Ansprüche als auch die Kritik sollten mit der Zeit
überprüft werden.

Der Historiker der britischen Psychoanalyse, Gregorio
Kohon, zieht zwar den Schluß, daß dieser Bericht für die
psychoanalytische Bewegung positive Folgen hatte, weist
jedoch auch darauf hin, daß aufgrund der Weigerung des
Komitees, die Ansprüche der Psychoanalyse zu akzeptieren
oder zu bewerten, das Urteil keineswegs zu einer Anerkennung der Psychoanalyse führte (1986, S. 30). Was an
Anerkennung vorhanden war, so muß man hinzufügen, war
in London zu finden und nicht überall im Lande.

Freuds Facetten

In Ungarn, Italien und Rußland setzte die Psychoanalyse
zwar relativ früh ein, blieb jedoch aus mancherlei politischen
oder religiösen Gründen eine Minderheitenbewegung, wenn
sie nicht gar im Keim erstickt wurde. In Japan führten ganz
wenige Anhänger die Psychoanalyse 1919 in die Psychiatrie
ein (Takahashi, 1982, S. 481). Wie überall sonst hing die
Rezeption der Psychoanalyse auch dort von jenen Eigenheiten der Gesellschaft ab, die die Psychoanalyse plausibel
machten; von ihren Normen und ihren Mitteln zur Verbreitung neuen Wissens (Berger, 1981, S. 59–60). Da die
Psychoanalyse im Widerspruch stand zu den für selbstverständlich gehaltenen Bräuchen und da sie die kulturell
dominierenden Denker und Ideen bedrohte, forderte sie
natürlich überall die althergebrachten Konventionen, Dog-
men und Überlieferungen heraus. Daß die Freudsche Therapie als eine Gefahr für Ärzte, Priester und Psychologen
angesehen wurde, machte eine organisierte Opposition so
gut wie sicher.

Die Auffassungen von Sulloway, Cremerius, Roudinesco
und anderen über die Rezeption der Psychoanalyse bringen
jeweils besondere Einseitigkeiten zum Ausdruck. Rückt
man Freuds Biologie und Neurophysiologie in den Mittel-

punkt seines Systems, dann wertet man seinen humanistischen Gehalt ab; konzentriert man sich auf die politische Unterdrückung, dann hebt man seine Sympathie für marxistische Ideale hervor; betont man die Beiträge der Schüler, dann führt dies zu Fragen über Freuds Originalität. So werden Annahmen über das Unbewußte und über die kindliche Sexualität je nach Zielsetzung aufgebauscht oder heruntergespielt. Damit wird keineswegs geleugnet, daß Freud das Unbewußte „systematisiert" hat; es heißt nur, daß man sich Fragen über die wissenschaftliche Eigenart der Psychoanalyse, über ihren Einfluß auf Individuen und Gesellschaft und über ihr Heilungspotential erneut vornimmt.

In historischen Darstellungen von psychoanalytischen Organisationen (sie sind Gegenstand des folgenden Kapitels) wird die Entwicklung zahlenmäßig erfaßt – in Zahlenangaben über Mitglieder, Konferenzthemen, immer strengere Ausbildungsanforderungen, Patienten und Patientenarten –; so messen wir nun einmal den Fortschritt. In solchen Darstellungen werden außerdem klinische und institutionelle Faktoren unter unterschiedlichen kulturellen Bedingungen und Einflüssen miteinander verglichen. Freudianer, die sich gewöhnlich nicht viel um Statistiken kümmern, neigen freilich dazu, ihre Vergangenheit zu glorifizieren. Als C. P. Oberndorf die Geschichte der amerikanischen Psychoanalyse zwischen 1909 und 1929 an sich vorüberziehen ließ, stellte sie sich ihm in erster Linie als Bestandteil der medizinischen Theorie und Praxis dar und als etwas, das in verschiedene Richtungen auseinanderfiel. Seiner Ansicht nach war Freuds Freimütigkeit gegenüber der Laienanalyse den wertvollen Beiträgen einiger weniger Wiener und „eher persönlichen unbewußten Gründen" zuzuschreiben (1949, S. 153–161). Sándor Lorand wiederum verglich die Rezeption der Psychoanalyse in Europa und in den USA:

„Als ich 1925 nach Amerika kam, fand ich in New York eine andere Einstellung gegenüber der Psychoanalyse vor als in Europa. Während europäische Ärzte und Psychiater der Analyse großen Widerstand und Intoleranz entgegenbrachten, waren in New York viele bereit, Analytiker anzuhören, und ein beträchtlicher Teil der Öffentlichkeit schien darauf erpicht zu sein, etwas über die Psychoanalyse in Erfahrung zu bringen. Gewiß, an Kritik und Widerstand fehlte es keineswegs, (...) aber die allgemeine Atmosphäre war ganz anders als der starre Gegensatz, der in Europa vorherrschte." (1969, S. 589)

Lorands Sicht war vielleicht nicht allzu objektiv, aber die historischen Fakten scheinen ihm recht zu geben.

In den vergangenen sechzig Jahren sind die Unterschiede zwischen den verschiedenen theoretischen Zugängen zur Psychoanalyse von Land zu Land noch größer geworden. Das heißt nicht, daß die professionelle Kooperation über Nationengrenzen hinweg nachgelassen hätte, sondern nur, daß die Untersuchungsweisen oder die zugrundeliegenden theoretischen Voraussetzungen in jedem Land jeweils denselben Denktraditionen und Institutionen entsprachen, die auch die Rezeption der Psychoanalyse festgelegt hatten. So gesehen sind sowohl das neuerliche Interesse der Amerikaner an Freuds Neurophysiologie und Biologie, das Hauptinteresse der Deutschen für den Antisemitismus und Faschismus, die britische Aufmerksamkeit gegenüber dem Kleinkind und die österreichische Nostalgie Fortsetzungen von früheren Interessen. Und die italienischen Erinnerungen an Edoardo Weiss, den einsamen Anhänger Freuds in Triest (er zog 1932 nach Rom und 1939 nach Chicago), oder die Wiederbelebung Ferenczis in Ungarn sind unter anderem auch Manifestationen des Nationalstolzes. Viele Historiker der Psychoanalyse loben die in ihrer eigenen Heimat Geborenen zuerst – so schwelgen die Franzosen in Erinnerungen über ihre Prinzessin Marie Bonaparte und die Deutschen über Karl Abraham.

Freuds Ideen erwuchsen aus einer besonderen Verbindung von theoretischen und praktischen Voraussetzungen und lösten eine Vielfalt von Reaktionen aus. In Mitteleuropa näherte sich die sogenannte „Moderne" ihrem Höhepunkt. Industrialisierung und bürgerliche Kultur waren so erfolgreich geworden, daß eine immer größere Anzahl Individuen sich erlauben konnte, sich mit Dingen zu befassen, die jenseits der bloßen Überlebensnotwendigkeiten lagen. Die

Voraussetzungen selber hatten zu der Vorstellung geführt, daß Wissenschaft und Rationalität das Höchste waren und daß noch mehr Wissenschaft und noch mehr Rationalität zu noch mehr Fortschritt führen würde, vielleicht sogar zur Utopie. Wäre nicht die Psychoanalyse entstanden, so hätte man dafür, daß die Wohlhabenden trotz ihrer Besitztümer unglücklich waren und daß die Armen trotz harter Arbeit weiterhin arm zu bleiben schienen, eine andere psychologische Erklärung gefunden. Mit dem Kapitalismus konnte man zwar die Ökonomie erklären, aber die Religion erfüllte ihre emotionalen Funktionen nicht mehr: wie jeder Theoretiker seit Saint-Simon gezeigt hatte, war sie vom Glauben an die Wissenschaft abgelöst oder zumindest in Frage gestellt worden, und zwar von einer ständig wachsenden Zahl von Menschen, deren Leben sich veränderte, die vor neuen Ideen, vor den Möglichkeiten des Reisens und vor neuen technischen Erfindungen standen. Weil die religiösen Führer immer weniger Antworten fanden und eine immer kleinere Gefolgschaft hatten, war die Psychoanalyse mit ihrem Glauben an persönliche Autonomie und an die Möglichkeit einer „Rettung" durch persönliche Initiative für das moderne Leben besonders gut geeignet. Sogar die Priester reagierten auf die eigene, wachsende Ohnmacht. Widerwillig griffen sie psychoanalytische Ideen auf und paßten sie an.

In dem Maße, wie Freud die – individuelle und gesellschaftliche – Irrationalität im menschlichen Unbewußten lokalisierte, war der Fortschritt der Psychoanalyse von der Austilgung des irrationalen Denkens und Handelns abhängig. In ihrem Anspruch auf Wissenschaftlichkeit spiegelte sich der Glaube an Wissenschaftsnormen; gleichwohl hielt sie an humanistischen Werten fest. Die Institutionen freilich, die sich nur zögernd von ihren Traditionen lösen können, akzeptierten die Idee, daß das Unbewußte der persönliche Ort dieser Traditionen sei, nur ganz langsam. Auf gesellschaftlicher Ebene glaubte man jedoch, wie vage auch immer, psychoanalytische Einsichten könnten die demokratischen Vorstellungen von einer Befreiung des Menschen dadurch erweitern, daß man viele Individuen von ihren Neurosen befreit.

2. Kapitel
Von der informellen Gruppe
zu formellen Strukturen

Bis 1906 hatte Freud fünf Bücher und etwa siebzig Artikel veröffentlicht. Die *Drei Abhandlungen* waren in Europa und in Amerika rezensiert worden. Er hatte mit dem englischen Sexualforscher Havelock Ellis und mit dem Schweizer Psychiater Carl Gustav Jung Kontakt aufgenommen. Täglich empfing er Briefe aus der ganzen Welt, und trotzdem gab es in seiner unmittelbaren Umgebung nur ein paar wenige Menschen. Zwar wollten einige von ihnen ein Netz aufbauen, um die Botschaft zu verbreiten, aber keiner von ihnen träumte auch nur davon, daß die Organisation, an deren Aufbau sie sich machten, schließlich wie der sprichwörtliche Schwanz des Hundes mit dem Körper ihres Gastgebers wedeln würde: mit der Psychoanalyse.

Die Mittwoch-Gesellschaft

Zwischen 1902 und 1906 wurden die Mittwochabende für Zusammenkünfte in Freuds Arbeitszimmer reserviert. Die Mitglieder hießen jeden Besucher willkommen: das Band zwischen ihnen war die Begeisterung für die Psychoanalyse. Angesichts ihres eigenen Eifers nahmen die Schüler an, daß die Psychoanalyse überall Anklang finden würde und daß deren Wahrheit allein aufgrund ihres eigenen leidenschaftlichen Bemühens Verbreitung finden würde. Die Notwendigkeit einer formellen Organisation faßten sie nicht ins Auge. Ebensowenig stellten sie sich vor, daß sie Anführer einer großen Bewegung werden oder in absehbarer Zeit rivalisierenden Gruppen vorstehen sollten. Und sie ahnten auch nicht, daß man Freuds engste Anhänger eines Tages beschuldigen würde, sich in eine Glaubensgemeinschaft verwandelt zu haben, oder daß man Freud für eine solche Entwicklung verantwortlich machen würde. Freud forderte nämlich von seinen Vorkämpfern uneingeschränkte Treue. Er nahm sie unter seinen Schutz und erwartete von ihnen, daß sie die psychoanalytische Forschung weiterführten, die er dann zu einem Ganzen zusammenfassen würde. Wie kam es nun, daß organisatorische Prioritäten nach und nach die substantiellen Fragen vereinnahmten und sie manchmal sogar überlagerten? Sicherten diese Prioritäten tatsächlich die Macht einer Elite, wie einige Gegner behaupteten, oder rettete die Organisation 'das Gold der Psychoanalyse', wie Freud erwartet hatte? Anders gesagt, wie wurde die Mittwoch-Gesellschaft in die IPA umgewandelt und wie konnte sie ihre Macht aufrechterhalten, nachdem Adler, Jung, Stekel und andere Beteiligte rivalisierende Gruppen gebildet hatten? Und wie konnte es geschehen, daß die Psychoanalyse umgestürzt und übermäßig bürokratisiert wurde, trotz Freuds vermeintlichen Einwänden? Hoben die Schüler seine expliziten Sanktionen gegen eine Formalisierung auf (von der er befürchtete, daß sie das freie Spiel der Gedanken behindern würde), oder war die Zunahme an Organisation unvermeidlich?

Als die Psychoanalytiker sich informell an den Mittwochabenden trafen und alle in Freuds Arbeitszimmer Platz fanden, verhielten sie sich überaus zwanglos. Deshalb erschien es als ganz natürlich, daß bei einem aus Raumgründen notwendig gewordenen Ortswechsel zwei von vier Vorschlägen für ein Kaffeehaus eintraten. Sobald sie jedoch einen Versammlungsraum gemietet hatten, hielten sie sich stärker an die Etikette: es gab mehr Teilnehmer, sie waren sich ihrer Bedeutung stärker bewußt und sie wollten ihre Diskussionen aufgezeichnet wissen, sei es für wissenschaftliche Zwecke oder im Blick auf die Nachwelt. Deshalb bestellte Freud den autodidaktisch gebildeten Maschinenschlosser Otto Rank, den er unter seine Fittiche genommen hatte, zum Protokollführer der Mittwoch-Gesellschaft

[Gay, 1987; dt. Ausg. 1989, S. 202–203; 529 ff.].[1] Die Pioniere hatten die Gewißheit, daß ihre offenen Auseinandersetzungen wie auch ihre Streitgespräche die Wissenschaft nur fördern würden (Nunberg und Federn, 1962, S. XIX-XXI) – wobei sie jedoch übersahen, daß der explosive Charakter ihrer Beziehungen einer organisatorischen Zusammenarbeit unzuträglich war.

Als die Anhänger Freuds 1902 mit den Mittwochtreffen begannen, lebten sie alle in Wien: Alfred Adler, Rudolf Reitler, Isidor Sadger und Wilhelm Stekel. Ihnen schlossen sich bald danach Max Kahane, Paul Federn und Edward Hitschmann an. Sie lasen Schnitzler, Hofmannsthal und Rilke; sie traten für den Liberalismus ein und beteiligten sich aktiv an der Tagespolitik. Sie unterstützten die linksorientierten Ideale ihrer intellektuellen Zeitgenossen und erwarteten auch von der Psychoanalyse, daß sie diesen Idealen dienlich sein würde. Ranks *Protokolle* geben die Stimmung bei diesen Treffen mit ihren zufälligen Beobachtungen und Hinweisen auf politische Ereignisse wieder, und sie vermitteln einen Eindruck sowohl von der Angeregtheit und Unabhängigkeit als auch von dem beißenden Humor und der ungewöhnlichen Neugier der Teilnehmer.

Um eine uneingeschränkte Offenheit zu fördern, versuchte Freud, die Regelungen möglichst gering zu halten. Gästen war er besonders herzlich zugetan. Jeder, der einen Vortrag hielt – das war der Initiationsritus –, wurde als Mitglied aufgenommen. Nachdem die Vorbereitungen vorüber waren, wurde ein Vortrag gehalten. Dann wurde im Anschluß an eine Kaffeepause der Vortrag diskutiert. Man erwartete von jedem Teilnehmer, daß er sich am Gespräch beteilige. Die Teilnehmer ließen das Los entscheiden, wer anfing. Freud entschied indessen darüber, welcher Aspekt

---

[1] Bevor Rank 1905 Freud begegnete, hatte er eine psychoanalytische Arbeit (*Der Künstler*) geschrieben, die erst 1907 veröffentlicht wurde. Nachdem Rank 1915 in die Armee eingetreten war, hörten die *Protokolle* auf; allerdings existieren bruchstückhafte und „unverständliche" Aufzeichnungen. Von früheren Treffen gibt es dagegen keine Aufzeichnungen.

eines Themas hervorgehoben wurde. Man widersprach ihm selten und unterbrach ihn kaum. „Das letzte und entscheidende Wort sprach immer Freud selbst." (Gay, 1987; dt. Ausg. S. 200): zum Teil deshalb, weil er die Begabung hatte, beiläufige Bemerkungen in theoretische Hypothesen umzuformulieren. (Sogar Freuds Gegner bewunderten seine intellektuelle Gewandtheit und meinten, daß sie viel dazu beigetragen habe, die Psychoanalyse plausibel zu machen.)

In neueren Biographien über Freuds Schüler wird darauf hingewiesen, daß der Keim zu deren späteren theoretischen Bemühungen in diesen frühen Vorträgen angelegt ist. Die Anhänger meinten häufig, letztlich seien ihre Stil- und Interessenunterschiede für die bestehenden Uneinigkeiten verantwortlich. Diese Differenzen brachten freilich auch ihre jeweiligen Neurosen und ihre Persönlichkeit zum Ausdruck. Man kann den *Protokollen* entnehmen, daß Rank sich bemühte, freundlich zu sein, oft aber arrogant wirkte; Wittels dagegen war aufrichtig und hartnäckig, Federn nachgiebig und Stekel streitsüchtig und unangenehm. Diese Verhaltenseigenschaften wurden natürlich zum Theoriestoff der Psychoanalyse. Als es später zur unumstößlichen Regel wurde, im Namen der Wissenschaft jeden Konflikt als Manifestation unbewußter Prozesse darzustellen, verursachte diese gewohnheitsmäßige Reduktion organisatorische Kopfschmerzen (siehe 10. Kapitel).

In der Anfangszeit hegten die Freudianer die Erwartung, durch das Offenlegen ihrer intensivsten Gefühle, Phantasien und Träume und durch die der Gruppe gebotene Möglichkeit, sie zu deuten, werde die Atmosphäre gereinigt und die Einigkeit untereinander verstärkt. Aber bereits 1913 hielt Lou Andreas-Salomé, die Vertraute Freuds, in ihrem Tagebuch fest, daß die unvermeidlichen Streitigkeiten unangenehm waren. Sie sympathisierte mit Freud, der nicht länger jene „Ruhe stiller Forschung" fand, die er angeblich bis 1905 genoß; allerdings war sie sich dessen sicher, daß die Streitigkeiten für die Zukunft der Psychoanalyse förderlich waren und daß sie die Bewegung vorantreiben würden (1958, S. 98).

Sicherlich war es keine Hilfe, wenn einige Teilnehmer sich in Positur setzten, als man die Diskussionen zu protokollieren anfing – besonders als sie sich für eine Avantgarde zu halten begannen. Mit Blick auf die Nachwelt forderten einige von ihnen nunmehr die Anerkennung ihrer eigenständigen Formulierungen und Einsichten, und Federn schlug sogar vor, den „geistigen Kommunismus" aufzuheben und darauf zu verzichten, von neuen Ideen ohne die Erlaubnis ihrer jeweiligen Urheber Gebrauch zu machen (Nunberg und Federn, 1962, S. 299; dt. Ausg. Bd. I, S. 282). Im großen und ganzen bewegten sie sich zwischen der Erforschung ihres Unbewußten, dem Ausdruck ihrer Gruppensolidarität und einer hitzigen Polemik hin und her. Und die Freudianer schienen in der Zeit, da sie ihre Spekulationen zum gemeinsamen Thema machten, über Fälle berichteten und sich gegenseitig beleidigten, Freud in ihren ödipalen Vater und sich selbst in rivalisierende Geschwister verwandelt zu haben.

Historiker können deshalb in die *Protokolle* alles mögliche hineinlesen und die Beiträge ihrer jeweiligen Lieblinge ins Licht rücken. Trotz allem blieb Freud jedoch dominierend. Französische Kommentatoren schildern ihn nunmehr als den „Vater", der in den Streitigkeiten zwischen seinen „geistigen Söhnen" stets das letzte Wort hatte, und sie weisen nach, daß er sowohl Höflichkeit im Umgang als auch organisatorische Regeln durchsetzte. Deutsche Historiker der Psychoanalyse befassen sich häufig damit, wie er über die Forschungsrichtung entschied: einige stellen fest, daß diese Treffen wie Vorformen der Gruppentherapie erscheinen, andere bewundern Freuds Toleranz und seine Nüchternheit im Umgang mit wilden Vermutungen, und wieder andere wundern sich über seine Fähigkeit, Lob und Kritik ins Gleichgewicht zu bringen.

Als 1907 Max Eitingon aus Zürich eintraf, der erste ausländische Gast in der Gruppe, fiel ihm der lebendige und streitlustige Geist der Pioniere auf. Er war als Abgesandter von der Klinik Burghölzli gekommen, um über einen besonders schwierigen Fall Rat einzuholen. Als Mitarbeiter von Jung, Franz Riklin, Karl Abraham und Eugen Bleuler (dem Direktor des Burghölzli) war Eitingon dem Appell Freuds gefolgt und „praktizierender Psychoanalytiker" geworden. Es hieß, er sei voller Ängste gewesen in diesen illustren Kreis einzutreten, dem damals sowohl Fritz Wittels und Alfred Meisl als auch Kahane, Reitler, Stekel, Adler und Sadger angehörten. Rank und Federn waren vor kurzem Mitglieder geworden (Wulff, 1950, S. 75). Aus dem Protokoll geht hervor, daß Eitingon den Kreis zweimal besuchte (am 23. und 30. Januar 1907) und daß zehn bzw. zwölf Personen anwesend waren. Eitingons Fragen waren sachlich: er wollte wissen, was die Neurose verursacht, woraus die Therapie – und besonders die Übertragung – besteht und was nach der Psychoanalyse aus der Hysterie wird. Recht naiv hielt Rank fest: „Der Beantwortung dieser Fragen ist der heutige Diskussionsabend gewidmet" (Nunberg und Federn, 1962, Bd. I, S. 93; dt. Ausg. Bd. I, S. 87).

Nach dem Internationalen Psychoanalytischen Kongreß in Salzburg im August 1908 mit zweiundvierzig Anwesenden faßten die Wiener Analytiker den Entschluß, die Organisation künftig formeller zu gestalten. Nachträglich sahen sie ein, daß solche Treffen sorgfältig geplant, vorher bekanntgemacht und durch Teilnahmegebühren finanziert werden sollten. Sie gingen nun daran, sich als internationale Berufsorganisation zu konstituieren, weil sie hofften, durch die Legitimierung ihres Unternehmens und ihren Zusammenschluß gegenüber den feindlich gesonnenen medizinischen und politischen Establishments die Welt zu erobern. Nachdem die Psychoanalyse sich in immer mehr Ländern ausbreitete, erweiterte auch die IPA ihre Autorität gegenüber ihren Mitgliedern.

Im April 1908 wurde die Mittwoch-Gesellschaft in die Wiener Psychoanalytische Vereinigung (WPV) umgewandelt. Von diesem Zeitpunkt an ging die Bewegung bis 1911 mit Riesenschritten voran. Sie erlitt erst dann einen Rückschlag, als Adler mit der Vereinigung brach. Die Spannungen hatten sich nämlich in der Zwischenzeit noch verschärft. Adler drängte auf eine unmittelbare Anwendung der psychoanalytischen Theorien in der Öffentlichkeit, während Freud der Auffassung war, daß solche Anwendungen der Erforschung des Unbewußten entgegenwirkten. Nachdem Adler eine Konkurrenzorganisation unter dem Titel „Verein für freie psychoanalytische Forschung" gegründet hatte, schlossen die Mitglieder der WPV ihn per Abstimmung aus (siehe 12. Kapitel). Als Folge davon veränderte sich das organisatorische Leben drastisch, und die Beziehungen zwischen den Mitgliedern wurden förmlicher. Die Freudianer begannen nun, Adlers Individualpsychologie absichtlich zu ignorieren, und Freud engagierte sich stärker in der IPA. Mit dem Ausschluß Adlers (der die Neurosen immer mehr als Manifestationen von größeren gesellschaftlichen und politischen Kräften betrachtete) hatte Freud einen Präzedenzfall für den Umgang mit „Abweichlern" geschaffen.[2] Gleichwohl bahnte Adler unabsichtlich ihnen allen den Weg zu einer allgemeineren Akzeptanz. Es gelang ihm, österreichische Beamte von der Bedeutung psychoanalytischer Grundsätze zu überzeugen, auch wenn sie nur oberflächlich und pragmatisch angewandt wurden; er arbeitete sich damit in der sozialdemokratischen Hierarchie hoch und konnte auf die Sozialpolitik Einfluß nehmen: er sorgte dafür, daß psychoanalytische Ideen in das österreichische Schulsystem, in psychiatrische Kliniken, in die Vorschulerziehung und in die Einrichtungen zur Rehabilitation von Straffälligen Eingang fanden (Reichmayr und Wiesbauer, 1979, S. 16).[3]

Weil der Austritt Jungs zwei Jahre später zu besonderen Problemen führte (er mußte als Präsident der IPA und als Herausgeber des *Jahrbuchs* ersetzt werden), stellte Freud Regeln für den Umgang mit „Dissidenten" auf: diese sollten

---

[2] Nach 1911 wurden die Adlerianer kaum noch erwähnt, und ebenso erging es den Jungianern oder der Münchner Gruppe nach 1914, obwohl einzelne Freudianer mit ihnen durchaus in Kontakt blieben.

[3] Reichmayr und Wiesbauer zufolge neigten die Adlerianer dazu, die Theorie auf Schlagworte wie „sozialistische Erziehung", „Erziehung zum Klassenbewußtsein", „autonome klassenbewußte Proletarier" und „Gemeinschaftsbewußtsein" zu reduzieren, weil ihre Ziele offensichtlich klarer waren als die Mittel, sie zu erreichen.

künftig von einer besonderen Kommission der IPA beurteilt werden, um solchen Situationen das Persönliche zu nehmen.

Da die organisatorischen Präzedenzfälle schon festgelegt waren, als Jones über diese Ereignisse berichtete, konnte er die unangenehmen Streitigkeiten im Zusammenhang mit Adlers Austritt beschönigen oder herunterspielen. Stekels Austritt verursachte dagegen keine große Störung in der WPV, zum einen, weil Jones die Sache glätten konnte, und zum anderen, weil Stekel keine organisatorischen Funktionen ausübte. Ob Jones nun, wie oft behauptet wurde, der Bewegung gegenüber allzu fürsorglich [overprotective] war oder nicht, bleibt umstritten. Die Freudianer waren alle politisch genug, um zu wissen, daß jeder, der ihre Organisation unter seine Kontrolle bekam, sich ihrer theoretischen Ausrichtung und der vorherrschenden Ideen zu bemächtigen vermochte – und dies schloß auch Freud selbst mit ein.

Deutschlands Organisationstalente

Eine Reihe von Ereignissen hatte zur Folge, daß Berlin zum Zentrum der Psychoanalyse wurde. Karl Abraham hatte sich entschieden, das Burghölzli zu verlassen, um nach Berlin zu gehen, und er bat Freud um Rat und Hilfe. (Er hatte als Ausländer und Jude den Eindruck gewonnen, daß seiner beruflichen Zukunft in Zürich Grenzen gesetzt waren.) Freud, der Abrahams Aufsatz „Über die Bedeutung sexueller Jugendträumen für die Symptomatologie der Dementia praecox" (1907) gelesen hatte – die direkten Hinweise auf die Psychoanalyse hatten bei ihm Anklang gefunden –, freute sich über die Aussicht auf eine deutsche Außenstelle und ermutigte Abraham zu dem Unternehmen. „Steigt mein Ansehen in Deutschland, so wird es gewiß für Sie fruchtbar sein, und wenn ich Sie direkt als meinen Schüler und Anhänger bezeichnen darf – Sie scheinen mir nicht der Mann zu sein, der sich dessen schämt –, so kann ich energisch für Sie eintreten. Andererseits wissen Sie selbst, mit welchen

Anfeindungen ich noch in Deutschland zu kämpfen habe."
(Abraham und Freud, 1965, 8. Oktober 1907 S. 25). Er
warnte Abraham außerdem vor den Berliner Psychiatern
(die sich über die Geltung der Hypnose stritten) und vor den
deutschen Ärzten im allgemeinen, und er riet ihm, sich
direkt an die Öffentlichkeit zu wenden.

Manche Historiker der Psychoanalyse vermuten, daß
Freuds Rat an Abraham von der Enttäuschung über Fließ,
mithin über frühere Hoffnungen auf eine psychoanalytische
Gesellschaft in Berlin beeinflußt war. Sie alle schreiben
jedoch über Abrahams Siegeszug. Er nahm sofort mit jedem
deutschen Psychiater und Neurologen, der für die Psychoanalyse Interesse gezeigt hatte, Kontakt auf, und bald darauf
kamen sie in seiner Wohnung zusammen (Maetze, 1976,
S. 1146)[4], die zum Mittelpunkt der lebhaften Diskussionen
der Berliner Psychoanalytischen Gesellschaft wurde.
Magnus Hirschfeld und Iwan Bloch – der 1906 die *Drei
Abhandlungen* gelobt hatte – fanden sich zum ersten Treffen
im August 1908 ein, ebenso Heinrich Körber und Otto
Juliusberger, der 1907 im Berlinischen Psychiatrischen Verein einen „Beitrag zur Lehre der Psychoanalyse" präsentiert
hatte. Später stieß Ernst Simmel zu ihnen, der bald darauf die
erste „Polyklinik" gründete (1934 baute er die Psychoanalytic Society in Los Angeles auf, der 1938 auch Otto Fenichel
beitrat), sowie Otto Binswanger (dessen Patientin Irma, die
er an seinen Neffen Ludwig überwiesen hatte, zu einem
klassischen Fall wurde: „Versuch einer Hysterienanalyse".
Die Fallgeschichte erschien im selben Band des *Jahrbuchs*
wie Freuds berühmte Fallgeschichte über den „Kleinen
Hans").

Abraham war ein begabter Proselytenmacher. So organisierte er in der Anstalt Dalldorf seines einstigen Professors,

---

[4] Es handelte sich um Dr. Georg Wanke, Direktor eines Sanatori-
ums im Harzgebirge, Dr. Stegman aus Dresden, Dr. Otto
Juliusburger aus Jena, Dr. Warda aus Blankenburg in Thüringen,
L. Roemheld aus Württemberg, A. Muthmann aus Bad Nassau,
E. Bloch aus Kattowitz und J. Marcinowski vom Haus Sielbeck in
Holstein.

Hugo Karl Liepman (Maetze, 1976, S. 1147), eine lebhafte „Freud-Debatte" und richtete Kurse ein, in denen sich Ärzte über die neuesten Neurose- und Traumtheorien informieren konnten (Abraham und Freud, 1965, S. 45). Da Freud seine hingebungsvolle Arbeit schätzte, wurden sie Freunde und Briefpartner. Sie erörterten Organisationsprobleme und tauschten Manuskripte aus; Freud führte bei Abraham eine „Supervision" aus der Ferne durch. Abraham erhielt Freuds Arbeit „Charakter und Analerotik" (1908b) zu lesen, noch bevor sie in Salzburg vorgetragen wurde, und er sagte voraus, daß sie wie eine kleine Bombe einschlagen werde – eine Voraussage, die sich während des Kongresses als zutreffend erweisen sollte.

Die Psychoanalytiker vereinigen sich

Auf dem IPA-Kongreß in Nürnberg im August 1910 formulierte Ferenczi die „Notwendigkeit einer engeren Zusammenarbeit zwischen den Anhängern des Freudschen Denkens" und einen „Antrag zur Bildung einer künftigen internationalen Organisation". Ferenczi schlug vor, Gegner der Psychoanalyse und selbsternannte Psychoanalytiker zu behandeln, indem man ihre unbewußten Motive analysierte; auf diese Weise würde man sie entweder umstimmen oder zum Schweigen bringen (1955, S. 299–301). Wie er betonte, war ihre Kritik an der Psychoanalyse widersprüchlich; sie zeige ein Verhalten, das ebenso „neurotisch" und abwehrend sei wie dasjenige von Patienten in der Behandlung. Ferenczi zeichnete auch den historischen Weg der Psychoanalyse nach und umriß ihre Zukunft. In seiner Begeisterung über die Rekapitulierung der „heroischen" Zeit und der Zeit des „Guerillakrieges" und bei der Glorifizierung des künftigen Zeitalters der „Organisation" machte er jedoch die naive Voraussage, die Psychoanalytiker würden die für andere Organisationen unumgänglichen Reibungen vermeiden, da sie ja schließlich über Einsicht und Selbstbeherrschung verfügten. (Diese Rede war beispielhaft für die immer arrogantere Art, in der Freuds Schüler ihre Gegner abfertigten, und sie machte deutlich, weshalb diese sich so aufregten).

Auf dieser Konferenz trafen die Psychoanalytiker eine Entscheidung über die Struktur der Internationalen Psychoanalytischen Vereinigung (International Psycho-Analytical Association): sie sollte eine lockere Verbindung zwischen örtlichen (nationalen) psychoanalytischen Gesellschaften sein, der jeweils eine von Freud anerkannte Persönlichkeit vorstehen sollte. Es wurde vereinbart, daß man sich alle zwei Jahre auf Kongressen treffen und sich in der Zwischenzeit brieflich verständigen würde. Die Teilnehmer bestätigten die hohen Erwartungen Ferenczis, indem sie sich darüber einigten, daß neben den für die Mitgliedschaft erforderlichen Regeln keine weiteren Regelungen erforderlich waren und daß sie bei Bedarf weitere Statuten hinzufügen würden. Sie wollten, daß die IPA so informell wie möglich funktionierte.

Zunächst sahen die Freudianer nicht ein, daß das breite internationale Spektrum der IPA eine Ursache für unkontrollierbare Konflikte sein würde und daß ihr unverbindlicher Auftrag – die Psychoanalyse zu verbreiten – mit einem ganzen Spektrum lokaler Restriktionen und Traditionen kollidieren würde. Die Psychoanalyse war ja der einzige Berufszweig, der über eine internationale Basis verfügte, noch bevor lokale Organisationen eingerichtet waren, und dadurch konnten die Freudianer es sich gestatten, lokale und nationale Gewohnheiten, Eigentümlichkeiten und Gesetze zu ignorieren. Eben diese sollten sich später durchsetzen, als es um die Anerkennung des Berufsstands und um die Zulassung von nichtärztlichen Analytikern ging. Damals nahmen die Freudianer jedoch einfach an, die Psychoanalyse werde so „künstliche" Hindernisse wie nationale Grenzen und Zulassungsverordnungen automatisch überwinden, und sie unterschätzten den Einfluß von bestehenden Verordnungen auf die Verbreitung ihrer Ideen.

Geringe Aufmerksamkeit schenkten die Freudianer auch den ganz gewöhnlichen Organisationsfragen, weil damals niemand die Gier von Organisationen erkannte – deren Tendenz nämlich, sich kontinuierlich auszudehnen und die Macht an sich zu reißen (Coser, 1974). Stattdessen teilten sie die damalige Weltauffassung – den Fortschrittsglauben –, die für sie bedeutete, daß die „Menschheit" mit Hilfe der Psychoanalyse am Ende die „Nationalität" zwangsläufig überwinden werde. Dadurch sahen sie sich gerechtfertigt, administrative Einzelheiten zu ignorieren: sie nahmen ihre Organisation in erster Linie als ein Mittel zur Verbreitung ihrer Botschaft wahr. Das Organisationszentrum der Freudianer sollte sich mit der Präsidentschaft der IPA von Zürich nach Berlin und dann nach London verlagern, wobei Wien jedoch das intellektuelle Zentrum bleiben sollte, weil Freud dort lebte.

Die ersten Psychoanalytiker sprachen deutsch, und deshalb war es nur natürlich, daß die Gruppe, im Anschluß an Nürnberg, sich im September 1911 in Weimar und dann im September 1913 in München traf. Es war geplant, sich im September 1914 in Dresden zu treffen, aber dies wurde durch den Ersten Weltkrieg verhindert. Bis zu diesem Zeitpunkt hatte die Bewegung eine bedeutsame Entwicklung vollzogen: die Zeitschrift *Imago* – herausgegeben von Freud, redigiert von Rank und Hanns Sachs und gedruckt von Hugo Heller – war ein wichtiges Organ geworden; ebenso die *Internationale Zeitschrift für Psychoanalyse*, die das von Stekel redigierte *Zentralblatt für Psychoanalyse* ersetzte (er führte es als *Zentralblatt für Psychoanalyse und Psychotherapie* weiter), und das von Jung redigierte *Jahrbuch für Psychoanalyse*. Gleichwohl machten Adlers und Jungs Abtrünnigkeit Freud so zu schaffen, daß er es für notwendig hielt, Ferenczi gegenüber zu versichern: „Wir sind im Besitz der Wahrheit; ich bin so sicher wie vor 15 Jahren (...)" (Cremerius, 1982, S. 482).

Obwohl der Bruch mit Jung sich schon eine ganze Weile angekündigt hatte, blieb es unsicher, ob Abraham ihm als Präsident der IPA oder als Redakteur des Jahrbuchs nachfolgen würde. Als die führenden Analytiker die bevorstehende Abspaltung der Zürcher Gruppe gewahrten (daß die Münchner Gruppe folgen würde, wußten sie), begannen sie miteinander über das Problem zu korrespondieren. Der nahende Bruch veranlaßte Freud, sich immer stärker auf Abraham, Ferenczi, Rank, Sachs, Jones und später auch auf

Eitingon zu stützen; sie waren sein Komitee, die Erben und die Hüter der psychoanalytischen Reinheit – auch wenn sie sich nicht darüber einigen konnten, wessen Theorie nun die reinste war.

Da Freuds auserkorene Nachkömmlinge sich inzwischen berechtigt fühlten, sich als seine rechtmäßigen Nachfolger zu betrachten, war für sie die Annahme, daß sie wiederum ihre Erben aussuchen würden, nur natürlich. Sehr viel später, als man diese Praxis als zu elitär und zu stark traditionsgebunden attackierte, behaupteten einige Dissidenten, das Komitee habe wie eine „religiöse" Gemeinschaft funktioniert, und zwar sogar zwischen 1913 und 1914. (Einige Gegner sagten, dieser Geist sei vom Vater auf die Söhne übergegangen.) Dies verleitete die Mitglieder der IPA, das sogenannte Freudianische Establishment, dazu, sich hinter der Behauptung zu verschanzen, sie beschützten das Erbe. Von ihren Gegnern wurden sie jedoch eines immer stärker werdenden Konservativismus beschuldigt.

Der Erste Weltkrieg

Je erfolgreicher die internationale Bewegung wurde, desto mehr ignorierten die Freudianer die Politik. Während der Vorbereitung des Kongresses von 1914 in Dresden zum Beispiel ließen sie das explosive politische Klima in Europa und den bevorstehenden Krieg außer acht. Freud nahm sich Zeit bis zum August, um Abraham zu schreiben, das Treffen finde nicht statt; der Krieg sei unvermeidlich. Von patriotischen Gefühlen erfüllt, meinte er, diesem „nicht sehr hoffnungsvollen Imperium noch eine Chance geben zu müssen" (Abraham und Freud, 1965, S. 184). Allerdings war Freud aufgebracht darüber, daß „England auf der unrechten Seite" stand.[5] Jones hatte seine persönlichen Beziehungen spielen lassen, um Anna zu helfen, nach Kriegsausbruch mit dem österreichischen Botschafter über Portugal nach Wien zurückzukehren, und trotzdem gehörte

---

[5] [Brief von Freud an Abraham, 2. August 1914. *A. d. Ü.*]

er „zum Feind" (S. 188). Die Psychoanalytiker waren in der Tat so sehr mit ihrer Organisation beschäftigt, daß sie das vorherrschende Klima der internationalen Spannung und des unkritischen Patriotismus anscheinend nicht zur Kenntnis nahmen.

Nachdem sie die Verärgerung darüber, daß der Krieg ihren Kongreß verhindert hatte, überwunden hatten, vermochten sie nun die Schrecken des Krieges wahrzunehmen, und sie begannen die Psychoanalyse anzuwenden. Abraham, der bald nach Kriegsbeginn in die Armee eingetreten war, untersuchte als erster die Kriegsneurosen mit den Mitteln der Psychoanalyse. Er schrieb an Freud: „Der Psychoanalytiker steht verwundert dabei, wenn ich eine Hydrozele operiere, oder eine Rippenresektion wegen Empyem mache" (Maetze, 1976, S. 1151). Um 1915 hatte er seine psychoanalytischen Untersuchungen wieder aufgenommen und behandelte Kriegsneurosen mit Psychotherapie.

Jedenfalls erkannten die Psychoanalytiker zum ersten Mal die innere Gespaltenheit ihrer Bindungen zwischen Nation und psychoanalytischer Bewegung. Zu Beginn der dreißiger Jahre lösten sie diesen Konflikt dadurch, daß sie sich auf höhere Prinzipien beriefen – menschlichen Fortschritt, Frieden, Freiheit. Ihr Augenmerk auf dieses größere Ziel war zuweilen die Rechtfertigung dafür, daß sie den politischen Kräften und Faktoren noch weniger Aufmerksamkeit schenkten (siehe 12. Kapitel). Während des Ersten Weltkriegs gehörten zur psychoanalytischen Politik allerdings keine öffentlichen Erklärungen oder Resolutionen gegen den Krieg. Vielmehr verfolgten die Freudianer hauptsächlich ihre wissenschaftlichen Forschungen und pflegten ihre Organisation. Sie setzten die Veröffentlichung der *Internationalen Zeitschrift für Psychoanalyse* fort: allein Abraham veröffentlichte zwischen 1914 und 1918 zwölf Aufsätze, und auch Ferenczis Arbeit „Über zwei Typen von Kriegsneurosen"[6] erschien in der Zeitschrift. Als Regierungsbeamte die

---

[6] [Unter dem Titel: „Über zwei Typen der Kriegshysterie", in: ders., *Bausteine zur Psychoanalyse*, Band III, S. 58–79. A. d. Ü.]

Psychoanalytiker baten, Soldaten von den kriegsbedingten Neurosen zu heilen, fühlten sie sich geschmeichelt. Sie erkannten aber auch, daß für ein solches Unterfangen eine große Zahl von Personen Schnellkurse in Psychoanalyse zu absolvieren hätten. Abraham war dagegen, weil er befürchtete, daß die Psychoanalyse aus falschen Gründen in Mode kommen würde und daß nach dem Krieg Scharlatane behaupten würden, richtige Psychoanalytiker zu sein (Abraham und Freud, 1965, S. 268).

Der Gedanke, daß die Psychoanalyse psychisch gestörten Soldaten helfen könnte, regte den Berliner Arzt H. Oppenheim 1915 zur Veröffentlichung seiner Arbeit „Der Krieg und die traumatischen Neurosen" in der *Berliner klinischen Wochenschrift* und Ernst Simmel, den Direktor einer Spezialklinik für Kriegsneurotiker, zu seiner Schrift *Kriegsneurosen und psychisches Trauma* an. Freud zufolge war Simmel der erste deutsche Arzt, der die Psychoanalyse anwandte, und zwar ohne jede Herablassung. Deshalb schlug er vor, Abraham solle das Buch besprechen und Simmel dazu veranlassen, der Bewegung beizutreten: „Ich glaube, ein Jahr Schulung würde einen guten Analytiker aus dem Manne machen" (Abraham und Freud, 1965, S. 256). Auf diese Weise wurde Simmel nach dem Krieg Abrahams Analysand.

Erfolg in Berlin

Die Kriegserfahrungen erweiterten den Horizont der Analytiker und bewegten sie dazu, im Februar 1920 in Berlin die erste Poliklinik zu eröffnen. In einem allgemein offenen politischen Klima reagierten die Menschen positiv, und die Klinik hatte Erfolg. Sehr bald wurde ein Raum für Spieltherapie eingerichtet und eine neu eingestellte Ärztin für diese neue Tätigkeit ausgebildet. Trotz des Zustroms von Patienten beklagte sich Abraham gegenüber Freud, die Klinik ziehe nicht genügend junge Menschen an. Sein Blick richtete sich offenkundig ebensosehr wie derjenige Freuds auf die Zukunft der Bewegung.

Zu diesem Zeitpunkt verständigten sich die Mitglieder des Komitees in regelmäßigen Abständen durch Rundbriefe. Freud, inzwischen fünfundsechzig Jahre alt geworden, kündigte an, den geschäftlichen Teil der Bewegung aufgeben zu wollen, blieb jedoch ihr führender Geist und unterzeichnete zusammen mit Rank alle Briefe. Diese Briefe befaßten sich zumeist mehr mit praktischen Problemen – Verordnungen, Statutenänderungen, Zahlung der Mitgliedsbeiträge, Ausbildungsprogrammen, Konferenzen, Kongressen und Streitigkeiten (insbesondere zwischen Rank und Jones) über Fragen der Veröffentlichung und des Copyrights – als mit Wissenschaft.

Aus diesen Briefen erfahren wir, daß es den Berlinern beinahe gelang, der Psychoanalyse bei den Akademikern traditioneller Orientierung Eingang zu verschaffen. An einem gewissen Punkt triumphierten sie sogar fast über die deutschen Psychologen, als sie Abraham zu einer Hochschulprofessur verhelfen wollten; doch am Ende scheiterte dieser Plan. Die erhoffte Professur kam nicht zustande, weil die Fakultät sich dem Antrag widersetzte. Zu einem späteren Zeitpunkt wurde der Antrag erneut gestellt, und man gab zu verstehen, daß Abraham ernannt werden könnte, wenn er konvertieren würde; allerdings lehnte Abraham ab (Abraham und Freud, 1965, S. 255–300). Doch selbst wenn Abraham die Stelle bekommen hätte, hätten sich weitere Komplikationen ergeben. Da die Professoren verpflichtet waren, Studenten ihres Fachgebiets zu prüfen, hätten Medizinstudenten ein Examen in Psychoanalyse ablegen müssen. Wie hätte dies aber durchgeführt werden sollen, wenn man ihnen keine Analyse anbot? Und wenn sie den Wunsch gehabt hätten, analysiert zu werden, dann hätten die entsprechenden Einrichtungen gefehlt. Diese Sorgen waren freilich verfrüht, und so entwarfen die Berliner ihr eigenes Ausbildungsprogramm.

Den deutschen Historikern zufolge war das reifere psychoanalytische Klima in Berlin ausschlaggebend dafür, daß viele Analytiker angezogen wurden. Allerdings weisen beispielsweise die Briefe von Alix und James Strachey (Meisel und Kendrick, 1985) und die Biographie über

Melanie Klein (Grosskurth, 1987) darauf hin, daß das liberale Klima im Berlin der Weimarer Zeit und sein Nachtleben weitere Trümpfe waren. Jedenfalls kamen Hermine Hug-Hellmuth[7] und später auch Hanns Sachs 1920 aus Wien, um Kinderpsychoanalyse und psychoanalytische Pädagogik zu unterrichten und den Boden für Lehranalysen vorzubereiten. Bald darauf trafen Karen Horney (1922–1924), Helene Deutsch (1923–1924), Melanie Klein (1921) und Karl Müller-Braunschweig (1922) als Ausbildungsanwärter und Analytiker ein. Sándor Rádo und Franz Alexander (der erste, der eine vollständige Lehranalyse absolvierte; er wurde 1925 als Analytiker aufgenommen) kamen 1921 nach Berlin. (Der Einfluß der Ungarn war auch auf die Verfolgung der Juden und deren Vertreibung von den Universitäten und aus den freien Berufen im Gefolge von Béla Kuns kommunistischem Regime zurückzuführen.) Siegfried Bernfeld verließ Wien, um 1926 nach Berlin zu gehen, ebenso Otto Fenichel. Theodor Reik traf im Oktober 1928 ein, Wilhelm Reich 1930. Anna Freud unterrichtete 1929 im Institut, ebenso Hugo Staub, ein früherer Wiener Jurist. Als sich der siebte Internationale Psychoanalytische Kongreß 1922 in Berlin versammelte, führten die Berliner voller Stolz vor, in welcher Weise die Poliklinik sowohl die klinische Arbeit als auch die Forschung unterstützte.

1928 formulierten Franz Alexander, Karl Müller-Braunschweig und Sándor Rádo einen offiziellen Ausbildungsgang (Curriculum). Es gelang ihnen, Kandidaten aus den verschiedensten Berufen anzuziehen, ohne die Reinheit der psychoanalytischen Lehre zu beeinträchtigen. Vor allem Eitingon widersetzte sich allen beschleunigten Therapieformen und Abkürzungen. So wurde 1930 von den angehenden Analytikern in Berlin eine abgeschlossene Lehranalyse verlangt, bevor sie in die Theorie eingeführt oder zu den Seminaren zugelassen wurden, und vor der Abschlußprü-

---

[7] [Zu Hermine Hug-Hellmuth, vgl. jetzt: Angela Graf-Nold, *Der Fall Hermine Hug-Hellmuth. Eine Geschichte der frühen Kinder-Psychoanalyse*. München: Verlag Internationale Psychoanalyse, 1988. *A. d. Ü.*]

fung mußten sie unter Supervision einen Fall behandeln. Die Kandidaten erörterten theoretische und methodologische Probleme ihrer Fälle in einem Setting, das in gewisser Weise den Austausch im Rahmen der früheren Mittwoch-Gesellschaft erneuerte (Alexander, 1930).

Solche Seminare mit mehreren Kandidaten unter der Anleitung eines Lehranalytikers wurden in psychoanalytischen Instituten bald zur Norm. Schließlich wurden die Methoden der Berliner in der ganzen Welt nachgeahmt. Die dort ausgebildeten Analytiker priesen diese Methoden noch lange Zeit, nachdem sie von Berlin weggegangen waren. Andere jedoch – diejenigen, die schließlich die „wissenschaftliche" Psychoanalyse attackieren sollten – erhoben gegen die Angehörigen der Poliklinik den Vorwurf, Sturheit und Engstirnigkeit eingeführt zu haben. Melanie Klein, die sich immer mehr isoliert fühlte, weil ihre Kinderanalysen den Berlinern zuwider waren, zog 1926 nach London.

In der Tat wurden die scheinbar organisatorischen Probleme – die Art, wie Kandidaten ausgewählt wurden; was ihnen beigebracht werden sollte und wie lange – als Bestandteil der Psychoanalyse behandelt. Die späteren, unaufhörlichen Auseinandersetzungen über Medizinalisierung und Laienanalyse und deren Kosten für die Analysanden wurden dann in erster Linie auf die Berliner zurückgeführt: je puristischer die Psychoanalyse wurde, desto kostspieliger wurde die Ausbildung und desto höher der gesellschaftliche Rang der Kandidaten – und desto stärker auch die Angriffe gegen eine elitäre Einstellung.

Zu Beginn der zwanziger Jahre waren diese Streitpunkte jedoch noch nicht explosiv geworden. Bis zum Herbst 1928 hatten 66 Analytiker in Berlin ihre Ausbildung abgeschlossen und 34 weitere befanden sich auf dem Weg dazu. Bis 1929 hatten 729 Personen dort Kurse besucht. Bis 1930 hatten 94 Therapeuten an der Poliklinik gearbeitet; 1955 Konsultationen waren durchgeführt worden, 604 Analysen waren abgeschlossen und 117 weitere in Gang. Das Institut bot nun noch mehr Kurse an, die von Theologen, Graphologen, Krankenschwestern und Sozialarbeitern besucht wurden. Dieser Erfolg machte das Unternehmen zu einem

Vorbild für alle anderen psychoanalytischen Organisationen. Nachdem Abraham 1926 gestorben war und Eitingon die Leitung übernommen hatte (Ernest Jones wurde an seiner Stelle Präsident der IPA), wurden diese Aktivitäten fortgesetzt.

Die beispielhafte Praxis der Berliner erwies sich als eine Bereicherung sowohl für die Therapie als auch für die Theorie, so daß Gregory Zilboorg, ein in Rußland geborener Amerikaner, erklärte, die Leute, die dort ihren Abschluß gemacht hätten, bildeten die Mehrheit derjenigen, die in der Psychoanalyse das Sagen hätten – des „Who's Who in Psychoanalysis" –: „Soviel ich weiß, gibt es in Amerika oder Europa keinen Ort, an dem die 35jährige psychoanalytische Forschung sorgfältiger systematisiert, klarer herauskristallisiert und dem Anfänger mit so imponierendem Ernst und Hingabe geboten wird" (Maetze, 1976, S. 1168). Offenkundig hatte sich Ferenczis Hoffnung auf eine „Überorganisation" verwirklicht, auch wenn er selber deren Regeln bald für zu starr halten sollte. Anna Freud wiederholte in ihrer postumen Festschrift für Eitingon die frühen Regeln, indem sie nochmals darauf hinwies, daß ordnungsgemäß ernannte IPA-Komitees Schiedsrichter über die sogenannte „echte" Psychoanalyse sein sollten. Die entsprechenden Schiedsrichter hatten natürlich die „Lehranalyse" absolviert, wie sie von den Berlinern „erfunden" worden war (Alexander [1930], 1970, S. 54).

Deutschsprachige Geschichtsschreibungen der Psychoanalyse befassen sich meist fast nur mit Berlin und erwähnen die Gesellschaften in Heidelberg (wo Frieda Fromm-Reichmann eine kleine Privatklinik führte), Dresden oder Hamburg kaum. Und sie ziehen kaum in Betracht, daß Karl Landauer und Heinrich Meng mit dem Institut für Sozialforschung in Frankfurt in Verbindung standen, das für eine Synthese von Marx und Freud eintrat. Der Ruhm der Berliner überschattete die anderen Zentren wohl so sehr, daß sie keine potentiellen Mitglieder anlocken und somit über den Status von Gesellschaften (die keine Ausbildungszentren besaßen) hinauswachsen konnten. Vermutlich zogen viele linksgerichtete Intellektuelle Berlin vor, um mit Hilfe der Psychoanalyse bei der Befreiung von Poliklinik-Patienten aus der Arbeiterklasse mitwirken zu können.

Natürlich standen auch die Wiener Psychoanalytiker auf seiten der politischen Linken. Allerdings waren die meisten nicht aktiv oder vielmehr allzu aktiv, um sich wie die Berliner zu organisieren. So stellte sich zum Beispiel Wilhelm Reich 1927 auf die Seite von Arbeitern, die gegen die verantwortungslose Erschießung eines Mannes und eines Kindes durch die (von den Christlich-Sozialen dominierte) Heimwehr protestierten, und er stellte voller Empörung fest, daß die Sozialdemokraten es versäumt hatten, ihren Schutzbund zusammenzurufen, um gegen die Polizei zu kämpfen, die auf die Demonstranten schoß (Sharaf, 1983, S. 85). Obwohl seine größten Sympathien bei der kommunistischen Partei lagen, engagierte er sich doch vor allem für seine Patienten und für die Wiener Psychoanalytische Poliklinik. Dort wurden, ebenso wie in Berlin, Bauern, Studenten, Arbeiter und andere Personen analysiert, die für die Behandlung kein Geld aufbringen konnten. Zusammen mit Otto Fenichel, Grete Bibring, Siegfried Bernfeld und anderen Mitgliedern des sogenannten „Kinderseminars" setzte sich Reich nachdrücklich für sozialistische Ideale ein. So weisen die Aktivitäten der Poliklinik – in gewisser Weise sowohl von Adler als auch von August Aichhorn und Siegfried Bernfeld mit ihren Versuchen mit Straffälligen und von Anna Freuds Kindergarten antizipiert – darauf hin, daß einige Wiener ebenso stark politisch engagiert waren wie die Berliner. Allerdings trug bei den Berlinern sowohl die Ambiance als auch der Umstand, daß sie nicht im engen Umgang um die Aufmerksamkeit Freuds wetteiferten, dazu bei, daß sie besser miteinander auskamen.

Die Ankunft Hitlers

Bald nach der Regierungsübernahme Hitlers gliederten die Nazis das Berliner Institut ein. Zunächst forderten die arischen Mitglieder Felix Boehm und Karl Müller-Braunschweig die jüdischen Mitglieder (die die Mehrheit bildeten) dazu auf, „freiwillig" aus der Deutschen Psychoanalytischen Vereinigung auszutreten. Jeanne Lampl-de Groot zufolge, die mit Freud zusammen war, als die beiden Herren zu einem Gespräch mit ihm nach Wien kamen, erhielten sie, entgegen ihrer eigenen Aussage, zu diesem Schritt keine Zustimmung von Freud. Trotz ihrer Behauptung, sie wollten ja lediglich die Struktur des Instituts bewahren, untergruben sie die Organisation und verhielten sich den Erwartungen der Nazis gemäß. Wieder einmal waren die Freudianer so sehr mit ihrer eigenen Bewegung beschäftigt, daß sie die politische Wirklichkeit ausschlossen. 1934 behauptete Jones auf dem Kongreß in Luzern, Eitingon habe [1932] „die unglaublichen politischen Entwicklungen der folgenden Monate unmöglich voraussehen können" (*Bulletin Int. J. of Psycho-Analysis*, 1934, S. 486). Ein Jahr später hatten jedoch viele Analytiker Deutschland verlassen, obwohl sie damals glaubten, daß Hitler bald gestürzt werde.

Die meisten Freudianer waren überzeugt davon, daß der versöhnliche Umgang mit den Nazis die Psychoanalyse retten werde. Deshalb wählten sie Boehm und Müller-Braunschweig als einzige Vorstandsmitglieder, und in Erwartung eines direkteren Zwangs von seiten der Nazis trat die Gruppe der Deutschen aus der IPA aus. Inzwischen wurde die Freudsche Psychoanalyse als jüdisch denunziert, während man einige ihrer Ideen in ihr germanisches Gegenteil verwandelte: so wurde die Psychoanalyse nunmehr allgemein als *Seelenheilkunde* bezeichnet. 1936 wurde das Berliner Institut zu einem Bestandteil des Reichsinstituts und es wurde der Deutschen Gesellschaft für Psychotherapie angeschlossen, die unter der Führung von Professor Matthias Heinrich Göring stand, einem Anhänger Adlers und Vetter von Hermann Göring.[8] Diese Organisation veröf-

---

[8] Jones berichtete :„Ich fand in [Matthias] Göring einen recht liebenswürdigen und zugänglichen Menschen (...)" [Jones, 1953–1957, dt. Ausg. Bd. III, S. 224]. Einem „verstorbenen Mitglied" zufolge schlug er jedoch einmal vor, die Psychoanalytiker sollten, als Geburtstagsgeschenk für den Führer, der NSDAP beitreten (Brainin und Kaminer, 1982).

fentlichte das *Zentralblatt für Psychotherapie* und bezog seine Legitimation und Unterstützung hauptsächlich aus der Verbindung mit C. G. Jung. Jung benutzte diese Gelegenheit, um mit Freud abzurechnen, indem er behauptete, Freud habe „jüdische Kategorien, die nicht einmal für alle Juden verbindlich sind, unbesehen auf den christlichen Germanen oder Slawen" angewandt. „Damit hat sie [d. i. „die bisherige medizinische Psychologie"] nämlich das kostbarste Geheimnis des germanischen Menschen, seinen schöpferischen ahnungsvollen Seelengrund als kindischbanalen Sumpf erklärt, während meine warnende Stimme durch Jahrzehnte des Antisemitismus verdächtigt wurde" (Jung, 1934, S. 9; zitiert bei Grunert, 1984, S. 871). Er behauptete nunmehr, der Unterschied zwischen deutscher und jüdischer Psychologie dürfe nicht länger beschönigt werden (ebd.). Obwohl Jung sich rasch von dieser Position distanzierte, lieferte er den Nazis unzweifelhaft weitere Legitimationen für ihre verachtenswerten Taten, obwohl natürlich diese Scheußlichkeiten auch ohne seinen Segen vorgekommen wären (siehe 4. Kapitel).

Im Jahre 1938 wurde die Wiener Psychoanalytische Vereinigung (WPV) beinahe über Nacht von 88 Mitgliedern (bzw. von 102, wenn man die Ausbildungskandidaten hinzurechnet) auf zwei reduziert und ebenfalls in eines der Göringschen Reichsinstitute umgewandelt. Freud, der bis kurz vor dem Anschluß gegen eine Emigration geraten hatte, verließ mit den meisten jüdischen Mitgliedern und zahlreichen anderen das Land. Auch wenn dies für Freud ein traumatischer Schritt war, blieben die Tätigkeiten der internationalen Organisation relativ unberührt, da sie bereits zum größten Teil nach London verlegt worden war. Die Annexion der WPV folgte dem deutschen Muster. Ironischerweise wurden die Überreste der Organisationen in Wien und Berlin genau dann zusammengeschlossen, als die Psychoanalyse zerschlagen wurde. Nunmehr operierte die sogenannte A-Gruppe (zwischen vier und vierzehn Personen) im Berliner Reichsinstitut, die angeblich den Freudschen Ideen treu geblieben war, mehr oder weniger klandestin. Auch wenn wir nie genau wissen werden, in welchem

Maße sie gleichgeschaltet wurde, besaß die Organisation 1945 immerhin 200 Therapeuten, so daß die Freudianer bestenfalls wohl nur eine kleine Minderheit bildeten.

Die WPV wurde formell niemals aufgelöst. Eines der beiden übriggebliebenen Mitglieder, Alfred Freiherr von Winterstein, war *rassisch belastet* [deutsch im Original]: er hatte einen oder zwei jüdische Vorfahren und mußte deshalb die Öffentlichkeit meiden. Ebenso wie früher Freud organisierte Alfred Aichhorn Gruppentreffen bei sich zuhause, die freilich klandestin waren. Eine weitere kleine Gruppe traf sich zwischen 1944 und 1945 unter der Leitung von Victor E. Freiherr von Gebsattel, der zwar nicht regimefreundlich, aber auch kein Analytiker war.

In den vergangenen Jahren haben einige Überlebende aus dem Reichsinstitut über die Tätigkeiten der Therapeuten zwischen 1933 und 1945 so berichtet, als ob es sich damals um eine Blütezeit gehandelt hätte. Mit ihren Behauptungen mußten sie freilich insofern vorsichtig sein, als jede Forschung, an der sie sich beteiligten, die Durchführung der Nazi-Politik fördern sollte. Ob wir nun denen glauben, die uns privat berichten, ohne Kompromisse und Kollaboration hätte die Psychoanalyse nicht überlebt (womit sie zugeben, daß das, was praktiziert wurde, eben keine Psychoanalyse war), oder den anderen, welche schon die Existenz der Gruppe als Beweis für deren subversive Haltung ansehen, so kann jedenfalls von einer kontinuierlichen Struktur der Psychoanalyse keine Rede sein. Nach dem Krieg wurden den übriggebliebenen Gerippen in zahlreichen Städten, darunter Berlin, Wien und München, neue Aktivitäten aufgepfropft, und die Psychoanalyse wurde wiederbelebt und rehabilitiert (siehe 9. Kapitel). Allerdings machten die Wiener – Österreich blieb ja bis 1955 von der sowjetischen Armee besetzt – kaum mehr als Andeutungen zur Wiederbelebung ihrer Organisation, bis sie schließlich von der Studentenbewegung Ende der sechziger Jahre dazu gedrängt wurden.

Hinsichtlich der Zeit vor Hitler können wir die Österreicher grob gesagt so charakterisieren: sie behielten ihre frühere informelle Struktur auch nach der Gründung der

IPA und einer Polyklinik bei, während die Berliner eine vorbildliche formelle Organisation schufen. Natürlich schreiben die Psychoanalytiker diese strukturellen Unterschiede gerne Freuds Abneigung gegen Organisationen zu, die im Gegensatz stand zu den entsprechenden organisatorischen Begabungen von Abraham und Eitingon. Damit wird freilich der Einfluß der beiden verschiedenen sozialen und politischen Milieus außer acht gelassen, die jeweils ihre eigenen Zwänge auf die Beteiligten ausübten und deren Entscheidungsmöglichkeiten entweder einengten oder erweiterten. Diese Zwänge mögen auch für die von Wittels so bezeichneten spezifischen milieubedingten Neurosen verantwortlich gewesen sein, und sie waren vielleicht ebensosehr Ursache wie „Beweis" für Wittels Vorurteil gegen Berlin (Nunberg und Federn, 1962, Bd. I, S. 373; dt. Ausg. Bd. I, S. 350).

Die Amerikaner organisieren sich

Die Ungleichheiten zwischen den beiden deutschsprachigen Psychoanalysegruppen waren weniger auffällig als ihre Unterschiede gegenüber den entsprechenden Organisationen in den USA, wo psychoanalytische Termini wie *Abwehr*, *Ödipuskomplex*, *Fixierung* und *Reaktionsbildung* allmählich zu Alltagswörtern wurden. Lokale psychoanalytische Gesellschaften in den USA wiesen Ausbildungskandidaten und Patienten ab, statt sie anzuwerben, und sie mußten die Psychoanalyse gegen wilde Analytiker, Quacksalber, Gesundbeter und Scharlatane „verteidigen". Schließlich wurden einige dieser Verteidiger noch freudianischer als Freud selbst.

Freud, Ferenczi und Jones blieben nach ihrem Besuch in den USA mit zahlreichen amerikanischen Anhängern in Kontakt und legten ihnen nahe, sich außerhalb der Psychopathological Association zu organisieren, statt zu einem Zweig innerhalb derselben zu werden. Als Reaktion darauf gründete A. A. Brill 1911 die New York Psychoanalytic

Society (1914 wurde ihr auf dem Dritten Internationalen Kongreß die Autonomie gewährt)[9]; James Jackson Putnam organisierte 1914 die Boston Psychoanalytic Society, und noch im selben Jahr gründeten einige über das ganze Land verstreute Personen die American Psychoanalytic Association (APA) (Hale, 1971a, S. 318).[10] Zwar waren sämtliche Gründungsmitglieder der APA Ärzte, aber sie beschränkten die Mitgliedschaft nicht ausschließlich auf Ärzte. Nach Nathan G. Hale jr.(1971a, S. 318), wurden diese Organisationen eingerichtet, um Freud gefällig zu sein und um die internationale Bewegung zu verstärken. Außerdem ermöglichten sie es den Mitgliedern, Informationen gleichsam *en famille* auszutauschen.

Die Amerikaner hatten von der Psychoanalyse meist durch Lektüre erfahren und standen überdies unter dem Einfluß von proselytenmachenden Analytikern sowie von Neurologen und Psychiatern, die nach Wien oder Zürich gereist waren oder Freuds Vorlesungen an der Clark University gehört hatten (Hale, 1971a, S. 319–324). Ihre gesellschaftliche Herkunft unterschied sich von der der Europäer darin, daß die meisten aus einer etwas niedrigeren Schicht als ein durchschnittlicher Geschäftsmann stammten. Arzt zu werden bedeutete für sie somit einen sozialen Aufstieg. Nur ein geringer Anteil bestand aus Juden. Die meisten hatten den akademischen Grad eines Bachelor erworben, und wer sich der Psychoanalyse zuwandte, tat dies aus eigenem Antrieb und als Autodidakt. Bis in die späten zwanziger Jahre traten diese Personen im Anschluß an eine durch

---

[9] Zu den an der Gründung beteiligten fünfzehn Ärzten gehörten A. A. Brill, H. Kirby, Maurice Karpas, C. P. Oberndorf, L. Bish, Frederic J. Farnell, Ernest M. Poate, J. Rosenblum, William G. Garvin und Charles Ricksher.

[10] Es handelte sich um: John T. MacCurdy, Student an der Johns Hopkins Medical School; James Jackson Putnam, bekannter Spezialist für Nervenkrankheiten; Adolf Meyer, klinischer Leiter des Psychiatriekrankenhauses in Worcester; G. Lane Taneyhill, Dozent für Neurologie an der Johns Hopkins Medical School; A. A. Young aus Omaha, der in Zürich studiert hatte, sowie Ernest Jones.

Lektüre, Korrespondenz und Diskussion gestützte Selbstanalyse in den Berufsstand ein. Anfänglich hatte Freud zwar zu diesen Ausbildungsmitteln ermutigt, empfahl jedoch bald, die Zürcher nachzuahmen, die als erste die Forderung erhoben hatten, ein Analytiker sollte jeweils von einem anderen Analytiker analysiert werden. (Später wurde diese Bedingung auch von der American Psychoanalytic Association gestellt, nicht aber von der New Yorker Gruppe.)

Die amerikanischen Analytiker waren demokratischer als die Europäer: zu ihnen kam zwar ein größerer Anteil von Fabrikarbeitern, Sekretärinnen und mittellosen Künstlern, aber die meisten Stunden waren doch mit der Behandlung von Patienten der Mittelschicht und der oberen Mittelschicht ausgefüllt. Sie verfügten bald über ihre eigenen Publikationsorgane und druckten oft wagemutig spekulative Aufsätze in der von William Alanson White herausgegebenen Zeitschrift *Psychoanalytic Review*. Die Zeitschrift *Psychoanalytic Quarterly* wurde 1933 gegründet, um die orthodoxeren Beiträge an die Öffentlichkeit zu bringen. Ihre Organisationen und ihr Zusammenspiel waren heterogen und informell. Ihre protokollarischen Aufzeichnungen waren spärlich im Vergleich zu den *Protokollen* Otto Ranks oder den detaillierten Tagebüchern der Berliner. (In der *Zeitschrift* wurden auch amerikanische Nachrichten veröffentlicht.)

Nach dem Ersten Weltkrieg waren die Diskrepanzen zwischen der APA und der IPA, insbesondere bei der Medizinalisierung und den Ausbildungsanforderungen, größer geworden, so daß die APA die Unabhängigkeit anzustreben begann. Diese Haltung wurde zum Teil durch deutschenfeindliche Gefühle angeregt, aber auch durch den Wunsch nach Autonomie. Wie White sagte, mußten die amerikanischen Psychoanalytiker sich „vom Papst in Wien" befreien, doch wurde sein Vorstoß abgelehnt. Viele Amerikaner erkannten, daß sie von der klinischen Praxis nur dürftige Kenntnisse hatten. Deshalb baten sie Freud, für sechs Monate nach New York zu kommen, um Lehrveranstaltungen abzuhalten und Analysen durchzuführen. Als er ablehnte, reisten viele Amerikaner nach Wien oder Berlin, um sich analysieren zu lassen. Gregory Zilboorg zufolge waren sie überaus beeindruckt von der wissenschaftlichen Strenge, vom ausgefeilten Begriffsapparat und den neuen klinischen Techniken, besonders in Berlin.

Die amerikanische Psychoanalyse machte einen weiteren Sprung nach vorn: 1924 wurde die Bostoner Psychoanalytische Gesellschaft wieder gegründet, nachdem sie sich 1918 aufgelöst hatte; die Gesellschaft in Washington wurde neu gegründet. Den Amerikanern war jedoch noch nicht bewußt, daß die Europäer von einer Einigung weit entfernt waren. Sie erkannten nicht, daß Melanie Klein deshalb nach London gegangen war, weil sie von den in Berlin üblichen Interpretationen von Freuds Todestrieb und dem dortigen Verständnis der ursprünglichen Angst abwich, oder daß Rank sich von der in Berlin perfektionierten Strenge bereits zu distanzieren begann. Rank verärgerte die Amerikaner unwissentlich, als er ihnen einen „neuen, von mir eingeführten Gesichtspunkt" präsentierte und behauptete, die psychoanalytische Kurztherapie sei oft wirksam und sogar zu bevorzugen (Lieberman, 1985, S. 229). Die Amerikaner sahen sich bereits zu sehr unter Druck gesetzt von den vielen Quacksalbern und Heilern, die vorgaben, „kurze Psychoanalysen" durchzuführen, sowie von den Konflikten im Zusammenhang mit der Laienanalyse und der Kurztherapie.[11] Tatsächlich wichen Rank und Ferenczi immer stärker von Freuds Methode ab: sie stimmten ihre Analysen weniger auf die Erhellung traumatischer Ereignisse in der Vergangenheit des Patienten ab als auf die Tätigkeit der Analyse – d. h. den therapeutischen Dialog –; ein Vorgehen, das Harry Stack Sullivan in seine deutende Psychiatrie aufnehmen sollte. Freud, der in den Anfängen weniger orthodox war, unterstützte nunmehr die Berliner und deren Anhänger; er lehnte 1924 die Ideen Ranks offiziell ab und entfremdete sich von Ferenczi, wenige Jahre vor dessen Tod 1933.

---

[11] Selbst Theologen und religiöse Sekten, wie etwa die Emmanuel-Bewegung, paßten die Psychoanalyse ihren eigenen Zwecken an.

Der Aufstieg der American Psychoanalytic Association

Die amerikanische Organisation war besonders durch die Laienanalytiker gefährdet, weil die Öffentlichkeit diese nicht von Schwindlern unterscheiden konnte. Zumindest am Anfang war es genau dieses Problem und nicht das Bedürfnis nach umfassenderen Kenntnissen, das die Mitglieder der APA dazu veranlaßte, auf einheitliche Berufskriterien zu drängen. Es wurde behauptet, die Medizinalisierung könnte zwar möglicherweise einige qualifizierte Geisteswissenschaftler fernhalten, aber dies sei gegenüber dem Ausufern von wilden Praxisformen das kleinere Übel. Die Freudianer beriefen sich auf die Ausbildungskommission der IPA, um den Streit zu schlichten. Sie konnten nicht einsehen, daß die IPA zwar den Zugang zu ihrer eigenen Mitgliedschaft kontrollieren, aber unmöglich die amerikanischen Politiker dahingehend beeinflussen konnte, wer denn nun in die Heilberufe aufgenommen werden durfte. Nachdem beispielsweise 1926 die New Yorker Gesellschaft das New York State Board of Charity um Erlaubnis gebeten hatte, eine psychoanalytische Klinik einzurichten, erließ der Staat, unterstützt von einer mächtigen Ärztelobby, ein Gesetz, das Nichtmedizinern jede medizinische Tätigkeit untersagte. Das bedeutete, daß Laienanalytikern offiziell jede praktische Tätigkeit verwehrt blieb, ungeachtet ihrer Ausbildung, und daß der APA, der auch Laienmitglieder angehörten, die Erlaubnis für eine psychoanalytische Klinik vorenthalten wurde.

Mit juristischen Entscheidungen konnte freilich nicht klargestellt werden, ob eine medizinische Ausbildung nun für die psychoanalytische Praxis erforderlich ist oder diese gar verbessert, und bekanntlich ist dieser Konfliktpunkt nach wie vor zentral. Weder damals noch später konnten sich die Analytiker darüber einigen, welches nun die beste Art sei, eine Analyse durchzuführen (siehe unten, sowie 11. Kapitel). Damals jedenfalls war es keine Hilfe, daß Ferenczi anläßlich seines Besuchs an der New School for Social Research in der APA private Seminare abhielt, die von

Nichtärzten besucht wurden, und daß die Zuhörer sich später als Psychoanalytiker bezeichneten. (Rank und Adler hatten dasselbe getan.) Diese Kontroverse wurde 1927 zum Zentralthema des Zehnten Internationalen Kongresses in Innsbruck, auf dem 28 Referate zur Frage der Laienanalyse vorgetragen wurden. Einer der Höhepunkte wurde erreicht, als Anna Freud, unter Anspielung auf sich selbst, die Frage stellte, ob man ein reguläres Laienmitglied der WPV in die APA oder in die NYPA aufnehmen würde, und C. P. Oberndorf mit Nein antwortete (1949, S. 160–161). (Interessant ist die Feststellung, daß Oberndorf, nachdem er Freud zum letzten Mal vor dessen Tod besucht hatte, sich darüber wunderte, daß Freud sich ihm gegenüber kühl verhalten hatte [1949, S. 161]). Damit waren jedoch die organisatorischen Probleme noch keineswegs beendet. Amerikaner konnten nämlich nach Wien oder Berlin reisen, um Laienanalytiker zu werden, und so die amerikanischen Regeln umgehen. Schließlich beschlossen sie eine Art Waffenstillstand: die Europäer stimmten zu, keine Laienanalytiker auszubilden, die nicht zuvor von einer amerikanischen psychoanalytischen Gesellschaft anerkannt worden waren, und die Amerikaner versprachen, die Aufnahme von Nichtärzten zu erwägen.

Um 1929 hatten zahlreiche lokale Organisationen (New York, Boston, Washington) damit begonnen, Seminare abzuhalten, Theorielehrgänge für Kandidaten durchzuführen und Kontrollanalysen einzurichten. 1931 wurde das New Yorker Psychoanalytische Institut mit Brill als Präsident gegründet. 1932 kamen die ersten deutschen Analytiker nach Amerika – angeführt von Karen Horney, die sich in Chicago Franz Alexander anschloß.[12] Im selben Jahr wurde die APA aufgelöst und als Verband lokaler Organisationen neu gegründet. Der neue Verband hatte nur wenige Funk-

---

[12] Zwei Jahre später zog Karen Horney nach New York um. Alexander war 1930 als Gastprofessor an die Universität von Chicago gekommen und ließ sich dort 1932 nieder. Seine Institution war von der ortsansässigen psychoanalytischen Vereinigung unabhängig.

tionen, weil die Entscheidungen über Ausbildung und Mitgliedschaft von den ortsansässigen Organisationen getroffen wurden und die von einer solchen Gesellschaft akzeptierten Analytiker automatisch Mitglieder sowohl der APA als auch der IPA wurden. Letztere sollte die oberste Autorität innehaben und alle Entscheidungen bestätigen, die der Council of Professional Standards [Gremium für die Festlegung der professionellen Kriterien] der APA fällte.

Laienanalyse in London

In den zwanziger Jahren hatte sich die British Society bezüglich der Laienanalyse mit ihren eigenen Problemen zu befassen. Sie wurden noch dadurch erschwert, daß vierzig Prozent der Kollegen von Jones, der zwar Arzt war und ihre Arbeit respektierte, eben keine Ärzte waren. Nach endlosen Auseinandersetzungen entschied das von Jones geleitete Subkomitee der British Society zur Laienanalyse 1927, daß „die meisten Analytiker ungehindert zugelassen werden sollten, vorausgesetzt, daß bestimmte Bedingungen erfüllt sind" (Kohon, 1986, S. 31). Bei der Festlegung dieser Bedingungen wirkte Jones allerdings nicht mit: wie die medizinischen Schulen künftige Kandidaten auswählen sollten oder in welcher Weise die Patienten von nichtärztlichen Analytikern „ärztlich untersucht" werden sollten. Natürlich konnte diese Entscheidung Freud nicht zufriedenstellen, der ja noch stärker darauf insistierte, daß zukünftige Analytiker eine psychoanalytische und keine medizinische Ausbildung erhalten sollten, weil letztere, wie er sagte, den Leuten eine falsche und schädliche Haltung vermittle.

Jones war hin- und hergerissen zwischen seiner Überzeugung, daß die medizinische Perspektive für künftige Analytiker ein Vorteil sei, und seinem Wunsch, Freud zu gefallen. Er hatte vor kurzem die Analyse seiner beiden Kinder Melanie Klein anvertraut – einer Laienanalytikerin. Der Ausdruck *Laienanalyse*, der für Freud *nichtärztlich* bedeutete, konnte im Englischen nämlich ebensowohl *nichtprofessionell* oder *ohne Ausbildung* bedeuten. Und diese semantische Verwirrung führte zu weiteren Vorurteilen. Ungeachtet seiner eigenen Präferenzen stellte Jones sich vor seine Laienkollegen und setzte bei der British Psycho-Analytical Society einen hohen Prozentsatz von Nichtärzten durch (Kohon, 1986, S. 36). Seine Hartnäckigkeit hat das Ansehen der Kinderanalytiker, unter denen sich nur wenige Ärzte befanden, wohl ebenso gefördert wie die Forschung in diesem Bereich durch Melanie Klein und ihren Kreis und später durch die Analytiker um Anna Freud.

Die Ankunft der Emigranten

Die Medizinalisierung wurde in Amerika 1927 akzeptiert, nachdem Bertram Lewin als Vorsitzender des New Yorker Gremiums für die Berufsstandards die Analytiker davon überzeugt hatte, daß er nicht bloß seine eigenen Zwecke zu verfolgen suchte, sondern auf die bevorstehende Gesetzgebung reagierte: Im Falle der Zulassung von Laienanalytikern wäre die New Yorker Gesellschaft möglicherweise am Ende gewesen. Von ähnlichen Bedingungen in Chicago sprachen Franz Alexander und Karl Menninger.

Nach und nach verhielten sich die Amerikaner den Europäern gegenüber noch vorwurfsvoller und verkündeten 1936 auf dem Internationalen Kongreß in Marienbad, sie würden gegen jeden Beschluß, der in irgendeiner Weise amerikanische Themen betreffe, ein Veto einlegen. Aufgrund der politischen Ereignisse verloren die Europäer ihren Rückhalt. Diejenigen unter ihnen, die in die USA gekommen waren, lockerten als Reaktion auf die vollzogene Ortsveränderung ihre Ansichten: sie waren ihren Gastgebern dankbar, und sie waren ihnen zugleich ausgeliefert. Frühere Differenzen schwanden dahin, als sie um der Psychoanalyse willen kooperierten und als die einstigen Europäer allmählich erkannten, daß sie das Gewicht der lokalen Bedingungen und die Vorliebe der Amerikaner für eine pluralistische Kontrolle – für eine Föderation anstelle einer Zentralisation – unterschätzt hatten (siehe 9. Kapitel).

Um 1938 hatte die APA ihre eigenen Regeln für eine „Minimalausbildung von Ärzten" in psychoanalytischen Institutionen und Gesellschaften formuliert; sie legte Verhaltensregeln für ihre Mitglieder fest und verbot die Ausbildung von Laien. Allerdings konnten die Regeln mit Genehmigung von lokalen Organisationen geändert werden. Daraufhin legten die Amerikaner ihre Entschlüsse der IPA vor und erklärten, künftig nur noch bei wissenschaftlichen Angelegenheiten zu kooperieren. In der Praxis bedeuteten die neuen Regeln, daß einige wenige Laienanalytiker wie etwa Ernst Kris, Siegfried Bernfeld, Erik Erikson und Otto Fenichel, deren Ansehen das der meisten amerikanischen Kollegen überragte, zu Ehrenmitgliedern ernannt wurden, während die meisten übrigen dagegen Ärzte sein mußten.

Die europäischen Ereignisse führten bald zu einer Umwandlung der amerikanischen Organisation, und mit dem Einfluß der europäischen Analytiker nahm sie stetig an Umfang zu:

Jahr	Zahl der APA-Mitglieder
1932	92
1938	157
1940	192
1942	230
1944–45	247
1946	273

(Quelle: R. P. Knight, „The Present Status of Organized Psychoanalysis in the United States", in: *Journal of the American Psychoanalytic Association*, 1, Nr. 1–4 (1953), S. 207, Tabelle 1).

Die Amerikaner stellten ein Begrüßungskomitee für die Europäer zusammen. Aus Angst vor der Konkurrenz baten sie diese, ins Landesinnere zu ziehen und sich nicht in New York niederzulassen. Dennoch gab es dort 1945 viermal so viele Analytiker wie zu Beginn des Krieges. Wo sie auch hinkamen, förderten die Einwanderer mit ihren Fähigkeiten die Psychoanalyse als Ganzes. Zwischen 1939 und 1946 wurden Lehrinstitute in Washington-Baltimore, Topeka, Philadelphia und San Francisco gegründet; psychoanalytische Gesellschaften in Philadelphia, San Francisco und Detroit. Der Einfluß berühmter europäischer Analytiker erhöhte die Nachfrage nach Psychoanalyse. Nach kurzer Zeit traten jedoch die zwischen der IPA und der APA ausgetragenen Kontroversen über die Laienanalyse innerhalb der APA selber zutage. (In diesem Durcheinander entwickelte jede der ortsansässigen amerikanischen Gesellschaften unter der Ägide bestimmter Persönlichkeiten, die auf besondere Streitpunkte reagierten, jeweils eigene Kompromisse und Spaltungen. Wie ich hören konnte, würde die Geschichte jeder einzelnen Gesellschaft jeweils ein ganzes Buch füllen.)

Die Psychoanalytiker im Krieg

Karen Horneys Bücher, *The Neurotic Personality of Our Time* (1937) und *New Ways in Psychoanalysis* (1939)[13], in denen die Einwirkung der Kultur auf die Entwicklung des Individuums hervorgehoben wurde, waren die erste Herausforderung der Wende zur Ich-Psychologie (vgl. 3. Kapitel). In der APA erregten sie großes Aufsehen, und nach vielen Auseinandersetzungen wurde Karen Horney „nur" die Lehrbefugnis entzogen. Als Reaktion darauf trat sie 1941 aus der New Yorker Psychoanalytischen Gesellschaft aus und gründete die Association for the Advancement of Psychoanalysis [Verband zur Förderung der Psychoanalyse], dem sich Clara Thompson, Erich Fromm und Harry Stack Sullivan anschlossen. Als Karen Horney es ablehnte, Laien zu unterrichten, trat Sullivan aus und gründete das William Alanson White Institute, das von der APA nicht anerkannt wurde. Weil Karen Horney sich entschied, keine Ausbildungskandidaten vom New York Medical College zu unterrichten, trat eine weitere Gruppe aus ihrer Vereinigung aus. Dieses Institut stellte keinen Anspruch auf Anerkennung

---

[13] [Deutsch: *Der neurotische Mensch unserer Zeit*; *Neue Wege in der Psychoanalyse*. Übersetzt von Heinz Neumann. Stuttgart: Kilper, 1971; München: Kindler, 1972 u. ö.]

durch die APA, und somit gaben dessen Mitglieder die Vorteile der Zugehörigkeit preis.

1942 rebellierten einige Mitglieder gegen „autoritäre Tendenzen" innerhalb der APA. Unter Führung von Carl Binger, Abram Kardiner, J. P. Millet und Sándor Radó bildeten sie die „Columbia-Gruppe", ohne jedoch aus der APA und aus der IPA auszutreten. Die gewichtigen Streitigkeiten, zu denen sich unversehens auch Fragen der links- und rechtsgerichteten Politik hinzugesellten, wurden erneut durch organisatorische Schachzüge beigelegt: Zwar schossen neue Institute aus dem Boden, doch die grundlegenden Fragen blieben ungelöst.

J. P. Millet ärgerte sich darüber, daß die europäischen Analytiker und ihre Schüler in den vierziger Jahren die APA immer stärker beherrschten. Nach seiner Behauptung versuchten sie, kraft ihrer früheren Beziehung zu Freud den autoritären Führungsstil der IPA durchzusetzen (Millet, 1966, S. 558). Die APA hatte jedoch entschieden, pro Ort jeweils nicht mehr als ein Institut zuzulassen, so daß die Analytiker trotz heftigster Dispute gezwungen waren, miteinander zusammenzuarbeiten. (Die APA hob dann auch bei der ersten Konferenz nach dem Krieg 1946 diese geographische Regel auf.) Ob nun die Analytiker demselben Institut angehörten oder nicht, sie schlossen sich nicht dem Wunsch Freuds an. „Es wäre doch viel besser, wir brüllten oder heulten alle miteinander im Chor und im Takt, anstatt daß jeder in seinem Winkel vor sich hin murrt" – wie er sich Groddeck gegenüber geäußert hatte (Honegger, 1974, S. 76).[14] Selbst die immer lockerer werdenden Kontrollmechanismen trugen nicht zur Harmonisierung bei und ebensowenig die bekräftigte Bindung an die IPA.

In Wirklichkeit war die Psychoanalyse nun auf angelsächsisches Territorium verpflanzt worden: ihr Aussehen hatte sich verändert und sie hatte bei vielen Intellektuellen ihre

---

[14] Freud hatte diese Formulierung halb im Scherz in seinem Brief an Groddeck vom 21. Dezember 1924 benutzt, wo er ihn davor warnte, sich gegenüber der psychoanalytischen Gesellschaft zu isolieren.

Legitimation gefunden. Außerdem waren 1952 64 % der IPA-Mitglieder Amerikaner (das zweitgrößte Kontingent bildeten die Engländer). Mithin waren die Europäer nicht länger dominierend.

Inzwischen war Anna Freud zur symbolischen Erbin geworden, auch wenn ihr Freuds Autorität fehlte und obwohl die Verhältnisse sich geändert hatten. Sie konnte organisatorische Zwistigkeiten nicht mehr wie ihr Vater auf schlechte Charaktereigenschaften oder Neurosen zurückführen. Die Psychoanalytiker betrachteten persönliche Kritik nämlich nicht mehr als einen Gewinn für ihre Wissenschaft wie einst bei ihren Mittwochabenden in Wien, sondern nahmen sie persönlich und waren beleidigt. Und da sich die Nachfolger für ebenbürtig hielten, nahmen ihre Streitigkeiten zu. Um ihre „Geschwisterrivalität" zu neutralisieren, wurde es unumgänglich, persönlichkeitsbezogene Kriterien zu übernehmen: Organisationsfragen sollten deshalb nur aufgrund des Verdienstes entschieden werden. Im Kampf um intellektuelle Vorherrschaft und Führung konnten sich die Analytiker freilich nicht über eine Definition der Objektivität einigen.

Die „langsamen" Franzosen

Da die Franzosen sich der Psychoanalyse nicht zuwandten, blieb ihre Organisation vor dem Krieg klein und informell. Von ihren Mitgliedern standen nur zwei – Marie Bonaparte und Eugénie Sokolnicka – in engem Kontakt zu Freud. Im großen und ganzen hatten Janets und Bergsons Auffassungen des Unbewußten gegenüber Freuds Konzeption den Vorrang inne, und die vergleichsweise starke Tradition der Psychosomatik hatte ebenfalls gegen die Rezeption der Psychoanalyse gekämpft. Die Franzosen nahmen deshalb bis 1919 kaum von ihr Notiz, als René Laforgue einen Essay über die Psychoanalyse von Schizophrenen schrieb. Und erst 1921 gelang es Eugénie Sokolnicka (sie war von Freud analysiert worden und hatte bei Jung und Ferenczi studiert) eine Bewegung zu gründen (Barande und Barande, 1975, S. 43–44).[15]

Als die Société Psychanalytique de Paris (SPP) 1926 amtlich registriert wurde, umfaßte sie zehn Mitglieder, und selbst diese waren keine Vollmitglieder. Laforgue, der zusammen mit Edouard Pichon und zwei anderen Leuten im Jahr davor eine andere Organisation gegründet hatte (Evolution Psychiatrique), hatte seine Loyalitäten zwangsläufig gespalten. Lange Zeit sträubte er sich, Freuds Namen in das Impressum der *Revue Française de Psychanalyse* aufzunehmen und sagte, daß ihm die Mentalität der Psychoanalytiker in Freuds Umkreis nicht behage (Roudineso, 1982). (Vor kurzem wurde nachgewiesen, daß er nach der Niederlage Frankreichs an Hermann Göring geschrieben und eine Kooperation angeboten hatte [Mijolla, 1987].) Laforgue und Pichon pflegten gewöhnlich bei den meisten ihrer neurotischen Patienten erst eine medizinische Behandlung anzuordnen, bevor sie eine Psychoanalyse vorschlugen. Eine solche „Entscheidung" beeinträchtigte die Psychoanalyse natürlich noch zusätzlich.

Aber auch ohne die Behinderungen wäre eine Expansion schwierig gewesen: nur vier Mitglieder – Laforgue, Raymond de Saussure, Charles Odier (die beiden letzteren waren in Berlin von Franz Alexander analysiert worden) und Rudolph Loewenstein (aus Berlin; angeblich von Freud, in Wirklichkeit aber von Hanns Sachs analysiert) – waren für die Übernahme und Ausbildung von Kandidaten qualifiziert. Die Lage verbesserte sich etwas, als René Spitz und Heinz Hartmann auf ihrem Weg in die USA einige Personen analysierten. (Inzwischen hatten die Franzosen das Problem der Freud-Übersetzungen diskutiert, die Konferenz der französischsprachigen Psychoanalytiker einberufen und waren der IPA beigetreten, deren Regelungen sie mehr oder weniger anerkannten [Mijolla, 1982, S. 28].) Aber selbst im

---

[15] [Zu Eugénie Sokolnicka, vgl. Alain de Mijolla, „Histoire de la psychanalyse en France", in: Jaccard, Hrsg., 1982, Bd. II, S. 19–20. *A. d. Ü.*]

Jahre 1939, d. h. nach dreizehn Jahren ihres Bestehens, hatte die SPP lediglich 24 Vollmitglieder.

Man hat den Eindruck, daß die französischen Psychoanalytiker in jenen Jahren recht willkürlich operierten. Die Beziehungen zu Ausbildungskandidaten und Patienten waren durch persönliche Vorlieben und nicht durch Regeln bestimmt. Der daraus resultierende informelle Zustand beließ die organisatorischen Probleme auf einem Minimum, und wenn überhaupt solche Probleme entstanden, konnten sie privatim gelöst werden. So behandeln denn die historischen Darstellungen von Roudinesco (1982), Barande und Barande (1975) und Jaccard (1982) keine Organisationsprobleme, es sei denn im Zusammenhang mit der IPA. Roudinesco lobt das Fehlen von Formalitäten als Vorteil für den Individualismus und sie ist besonders scharfsinnig in ihren Hinweisen auf die vielen widersprüchlichen Haltungen: So setzte sich beispielsweise Pichon nachdrücklich für die Medizinalisierung der französischen Psychoanalyse ein. Dies machte ihn zum Gegner von Marie Bonaparte, die für die Laienanalyse eintrat. Dennoch stimmten beide darin überein, daß die Ausbildungskandidaten eine Lehranalyse benötigten (diese war zu einer Bedingung der IPA geworden), obwohl Pichon sonst alles andere brandmarkte, wofür diese Körperschaft eintrat (Roudinesco, 1982, S. 302). Gleichzeitig lehnte Pichon das Unternehmen Freuds ab, die Psychoanalyse über die Nationalitäten hinauszuheben, und behauptete eine französische Überlegenheit – in der Erwartung, die „deutschen" Eigenschaften dieser „Wiener Theorie" ließen sich weganalysieren (S. 304). Diese Haltung war einigermaßen lächerlich angesichts des Umstands, daß zwei von den Gründungsmitgliedern der SPP Schweizer waren und einige andere Französisch mit russischem Akzent sprachen. Mijolla dagegen schreibt diese Spannungen der Heterogenität der Begründer der SPP zu: zu ihnen gehörten Psychiatrie-Ärzte und Nichtärzte, eine Bonaparte-Prinzessin und ein monarchistischer Maurras-Anhänger, Nationalisten und Emigranten, katholische Irrenärzte und schulmeisternde Juden, ansässige oder aus der französischen Schweiz anreisende Medizinprofessoren und Klinikchefs, überzeugte

Freudianer oder Amateure, die, wie René Allendy, eher zur Astrologie und Homöopathie neigten. Irgendwie brauchten diese Analytiker einander; sie waren Wien gegenüber ambivalent und hatten kein großes Talent, andere zu mobilisieren (Mijolla, 1982, S. 29). Wie sollten sie somit eine ernsthafte und originelle Arbeit leisten? Die französischen Beiträge konnten sich folglich nicht mit denen von Ferenczi, Rank oder Abraham messen. Selbst Marie Bonaparte, die eifrigste Verfechterin Freuds, brachte außer ihren Essays über Edgar Allan Poe nichts weiter zustande, als die Gedanken Dritter zu verbreiten.

Die Statuten der SPP unterschieden sich von denen anderer lokaler IPA-Organisationen darin, daß die Franzosen zwei Arten von Mitgliedern zuließen: ordentliche und außerordentliche Mitglieder.[16] Erstere waren ältere Analytiker, die auch den Vorstand wählten. Den Ausbildungskandidaten wurde zunächst die außerordentliche Mitgliedschaft gewährt; nach bestandenem Examen wurden sie zu ordentlichen Mitgliedern ernannt. Die ordentlichen Mitglieder hatten jedoch einen großen Spielraum: Pichon und Laforgue wichen stärker von den IPA-Regeln ab als Bonaparte und Loewenstein, auch wenn keiner von ihnen diese Regeln allzu ernst nahm. Roudinesco zufolge hinderten die Uneinigkeiten zwischen den französischen Analytikern sie nicht daran, sich häufig zum Essen zu treffen, beispielsweise in den eleganten Wohnungen von Laforgue und Bonaparte. Dort sprachen sie „unaufhörlich über Sexualität, Moral, 'seltsame' Störungen und über den Wahnsinn. Ihre klinischen Fallgeschichten liefern intime Details über das Leben ihrer Patienten. Das hinderte indessen einige Praxisärzte des Unbewußten nicht daran, sich als puritanische Bourgeois zu erweisen, die sich über die Sexualpraktiken ihrer Patienten empörten. Man gewinnt den Eindruck, daß in ihrem eigenen gesellschaftlichen Leben die subversiven Auswirkungen der Wiederentdeckung der Sexualität das Entstehen einer moralisierenden Haltung noch begünstigten" (Roudinesco, 1982, Bd. I, S. 354–355).

---

[16] [membres titulaires et membres adhérents]

Roudinesco ist nicht die einzige unter den Historikern der französischen Psychoanalyse, die in solchen Einzelheiten schwelgt oder über die Konsequenzen persönlicher Bindungen und Abneigungen spekuliert. Ob diese Historiker nun frühe Ereignisse hervorheben, um zu zeigen, daß die Franzosen gute Gründe hatten, die Psychoanalyse zu ignorieren, oder daß diese Vorgeschichte die Bühne für den Auftritt Lacans vorbereitete, so wird jedenfalls deutlich, daß das organisatorische Leben der SPP 1939 nicht über dasjenige der Mittwoch-Gesellschaft vor 1908 hinausgkam und daß von einer wissenschaftlichen Orientierung kaum die Rede sein konnte.

Nach dem Zweiten Weltkrieg war selbst diese embryonale französische Organisation verschwunden: Pichon und Allendy waren gestorben, Sophie Morgenstern hatte sich nach dem Einmarsch der Deutschen umgebracht, Borel hatte das Feld geräumt, und Hartmann, Loewenstein und Spitz hatten sich in den USA niedergelassen. Die übriggebliebenen Pariser Psychoanalytiker mußten sich also neu formieren und neue Schüler anwerben. Alles Folgende sollte ein neuer Anfang sein.

Die Wasserscheide

Freuds Tod im Oktober 1939, der so rasch nach seiner Emigration aus Wien erfolgte, fiel mit dem Beginn des *drôle de guerre* zusammen. Da die Anhänger der psychoanalytischen Praxis durch die politischen Ereignisse gezwungen worden waren, sich für die Dauer des Krieges vom europäischen Kontinent in die USA oder nach England zurückzuziehen, mußten sich sowohl die Ideen als auch die Organisation einem grundlegenden Wandel unterziehen. Nachdem der charismatische Anführer der Psychoanalyse nun tot war, hätte die Psychoanalyse auch ohne den Versuch der Nazis, sie zu zerschlagen, neu organisiert werden müssen. Ungeachtet der politischen Realität hätten die Anhänger Freuds sich der neuen Situation anpassen müssen.

Als Freud nicht mehr da war, nahm die Fraktionsbildung noch weiter zu. Daß er selbst das Modell dafür bereitgestellt hatte, Beziehungen zu Gegnern abzubrechen, war die Rechtfertigung für viele Brüche, die aus immer geringfügigeren Anlässen vollzogen wurden. Und je umfassender die Psychoanalyse in einem bestimmten Land akzeptiert worden war, desto zahlreicher waren die Spaltungen und desto buntscheckiger war die Organisation. Selbst wenn die „Söhne" und „Töchter" den Anspruch erheben mochten, am engsten mit Freud verbunden gewesen zu sein oder ihn am besten verstanden zu haben, benutzten sie ihre Organisationen nunmehr doch dazu, um ihre eigenen Ideen durchzusetzen.

In den ersten 45 Jahren Geschichte der Psychoanalyse hatten die Praktizierenden sich professionalisiert und die Pioniere waren zu Gurus des Berufsstandes geworden. Freuds Stellvertreter und Abgesandte – Ferenczi, Abraham und Jones – waren nun in ihrem jeweiligen Land zur treibenden Kraft gworden. Als Anführer der Bewegung verhandelten zuerst sie und dann ihre Anhänger dort mit den medizinischen und juristischen Autoritäten und drängten, wenn auch nicht ohne ein gehöriges Ausmaß an Frustrationen, auf eine allgemeine Akzeptanz der Psychoanalyse. Es war für sie zum Beispiel schwierig, Gesetzgebern, welche die Grundvoraussetzungen nicht verstehen konnten, die Psychoanalyse zu erklären. Deshalb waren sie gezwungen, sich den Bräuchen, Regeln und Gesetzen der verschiedenen Länder zu fügen und zuweilen sich ihnen auch zu unterwerfen. Ihre Anhänger standen untereinander nicht mehr in so enger Verbindung und fühlten sich deshalb auch weniger an die IPA gebunden. Da die Analytiker sich aber verpflichtet hatten, den IPA-Bedingungen Folge zu leisten und aus der Verbindung Nutzen ziehen wollten, fühlten sie sich häufig zwischen den Forderungen des Landes und denen des Berufes hin- und hergerissen.

Es war notwendig gewesen, zu Kontrollzwecken einen Berufskodex aufzustellen, besonders dann, wenn neue nationale oder lokale Organisationen zu wenige Mitglieder besaßen, um persönliche und politische Vorurteile von professionellen Praktiken trennen zu können. Nationale Autoritäten hegten nun jedoch oft die Erwartung, über die Analytiker dieselbe Art von Kontrolle auszuüben wie über die anderen medizinischen Berufe. Die Amerikaner lösten diese Probleme dadurch, daß sie den Zugang zum Ärzteberuf einschränkten; die Deutschen, indem sie unter ganz speziellen Bedingungen auch Psychologen zuließen; die Österreicher, indem sie sich schließlich mit den Adlerianern vereinten; die Engländer, indem sie Kompromisse schlossen, und die Franzosen, indem sie für Analytiker die Krankenhausbindung begünstigten.

Paradoxerweise befaßte sich keine der nationalen Verordnungen mit dem, was die Psychoanalytiker selber immer mehr als Pfuscherei anklagten: schlechte Gegenübertragungen aufgrund der Unfähigkeit von Analytikern, eigene persönliche Konflikte zu lösen. Die Freudianer sahen ein, daß sie bei ihren Mitgliedern eigene ethische Maßstäbe durchsetzen mußten. Andererseits konnte die völlige Offenlegung unakzeptabler Praktiken mit den psychoanalytischen Geboten der Geheimhaltung und Vertraulichkeit in Konflikt geraten – wenn die schädliche Information „von der Couch" stammte. Wäre der Eindruck entstanden, ein angesehener Kollege sei nicht „enthaltsam" gewesen oder ein Analytiker habe einen Patienten emotional oder sexuell mißbraucht, dann hätte eine Veröffentlichung solcher Informationen dem Berufsstand Schaden zufügen können. Da die Aussagen von Patienten überdies ja auch das Resultat von unbewußten Wünschen und ihre Beschuldigungen reine Phantasien sein konnten, wußten die Freudianer nur zu gut, daß die Kundgabe solcher Konfliktpunkte in der Öffentlichkeit schaden würde, weil die Außenstehenden dafür kein Verständnis haben würden. Unter solchen Umständen war es schwierig, Leuten, die die Regeln übertreten hatten, Sanktionen aufzuerlegen. Deshalb rückten die Fragen nach den Zulassungskriterien in den Vordergrund und die Auswahlkomitees erhielten mehr Machtbefugnisse. Die praktizierenden Analytiker verbrachten sehr viel Zeit mit dem Versuch, vorherzusagen, welche Charaktereigenschaften schließlich den guten Analytiker ausmachten. Eine solche Aufgabe ist

überall und für jeden Berufsstand schwierig; für die Psychoanalyse war sie beinahe unüberwindlich angesichts der
Notwendigkeit, den analytischen Dialog geheimzuhalten –
einen Dialog, der nicht mehr überwacht werden darf,
nachdem der Ausbildungskandidat seine Prüfung bestanden
hat.

Nach dem Zweiten Weltkrieg begannen sich einige Mitglieder von regionalen Organisationen, z. B. die Verbände
deutsch- oder französischsprachiger Psychoanalytiker, mit
der Durchsetzung ethischer Kodizes zu befassen. Obwohl
diese Organisationen in ihrer Zielsetzung übernational
waren, fanden es die Angehörigen leichter, mit Kollegen
zusammenzuarbeiten, die die gleiche Sprache sprachen. Da
die Mitgliedschaft in diesen Organisationen sich außerdem
mit den Mitgliedschaften in den ortsansässigen Gesellschaften und in der IPA überschnitt, konnten die Mitglieder
einander genauer kennenlernen. Nicht nur könne die wiederholte Konfrontation mit anderen Kollegen ein vertrauensvolleres Klima schaffen, wie es hieß, sondern das
häufige Zusammentreffen in den vielen Gremien werde auch
das Mißtrauen gegenüber Unbekannten abbauen – in der
IPA mit ihren zahlreichen Mitgliedern ein unvermeidliches
Problem.

Nach einer gewissen Zeit wurden allerdings auch diese
Verbände bürokratisch, denn die Freudianer mußten weiterhin bürokratische Lösungen durchsetzen, um die Fragen zu
klären, die sich aus den Spannungen zwischen den unterschiedlichen Intentionen ergaben: mehr über die Psychoanalyse in Erfahrung zu bringen, theoretische Konfliktpunkte
zu schlichten und die psychoanalytische Bewegung voranzutreiben. Freilich sind diese Lösungen auf kulturbedingten
Voraussetzungen beruhende Kompromisse, die sich dann in
der IPA durchsetzten. Deshalb ist seit Freuds Tod der
Konsens von immer zahlreicheren Kompromissen durchsetzt, die in immer zahlreichere Regeln umgesetzt wurden –
Regeln, die zwangsläufig in die Spontaneität eingreifen
müssen, auf der die Psychoanalyse beruht.

3. Kapitel
Von der Therapie zur Theorie

In amerikanischen Interpretationen der Anfänge psychoanalytischer Theoriebildung werden historische, klinische oder biographische Faktoren hervorgehoben. Ob diese Interpretationen nun die klassische Behauptung der Freudianer stützen, die Psychoanalyse habe mit der *Traumdeutung* begonnen (1900*a*), oder die Auffassung von Ellenberger und Sulloway, der „Entwurf einer Psychologie" (1895) sei die Wurzel von Freuds Werk gewesen, so neigen die meisten Historiker doch zu der Annahme, daß Freuds Denken vor 1900 sowohl durch seine Beziehung zu Fließ als auch durch seine neurologischen Arbeiten geprägt war. Freilich können die Kommentatoren sich nicht darüber einigen, zu welchem Zeitpunkt er bei seinen Untersuchungen über die Ursachen von Hirnschäden – Aphasie, Paralyse, Blindheit, Lähmung, Tics – eine neue Forschungsrichtung einschlug. An einem bestimmten Punkt auf seinem Forschungsweg stellte Freud indessen fest, daß die Symptome mancher Krankheiten, einschließlich der Syphilis, denen der Hysterie glichen, und er begann darüber nachzudenken, was denn nun diese Krankheiten mit den Symptomen von neurotischen Beschwerden wie Depressionen, Phobien, Zwangsvorstellungen und Paranoia verband. Sein „Entwurf" befaßte sich deshalb mit den Zusammenhängen zwischen der Sexualität *aller* seiner Patienten und ihren körperlichen Störungen. Dabei weisen einige seiner Bewunderer auf seine feste Absicht hin, physische Symptome nicht auf psychische zu reduzieren oder umgekehrt, während andere wiederum die Bedeutung des „Entwurfs" wegen dessen Nähe zum Darwinismus gerne herunterspielen.[1]

Was wir auch immer von Freuds ehrgeizigem Vorhaben halten mögen, die biologischen Wurzeln psychischer Prozesse dingfest zu machen, so wissen wir, daß er es deshalb preisgab, weil es undurchführbar war. Er hatte die Erwartung gehegt, „eine naturwissenschaftliche Psychologie zu liefern, d. h. psychische Vorgänge darzustellen als quantitativ bestimmte Zustände aufzeigbarer materieller Teile, und sie damit anschaulich und widerspruchsfrei zu machen" (1950a, S. 305 [Einleitung zum „Entwurf"]; S. E., Bd. I, S. 295). Sogar James Strachey, Freuds englischer Übersetzer, der am „Entwurf" kein großes Interesse hatte, war der Ansicht, er liefere ein „außerordentlich scharfsinniges Arbeitsmodell der Psyche als eine Art neurologischer Maschinerie" (S. E., Bd. IV, S. XVIII). Daß Freud ein neurologisches Modell der Psyche zu konstruieren versuchte, hat einige Physiologen dazu veranlaßt, die im „Entwurf" vorgetragenen Ideen durch die gesamte Psychoanalyse hindurch zu verfolgen; andere dagegen konzentrierten sich auf den einen oder anderen spezifischen Punkt. Wieder andere behaupteten dagegen, Freud habe die ganze Sache aufgegeben, weil sie für die Psychoanalyse belanglos war: tat er dies, um für die Psychoanalyse keine Zeit zu verlieren oder weil der „Entwurf" ihn an die schmerzliche Beziehung zu Fließ erinnerte, die er vergessen wollte?

---

[1] Die Veröffentlichung bisher unbekannter Briefe und Aufzeichnungen aus seiner Schulzeit (K. Eissler et al., 1974; Kästle, 1987; Mijolla, 1987; Roth, 1987) und das wachsende Interesse an der Geschichte der Psychoanalyse haben zu neuen Hypothesen über die Jahre vor der *Traumdeutung* geführt: warum Freud in seinem Denken weiterhin physiologische und biologische Faktoren mitberücksichtigte und warum er sie für eine gewisse Zeit ausklammerte. Die Literatur über den „Entwurf", insbesondere in der *Psyche* und in den *Etudes freudiennes* sowie in verschiedenen neuen Zeitschriften, hat enorm zugenommen.

Frühe Einsichten und Praktiken

1925 berichtete Freud in seiner „Selbstdarstellung": „Als ich einmal eine meiner gefügigen Patientinnen (...) von ihrem Leiden befreite, schlug sie beim Erwachen ihre Arme um meinen Hals. (...) Ich war nüchtern genug, diesen Zufall nicht auf die Rechnung meiner persönlichen Unwiderstehlichkeit zu setzen (...)" (1925d; G. W., Bd. XIV, S. 52.) Sein Kollege Josef Breuer, der „Anna O." vom Dezember 1880 bis zum Juni 1882 behandelt hatte, war sich noch nicht bewußt, daß diese Patientin eine „falsche Verknüpfung" zum Ausdruck gebracht hatte und daß sie zuvor unterdrückte Emotionen auf ihn übertrug.[2] Breuer hatte sich ihre Symptombeschreibungen angehört und hatte in der Hypnose Suggestion angewandt, wodurch er die von ihm so bezeichnete „Katharsis" herbeiführte. Nachdem diese tägliche Behandlung aber dazu geführt hatte, daß sie eine Zuneigung zu ihm entwickelt hatte, bis sie sich schließlich „in den Wehen einer hysterischen Geburt (Pseudocyesis)"[3] befand, begab sich Breuer auf eine Reise (oder flüchtete) und überwies die Patientin an Freud. Als Freud sich ihre Geschichte anhörte, verknüpfte er ihre Symptome mit der Beziehung, die sie zu Breuer unterhalten hatte. Einige Jahre später kehrte Freud das traditionelle Verhältnis zwischen Arzt und Patientin um – d. h. er sagte ihr nicht, was sie zu tun habe.

In „Zur Geschichte der psychoanalytischen Bewegung" (1914d) erinnerte Freud daran, daß er seiner Neugier aus verschiedenen Gründen nachgegeben habe. Er hatte gehört,

---

[2] *Stud*, Ergänzungsband, Editorische Einleitung, S. 40. Alfred Lorenzer schickte dieser Episode die Bemerkung voraus: „Die 'Flucht' Breuers wird sich bei Freud wiederholen, aber anders." (1984, S. 135)

[3] [Jones, 1953, Bd. I, dt. Ausg. S. 266–269. Die Wendung „falsche Verknüpfung" findet sich in Freuds Kommentar „Zur Psychotherapie der Hysterie", in: Freud, Breuer, *Studien über Hysterie* (1895d), Taschenbuchausgabe 1970, S. 244: „Die Übertragung auf den Arzt geschieht durch falsche Verknüpfung." – Vgl. ferner Sulloway, 1979, dt. Ausgabe 1982, S. 121–128. *A. d. Ü.*]

wie Breuer über eine nervöse Patientin sprach, die ihr Leiden mit dem *secret d'alcove*, dem Geheimnis des Alkovens, des Ehebettes, in Verbindung brachte [G. W. , Bd. X, S. 51]. Sein Wiener Kollege Chrobak [vgl. Jones, 1953, dt. Ausg. Bd. I, S. 294] hatte die sexuellen Ängste einer Patientin hervorgehoben [G. W., Bd. X, S. 52]. Alles in allem zeigten ihm diese Hinweise den Weg. Ellenberger und Sulloway zufolge wurde „Zur Geschichte der psychoanalytischen Bewegung" geschrieben, um die Bewegung voranzutreiben, und der Text bestärkte den „Heldenmythos" der Freudianer. Deshalb spielten die beiden auch das erfindungsreiche Zuhören Freuds herunter – jenes *écoute*, über das die französischen Analytiker nunmehr seit Jahrzehnten jubilieren.

Wie die aktuelle Deutung auch immer beschaffen sein mag, Freud erlaubte es seiner Patientin Elisabeth von R. *tatsächlich*, ihn zu befragen und ihm zu erzählen, was sie wollte. Und die Formalisierung dieses Rollenwechsels beseitigte *tatsächlich* ihre hysterischen Symptome, zumindest zeitweise. Als er eine Patientin behandelte, die nicht in der Lage war, ihr neugeborenes Kind zu stillen, konnte Freud bereits erklären, daß sie Emotionen mit Erwartungsphantasien verknüpfte, und zwar mit all der Bedeutung, die sie mit deren Erfüllung verband sowie mit den Unsicherheiten, die diese Bedeutungen erfüllten (1892–93; S. E., Bd. I, S. 123; G. W., Bd. I, S. 8 f.).[4] Da es ihm offensichtlich gelungen war, die Patientin zu heilen, argumentierte Ellenberger etwas unfair, als er sich an das Faktum klammerte, daß Freud dies mittels einer Verbindung von Hypnose und Suggestion gelungen sei und daß dies eher mit Gesundbeterei als mit ärztlichen Methoden zu tun habe. Offensichtlich war es für Ellenberger – im Unterschied zu den Freudianern – nicht einsichtig, daß es Freud im Ausgang von diesem Fall gelungen war, Verallgemeinerungen im Blick auf eine ganze Reihe von Fällen zu ziehen, bei denen es um den Einfluß der Psyche auf die Körperfunktionen ging, und daß Freud

---

[4] Freud betrachtete dies als seinen ersten psychoanalytischen Fall.

gelernt hatte, zwischen Symptomen der Hysterie und der Neurose sowie Fällen zu unterscheiden, die er als *hystérique[s] d'occasion* [Gelegenheitshysterikerin(nen)] (1892–93, *G. W.*, Bd. I, S. 4 und 11) bezeichnete.

Ebensowenig beeindruckt waren die Gegner von Freuds neuartiger Methode. Zunächst einmal bat er seine Patientin, sich hinzulegen und die Augen zu schließen, um das Zutagetreten unbewußter Erinnerungen zu erleichtern. Wenn sich keine freien Assoziationen einstellten, wurde Freud ungeduldig, pflegte seine Hand auf die Stirn zu drücken, um die Patientin zu „führen". Nachdem ihm aber Fräulein von R. vorgeworfen hatte, ihren Gedankengang mit Fragen zu unterbrechen, machte er die Erfahrung, daß Schweigepausen besonders nützlich waren (Jones, 1953, S. 243–244; dt. Ausg. S. 288–289). Allmählich hörte er auf, die Gedankentätigkeit seiner Patienten zu steuern, und um 1892 hatte er die Hypnose ganz aufgegeben.

Von nun an gab er seinen Anhängern immer häufiger den Rat, sich von den Patienten führen zu lassen; der Analytiker solle „psychoanalytische Abstinenz" üben, um zu verhindern, daß zum Patienten Liebesbeziehungen, sexuelle und feindselige Beziehungen oder auch gesellschaftliche und geschäftliche Beziehungen entstehen. Freud hatte überdies festgestellt, daß die körperlichen Symptome der Patienten sich verstärkten, wenn unangenehme Erinnerungen hochkamen, wenn die Erinnerung aufhörte, wenn die Patienten Abhängigkeit fürchteten oder wenn sie sich vernachlässigt fühlten oder wütend wurden. Das führte ihn zu der Frage, wie er denn mit den Widerständen (die er bald darauf als „Übertragungen" bezeichnete), die der Analytiker auszulösen schien, am besten umgehen könne. Aus diesem Grund begann Freud damit, Deutungen zurückzuhalten, zu schweigen und sich so weit wie möglich aus dem Vorgang herauszuhalten. Seine eigene aktive Beteiligung reduzierte er schrittweise. Zunächst hörte er auf, die Stirn des Patienten zu pressen, dann stellte er seinen Sessel hinter die Couch, um Blickkontakte zu vermeiden.

Im Lauf der Jahre haben sich amerikanische Freudianer ausführlich über diese Bemühung um ein „neutrales" psychoanalytisches Setting verbreitet, das sowohl interne als auch externe Kritiker zuweilen für übertrieben halten. Inzwischen besitzen wir eine Geschichte der psychoanalytischen Abstinenz als technisches Konzept und eine Spezialliteratur über die ganze Auseinandersetzung, einschließlich einer „klassischen" Position, bei der vom Analytiker erwartet wird, daß er völlig inkognito bleibt, und vom Patienten, daß er sich größerer lebenswichtiger Entscheidungen wie Berufswechsel oder Partnerwechsel während der Analyse enthält (vgl. Lipton, 1977). Analytiker aber, die wie Heinz Kohut beispielsweise sich gegen die Abstinenz äußerten, waren der Auffassung: „Zu schweigen, wenn eine Frage gestellt wird, ist nicht neutral, sondern ungezogen" (1971, S. 89; dt. Ausg. S. 112 Anm.). Jedenfalls besteht kein Zweifel, daß Freud die rudimentären Bedingungen und Techniken der Psychoanalyse vor 1900 festgelegt hatte und daß man davon erwartete, daß sie den „Weg zum Unbewußten" bahnen würden.

In den Träumen beginnen Theorien

Die von der *Traumdeutung* inspirierten frühen Schüler Freuds wurden von seinen neuen Erklärungen der Hysterie angezogen, bei denen rein körperbezogene Theorien ebenso abgelehnt wurden wie jene, die sich auf die Kraft der Suggestion und anderer, tranceähnlicher Zustände stützten. Die meisten Freud-Schüler wußten jedoch sehr viel weniger über Neurologie als Freud selbst. Deshalb waren sie eher bereit, das Unbewußte ihrer Patienten allein sprachlich zu ergründen, statt auf die unergründlichen Verknüpfungen zwischen Psyche und Biologie zurückzugreifen. Freud hatte jedenfalls seine Grundideen über infantile Sexualität um 1895 bereits formuliert und auch erkannt, daß die Anlage zur Bisexualität allgemein war. Außerdem hatte er die Unterschiede zwischen der Sexualität des Kindes und des Erwachsenen festgestellt und daß einige Verhaltensformen, die bei Kindern „Interessen" sind (Voyeurismus, Exhibitionismus, sadomasochistische Impulse), bei Erwachsenen „Perversionen" sind. Er hatte auch nachgedacht über Probleme des Schlafs und der Erinnerung, besonders über die Gründe für die Verdrängung schmerzlicher Erinnerungen (S. E., Bd. II, S. 352 [vgl. Jones, 1953, dt. Ausg. S. 291]).

Verdrängungstheorien beruhen stets auf einer der Komponenten von Freuds Selbstanalyse (Jones, 1953; Isbister, 1985, S. 73–76). Abgesehen von den offenkundigeren substantiellen Fragen stellte die sogenannte Vorgeschichte Freud vor ein weiteres Problem. Da er sich weitgehend auf seine eigenen Träume und deren Deutung als Grundlage seiner neuen Wissenschaft stützte, machte ihm die Notwendigkeit zu schaffen, die „erzählerischen" Aspekte seines Materials einem wissenschaftlichen Publikum, seinen medizinischen Kollegen, plausibel zu machen. Im Bericht über seine erste vollständige Analyse (Fräulein Elisabeth von R.) beispielsweise unternimmt er den ausführlichen Nachweis, daß er wissenschaftlich vorgehe und keine Geschichten erfinde:

„Ich bin nicht immer Psychotherapeut gewesen, sondern bin bei der Lokaldiagnosen und Elektroprognostik erzogen worden wie andere Neuropathologen, und es berührt mich selbst noch eigentümlich, daß die Krankengeschichten, die ich schreibe, wie Novellen zu lesen sind, und daß sie sozusagen des ernsten Gepränges der Wissenschaft entbehren. Ich muß mich damit trösten, daß für dieses Ergebnis die Natur des Gegenstandes offenbar eher verantwortlich zu machen ist als meine Vorliebe; Lokaldiagnostik und elektrische Reaktionen kommen bei dem Studium der Hysterie nicht eben zur Geltung, während eine eingehende Darstellung der seelischen Vorgänge, wie man sie vom Dichter zu erhalten gewohnt ist, mir gestattet, bei Anwendung einiger weniger psychologischer Formeln doch eine Art von Einsicht in den Hergang einer Hysterie zu gewinnen". (S. E., Bd. I, S. 160–161; G. W., Bd. I, S. 226–227).

Diese Besorgnis sollte fortdauern. Fast jedesmal, wenn Freud wegen allzu großer Nähe zur Philosophie angegriffen wurde, pflegte er zu behaupten, daß er sich auf diesem Gebiet nicht auskenne: er gab an, von Schopenhauers Interpretation des Wahnsinns nichts gewußt zu haben, bevor Rank ihn darauf aufmerksam gemacht habe, und er spielte seine Lektüreerfahrungen mit Nietzsche herunter, um zu beweisen, daß die Psychoanalyse ausschließlich auf empirischer Beobachtung beruhe. Jüngere deutsche Historiker haben nachzuweisen versucht, daß er diese Philosophen sehr viel besser kannte, als er zugab, und daß es für seine frühe abwehrende Einstellung keine plausiblen Gründe gab. Dieser Nachweis wurde ziemlich schlüssig geführt, indem diese Historiker sich gründlich mit Freuds Briefwechsel, seinen politischen Engagements und Dokumenten aus der Schulzeit befaßten.[5] Freud wollte die Psychoanalyse ganz einfach von dem schlechten Ansehen fernhalten, das die Philosophie bei Ärzten, Naturwissenschaftlern und Psychiatern hatte. Die Freudianer entschuldigen diese Ausflucht als ein harmloses Vergessen zugunsten der Bewegung. Tatsächlich sah Freud sich gezwungen, den Beweis anzutreten, daß er Arzt war – und zwar einer, der hysterische Symptome durch das Aufdecken fiktiver Traumen und Phantasien heilte.

Anfänglich war Freud der Auffassung, die Erinnerung des Traumas allein vermöge den Patienten zu heilen. Als sich dies jedoch lediglich als erste von vielen Abreaktionen erwies und neue Einsichten nur eine zeitweilige Besserung herbeiführten, war er enttäuscht. Dadurch wurde er zur Untersuchung der Umstände und Gefühle im Zusammenhang mit dem Trauma genötigt wie auch zu dem Versuch, die beste Methode zu dessen Aufdeckung zu entwickeln. Als Freud sich über die Einwirkung verdrängter Kindheitserinnerungen auf Erwachsene, vor allem jener über Sexualität, immer klarer wurde, schrieb er die relative Abwesenheit der Sexualität während der Latenzzeit der Verdrängung zu. (Ob es überhaupt eine Latenzzeit gibt, wird gegenwärtig in Frage gestellt.) Er sprach auch von der Übertragung schmerzlicher Erinnerung und erotischer Libido auf den Analytiker als einziges Mittel, um diese Vergangenheit zu erinnern.

---

[5] Abhandlungen zur Geschichte der Psychoanalyse erscheinen häufig in der *Psyche*.

„Um die Widerstände zu beseitigen, gäbe es nur eine Macht, die Übertragung. Wir nötigen den Patienten, *uns zuliebe* die Widerstände aufzugeben. Unsere Heilungen sind Liebesheilungen. Es bliebe uns eigentlich also nur die Aufgabe, die *persönlichen* Widerstände (die gegen die Übertragung) zu beseitigen. So weit die Übertragung reiche, könne man Heilungen zustande bringen: die Analogie mit der hypnotischen Heilung sei eklatant. Nur werde bei der Psychoanalyse die Übertragungskraft dazu verwendet, um eine dauernde Veränderung im Patienten hervorzubringen, während die Hypnose nur ein Kunststück sei. Das Schicksal der Übertragung entscheide den Erfolg der Kur. – Dem Verfahren mangele nur noch die Autorität; das Moment der Suggestion müsse von außen dazukommen. Aber das Befreiungsbedürfnis des Unbewußten kommt uns schon jetzt entgegen. Der Neurotiker erkranke nicht wieder, weil wir das unbewußte Infantile (neben der Abstoßung der Verdrängung der andre Moment der Symptombildung) bewußtgemacht haben". (Freud, 1912*b*; Nunberg und Federn, 1962, S. 100–102; *Protokolle I*, S. 95–96).

Je mehr er sich auf die direkten Zusammenhänge zwischen Verdrängung und Übertragung konzentrierte, desto genauer begann Freud nach inneren Differenzierungen zu suchen. So unterschied er zwischen positiver und negativer Übertragung und begann die *Übertragung* begrifflich präziser zu fassen, zu konzeptualisieren. Nach seiner Auffassung sollte sich der Analytiker nicht so sehr auf die Äußerungen des Patienten konzentrieren, sondern sich vielmehr auf sein eigenes „unbewußtes Gedächtnis" verlassen (Freud, 1912*e*). Eine solche Haltung sollte den Analytiker überdies vor sexuellen (und anderen) Phantasien schützen, die der Analysand über ihn bildet und die gerade aufgrund des auf Intimität angelegten Settings regelmäßig aufzutreten schienen. Wie wir z. B. Freuds Brief an Jung vom 7. Juni 1909, der auf Sabina Spielrein Bezug nimmt, entnehmen können, hatte auch Freud mit diesem Problem gekämpft:

„Solche Erfahrungen, wenngleich schmerzlich, sind notwendig und schwer zu ersparen. Erst dann kennt man das Leben und die Sache, die man in der Hand hat. Ich selbst bin zwar nicht ganz so hereingefallen, aber ich war einige Male sehr nahe daran und hatte a narrow escape. Ich glaube, nur die grimmigen Notwendigkeiten, unter denen mein Arbeiten stand, und das Dezennium Verspätung gegen Sie, mit dem ich zur Psychoanalyse kam, haben mich vor den nämlichen Erlebnissen bewahrt. Es schadet aber nichts, es wächst einem so die nötige harte Haut, man wird der 'Gegenübertragung' Herr, in die man doch jedesmal versetzt wird, und lernt seine eigenen Affekte verschieben und zweckmäßig plazieren. Es ist a 'blessing in disguise'." (McGuire, 1974, S. 230–231)[6]

Ein Jahr später äußerte sich Freud ausführlicher über die irrationalen Gefühle des Analytikers gegenüber dem Patienten die er als *Gegenübertragung* bezeichnete (1910*d*). Bezüglich der Gefahr, die bei einem persönlichen Engagement für die Patienten entsteht, wurde er immer unnachgiebiger, besonders als Ferenczi immer deutlicher für ein solches Engagement eintrat. Er postulierte bald darauf, daß die *Disposition* des Patienten für die Liebe zum Analytiker insofern von der *Prädisposition* der Lebensgeschichte des Patienten abhänge, als seine frühen libidinösen Gefühle in unbewußte Phantasien verwandelt worden waren und dann durch die Psychoanalyse für die Projektion auf den Analytiker verfügbar gemacht wurden. Die Übertragung wurde zu einem Bestandteil der Neurose, und niemand behauptete mehr, der Analytiker könnte sie selber verursacht haben.

Die Freudianer erkannten bald, daß jede neue Einsicht sowohl die klinische Arbeit als auch die Theorie beeinflußte. Freud zum Beispiel fragte sich zunächst, weshalb die sexuellen Erfahrungen der Kindheit, über die seine Patienten berichteten, erst einmal verdrängt worden waren und dann als Symptome geäußert wurden. Dann dachte er, dies sei deshalb geschehen, weil diese Gefühle zu früh geweckt worden waren, als das Kind sich in einem allgemeinen Latenzstadium befand und mit ihnen nicht umgehen konnte.

---

[6] [Zitiert nach: Aldo Carotenuto, Hrsg., *Sabina Spielrein, Tagebuch einer heimlichen Symmetrie. Sabina Spielrein zwischen Jung und Freud. Vorwort Johannes Cremerius.* Freiburg: Kore, 1986, S. 237–238 (ital. Originalausgabe: Rom, 1980).]

Bald aber brachte er die Erinnerungen mit den Gefühlen von Angst und Schuld in Verbindung, von denen sie ursprünglich begleitet waren, und er erkannte, daß die Erinnerungen gewöhnlich keine Erinnerungen an echte Tatsachen waren. Es handelte sich vielmehr um Phantasiegebilde aufgrund von erotischen Wünschen im Zusammenhang mit bedeutsamen Personen im Leben des Kindes, namentlich dessen Eltern. Als Kern der unbewußten Wünsche im späteren Leben des Individuums wurden somit frühkindliche (sexuelle) Wünsche ausfindig gemacht, die im Ödipuskomplex gründeten.

Als Freud 1897 feststellte, daß nicht jede Patientin, die solche Phantasien entwickelte, vom Vater verführt worden war, gab er die Verführungstheorie auf. Die Ereignisse im Zusammenhang mit diesem Gesinnungswandel, von dem er Fließ informierte, als er ihm am 21. September 1897 schrieb, „Ich glaube an meine Neurotica nicht mehr", haben die verschiedensten Interpretationen ausgelöst (Masson, 1985, S. 264; dt. Ausg. S. 283). Die extremste stammt von Jeffrey Masson, der behauptet, Freud habe seine ursprüngliche Theorie aus Rücksicht auf Fließ und unter dessen Einfluß preisgegeben.

Die neue Lokalisierung der Verführung im Phantasieleben der Tochter hätte die Psychoanalyse eigentlich akzeptabler machen sollen. Doch weil auch diese Einsicht der Freudschen Selbstanalyse entstammte, konnten sowohl die frühen als auch die späteren Schüler Freuds und besonders die „Revisionisten" den Zweifel daran rechtfertigen, wie sie im übrigen alles in Frage stellten, was aus der Zeit von Freuds exemplarischer Kur – der Grundlage ihrer Disziplin – stammte oder mit ihr zusammenhing.

Theoretische Einheit

In den Anfangsjahren stimmten die Freudianer ihre intellektuellen und klinischen Mittel und Überlegungen aufeinander ab; deshalb können wir auch noch nicht von einem Einfluß unterschiedlicher Milieus sprechen. Wien war das Milieu für jene, die sich entschlossen hatten, Freuds Schüler zu werden. Wenn die Freudianer bei ihren Erörterungen an den Mittwochsveranstaltungen spezifische Neurosen nationalen Gewohnheiten oder Vorurteilen zuschrieben, stellten sie sich kaum je die Frage, wie solche Gewohnheiten ihrerseits das Vorkommen und die Eigenart der Übertragung und Gegenübertragung beeinflussen könnten. Als sie übereinkamen, daß die Wiener Neurosen für die Psychoanalyse am besten geeignet und die ergiebigsten waren, fragten sie sich nicht, ob denn nicht beispielsweise die Einstellungen zur kindlichen Sexualität oder die Auflösungen des Ödipuskomplexes jeweils kulturell verschieden sein könnten. Die Unterstellung, daß diese Phänomene universell seien, führte sie wiederum zu der Annahme, ihre eigenen Erfahrungen ließen sich überall anwenden. Aus mehreren Gründen war dies auch plausibel.

Erstens: Aufgrund der Annahme, die Menschen hätten eine gemeinsame (unbewußte) Vergangenheit, glaubte man, daß die Psychoanalyse die universale Verbindung zwischen Menschengattung und Glaubensansichten bestätigen werde. Zwar handelte es sich hier um eine kulturbezogene Annahme (siehe 4. Kapitel), aber sie beruhte auf den apriorischen Erfahrungen von Individuen in spezifischen Kulturen (1900a). Und den seit Jahrtausenden verborgenen Ursprung der Träume aufzuklären, war eines der Ziele der Mittwoch-Gesellschaft. Als die *Traumdeutung* zusammen mit den *Drei Abhandlungen zur Sexualtheorie* zu ihrer Bibel geworden war, waren die Freudianer überzeugt, daß sie am Ende zu den Wurzeln der Zivilisation vordringen würden, indem sie das Unbewußte ihrer Patienten ergründeten und dabei Material zutage förderten, das nicht nur über alle kulturellen Artefakte, sondern auch über Zeit und Raum hinausreichte.

Zweitens: Die mittels einer Kombination aus Methode und innovatorischen Schlußfolgerungen aus Fallgeschichten gewonnenen Daten sollten die Theorie beweisen und die Lücken ausfüllen. Indem sie literarische Figuren „der Psychoanalyse unterzogen" und deren Charakterzüge auf das Leben der jeweiligen Autoren bezogen, dramatisierten sie ihre klinischen Ergebnisse. Die Schlüsse, welche die Analytiker aus ihren literarischen Untersuchungen zogen, schienen ihre therapeutischen Annahmen zu bestätigen.

Drittens: Als Freud erkannte, daß die der Hypnose zugänglichen Patienten auch gerne zur Kooperation bei der freien Assoziation bereit waren, versuchte er seine Methode als den gangbarsten Weg zum Unbewußten zu systematisieren. Er formulierte nun die entsprechenden Konzepte für die Übertragung und Gegenübertragung. Diese schwer faßbaren Prozesse, die es ständig zu beobachten galt und die den Mechanismus des Unbewußten erhellen sollten, hielt man ebenfalls für universal.

Viertens: Als das „chimney sweeping" [Kaminfegen] der Anna O. (Bertha Pappenheim, die später eine führende Persönlichkeit in der Sozialfürsorge wurde) Freud und Breuer auf die Formulierung der psychophysischen Dynamik der Hysterie gebracht hatte, waren sie sich noch gar nicht bewußt darüber, wieviel Glück sie gehabt hatten, einer Patientin begegnet zu sein, die so intelligent war, daß sie sich selbst in einen gesunden Zustand hineinreden konnte, indem sie die Einzelheiten ihres Alltags und die Art und Weise beschrieb, wie diese wiederum ihre Gefühle beeinflußten. Als sich bei den späteren Patienten nur ganz wenige als so „ideal" herausstellten, begannen Freud und Breuer sich zu fragen, wer sich denn zu einem idealen Patienten – beziehungsweise zu einem idealen Analytiker – entwickeln würde oder könnte. Trotzdem war Freud in seinen euphorischsten Augenblicken überzeugt, daß sich fast jeder für beide Rollen eignete; während seiner depressiven Stimmungen bezweifelte er dagegen sogar, ob er jemals einen Patienten mit einer „vollkommenen" Neurose finden würde.

Im großen und ganzen bestätigten die Schlußfolgerungen der Freudianer das, was zu beweisen sie sich vorgenommen hatten. Nachdem sie sich jedoch darüber verständigt hatten, daß der Traum den Zugang zu Wünschen, Ängsten, Hoffnungen und Wut ermöglichte und daß die Träume wiederum den Zugang zum Unbewußten eröffneten, debattierten sie nur noch über die spezifischen Wege dorthin. Aufgrund der

Eigenart der Psychoanalyse wurden ihre Überlegungen selber zu einem Bestandteil der wissenschaftlichen Daten. Auf diese Weise hatte diese brillante Schar von Einzelgängern Anteil am Ansporn der Entdeckung. In ihrer Begeisterung verhalfen sie Freud „zur größten Befriedigung, die ein Mann erleben könne" (1893*f*, Nachruf auf Charcot; *S. E.*. Bd. III, S. 11–22; *G. W.*, Bd. I, S. 23). Und bald darauf wußten die Schüler auch, daß sie durch die Untersuchung einer einzelnen Psyche etwas über die Struktur der Psyche im allgemeinen lernen konnten.

Die Wurzeln späterer theoretischer Konflikte

Am Anfang war Freud die Verkörperung der Psychoanalyse. Er entwickelte oder übernahm neue Ideen, ordnete sie ein und erörterte zusammen mit der Gruppe ihre Implikationen für die Patienten. Die Schüler stellten ihre eigenen Fälle und Hypothesen vor, die wiederum zu neuen Auseinandersetzungen und zu einer verbesserten Praxis führten. Die Notwendigkeit einer ständigen Neuinterpretation und die prinzipielle Unabschließbarkeit der Deutung förderte allerdings auch wilde Vermutungen. Solche Vermutungen ließen sich später durch Zitate aus Freud rechtfertigen – so wie die Marxisten Marx zitieren oder die Kantianer Kant. Auf diese Weise wurden auch einige seiner oft wiederholten Überlegungen und epigrammartigen Äußerungen in grundsätzliche Lehrmeinungen verwandelt.

Freuds Text „Zur Geschichte der psychoanalytischen Bewegung" (1914*d*) gibt uns einen ersten Eindruck von den Komplikationen der Theorie, welche die Schüler voneinander trennten. Bis etwa 1913 meinte Freud, die Oberhand über seine Nachfolger wahren und sie innerhalb seines intellektuellen Einflußbereichs festhalten zu können. Diesen Text soll Freud geschrieben haben, um die Psychoanalyse vor einer oberflächlichen Verbreitung zu bewahren. Es schien ihm nicht bewußt zu sein, daß er gerade durch seine Wahrung der Einheit (im Kampf gegen Adler und Jung) den Keim zu weiteren Spaltungen legte. Unwissentlich bereitete er die Bühne für die wichtigsten Richtungen vor, die seine Bewegung in dem Augenblick einschlagen sollte, da er darauf beharrte, selbst am besten zu wissen, was die Psychoanalyse sei und wie sie sich von anderen Arten der Erforschung der Psyche unterscheide (Nunberg und Federn, 1965, Bd. III, S. 148; dt. Ausgabe Bd. III, S. 144 f.). Im Grunde hatte er Adler bereits verloren, und obwohl er damals immer noch glaubte, Jung halten zu können, war nach Ferenczi der Text „Zur Geschichte der psychoanalytischen Bewegung" die letzte „Bombe", die Jung zum Austritt [aus der Internationalen Vereinigung; Jones, 1955, dt. Ausg. Bd. II, S. 185; vgl. Gay, 1987, dt. Ausgabe S. 274 f.] veranlaßte.

Als Freud seinen Text „Zur Geschichte der psychoanalytischen Bewegung" schrieb, kämpfte er um das Überleben seiner Ideen – d. h. um die Vorrangstellung und die zentrale Bedeutung *unbewußter* Phänomene. Um diesen Kernbestandteil zu retten, sah er sich gezwungen, alle auf praktisches Engagement ausgerichteten Therapien[7] der Dissidenten loszuwerden und aus seinen treuesten Schülern eine Art Komitee [vgl. Jones, 1955, 6. Kapitel] zu bilden. Deshalb traf er eine organisatorische Entscheidung, um seine theoretische Position im Hinblick auf die Zentralstellung des Unbewußten durchzusetzen. Von nun an pflegten seine Anhänger seine Lehre nicht nur gegen die Abweichung von Adler und Jung, sondern auch gegen alle diejenigen zu verteidigen, welche sie zu verwässern suchten.

Damals wurde über die langfristige Zukunft der Psychoanalyse entschieden. Freud ließ es nicht nur bei der Ableh-

---

[7] Philipp Rieff beschrieb in der Einleitung zu der von ihm herausgegebenen Geschichte der psychoanalytischen Bewegung (1963b), wie die Vereinfachungen Adlers und Jungs Hinwendung zur Religion die Psychoanalyse aus dem Behandlungsraum – d. h. von der sorgfältigen Beobachtung – entfernte: bei Adler im Namen eines marxistischen Idealismus, bei Jung im Namen der traditionellen Moral. Rieff, für den die Psychoanalyse eine Therapie ist, kritisierte die amerikanischen Analytiker, weil sie es nicht fertigbrachten, ihre Wissenschaft über Freud hinaus weiterzuentwickeln.

nung der Ideen von Adler und Jung bewenden, sondern gab den Ideen Abrahams Auftrieb, so daß Abraham mit Hilfe von Eitingon in die Lage versetzt wurde, die Führung zu übernehmen. Die beiden anderen wichtigen Schüler, Ferenczi und Rank, waren mit Freud in anderen Punkten uneins – Ferenczi als Vorläufer der sogenannten Budapester Schule und Rank als Befürworter der Kurztherapie.

Jungs Zentralbegriffe der relativen Dominanz von Introversion und Extraversion, der transzendentalen Funktion und der Selbstdifferenzierung sowie Adlers Minderwertigkeitskomplex, Machtwunsch und „männlicher Protest" [„Zur Einführung des Narzißmus", 1914c; *Stud.*, Bd. III, S. 59] widersprachen den Grundbestandteilen von Freuds Theorien. Mit allen diesen Formulierungen wurde das Unbewußte und die Sexualität immer mehr beiseitegeschoben: würde man sie legitimieren, dann wäre damit zugleich auch das Wesentliche an der Freudschen Psychoanalyse beseitigt. Wenn Jung recht hatte und die Grundlage für den 'Inzest'-Wunsch nicht der Beischlaf ist, sondern die seltsame Idee eines Wiedergeburtswunsches [Jones, 1955, dt. Ausg. Bd. II, S. 177] – des Wunsches, in die Mutter zurückzukehren, um durch sie wiedergeboren zu werden –, dann würden Freuds „biologische" Prämissen nicht standhalten (Brome, 1978, S. 142). Und wenn allgemeine oder universale Symbole sich auf Archetypen zurückführen ließen, wie Jung behauptete, dann müßte der Ödipuskomplex abgeschafft werden. Statt nun diese Streitpunkte direkt anzugehen, neigten die Freudianer dazu, sie psychoanalytisch zu erklären: sie beschuldigten Jung, dem Druck der Schweizer Bevölkerung nachgegeben zu haben, die die schändlichen Ideen der Freudianer über Sexualität als etwas Wienerisches verurteilte. Sie bestritten, daß die Psychoanalyse sich im Laufe der Jahre verändert hatte (Brome, 1978, S. 145) und daß die Sexualität fehlerhaft konzeptualisiert worden war. Stattdessen unterstützten die Schüler Freud, der in „On Psycho-Analysis" ([in Englisch] 1913m) behauptet hatte, die Psychoanalyse habe mit Mystik nichts zu tun. Damit lehnten sie auch Jungs urtümliche Archetypen ab und sie weigerten sich, seine Neudefinition der Libido als etwas Allgemeines und nicht nur Sexuelles zu akzeptieren. Schließlich bezeichneten sie ihn als Mystiker und taten ihn als paranoid ab.

Es dauerte nicht lange, bis Freud in *Totem und Tabu* (1912–13) seine eigene Erklärung über die Anfänge der Zivilisation entwickelte, in der ihre ödipalen Wurzeln deutlich wurden. Und in „Zur Einführung des Narzißmus" (1914c) wandte er sich gegen die Behauptung Jungs, daß es eine ursprüngliche Einheit aller Triebe gegeben habe: „Die der Außenwelt entzogene Libido ist dem Ich zugeführt worden, so daß ein Verhalten entstand, welches wir Narzißmus heißen können. (...) Wir sehen auch im groben einen Gegensatz zwischen der Ichlibido und der Objektlibido" (1914c; *G. W.*, Bd. X, S. 140–141). Später sollte er hinzufügen: „Der Name Libido bleibt aber mit Recht für die Triebkräfte des Sexuallebens vorbehalten, wie wir es bisher geübt haben" (1916–17; *Stud.*, Bd. I, S. 399).

Da Jung seine „Mystik" weiterverfolgte (und Adler seinen „Sozialismus"), begann Freud sie immer mehr aus Theoriegründen zu bekämpfen. Er wies wiederholt auf die zentrale Bedeutung der Sexualität hin und nannte sie „die einzige Funktion des lebenden Organismus, welche über das Individuum hinausgeht und seine Anknüpfung an die Gattung besorgt" (1916–17; *Stud.*, Bd. I, S. 399). Obwohl Freud, weil er Jung nicht verlieren wollte, zuvor noch gezögert hatte, Abraham in seiner Behauptung zu unterstützen, Dementia praecox trete dann auf, wenn die Libido Befriedigung durch Objekte zu erlangen suche oder wenn sie das Ich des Individuums an dessen Stelle setze, lehnte er nun Jungs Erklärung, ein toxischer Stoff oder ein Gift verursache die Fixierung des Komplexes und beeinträchtige die psychische Funktion insgesamt, unwiderruflich ab (Brome, 1978, S. 96).

Eine der plausibelsten Darstellungen von Freuds Bruch mit Adler und Jung gibt uns der deutsche Analytiker Alfred Lorenzer. In seiner Rekonstruktion der Ereignisse zeigt er, daß Freud zunächst eine Mittelstellung zwischen beiden einnahm. Da beide das Sexuelle theoretisch ablehnten und die Psychoanalyse in entgegengesetzte Richtungen lenkten – wobei Adler die rationalen psychischen Komponenten betonte, Jung die irrationalen –, geriet Freud bei seinem Versuch, über beide die Oberhand zu behalten, in eine von Lorenzer so bezeichnete Sackgasse. Nach Lorenzer hielten jedoch alle drei Schulrichtungen der Psychoanalyse – die von Freud, Jung und Adler – am Begriff des Unbewußten fest. Und selbst Adler lokalisierte die Erregung der Aufmerksamkeit nicht im Bewußtsein, sondern in einem Interesse, das unbewußt bleibt; dort, wo die menschliche Stärke und die Lebenslinie sich entwickeln. Nur dessen Reflexion existiere im Bewußtsein (Adler, 1929, S. 76).

Adler war nämlich der Auffassung, daß „Aufmerksamkeit", „Interesse", „Faktor" und „Stärke" von der „einheitlichen Persönlichkeit" abhängen, deren Charakterzüge sich mit einer Leitlinie vergleichen lassen, die dem Individuum wie eine Modellschablone anhaftet (Adler, 1929, S. 126). Wie Lorenzer bemerkte, sind diese Charakterzüge jedoch äußerliche Erscheinungen, da Träume auf Lebenseinstellungen zurückgehen und die dem „Lebensplan" zugrundeliegenden Spannungen aus dem Konflikt zwischen „Gemeinschaftsgefühlen" und „Machtwunsch" resultieren. Beides, Gemeinschaftsgefühle und Machtwunsch, war für Adler gleichermaßen wichtig, wie Lorenzer bemerkte, und verkörperte sich bei Adler sowohl im Bewußten wie im Unbewußten. Um ein handelnder Marxist bleiben zu können, mußte Adler jedoch die Widerspiegelung gesellschaftlicher Einflüsse betonen. Die Entwertung unbewußter Motive *mußte* Freud allerdings zurückweisen. Dennoch benutzte er bei seinem Konzept der Reaktionsbildung eine abgeschwächte Fassung von Adlers autonomen Aggressionstrieben – eine kompensatorische Kraft des Ichs und der Ichfunktionen. Da Freud einen solchen Gedanken 1908 zurückgewiesen hatte, hegte Adler zeitlebens einen Groll gegen Freud (Ellenberger, 1970, S. 513, dt. Ausg. S. 710, 756; Sperber, 1972).

Jung lokalisierte dagegen das Unbewußte im archaischen kollektiven Unbewußten und verfolgte mit grenzenloser Toleranz jeden Nebel, jedes *Numen* oder jedes Tabu, das sich darin tummelte. So wie Adler die Inhalte des Unbewußten ins Reservoir der Ich-Triebe verlagerte, wie Lorenzer bemerkte, so entdeckte Jung es in den Anfängen archaischirrationaler Kundgebungen. Und während bei Adler die Irrationalität des Unbewußten zugunsten eines völlig sozialisierten Selbst verschwand, löste Jung das Selbst im Namen einer „Ontologie des Unbewußten" auf. Kurz gesagt, bei Adler fungierte das Unbewußte als Appendix des Bewußten; bei Jung das Bewußte als Appendix des Unbewußten.

Der Neo-Marxist Lorenzer ist der Auffassung, daß die Beziehung zwischen Bewußtem und Unbewußtem deshalb simplifiziert wurde, weil die im Unbewußten verinnerlichten gesellschaftlichen Einflüsse sich gegen widerständige existierende Normen wehren. Sofern das Individuum bei Adler die Freiheit bewahrt, um seine eigenen Entscheidungen zu treffen, resultieren diese aus rationalen und reflexiven Prozessen. Da die Jungianer dagegen Bewußtes und Unbewußtes voneinander trennten, mußten sie darauf bestehen, daß das Unbewußte verhaltensbestimmt und vom Bewußten ebenso getrennt ist wie von der handlungsorientierten Sprache. Freud machte sich jedoch zwei Zugangsweisen zu eigen – die physiologische und die psychologische – und bezog sie vermittels seiner Theorie der Sexualität aufeinander.

Der einzige Weg, auf dem Freud beides zusammenbringen und gegen Adler und Jung eine schlüssige Theorie formulieren konnte, bestand nach Lorenzer darin, drei Strukturen zu postulieren: Ich, Es und Über-Ich. Dies veranlaßte Freud dazu, vom „echten Symbol" zu sprechen, das aus dem Unbewußten hervorgeht. Lorenzer zufolge ließ sich dies sowohl mit den Jungschen Symbolen (wenn auch in strikter Abgrenzung von „konstanten" und „überindividuellen" Annahmen über Symbole) als auch mit der „Ich-Psychologie" vereinbaren.

Nach Auffassung von Jenny Roudinesco sind die theoretischen Kontroversen über diese Formulierungen, die gewöhnlich als Bruch mit früheren Formulierungen betrachtet werden, weniger entscheidend als die Vorgeschichte der Psychoanalyse. Ihr zufolge hatte sich Freud via Bleulers Ideen über die Schizophrenie Kraepelins Erklärung der Paranoia angeschlossen, während Jung postulierte, es gebe eine „selbständige *dementia praecox*, die er nicht als Schizophrenie bezeichnete". Freud, so schrieb sie, soll gesagt haben, Jung könne ruhig an die Existenz einer Dementia praecox glauben, wenn er wolle, „aber sie existiert nicht; es gibt nur Zwangsneurose und Paranoia" (Roudinesco, 1982, S. 126).

Ellenberger schenkte dieser verbalen Auseinandersetzung weniger Glauben. Da sein Interesse sich auf die Wiederherstellung der Geschichte der dynamischen Psychiatrie richtet, konzentriert er sich auf die langfristigen Programmpunkte von Adler und Jung: Adler wollte die Gesellschaft verändern – d.h. Neurosen, Psychosen und kriminelles Verhalten mildern –, indem er seine *Menschenkenntnis* [deutsch im Original] verbesserte. Und Jung war ja schon vor der Begegnung mit Freud ein erfolgreicher Psychiater am Burghölzli gewesen. Keiner von beiden war ein Abtrünniger, behauptete Ellenberger gegen die amerikanischen Freudianer; sie waren einfach deshalb ausgetreten, um alte Interessen weiter zu verfolgen.

Offensichtlich werden diese unterschiedlichen Versionen des theoretischen Streits zwischen den frühen Freudianern heute unter anderen spezifischen Gesichtspunkten neu interpretiert. Kurz gesagt, was am Anfang geschah, wird wiederbelebt, um entweder spezifische Perspektiven und ortsbedingte Zugehörigkeiten zu untermauern, oder um spezifische theoretische oder klinische Faktoren interpretativ auf- oder abzuwerten.

Die Strukturtheorien

Bekanntlich arbeitete Freud einige Grundideen, die er in den *Drei Abhandlungen zur Sexualtheorie* (1905d) formuliert hatte, ständig weiter aus. Dort hatte er den Trieb auf körperliche Quellen zurückgeführt, wobei er zwischen dem Triebziel (der Abfuhr sexueller Spannung) und dem Objekt des Triebs unterschied, durch welches Befriedigung erlangt wird. Da die erogenen Zonen mit lebenswichtigen Funktionen zusammenhängen (die orale mit dem Essen, die anale und urethrale mit dem Defäzieren und Urinieren, und die genitale mit der Fortpflanzung), verknüpfte er die Befriedigung aller erotischen Triebe mit der erotischen Erregung und Lust. (Später sollte sich herausstellen, daß Befriedigung um ihrer selbst willen erstrebt wird). Das Saugen an der Mutterbrust wurde deshalb als Vorbild für jede spätere Befriedigung angesehen, zu dem die Phantasie immer wieder zurückkehrt (1916–17; *Stud.*, Bd. I, S. 310). Nachdem der Primat des oralen Triebs an den analen (Sphinkterkontrolle), den phallischen (Bewußtsein vom Penis) und dann zum genitalen (in der Pubertät) übergegangen ist, zeigt sich die Libido in Verbindung mit mehr oder minder geeigneten Zielen und Objekten (die von den Nachfolgern Freuds schließlich auf widersprüchliche Arten theoretisch formuliert wurden). Man erkannte, daß Triebfrustration zu Aggression führt. Orale Aggression fand ihren Ausdruck im Wunsch, zu beißen oder zu verschlingen; anale Aggression im Bestreben, Faeces auszustoßen oder damit zu vergiften oder zu verletzen; phallische Aggression im Wunsch, zu penetrieren, zu zerreißen und zu zerschneiden. Libido war aber auch unstet: man entdeckte, daß sie leicht von einem Objekt zum anderen übergeht und auf einer frühen Stufe, beispielsweise des Autoerotismus oder des Narzißmus, fixiert bleibt. Außerdem hieß es, jedes Erleben bringe seine eigenen Begleitphantasien hervor, und diese wurden wiederum mit den Wurzeln künftiger Konflikte – sowohl intrapsychische als auch Konflikte mit der Außenwelt – in Verbindung gebracht.

Freud beschrieb nun die zwingenden Eigenschaften dieser Triebe und hielt sie für erwiesen. Als er sie in „Triebe und Triebschicksale" (1915c) zu definieren suchte, stellte er fest, daß vier Termini im Zusammenhang mit dem Begriff 'Trieb' gebraucht werden: Drang, Quelle, Objekt und Ziel. Sie mußten einzeln untersucht und erst dann aufeinander bezogen werden (1915c; *S. E.*, Bd. XIV, S. 121–128 [= *Stud.*, Bd. III, S. 85–92].[8] In der Zeit also, da Adler seine Theorie

---

[8] Wir erinnern hier an das Problem der Übersetzung von *Trieb* und daran, daß Freud diesen Ausdruck für primär psychische Prozesse bevorzugte; *Instinkt* dagegen für primär biologische, auch

immer stärker auf Beobachtungen der Persönlichkeit stützte und Jung die Einflüsse der Archetypen betonte, beschäftigte sich Freud immer ausführlicher mit den theoretischen Ausarbeitungen unbewußter Quellen sowohl der Person als auch der Kultur.

Im Zuge der Erweiterung seiner Triebtheorie definierte Freud die Eigenschaften oder Funktionen der vier Komponenten und die Dynamik oder die Wechselbeziehung zwischen ihnen ständig neu. Diese Gedanken sollten später zur Untersuchung der therapeutischen Techniken, des Narzißmus und der Objektbeziehungen und zu den dazugehörigen speziellen Auseinandersetzungen führen. (Und schließlich sollten diese Streitpunkte sogar die Theoriediskussionen beherrschen; siehe 11. Kapitel). Aber auch hier wieder verbanden sich kulturelle Faktoren und Persönlichkeitsfaktoren, wenn amerikanische Freudianer die Ich-Komponenten dieser Theorien auf Kosten der Triebe bevorzugt zu untersuchen pflegten oder wenn deutsche Psychoanalytiker sowie Lacanianer sie beschuldigten, die Zentralbedeutung der Libido mißzuverstehen. Eben deshalb wollte Lorenzer zum Beispiel zu den frühesten Formulierungen über die Triebe zurückkehren: seines Erachtens eröffneten sie den Weg zu einer „radikaleren" Psychoanalyse als es die Ich-Psychologie war, wenn auch nicht unbedingt so radikal wie diejenige von Wilhelm Reich.[9] Die Triebe erlaubten keine

---

wenn im Laufe der Jahre sein Gebrauch sich veränderte. Die Übersetzung von James Strachey in der *Standard Edition* wurde schon in den fünfziger Jahren von Lacan bemängelt, später noch deutlicher von Bruno Bettelheim in seinem Buch *Freud and Man's Soul* (1982).

[9] Wilhelm Reich hegte in den zwanziger Jahren ähnliche Gedanken. Gemäß seiner zentralen Hypothese siedelte er als Übergangsstufe zwischen Neurosen und Psychosen den „Zwangscharakter" an (alle älteren Schüler waren dagegen). Zwar wurde dies immer noch als eine Fortführung des Freudschen Prinzips betrachtet, aber Reich verlor mit seiner Charakteranalyse, die sich auf den Widerstand und die „orgastische Potenz" konzentrierte, die Unterstützung Freuds, noch bevor er seine sexualökonomischen Konzepte vollständig entwickelt hatte (Sharaf, 1983).

„Anpassung", behauptet Lorenzer, und deshalb können sie bis in die früheste Entwicklung des Individuums zurückreichen – zu den Wurzeln des Antisemitismus, zur Dynamik von Führer und Gefolgschaft und ihren Symbolisierungen. Mit dieser Betonung wird die amerikanische Ich-Psychologie implizit entkräftet.

Die französischen Psychoanalytiker Jean Laplanche und Jean-Bertrand Pontalis dagegen wollten *allen* Konzeptualisierungen und Kontroversen im Zusammenhang mit der Definition der *Triebe* und ihren Nuancierungen gerecht werden:

> „Die Freudsche Triebkonzeption (...) sprengt den Rahmen des klassischen Instinktbegriffes in zwei entgegengesetzte Richtungen. Einerseits wird durch den Begriff des ʻPartialtriebesʼ betont, daß der ʻSexualtriebʼ anfangs in einem ʻpolymorphenʼ Zustand vorhanden ist und hauptsächlich auf die Aufhebung der Spannung an der somatischen Quelle hinzielt, und daß er sich in der Geschichte des Subjekts mit den das Objekt und die Befriedigungsart kennzeichnenden Repräsentanzen verbindet: der anfangs ungerichtete innere Drang erfährt ein höchst persönliches Schicksal. Andererseits bringt Freud – weit davon entfernt, hinter jeder Form von Aktivität eine gesonderte biologische Kraft zu postulieren, wie es die Instinkttheoretiker gern tun – die Gesamtheit der Triebmanifestationen in einer einzigen, grundlegenden Gegenüberstellung unter, die übrigens der mythologischen Tradition entliehen ist: Gegenüberstellung von Hunger und Liebe, dann von Liebe und Haß" (1967; dt. Ausg. 1972, S. 528–529).

Laplanche und Pontalis, die zwar der Absicht Freuds treu blieben, ließen dennoch eine Reihe verschiedener Lesarten zu. Gleichwohl brachten sie ihre französische Herkunft zum Ausdruck. Indem sie den Bruch mit traditionellen ʻInstinktʼ-Begriffen und die Offenheit gegenüber einer mythischen Vergangenheit betonten, widersprachen sie offenkundig Ellenbergers Behauptung über den bruchlosen Zusammenhang westlicher Denkweisen – wobei Freud nur als ein Glied in einer langen Kette fungiert. Außerdem richteten Laplanche und Pontalis sich auf die Vergleichsaspekte zwischen Objektbesetzungen, die auf frühen Erlebnissen und Instinkten beruhen – Theorien, die in der

Physiologie wurzeln –, während Ellenberger Freuds Theorien mit denen seiner Zeitgenossen verglich, die seine Interessen teilten. Die Franzosen dagegen sind Anhänger ihrer eigenen Philosophie: in Frankreich waren Vorstellungen von „individuierten Merkmalen" (die die existentielle Situation eines Individuums festlegen) immer schon zentral gewesen; solche Merkmale kommen in dem sonst so ausführlichen Register bei Ellenberger nicht einmal vor. Objektiv gesehen lassen sich diese Positionen neben vielen anderen aus Freuds Schriften extrapolieren. Den Antagonismus zwischen Hunger und Liebe oder zwischen Hunger und Haß zu betonen, heißt jedoch Freuds Unterscheidungen zwischen Eros und Thanatos ernstzunehmen, die den ichzentrierten Theorien der angelsächsischen psychoanalytischen „Wissenschaft" zuwiderlaufen (siehe dazu das 11. Kapitel).

Wurzeln der Ich-Theorien

Als Freud gegen Jung beweisen wollte, daß es keinen allgemeinen Trieb gebe, konzentrierte er sich auf die psychischen Manifestationen des Sexualtriebs. Und als er entdeckte, daß er Triebe wie Liebe, Angst, Zorn oder Haß – das, was er später als Libido bezeichnete – nicht einfach voneinander trennen konnte, postulierte er, daß es sich dabei um Partialtriebe handele, die sich später zu spezifischen Strukturen vereinen. Von diesen Strukturen hieß es, daß sie entweder allein funktionierten oder in Verbindung mit dem Sexualtrieb. Quellen dieser Partialtriebe sind Körperorgane, insbesondere die erogenen Zonen. Andere Körperfunktionen, obwohl sie in der frühen Ontogenese möglicherweise zur Libido beitragen, streben Freud zufolge nach eigener Befriedigung. Als Freud dann die Libido nicht länger als eine allgemeine Energiequelle postulierte und die einzelnen Triebe voneinander unterschied, legte er auch die Grundlagen für seine Entwicklungsstufen bzw. -phasen: die orale (für die der Mund des Kleinkinds zentral ist), die anal-sadistische (vorherrschend ist dabei die Funktion der Eliminierung) und die genitale (die Partialtriebe organisieren sich unter dem Primat der Genitalzonen).

Nach dem Postulat seiner Triebtheorie stellte Freud sich die Frage, wie die psychosexuellen Entwicklungsschritte integriert werden und in welchen entscheidenden Augenblicken die Psychopathologie einsetzt. (Damit konnten Muster der Psychopathologie leichter festgelegt werden.) Deshalb untersuchte er die Verbindungen zwischen der Entwicklung der Partialtriebe und den spezifischen Phasen der psychosexuellen Organisation. Er stellte fest, daß eine psychische Erkrankung dann einsetzte, wenn eine pathologische Veränderung des Sexualtriebes die normale Entwicklung vereitelt hatte. Deshalb war man der Auffassung, daß dieser Trieb bei neurotischen Patienten zwar verändert worden, nicht aber verlorengegangen war: sie hielten am primären Sexualobjekt oder an dessen kindlichem Ersatz fest. Diese Einsicht bestätigte auch Überlegungen der Psychiater: sie ermöglichte es, sowohl die Verbindungen zwischen psychischer Gesundheit und Krankheit zu untersuchen als auch zwischen Neurose und Psychose zu differenzieren. Nun waren die Freudianer in einer besseren Position, um die Psychiater von der Heilwirkung der Psychoanalyse bei einem neurotischen Trauma zu überzeugen.

Während er die Triebtheorie systematisierte, begann Freud auch den Narzißmus zu untersuchen und zu konzeptualisieren. Ellenberger behauptet, das Konzept des Narzißmus sei entwickelt worden, um die Ideen von Havelock Ellis (in England) und Paul Näcke (1899 in Deutschland)[10] zusammenzufassen. Dagegen betrachten jedoch viele amerikanische Freudianer „Zur Einführung des Narzißmus" (1914c) als den Wendepunkt in der Psychoanalyse, beinahe schon als Widerlegung der Triebtheorie und als Grundlage

---

[10] [„Den Namen für diese [auf das Ich zurückgewandte] Unterbringung der Libido – *Narzißmus* – entlehnten wir einer von P. Näcke (1899) beschriebenen Perversion, bei welcher das erwachsene Individuum den eigenen Leib mit all den Zärtlichkeiten bedenkt, die man sonst für ein fremdes Sexualobjekt aufwendet." Freud (1916–1917), *Stud.*, Bd. I, S. 401. *A. d. Ü.*]

der Ich-Psychologie. (Ellenberger fügt hinzu, daß Freud
nunmehr Jungs Erklärung der Schizophrenie als Ergebnis
einer „Introversion der Libido" (1914c; *Stud.*, Bd. III, S. 42)
sowie Adlers Betonung der Selbstachtung übernahm (1914c;
Stud., Bd. III, S. 64–66) [Ellenberger, 1970, S. 510–51]).
Freud beschrieb damals den Narzißmus als eine spezifische
Form sexueller Abweichung, bei der das Individuum in sich
selbst verliebt ist (1916–17; *Stud.*, Bd. I, S. 401). Er stellte
überdies fest, daß es der Libido möglich ist, ihre Besetzung
vom Objekt zurückzuziehen (wie Abraham bei der Dementia praecox gezeigt hatte). Im Fall Schrebers, bei dem er die
Verbindungen zwischen homosexuellen Triebregungen und
Paranoia herausgearbeitet hatte und davon sprach, daß das
Individuum „sich selbst, seinen eigenen Körper zum Liebesobjekt nimmt" (1911c; *Stud.*, Bd. VII, S. 184 [*S.E.*, Bd. XII,
S. 60 oder auch 7, S. 65]) oder „sich selbst liebt", änderte er
zugleich frühere Formulierungen und nahm spätere vorweg.

Im Grunde sind die Arbeiten von 1914–1915 die Grundlage für viele theoretische Weiterentwicklungen. Dagegen
behaupten die nachdrücklich an der klassischen Orientierung festhaltenden Freudianer, der Narzißmus sei bereits
1910 vorweggenommen worden, als Freud die Objektwahl
der Homosexuellen als Ergebnis dessen erklärte, daß sie
jemanden lieben wollten, der ihnen ähnlich sei, und dann
dieses Objekt im Ich erneut besetzten. „Wir bilden so die
Vorstellung einer ursprünglichen Libidobesetzung des Ichs,
von der später an die Objekte abgegeben wird, die aber, im
Grunde genommen, verbleibt, und sich zu den Objektbesetzungen verhält wie der Körper eines Protoplasmatier-
chens zu den von ihm ausgeschickten Pseudopodien"
(1914c; *Stud.*, Bd. III, S. 43). Freud postulierte überdies ein
Gleichgewicht zwischen der (selbstbezüglichen) *Ichlibido*
und (der auf die Mutter oder deren Ersatzfiguren gerichteten) *Objektlibido* und behauptete dann, der Einsatz der
einen erschöpfe die andere. Offensichtlich schloß er sich hier
einem Energiemodell an. Deshalb zog Ellenberger den
Schluß, Freud sei von Fechners topischen Begriffen der
Psyche beeinflußt worden. (Fechner hatte eine mathemati-

sche Beziehung zwischen der Erregungsintensität und der daraus resultierenden Empfindung festgelegt.) Sulloway führte diesen Einfluß noch weiter aus und „bewies" damit, daß Freud jener „Biologe des Geistes" geblieben sei, der er zur Zeit der Niederschrift des „Entwurfs einer Psychologie" gewesen war (Sulloway, 1979, S. 66–67; dt. Ausg. S. 111–112). Zahlreiche französische Psychoanalytiker, und zwar nicht allein Lacanianer, folgerten freilich aus Freuds Arbeit (1914c), der Narzißmus müsse *strukturell* definiert werden: „Der Narzißmus erscheint nicht mehr als eine Entwicklungsstauung, sondern als eine Libidostauung, die durch keine Objektbesetzung vollständig aufgehoben wird" (Laplanche und Pontalis, 1967; dt. 1972, S. 318). Anders gesagt, übermäßiger Narzißmus blockiert das weitere psychische Wachstum und muß analysiert werden.

Lorenzer betrachtet diese widersprüchlichen Schlußfolgerungen aus der Perspektive der deutschen Psychosomatik und führt diese auf die Tradition der funktionell-dynamischen Physiologie zurück. Er zitiert Hirschmüller: „Das ganze System ist aber getragen von einer dahinter stehenden teleologischen Grundauffassung. Das Funktionieren eines *Apparats* ist eingebettet in ein biologisches System, dessen sinnvolle, zweckgerichtete Organisation sich mit mechanistischen Kategorien nicht fassen läßt" (1984, S. 127). Lorenzers *ars interpretandi* (der deutende Akt par excellence, der die physische und psychische Symptomatologie wieder miteinander verknüpft und der einer von Lorenzers Zentralbegriffen ist) argumentiert hier für das klinische szenische Verstehen des Psychoanalytikers, um die Manifestationen des Narzißmus zu beseitigen. Lorenzer schlägt vor, die psychoanalytische Theorie so zu behandeln wie andere Hervorbringungen des Unbewußten.[11] Diese Synthese sollte es Lorenzer wiederum ermöglichen, innerhalb von Freuds Gefolgschaft seine eigene Leib/Seele-„Hermeneutik" weiterzuverfolgen, welche unter anderem den Primat erzieherischer Einflüsse erlaubt und vertritt. Lorenzer ist freilich

---

[11] Auf diese spezifische Vorgehensweise soll Kohut hingewiesen haben. Vgl. 11. Kapitel.

nicht der einzige, der den Begriff des Narzißmus auf kulturelle Themen ausdehnte: dasselbe gilt auch für Marcuse (1955), Lacan (1966), Sennett (1977) und Lasch (1978), wie wir im 12. Kapitel feststellen werden.

Im allgemeinen neigen die kulturbezogenen Erweiterungen dazu, Freuds Unterscheidung zwischen „primärem Narzißmus" (dem Frühstadium, bei dem das Kleinkind zwischen seinem Selbst, seiner Libido und der Außenwelt noch nicht unterscheiden kann) und „sekundärem Narzißmus" (eine Rückwendung der Libido, die zuvor von anderen abgezogen und dann an das eigene Ich geheftet wird). Freilich handelt es sich hier um Arbeitsdifferenzierungen, welche die Psychoanalytiker bei ihren klinischen Diagnosen und Behandlungen vornehmen. Der sekundäre Narzißmus (der bei der Schizophrenie, bei extremen Formen der Regression sowie als Strukturmerkmal des Subjekts vorkommt) wird angeblich dem primären Narzißmus überlagert. Mit dem sekundären Narzißmus, der schwieriger nachzuweisen ist als der primäre (der den unverdorbenen Gratifikationswunsch des Kleinkinds manifestiert), wird ein Energiegleichgewicht zwischen Objektbesetzungen und Ichbesetzungen postuliert. Ferner wird damit unterstellt, daß die narzißtische Bildung des Ichideals (bei dem das Ich als sein eigenes Ideal dient und das die kindliche Illusion der Omnipotenz verkörpert) nie preisgegeben wurde. Freud, der die frühkindliche Libido (bei der Geburt) als freischwebend betrachtete, erklärte sie in bezug zum Lustprinzip: mit der körperlichen Distanzierung des Kindes von den Eltern verschwindet seine frühkindliche Libido, wenn der Ödipuskomplex aufgelöst ist. Ferenczi zufolge konnte dieser Zeitabschnitt jedoch viel früher beendet sein, und Melanie Klein zufolge tritt er im Alter von etwa vier Monaten auf, wenn das Kleinkind die von Melanie Klein so bezeichnete ‘depressive Position’ durchlebt (siehe 11. Kapitel). Dies geschieht dann, wenn die Eltern jeweils als ein „Anderer", als Realität akzeptiert werden. Eine solche Theorie lehnt den Zustand eines primären Narzißmus ab, obwohl Melanie Klein, Phyllis Grosskurth zufolge, mit der Behauptung zögerte, ihr System würde dafür keinen Platz einräumen (1986, S. 371).

Der primäre Narzißmus ist deswegen für so vielfältige Deutungen offen, weil Freud seine eigenen Ansichten häufig änderte: zwischen 1910 und 1915 behauptete er, der primäre Narzißmus trete zwischen den Stadien des primitiven Autoerotismus und der Objektliebe auf; später benutzte er den Terminus, um das erste, der Ichbildung vorhergehende Lebensstadium zu bezeichnen (das intrauterine Leben) (Laplanche und Pontalis, 1967; dt. Ausg. 1973, S. 321). Deshalb konnten sich nicht einmal die klassischen Ich-Psychologen darüber einigen, ob die Ichbildung der Festlegung einer psychischen Einheit analog sei, und wenn ja, ob dies zum Zeitpunkt der Geburt geschehe oder erst dann, wenn das Kleinkind sich seiner selbst bewußt werde. Ebensowenig konnten sie sich darüber einigen, in welchem Maße denn die frühen Wahrnehmungen zwischenmenschlicher Beziehungen als solche in die Ichstruktur aufgenommen werden (siehe 11. Kapitel).

'Narzißmus' ist einer der zentralen Begriffe, über den die Freudianer sich überall entzweien, wo sie sich ihm zuwenden. Wird der Narzißmus in den Vordergrund gerückt, dann verliert die von deutschen Freudo-Marxisten vorgetragene Triebtheorie an Bedeutung. Wird er als ein konstitutiver Bestandteil der Ich-Psychologie angesehen, dann müßte er ipso facto als „adaptiv" betrachtet werden. Die Anhänger Lacans dagegen, obwohl sie sich ebenso eifrig wie ihre deutschen Kollegen darum bemühen, die radikale Haltung der Psychoanalyse wiederzugewinnen, halten eine Art von „konstitutionellem Narzißmus" für normativ.

Eine weitere Kontroverse ergab sich im Zusammenhang mit Freuds Ansichten über die Ichbildung, wie sie in *Zur Vorbereitung einer Metapsychologie* präsentiert werden.[12] Nunmehr behauptet er, die Selbstvorwürfe des Melancholi-

---

[12] Von den zwölf Abhandlungen wurden nur fünf veröffentlicht. Dazu gehören „Triebe und Triebschicksale" (1915*c*), „Die Verdrängung" (1915*d*) und „Trauer und Melancholie" (1917*e*). 1983 entdeckte Ilse Grubrich-Simitis einen Entwurf zu Freuds zwölfter metapsychologischer Abhandlung, „Übersicht der Übertragungsneurosen" [Grubrich-Simitis, 1985].

kers bestehen zwischen dem Selbst und dem verinnerlichten Vater, mit dem es sich identifiziere[13], und deshalb unterscheide sich die Melancholie von der normalen Trauer um einen geliebten Menschen: „Die Melancholie ist seelisch ausgezeichnet durch eine tief schmerzliche Verstimmung, eine Aufhebung des Interesses für die Außenwelt, durch den Verlust der Liebesfähigkeit, durch die Hemmung jeder Leistung und die Herabsetzung des Selbstgefühls, die sich in Selbstvorwürfen und Selbstbeschimpfungen äußert und bis zur wahnhaften Erwartung von Strafe steigert" (1917e; *Stud.*, Bd. III, S. 198). Hier lag nun noch mehr Stoff für Auseinandersetzungen vor, besonders nachdem Melanie Klein die Dualität von Lebens- und Todestrieben theoretisch anders entwickelt hatte. Im Kern wurde die Libido nun mit dem sexuellen Ausdruck des Lebenstriebes gleichgesetzt und als solcher dem Todestrieb gegenübergestellt. Letzterer soll dem biologischen Bedürfnis des Organismus nach der Rückkehr zu einem letztlich anorganischen Zustand entstammen: vom Tod als unserem unausweichlichen Schicksal bedroht, schlägt der Organismus mittels Aggression zurück. Dieses Konzept, das einige Freudianer, besonders in den USA, auf Freuds Pessimismus, auf seine Krebserkrankung oder seinen bevorstehenden Tod zurückführten, lieferte Melanie Klein dagegen, die sich kaum um Biologie kümmerte, das dialektische Muster der Gegensätze – Liebe und Haß sowie die spätere paranoid-schizoide und die depressive Position (Grosskurth, 1986, S. 191).

---

[13] [„Die Trauer um den Urvater geht aus der Identifizierung mit ihm hervor, und solche Identifizierung haben wir als die Bedingung des melancholischen Mechanismus nachgewiesen." (Freud, „Übersicht der Übertragungsneurosen", geschrieben 1915, in: Grubrich-Simitis, 1985, S. 79. *A. d. Ü.*]

Vom Amateurstatus zur Professionalität

Die umstrittensten Begriffe standen in engem Zusammenhang mit der klinischen Arbeit der Psychoanalytiker. Während für Anna Freud und Melanie Klein die Frage der Kinderanalyse später zum Streitpunkt werden sollte, debattierten jetzt zum Beispiel *alle* Analytiker über das Thema der Regression, insbesondere der Regression in den Analysesitzungen. Freud hatte sich darüber in „Erinnern, Wiederholen und Durcharbeiten" (1914g) geäußert und festgestellt, daß das Kind seine Erlebnisse häufig verständnislos durchlebt und sie dann im Erwachsenenalter wiederholt, ohne zu wissen, was diese Erlebnisse darstellen. Nunmehr gehören aber zu diesen Wiederholungen auch spätere Zusatzbildungen in Form von Hemmungen, Vorurteilen und Charaktersymptomen. Als Freud diese Manifestationen in den Übertragungsneurosen seiner Patienten betrachtete, erörterte er sie im Bezug auf die psychoanalytischen Methoden. Er war immer mehr davon überzeugt, daß die erotische Übertragung therapeutisch durch Gratifikationsverweigerung, Neutralität und Aufmerksamkeit zu beantworten war. Deshalb schlug er vor, solche Gefühle als etwas „Unreales" zu analysieren.[14]

Klassische Analytiker wie Serge Lebovici pflegen darauf hinzuweisen, daß Freud hier die Übertragungsneurose zum ersten Mal mit der Libidoregression verknüpft hatte. Lebovici befaßte sich genauer mit dieser Regression und brachte sie mit dem Widerstand in Verbindung, den sie auslöst – ein Widerstand, der die Libido auf die früheren unbewußten, frühkindlichen Konflikte lenkt und sie von diesen „fixieren" läßt (statt sie auf einen „fortschrittlichen" Weg zu bringen) (1980, S. 786–787). Eine solche Haltung muß, von den theoretischen Konsequenzen einmal abgesehen, mit der Beteiligung des Analytikers an diesem Konflikt in Widerstreit geraten; sie fördert mithin den Stil einer völlig interventionslosen Analyse. Anhänger von Ferenczi oder

---

[14] [„Bemerkungen über die Übertragungsliebe" (1915a); *Stud.*, Erg., S. 224–226. A. d. Ü.]

Melanie Klein mußten eine solche Argumentation allein schon deshalb zurückweisen, um ihre eher eingreifenden oder stützenden Methoden und Techniken zu verteidigen. Sie entdeckten allerdings in Freuds Arbeiten noch andere Elemente, die ihre klinischen Methoden fundierten, denn Freud hatte auf der Suche nach der richtigen Technik seine Vorgehensweise häufig geändert. Zuweilen wurde die Übertragung als teilweise Wiederholung anstelle von Erinnerung bezeichnet (1914g): „Wir merken bald, die Übertragung ist selbst nur ein Stück Wiederholung und die Wiederholung ist die Übertragung der vergessenen Vergangenheit nicht nur auf den Arzt, sondern auch auf alle anderen Gebiete der gegenwärtigen Situation" (1914g; *Stud.*, Erg., S. 210), und sie ließ sich als „Zwischenreich zwischen der Krankheit und dem Leben" bezeichnen. Dieses Zwischenreich ist ein „neuer Zustand", von dem es heißt: „Dieser neue Zustand hat alle Charaktere der Krankheit übernommen, aber er stellt eine artifizielle Krankheit dar, die überall unseren Eingriffen zugänglich ist. Er ist gleichzeitig ein Stück des realen Erlebens, aber durch besonders günstige Umstände ermöglicht und von der Natur eines Provisoriums" (1914g;. *Stud.*, Erg., S. 214). Ein andermal hielt er die Übertragungsliebe für „etwas Unreales" und voll von Idealisierungen, weniger frei und anpassungsfähig als ihr normales Gegenstück, und für etwas, das Teil des Widerstands ist (1915a). In *Jenseits des Lustprinzips* (1920g) setzte er seine Ausführungen über die Wiederholung früher sexueller Erlebnisse als Widerspiegelung einer vergessenen Vergangenheit fort und wies darauf hin, daß sie in der erotischen Übertragung keine Befriedigung finden dürfen. (Ein Jahr zuvor hatte er Ferenczi geraten, bei der Analyse eines Patienten keine aktive Rolle zu übernehmen und auch keine allgemeine emotionale Befriedigung anzubieten.)

Viele Psychoanalytiker erachten Freuds nichtinterventionistische Haltung als überaus wichtig und als eine Unterstützung für die Ich-Psychologie, weil sie zur Konzentration auf die Methode auffordert. Viele andere interpretierten diese Haltung als Bestätigung der analytischen Rollenteilung zwischen einem Patienten, der subjektive Erlebnisse präsentiert, und einem Arzt, der den analytischen Prozeß – im Arbeitsbündnis – erleichtert. Allerdings wurde diese Rollenteilung zuweilen als elitär und als möglicherweise autoritär kritisiert. In der klinischen Situation sind es freilich die Personen der Protagonisten, die in der aktuellen Koalition zwischen Analytiker und Analysand zum Dialog beitragen. Und diese Interaktion ist sicherlich eine mehr oder minder autoritäre Beziehung, obwohl auch sie ihre Anstöße aus der Kultur im ganzen erhält. Das Prinzip, durch Übertragung zum Unbewußten vorzudringen, bleibt überall dasselbe. Freud war nämlich sicher, daß die verdrängte Lebensgeschichte der Analysanden sich durch Unterordnung unter die psychoanalytische Methode revidieren ließ und daß sie dadurch lernen würden, mit inneren Konflikten angemessener umzugehen. Weil diese Methode jedoch ausschließlich auf einer subjektiven, vertraulichen Interaktion beruht, bleibt sie für alle Analytiker der wichtigste Zankapfel.

Wie wir uns erinnern, war die Methode von den Berlinern anwendungsfähig gemacht worden, die stolz darauf waren, Freuds Ideen ergänzt und in die Praxis umgesetzt zu haben. Tatsächlich erwarteten sie von ihren Mitgliedern noch mehr als Freud selbst. Aufgrund der Persönlichkeitsunterschiede entwickelte freilich jedes Institut seinen eigenen Charakter, der auf dem Stil und den persönlichen Vorlieben der älteren Mitglieder sowie auf der Gesamtkultur beruhte. Überall wurde das „Analysiertsein des Analytikers" immer wichtiger, wie Ferenczi 1932 schrieb:

„Vergessen wir nicht, daß die tiefgreifende Analyse einer Neurose meist viele Jahre in Anspruch nimmt, während die üblichen Lehranalysen oft nur Monate oder ein bis anderthalb Jahre dauern. Das mag zur unmöglichen Situation führen, daß unsere Patienten allmählich besser analysiert sind als wir selber" (Ferenczi, 1932 [1933], S. 305).

Weil man nicht länger glauben durfte, die Neurose sei der Ausweis, um Analytiker zu werden, oder daß den Zürchern „die Neurose, die notwendig ist zum Eintritt in die Freudschen Lehren", fehle (Nunberg und Federn, 1967, Bd. II, S. 468; dt. *Protokolle* II, S. 428), mußte die IPA immer mehr als Kollektivgewissen der Freudianer dienen. Seine Vertreter sollten Recht sprechen über die schmale Linie zwischen „professioneller Heuchelei" (etwa daß der Analytiker die Projektionen früherer Feindseligkeit des Patienten auf ihn toleriert) und Aufrichtigkeit und Einfühlung. Ist es denn überhaupt möglich, daß Psychoanalytiker eher als andere eine völlig objektive Haltung zu wahren vermögen? Welche Art von Persönlichkeit verspricht den besten Analytiker zu ergeben? Wer ist denn am besten dazu ausgerüstet, ihr/sein ganzes Wesen für das Lernen einzusetzen, wie eine Technik in eine „Kunst" zu verwandeln sei? Es ist mithin überaus schwierig vorauszusagen, wer von der analytischen Ausbildung am meisten profitieren und sie am besten sich aneignen wird.

Weil die frühen Patienten überdies der Psychoanalyse gegenüber sehr viel unbefangener waren, hatten sie auch noch keine Widerstände gegen sie aufgebaut. James Stracheys lebendiger Bericht an seinen Bruder Lytton nach Beginn seiner Analyse bei Freud schildert beispielhaft, was damals eine Psychoanalyse war:

„Jeden Tag außer Sonntag verbringe ich eine Stunde auf dem Sofa des Profs (inzwischen habe ich insgesamt 34 darauf verbracht) – und die „Analyse" scheint dem Leben eine vollständige Unterströmung zu liefern. Worum es dabei überhaupt geht, ist mir noch schleierhafter als je, aber jedenfalls ist sie manchmal höchst aufregend und manchmal unangenehm – so daß ich zu sagen wage, es ist *etwas* dran. Der Prof selbst ist überaus freundlich und als praktizierender Künstler einfach blendend. In der Art, wie sein Geist funktioniert, gleicht er eher Verall [James Stracheys Lieblingslehrer für alte Sprachen in Cambridge]. Fast jede Stunde verwandelt sich in ein organisches, ästhetisches Ganzes. Manchmal ist die dramatische Wirkung absolut erschlagend. Im ersten Teil der Stunde bleibt alles vage – ein dunkler Hinweis da, ein Geheimnis dort –, dann scheint sie sich allmählich zu verdichten, du spürst schreckliche Dinge im vorgehen, und du kannst gar nicht erkennen, um was es dabei gehen könnte; dann beginnt er dir einen kleinen Fingerzeig zu geben; plötzlich siehst du eine Sache ganz klar; dann siehst du eine andere; schließlich strömen ganze Lichterreihen in dich ein; er stellt dir noch eine Frage; du gibst eine letzte Antwort – und so wie dir die ganze Wahrheit allmählich dämmert, steht der Professor auf, geht quer durch den Raum zur elektrischen Klingel und geleitet dich hinaus. So ist es, wenn die Stunde gut läuft. Es gibt jedoch auch andere, bei denen du die ganze Zeit daliegst mit einem Tonnengewicht auf deinem Bauch und völlig unfähig bist, auch nur ein einziges Wort aus dir herauszubringen. Ich glaube, das bringt einen mehr als alles andere dazu, an die Sache zu glauben. Wenn du den 'Widerstand' wirklich spürst, als etwas Körperliches, das auf dir hockt, dann bringt es dich für den Rest des Tages ganz schön durcheinander." (Meisel und Kendrick, 1985, S. 29–30)

Freilich können wir auch vom besten Supervisionsanalytiker nicht erwarten, daß er so sicher ist, wie Freud es war, oder daß er weiß, ob er selber oder die unter der Supervision stehende Person richtig umgegangen ist mit einem besonderen Augenblick im Widerstand des Patienten – mit seinen Hindernissen gegenüber der Erinnerung, der Angst vor dem Auftauchen unbewußter Gedanken und dem Abreagieren. Diese Schwierigkeiten sind nämlich auf der ganzen Welt die gleichen und sie lasten ständig auf der psychoanalytischen Theorie. An welcher Stelle wagte Freud sich zu weit vor, wo assoziierte er zu locker? Ging er bei seinen Deutungen des „Wolfsmannes" völlig korrekt vor, und wenn nicht, welche Bedeutung hat es dann für diesen Fall, für spätere Fälle, für die Theorie? Wo deformierte er seine Theorien, um die Bewegung voranzubringen? Und ging er bei seinem Versuch, alle Rätsel der Psychoanalyse zu lösen, zu rasch vor? Zwar haben Psychoanalytiker auf der ganzen Welt diese Fragen zu beantworten versucht, aber auch wenn sie es wollen, können sie sich dem Einfluß ihrer persönlichen Überzeugungen und ihrer Umwelt nicht entziehen.

Sie nahmen meines Erachtens mit Recht an, daß grundlegende sexuelle Eigenschaften trotz unterschiedlicher kultureller Sanktionen in Wien nicht anders sind als in Paris, Hongkong oder Lagos. Die Art, wie sie sich mit den Manifestationen der verdrängten Sexualität befaßten, hing freilich davon ab, wieweit die Psychoanalyse überliefertes Wissen oder herkömmliche Überzeugungen, die wiederum die jeweilige klinische Praxis beeinflussen, in Frage stellte. Wer konnte denn beweisen, daß der „Familienroman" universal war oder daß jedes Kind seinen Ödipuskomplex durchläuft? In den Anfangsjahren gab es Anzeichen dafür, daß die Entwicklung der Psychoanalyse in verschiedenen Kulturen jeweils einen anderen Verlauf nehmen könnte. Allerdings waren diese Anzeichen nur schwach, und die jeweiligen Richtungen zeichneten sich erst später deutlich ab. Als die Fortschritte der Psychoanalyse die Symptombildung selbst beeinflußten, als einige Länder ihre eigenen Gurus heranzogen und als deutlich wurde, daß die Neurosen nicht verschwinden würden, liefen die theoretischen und klinischen Ausformulierungen tatsächlich in manche Richtungen auseinander – die freilich alle jene Zukunft zu erreichen versuchten, die Freud in Aussicht gestellt hatte.

4. Kapitel
Versprechungen für die Kultur

Freud war ein Mediziner, dessen Visionen sich weit über die Krankheiten seiner Patienten hinaus auf die Krankheiten der Menschheit richteten. Er hoffte bis zu den Wurzeln der menschlichen Natur vorzudringen und das Los der Gesellschaft zu verbessern. Dieses ehrgeizige Ziel erschien keineswegs als zu hochgesteckt, in einer Zeit, da der Darwinismus im Schwange war und immer mehr Leute, einschließlich Freud, annahmen, daß „Wilde und Halbwilde eine frühere Stufe unserer Entwicklung verkörpern". Freud fügte lediglich hinzu, daß auch die moderne Psyche mit all ihren Neurosen sich aus derjenigen der primitiven Menschen entwickelt habe (1912–13).[1] Und da so unterschiedliche Philosophen wie Auguste Comte, Edmund Burke und J. S. Mill bereits die Unfehlbarkeit des wissenschaftlichen Fortschritts begründet und die Psychologen allgemeine Aussagen über die Menschheit aufgestellt hatten, gehörten Freuds Ausflüge in den allgemeinen Bereich der Kultur und zu den Anfängen von Menschengattung und Religion zum Zeitgeist. Deshalb waren die in *Totem und Tabu* (1912–13) und in *Die Zukunft einer Illusion* (1927c) behandelten Themen damals ebenso aktuell wie für uns

---

[1] Nach dem „Entwurf einer Psychologie" war die Grundlage für Freuds Arbeiten zwar nicht mehr die Newtonianische Physik und die allgemeinen Gesetze, die den Austausch von Energie, von Reiz und Reaktion oder Konstanz und Trägheit bestimmen, aber diese Prinzipien beeinflußten seine anthropologischen Untersuchungen auch weiterhin.

heute die Sorge um den „Krieg der Sterne", die Kernphysik und die salzlose Diät. Freud befaßte sich in der Tat immer wieder mit Fragen zur Entstehung der Menschengattung und mit der Aktualisierung seiner Hypothesen entsprechend der Weiterentwicklung seiner eigenen Theorie. Nachdem er beispielsweise das Über-Ich als Vermittlungsinstanz der Kultur begrifflich gefaßt hatte, sagte er zu seinen Kritikern:

Es ist nicht richtig, daß die menschliche Seele seit den ältesten Zeiten keine Entwicklung durchgemacht hat und im Gegensatz zu den Fortschritten der Wissenschaft und der Technik heute noch dieselbe ist wie zu Anfang der Geschichte. Einen dieser seelischen Fortschritte können wir hier nachweisen. Es liegt in der Richtung unserer Entwicklung, daß äußerer Zwang allmählich verinnerlicht wird, indem eine besondere seelische Instanz, das Über-Ich des Menschen, ihn unter seine Gebote aufnimmt" (1927c; *Stud.*, Bd. IX, S. 145).

Auf diese Weise verknüpfte Freud seine Theorien mit der menschlichen Geschichte und gab dadurch seiner Bewegung Auftrieb. Diese hatte bereits ihre eigene Schwungkraft erlangt und prägte sich der Kultur, die sie widerspiegelte, immer stärker auf.

Mit zunehmendem Anklang der Psychoanalyse nahmen Philosophen und Anthropologen auch die kulturtheoretischen Essays zur Kenntnis, und einige setzten die Psychoanalyse als neues Mittel ein. Wer von ihnen das Über-Ich als Ort der Moral (und damit auch die Universalität des Ödipuskomplexes) akzeptierte, nahm allmählich psychoanalytische Begriffe in seine jeweilige Fachdisziplin auf. Freud erwartete allerdings, daß diese Forscher dazu beitrugen, die Ödipus-Hypothese zu verifizieren und seine philosophischen Annahmen zu bestätigen. Er wollte ihre Zustimmung zu seiner These, daß der Mensch deshalb unglücklich sei, weil die Gesellschaft ihm in Form von Tabus, Gesetzen und sexualitätsbehindernden Bräuchen allzu viele Enttäuschungen auferlege und daß dies deshalb geschehe, weil die Zivilisation von uns verlange, daß wir unsere Aggressivität gegen das eigene Ich richten.

Allerdings trugen die Philosophen ihre eigenen Streitigkeiten untereinander aus. Sie waren gespalten in Kantianer, die die Kraft des rationalen Urteils verteidigten; in Hegelianer, die über das Wesen von Geist und Freiheit debattierten; in Marxisten, die eine gesellschaftliche Veränderung mittels Reform oder Revolution vorhersahen; in Nietzscheaner, die über Fragen der Macht diskutierten; und in all diejenigen, welche zwischen zwei oder mehr Lehrmeinungen zu vermitteln suchten. Die Philosophen näherten sich also der Psychoanalyse jeweils aus ihrer eigenen Perspektive. Als Antwort auf die Philosophen begaben sich die Psychoanalytiker aus dem Bereich klinischer Beobachtungen in den Bereich umfassender Vermutungen. Da sie ihre eigene Legitimation indessen weiterhin in der Medizin fanden und da ihnen gewöhnlich auch die Leichtigkeit des Philosophen im Argumentieren fehlte, blieben die Philosophen gewöhnlich siegreich. Die Schüler der Psychoanalyse, deren Kant- und Hegelkenntnisse doch eher eingerostet waren, pflegten mit Freud-Zitaten zu antworten. Damit forderten sie die Gegner geradezu heraus, sich über die spekulativen und utopischen Aspekte der kulturkritischen Essays lustig zu machen und schließlich die gesamte Psychoanalyse abzutun.

Merkwürdigerweise war das intellektuelle Publikum fasziniert von diesen Auseinandersetzungen und den umfassenden Fragestellungen, mit denen sich Freuds etwas gewagtere Abhandlungen befaßten. Die psychoanalytische Bewegung wuchs nämlich nicht deshalb, weil die Menschen an die frühkindliche Sexualität oder an die boshafte Kraft unbewußter Gedanken glaubten, sondern weil sie hofften, die Psychoanalyse könne bestimmte Rätsel der Existenz lösen. Wie hatte die Menschheit angefangen? Wodurch war das individuelle Verhalten motiviert? Konnte die Religion immer noch Antworten geben, und wenn nicht, was hatte dann die Wissenschaft anzubieten? Eben weil die Philosophen keine fertigen Antworten hatten, richtete sich die Aufmerksamkeit des Publikums immer mehr auf die im Entstehen begriffenen Disziplinen wie Anthropologie und Psychologie. Freud war keineswegs der einzige, der die anthropologischen Theorien von J. J. Atkinson und W. Robertson Smith diskutierte, die sich wiederum an die Lehrsätze der Darwinschen Evolutionstheorie hielten.[2] Und die Öffentlichkeit wunderte sich über die verschiedenen neuen Theorien zur Erklärung des Seelenlebens – Karl Bühlers Gestaltbegriffe, die Charakterkunde von Ludwig Klages, den Personalismus von William Stern. Da diese Psychologen jeweils auch eine umfassendere Weltansicht vertraten, konnte keiner Freuds Gedanken der Urhorde als Entstehungsort der Zivilisation akzeptieren. Ihre Angriffe auf die Psychoanalyse verleiteten jedoch einige Außenseiter zu der Annahme, auch bei ihr handele es sich bloß um eine weitere Variante der Anthropologie oder um eine zusätzliche Annahme über kulturelle Ursprünge, wie sie damals in der Luft lagen und in denen unterstellt wurde, die Menschheitsgeschichte beginne mit dem aufrechten Gang oder als die Menschen das Feuer oder die Sprache erfanden. Freuds kulturtheoretische Ausflüge gehörten somit zur damals aktuellen Welterklärung, und die Intellektuellen lehnten sie ab oder akzeptierten sie gemäß ihrer eigenen theoretischen oder emotionalen Anteilnahme.

Die Beiträge der Freud-Schüler auf diesem Gebiet waren entweder von marxistischen oder humanistischen Ideen oder von den Ideen der frühen Kulturanthropologen beflügelt. Die erste Gruppe, verkörpert durch Alfred Adler, Otto Fenichel, Siegfried Bernfeld und Erich Fromm, wandte sich bald den gesellschaftlichen Zielen zu, welche die Psychoanalyse zu fördern trachtete. Die zweite Gruppe, verkörpert durch Abram Kardiner, Sándor Radó und Geza Róheim, befaßte sich dagegen mehr mit den psychosozialen Wechselwirkungen, um in Erfahrung zu bringen, welches denn die optimale Kindererziehung wäre: glückliche und ungehemmte Kinder müßten notwendigerweise eine bessere Gesell-

---

[2] Freud selbst erwähnt ihren Einfluß in „Zeitgemäßes über Krieg und Tod" (1915*b*) und in *Totem und Tabu* (1912–13).
[Zu Darwins Einfluß auf Freud, vgl. jetzt Lucille B. Ritvo, *Darwin's Influence on Freud. A Tale of Two Sciences.* New Haven and London: Yale University Press, 1990. *A. d. Ü.*]

schaft aufbauen. Anders gesagt, beide psychologisch-anthropologischen Forschungsrichtungen, die weniger radikale und die radikalere, stellten eine bessere Welt in Aussicht.

Diese Versprechungen waren natürlich von Land zu Land und der Zeit entsprechend jeweils verschieden. Immer aber waren sie abhängig von der Offenheit einer Gesellschaft für neue Ideen und von den Mechanismen für deren Verbreitung in einer größeren Öffentlichkeit. So veranlaßten beispielsweise die von vermeintlich anständigen Individuen begangenen Scheußlichkeiten des Krieges einige Psychoanalytiker dazu, die unbewußte Dynamik der Aggression zu erforschen, und diese Bemühungen weckten eine beträchtliche Aufmerksamkeit. (Wie wir im 6. und im 10. Kapitel sehen werden, war dies auch der Grund, weshalb deutsche Psychoanalytiker in den sechziger Jahren sich erneut mit den Arbeiten der frühen „Kulturalisten" befaßten – um die Nazi-Zeit zu verstehen – und warum französische Psychoanalytiker sich der spontanen Studentenproteste von 1968 annahmen.) Als sie im Ersten Weltkrieg neurotische Soldaten heilten, verbesserten sie nicht nur ihre klinischen Fähigkeiten und erfuhren mehr über Aggression, sondern sahen sich auch in größerer Nähe zu einer Heilung der Welt. Unter anderem war es auch ihr Optimismus, der die Psychoanalyse für ein immer größeres Publikum interessant werden ließ.

Frühe Ausflüge in die Kultur

In *Totem und Tabu* (1912–13), der ersten längeren kulturtheoretischen Abhandlung Freuds, die zum Teil in „Zwangshandlungen und Religionsübungen" (1907*b*) vorweggenommen ist, behauptet Freud, daß sowohl den Zwangsneurosen als auch der Religion „die Unterdrückung, der Verzicht auf gewisse Triebregungen" und das Schuldgefühl zugrundeliegen. (Bei Neurosen werden die sinnlichen Triebregungen unterdrückt, während bei der Religion egoistische Impulse auf höherrangige Ziele projiziert werden.)

[1907*b*; *Stud.*, Bd. VII, S. 19–20] Bekanntlich wurden im Vorwort zu *Totem und Tabu* ebenfalls Themen der Sozialpsychologie, der damaligen *Völkerpsychologie*, angesprochen, wobei Freud in Aussicht stellte, die „Mängel" von Wundts „nicht analytischer Psychologie"[3] zu beheben, um „Gesichtspunkte und Ergebnisse der Psychoanalyse auf ungeklärte Probleme der Völkerpsychologie an[zu]wenden"; und er wollte ferner der intellektuellen Öffentlichkeit den Zugang zur Psychoanalyse erleichtern. (Während dieser Zeit wies er auch seinen amerikanischen Kollegen J. J. Putnam zurecht, der auf dem Weimarer Kongreß von 1911 vorgeschlagen hatte, daß die Psychoanalyse sich bei ihren Patienten auch mit dem *Bewußten*, mit ihrer Ethik und ihrem sozialen Gewissen befassen sollte.[4])

Andere Stücke von *Totem und Tabu* waren in „Die Sexualität in der Ätiologie der Neurosen" (1898*a*) vorweggenommen worden, wo Freud zeigte, daß sexuelle Frustrationen alle Arten von Neurosen und anderen Beschwerden verursachen konnten. Er gab zu verstehen, daß ein nichtkonformes Verhalten und besonders die sexuelle Befreiung solche Neurosen schließlich beseitigen könnten. Es schien in der Tat nur noch ein kleiner Schritt zu sein von der Befreiung der Frauen, die ihren Ehemännern unterworfen waren, zur Befreiung aller. Freud behauptete nämlich, es bestehe „geradezu ein Volksinteresse darin, *daß die Männer mit voller Potenz in den Sexualverkehr eintreten. (...)* Vorläufig sind wir von einem solchen Zustande, der Abhilfe versprechen würde, noch weit entfernt, und darum kann man mit Recht auch unsere Zivilisation für die Verbreitung der Neurasthenie verantwortlich machen. (...) Der Widerstand

---

[3] [Freud bezeichnet die Völkerpsychologie von Wilhelm Wundt im Vorwort zu *Totem und Tabu* als „nicht analytische Psychologie"; *Stud.*, Bd. IX, S. 291 und 366. *A. d. Ü.*]

[4] [Von Putnam ist in *Totem und Tabu* nicht die Rede; vgl. aber Jones, 1955, dt. Ausg. Bd. II, S. 109–110, wo Freuds Bemerkung gegenüber Jones zitiert wird: „Putnams Philosophie kommt mir wie ein sehr dekorativer Tafelaufsatz vor; jeder bewundert ihn, aber niemand rührt ihn an." *A. d. Ü.*]

einer ganzen Generation von Ärzten muß gebrochen werden. (...) Und somit verbliebe auch hier genügend Arbeit für
ein nächstes Jahrhundert, in dem unsere Zivilisation es
verstehen soll, sich mit den Ansprüchen unserer Sexualität
zu vertragen!" (1898a; *Stud.*, Bd. V, S. 29, Hervorhebung
von Freud).

Im Grunde wollte Freud die Welt davon überzeugen, daß
die Vorgänge in unserem Unbewußten unser bewußtes
Wissen bestimmen. Deshalb hoffte er, die deutschen Sozialpsychologen als geistige Verbündete zu gewinnen, indem
er sie mit „ethnologischer Munition" versah. Sie alle hatten
über Stammespraktiken auf der ganzen Welt in Richard
Thurnwalds *Zeitschrift für Völkerpsychologie und Soziologie* gelesen. Die Daten aus den vielen Fallstudien zeigten,
daß Stammesgesellschaften über mancherlei Rituale und
Praktiken verfügten und von vielfältiger Herkunft waren,
die jedoch nicht in einen einheitlichen Bezugsrahmen
paßten.

Freud stellte dagegen eine vereinheitlichende Theorie vor,
indem er die Behauptung aufstellte, alle Gesellschaften
stammten von einer Urhorde ab, die von einem Führer
beherrscht wurde, der alle Frauen besaß und schließlich von
den eigenen Söhnen getötet und verzehrt wurde. Um
miteinander auszukommen und um zu überleben, benötigten die Menschen das Inzesttabu. Mit der Folgerung, daß
jeder Knabe eine inzestuöse Liebe zu verbotenen Objekten –
Mutter und Schwester – durchlaufe, boten die Freudianer
den Anthropologen sowohl eine Erklärung für das „universale" Inzesttabu als auch eine Theorie an, die alle Arten von
disparaten anthropologischen Daten zu vereinheitlichen
vermochte (1912–13; *Stud.*, Bd. IX, S. 318–321). Außerdem
lieferte die Psychoanalyse den Anhängern von Ethnologen
wie J. G. Frazer eine Methode, die Verlaufsgeschichte
abgeschaffter oder geänderter Totems und Tabus zu untersuchen. Deren Arbeit sollte wiederum zur Legitimation der
Psychoanalyse beitragen.

Obwohl *Totem und Tabu*, kurz vor den metapsychologischen Abhandlungen geschrieben, teilweise von Freuds
späteren kulturtheoretischen Beiträgen abwich, wurde die

Geltung der dort formulierten Annahmen von den Ethnologen in Frage gestellt. So meinte beispielsweise Clifford Geertz: „Freuds Parallelisierung von persönlichen und kollektiven Riten beherrscht (neben Webers Methodologie des *Verstehens*, Malinowskis Untersuchung des Unterschieds zwischen Religion und Gemeinsinn, und Durkheims Ausführungen über die Eigenart des Heiligen) die Kulturanthropologie weiterhin so weit, daß sie aus ihr ein engstirniges und geschlossenes System macht" (Geertz, 1973, S. 88). Malinowski (1927) bestritt die Theorie des Ödipuskomplexes, als er berichtete, die Knaben bei den Trobriandern „haßten" den Bruder ihrer Mutter und nicht ihren Vater. Kritiker der Psychoanalyse gingen mit Malinowski überein; ihre Verteidiger, wie Jones und Róheim, gaben dagegen zur Antwort, Malinowski habe lediglich herausgefunden, daß Abwehrgefühle sich verschoben hätten, sei jedoch nicht bis zu den unbewußten Wurzeln dieser Gefühle vorgedrungen.

Melvin Spiro (1958), S. 155–156), ein Anthropologe, der den Verlauf des Ödipuskomplexes im israelischen Kibbuz untersuchte, wo Kinder aus vielen Familien zusammenleben und wie Brüder und Schwestern großgezogen werden, fand heraus, daß sexuelle Spannungen aufgrund des engen Zusammenlebens zumindest bei zwei Dritteln der Kinder unterdrückt wurden. Nachdem er die Ergebnisse anderer Anthropologen herangezogen hatte, zog Spiro den Schluß, daß „Individuen, die zusammenleben (ob sie Familienmitglieder sind oder nicht) für einander sexuelle Gefühle entwickeln, sofern sie nicht durch entgegenwirkende gesellschaftliche und kulturelle Zwänge daran gehindert werden" (S. 157).

Der Historiker H. Stuart Hughes verurteilte *Totem und Tabu* als „eine von Freuds erfolgreichen Vernarrtheiten" – neben seinem kurzfristigen Eintreten für die Kokaintherappie, seiner Bewunderung für Fließ und der Annahme der Verführungsphantasien seiner Patientinnen – und behauptete, es habe sich dabei um eine „gewaltige anthropologische Phantasie" gehandelt, die den Ödipuskomplex als „Schlüssel zu allen psychologischen Rätseln" festschreiben wollte

(1958, S. 129). „Erst in seinem letzten Lebensjahrzehnt", fuhr Hughes fort, „wandte Freud seine Aufmerksamkeit den Problemen des Menschen in der Gesellschaft zu (...), zunächst mit der *Zukunft einer Illusion*" (S. 136).

Hughes bezog sich auf die amerikanischen Diskussionen der fünfziger Jahre, als die Psychoanalyse bei den Intellektuellen populär geworden war. Einige behaupteten, Freud sei ein Philosoph, und zeichneten seine Herkunft von Platon bis Hegel nach, während Humanisten wie Lionel Trilling und William Phillips die Psychoanalyse literaturwissenschaftlich anwandten. Viele Sozialwissenschaftler bestanden darauf, mit den beiden eng zusammenhängenden Metaphern Freuds – Ödipuskomplex und Vatermord in der Urhorde – könne das Verhalten von Gruppen erklärt werden. Hughes hielt Freud für einen „ganz besonderen Determinsten", der die determinierenden Kräfte vom Bewußten ins Unbewußte verschoben habe (1958, S. 133).

Der Soziologe Talcott Parsons dagegen, dessen Beitrag zu den Diskussionen beträchtlich war, nahm Freuds Persönlichkeitstheorie zum Ausgangspunkt. Er konzeptualisierte Interaktion so, daß sie auf Objektbeziehungen aufbaut, die wiederum von der Verinnerlichung *aller Bestandteile der gemeinsamen Kultur* beeinflußt werden. Obwohl Parsons behauptete, Freud habe die Bedeutung des Über-Ich als Instanz der Verinnerlichung überbetont und die Symbol- und Kognitionssysteme vernachlässigt, postulierte er das Über-Ich als Brücke zwischen Persönlichkeitstheorie und der Analyse von Kultur und Sozialsystem ([1952] 1970, S. 17–33). Alle diejenigen aber, die glaubten, daß unbewußte Elemente die dominierenden Kräfte im persönlichen und politischen Leben seien – diejenigen also, die Freuds Ansichten akzeptierten –, glaubten auch, daß jede Persönlichkeitstheorie, die eine bisher noch verborgene zentrale Dynamik zugrundelegte, diese Dynamik auch im Bereich der Kultur wiederholen werde, sobald die individuellen Impulse einen gesellschaftlichen Charakter annehmen. Außerdem waren sie ebenso wie Freud davon überzeugt, daß diese Impulse die Menschen fesseln und daß die Kräfte der Zivilisation, die eine immer größere Triebunterdrückung erfordern, dadurch ein immer stärkeres Schuldgefühl bewirken (1930a; *Stud.*, Bd. IX, S. 269 [260]).

Die Mittwochabende

Die Freudianer, die sich an den Mittwochabenden trafen, begeisterten sich über die Aussicht, Individuen und Gesellschaft von Verdrängungen und Aggressionen zu befreien. Weil Freud den Schlüssel zur Geschichte ins Unbewußte verlegt hatte, fühlten sie sich dazu berechtigt, klinische Einsichten auf die Anthropologie zu übertragen und zu behaupten, kulturelle und familiale Umwelten „determinierten" (zusammen mit der Biologie) sowohl die Form und den Inhalt literarischer Werke als auch die psychische Verfassung ihrer Urheber. Natürlich konnte Freud, der sich im abendländischen Denken auskannte, alle Arten von freien psychoanalytischen Assoziationen und spekulativen Thesen rechtfertigen. Einige seiner Anhänger aber, deren Begabung im Vergleich zu Freud doch begrenzt war, überzeugten weniger, vor allem wenn sie kulturelle Phänomene auf psychische reduzierten, insbesondere wenn sie jeden Baum oder Regenschirm als Phallussymbol deuteten. Philosophen, Soziologen und Anthropologen, die der Psychoanalyse nicht gewogen waren, fühlten sich berechtigt, sich über die Freudianer lustig zu machen. Ebensowenig schätzten Kunst- und Literaturwissenschaftler die Übergriffe in ihre Gebiete (siehe 8. Kapitel).

Im Oktober 1906 stellte Rank einen provozierenden Text über die zentralen literarischen Themen der Psychoanalyse vor und zeigte, wie der Inzest im *König Ödipus* von Sophokles verschleiert wurde. Er fuhr damit fort, die Veränderungen des Inzests in literarischen Werken zu deuten, angefangen von der Bibel bis zu *Hamlet* und Schillers *Don Carlos*. Rank, der diese Veränderungen unbewußten Prozessen zuschrieb, stärkte damit nicht nur die Psychoanalyse, sondern gewann die Freud-Schüler auch dafür, bei den Klassikern nach psychoanalytischen Themen zu suchen. Die Freudianer wiesen nun auch auf die Ähnlichkeiten zwischen Neurose, künstlerischem Schaffen und dem Traum hin und vertraten mit Freud die Auffassung, daß Künstler nicht per definitionem neurotisch sind. Einige aus der Gruppe trugen ihre freien Assoziationen vor, ließen ihrer Phantasie freien Lauf und griffen gleichzeitig Rank wegen einiger Verallgemeinerungen an. Spätere Kritiker deuteten „konstruktive Kritik" dieser Art als Manifestation von Neid, Abneigung oder Narzißmus.

Inzwischen sind die Beziehungen zwischen den Pionieren zum Gegenstand von post mortem-Psychoanalysen geworden. Immerhin hatte Freud bei einem der Treffen Rank für seine Vorstöße in die Literatur gelobt, auch wenn er Ranks Argumente für schwach, das Thema für zu allgemein, die Beispiele für unzutreffend und die Resultate für unklar hielt. Freud selbst machte von den Themen der Verdrängung, Unterdrückung und Abwehr Gebrauch, die Rank zu verallgemeinern versucht hatte. Deshalb vertritt Ranks Biograph James Lieberman (1985) auch die Auffassung, daß Rank nicht genügend Glauben geschenkt wurde, selbst wenn Lieberman derselben Ansicht ist wie einige Historiker, daß nämlich Freud Rank durchaus in Schutz genommen habe. Und obwohl ein weiterer Beteiligter, Philipp Frey, Ranks Künstler-Psychoanalyse als vage herabsetzte, Reitler sie kritisierte, weil sie den väterlichen Haß verkannte, und Hitschmann sie für eine überflüssige Erweiterung der ödipalen Situation hielt, veranlaßte diese Diskussion Freud dazu, die theoretischen Unterscheidungen zwischen bewußter Unterdrückung (Abwehr) und unbewußter organischer Unterdrückung (Verdrängung) einzuführen (Nunberg und Federn, 1962, Bd. I, S. 15–19; dt. *Protokolle* I, S. 18–29). Bei diesem Treffen bezeichnete Freud überdies den Ödipuskomplex zum ersten Mal als „Familienroman".

Im Anschluß daran schrieb Freud sehr ausführlich über die Ähnlichkeiten zwischen Symptomen und kulturellen Mythen und deren Ausdruck in gesellschaftlich akzeptiertem Verhalten. Nach dem Hinweis von Philip Rieff war die Psychoanalyse damals noch nicht anerkannt. Man nahm weithin an, daß sowohl das Befolgen religiöser Regeln als auch die Zwangshandlungen darauf zurückzuführen waren, daß die Individuen ihre bösen und asozialen Impulse den Göttern zuschrieben. Die Psychoanalytiker hofften jedoch, daß psychoanalytische Vergleichsuntersuchungen von Stammeskulturen – indem sie einen besseren Blick auf primitivere religiöse Praktiken ermöglichten – die Rätsel des modernen Bewußtseins lösen könnten (Rieff, 1963a, S. 9–13).

Als die Freud-Schüler begannen, nach den kulturellen Manifestationen der Psychoanalyse Ausschau zu halten, stießen sie allerorten darauf. Einige Analytiker schlossen sich Sadger, Sachs und Reitler an, die das Ödipusthema in literarischen Werken von Shakespeare, Heine und Wedekind analysierten, oder denen, die es in biblischen Geschichten, im Märchen und im Mythos fanden. Zahlreiche Anhänger wandten Freuds Verallgemeinerungen an, indem sie das Kinderspiel mit psychischen Vorgängen von Erwachsenen in Verbindung brachten, weil man entdeckt hatte, daß so spontane Tätigkeiten wie Spielen und Tagträumen aus unbewußten Bildern schöpfen. Andere untersuchten den schöpferischen Prozeß als solchen sowie die Beziehung zwischen dem Werk eines Schriftstellers und seiner Neurose: sie versuchten aus dem psychischen Gehalt literarischer Werke Verallgemeinerungen über die mentale Gesundheit ihrer Urheber und über die Literatur insgesamt zu gewinnen. Jahre später stellte der Kulturkritiker William Phillips fest: „Der gemeinsame Nenner aller [psychoanalytischen Literatur-] Untersuchungen ist der, daß es keinen gemeinsamen Nenner gibt" (Kurzweil und Phillips, 1983, S. 2).

Anfänglich versuchten die Freudianer die Universalität des Ödipuskomplexes noch zu „beweisen"; später hielten sie sie einfach für selbstverständlich. Schließlich formulierten sie in den kulturtheoretischen Abhandlungen die Gründe für die Allgemeinheit der infantilen Sexualität und ihre Folgen gar nicht mehr aus: sie legten sie einfach zugrunde.

Abhandlungen wie „Der Moses des Michelangelo" (1914b), die Freud hauptsächlich für ein breiteres Publikum schrieb, sind heute zumeist für angelsächsische Kunstkritiker von Interesse. Diese Arbeit hatte jedoch für Freud deshalb eine besondere Bedeutung, weil er für alles Italienische schwärmte. Nachdem er die Skulptur zum ersten Mal gesehen hatte, blieb sie in seiner Erinnerung lebendig. Ihn fesselte nicht nur ihre Schönheit, sondern auch die zahlreichen und widersprüchlichen Abhandlungen, die die Figur des *Moses* ausgelöst hatte. Freud befaßte sich besonders mit der Stellung von Moses in der Bibel und fand an der Skulptur so aufschlußreiche Einzelheiten wie die Finger, die *nicht* mit den Bartlocken spielen[5], und entdeckte die auf den Kopf gestellten Gesetzestafeln. Er schilderte Michelangelo als Schöpfer eines „Charaktertypus, der eine unerschöpfliche innere Kraft verkörpert, die die widerspenstige Welt bezähmte" (Kurzweil und Phillips, 1983, S. 91). Freud bemerkte nicht nur Moses' Zorn über die Israeliten, die das Goldene Kalb anbeteten, sondern auch die Bändigung seines Zorns im Namen der Kultur.

Als Freud über Michelangelos Absichten spekulierte, zog er den Schluß, keine der vielen Deutungen habe die unbewußten Motive des Künstlers zu deuten vermocht, und sogar Michelangelo habe sich „in die Verschuldung dieser Unsicherheit (...) mit dem Interpreten zu teilen" (1914*b*; *Stud.*, Bd. X, S. 220). So wie Freud der Ansicht war, der Moses des Michelangelo sei durch Michelangelos Beziehung zu Papst Julius II angeregt worden – dessen Grabmahl er krönen sollte –, haben sich die Schüler Freuds die Frage gestellt, inwieweit sein Zorn über Jung ihn 1914 dazu getrieben habe, sich in dieser Weise mit Moses zu befassen und ihn zu deuten. Allerdings ist Freuds Interpretation von Kunsthistorikern in Frage gestellt worden. Sie hat wohl einige der unablässig fortgesetzten wissenschaftlichen Untersuchungen des Moses angeregt wie auch die immer

---

[5] [Freud schreibt, daß die Finger *nicht* mit dem Bart *spielen*: „Es ist gesagt worden, daß sie (die rechte Hand des Moses) mit den Fingern im Barte wühlt, mit den Strängen desselben spielt, während sie sich mit dem Kleinfingerrand an die Tafeln stützt. Aber dies trifft offenbar nicht zu." (1914*b*; *Stud.*, Bd. X, S. 207–208) *A. d. Ü.*]

stärker psychoanalytisch ausgeprägte Wendung, die die Kunstwissenschaft zu einem Teil genommen hat.

Kurz vor seinem Tod wandte sich Freud in *Der Mann Moses und die monotheistische Religion* (1939a) erneut der Gestalt des Moses zu. Er sah nun aber in Moses den aristokratischen Ägypter, der beim jüdischen Volk die Verehrung seiner eigenen Gottheit Aton als einzigen Gott durchgesetzt hatte. Weil die Juden einen so restriktiven Glauben nicht ertragen konnten, sollen sie den tyrannischen jungen Pharao getötet haben; als sie zu ihrer Einigung eine Religion brauchten, griffen sie auf den Monotheismus zurück und verehrten Jahwe. Inzwischen waren die Mosaischen Ideen zusammen mit den für alle Religionen grundlegenden ethischen Geboten und den Magieverboten kodifiziert worden. Freud stellte nun die Theorie auf, die Tötung des unterdrückenden Pharao entspreche der Tötung des Urvaters in *Totem und Tabu* und dem Schuldgefühl der mordenden Söhne. Die Abhandlung betonte erneut die Verbindung zwischen Monotheismus und Ödipuskomplex und behauptete, die Religion hänge ebenso wie andere „Illusionen" mit psychischen Bedürfnissen zusammen. Freud hatte diese Themen zuvor schon in „Zeitgemäßes über Krieg und Tod" (1915b), „Das Motiv der Kästchenwahl" (1913f) und „Ein religiöses Erlebnis" (1928a) untersucht. In *Der Mann Moses* wurden nun alle diese Themen zusammengezogen, und zwar zu einem Zeitpunkt, als Freud ebenso wie Moses ein alter Mann war und aus seiner Heimat fliehen mußte, weil er ein Jude war.

Die Psychoanalyse in den USA

Als Freud in die USA kam, hatte er *Totem und Tabu* noch nicht geschrieben. Seine Reise lieferte ihm jedoch den Anstoß zu manchen Vergleichen zwischen Kulturen und Religionen. In seinen abschließenden Äußerungen an der Clark University hob er sowohl die kulturellen Ansprüche der Psychoanalyse als auch ihre mögliche Nutzanwendung hervor:

„Ein gewisser Anteil der verdrängten libidinösen Regungen hat ein Anrecht auf direkte Befriedigung und soll sie im Leben finden. Unsere Kulturansprüche machen für die meisten der menschlichen Organisationen das Leben zu schwer, fördern dadurch die Abwendung von der Realität und die Entstehung der Neurosen, ohne einen Überschuß von kulturellem Gewinn durch dies Übermaß von Sexualverdrängung zu erzielen. Wir sollten uns nicht so weit überheben, daß wir das ursprünglich Animalische unserer Natur völlig vernachlässigen, dürfen auch nicht daran vergessen, daß die Glücksbefriedigung des einzelnen nicht aus den Zielen unserer Kultur gestrichen werden kann" (1910a; G. W., Bd. VIII, S. 58–59).

Für die Amerikaner waren diese Versprechungen einer optimalen persönlichen Befriedigung und der Milderung persönlicher Angst attraktiv. Eifrig darauf bedacht, die geistigen und psychischen Schäden zu beseitigen, die durch sexuelle Heuchelei, Doppelmoral und Angst vor Geschlechtskrankheiten verursacht wurden (die Prostitution war weitverbreitet und unkontrollierbar), erhoben sie keinerlei Einwände gegen den unverdaulichen Ödipuskomplex. Sie ignorierten ihn einfach. Nach den Clark-Vorlesungen besuchte Freud in Begleitung von Ferenczi und Jung in den Adorindack-Bergen James Jackson Putnam an seinem Ferienort. Während dieser Tage widmete sich Putnam seinen Besuchern, und Freud lernte amerikanische Sitten kennen.

So erfuhr er zum Beispiel, daß die Amerikaner ihre Ferien gerne in Hütten in der Wildnis verbrachten, die sie mit verborgenen Annehmlichkeiten ausstaffierten, und er fragte sich, ob solche Gewohnheiten auf die vorherrschenden Sitten und Glaubensansichten zurückzuführen seien (Brief vom 16. September 1909 an die Familie).[6] Dieser enge Kontakt scheint den Boden für Putnams Analyse vorbereitet zu haben, die aus einer sechsstündigen Begegnung mit Freud auf dem Weimarer Kongreß von 1911 bestand. Zu dieser Zeit begann auch ihre Freundschaft.

---

[6] [In: Clark, 1979, S. 214; dt. Ausg. 1981, S. 311–313. A. d. Ü.]

Dennoch ließ sich Freuds antireligiöses Vorurteil nicht mit Putnams „Pragmatismus" vereinbaren, der die Psychoanalyse in eine Dienstmagd der Religion verwandelte (Hale, 1971b, S. 56–59). Kennzeichnend war, daß Freud Putnams Ideale auf ihre religiösen Wurzeln hin analysierte (S. 42) und Putnams Psychoanalyse von dessen Philosophie abtrennte. Über letztere machte er Jones gegenüber die Bemerkung: „Putnams Philosophie kommt mir wie ein sehr dekorativer Tafelaufsatz vor; jeder bewundert ihn, aber niemand rührt ihn an" (Jones, 1955; dt. Ausg. Bd. 2., S. 110). Putnam wiederum war der Auffassung, daß Freud die Sehnsucht des Menschen nach Gott auf das Bedürfnis des hilflosen Kindes nach einem schützenden Vater reduziere (Hale, 1971b, S. 24). Gleichwohl respektierten sie einander, und mehr als alles andere verwandelte dieser Respekt Putnam in einen der glühendsten Verfechter und Förderer der Psychoanalyse in den USA (Hale, 1971b, S. 25–26).

Hale zufolge las Putnam das von Freud übersandte Exemplar von *Totem und Tabu* „mit Freude und Bewunderung", auch wenn er erkannte, daß es sich um eine uneingestandene Antwort auf seine eigene Position handelte (S. 56). Die Argumentation überzeugte ihn freilich nicht. Insgesamt muß es für die beiden schwierig gewesen sein, die unvermeidliche Kluft zwischen einem Mitteleuropäer und atheistischen Juden einerseits und einem selbstbewußten und beruflich erfolgreichen Angehörigen der alteingesessenen Bostoner Oberschicht andererseits zu überbrücken. Ihre Briefe bezeugen sowohl ihre Differenzen als auch ihre gemeinsame Suche nach den Anfängen des Individuums und der Kultur.

Im Rückblick erkennen wir, daß Freuds Austausch mit seinen amerikanischen Anhängern die erste Andeutung dafür war, daß die kulturellen Faktoren eine überragende Bedeutung erlangen sollten. In den USA reagierten seine Zuhörer begeistert, und die Presse sorgte für eine rasche Verbreitung seiner Gedanken. Die neuen Schüler waren ganz anders als die Begründer der Mittwochgruppe.

Da fast keiner der amerikanischen Pioniere Jude war, trugen sie dazu bei, die Psychoanalyse von ihrem Ruch der

„jüdischen Wissenschaft" zu befreien und sie in die Hauptströmung des Denkens einzurücken. Freud fand Gefallen daran. Allerdings hatte er gewisse Schwierigkeiten, die lockeren Anwendungsweisen der Amerikaner zu tolerieren: sie gelangten allzu mühelos auf Antworten, um die andere kämpfen mußten. Und Freud war bekümmert darüber, daß einige Amerikaner die Jungschen Ideen den seinen gegenüber zu bevorzugen schienen. Hatte Jung deshalb einen so großen Anklang gefunden, weil er Protestant war, oder weil er die infantile Sexualität herunterspielte? Solche Vermutungen machten Freud im Hinblick auf die Rolle der Religion im Aufbau des individuellen Unbewußten noch argwöhnischer. Dies mag auch der Grund dafür gewesen sein, daß er nach längerem Nachdenken über Protestantismus und Calvinismus am Ende den Schluß zog, alle Religionen seien Illusionen (1927c). Während der Zeit der von der Macht der organisierten Religion unterstützten Prohibition in den USA[7] schrieb er: „Daß die Wirkung der religiösen Tröstungen der eines Narkotikums gleichgesetzt werden darf, wird durch einen Vorgang in Amerika hübsch erläutert. Dort will man jetzt den Menschen – offenbar unter dem Einfluß der Frauenherrschaft – alle Reiz-, Rausch- und Genußmittel entziehen und übersättigt sie zur Entschädigung mit Gottesfurcht" (1927c; *Stud.*, Bd. IX, S. 182). Freud fuhr fort mit der Bemerkung, daß der religiöse Trost ebenso wie Narkotika und Kindheitsneurosen der Auflösung des Ödipuskomplexes (mithin der Psychoanalyse) entgegenwirkte.

Auch wenn Freud sowohl Pfister als auch Putnam gegenüber zugestand, daß zwischen Psychoanalyse und Protestantismus eine „moralische" Verwandtschaft bestehen könnte, da beide nach „letzter" Wahrheit suchten, blieb er der Religion gegenüber stets ambivalent. Er bekämpfte jede Illusion, die den Individuen eine Ausflucht aus der Realität eröffnete: „(...) die Stimme des Intellekts ist leise, aber sie ruht nicht, ehe sie sich Gehör geschafft hat" (1927c; *Stud.*, Bd. IX, S. 186). 1927 berücksichtigte Freud allerdings nicht,

---

[7] [Verfassungsgesetz 1920; aufgehoben 1933. *A. d. Ü.*]

daß diese Stimme von den kulturellen Überlieferungen geprägt ist, daß auch sie besondere Weltansichten ausdrückt und jeweils einem besonderen gesellschaftlichen und kulturellen Kontext angehört.

Psychoanalyse und Anthropologie

Anfänglich sahen die Psychoanalytiker die Stammesgesellschaften als die am wenigsten von der Zivilisation „verunreinigten", mithin als die dem Triebleben am nächsten stehenden Gesellschaften an. Deshalb nahmen sie an, die mentalen und biologischen Wurzeln primitiver Menschen seien leichter zugänglich als die des modernen Menschen. So entschlossen sie sich, die Frühformen der Zivilisation zusammen mit den Anthropologen zu erforschen. Róheim war einer der ersten, der primitive Gesellschaften einer psychoanalytischen Beobachtung unterzog. In seinem Buch *Spiegelzauber* (1919) entwickelte er Freuds Theorien weiter und nahm viele spätere Synthesen zwischen Anthropologie und Psychoanalysen vorweg. Er zog den Schluß:

„Den Schlüssel zu all den kollektiven Vorstellungen und Riten, in deren Mittelpunkt der Spiegel steht, finden wir in der zweiten ontogenetischen Stufe der psychosexuellen Entwicklung, in der Selbstliebe (Narcißimus). So wie das Individuum diese Entwicklungsstufe am reinsten im Kindesalter zeigt, gruppieren sich auch die Spiegeltabu zum großen Teile um das Kind und die Motivierungen der Tabu verraten das unbewußte Wissen des wahren Sinnes der Verbote. Die Erstarrung und Konservierung der infantilen seelischen Einstellung charakterisiert den aus dem Spiegel wahrsagenden Seher und die Spiegelschau der Könige. Die Wiederbelebung des kindlichen Narcißismus erfolgt im Seelenleben des Durchschnittsmenschen gewöhnlich dann, wenn er in seinen Kindern sein eigenes infantiles Ebenbild wiederfindet und mit und in seinen Kindern die Kindheit wieder durchlebt oder mit anderen Worten die Spiegelschau führt zur Reincarnation. Das Liebesorakel der Spiegelschau, in denen das Mädchen statt des eigenen Bildes den Zukünftigen im Spiegel erblickt, deutet an, daß die Stelle des Ichs als Zielpunkt der Libido nun vom Geliebten eingenommen wird, daß die Objektwahl auf narcißtischer Grundlage gelungen ist. Doch eben dann, in diesem entscheidenden Stadium der Libidoübertragung, kann infolge der Fixierung an sich selbst die Hemmung auftreten, die Regression auf die autoerotische Stufe und als deren Projizierung tritt dann der im Spiegel erscheinende Totenkopf oder das kopflose Ebenbild auf. Daß man die Haustiere, besonders die Katze, in den Spiegel schauen läßt, ist eine Übertragung des Liebeszaubers auf die Tierwelt. Die negative Form des Spiegelschau-Ritus ist der autosymbolische Ausdruck einer teils gegen den Narcißismus gerichteten Reaktion, teils aber des Grauens vor der Selbsterkenntnis; der im Spiegel erscheinende Dämon aber ist die Projizierung der verdrängten Vorstellungen. Die Dämonen, eiizierte Komplexe aus dem Ubw des Menschen, schrecken vor denselben Dingen zurück, vor denen der Mensch erschaudert; sie fürchten sich also vor dem Spiegel entweder deshalb, weil sie darin ihr Ebenbild in fremder Hand sehen, oder aber, weil ihnen das eigene Zerrbild Entsetzen einflößt. Das Zerbrechen des Spiegels ist gleichfalls eine motorische Äußerung von Gefühlen mit negativem Vorzeichen: es bedeutet den Bruch mit dem Narcißismus als Weg der Libidoübertragung und auch mit dem Objekt der Libido, dem Original des Ebenbildes, der solcherart durch Analogiezauber getötet wird. Wie die Spiegelschau für den Lebenden gefährlich, für den Dämon grauenhaft ist, so ist sie dem Toten verboten. In den Spiegel läßt man die Braut schauen und auch die Katze, damit sie infolge der narcißtischen Fixierung an das eigene Ebenbild im Hause bleiben mögen; aus entsprechendem Grunde verhüllt man vor dem Toten den Wandspiegel und gibt ihm Spiegel in das Grab mit, damit er nicht an das Haus, sondern an das Grab fixiert werde. Die untergehende Sonne ist als erster Toter Symbol der Seele, der Dahingeschiedenen überhaupt, sowie die Projizierung des toten Vaters auf das Himmelsgewölbe. Deshalb ist es eine gefährliche Handlung, die nur einem Empörer oder Zauberer ansteht, dem Toten oder der Sonne ins Auge zu schauen, nämlich sich ihnen entgegenzustellen. So wie man dem Toten die Augen zudrückt, so deckt man bei der Sonnenfinsternis den Brunnenspiegel zu, damit die verfinsterte, d. h. sterbende Sonne darin nicht aufgefangen werde. Der Spiegel, welcher der von den Ahnen ererbten Ebenbildseele entspricht und die Sonne, die das Imago des Vaters darstellt, sind also vikariierende Symbole, mit anderen Worten die Solarisierung des Spiegels ist die Identifikation des menschlichen Ebenbildes mit dem des Vaters" (Róheim, 1919, S. 260–262).

Offenkundig erweiterte Róheim die damals noch neuartigen Formulierungen Freuds über den Narzißmus und bezog sie auf Stammespraktiken. Als 1951 eine Festschrift für

Róheim erschien, waren die klinischen Fortführungen der psychoanalytischen Thematik bereits zu selbstverständlichen Annahmen geworden. Diese Thematik sollte dann in Lacans Konzept des Spiegelstadiums und in einem geringeren Maße in Kohuts Erweiterungen des Narzißmus auf die Theorien über das Selbst in den Mittelpunkt rücken (siehe 11. Kapitel).

Untersuchungen über die Basispersönlichkeit (basic personality) in Form von Beobachtungen familialer Interaktionen rückten Erziehung und Disziplinierung in der Kindheit in den Mittelpunkt der kulturellen Institutionen und Konstellationen (Kardiner, 1945). Weil Kinder elterliche Verhaltensmuster zusammen mit Religion, Brauchtum und Ideologien introjizieren, hielt man die Persönlichkeit für das Produkt dieser Prozesse, und damit wurde sie zum Bezugspunkt für die Vergleiche zwischen verschiedenen Stammeskulturen. Besonders die angelsächsischen Anthropologen machten sich den Gedanken zu eigen, daß soziale Umwelt und frühe Erlebnisse sich im Über-Ich verkörpern. So zeigte Ruth Benedict (1934) zum Beispiel, daß Inkonsequenzen bei der Kindererziehung die Aloresen in Indonesien „allgemein mißtrauisch" werden ließen und daß bei den Komantschen die Werte des kriegerischen Handelns, des Eroberns und Plünderns den Individuen einen „hohen Grad an Freiheit für kriminelle Ziele" einräumte. Margaret Meads umstrittene Untersuchungen über das Geschlechtsrollenverhalten auf Samoa und ihre Vergleiche zwischen Tschambouli, Arapesch und Mundogumor stimmten mit der Auffassung von Ruth Benedict überein, die Kultur sei, „wenn man entsprechende Größenverhältnisse und eine lange Zeitspanne voraussetzt, die in starker Vergrößerung auf die Leinwand projizierte Individualpsychologie" (Mead, 1935). Später zog Gregory Bateson die Schlußfolgerung, daß Menschen, die ähnliche kulturelle Verhaltensweisen haben, auch ähnliche Charakterstrukturen aufweisen (Bateson und Mead, 1948, S. 131).

Bei der Übertragung dieser Prinzipien auf große Gesellschaften sprachen Soziologen und Anthropologen vom „Nationalcharakter", den sie als „relativ langfristige Persönlichkeitsmerkmale und Verhaltensmuster" definierten (Inkeles und Levinson, 1954, S. 983). Mit dem Begriff „Nationalcharakter" ergaben sich jedoch bald Schwierigkeiten, weil er Klassen- und andere Unterschiede innerhalb einer Gesellschaft nicht zu erfassen vermochte und ebensowenig das breite Spektrum der Persönlichkeitsunterschiede zwischen den einzelnen Angehörigen der Industriegesellschaften. Die „psychoanalytischen" Anthropologen schrieben solche Unterschiede immer mehr der Biologie, der Veranlagung, der Anpassung an Familienerwartungen, der Geburtenrangfolge oder dem Sexualtrieb zu, so daß die „Persönlichkeit" allmählich den Großteil der Kultur verkörperte und die Kultur selber scheinbar zu einem Anhängsel der Persönlichkeit wurde.

Innerhalb dieses Bildes waren die Traditionen und die funktionalen Bedürfnisse vorherrschend. Die verallgemeinernden Aussagen – die sich auf die sozialpsychologische Bildung von Charakterstrukturen, Projektionssysteme oder zulässige Reaktionsmuster stützten – führten meist nur zu recht vagen Kategorisierungen. Dadurch wurde sowohl die Exaktheit der psychoanalytischen Einsichten als auch die Eigentümlichkeiten stammesgesellschaftlicher Gewohnheiten verwässert.

Nach einer gewissen Zeit begannen einige Kritiker die Glorifizierung des edlen Wilden und die Vorstellung reiner, von der Zivilisation unberührter Gesellschaften in Frage zu stellen. Bis zu einem gewissen Grad hatten diese Auffassungen als Gegenmittel gegen die missionarischen Interpretationen von nackten Brüsten und von Fruchtbarkeitsritualen als Ausdrucksformen des Unzüchtigen und der Unmoral gedient. Natürlich lieferten psychoanalytische Erklärungen sowohl denjenigen eine Grundlage, die sich auf die Seite der Missionare gestellt hatten, als auch denen, die die Vorzüge des primitiven Lebens zum einen durch das Postulat der Urhorde von *Totem und Tabu* und zum andern durch den Hinweis auf die Spontaneität der Eingeborenen hervorgehoben hatten.

Geertz zufolge blieb die Psychoanalyse weiterhin das bevorzugte Werkzeug für die Untersuchungen von Stammesgesellschaften und für jene Forscher, die die Muster der Kindererziehung für kulturelle Aggression und Passivität als determinierend betrachteten. Der britischen Anthropologin Mary Douglas zufolge hatte diese Art von Anthropologie 1982 ihren Höhepunkt überschritten. Sie stellte fest, daß auch die Psychoanalyse selber im Niedergang begriffen war und daß ihre Theorie „allzu sehr einem vor Anker liegenden, einst für eine große Expedition ausgerüsteten bewegungslosen Schiff [gleiche], dessen Segel jetzt eingerollt waren und dessen Taue herabhingen. Nicht daß die theoretischen Winde fehlen würden, um es voranzutreiben; was fehlt, ist vielmehr das Motiv, überhaupt irgendwohin zu fahren" (Douglas, 1982, S. 14).

Bei der Suche nach den Ursprüngen von Kultur und Menschengattung arbeiten heute Psychoanalytiker und Anthropologen kaum noch zusammen: sie trieben auseinander, nachdem ihre früheren Untersuchungen nicht die erwarteten Schätze zutage gefördert hatten. Die meisten angelsächsischen Freudianer vergruben sich in die Objektbeziehung, und Erik Erikson konzentrierte sich nach seiner Untersuchung der kulturellen Bedingungen bei den Dakota- und Yurok-Indianern immer mehr auf die psychogenetische Entwicklung der Identität. Viele angelsächsische Anthropologen machen jedoch weiterhin von gewissen psychoanalytischen Begriffen Gebrauch, wenn sie untergehende Stammesgesellschaften oder städtische Gesellschaften untersuchen.

Die Trennung zwischen Anthropologen und Freudianern war vorauszusehen: als es den Psychoanalytikern nicht gelang, die innersten Ursachen unbewußter Mechanismen aufzudecken, war die Enttäuschung bei den Anthropologen unvermeidlich. In Europa beschäftigten sich nur noch wenige Forscher mit dem Kulturvergleich, z. B. der Doyen der psychoanalytischen Anthropologie, Georges Devereux, und seine Anhänger Mario Erdheim, Fritz Morgenthaler und Paul Parin (vgl. 10. Kapitel), während die meisten Anthropologen sich nunmehr mit Feldforschungen im engeren Sinn befaßten.

Freuds Buch *Das Unbehagen in der Kultur* (1930a) regte die anthropologische Forschung ebenso an, wie die anthropologischen Daten Freud den Anstoß zu seinen Untersuchungen des Irrationalen gegeben hatten. Die Annahme, daß prähistorische Krisen der Menschengattung ihre Parallelen in den neurotischen Krisen historischer Menschen finden, bedeutete umgekehrt, daß die Aufdeckung echter Neurosen die ursprünglichen prähistorischen Krisen erkennbar machen würden. Freuds Kritiker stellten diese Kausalverbindung zwischen historischer Wahrheit, klinischer Methode und neurotischem Konflikt in Frage und wiesen auf die Unmöglichkeit hin, solche Ereignisse zu belegen. Trotzdem akzeptierten die meisten seiner Anhänger tendenziell diese Parallele zwischen individueller Neurose und historischem Ursprung.

In den angelsächsischen Ländern wurden die kulturtheoretischen Arbeiten nach und nach von den klinischen Interessen abgetrennt. Als zum Beispiel die Psychoanalytiker Abram Kardiner und Sándor Radó sich zusehends der Anthropologie annäherten, lösten sie ihre Verbindung zu Heinz Hartmann, Ernst Kris und Rudolph Loewenstein (1951, S. 16–17) sowie zu anderen Kollegen, die nunmehr eine wissenschaftliche Psychologie entwickelten, die sie auf die Analyse kultureller Bedingungen auszudehnen hofften. Da die unmittelbare Umwelt des Einzelnen sein Verhalten in Konfliktsituationen bestimmt, wie Hartmann, Kris und Loewenstein behaupteten, sollten Abwehrmechanismen (wie Verdrängung, Projektion, Identifizierung) und bewußte wie auch unbewußte Motive (wie Konflikt, Ängste, Angst vor Objektverlust oder Kastrationsangst) direkt analysiert werden und nicht über die Triebaspekte dieser Konflikte (S. 21). Im Grunde war der Globalaspekt von Begriffen wie „Basispersönlichkeit" und „Charakterstruktur" (Kardiner, Ralph Linton), „Nationalcharakter" (Benedict, Geoffrey Gorer, Mead) oder „Sozialcharakter" (Fromm, 1942, S. 25) den aufkommenden Ich-Psychologen, die sich hauptsächlich auf intrapersonale Themen konzentrierten, zuwider.

Psychoanalyse und Soziologie

Während Kardiner bei der Anwendung der Psychoanalyse auf Stammesgesellschaften mit den Anthropologen zusammenarbeitete, begann der führende Ich-Psychologe Heinz Hartmann das Thema psychische Gesundheit aus einer eher soziologischen Perspektive zu betrachten. Während seines Aufenthalts in Paris, unterwegs von Berlin nach New York, hatte Hartmann festgestellt, daß die Gesellschaften das Gesunde oder Normale jeweils unterschiedlich definieren, so daß das, was die eine Gesellschaft für durchschnittlich oder zulässig hält, in einer anderen als krankhaft angesehen wird, und daß persönliche Werte von kulturellen und sozialen Bedingungen beeinflußt werden (Hartmann, 1939, S. 309). Da kulturelle Faktoren die Persönlichkeitsbildung dahingehend beeinflussen, ob traumatische Erlebnisse sich dem Körper als psychosomatische Symptome „einprägen" oder ohne weiteres überwunden werden, schlug Hartmann vor, bei psychoanalytischen Diagnosen diese Faktoren zu berücksichtigen. Seines Erachtens können neurotische Züge sogar die berufliche Laufbahn der Einzelnen bestimmen: so widmen sich bestimmte Personen der Krankenpflege, weil sie sich „gesünder" fühlen müssen; andere befassen sich mit Chirurgie, um sadistische Triebregungen in Schach zu halten; und wieder andere, die Psychoanalytiker werden, projizieren eigene Probleme auf ihre Patienten. Hartmann zufolge ist jede Abweichung relativ. Zum Beweis analysierte er die Urteile seiner Kollegen und fand heraus, daß ihre Auffassungen von früheren eigenen Erlebnissen gefärbt waren.

Warum sollten sonst einige Analytiker die Arbeits- und Genußfähigkeit als Zeichen psychischer Gesundheit diagnostizieren, während andere alle Arten von theoretischen Gesundheitsmaßstäben postulierten und wiederum andere sich mit verschiedenen Interventionen befaßten, mit denen sich die irrationalen Handlungen und Gedanken ihrer Patienten in rationale umwandeln ließen (S. 318)? Offensichtlich waren nur wenige Psychoanalytiker der Auffassung, neurotische Symptome der Individuen könnten Antworten auf widerstreitende Erwartungen ihrer jeweiligen Gemeinschaft sein (S. 320).

Ein ähnliches Argument hatte Karen Horney in *The Neurotic Personality of Our Time* (1937) vorgetragen. Statt die Neurosen auf biologische Triebe zurückzuführen, hatte sie den Einfluß der Lebensbedingungen betont, vor allem die Rolle der Zuneigung in der Kindheit (S. 19), und sie kritisierte „theoretische Wege (...), die in Sackgassen führen, zu einem Wildwuchs von abstrusen Theorien und zu einer verschwommenen Terminologie" (S. 21). Eines ihrer Hauptangriffsziele war offensichtlich Hartmann, dessen Formulierungen immer verwickelter wurden.

Erich Fromm ging sogar noch weiter. Indem er die Dynamik der individuellen Psyche (mit ihren Wünschen, Ängsten, Leidenschaften und Gründen) als Basiseinheit des Sozialprozesses postulierte, wies er auf die Konflikte des modernen Menschen hin (1956, S. 362). Die Menschen hielten sich für frei, behauptete Fromm, weil man in den vergangenen Jahrhunderten zahlreiche Diktaturen gestürzt, die Kirche ihres Herrschaftseinflusses beraubt und die Natur mittels Industrialisierung unterworfen habe. Wie Fromm behauptete, hatte sich die Freiheit jedoch in eine psychische Last verwandelt: die Individuen suchten aus Angst vor der Isolation nach einem Gefühl der Zugehörigkeit, das unter den modernen Arbeitsbedingungen nur schwer zu erreichen sei. Aus diesem Grund seien die Deutschen, wie Fromm behauptete, auch so begierig darauf gewesen, ihre Freiheit den Nazis zu opfern, oder unfähig, für die Freiheit zu kämpfen – sie wollten vielmehr vor ihr fliehen (1956, S. 3).

Diese Ausdeutung der marxistischen Entfremdung war eine Erweiterung von Fromms früheren Arbeiten als Angehöriger der Frankfurter Schule, als er die Psychoanalyse zur Unterstützung einer radikalen Politik einsetzte. Seine Faschismusanalyse enthielt jedoch auch eine Kritik an Freud: Freud war, als Ergebnis seiner eigenen Kultur, beim Versuch, die irrationalen Phänomene im Leben normaler Individuen zu erklären, „behindert" und hatte die individuelle und die kulturelle Dynamik heruntergespielt. (Fromms größeres Ziel war ja eine „Untersuchung der gesamten Charakterstruktur des modernen Menschen".) Aus dieser Perspektive versuchte Fromm die autoritäre Haltung der Deutschen zu erklären und zu verstehen, weshalb potentielle Faschisten (in Demokratien) sich in reale Faschisten verwandeln. Unter dem Einfluß seiner neuen amerikanischen Umwelt schwächte er seinen früheren Radikalismus ab. Überdies konvergierte sein Idealismus in gewissem Maße mit dem amerikanischen Ideal des Individuums als treibende Kraft der Gesellschaft, so daß Fromm – wie ambivalent auch immer – sich damals allmählich ebenfalls zu Amerika hingezogen fühlte.

In den vierziger Jahren ignorierten einige linksorientierte amerikanische Intellektuelle, die prinzipiell gegen einen Kriegseintritt waren, Hitler so lange es möglich war. Ihre marxistischen Ideale hatten sie zwar zu Antifaschisten gemacht, aber auch unkritischer werden lassen gegenüber dem sowjetischen Totalitarismus. Als die Sowjetunion Bündnispartner der USA wurde, geriet diese Thematik noch mehr durcheinander, und als sich die Kenntnisse über die Scheußlichkeiten der Konzentrationslager und der Gulag nicht mehr länger verheimlichen ließen, wußten viele Amerikaner nicht mehr, wohin sie sich wenden sollten. Einige suchten dem Dilemma zu entgehen, indem sie sich Fromms psychoanalytischen Einsichten zuwandten, die mit seinem marxistischen Humanismus gekoppelt waren. Daß Intellektuelle Fromms Erklärung für plausibel hielten, die chaotischen Zustände in der Weimarer Republik und die große Arbeitslosigkeit hätten die Deutschen zu Anhängern Hitlers gemacht und bei ihnen die Furcht vor der Freiheit ausgelöst, paßte zu den allgemeinen Befürchtungen über den Krieg und den dazugehörigen psychologischen Problemen.

So kannten zum Beispiel viele Amerikaner den Erfolg der psychologischen Kriegsführung der Deutschen und glaubten deshalb, ihre eigene Regierung brauche diese ebenfalls; einige hatten gehört, daß die amerikanische Armee Kurt Lewins Kleingruppenuntersuchungen übernommen habe, um das spontane Entstehen von Führerfiguren und der fördernden Begleitumstände zu verstehen. (Seine unter Aufsicht der Armee durchgeführten Streß-Untersuchungen waren der Öffentlichkeit nicht bekannt.) Die breit angelegte Untersuchung von Adorno und seiner Gruppe über die *Autoritäre Persönlichkeit* (1950) erreichte zwar nicht die gleiche Wirkung in der Öffentlichkeit wie Fromm, aber schließlich wurde sie doch allmählich verbreitet. Jedenfalls war Fromm deshalb populär, weil er sowohl die amerikanische Gesellschaft lobte als auch ihre Freiheit bewahren wollte. Später zeigte er sich in *The Sane Society* (1956) kritischer gegenüber dem amerikanischen Bildungssystem, seiner politischen Apathie und der fehlenden Chancengleichheit. Inzwischen war er jedoch ein eifriger Reformist geworden, der die Entfremdungsaspekte des amerikanischen Lebens dadurch zu mildern hoffte, daß er auf sie aufmerksam machte – ganz ähnlich wie David Riesman dies in *The Lonely Crowd* (1950) getan hatte.

Die klassischen Freudianer dagegen betonten eher die Spaltungen zwischen Seele und Körper als die zwischen Seele und Gesellschaft. Sie waren zudem der Auffassung, daß die Kulturalisten auf die intrapsychische Welt ebenso verzichteten wie auf die psychoanalytische Dimension der Sexualität und der Aggression. Schließlich richtete Fromm seinen Blick auf „das Ende der 'vormenschlichen' Geschichte (…), wenn die Dinge wirklich zu seinen Dienern geworden sind und aufhören, seine Götzen zu sein (…), (werden) seine Kräfte dann im Dienst des Lebens und nicht im Dienst des Todes stehen" (1956, S. 362). Diese Hoffnung war ein weiterer Angriff gegen die Freudianer, insbesondere gegen den Begriff des Todestriebs. Wenn es ihn geben würde, hatte Fromm bereits 1942 behauptet, dann müßten wir annehmen, daß das Ausmaß an Destruktivität gegen andere oder gegen das eigene Selbst mehr oder weniger konstant bleibt. Dagegen wies er darauf hin, daß das Ausmaß an Destruktivität bei den verschiedenen gesellschaftlichen Gruppen und Gesellschaften variiert.

In seiner Analyse der *Rundbriefe*, die Otto Fenichel zwischen 1935 und seinem Todesjahr 1946 an eine Gruppe von linksgerichteten Freudianern versandt hatte, behauptete

Russell Jacoby (1983), die von Fromm und den anderen „Neo-Freudianern" vorgenommenen Anpassungen seien beklagenswert. Jacoby sagte aber auch, daß Fenichel und dessen Freunde Angst davor hatten, ihren Marxismus oder ihre linksgerichteten Orientierungen zuzugeben. Meines Erachtens schien Fromm unter dieser Angst jedoch nicht zu leiden. Er führte nämlich seine Untersuchungen sozialer Probleme aus einer gegnerischen, neomarxistischen Perspektive fort.

Später wandte Fromm sich erneut der eigentlichen Psychoanalyse zu, aber im Unterschied zu den klassischen Analytikern, die sich mit der Ich-Psychologie befaßten, entwickelte er Freuds frühere Schwerpunkte der Triebtheorie und der topischen Theorien weiter. Er bezog sich nunmehr auf die Wiederbelebung der linksorientierten deutschen Psychoanalyse (siehe 10. Kapitel) und unterschied nun noch stärker zwischen den Sexualtrieben, die sich verändern und der Realität anpassen lassen und sich einigermaßen aufschieben und unterdrücken lassen, und den Selbsterhaltungstrieben, die sich weder ins Unbewußte abdrängen noch aufschieben oder sublimieren lassen. Damit lehnte er Freuds Unterscheidung zwischen Liebes- und Todestrieben noch deutlicher ab. Fromm zufolge „müssen die auf Selbsterhaltung zielenden Triebe durch reale und konkrete Mittel befriedigt werden, während die Sexualtriebe sich häufig durch bloße Phantasien befriedigen lassen. Menschlicher Hunger läßt sich nur durch Speise befriedigen; sein Liebeswunsch hingegen läßt sich durch Phantasien über einen gütigen und liebevollen Gott befriedigen und seine sadistischen Neigungen durch sadistisches Reden und Phantasieren" (1970, S. 140).

Fromm hegte schließlich die Erwartung, daß der Sexualtrieb durch veränderte Beziehungen des Menschen zur Arbeit und zu seinen Idealen sublimiert werde. Natürlich stand diese Auffassung im Widerspruch zur Marxschen Theorie des Klassengegensatzes und zu Fromms früheren Annahmen über ausgeprägte Unterschiede zwischen Stammesgesellschaften und modernen Gesellschaften. Allerdings zog er aufgrund seiner Annahme, daß die Beziehungen zwischen den Massen und den herrschenden Klassen auf einer einheitlichen Skala von „neurotisch-gesund" liegen, den Schluß, der Sozialismus sei auf dem Weg über Reformen erreichbar (1956, S. 2) und daß er selbst wohl von den optimistischen Aspekten der amerikanischen Kultur beeinflußt worden sei, etwa vom volkstümlichen Glauben an Aufwärtsmobilität und an das Glück. Inzwischen kamen die Angriffe gegen seine doch recht schlichten Persönlichkeitskonzepte von allen Seiten: Herbert Marcuse zufolge hatte Fromm die „repressive Entsublimierung" übersehen, und radikale Marxisten hielten ihn nicht für revolutionär genug. Für die klassischen Freudianer hing er zu sehr einer Utopie an. Sie selber hatten inzwischen Freuds Beschäftigung mit der Kultur allerdings fast völlig aufgegeben.

Die französische Mißachtung des kulturellen Unbewußten

Da die Franzosen die psychoanalytische Therapie bis nach dem Zweiten Weltkrieg fast völlig ignoriert hatten, hatten sie sich auch nicht mit der Möglichkeit befaßt, sie auf die Kultur anzuwenden. Sofern solche Erweiterungen überhaupt diskutiert wurden, geschah dies durch Philosophen, die Freud ablehnten – d. h. durch Autoren, die ihre eigenen Ideen dadurch in ein besseres Licht rückten, daß sie ihm widersprachen. Ich habe im vorherigen Kapitel darauf hingewiesen, daß Janets Begriffe der „psychologischen Analyse" und des „Unterbewußten" über Freuds Begriffe der „Psychoanalyse" und des „Unbewußten" die Oberhand gewonnen hatten; daß die Franzosen die klassische Psychoanalyse in ein Ghetto gesperrt hatten; daß die Psychoanalyse ohne Einfluß geblieben war; und daß man sie vor 1939 als einen Aspekt der „minderwertigen" deutschen Psyche abgetan hatte. Die „Psychoanalyse der Kultur" spielte die Rolle eines Sündenbocks, auch wenn der junge Philosoph Georges Politzer versucht hatte, sie für marxistische Zwecke nutzbar zu machen. Er war Angehöriger einer Gruppe von „Junghegelianern" und Surrealisten gewesen, die für eine Kunst

eintraten, welche zumindest partiell im Unbewußten wur-
zelte. (In den dreißiger Jahren stand Jacques Lacan ihnen
nahe.) Weil Politzer jedoch auch Kommunist war und
sich deshalb mehr oder weniger im Untergrund bewegen
mußte, fiel diese Art von Psychoanalyse der Mißachtung
anheim.

In den siebziger Jahren wurden Lacans frühe Beutezüge in
die Hegelsche Philosophie von seinen Anhängern gefeiert.
Erst nachdem er im französischen intellektuellen Diskurs in
den Mittelpunkt gerückt war, erinnerte man sich daran, daß
er ein Freund des Dichters André Breton gewesen war, der
eine zukünftige „Surrealität" verkündet hatte – die Verschmelzung von Realität und Traum. Diese Verknüpfungen
verleihen einigen Lacanschen Behauptungen über die „Politik des *Imaginären*" und deren Nutzen für die marxistische
Theorie eine gewisse Glaubwürdigkeit.

Sowohl die radikale politische Haltung Lacans als auch
seine exzentrische theoretische Ausrichtung hatte bei seinen
Freudianischen Kollegen Empörung ausgelöst. 1936 hatte er
beim IPA-Kongreß in Marienbad die Auffassung vertreten,
daß das erste Mal, bei dem das Kind sein Spiegelbild erkenne,
für die künftige Persönlichkeitsentwicklung zentral sei und
daß das klinische Bild der Entwicklung unvollständig bleibe,
wenn man die Auswirkung dieses Ereignisses auf den
Ödipuskomplex mißachte. (Später postulierte er das Spiegelstadium als Kern des Ödipuskomplexes; vgl. 11. Kapitel). In
den folgenden siebzehn Jahren entwickelte sich seine Theorie nicht weiter: Hitler, der Zweite Weltkrieg und die Nach-
kriegsbedingungen kamen dazwischen. Lacans anschließende Angriffe auf seine Kollegen beruhten indessen auf diesem
langanhaltenden theoretischen Konflikt, der noch verschärft
wurde durch das, was er als ihre Anpassung an die IPA, als
ihre „neo-gaullistische politische Haltung" (die er mit der
Unabhängigkeit von den USA verwechselte) und als ihren
Antikommunismus bezeichnete. Der Antiamerikanismus
hatte überdies auch Auswirkungen auf das größere intellektuelle Milieu Frankreichs und trug dazu bei, seinen „französischen Freud" zu „erschaffen" und aufzubauen.

Die hochmütigen Engländer

Die British Psycho-Analytical Society blühte um 1920 einigermaßen, trotz der Opposition der Kirche, der Öffentlichkeit und des feindseligen medizinischen und psychiatrischen Establishments (Kohon, 1986, S. 28). Die meisten Mitglieder dieser psychoanalytischen Gesellschaft gehörten zur Schicht der Intellektuellen; eine Gruppe, die es gewohnt war, mit Ideen umzugehen. Gregory Kohon zufolge (1986, S. 48) unterstützten die Londoner Analytiker die Psychoanalyse, weil ihnen drei Grundzüge gemeinsam waren: sie alle litten in gewissem Maße unter einer psychischen Störung, sie waren intellektuell ungeheuer neugierig und sie ließen sich nicht zu moralischen Verurteilungen hinreißen. Einige von ihnen gehörten zur Bloomsbury Group[8], zum Beispiel James und Alix Strachey, Adrian Stephen (der Bruder von Virginia Woolf und Vanessa Bell) und seine Frau Karen. Andere, wie Joan Riviere (neben James Strachey die wichtigste Übersetzerin Freuds), waren ebenfalls Angehörige der Elite. Sie hatten zudem ein ausgeprägtes gesellschaftliches Bewußtsein und hofften, die Psychoanalyse werde die Massen erreichen.

Wer Psychoanalytiker wurde, hatte überall entweder eine medizinische Ausbildung oder eine akademische Ausbildung in Philosophie, Pädagogik, Anthropologie oder Literatur abgeschlossen. Da die Londoner, die sich mit der Psychoanalyse befaßten, zur wohlhabenden Elite gehörten, brauchten die meisten unter ihnen keiner Brotarbeit nachzugehen und konnten sich der Psychoanalyse als Zeitvertreib widmen. Nach und nach engagierten sie sich jedoch immer stärker. Alix Stracheys Briefe aus Berlin (wo sie bei Karl Abraham in Analyse war, alle Analytiker sowohl bei ihrer Arbeit als auch privat kennenlernte und sich vor allem mit Melanie Klein anfreundete) an ihren Ehemann bringen eine Mischung aus Bewunderung, Herablassung und präziser Einsichten in die exzentrischen Ideen, Verhaltensweisen

---

[8] [Vgl. z. B. Leon Edel, *Bloomsbury. A House of Lions.* Harmondsworth: Penguin Books, ³1988 (¹1979). A. d. Ü.]

und Ansichten der Psychoanalytiker zum Ausdruck. Die Briefe beschreiben überdies, wie sehr die Berliner Analytiker dem Geist der Weimarer Republik angehörten – sie nahmen an den hedonistischen Exzessen ebenso Anteil wie an den sozialdemokratischen Idealen.

Angesichts der sozialen Herkunft der Londoner und ihrer Vorliebe für das Idiosynkratische wundert es nicht, daß sie eine insulare Gruppe blieben und ihre Unabhängigkeit hochhielten. Leonard Woolf begann 1924 Freuds Werke zu publizieren, ohne aber jemals den Versuch zu machen, Virginia Woolf eine Analyse nahezulegen; Jones brachte es 1943–1944 fertig, die „kontroversen Auseinandersetzungen" zu schlichten (vgl. Kapitel 9), ohne daß die Gesellschaft auseinanderbrach. Kurz danach bekamen sie aber auch Anhänger aus wichtigen Bereichen der nichtkonformistischen Mittelschicht, wie Donald Winnicott und Harry Guntrip; Schotten wie Ronald Fairbairn und John Sutherland. Ungeachtet dessen übersetzte James Strachey die Werke Freuds; Jones gab das *International Journal of Psychoanalysis* heraus, und Freud verließ sich auf Jones als den Anführer der gesamten Bewegung. Damit war die Zentralstellung Londons gesichert, noch bevor Freud und seine Tochter Anna sich dort niederließen. Die Position, die so manche der führenden britischen Analytiker in ihrem Milieu genossen, war für die Etablierung der Psychoanalyse gegen starke Einwände vieler Ärzte, Psychologen und Personen aus der psychoanalyseunkundigen Öffentlichkeit entscheidend.

Die Verankerung der Psychoanalyse

Als Freud 1939 starb, hatte sich die Psychoanalyse in den jeweiligen Ländern den intellektuellen Interessen einzelner Gruppen und Individuen entsprechend verankert – sie gehorchte administrativen Regeln und ihrer Aufnahme in der Öffentlichkeit. Gerade ihre Anpassungsfähigkeit, die ihren Anreiz ausmachte, ermöglichte die jeweilige Abstimmung auf die verschiedenen Milieus. Auch wenn man

berücksichtigt, daß die Offenheit des Unbewußten Streitigkeiten über die richtige Deutung noch förderte, dauerte es
doch sehr lange, bis Freuds Stellung in der Geschichte
schließlich sichergestellt war. Die Psychoanalyse als Therapie für das Individuum wie für die Gesellschaft hielt man nun
doch für besser geeignet, die Widersprüche des modernen
Lebens und der Kultur zu lösen, als rein philosophische
Systeme – sofern ihre Untersuchungen weiterhin mit der
Medizin in Verbindung blieben, d. h. mit einer Naturwissenschaft. Deshalb erlebte die psychoanalytische Bewegung in den Jahren nach Freuds Tod sogar noch größere
Triumphe. In der Mitte der vierziger Jahre wäre es
schon undenkbar gewesen, die Psychoanalyse mit
anderen Praktiken der Heilung psychischer Krankheiten zu
vergleichen.

Ihre Ideen hatten eine solche Anziehungskraft und wirkten so überzeugend, daß sie sehr bald die amerikanische
Kultur und dann die ganze übrige moderne Welt erfüllten.
Selbst wenn die psychoanalytischen Schiffe in stürmischem
Wasser segelten und aneinander vorbeifuhren – um Mary
Douglas' Vergleich zu nehmen –, ließen sie ihr Kielwasser
doch hinter sich. Psychoanalytisches Wissen durchdrang
nach und nach das kulturelle und intellektuelle Leben. Auch
wenn sie keine Wunderheilungen vollbrachte, wirkte sich
die Psychoanalyse doch auf ein babylonisches Gewirr von
Therapien wie auch auf das allgemeine Denken aus. Freuds
Ideen wurden allgegenwärtig. Die Art, in der sie die
zentralen Anliegen von Religion und Philosophie unterlie-
fen, ging über nationale Interessen hinaus. Und das Ausmaß,
in dem Freuds Werke Aufmerksamkeit erlangten oder
ignoriert wurden, spiegelt überall die vorherrschenden Ideen
über Nation, Religion und Familie wider.

Nach und nach etablierte sich so etwas wie eine psychoanalytische Kultur. In den USA vollzog sich dies in den
fünfziger Jahren, als die intellektuelle Öffentlichkeit persönliche Analysen nicht mehr mißbilligte, als sie das Interesse an
der Psychoanalyse von Stammeskulturen verlor und sich auf
Kinderuntersuchungen konzentrierte und als prominente
Freudianer in Krankenhäusern arbeiteten. Fast gleichzeitig

damit verbreitete sich überall auch die uneingestandene Anwendung von Freuds Ideen bei „abweichenden" Analytikern, bei quacksalbernden Therapeuten, bei Anthropologen, Erziehern und Kulturkritikern. In diesem Klima wurde es einfach unerläßlich, Theorien über den außengeleiteten Menschen und seine Psychologie zu diskutieren und die Kultur des Narzißmus und der „Ich"-Generation zu untersuchen – oft ohne Freud überhaupt zu erwähnen.

Zweiter Teil

Anwendungen der Psychoanalyse

5. Kapitel
Psychosomatische Medizin

Konzipiert wurde die Psychoanalyse, als Freud und Breuer entdeckten, daß die Konversionshysterie sich heilen ließ, wenn die Patienten deren traumatische Herkunft sprachlich artikulierten; ins Leben gerufen wurde sie, als Freud eine systematische Methode fand, um jene Gedanken ans Tageslicht zu bringen, welche die Konversion verursacht hatten. 1895 unterschied er bei den Patienten (Patientinnen), die unangenehme oder verbotene Triebregungen und Verlockungen durch Zwangshandlungen fernhielten, zwischen denjenigen, die diese Triebregungen in hysterische Symptome umwandeln, und denen, die sie in körperliche Krankheiten umsetzen. Im Unterschied zu Schamanen und Medizinmännern, die solche Symptome bekanntlich ebenfalls beseitigen konnten, hoffte Freud deren psychische Wurzel zu beseitigen, mithin mehr oder weniger dauerhafte Heilungen zu erzielen. Er tadelte das seltsame Verhalten von Patienten aufgrund der Besessenheit durch Dämonen oder Verstimmungen keineswegs, sondern half ihnen die Traumen der Kindheit und die Rückwendung verbotener (sexueller und aggressiver) Triebregungen auf den eigenen Körper zu rekonstruieren.

Da es ausschließlich den Ärzten gestattet war, Körper zu heilen, mußte die Psychoanalyse medizinisch legitimiert werden, und zwar auch dann noch, als die Analytiker sich hauptsächlich mit neurotischen Erkrankungen zu befassen begannen. Innerhalb der Medizin mußten sie sich gegen naturwissenschaftliche Lehrmeinungen und gegen die Psychiatrie verteidigen. Die Art dieser Verteidigung hing weitgehend von den institutionellen Möglichkeiten in den

einzelnen Ländern und von der Aufnahme bei prominenten
Medizinern ab. Entweder mußten die Psychoanalytiker
ihnen nachgeben oder selber Mediziner werden. Wenn die
Analytiker sich aber medizinisch ausbilden ließen, wurden
sie in Psychiatrie unterrichtet – zu Beginn des Jahrhunderts
eine Fachrichtung mit dem geringsten Ansehen. Da sie ja
bereits Schwierigkeiten hatten, ihre Wissenschaftlichkeit zu
beweisen, wollten die Psychiater zur Psychoanalyse einen
gehörigen Abstand einhalten, damit ihre „wissenschaftliche"
Reputation nicht noch mehr Schaden nahm.[1]

Den Psychiatern war bewußt, daß die Patienten einge-
fleischte Vorurteile gegen die Anerkennung psychischer
Krankheiten hatten und daß sie die Diagnosen von körperlichen Krankheiten bereitwilliger akzeptierten als die einer
psychischen Erkrankung. Je mehr also die Psychiater solchen Ärzten glichen, die Medikamente verschrieben und
Bettruhe verordneten, statt jenen, die sich auf unangenehme
Gedanken einließen, desto mehr Patienten vermochten sie
anzuziehen. Sie erkannten jedoch auch, daß Symptome
kulturelle Wurzeln haben und daß die Neurotiker in
bestimmten Kulturen ihre Störungen eher somatisieren als in
anderen (Mezzich und Berganza, 1984, S. 436–438). Derar-
tige Unterschiede traten um die Jahrhundertwende am
prägnantesten hervor, und sie wurden vom Berufsstand der
Mediziner noch schärfer hervorgehoben. Freud selbst stellte
ja fest, daß österreichische Ärzte die Beschwerden ihrer
Patienten lieber auf körperliche als auf psychische Ursachen
zurückführten. Er beneidete die Franzosen, die mit Hyste-
riepatienten experimentierten und zugleich einer ziemlich
respektablen psychiatrischen Tradition gehorchten. In
Amerika waren es jedoch die Neurologen, welche nach
„akzeptablen" Heilverfahren für die Psyche suchten, und in
Deutschland waren die Psychologen führend, wenn es um
die wissenschaftliche Erforschung des psychischen Verhal-

---

[1] Als die Psychoanalyse sich zu Beginn der vierziger Jahre etabliert
hatte, erstrebten viele Psychiater eine mehr oder weniger strenge
psychoanalytische Ausbildung, die ihnen auch zu besseren
Arbeitsstellen verhalf.

tens ging. Überall lag das Schicksal der psychosomatischen
Medizin letztlich in den Händen der Psychiater und Krankenhausverwalter. Diese Männer, die unter dem Reglement
institutioneller Prioritäten und dem Bedürfnis nach Erfahrung und Expertenwissen standen, teilten freilich die Vorurteile ihrer Umwelt. Deshalb konnten sie psychoanalytische Ideen so lange nicht anwenden, bis diese eine bestimmte
allgemeine Plausibilität erlangt hatten – d. h. bis sie im
kollektiven Unbewußten verankert waren (Cremerius,
1981a).

Im Grunde hing die Praxis der Freudianischen psychosomatischen Medizin damals überall weitgehend von den
Launen und Überzeugungen des psychiatrischen Establishments und auch von den Politikern ab, welche die Verwalter
auswählten und die Budgets für die Pflege der psychisch
Kranken genehmigten. Gleichwohl wurde die Psychosomatik ein medizinisches Spezialfach, als empirische Untersuchungen über die Zusammenhänge zwischen Körper und
Psyche in Mode kamen. Bald darauf lernten Allgemeinmediziner sowohl chronische als auch akute psychosomatische
Erkrankungen zu diagnostizieren. Zu dieser Zeit erfuhr auch
die Lebensgeschichte psychosomatischer Patienten eine
Neubewertung. Als zum Beispiel in den fünfziger Jahren
Neurosen nicht mehr als unverständliche Erdichtungen der
Phantasie oder als geringfügige körperliche Mängel betrachtet wurden, behauptete Ernest Jones, daß allein Freud das
Verdienst zukomme, die äußerst komplizierten Strukturen
definiert zu haben, in welchen biologische und gesellschaftliche Schwierigkeiten zum Ausdruck kommen (1957, Bd.
III, S. 433; dt. Ausg. Bd. III, S. 501). Ellenberger widersprach dem unter Hinweis auf frühere Ansätze der Psychosomatik, etwa die Heilung durch Erfüllung versagt geblie-
bener Wünsche, durch Austreibungszeremonien, Hypnose
und Magie. Die neue psychosomatische Medizin unterscheide sich allenfalls von ihren unmittelbaren Vorläufern: erst
die Ankunft der modernen Naturwissenschaft habe Körper
und Psyche voneinander „getrennt"; bis zu dieser Zeit sei das
außerwissenschaftliche Heilen durch Schamanen, Gesundbeter, Medizinmänner und Zauberer die Norm gewesen. Sie

waren nach Ellenberger auch die eigentlichen „Ahnen der dynamischen Psychotherapie" (1970, S. 3–52; dt. Ausg. S. 21 ff.). Um Freud noch einen weiteren Schritt zurückzustufen, erinnert er uns daran, daß Moritz Benedikt die Erkenntnis des [sexuell] pathogenen Geheimnisses schon vor Freud systematisiert habe, und er lobt Jung und Pfister dafür, kranke Seelen geheilt zu haben (S. 46; dt. 86).

In den fünfziger Jahren diagnostizierten indessen amerikanische Ärzte über die Hälfte der Symptome ihrer Patienten als psychosomatisch; die psychoanalytische Denkweise wurde bereits für selbstverständlich gehalten, und die Psychoanalytiker stellten in Aussicht, die Symptome ihrer Patienten zu lindern oder zu heilen (Jones, 1957, Bd. III, S. 434; dt. Bd. III, S. 502). Außerdem war die psychosomatische Medizin auch in die Krankenhäuser vorgedrungen: unterstützt von der psychoanalytischen Forschung einerseits und durch verfeinerte Apparate und biochemische Weiterentwicklungen andererseits, wollten immer mehr Forscher den genauen Zeitpunkt herausfinden, an dem die psychische Störung eines Patienten sich in ein körperliches Symptom verwandelt hatte. Die Freudianer hofften die Bedeutung der einzelnen kausalen Traumen zu entdecken und ein Modell entwickeln zu können, das alle erklären würde. Mit dieser Arbeit kamen sie auch der Wissenschaftlergemeinschaft näher. Die Psychosomatik verwandelte sich in ein angesehenes medizinisches Spezialfach.

Bald hatten die Psychoanalytiker immer mehr Gemeinsamkeiten mit den Psychiatern, die sich ihnen zuweilen auch beugten, und als die Legitimation der Psychoanalytiker wuchs, begannen sie zusehends die Sprache der Medizin zu verwenden. (Dies war vor allem in den USA der Fall, wo beinahe alle Psychoanalytiker zuvor Medizin studiert hatten.) Franz Alexander, ein brillanter Mann aus Ungarn, der von Ferenczi in Budapest und später in Berlin analysiert worden war, richtete 1929 in Chicago die erste amerikanische Klinik für Psychosomatik ein. Mehr als dreißig Jahre später äußerte er sich über die wachsende Kluft zwischen psychoanalytischen „Humanisten" und „Naturwissenschaftlern", über das schwindende Interesse der Psychoanalytiker für literarische und kulturelle Fragen und darüber, daß sie sich der Gesellschaft anpaßten, statt sie zu kritisieren (Alexander, 1957, S. 11). Die Psychosomatik werde allmählich zu wissenschaftlich und die Symptombeschreibungen seien zu sehr metapsychologisch, schrieb er (1962, S. 13–24) – und traf damit nicht nur die klassischen Freudianer (die ihre wissenschaftliche Sprache durch den fortwährenden Rückbezug auf die *Standard Edition* legitimierten), sondern auch die „Kulturalisten" (die er mit Primitiven verglich, welche die Erwartung hegten, auf die Götter, auf das Wetter und auf die Volksgesundheit Einfluß nehmen zu können).

Alexanders Bemerkungen wurden in den siebziger Jahren in Erinnerung gerufen, als die Psychosomatik in den USA ihren Höhepunkt überschritten hatte. Inzwischen verließen sich die Psychiater auf preiswertere Heilverfahren, etwa die endokrinologische und neurophysiologische Behandlung sowie die Verhaltenstherapie. Weil die psychoanalytische Therapie Privatpraxen und wohlhabende Patienten erforderte und weil zudem vermehrt nach epidemiologischen und biologischen Ursachen für psychische Störungen geforscht wurde, gerieten die klassischen Freudianer gegenüber den Psychiatern immer mehr ins Hintertreffen. Einige mußten sich der unangenehmen Wirklichkeit anpassen und neben der Psychoanalyse auch die Behandlung mit Elektroschocks und Medikamenten lernen.

Verbindungen zwischen Körper und Seele

Wieder einmal regten Fragen der Praxis zu Untersuchungen über die Geschichte der Psychoanalyse und über die Person Freuds und seine Umwelt an. Wir können wohl annehmen, daß Freud vom Werk Benedikts, das zwischen 1864 und 1895 erschienen war, gehört hatte wie auch von den aufsehenerregenden Heilungen Anton Mesmers (1734–1815). (Mesmer hatte psychisch gestörte Menschen mit Magnetismus und später durch Handauflegen und suggestiven Blickkontakt geheilt.) Mesmers Ruf war so bekannt, daß Freud vermutlich seine Methode übernahm,

als er das Unbewußte seiner Patientinnen durch Handauflegen auf die Stirn und durch intensives Anblicken anzuregen
suchte (Ellenberger, 1970, S. 64; dt. Ausg. S. 102). Die
Zusammenhänge, die Ellenberger zwischen Freud und den
Heilern herstellt, lassen sich somit nicht leugnen, aber auch
nicht die Auffassung von Jones, Freud sei deshalb einzigar-
tig, weil er als erster aus der freien Assoziation eine
Wissenschaft gemacht habe.[2] Freud wußte wohl, daß der
Erfolg von Mesmers öffentlichen Veranstaltungen die Hypnose als medizinisches Mittel diskreditiert hatte und daß
Ärzte, die ihre Patienten hypnotisierten, Gefahr liefen, ihre
wissenschaftliche Reputation zu verlieren. Diese Einschränkung wurde weitgehend akzeptiert.

Freud war dennoch beeindruckt von der wagemutigen
Richtung der französischen Psychiatrie, wie sie beispiels-

---

[2] Mesmer, der in Deutschland keine große Aufmerksamkeit gefunden hatte, fand Schüler in Frankreich. Der Marquis de Puységur*,
ein Anhänger Mesmers, soll viele Kranke geheilt haben, und im
Jahre 1789 zählte die Straßburger Gesellschaft der Magnetiseure
mehr als zweihundert Mitglieder. Nach dem Erfolg in Frankreich
kehrte der Mesmerismus nach Deutschland zurück, wo er in der
deutschen Romantik Anklang fand und die Mysterien der
menschlichen Seele zu enthüllen versprach.
[*Es handelt sich um Armand Marie Jacques Puységur(e),
1751–1825, über den Hegel in der *Enzyklopädie der philosophischen Wissenschaften* schreibt: „Unter den Franzosen haben sich
Männer von edelster Gesinnung und größter Bildung mit dem
tierischen Magnetismus beschäftigt und denselben mit reinem
Sinn betrachtet. Vorzüglich verdient unter diesen Männern der
General-Lieutenant *Puységure* genannt zu werden. Wenn die
Deutschen sich häufig über die mangelhaften Theorien der
Franzosen lustig machen, so kann man wenigstens in Bezug auf
den animalischen Magnetismus behaupten, daß die bei Betrachtung desselben von den Franzosen gebrauchte naive Metaphysik
etwas viel Erfreulicheres ist als das nicht seltene Geträume und
das ebenso schiefe wie lahme Theoretisieren deutscher Gelehr-
ter." (Hegel, *Enzyklopädie*, Paragraph 405, in: ders., *Werke in
zwanzig Bänden*. Frankfurt: Suhrkamp, 1970, Band 10, S. 154.
Vgl. zum Mesmerismus und zu Puységur auch Werner Leib-
brand, *Die spekulative Medizin der Romantik*. Hamburg: Claassen, 1956, S. 174–200. A. d. Ü.]

weise Auguste Ambroise Liébault (1823–1904) einschlug, der einige seiner Patienten hypnotisierte und ihnen, nachdem sie schläfrig geworden und leicht benommen waren, erklärte, ihre Symptome würden verschwinden. Auch wenn Liébault auf diese Weise weder Lungentuberkulose noch Ulcus heilen konnte, bewegten seine weniger spektakulären therapeutischen Wunder den Arzt Hippolyte Bernheim (1840–1919) doch dazu, in der von ihm in Nancy gegründeten Schule die „Suggestion" anzuwenden. Und Bernheim bekehrte wiederum Freud, der von seinen Leistungen ebenso eingenommen war wie seinerzeit von denen Charcots. In Frankreichs Lehrkrankenhäusern war die Hypnose eine angesehene Praxis, die dort mehr Glaubwürdigkeit und Ansehen besaß als in anderen Ländern, wo man sie mit den Kunststücken von Wanderzirkusakteuren verglich. Besonders in Deutschland und Österreich lag die Hypnose jenseits von Gut und Böse, so daß Freuds Kollegen sich berechtigt fühlten, die spekulativen Experimente, „die nur die Franzosen zu tolerieren bereit waren", mit Verachtung zu strafen.

Um 1880 hatte Charcot mit neuen Medikamenten experimentiert, so wie Freud die positiven Wirkungen des Kokains – Bewußtseinssteigerung, Angeregtheit, Unternehmungsgeist – und seine anästhetisierenden Wirkungen untersucht hatte. Bekanntlich verleitete Freuds Begeisterung ihn zunächst dazu, die suchterzeugenden Komponenten zu übersehen – ein Versehen, das ihm eine verdiente Kritik einbrachte. Jones führte für Freuds übergroße Begeisterung allerlei unbewußte Gründe an: die Entdeckung würde ihn in Windeseile berühmt machen und ihm das notwendige Geld einbringen, das er dringend brauchte, um sich niederlassen und Martha Bernays heiraten zu können. Freud ärgerte sich denn auch über den Arzt Koller, dem er von den Eigenschaften des Kokains erzählt hatte. Koller hatte es mit Erfolg für die Lokalanästhesie bei Augenoperationen angewandt und nun schrieb man ihm die Entdeckung zu. Die meisten Freudianer, die auf diese Episode Bezug nehmen, und auch manche Historiker behaupten, Freuds Ärger über Koller sei berechtigt gewesen, wobei sie den alles bestimmenden

Wunsch nach Anerkennung in den Vordergrund rücken (Gay, 1988, S. 42–44; dt. Ausg. S. 55–57). Einige Biographen führen die Kokainexperimente Freuds als Beispiel für seine außerordentliche Begabung und Neugier an, und einige Freudianer behaupten sogar, Freuds biochemische Untersuchungen hätten den Beweis für die Verbindungen zwischen Psyche und Soma erbracht und müßten deshalb auch ein legitimes Anliegen der Freudianischen Psychosomatik bleiben.

Die „Kokain-Episode" zeigt deutlich, daß Freuds Ambitionen vor der Entwicklung der Psychoanalyse in dem von Konkurrenz geprägten Milieu der Wiener Medizin verankert waren. Jones dagegen spielt die Episode herunter, weil sie sich vor der Zeit der Selbstanalyse – Freuds „heroischer" Unternehmung – ereignet hatte. Ellenberger, der behauptet, die Freudianer würden diesen „Heldenmythos" übertreiben, hält Freuds Neurophysiologie für einen Bestandteil der dynamischen Psychiatrie und ist der Auffassung, daß diese Vorgeschichte der Psychosomatik zu Freuds Zustand einer „schöpferischen Besessenheit" gehöre – zu der Zeit, in der Freud neue Synthesen entwickelte. Ich würde dem noch hinzufügen, daß auch seine medizinische Ausbildung und seine humanistische Bildung zur Entwicklung seiner Ansichten über die Verbindungen zwischen Körper und Seele beitrugen.

Solange die Psychoanalyse einen schlechten Ruf hatte, widmeten westliche Regierungen ihr nur wenig Aufmerksamkeit. Allerdings waren die französischen Gesetze, die das traditionelle psychiatrische Establishment schützten, schon für sich genommen so etwas wie eine Schranke gegen psychoanalytische Ansätze. In den USA hatten die Mißbräuche aufgrund einer gewissen Gleichgültigkeit zur Medizinalisierung der Psychoanalyse geführt (siehe 9. Kapitel). In Österreich und Deutschland zeigte das psychiatrische Establishment eine militante Haltung gegenüber empirischen Untersuchungen psychosomatischer Krankheitsursachen. Und in England, wo die Psychoanalyse bei einer intellektuellen Elite Fuß faßte, erschien es als selbstverständlich, die psychoanalytische Psychosomatik zu vernachlässigen.

Die Anfänge der amerikanischen psychosomatischen Medizin

Auch wenn die psychosomatische Medizin in Wien entstanden war und auf älteren Ideen wie dem Dipsychismus und dem Polypsychismus (Ellenberger, 1970, S. 168; dt. Ausg. S. 213) aufbaute, entwickelte sie sich nicht weiter, bis die Emigranten nach Amerika kamen. Um 1939 hatten die Freudianer, die den Atlantik überquert hatten, bewiesen, daß die Psychoanalyse bestimmte Symptome beheben konnte. Sie hatten allerdings keine konkreten Verbindungen zwischen Seele und Körper beweisen können. Heinz Hartmanns Hinweis, psychologische Probleme ließen sich „aus der Sicht der Ich-Theorie besser erfassen als aus der Perspektive des Es" (Hartmann, 1939, S. 320), wurde damals ernst genommen. Die meisten Freudianer sahen sich dadurch veranlaßt, sich auf Freuds Strukturtheorien (im Anschluß an *Das Ich und das Es* [1923b]) zu konzentrieren und die Anteile des Ichs und des Über-Ichs zu untersuchen, die für somatische Symptome verantwortlich sein könnten. Dieser Orientierungswechsel vollzog sich gleichzeitig mit der Veröffentlichung der Bücher von Weiss und English, *Psychosomatic Medicine* und Flanders Dunbars *Psychosomatic Diagnosis*.

Die beiden Bücher, die im Jahre 1943 veröffentlicht und bald von allen Studenten gelesen wurden, trugen zur Verbreitung der Psychosomatik bei. Heute ist man natürlich verblüfft darüber, daß es nicht immer für selbstverständlich gehalten wurde, daß „körperliche Veränderungen sich ebenso wirksam durch psychische Reize und durch Emotionen herbeiführen lassen wie durch Bakterien oder Giftstoffe, oder daß physiologische, von Emotionen begleitete Veränderungen die Funktion von Körperorganen stören können" (Dunbar, 1943, S. 9.). Beobachtungen chemischer und elektrischer Veränderungen, die zwischen Zelle und Zellumgebung stattfinden, und immer feinere Messungen von Phänomenen wie Blutzucker und Gerinnungszeit hatten die Bedeutung jener emotionalen Faktoren deutlich gemacht, mit denen sich die Psychoanalytiker befaßten, und hatten auch das Ansehen von Psychologen, Physiologen und Psychiatern erhöht, die diese Vorgänge wissenschaftlich beweisen konnten. Die psychosomatische Medizin wurde zu ihrem gemeinsamen Boden: hier arbeiteten sie nun im Namen der Wissenschaft zusammen und hier wetteiferten sie um die professionelle Überlegenheit.

Natürlich ist es nicht ohne Ironie, daß die Psychoanalyse gegenüber den weniger kostenintensiven Behandlungen an Boden verlor, nachdem sie schließlich akzeptabel geworden war. Im Zweiten Weltkrieg unterstützte die amerikanische Regierung alle Forschungen, die zur Linderung kriegsbedingter psychosomatischer Symptome führen konnten. Die entscheidenden Fragen stellten dabei die Psychoanalytiker. Dunbar zufolge war das Fundament der psychosomatischen Medizin gelegt worden durch Freuds Beiträge zur Konversionshysterie (mit der Entdeckung, daß sich unannehmbare Gedanken in körperliche Symptome verwandeln), durch Alexanders „dynamische Impulssteuerung" (Impulse werden durch die emotionalen Neigungen des Individuums zum Einverleiben, Ausscheiden oder Zurückbehalten gesteuert), durch Kardiners „Handlungssyndrom" (als Resultat der Wechselwirkung zwischen Ich und Umwelt) und durch Frenchs Untersuchungen über die physiologischen Veränderungen während des Traums.[3] Daß ein so angesehener Mann wie French die Anwendung der Psychoanalyse befürwortete, veränderte Dunbar zufolge den gesamten Bereich der psychiatrischen Krankenpflege (1943, S. 660). Die routinemäßige Verwendung des Rorschachtests trug ebenso dazu bei.

Die meisten theoretischen Beiträge zur Psychosomatik stammen von klassischen Analytikern, deren Erkenntnisse

---

[3] French, der in Wien analysiert worden war, benutzte psychoanalytische Konzeptionen der Libido, um sowohl die Produktion als auch die Verschiebung psychischer Energie zu erklären. Die von Walter B. Cannon, dem Physiologen aus Harvard vorgetragenen Argumente (in *Bodily Changes in Pain, Hunger, and Fear*, 1915), daß Emotionen in der Lage sind, Körperfunktionen entscheidend zu verändern (Dunbar, 1943, S. 645–648), waren akzeptabler.

auf vergleichsweise wenigen intensiven Langzeituntersuchungen beruhen. Wie sie inzwischen entdeckten, hatten Colitis ulcerosa, Aneroxia nervosa, Dermatitis und Asthma ihren Ursprung in der Säuglingszeit oder in der frühen Kindheit. Sie stellten fest, daß Patienten, deren Organe stark geschädigt waren, neben psychologischer Behandlung auch eine medizinische Betreuung brauchten. Dies veranlaßte die Psychoanalytiker dazu, psychologische und medizinische Behandlung voneinander zu trennen.

Bald wurden verschiedene medizinische Spezialisten, die körperliche Schäden behandeln konnten, in die Psychoanalyse eingeführt. Weiss und English drängten jedoch darauf, die Psychosomatik in jeden Zweig der Medizin zu integrieren (1943, S. 15). Um diesen Plan durchzusetzen, wurden Psychoanalytiker als Ausbilder eingestellt. Beinahe über Nacht wurden die Freudianer zu Beratern, Professoren und Verwaltern. Mit Ausnahme einiger weniger, die aus Europa emigriert waren, hatten die amerikanischen Freudianer eine medizinische Hochschule besucht und benutzten somit ein gemeinsames medizinisches Vokabular. Diese umfassende Kooperation mit Allgemeinpraktikern schien sie alle in eine einzige glückliche Familie zu verwandeln – zumindest für eine kurze Zeit. Psychiater, die in die Psychoanalyse eingeführt wurden, erweiterten ihren Horizont. Da sie meist mehr psychotische Patienten als neurotische behandelten, ergänzten sie nun die Schocktherapie mit Psychotherapie. Als jedoch Psychiater Psychoanalysepatienten übernahmen, waren die Psychoanalytiker beunruhigt. Denn die Psychiater hatten weder eine richtige Ausbildung an einem anerkannten Institut noch eine vollständige Analyse abgeschlossen. Sie hatten aber die psychiatrische Zulassung und konnten deshalb nicht wegen falscher ärztlicher Behandlung belangt werden.

Weil die psychoanalytische Psychosomatik neuartige Heilungen versprach, fand sie Eingang in die Hauptströmung der Medizin, und fortan betrachtete man jedes Leiden aus ihrer Perspektive. Als Status und Prestige der Psychoanalytiker sich steigerten, verschärften diese nicht nur die beruflichen Zulassungsbedingungen, sondern fällten zuweilen auch anmaßende Urteile über nichtklinische Angelegenheiten. (Es wurde mir berichtet, daß die Psychiater häufig Einwände erhoben, wenn Freudianer Psychotiker wie Neurotiker behandelten, denn damals war man allgemein übereingekommen, daß die zumeist hospitalisierten Psychotiker in die Zuständigkeit der Psychiater gehörten und die Neurotiker in die der Freudianer).

Ein Meilenstein der Psychosomatik war Max Schurs Fallgeschichte einer jungen Frau, die an einem generalisierten Ekzem litt – eine Frau, die bei Behandlungsbeginn kaum sprechen und sich nicht an die Kindheitsängste erinnern konnte, die bei ihrer Heirat wiederbelebt worden waren. Mühsam erfuhr sie in einem Zeitraum von vier Jahren, wie ihre Reaktionen auf psychische Konflikte buchstäblich auf ihrer Haut ausgetragen wurden – psychische Reize lösten ein Jucken und später neue Läsionen aus. Schritt für Schritt half Schur ihr dabei, die Parallelen zwischen der Entwicklung ihrer Hautstörung und der ihrer Neurose zu rekonstruieren, und demonstrierte die Bereitschaft des Organsystems (in diesem Falle der Haut), auf emotionale Reize dadurch zu antworten, daß die Neurose „hier gewissermaßen zwischen der Traumatisierung durch die Umwelt und dem reagierenden Organ zwischengeschaltet" ist (Schur, 1955, S. 157; dt. in Brede, Hrsg., 1974, S. 386).

In einer von diesem Fall ausgehenden Verallgemeinerung zeichnete Schur ein kompliziertes Diagramm [ebd., S. 387] auf, das die möglichen Wege angab, die ein Trauma einschlagen konnte – von der angeborenen Disposition bis zur Krankheit –, wenn somatische, reaktive und äußere Faktoren mit psychischen und emotionalen Faktoren interagieren. Dieses Diagramm [Schur: „Schema"] diente als eine Art Konstruktionszeichnung für Ärzte, welche die Entstehung der psychosomatischen Leiden ihrer Patienten diagnostizieren wollten. Außerdem hatte Schur festgestellt: „Verbal artikulierte Gedanken stehen dem Sekundärprozeß näher als Phantasien, Tagträume und dergleichen" (1955, S. 160; dt. Ausg. S. 390). Diese Feststellung stimmte freilich nicht mit Freuds Diktum überein, daß somatische Störungen in sehr frühen verdrängten Traumen wurzeln.

Als Franz Alexander Freud „angriff", indem er sich mit den körperlichen Symptomen statt mit deren psychischen Wurzeln befaßte (um weitere irreversible Schäden aufgrund wiederkehrender emotionaler Anspannung zu vermeiden), löste er sich von den klassischen Freudianern. Schur gelang es allerdings, seinen Platz in der „Gemeinde" zu behalten; das „Establishment" war bereit, den eigenen Wein zu verwässern. Schur behandelte weiterhin sowohl somatische als auch psychische Wurzeln von Symptomen, unterstützte jedoch den inzwischen „abtrünnigen" Alexander, indem er behauptete, psychosomatische Patienten könnten von einer weniger langen Psychotherapie oder von der Gruppentherapie profitieren (S. 160–161). (Später sollten auch streng biologisch orientierte Praktiker ihre Behandlung durch Gruppentherapie erweitern.) Schur half damit die Anwendung der psychoanalytischen Therapie anstelle einer orthodoxen Psychoanalyse zu legitimieren, als er die Auffassung vertrat, daß bei psychosomatischen Patienten eine Reduktion der Wochenstunden und gelegentliche Therapieunterbrechungen nützlich sein könnten. Diese technische Veränderung lieferte natürlich noch mehr Stoff für die Auseinandersetzungen über Ausbildung und Praxis sowie für die Kritik an der klassischen Psychoanalyse. Die Aussicht auf billigere und kürzere Behandlungen veranlaßte die Krankenhausverwalter freilich auch dazu, die Freudianer zur Mithilfe bei der Ausbildung neuer Krankenpfleger, wie Sozialarbeiter und Beschäftigungstherapeuten, aufzufordern. Als die Akzeptanz der Psychoanalyse Ende der vierziger Jahre ihren Höhepunkt erreichte, wurden also bereits einfachere und weniger gründliche Therapien anerkannt.

Die Psychosomatik in Deutschland

1948 informierten amerikanische Psychoanalytiker auf dem ersten Kongreß des International Committee for Mental Hygiene die Öffentlichkeit über die Fortschritte der Psychosomatik. Den Teilnehmern waren die soziokulturellen Einwirkungen auf die Praxis der Psychohygiene bewußt und sie hofften, die Politik ihrer Regierungen auf diesem Gebiet mitgestalten zu können (Mead, 1959). Nach ihrer Rückkehr stellten die Psychiater, Psychoanalytiker, Sozialarbeiter, Krankenschwestern, Psychologen, Soziologen und Anthropologen fest, daß die zuständigen staatlichen Einrichtungen die Mitarbeit verweigerten: die Politiker „übersetzten" ihre Vorschläge entweder in Untersuchungen über die praktische Durchführbarkeit oder in eine „Philosophie". Dennoch wurden psychosomatische Diagnosen im Prinzip allmählich akzeptiert. In der Praxis mußten allerdings die meisten Verwalter immer noch fallweise von der Legitimität der einzelnen psychosomatischen Leiden überzeugt werden, bevor sie die obligatorische Kostenerstattung genehmigten.

Außerhalb der USA wurden die Probleme durch die Knappheit an Psychoanalytikern und durch die Uneinigkeit darüber, was denn eine „Heilung" ausmache, noch verschärft (Middendorp, 1956). Die deutschsprachigen Analytiker konnten sich noch nicht einmal über eine Definition der Psychoanalyse einigen und stritten sich über die gesellschaftlichen Folgen der Trennung zwischen privaten Patienten und Klinikpatienten. Als Verena Middendorp 1956 sechzig Personen drei bis sechs Jahre nach Behandlungsabschluß befragte, fand sie heraus, daß sie keine grundlegenden Persönlichkeitsveränderungen erfahren hatten, auch wenn eine ganze Anzahl von ihnen ein etwas reicheres Leben begonnen hatte und bei der Arbeit oder zuhause besser zurechtkam.[4] Einige berichteten, daß die Therapie sie vor der Isolation bewahrt habe, andere wiederum, daß sie geselliger geworden seien, weil sie die Symptome, die die Menschen in ihrer Umgebung störten, losgeworden waren.

---

[4] M. H. Göring hielt zwei wöchentliche Sitzungen während vier Monaten für optimal; für Felix Boehm war eine Anzahl zwischen einundvierzig und fünfundsiebzig Arztbesuchen ungenügend; andere hatten dreizehn Sitzungen empfohlen, verteilt auf vier bis sechs Wochen. Wie Middendorp ausführte, bezogen sie sich dabei jedoch auf Polikliniken für die Arbeiterklasse, deren Ziel es war, das Funktionieren bei der Arbeit, zuhause und in sozialen Situationen zu verbessern, und nicht den neurotischen Kern zu analysieren.

In einer anderen Untersuchung befragte Annemarie Dührssen (1962) 1004 Patienten, die am Berliner Zentralinstitut für psychogene Krankheiten behandelt worden waren, ob ihnen ihrer Einschätzung nach geholfen worden sei. Achtzig Prozent von 900 Personen, die antworteten, bejahten dies, 12 Prozent sagten, es gehe ihnen „kaum besser" oder gar „schlechter", und 8 Prozent kritisierten die Psychotherapie. (Zu diesen gehörten auch die 0,3 Prozent, bei denen eine Fehldiagnose gestellt worden war, sowie die 1,7 Prozent, deren Symptome gewechselt hatten.)

Nach dem Krieg konzentrierte sich in Deutschland die Forschung auf spezifische psychosomatische Erkrankungen wie physiologische Funktionsstörungen, Organläsionen, Symptomen-„Wahl" und auf Behandlungstechniken. Da jeder Psychoanalytiker versuchen muß, zu bestimmen, welche traumatischen Ereignisse die ursprüngliche Störung beim Patienten verursachten, sind medizinisch plausible Diagnosen nur schwer zu gewinnen. Häufig bleiben nämlich die realitätsbezogenen Komponenten einer Neurose funktionstüchtig, während sie psychische Konflikte verbergen, wodurch die Menschen davon abgehalten werden, bei der Psychoanalyse Hilfe zu suchen. „Funktionierende" Neurotiker bitten nicht um Hilfe, solange ihre Symptome „nützlich" sind. Patienten hingegen, die sich am meisten vor einer Geisteskrankheit fürchten, suchen erst dann einen Psychoanalytiker auf, wenn alle anderen Ärzte bei ihnen versagt haben.

In Deutschland untersuchten die Psychoanalytiker die Symptome ihrer Patienten im Hinblick auf deren „Funktionieren" in der nach-nazistischen Umwelt. Da Symptome ihre Plausibilität auch dann beibehalten müssen, wenn sie sich ändern, können Psychoanalytiker, die dem gleichen Milieu wie ihre Patienten entstammen, sich in diese Symptome einfühlen, und in gewissem Maß dient ihnen diese Empathie als elementares therapeutisches Werkzeug. Die deutsche Situation war jedoch dadurch erschwert, daß im therapeutischen Bündnis die Nazi-Vergangenheit von einem Partner oder von beiden bewußt oder unbewußt „umgangen" oder „vermieden" wurde. Weil man von den deutschen

Psychoanalytikern außerdem erwartete, daß sie Patienten aus den unteren sozioökonomischen Schichten behandelten, konnten sie diese „Vermeidung" beim Patienten auf die geringeren sprachlichen Fähigkeiten zurückführen. Dennoch gelang es den Patienten aus der Arbeiterschicht, bei Therapeuten aus dem eigenen Milieu ihre üblichen Hemmungen zu überwinden, während sie sich in der Gegenwart von medizinischen Psychoanalytikern weniger behaglich fühlten.[5] Daß sie sich wegen der Kostenerstattung einer „offiziellen" Diagnose unterziehen mußten, war ein weiteres Hindernis. Es ist immer schwierig, psychosomatische Diagnosen zu treffen oder die kausalen Zusammenhänge zwischen Veränderungen an einem Körperorgan und deren psychischen Wurzeln vor der Kur nachzuweisen. Diagnosen müssen deshalb vorläufig bleiben, bis die Entstehung der Krankheit während der Behandlung erkennbar geworden ist.

Als Karola Brede, eine Soziologin und Mitarbeiterin des ersten und bedeutendsten deutschen Psychosomatikers, Alexander Mitscherlich, sich mit diesen Themen befaßte, stellte sie fest, daß „ungenaue", wenn auch für Psychoanalytiker verständliche Diagnosen für die Bürokraten der Krankenkassen häufig unannehmbar waren. Diese Verwalter, die die Zahlungen an Unterschichtpatienten genehmigen müssen, stellen medizinische Diagnosen routinemäßig in Frage (Brede, Hrsg. 1974, S. 9–10), und ihre Nachfragen führen dazu, den Argwohn der Patienten – und deren Symptome – eher noch zu vergrößern. Da die emotionale Basis der psychosomatischen Leiden sich nicht a priori nachweisen läßt, hält die skeptische Haltung der Verwalter das populäre Vorurteil aufrecht, die Leidenden seien Simulanten. Außerdem haben solche Patienten die Behandlung oft schon sehr lange hinausgeschoben und dadurch irreversible Schäden erlitten. Deshalb scheint es manchmal so, als sei ihre Krankheit selbst bei einer „Heilung" oft nur zum

---

[5] In den USA stellte Robert E. Gold (1965) neben anderen ebenfalls fest, daß Patienten aus der Arbeiterschicht sich in der Psychoanalyse weniger wohl fühlen als Patienten aus der Mittelschicht.

Stillstand gekommen. Aufgrund der Kostenerstattung durch die Krankenkassen wurden die Psychoanalytiker jedoch veranlaßt, sich stärker der medizinischen Terminologie zu bedienen, und die damit einhergehende Legitimation psychosomatischer Diagnosen führte wiederum zu häufigeren psychosomatischen Diagnosen bei ärmeren Patienten. Weil diese Patienten zudem meist relativ ungebildet sind, verstärkten die Berichte ihrer Analytiker bei ihnen oft noch die Befürchtungen und zuweilen auch die Symptome, was wiederum die Behandlung verlangsamte.

1945 gab es in Deutschland nur wenige Psychotherapeuten, die mit den Nazis nicht kollaboriert oder vor ihren Praktiken nicht die Augen verschlossen hatten. Allerdings gab es niemanden mehr, der die Psychoanalyse als „jüdische Wissenschaft" denunzierte, und man bemühte sich, frühere Mitglieder der DPV zur Rückkehr aus England oder den USA zu bewegen. Dies taten nur wenige, auch wenn, neben anderen, Michael Balint, Paula Heimann und Kurt Eissler zurückkamen, um Vorträge zu halten. Die deutsche (und österreichische) Öffentlichkeit fühlte sich überaus unbehaglich im Zusammenhang mit dem, was einige Leute als psychologischen „Kram" bezeichneten: die Erforschung unbewußter Gefühle. Für einige wenige gebildete Deutsche waren die Ungeheuerlichkeiten des Holocaust und die Niederlage des Dritten Reiches jedoch ein gedanklicher Anlaß für Erklärungen und Reformen.

In den vierziger Jahren versuchten angelsächsische Psychoanalytiker Hitlers Aufstieg und die Botmäßigkeit der Deutschen gegenüber den Verbrechen des Faschismus psychoanalytisch zu erklären (vgl. 12. Kapitel). Ihnen war allerdings nicht bewußt, in welchem Maße deutsche Psychoanalytiker ihre frühere Tätigkeit leugneten. Einige deutsche Therapeuten, die zur Verbesserung der „arischen Rasse" beizutragen hofften, hatten sich um die Entdeckung bemüht, wie die Manipulation psychischer Faktoren sich auf die Biologie auswirken könnte. In einem gewissen Grad waren sogar die Ärzte Jakob von Uexküll (1928; 1973) und Viktor von Weizsäcker (1947) verwickelt. Obwohl sie die Nazis nicht unterstützten, konnten sie mit Experimenten, die sich mit psychischen Eigenschaften physiologischer Manifestationen beschäftigten, sowohl die Unterschiede zwischen Juden, anderen „minderwertigen Rassen" und Deutschen beweisen als auch daß Homosexualität und Geburtsfehler auf genetische Ursprünge zurückzuführen sind. Weizsäcker nahm an, daß Krankheiten sich auf die Gene des Individuums auswirken können. Sowohl in seiner „medizinischen" Anthropologie als auch in seiner Lehre vom *Gestaltkreis* konzentrierte er sich auf die biologische Seite der Psychosomatik (des *Körpergeschehens*) – d. h. auf die organischen und nicht auf die psychischen Manifestationen psychosomatischer Krankheiten. Mit diesem Vorgehen sollten die umfassenden Verallgemeinerungen über Völkerkategorien durch Differenzierungen vermieden werden.

Uexkülls Anthropologie nimmt an, daß die Umwelt ebenso wie die eigene Leiblichkeit zu den naturgegebenen Voraussetzungen des Menschen gehört (Rudolf Bilz, Vorwort zu Uexküll 1928, S. XI); und daß wir geschichtlich belastet sind, insofern „wir das phylogenetisch-archaische Reiz-Äquivalent der uns angemessenen Umwelt selbstregulatorisch ausgleichen müssen [wie auch unser] Streben nach beglückender Fortschrittlichkeit" (S. XVII).

Alexander Mitscherlich, der mit Weizsäcker zusammengearbeitet hatte, war der Auffassung, daß eine „richtige" Theorie der Psychosomatik schließlich die Seelen der Deutschen zusammen mit ihren Körpern heilen könnte. Deshalb setzte er „die Frage nach der Stellung der primären Verhaltensorganisation ins Zentrum seines anthropologischen Ansatzes (...)." Er gibt über Versuche, die Affektphysiologie in die psychosomatische Medizin zu transportieren, zu bedenken: „(...) die Affektphysiologie ist ohne eine Anthropologie, die ihrerseits nicht im Laboratorium entwickelt werden kann, nicht praktikabel" (Brede, 1972, S. 113). Mitscherlich wiederholte immer wieder, daß die Entdeckungen seiner psychosomatischen Forschungen mit Kranken sowohl die Beziehungen zu seiner Gesellschaft erörtern als auch den Weg zur Änderung ihrer „kranken" Seelen weisen würden.

Mitscherlichs Ideen fanden Anklang beim Verwaltungsrat der Rockefeller-Stiftung, die seine psychosomatische Klinik für stationäre Patienten in Heidelberg finanzierte. 1956 wurde die Klinik der Universität angeschlossen, und Mitscherlich begann seine Pläne zur Gründung des Sigmund Freud-Instituts in Frankfurt (für ambulante Patienten) umzusetzen. (Dort lag, ebenso wie in den anderen psychoanalytischen Kliniken – in Berlin, München und Hamburg – bei Analysanden und Analytikern das Gewicht eher auf den psychosomatischen als auf den neurotischen Symptomaspekten.) 1967 wurde Mitscherlich zum ersten Professor für Psychoanalyse und Sozialpsychologie an der Johann Wolfgang Goethe-Universität in Frankfurt ernannt.

Im Anschluß an Freud hoffte Mitscherlich den Punkt zu bestimmen, an dem das psychische Erleben des Patienten sich in eine körperliche Krankheit verwandelt, und herauszufinden, warum bestimmte Patienten körperlich erkranken, statt zum Beispiel überaggressiv oder neurotisch zu werden. Trotz der medizinischen Orientierung seiner Untersuchungen versuchte er stets die Symptome des Patienten auf Erlebnisse mit übermächtigen Eltern oder mit jenen Nazi-Autoritäten zurückzuverfolgen, die offensichtlich die subjektive Wirklichkeit auf eine strukturelle und funktionale Wissenschaft vom menschlichen Organismus reduziert hatten, um damit den Massenmord im Namen der Wissenschaft zu rechtfertigen. Auch wenn Mitscherlich mit seinen leidenschaftlich bewegten Vorlesungen die Aufmerksamkeit der Öffentlichkeit auf sich zog, war sein wichtigster Beitrag auf diesem Gebiet doch die Gründung einer Schule der deutschen Psychosomatik in der Tradition von Felix Deutsch, Ernst Simmel und Otto Fenichel (Kutter, 1984).

Im wesentlichen teilten Mitscherlichs Schüler die Annahme, daß Krankheit eine zweiphasige (psychische und somatische) Abwehr ist, die auf der Verschiebung unkontrollierbarer früher Wünsche nach Liebe, Haß oder Rache beruht. Eine solche Diagnose schließt implizit an Anna Freuds theoretische Annahmen über strukturelle Ich-Störungen an (siehe 11. Kapitel); d. h. Mitscherlich folgte einem Modell der „Aktualneurose", und seine Therapie richtete sich auf den Abbau der Abwehr statt auf die Lokalisierung der narzißtischen Kränkung, des Zusammenbruchs früher Objektbeziehungen oder (manchmal) auch des Zeitpunkts, an dem psychischer Streß sich in körperliche Erkrankung umwandelte. Mitscherlich wies überdies nach, wie die zweiphasige Abwehr als Reaktion auf körperliche und seelische Reize de- und resomatisiert wird. Deshalb rekurrierte er auch auf Alexanders Auffassung von der Einwirkung neurotischer Konflikte auf Körperfunktionen; auf die Annahme, daß strukturelle Ich-Störungen körperliche Symptome hervorrufen, und auf das von französischen Psychosomatikern postulierte „operative Denken". Mitscherlich führte diese Konzeptionen auch auf Freuds Formulierungen zur Neurasthenie von 1895 zurück; damit akzeptierte er implizit Sulloways These, daß Freud immer ein „Biologe des Geistes" geblieben sei.

Der Psychoanalytiker Peter Kutter kennzeichnete Mitscherlichs sogenannte Deutsche Schule anhand folgender Grundsätze:

1. Die Rolle der Affekte (insbesondere Hilflosigkeit und Hoffnungslosigkeit) ist bei den Voraussetzungen der psychosomatischen Erkrankung zentral. Unabgeführte Affekte sind bei der Dynamik von psychosomatischen Störungen wichtig; sie gehen nicht nur auf Aggression und Flucht zurück, sondern auch auf Trauer, Schmerz, Wut, Zorn und andere menschliche Äußerungen der Leidenschaft.

2. Objektbeziehungen werden durch „regressive" Besetzungen innerer Objekte verdorben. Deshalb verhindert die Internalisierung dieser infantilen Objekte sowohl die Persönlichkeitsentwicklung als auch eine realistische Einschätzung der äußeren Wirklichkeit. Zentral sind hier pathologische Mutter-Kind-Beziehungen, die in der Folge auf ihre Interaktionsdynamik hin untersucht wurden, und zwar nicht nur im Hinblick auf die Beziehung zwischen Mutter und Kind, sondern auf die ganze Familie. Spezifische Syndrome wurden mit spezifischen psychosomatischen Kommunikationsstörungen zwischen Mutter und Kleinkind in Verbindung gebracht (Wirschnig und Stierlin, 1982).

3. Einer von Mitscherlichs Schülern stellte fest, daß psychosomatische Patienten eine vage und verschwommene „Phantasie" hatten, daß ihnen „reale, personale ganzheitliche Objekte" fehlten und daß sie Schwierigkeiten hatten, sich sprachlich auszudrücken (Kutter, 1981, 1984, S. 552). Es wurde festgestellt, daß primitive Körperphantasien (die Phantasien von Patienten mit Erkrankungen des Magen-Darm-Trakts drehen sich um Mund und After) über Atmung, Herz oder das Urinieren – in Übereinstimmung mit Freud – infantilen Sexualphantasien entsprachen. (Medizinisch ausgebildete Psychoanalytiker mit einer medizinisch-anatomischen Denkweise haben oft Schwierigkeiten, infantile Körperphantasien zu verstehen, wie Kutter feststellte. Solche Bemerkungen zielen zum Teil darauf ab, die geplante Medizinalisierung der deutschen Psychoanalyse zu diskreditieren.)

4. Es ließ sich eine besondere Art von Angst feststellen, die von der Gefährdung einer symbiotischen Beziehung verursacht wird und sich von der Neurose darin unterscheidet, daß sie einen völligen Verlust des Selbst ankündigt.

5. Ähnlich wie Mitscherlich und Brede postulierte der Psychoanalytiker Helmut Thomä eine Reihe von Teilursachen für psychosomatische Erkrankungen (Konflikte, Ängste, Abwehrmechanismen, Objektbeziehungen und Ich-Verschiebungen). Dies steht im Widerspruch zu der spezifischen Kausalrelation, die Alexander, French und Pollock (1968) zwischen der psychodynamischen Konfiguration des Individuums und dem Beginn seiner Krankheit postulierten. (In Wirklichkeit konnte die direkte Beziehung zwischen einem psychischen Auslöser und dem Beginn körperlicher Symptome nie genau festgelegt werden, und die Psychosomatiker untersuchten in zunehmendem Maße Faktoren der Organwahl). Wenn außerdem alle Arten von neurotischen Symptomen, präödipalen narzißtischen Elementen, Ich-schwäche und zerbrechliche Objektbeziehungen eine psychosomatische Krankheit verursachen konnten, dann ließ sich Schurs Auffassung, alle psychosomatischen Patienten hätten bestimmte grundlegende Eigenschaften gemeinsam, nicht mehr aufrechterhalten.

In jüngerer Zeit hat der deutsche Analytiker Peter Stadler (1982) Freuds Psychosomatik mit den physiologischen Ergebnissen Pawlows und mit Hans Selyes Konzept der Streßreaktion in Verbindung gebracht. Stadler wollte erklären, wie symbolische und somatische Prozesse mit dem Leib/Seele-Dualismus zusammenhängen, wie er in der Alltagssprache enthalten ist. Gerd Overbecks Buch *Krankheit als Anpassung* (1984) erweiterte unser Wissen über die psychischen Wurzeln von Krankheiten durch den Aufweis, daß solche Krankheiten sehr wohl auch Scheinlösungen für gesellschaftlich bedingte Probleme sein können – besonders dann, wenn der psychosomatische Patient sich den krankmachenden Bedingungen angepaßt hat.

Andere deutsche Forscher im Bereich der Psychosomatik untersuchten, in welcher Weise die Mutter-Kind-Beziehung Interaktionssequenzen beeinflußt, die das Organsystem affizieren: Reaktionen auf das Stillen konnten sich auf den oberen Verdauungstrakt und den Magen auswirken, während eine Überbetonung der Reinlichkeit sich auf den unteren Darmtrakt auswirkte. Wie beobachtet wurde, führen pathogene Objektbeziehungen, etwa die Isolierung des Kindes und die Beeinträchtigung oder Mißachtung seiner psychischen Bedürfnisse, zu spezifischen psychosomatischen Störungen. Die psychosomatische „Triangulierung" – die psychische Aufspaltung in Subjekt, Objekt und Körper – kann dann auftreten, wenn ein schwaches und bedrohtes Selbst mit einem mächtigen archaischen Introjekt konfrontiert ist, das sich vom Körper abgetrennt hat (Overbeck, 1984).

Allerdings weisen alle diese Untersuchungen darauf hin, daß das psychosomatische Rätsel nicht gelöst worden ist. Die deutschen Psychosomatiker der Nachkriegszeit wandten sich aber auch den sozialen und ethischen Zielen der Demokratie zu, die die Amerikaner für selbstverständlich hielten. Da die amerikanischen Psychoanalytiker nie versucht hatten, Techniken zur „Verbesserung" menschlicher Organe zu entwickeln, hatten sie sich auch niemals Gedanken über die Gefolgschaft gegenüber der Nazi-Ideologie gemacht, die Menschen mit Untermenschen gleichsetzten und die die Medizin als eines der Werkzeuge für ihre Rassenpolitik benutzte. (Psychobiologie und Psychoanalyse funktionieren in Amerika in getrennten Bereichen.) Deshalb hegten die Amerikaner auch niemals wie Mitscherlich die Erwartung, eine psychoanalytisch aufgeklärte Medizin könnte als Grundlage einer neuen Anthropologie dienen oder zu einer „alternativen Medizin" werden. Und sie liefen auch nicht Gefahr, erneut den Annahmen des deutschen Idealismus zu verfallen, die in vielen Werken von Marx und Hegel enthalten sind.

Psychosomatik in Frankreich

Wie Freud bemerkte, wurde in Frankreich die Psychoanalyse durch Literaten eingeführt. Den Grund dafür sah er darin, daß *Die Traumdeutung* sich mit Themen befaßte, die weit über das Medizinische hinausgingen. Er nahm jedoch nur undeutlich wahr, daß die französische Medizin eine geschlossene Gruppe bildete, die keinerlei Einmischung von außen ertrug. Als Eugénie Sokolnicka, eine Polin, die von Jung und Freud analysiert worden war und bei Ferenczi studiert hatte, 1922 dem psychiatrischen Krankenhaus von Sainte-Anne ihre Dienste anbot, wurde sie abgelehnt, weil sie keinen medizinischen Grad erworben hatte. Nur Ärzte wurden für kompetent gehalten (Jaccard, 1982, Bd. II, S. 20).

Die Psychoanalyse erschien als eine Bedrohung der herkömmlichen Mittel für den Umgang mit psychosomatischen Krankheiten. Diese Mittel beruhten auf den französischen Auffassungen über die Zusammenhänge zwischen biologischen und mentalen Faktoren. Lehrkrankenhäuser wurden vom Staat finanziert, und die zulässige Sprache hatte sich bereits etabliert: die Ärzte sollten sich mit dem Körper befassen; Philosophen und Theologen mit der Seele. In den Universitäten förderten die intellektuellen Traditionen dagegen eine recht offene Diskussion des Leib/Seele-Problems: gerade die Stärke des Cartesianismus hatte zu den anticartesianischen Streitigkeiten beigetragen.

Aus diesem Grund wurde die Psychoanalyse bis nach dem Zweiten Weltkrieg von der französischen psychosomatischen Medizin ferngehalten. 1960 lieferten jedoch einige wenige französische Psychoanalytiker – Michel Fain, Pierre Marty und Michel de M'Uzan – eigenständige Beiträge, in denen postuliert wurde, daß die psychosomatischen Patienten eine andere Persönlichkeitsstruktur hätten als Neurotiker, Psychotiker und „Perverse". Statt sie als neurotisch oder körperlich krank zu diagnostizieren, suchten diese Analytiker nach drei Arten von pathogenen Phänomenen, die sie als kennzeichnend für die psychosomatische Struktur erachteten:

1. Operatives Denken (pensée opératoire)[6], gekennzeichnet durch eine persönliche, alogische 'Logik', Kausalität, Kontinuität und auf die unmittelbare und konkrete Realität bezogen. Obwohl solches Denken auch abstrakt und intellektbetont sein kann, stellten diese Psychosomatiker fest, daß es zielorientiert und zugleich von psychischen Objektrepräsentanzen getrennt sein kann. Der psychosomatische Patient neigt dazu, über Personen, Ereignisse und Dinge in einer „leblosen Sprache" zu berichten, so als ob sie nicht ihn selbst beträfen, sondern irgendjemand anderen.

2. Projektive Verdoppelung: der psychosomatische Patient „projiziert" sein eigenes, undifferenziertes Selbstbild auf andere. (Fain und Marty sprachen nicht von „Projektion" an sich, weil diese psychische Abwehr einen gewissen Grad an Strukturierung voraussetzt, der diesen Patienten fehlt.)

3. Mit dem „operativen Denken" kann eine elementare Phantasiehemmung einhergehen. Die Phantasien solcher Patienten können sich auf Strukturen des Es oder des Ich wie auch des Über-Ichs beziehen und aktuelle Bedingungen wiedergeben. (Manche Autoren, etwa Joyce McDougall, stellten auch eine gesellschaftliche „Überanpassung" fest –

---

[6] [„Marty und de M'Uzan hoben das mechanische Denken (pensée opératoire) hervor (...)": Charakterisierung von Karl Köhle, in: Thure von Uexküll, *Psychosomatische Medizin*. Herausgegeben von R. Adler u.a., München: Urban & Schwarzenberg, ³1986, S. 445. A. d. Ü.]

siehe dazu die Erörterung über Perversion und Psychose im
11. Kapitel).

Alle diese Syndrome sollen bei der Arbeit mit Patienten
festgestellt worden sein. Marty zum Beispiel beschrieb
Patienten mit so verschiedenen Symptomen wie Reizkolon,
Heuschnupfen, Ödemen, Migräne, Hautausschlag und
Infektionen der Harnwege. Er fand heraus, daß ihre frühen
Objektbeziehungen alle ähnlich gewesen waren. (Allerdings
ließen sich „allergische Objektbeziehungen" [Marty] auch
bei Patienten ohne psychosomatische Symptome feststel-
len.) Wie Marty bemerkte, suchten diese Menschen beim
Analytiker nach übergroßer Nähe, bis hin zum Punkt einer
„unterschiedslosen Verschmelzung", d. h. sie zeigten eine
Überprojektion oder Überidentifizierung. So sagte zum
Beispiel ein Asthmapatient zum Arzt: „Ich komme zu
Ihnen, weil sie Asthmatiker sind" (Marty, 1958, in Brede,
Hrsg., 1974, S. 421); eine andere Patientin sagte: „Sie
möchten wohl, daß ich über meine Mutter spreche" (ebd.).
Wie festzustellen war, konnten solche Personen in der
psychoanalytischen Situation keine Distanz wahren, sondern identifizierten sich durch Projektion. Äußerungen wie:
„Sie haben heute einen schönen Anzug an, ich fühle mich
auch besser" oder: „Sie werden es mich nie glauben machen,
daß Sie nicht genau so alt sind wie ich" (ebd., S. 424), waren
üblich. Indem diese Patienten ihre Gefühle auf den Analytiker projizieren, identifizieren sie sich mit ihm, um mit ihm
zu verschmelzen: „(...) das alles trägt bei zu dem Anschein
von Treuherzigkeit und kindlicher Naivität, den uns all-
ergisch kranke [allergiekranke] Patienten oft vermitteln"
(ebd., S. 426). Um die Abhängigkeit des Patienten vom
reaktivierten mütterlichen Objekt zu leugnen, traten Allergien auf, wenn es keine Möglichkeiten zur Identifizierung
gab – so zum Beispiel wenn der Analytiker in den Ferien war
oder wenn Sitzungen verringert oder abgesagt wurden
(S. 431). Mit der psychosomatischen Allergie wurde somit
der Verlust des Primärobjekts (gewöhnlich die Mutter)
abgewehrt, was wiederum bedeutet, daß das „somatische
Symptom (...) auch auf einer für einen solchen Patienten

wesentlichen, archaischeren Ebene beurteilt werden [muß], der humoralen Ebene. Die Tatsache, daß die humorale Abwehr ein Substitut des Objektbeziehungssystems bei der Regression des Allergiepatienten darstellt, ist von großer Bedeutung für eine psychosomatische Konzeption der Allergie(...) Die Konzeption impliziert wohl eine archaische Fixierungsebene, unseres Erachtens eine pränatale" (ebd., S. 432). Obwohl Allergiepatienten mit „allergischen Objektbeziehungen" auch an Zwangsvorstellungen oder Hysterie leiden können, ist doch ihr Verschmelzungswunsch dominierend, wie Marty feststellte. Da sie auf einer prägenitalen Ebene fixiert waren, konnten diese Menschen nicht mit aggressiven Gefühlsregungen umgehen, welche ihrem tiefsitzenden Wunsch, mit dem Objekt eins zu werden, entgegenwirkten. Martys Beschreibungen ihres Verhaltens zu Beginn einer Analyse waren ein aufwendiger Versuch, Psychoanalytiker vor der analytischen Passivität und einer Laissez-faire-Haltung bei der Übertragung zu warnen.

Als Marty 1957 diesen bahnbrechenden Aufsatz schrieb, wollte er in Erfahrung bringen, wie denn nun spezifische Allergien aus einer „prägenitalen Verschmelzung" heraus entstehen. Mit der Betonung prägenitaler Phänomene und der Annahme, daß die Wurzeln der Fixierung pränatal sein könnten, sprach er auch den theoretischen Konflikt zwischen Anna Freud und Melanie Klein und ihren Anhängern an, mithin eine der zentralen Loyalitätsfragen aller Freudianer. (Da die klassischen amerikanischen Psychoanalytiker Anna Freud verpflichtet waren, griffen sie Martys Arbeit nicht auf.)

Um 1969 widmete sich Marty nicht mehr den Allergien. Er war jetzt der Auffassung, „daß es bei denjenigen Patienten, auf die meine Beschreibung der 'allergischen Objektbeziehung' zutrifft, zu globalen, psychosomatischen Regressionen kommt, die sowohl auf der Ebene der somatischen Reaktionen als auch im Charakter und Verhalten zu einer gewissen Stabilisierung führen, und zwar rings um ein Zentrum, das wahrscheinlich durch irgendeine frühere Fixierungsebene bestimmt wird" (Marty, 1969; dt. in Brede,

Hrsg., 1974, S. 446). Er zitierte die Arbeit von Michel Fain über primäre Fixierungen in den ersten Lebensjahren und untersuchte dann die besondere Dynamik des Denkens und Verhaltens bei Allergiepatienten, um herauszufinden, wie sie mit sekundären Traumen umgehen. Gleichzeitig suchte er nach einem „pränatalen Fixierungsmechanismus" und fragte sich, „ob zwischen dem, was wir nach Übereinkunft Empathie nennen, und der Allergie nicht ein Verwandtschaftsverhältnis besteht" (Marty, 1969; dt. in Brede, Hrsg. 1974, S. 448), und dies bedeutete die Rückkehr zu Ferenczis Konzeption einer intrauterinen Kausalität.

Dieses Vorgehen stand in direktem Widerspruch zu Anna Freud (1977), die behauptete, Symptome entstünden aufgrund der frühen Undifferenziertheit und anschließend erworbener Abwehrformen. Körperreize wie Hunger, Kälte oder Schmerz finden ihr zufolge zu Beginn des Lebens, bevor somatische und psychische Prozesse sich voneinander trennen, ihre Abfuhr ebenso leicht auf dem psychischen Weg der Unlust, Angst oder Wut, wie psychische Erregtheitszustände ihre Abfuhr über Störungen des Körpers finden (Nahrungsaufnahme, Verdauung, Ausscheidung, Atmung). Solche psychosomatischen Reaktionen werden ihrer Auffassung nach auf dieser frühen Lebensstufe entwicklungsmäßig festgelegt (S. 36). Die individuelle Entwicklung hängt ihr zufolge von der „Empfindlichkeit" einzelner Körperteile ab, und sobald ein bestimmtes Organsystem – etwa die Haut, das Atmungssystem oder das Darmsystem – für die psychische Abfuhr „ausgewählt" wird, wird es immer verletzlicher und empfindlicher. Marty befaßte sich mit diesem Punkt nicht direkt, weil er die allergische Fixierung bestimmten Arten der Regression zuordnete. Er wies darauf hin, daß die richtige Anwendung der Gegenübertragung, statt eines direkten „Angriffs" auf die somatische Symptomatologie, den Patienten zu einer psychischen Reorganisation veranlassen kann. Marty übernahm hier zwar Freuds Konzept der libidinösen Fixierung [1969, S. 452], konzeptualisierte es aber auf der „archaischeren" psychosomatischen Ebene: „Ich bin fast geneigt zu denken, daß in den extremsten Manifestationen progressiver Desorganisation, wo die entfesselte Libido sich nicht einmal mehr auf der Ebene somatischer, immer mehr zerstückelter und anarchischer Funktionen rekonstruiert, bestimmte retrograde, seit langem verinnerlichte Phänomene, die den primären Achsen der individuellen Entwicklung nahekommen, imstande sind, irgendeinen funktionellen Anteil von sich selbst auszuschließen" (Marty 1969; Übersetzung von Emma Moersch, in Brede, Hrsg., 1974, S. 455).

Letztlich akzeptierte Marty die Grundvoraussetzungen der Objektbeziehungstheorie – d. h. Regression auf den frühesten Umweltbezug –, weil er die Allergiebildung vor der Ichbildung ansetzte. Martys Suche nach den psychosomatischen Ursprüngen war jedoch in einer metapsychologischen Sprache formuliert, und seine Auffassung der Libidotheorie stimmte eher mit jener der Deutschen als mit jener der Amerikaner überein. Immerhin standen Marty und Fain insofern den Lacanianern und Kleinianern nahe, als sie annahmen, daß Objektbeziehungen vom Augenblick der Geburt an bestehen, während Mitscherlich und seine Gruppe ebenso wie die amerikanischen Ich-Psychologen der Auffassung waren, daß Reaktionsbildungen und Abwehrmechanismen „die Vorbedingungen für den Übergang des alloplastischen in das autoplastische Geschehen" sind (Mitscherlich, in Brede, Hrsg., 1974, S. 398). Mitscherlich hatte sich zum Ziel gesetzt, Ich-Funktionen und integrative Ich-Leistungen zu stärken, um die Individuen von Wiederholungszwängen zu befreien, die sie zur Wiederholung ihrer frühen Traumen in sozialen Situationen veranlassen. Wie er sagt, ist die Wahl des Organismus ein Kompromiß: „Der Kompromiß zwischen den realen Möglichkeiten des Organismus und einem stürmischen, auf die Außenwelt keine Rücksicht nehmenden Verlangen nach Abhilfe – sei es eines auf Befriedigung pochenden Triebwunsches, sei es starker Angsteinwirkung – vollzieht sich dann in der pathologischen Leistungsveränderung. Das ist freilich nur *ein* Aspekt der Kompromißbildung; ein anderer liegt in den viel stärkeren aggressiven und libidinösen Möglichkeiten des erwachsenen Individuums und deren autoplastischen Auswirkungen. So wie das reife Individuum libidinös und aggressiv sich vielschichtiger zur Geltung bringen kann als das Kind, so vermögen auch die pathologischen autoplastischen Einwirkungen der Aggression schwere, chronische und unter Umständen tödliche Folgen herbeizuführen" (S. 399–400). Wenn Mitscherlich jedoch behauptet, die Abwehr gründe in der frühen Kindheit und im unreifen und schwachen Ich, sprach er sich offen gegen jene Ich-Psychologen aus, denen zufolge neue Abwehrformen in späteren Jahren entstehen können. In dieser Hinsicht unternahm er eine Art Vermittlung zwischen der französischen und der amerikanischen Psychosomatik (S. 400–401).

Psychosomatik in Österreich

Obwohl Österreicher und Deutsche im Dritten Reich ähnliche institutionelle Erfahrungen machten, befaßte sich bei den Österreichern nach dem Krieg fast niemand mit der Psychosomatik. Vermutlich weil die Zahl der Psychoanalytiker sehr klein war und der Schwerpunkt traditionsgemäß bei der angewandten Pädagogik lag, arbeiteten die meisten Freudianer weiterhin mit Adlerianern, Verhaltenstherapeuten, Rogerianern, „Neoanalytikern" und anderen Angehörigen im Institut für Tiefenpsychologie zusammen. Keine dieser Therapien stützt sich jedoch auf unbewußte Motive.

So sprach zum Beispiel Wolfgang Wesiack 1976 gegenüber den Wiener Freudianern von Freuds Betonung des Individuums und von seiner eigenen Integration in den psychoanalytischen Prozeß. Er trennte die psychosomatische Medizin von den anderen medizinischen Praktiken als etwas ab, das „mehr ist als nur ein Gegenstand der Naturwissenschaft", weil der Patient zum „Partner" wird, „der eine Seele besitzt; zu einer Person, die nicht nur die physischen und chemischen Aspekte ihrer Krankheit präsentiert, sondern auch die psychodynamischen und psychosozialen" (1978, S. 30–38). Um die physischen Krankheitsaspekte in den Hintergrund zu rücken, zitierte er Freuds Brief vom 16. Oktober 1932 an Viktor von Weizsäcker:

„Die Erklärung einer Funktionsstörung, in diesem Falle der Miktion, durch eine den harnleitenden Organen aufgezwungene Erotisierung, entspricht völlig der analytischen Theorie, die ich einst mit dem alltäglichen Vergleich zu illustrieren versuchte: Es ist so, als ob der Herr des Hauses mit der Köchin eine Liaison eingegangen wäre, die der Köchin sicherlich nicht zum Nachteil gerät. Sie zeigen uns dann den subtilen Mechanismus der Störung, indem Sie auf einander widerstreitende Innervationen hinweisen, die sich zwangsläufig gegenseitig aufheben oder stören. * Von solchen Untersuchungen mußte ich die Analytiker aus erzieherischen Gründen fernhalten, denn Innervationen, Gefäßerweiterung, Nervenbahnen wären zu gefährliche Versuchungen für sie gewesen, sie hatten zu lernen, sich auf psychologische Denkweisen zu beschränken. * Dem Spezialisten für innere Medizin sollten wir freilich dankbar sein, daß er unser Verständnis erweitert" (Sigmund Freud, Brief an Viktor von Weizäcker, 16. Oktober 1932. Rückübersetzung nach dem englisch zitierten Text in Wesiack, 1978, S. 31; die Stelle zwischen den Sternchen findet sich in Sulloway, deutsche Ausgabe, S. 598).

Offensichtlich wollte Wesiack eine radikale Trennung zwischen Psychoanalyse und Physiologie bewirken. So wie Ferenczi die Geschichte der Psychoanalyse eingeteilt hatte, teilte er nun seinerseits die Geschichte der psychoanalytischen Psychosomatik in verschiedene Stufen ein:

1. Die Zeit der Spekulation, die bis ungefähr 1920 dauerte, als organische Symptome psychologisch gedeutet wurden;

2. Die Zeit des Aufbaus, die auf dem Spätwerk von Franz Alexander beruhte, der sowohl den sogenannten somatischen x-Faktor als auch den Konflikt für die Voraussetzungen einer psychosomatischen Erkrankung hielt; und

3. Die neuere Zeit, in der psychosomatische Erkrankungen von Neurosen unterschieden werden.

Wesiack bezog sich auf Mitscherlichs Unterscheidung zwischen den Phasen vor und nach dem Zusammenbruch neurotischer Abwehrmechanismen; auf Dunbars Persönlichkeitstypen und auf die französische Auffassung des „psychosomatischen Phänomens", das er als Phantasieverlust, Unfähigkeit zur Integration psychischer Funktionen und geringe Fähigkeit zur Identifizierung mit anderen beschrieb. Er zog daraus den Schluß, daß diese Tendenzen in der psychosomatischen Forschung „Neurosen, psychosomatische Störungen und organische Krankheiten zu einer Kette verbinden". Die Ärzte neigen nun allerdings zur Spezialisierung, fuhr Wesiack fort, so daß sie den Umgang mit Patienten, die an psychischen und an somatischen Symptomen leiden, nicht mehr lernen.

Natürlich kennen die österreichischen Psychoanalytiker auch die anderen psychoanalytischen Theorien und Praktiken, aber sie neigen mit ihrer Betonung der früheren Leistungen doch dazu, „österreichisch" zu bleiben. So wies auch Wesiack auf die österreichische Herkunft von Alexander und Balint hin (sie waren Ungarn) wie auch auf Dunbars Ausbildung in Wien – als ob diese Fakten für die Psychoanalyse als solche von Belang wären. Außerdem legte er nahe, daß jeder österreichische Allgemeinmediziner lernen sollte, „Zugang zum Objektbeziehungssystem des Patienten (der Patientin) zu finden, um Einsicht in seine (ihre) Pathologie und individuelle Wirklichkeit zu finden" (Wesiack, 1978, S. 35). Wesiack stellte die Betonung der praktischen Anwendung und das Fehlen psychosomatischer und jeglicher psychoanalytischer Forschung seit dem *Anschluß* [deutsch im Original] nicht in Frage.

Daß die meisten österreichischen Freudianer in Krankenhäusern arbeiten, legt nahe, daß sie die Verbindung zwischen Soma und Psyche akzeptieren. Es handelt sich freilich um eine Verbindung mit der Psychiatrie. Deshalb stehen die Psychoanalytiker mehr als anderswo zum einen denen gegenüber, die die Schocktherapie und die Behandlung mit Medikamenten befürworten, und zum anderen den Psychologen und Sozialarbeitern, die einfachere Therapien durchführen. In einem solchen Klima ist keine Forschung möglich. Außerdem gibt es nur ganz wenige, die für eine solche Forschung ausgebildet sind, und es gibt auch kaum finanzielle Unterstützung. Offensichtlich ist das Wiener Ambiente und das restriktive Milieu, das Freud seinerzeit dazu veranlaßte, im Ausland Umschau zu halten und sich mit umfassenderen menschlichen Anliegen zu befassen, den Unternehmungen in der amerikanischen, französischen und deutschen Psychosomatik nicht freundlich gesonnen.

Vorläufige Schlußfolgerungen

Die psychosomatische Medizin mit ihrer Verankerung innerhalb der Medizin bleibt in gewissem Grad in jedem Land das Rückgrat der Psychoanalyse. Allerdings waren es die USA, die als erste die psychosomatische Forschung in größerem Umfang förderten. Seit Alexander (1962) sieben psychodynamische Grundmuster postuliert hatte, die mit sieben Krankheitstypen korrelieren (Ulcus duodeni, Colitis ulcerosa, Asthma, essentielle Hypertonie, Polyarthritis, Thyreotoxikosen, Neurodermitis), wurden weitere physiologische Reaktionen wie Herztätigkeit, Muskeltonus, Atmung, Elektrotonus, Blutdruck und Veränderungen in der Schilddrüsenfunktion elektronisch gemessen und aufgezeichnet. Zahlreiche Psychoanalytiker und Psychiater experimentieren mit den verschiedensten physiologischen Eingriffen und rücken immer mehr von dem ab, was für Alexander als „Anpassungsgleichgewicht zwischen Person und Umwelt" zentral war (1962, S. 21). Alexander stellte sich die Frage, ob die Neurose ein ausschließlich psychischer Zustand war, und achtete stärker auf Streßfaktoren. Psychoanalytiker untersuchten ferner den Streß als Auslöser emotionaler und hormonaler Störungen, verfolgten jedoch die Mittel einer physischen Heilung nicht weiter, sondern untersuchten vielmehr die unterschiedliche Familiendynamik näher und versuchten, individuelle Fehlanpassungen den Wirkungen der Familienpathologie zuzuordnen (Meissner, 1966).

Alexanders zentrale Annahme, daß die Neurose als Reaktion auf den Bereich entsteht, in dem die Person tätig ist, und daß Änderungen in der Umwelt hilfreich sind, widersprach jenen „orthodoxen" Ich-Psychologen, die der Auffassung waren, daß intrapsychische Mechanismen geändert werden müßten (Meissner, 1966, S. 22). Dies war jedoch schwieriger als erwartet, da die psychosomatische Medizin unbegründete Hoffnungen geweckt hatte (Lipowski, 1977, S. 235). Der Zugang der Psychoanalyse zum medizinischen Establishment war von großen Erwartungen begleitet. Sie verlor überall an Prestige, wenn die erwarteten Heilungen ausblieben oder wenn sie sich als überaus kostspielig herausstellten. Als nicht genügend Patienten geheilt wurden, schlossen sich immer mehr Psychiater den Forschern in der Biochemie, Neurophysiologie und Pharmazie an und trugen somit dazu bei, daß die klassische Psychoanalyse immer weniger gefragt war. Als schließlich die analytische Behandlung im Verhältnis eins zu eins für allzu unwirksam und zu teuer gehalten wurde, rückte man in den Kliniken allmählich davon ab.

Wie David Mechanic feststellte (1980, S. 29), war um 1970 die amerikanische Psychiatrieausbildung „eklektischer geworden, und man interessierte sich immer mehr für wissenschaftliche Strenge, präzisere Klassifikationen und für die Untersuchung biologischer Hypothesen (...). Die klinische Psychologie war nun stärker verhaltenspsychologisch orientiert". Die Psychoanalyse übt inzwischen nur noch wenig Einfluß auf die vorherrschenden Ansichten und Maßnahmen bei psychischen Störungen und ihrer Behandlung aus, nicht so wie in den fünfziger Jahren. Physiologische Verfahren haben die Oberhand gewonnen, auch wenn man noch an den Psychosomatikkonzeptionen der Psychoanalytiker festhält. Die „reine" psychosomatische Medizin war somit nur von kurzer Dauer.[7] In Deutschland dagegen erinnern physiologisch ausgerichtete Verfahrensweisen an die Nazi-Experimente. Dennoch behält die Psychosomatik dort eine starke Position, weil sie den Einfluß der Psyche auf den Körper hervorhebt. In England, wo zwischen medizinischen und nichtmedizinischen Analytikern kein großer Unterschied

---

[7] Zwar denken Psychiater weiterhin insofern psychoanalytisch, als sie sich routinemäßig nach Kindheitstraumen erkundigen, wenn sie die Lebensgeschichte der Patienten überprüfen, und sie befassen sich weiterhin mit psychischen Problemen, auch wenn die Behandlung nicht psychoanalytisch ist.

gemacht wird, war die Verbindung zur neurologischen und physiologischen Forschung immer schon unbedeutend gewesen.

Neuere amerikanische Untersuchungen von Geisteskrankheiten, wie jene von I. Arthur Mirsky (1966), stützen sich auf die „psychosomatische Medizin als Mischgebilde, das auf die psychophysischen Untersuchungen von Cannon und auf das monumentale Werk von Freud zurückgeht", sowie auf Daten aus der Tierverhaltensforschung. Ein solcher umfassender Ansatz bleibt jedoch für die meisten Freudianer in den USA und viele ihrer deutschen und französischen Kollegen ein Anathema. So greift zum Beispiel Marty in *Les mouvements individuels de vie et de la mort*(1975) auf die umweltbezogenen Ideen von Alexander zurück und sagt, daß die Einstellungen zum Leben und zum Tode den Krankheitsverlauf beeinflussen (S. 81), wobei er freilich die physiologische Orientierung Alexanders außer acht läßt und die Bedeutung des Ichideals bei der psychosomatischen Störung betont (Marty, 1968). Die allgemeine Orientierung Martys liegt bei der französischen Rhetoriktradition, und im wesentlichen gelangt er nicht über den Wiener Felix Deutsch hinaus, der die Ätiologie organischer Konversionssymptome bereits 1922 ähnlich beschrieb.

Der Umgang mit der Psychosomatik unterscheidet sich in den einzelnen Ländern eher im Stil als in der Sache. Die Ausrichtung der psychosomatischen Forschung wird letztlich von der Politik der Kostenerstattung der Regierungen bestimmt sowie von Diagnoserichtlinien, Investitions- und Personalvorschlägen und der Finanzierungshöhe einzelner Forschungsprojekte. Die beiden Amerikaner George L. Engel und Arthur H. Schmale jr. (1966) versuchten zum Beispiel, „eine Gruppe von Störungen zusammenzufassen, bei denen sich primäre biologische Faktoren sowohl auf die psychische Entwicklung als auch auf die somatische Anfälligkeit auswirken". Eine Reihe von deutschen Analytikern entwickelten ihre Arbeit weiter, nachdem sie neue, verfeinerte Daten von neuen Bevölkerungsteilen (auch aus der Arbeiterschicht) erhoben hatten, um ihre *selbstgesetzten* Prioritäten zu erfüllen. Ähnliche Untersuchungen wurden in den USA vorgenommen, als 1975 die Einsatztruppe des National Institute of Mental Health empfohlen hatte, die psychosomatische Forschung in klinischen Settings zur Behandlung verschiedener somatischer Krankheiten müsse gefördert werden, und als man Forschungen über den Zusammenhang zwischen psychosomatischer Krankheit und Familienkonflikt zu finanzieren begann (Meissner, 1966).

Zweifellos hat der Niedergang der klassischen Psychoanalyse die amerikanischen Entscheidungsträger beeinflußt, aber ebenso die Überzeugung bestärkt, daß sowohl mehr Geld als auch eine strengere wissenschaftliche Ausrichtung mehr Erkenntnisse und schließlich auch erfolgreichere Heilungsverfahren erbringen würden. Paradoxerweise unterließen es die Befürworter dieser „strengeren" Wissenschaftlichkeit nie, auf die frühen Freudianer zurückzugreifen, selbst wenn sie (wie der Psychoanalytiker George H. Polock) zu dem Schluß kamen, daß sowohl psychosoziale als auch psychobiologische Eigenschaften für unser Verständnis der Einzigartigkeit des Menschen immer wichtiger werden (Engel und Schmale, 1966).

Im großen und ganzen sind die Anliegen der Psychosomatik nirgendwo vorbehaltlos aufgenommen worden. In Frankreich werden die Psychoanalytiker, sofern ihre Forschung überhaupt finanziert wird, als Intellektuelle behandelt: die Unterstützung, die sie erhalten – im Gegensatz zu ihren amerikanischen Kollegen genießen die französischen Intellektuellen ein hohes Ansehen –, geht in die theoretische und nicht in die empirische Forschung. Folglich fehlen den Franzosen die finanziellen Voraussetzungen zur empirischen Forschung, auch wenn sie keine inneren Widerstände dagegen haben. Wenn jedoch 1983 der Präsident der American Psychosomatic Society, Robert M. Rose, mit seiner Behauptung recht gehabt haben sollte, die Praktiken hätten sich nicht wirklich verändert und die Probleme seien noch nicht gelöst worden, dann müssen wir wohl den Schluß ziehen, daß die Aufgabe der Psychosomatik, zumindest bis heute, vielleicht unüberwindlich gewesen ist. Denn weder die deutsche Politik der Kostenerstattung noch die massiven amerikanischen Forschungsprojekte haben uns bessere Antworten geliefert, als Freud sie schon um 1915 offerierte. Offensichtlich ist die Somatisierung von psychischen Ereignissen universal. Und selbst wenn die Behandlungsansätze verschieden sind, so hat doch weder die französische „Rückkehr zu Freud" noch die amerikanische Forschung oder die deutsche gesellschaftsorientierte Psychosomatik konkrete Resultate erbracht. Wahrscheinlich werden weder die deutschen Versuche, Weizsäckers physiologische Ansätze auszuarbeiten und mit anderen Forschungsrichtungen zu verbinden, noch die französischen Bemühungen, mittels neuer Assoziationen kraft Anwendung linguistischer Theorien zu den „pränatalen Objektbeziehungen" vorzudringen, ergebnisreicher sein als die amerikanische Psychosomatikforschung. Es gibt Hinweise dafür, daß es psychosomatischen Patienten besser geht, nachdem sie eine funktionierende analytische Beziehung hergestellt haben, aber da sich dies nicht „objektivieren" läßt, sollte es uns nicht überraschen, wenn in den USA die Freudsche Psychosomatik für tot erklärt wird und das „neue Zeitalter der psychosomatischen Psychiatrie" über uns hereingebrochen ist (Maxmen, 1985).

6. Kapitel
Pädagogik

In einem Vortrag über Psychoanalyse und Pädagogik anläßlich des Ersten Internationalen Psychoanalytischen Kongresses [in Salzburg] kritisierte Sándor Ferenczi 1908 die damals vorherrschenden Unterrichtsmethoden: „(…) eine fehlerhafte Erziehung [kann] die Quelle nicht nur von Charakterfehlern, sondern auch von Krankheiten sein", und die Psychoanalyse belehre auch darüber, daß „die heutige Kindererziehung die verschiedensten Neurosen förmlich hochzüchtet".[1] Er kündigte an, die Psychoanalyse werde Pädagogik und Gesellschaft verändern und damit „einen großen Teil der drückenden psychischen Lasten wegräumen" (Ferenczi, [1908], 1970, Bd. I, S. 1 und 7). Seit dieser Zeit wird die Psychoanalyse von Erziehern angewandt – gebraucht und auch mißbraucht. Freud selbst schlug zunächst vor, Lehrer und Kindergartenpersonal sollten das emotionale Verhalten der Kinder überwachen, da sie mehr Distanz zu den Kindern hätten als die Eltern. Kurz darauf war er jedoch der Ansicht, die Erzieher müßten zuvor analysiert werden, um mit den Kindern richtig umgehen zu können. Da nur wenige Lehrer diesen Rat befolgten, konnten sie kaum mehr tun, als die Schüler zu beobachten, auch wenn sie inzwischen die Sprache der Psychoanalyse etwas besser gelernt hatten. Zu den Kinderbeobachtungen der Lehrer kamen gleichzeitig die Erzählungen der Anthropologen über recht ungehemmte Praktiken in Stammeskul-

---

[1] Diese Kritik erfolgte drei Jahre nach Freuds *Drei Abhandlungen zur Sexualtheorie* (1905d) und ein Jahr vor der „Analyse der Phobie eines fünfjährigen Knaben" (1909b).

turen hinzu. Bei den Lehrern, die von so vielen neuen Informationen geradezu überschwemmt wurden, gerieten die Vorstellungen über Erziehung, Kultur und Therapie durcheinander.

Bis in die dreißiger Jahre bezog sich der Ausdruck *angewandte Psychoanalyse* hauptsächlich auf die Pädagogik, doch bald wurde er in allen möglichen Zusammenhängen benutzt, von der Populärwissenschaft bis zur Klinik. Anfang der siebziger Jahre zum Beispiel hatte der Schweizer Freudianer Paul Parin die Psychoanalyse auf Eingeborene der Elfenbeinküste „angewandt" (Parin et al., 1971). Französische Feministinnen „wandten" sie auf den Dialog „zwischen Weiblichkeit und Freuds Sexualtheorie" „an" (Rose, 1985, S. 128), und die Österreicherin Elisabeth Brainin machte sich mit dem Frankfurter Analytiker Isidor J. Kaminer daran, die Psychoanalyse für die Aufdeckung von Formen des heimlichen Antisemitismus „anzuwenden" (1982). In den amerikanischen Universitäten wurden Werke der Literatur und Kunst ebenso wie das Leben ihrer Schöpfer und die Kultur insgesamt jeweils nach den neuesten Theorieversionen über Narzißmus, Objektbeziehung und Psychopathologie uminterpretiert. Die Allgegenwart der psychoanalytischen Sprache führte zu einem lockeren Gebrauch klinischer Begriffe, der die Verwirrung nur noch steigerte: Lehrer machten sich die philosophische und klinische Sprache der Psychoanalyse zu eigen und benutzten sie umstandslos, wodurch sie ihre ursprüngliche Bedeutung änderten und dabei die klinischen Termini oft für reines Psychogeschwätz mißbrauchten (Solnit, 1975, S. 4). Die Freudianer dagegen verachteten die Simplifizierungen der Lehrer ebensosehr wie die der ungenügend ausgebildeten „wilden Analytiker" und der vielen quacksalbernden Therapeuten. Deshalb versuchten die eingewanderten Freudianer auch nie, Einfluß in die Klassenzimmer zu gewinnen: sie blieben in ihren Praxisräumen, wo sich die theoretische Reinheit aufrechterhalten ließ.

Zunächst konnten psychoanalytische Ideen nur in deutschsprachigen Ländern, wo die philosophische Tradition eine umfassendere Rezeption der Freudschen Lehre erleichterte, Eingang in die Schule finden. Besonders in Österreich, wo das Gemisch aus Nationalitäten und aus Ethnien mit unterschiedlichen Sprachen zu manchen disziplinarischen Problemen geführt hatte, wurde eine verwässerte Psychoanalyse herangezogen, um gegen bestehende autoritäre Grundsätze anzukämpfen. Der amerikanische Pragmatismus hingegen hatte stets auf pädagogische Neuerungen reagiert, so daß die Psychoanalyse lediglich eine von vielen modischen Neuheiten war. In Frankreich, wo die Lehrpläne und Unterrichtsmethoden gemäß dem Code Napoléon zentralisiert sind, ist selbst für kleinere Reformen eine bürokratische Zustimmung erforderlich. So wurde die Psychoanalyse vom Erziehungsbereich ferngehalten. (Allerdings wurde sie nach dem Aufstieg Lacans zu einer Art Nebenfach der Linguistik.) Anfang der sechziger Jahre hielt der französische Philosoph Paul Ricoeur, als er die „Erziehung" als Wende des Kindes zum Erwachsenen definierte, in seiner Auffassung des modernen Selbstbewußtseins die Freudsche Lehre für etwas Selbstverständliches. In den siebziger Jahren waren schließlich die Ideen Freuds in das französische Denken eingedrungen und die Kinder, die zur Schule kamen, waren seinen fortschrittlichen Ideen gemäß erzogen worden. In diesem Klima war den Menschen bereits bewußt, daß die Verdrängung der psychischen Entwicklung schaden kann, daß das Kind keine tabula rasa und weder unschuldig noch rein ist.

Freuds Anreiz für Erzieher

In der Anfangszeit bezogen die Erziehungsphilosophien, die auf der psychoanalytischen Lehre basierten, ihre Legitimation vermehrt aus der wissenschaftlichen Psychiatrie. Erzieher, die die Kindererziehung in eine Wissenschaft umzumodeln hofften, befaßten sich mit *allen* neu auftauchenden Psychologien: Psychologien über den Zusammenhang zwischen Leib und Seele; Psychologien, die entweder die erzieherische Tradition oder die Natur in den Mittelpunkt stellten, Wundts „nichtanalytische" Völkerpsychologie,

Köhlers Gestaltpsychologie oder Pawlows Reflextheorie. Die Psychoanalyse stand jedoch auch im Zusammenhang mit den Humanisten und mit literarischen Autoren, die den Erziehern vertraut waren. Diese standen auch unter dem Einfluß von Romanen wie Svevos *Zeno Cosini* oder von Arthur Schnitzlers *Der Reigen* – populär gewordene Bücher, in denen die unbewußt motivierten Handlungen der Protagonisten unverblümt dargestellt wurden –, wie auch von der Introspektion der Modernen, die bei ihren Spekulationen über die Eskapaden des Unbewußten häufig der Psychoanalyse folgten.

Die Lehrer wurden von der Psychoanalyse in einer Zeit der raschen Professionalisierung angezogen: ihre wissenschaftliche Ausrichtung versprach ihnen eine Hebung des eigenen Status. Sie besuchten Freuds öffentliche Vorlesungen (die oft auf ein Lehrerpublikum abgestimmt waren), und viele ließen sich bekehren. Ferenczi hatte sich ursprünglich an Kinderärzte gewandt (da sie ja als erste mit Kleinkindern umgehen), hielt dann jedoch bald Vorträge vor größerem Publikum, wo er die Neurosen der Erwachsenen auf unzulängliche gesellschaftliche Erfahrungen in der Frühzeit zurückführte. 1909 äußerte er, daß die Ablenkung psychischer Energie für Abwehrstrategien die Menschen in emotionale Krüppel verwandeln könne. Da man die Erzieher kritisierte, weil sie unfähig waren, die Disziplin aufrechtzuerhalten, und da man die Verantwortung für die intellektuellen Mängel ihrer Schüler ihnen zuschrieb, überrascht es nicht, daß sie sich zur Psychoanalyse auch deshalb hingezogen fühlten, weil diese die Schuld auf die Familie zu schieben schien.

Die Lehrer hörten auf Ferenczi (später auf Adler) und auf Freud. Freud blieb jedoch persönlich distanziert und ambivalent: auch wenn er gegenüber den Sofortmaßnahmen der Erzieher skeptisch war, mußte er sie im Namen der Bewegung doch ernst nehmen. Geschickt entschuldigte er seine Distanzierung damit, daß er sich für die angewandte Psychoanalyse als ungeeignet erklärte; daß für ihn Erziehen, Heilen und Herrschen drei „unmögliche Berufe" seien. Allerdings unterstützte er seine Tochter Anna darin,

„Psycho-Pädagogin" zu werden. Später fand er an ihrem „Experimentierkindergarten" Gefallen.

Natürlich konnten die Lehrer die Psychoanalyse einem lernunwilligen Publikum nicht einfach aufdrängen; Adlers „Individualpsychologie" war für dieses Publikum akzeptabler. Als jedoch die psychoanalytischen Begriffe mehr Anklang fanden, gewannen sie bei den für die psychische und soziale Entwicklung der Kinder Zuständigen auch mehr Einfluß. Da die Psychoanalyse die Vorstellungen über das Kleinkind – seine Sexualität, seine Einstellung zur Nahrungsaufnahme usw. – revolutionierte, stellte sie auch die pädagogischen Theorien in Frage. Bereits 1909 schrieb der überaus aktive protestantische Pfarrer Pfister aus der Schweiz an Freud:

„Die (ethische) Differenz zwischen Ihrer und meiner Auffassung ist vielleicht nicht so groß, wie meine Berufsstellung vermuten ließe. Schon die protestantische Ethik . . . nahm dem Sexualverkehr das Odium der Unreinheit. Die Reformation ist ja im Grunde nichts anderes als eine Analyse der katholischen Sexualverdrängung, leider eine ganz ungenügende, daher die Angstneurose der kirchlichen Orthodoxie und ihrer Begleiterscheinungen, der Hexenprozesse, des politischen Absolutismus, der sozialen Gebundenheit in Zunftordnung usw. Wir modernen evangelischen Pfarrer fühlen uns ganz als Protestanten und stehen unter der Gewißheit (?) viel zu wenig reformiert zu sein. Wir suchen ein Neuland." (Pfister an Freud, 18.2.1909, in: Freud/Meng, 1963, S. 14.)

Pfister fühlte sich zur Psychoanalyse hingezogen, weil sie eine Verbindung von wissenschaftlicher Aura mit liberalen und humanistischen Zielsetzungen darstellte, und weniger deshalb, weil sie den Protestantismus über den Katholizismus stellte. Jahrelang war er jedoch der einzige europäische Kleriker, der der Psychoanalyse „freundlich" gesonnen war; er hatte mehr mit den erzieherischen Prämissen der Amerikaner in der Emmanuel-Bewegung gemeinsam (einer religiösen Gruppe, die Religion und moderne Medizin verbinden wollte, um den psychischen, physischen und geistigen Bedürfnisse ihrer Gemeindemitglieder zu genügen) als diejenigen unter seinen Pfarrerkollegen, die vor der Freisetzung unbewußter Kräfte warnten. Allerdings lehnte Pfister die

Vorstellung der frühkindlichen Sexualität ab. Und im Gegensatz zu den Amerikanern, die von der Kanzel aus um Jünger werben konnten, war dies im strengeren religiösen Milieu Europas für Pfister schwierig.

Die angewandte Psychoanalyse vor dem Zweiten Weltkrieg

Wie Freud im Geleitwort zu August Aichhorns Buch *Verwahrloste Jugend* (1925f) schrieb, weckte die Anwendung der Psychoanalyse auf die Erziehung mehr Hoffnungen und Interesse, zog mehr Mitwirkende an und regte mehr Forschungen an als die Arbeit mit Neurotikern (S. 7). Freud unterstützte nachdrücklich Aichhorns Arbeit mit Delinquenten aus Unterschichtfamilien in der Klinik von Hollabrunn; eine Arbeit, die nicht nur Stoff für neue Theorien lieferte, sondern auch den Nachweis erbrachte, daß die Psychoanalyse nicht auf die Mittelschicht beschränkt blieb. Anders als bei seinem Bruch mit Adler, der eine verwässerte Psychoanalyse in das Schulsystem einführen wollte, war Freud nun sehr daran interessiert, Aichhorns Vorschläge den Wiener Erziehern vorzustellen. Freud fügte hinzu, daß Aichhorn auch ganz deutlich zeige, wie nützlich eine eigene Analyse für jeden Erzieher sein könne. Freud bewegte sich hier auf einem schmalen Grat: um Bekehrte für sich zu gewinnen, mußte er die Psychoanalyse einfacher darstellen, als sie wirklich war, und um an ihrem Augenmerk auf dem Unbewußten festzuhalten, mußte er Popularisierungen vermeiden. Freud warnte Aichhorn vor einer Untergrabung der Psychoanalyse, wenn er seine Arbeit mit verwahrlosten straffälligen Jugendlichen mit der Analyse von Neurotikern verbinde, wie auch davor, die Umerziehung der ersteren mit der Behandlung der letzteren zu verwechseln (S. 8). Aichhorn vertrat die Auffassung, daß ein starkes, gesellschaftlich angeleitetes Über-Ich von starken frühen Identifizierungen und Objektbeziehungen abhänge, die für Waisenkinder und außerehelich Geborene unerreichbar waren. Deshalb benutzte er die psychoanalytische Übertragung, um bei delinquenten Jugendlichen eine korrigierende Erfahrung zu bewirken (S. 51–57).

Damals wirkten die utopischen Versprechungen der Psychoanalyse noch so stark, daß die verbreitete Spekulation über ihre Anwendung an der Tagesordnung war. Die Entwicklung einer neuen Pädagogik erschien geradezu als ein Seitenzweig für die Demokratie. In diesem Geist schlug Pfister unter anderem eine alternative Erziehungsmethode vor: die „Pädanalyse". Sie benutzte direkte psychoanalytische Erklärungen, um die Schüler zu guten Leistungen zu motivieren und von schlechtem Verhalten abzuhalten. Ebenso wie Aichhorn unterschätzte er die eigene, außerordentliche Intuition und Einfühlungsgabe und unterstellte einfach, daß jeder Lehrer in jedem beliebigen Klassenzimmer diese „Erziehungskunst" praktizieren könne (1913, S. 507). Obwohl einige Lehrer ihn nachahmten, konnten nur wenige so große pädagogische Erfolge nachweisen wie er.

Im August 1919 gründete Siegfried Bernfeld, den Helene Deutsch später als eine rätselhafte und faszinierende Don Quijote-Figur erinnerte, sein „Kinderheim Baumgarten", eine Einrichtung für etwa dreihundert proletarische, jüdische und verwahrloste Waisenkinder. Von marxistischen und zionistischen Idealen beflügelt, verband er die Psychoanalyse mit anderen permissiven Erziehungskonzepten, mit dem Ziel, die emotionalen Verletzungen seiner Schützlinge zu heilen. Bernfelds Grundannahme war, daß sich die asozialen Impulse der Kinder durch vorbehaltlose Liebe und Achtung, in Verbindung mit nichtautoritären Methoden, in soziale Impulse verwandeln lassen (Peters, [1979], 1981, S. 61). Aufgrund äußeren Drucks und mangelhafter Verwaltung scheiterte das Experiment schon nach kaum einem Jahr. Dasselbe geschah mit Vera Schmidts Kinderheim-Laboratorium, das in Moskau zwischen 1921 und 1923 für ein- bis fünfjährige Kinder eingerichtet worden war: „Unter der Voraussetzung einer intensiven Übertragungsbindung sollte dem Kind die ungestörte Umgestaltung seiner Sexualorganisation ermöglicht, sollten Sublimierungsvorgänge optimal gesichert werden" (Körner, 1980, S. 771).

Etwa um die gleiche Zeit entwickelte der Schweizer Lehrer Hans Zulliger eine weitere psychoanalytische Pädagogik. Er unternahm es, anhand von verbalem oder schriftlichem Material intrapsychische Konflikte seiner Schüler zu verstehen. Er „fand einen persönlichen Stil sehr direkter Deutungen, die hohe intuitive Fähigkeiten voraussetzen. Später entwickelte er, orientiert an Freuds „Massenpsychologie und Ich-Analyse" (1921), eine eigenwillige Auffassung von der Struktur der Schüler-Lehrer-Beziehung (Körner, 1980, S. 771).

In Wien entwickelte Hermine Hug-Hellmuth eine erzieherische Therapie unter Bezugnahme auf Freuds Fallgeschichte über den „Kleinen Hans" (Hug-Hellmuth, 1921, S. 181).[2] Weil sie als eine der ersten Analytikerinnen Spielzeug und Spiele als therapeutische Werkzeuge verwendete, erklärte Anna Freud sie später zur Vorläuferin der Kinderanalyse. Sie übte auch Einfluß auf die Kindererziehung aus, indem sie vor Eltern, Lehrern, Schulärzten und Sozialarbeitern Vorträge über Freuds Ideen hielt (Peters, 1985, S. 60). Paradoxerweise scheint sie ein direktes Opfer der Psychoanalyse geworden zu sein: sie wurde nämlich von ihrem Neffen und Mündel getötet, dem gegenüber sie sich, gemäß ihrem Verständnis der psychoanalytischen Grundsätze, zu

---

[2] [Vgl. Angela Graf-Nold, *Der Fall Hermine Hug-Hellmuth. Eine Geschichte der frühen Kinder-Psychoanalyse*. München: Verlag Internationale Psychoanalyse, 1988, S. 226. Hug-Hellmuth dient der Verweis auf den „Kleinen Hans" indessen lediglich als Einstieg für den Vortrag auf dem sechsten Internationalen Kongreß 1920 in Den Haag und natürlich als Reverenz an Freud: „Was jedoch die konkrete Technik der Kinderanalyse betrifft, so konnte sich Hermine Hug-Hellmuth wohl kaum an Freuds 'Analyse der Phobie eines fünfjährigen Knaben' orientieren. Hier ging sie notgedrungen einen eigenen, neuen Weg, über den sie in ihrem Vortrag auch ausführlicher berichtet." (Graf-Nold, S. 227.) Auch Körner (1980, S. 771) schreibt: „Ihre [d.i. H. Hug-Hellmuths] eigene Behandlungstechnik ähnelt freilich sehr der Erwachsenentherapie; lediglich für jüngere Kinder schlägt sie Änderungen, z.B. die Verwendung von Spielen vor." A. d. Ü.]

nachsichtig gezeigt hatte.[3] Über die Persönlichkeit und den Charakter ihres Neffen wissen wir nur wenig [vgl. jetzt aber Graf-Nold, 1988, Kap. VI], und wir können nur vermuten, daß ihr Schicksal solchen Vorstellungen wie der von der „vorbehaltlosen Liebe und Anerkennung gegenüber dem Verhalten von Kindern" einen Dämpfer aufsetzte. Da Hug-Hellmuth in ihrem Testament festgelegt hatte, daß von ihren Schriften nichts veröffentlicht werden dürfe [vgl. Graf-Nold, 1988, S. 1], wissen wir über ihre Arbeiten bisher nur wenig; alles in allem war sie wohl eher eine Erzieherin als eine Psychoanalytikerin, und zwar eine, die Freuds Methoden mit Begeisterung in die Praxis umsetzte.

Die berühmte Maria Montessori wird häufig mit der Psychoanalyse in Verbindung gebracht, obwohl sie eher von dem Psychologen Wilhelm Wundt und dem Philosophen Johann Friedrich Herbart beeinflußt wurde als von Freud. Ihre Durchsetzung des Gedankens, daß kleine Kinder ihre Freiheit brauchen, um ihren „natürlichen Neigungen" folgen zu können – sie sorgte mit ihren Unterrichtsmethoden und der Einrichtung ihrer Schulen dafür –, entsprachen Freuds Vorstellungen von einer durchsetzungsfähigen Disziplin. Er bewunderte ihre Arbeit und erzählte ihr, daß seine Tochter Anna, als „analytische Pädagogin", sich als ihre Schülerin betrachte (E. Freud, 1960, S. 319–320). 1976 lobte Anna Freud in ihrer Einleitung zu Rita Kramers Montessori-Biographie die Erzieherin, weil sie es den Kindern ermöglicht habe, sich offen auszudrücken und sich über den Erfolg einer Arbeit zu freuen, die in einer Freiheit mit sorgfältig

---

[3] Hug-Hellmuth und ihre Schwester erzogen den unehelichen Sohn letzterer auf eine nichtrepressive Weise. Als Adoleszenter war der Junge offenbar unfähig, Enttäuschungen zu ertragen. Nach dem frühen Tod seiner Mutter im Jahre 1915 zeigte er alle möglichen Arten von asozialem Verhalten, so daß sein Vormund, Hug-Hellmuth, ihn aus Verzweiflung in ein Heim für Straffällige einwies. 1924 floh er, brach in ihre Wohnung ein, um wieder einmal Geld zu stehlen. Als Hug-Hellmuth zu schreien begann, geriet er in Panik und erwürgte sie. [Vgl. Graf-Nold, 1988, S. 277–326; zum Tathergang, S. 300.]

festgelegten Grenzen stattfinden dürfe (Kramer, 1988, S. 7). (Solche Bedingungen sind natürlich eine Voraussetzung für die psychoanalytische Behandlung.) Anna Freud war inzwischen zur Doyenne der Kinderanalyse geworden. In ihrer Rolle als teilnehmende Beobachterin der Hampstead-Kinderklinik unterrichtete sie nur gelegentlich. Als erstes Kind der Psychoanalyse wußte Anna Freud mehr als andere, so daß ihre Lehrveranstaltungen weniger starr waren als die ihrer Zeitgenossen und -genossinnen.

Anna Freuds Pädagogik stand in engem Zusammenhang mit ihren theoretischen Interessen. Ebenso wie ihr Vater stützte sie sich bei ihren weiterreichenden Schlußfolgerungen auf Fallgeschichten (und auf eigene Erfahrungen). Wir kennen sie als begabte Analytikerin und wissen, daß sie eine geradezu unglaubliche Begabung hatte, das Vertrauen ihrer jungen Patienten zu gewinnen und Zugang zu ihrer Psyche zu finden. Ihr Aufstieg in der psychoanalytischen Hierarchie gab der angewandten Psychoanalyse ein verändertes Aussehen und förderte auch die Forschungsarbeit mit Kindern. Anna Freuds Fallgeschichten wurden auch deshalb häufig zitiert, weil sie besonders hilfreich waren. Und ihre Beiträge wurden nicht nur respektiert, weil sie Freuds Tochter war, sondern weil sie sich schon sehr früh für etwas eingesetzt hatte, das zu einem zentralen Thema des ganzen Berufsstandes werden sollte.

Auch Melanie Klein stützte ihre Objektbeziehungstheorien auf Kinderanalysen. Sie hatte einen ähnlichen Weg zurückgelegt wie Anna Freud, erst in Berlin und dann in London. Klein war freilich der Auffassung, die Analyse sollte ein Bestandteil in der Erziehung jedes Kindes sein, während Anna Freud meinte, daß sie nur in Fällen von frühkindlicher Neurose ratsam sei. Klein war der Ansicht, jeder Aspekt des Kinderspiels sollte als symbolische Manifestation von Aggression oder Libido gedeutet und sexuelle Inhalte sollten verbalisiert werden. Anna Freud dagegen war mehr darauf bedacht, das Vertrauen des Kindes zu gewinnen – durch Herstellen von Puppenkleidern, durch Vorschläge beim Mitspielen und durch Annäherung an die Welt des Kindes – und die erzieherischen Ziele der Psychoanalyse zu verfolgen. Deshalb konzentrierte sie sich darauf, bei den Patienten die psychische Realität aufzudecken, während Melanie Klein hauptsächlich ihre Angst mindern wollte. Für Anna Freud konnte es so lange keine praktikable psychoanalytische Übertragung geben als das Kind von seinen Eltern abhängig war – d. h. bis das Über-Ich etwa im Alter von fünf Jahren ausreichend internalisiert war, um mit der realen elterlichen Autorität umgehen zu können. Nach Melanie Klein hingegen ging das Ich des Kindes aus den frühesten Projektionen und Introjektionen hervor, die sie mit dem Stillen in Verbindung brachte – d. h. mit den ersten oralen Erlebnissen. Melanie Klein analysierte somit Kinder, die Anna Freud für zu jung gehalten hätte. (Es wurde erst später deutlich, daß Melanie Kleins erster Patient ihr eigener Sohn war.) Der Klein-Biographin Phyllis Grosskurth zufolge, war Anna Freud zwar eine Vertreterin der Ideen ihres Vaters, allerdings nur jener Ideen, die sich in unter einwandfrei geklärten Umständen überprüfen ließen. Gegenüber der Sünde, der Grausamkeit und dem Leiden verhielt sie sich ausweichend. Was den Unterschied zwischen Klein und Anna Freud betrifft, so zitiert Grosskurth den Analytiker John Bowlby: „Anna Freud huldigte am Altar des Heiligen Sigmund, Klein am Altar der Heiligen Melanie" (Grosskurth, 1986, S. 325). Die analytischen Unterschiede traten zutage, als in den fünfziger Jahren sowohl Melanie Klein als auch Anna Freud eine intellektuelle Führungsrolle übernahmen und die Aufmerksamkeit der Freudianer sich von der Kindererziehung auf die Erziehung von Kleinkindern und von den Schulen auf die Kindergärten verlagerte.

Um 1926 war die psychoanalytische Erziehung in den deutschsprachigen Ländern zu einem neuen akademischen Spezialfach geworden. In der *Zeitschrift für psychoanalytische Pädagogik* konnte man neben theoretischen Auseinandersetzungen Artikel über die Psychoanalyse von Kindern und Halbwüchsigen sowie Fallgeschichten und Untersuchungen von psychoanalytisch ausgerichteten Erziehern lesen. 1937 mußte die Zeitschrift jedoch ihr Erscheinen einstellen (Körner, 1980, S. 772). Sie wurde nach dem Krieg nicht wieder ins Leben gerufen, weil die Interessen sich geändert hatten, und die jährlichen Bände von *The Psycho-analytic Study of the Child* „das Erbe der Zeitschrift für Psychoanalytische Pädagogik" antraten (Körner, 1980, S. 772). In England befaßte sich die Arbeit an der 1920 gegründeten Tavistock-Klinik und an der 1940 von Anna Freud und Dorothy Burlingham eröffneten Hampstead-Klinik mit Geburtstraumen und den Kriegsfolgen bei Kindern und nicht mit Pädagogik. In den USA wurde die psychoanalytische Forschung über Kinder schließlich zu einer Hauptstütze des Freudianischen Establishments.

Sowohl Anna Freud als auch Melanie Klein hatten bei kleinen Kindern die geringere Aufmerksamkeitsspanne, die geringere (oder noch gar nicht vorhandene) Abstraktionsfähigkeit und das noch unentwickelte und flüchtige Über-Ich beobachtet; zahlreiche Erzieher wandten einige ihrer Ergebnisse in der Praxis an: „Etwa zur gleichen Zeit [wie Hermine Hug-Hellmuth] entwickelte Melanie Klein ihr Konzept von der 'Erziehung mit analytischem Einschlag' (1921, S. 299), unterschied diese pädagogische Psychoanalyse aber sehr deutlich von der Frühanalyse bei Kindern, der sie sich in ihren weiteren Arbeiten intensiv widmete" (Körner, 1980, S. 771–772). Sie befaßte sich vorwiegend mit der frühesten Entwicklungsperiode und behauptete, die Erziehung eines Kindes in der Therapie müsse vor der Persönlichkeits- und der Über-Ich-Bildung erfolgen. Anna Freud, für die die Über-Ich-Bildung in der ödipalen Phase entscheidend war, befaßte sich dagegen mehr mit der Rolle des Kinderanalytikers als eines nachträglichen Erziehers. Melanie Klein und Anna Freud konnten sich auch nicht darüber einigen, auf welcher Stufe das Über-Ich vollständig ausgebildet ist: diese Frage wurde in *The Psychoanalytic Study of the Child* immer wieder angesprochen.

Die Buchreihe, die seit 1945 erscheint und ursprünglich von Anna Freud, Heinz Hartmann und Ernst Kris herausgegeben wurde, „ersetzte" die früheren Veröffentlichungen über Pädagogik. Etwa zur gleichen Zeit begannen auch amerikanische Analytiker, zusammen mit Philosophen, Erziehern und Anthropologen auf der ganzen Welt, sich ebenfalls mit den sogenannten internationalen Anliegen des

Kindes zu befassen, und hoben damit die psychoanalytische Pädagogik auf eine neue Verallgemeinerungsstufe.

Innerhalb ihrer jeweiligen Institutionen untersuchten die Freudianer zusehends spezielle Gebiete der kindlichen Entwicklung und der Adoleszenz. Dabei faßten sie die Behandlung von Neurosen bei Erwachsenen als eine Nacherziehung auf und die Untersuchungen an Kindern als ein Mittel, um die Bildung sowohl von gesunden als von neurotischen Persönlichkeiten verstehen zu lernen. Nachdem Anthropologie, Politikwissenschaft, Psychologie und andere Verhaltenswissenschaften das Freudsche Unbewußte allmählich implizit oder explizit anerkannt hatten, wurden die Klassenzimmer der westlichen Welt allmählich von psychoanalytischen Konzepten überschwemmt.

Die Psychoanalyse im Dienste der Nazis

In Deutschland nahm die angewandte Psychoanalyse einen anderen Verlauf, als die Nazis sie für sich auszunützen versuchten. Nachdem die meisten jüdischen Analytiker vertrieben worden waren, berief Matthias Heinrich Göring, ein Cousin des Feldmarschalls, die wenigen übriggebliebenen Freudianer in seinem Institut zusammen, das aus ausgewählten Anhängern von Adler, Jung und Seif bestand.[4] Sie wandten diese vielfältigen Therapien so unbefangen an, daß Göring 1940 in einem Telegramm an den Führer schreiben konnte: „Wir versichern Ihnen, mein Führer, auch auf unserem Gebiet alles einzusetzen, durch Stärkung des Arbeitswillens und der Arbeitsfreudigkeit die Wehrhaftig-

---

[4] Der Neurologe Leonhard Seif schloß sich 1913 den Jungianern und 1922 den Adlerianern an. Seif hatte in München eine eigene Schule der *Individualpsychologie* [dt. im Original] gegründet, die Marie Bonaparte schon seit langem als *Seifenblasen* [vgl. Grunert, 1980, S. 867] abgetan hatte. Geoffrey Cocks (1985) stellte fest, daß Seifs Zentrum in München 1941 eine Gesamtzahl von 93 Sitzungen für 46 Familien verzeichnete; ein drastischer Rückgang im Vergleich zu den 2,6 Sitzungen pro Familie zwischen 1922 und 1939 (S. 188).

keit und Leistung zu steigern" (zit. in Grunert, 1984, S. 869).

Was die Nazi-Analytiker praktizierten, war natürlich eine Karikatur der Psychoanalyse. Sie zielten darauf ab, die arische Edelrasse zu vervollkommnen, Symptome zu mildern, um dadurch die Arbeitsmoral in den Munitionsfabriken zu heben, und „sexuelle Störungen" zu heilen. Cocks beschreibt ihr Programm wie folgt: „Die Nazis versuchten den hartnäckigen Forderungen der Arbeiter hinsichtlich der Löhne, der Arbeitszeit oder der Gewerkschaftsautonomie mit einer Mischung aus Terror, rassistischer Rhetorik und beschwichtigenden Mengen von Konsumgütern zuvorzukommen (...). Sie gaben der 'Anpassung' den Vorrang gegenüber dem 'Kampf'" (Cocks, 1985, S. 197–198). Obwohl diese Praktiken die befreienden Bestandteile der Psychoanalyse in ihr Gegenteil verkehrten, brachten sie manche neurotischen Patienten an den Arbeitsplatz zurück. Göring und seine Mitarbeiter waren denn auch erfolgreich genug, um bei den Beamten bei der Arbeitsfront (DAF), beim Reichsforschungsrat, beim Reichsluftfahrtamt, im Reichsgesundheitsamt und bei der Organisation 'Kraft durch Freude' die finanzielle Unterstützung zu erhalten [vgl. Lockot, 1985, S. 208–209].

Ob mit diesem Programm nun Einzelne vor der Bestrafung als Simulanten, Homosexuelle oder Feiglinge gerettet wurden oder nicht, zumindest wurden sie „beschützt": eine Diagnose auf psychische Labilität konnte beispielsweise Gefängnis statt Hinrichtung bedeuten. Diese Therapeuten nahmen sich beispielsweise heimlich eines Falles für Heinrich Himmler an: als die siebzehnjährige Tochter eines getöteten SS-Kommandanten in Gefahr stand, wegen „erblicher Degeneration" angezeigt zu werden – das wäre ein Grund für ihre Vernichtung gewesen –, rettete Göring sie. Die Forschungskommission für Homosexualität und psychogene Unfruchtbarkeit „heilte" eine Anzahl hochrangiger Nazis von der Homosexualität und rettete ihnen dadurch das Leben.

Andererseits waren die Therapeuten auch Ratgeber und medizinische Berater für die nationalsozialistischen Jugendorganisationen und das Projekt *Lebensborn*, das zur Verbesserung der deutschen Rasse gegründet worden war (Cocks, 1985, S. 207–208).[5] Die Ausbildung von Industriepsychologen hatte nichts mit Psychoanalyse zu tun; ebenso waren die Forschungsgruppen, die Charaktertests für das Institut der Arbeitsfront entwickelten, oder jene Forschungsgruppen, die das 'Ahnenerbe' untersuchten, nicht mehr als Leerlauf und theoretische Verdrehungen (S. 200–203).

Die „Freudianer" unter den Nazi-Therapeuten waren jedenfalls in Nazi-Projekte verwickelt. Auch wenn sie Zweifel hegten, müssen sie sich doch weitgehend der Nazi-Ideologie verschrieben haben. Sie blieben jedoch vor einer Bestrafung durch die Alliierten verschont, weil im April 1945 das Gebäude des Göring-Instituts zerstört wurde und die belastenden Akten verschwanden. Viele ehemalige Mitglieder konnten so ihre Unschuld behaupten und auf den Trümmern der alten Praxen neue aufbauen. Die engen Verbindungen, welche die „psychischen Erzieher" zu den Regierungsämtern hergestellt hatten, machten ihnen die Nachkriegsaktivitäten sogar noch leichter.

Die auf Umerziehung und Entnazifizierung bedachten Sieger nahmen die Dienste der Berliner Gruppe sofort in Anspruch. Bereits im Juli 1945 berichtete Ludwig Zeise, ein Münchner Psychotherapeut, seinen Kollegen, daß die amerikanischen Vertreter ihn gebeten hätten, einen Plan zur Umerziehung der deutschen Bevölkerung vorzulegen. Die deutschen Therapeuten revidierten nun ihre eigene jüngste Lebensgeschichte, wiesen auf ihre frühere „Ambivalenz" gegenüber den Nazis und auf die Leiden hin, die sie angeblich zu erdulden hatten, wobei sie versuchten, Kontakt zu jüdischen Analytikern in den USA und in England aufzunehmen, mit denen sie einst befreundet gewesen waren. Kurzum, die deutschen Therapeuten wollten ihr

---

[5] Robert Jay Lifton befaßt sich in seinem Buch *The Nazi Doctors: Medical Killings and the Psychology of Genocide* (New York: Basic Books, 1986) mit allen Rollen der Ärzte und Psychiater unter den Nazis, ohne jedoch die Freudianer von den anderen Therapeuten abzugrenzen.

Handwerk weiter betreiben und verhökerten ihre erworbenen Fachkenntnisse als Entnazifizierungsmittel.

Heute berichten deutsche Analytiker, daß ihre Kollegen der Nachkriegszeit eine gründliche Analyse nicht hätten ertragen können. So rasch nach dem Krieg hätten sie sich ihrer Schuld nicht stellen können – ihrer Schuld wegen unterlassenen Handelns, wenn nicht gar wegen beauftragten Handelns (Kurzweil, 1985). Damals war jedoch keiner von ihnen analysiert worden und so „verschworen" sie sich, bewußt und unbewußt, die Vergangenheit zu vergessen.

Psychoanalyse und Nachkriegspädagogik

Als Anhängsel der Psychotherapie hatten die Nazis einen neuen Berufszweig gegründet: die „Psychagogik". Die Angehörigen der fünf Göring-Institute hatten den Auftrag, für die psychische Gesundheit des Landes zu sorgen und die von den Nazis so bezeichnete „Erbbiologie"-Forschung zu betreiben. Da die Nazis nicht genügend Ärzte zur Verfügung hatten, erlaubten sie diesen nichtanalysierten Psychagogen, als Berater und Familientherapeuten zu arbeiten. Sie gaben den Patienten meist Handlungsanweisungen und erhoben keinen Anspruch, mehr zu leisten als kurzfristige Wiederherstellungen. Obwohl sie also fast oder gar nichts über die Methode der freien Assoziation oder über die Übertragung wußten, waren sie zu ordentlichen Mitgliedern des Berufsstandes geworden. Als nach dem Krieg die früheren Zulassungsverordnungen in Kraft blieben, erwies sich dies als Problem, da die Psychagogen mit Recht auf ihre frühere Erfahrung als klinische Psychologen oder Experimentalpsychologen hinweisen konnten (siehe 9. Kapitel).

Nach und nach wurde die Ausbildung der Psychagogen zwar strenger, aber direkt nach dem Krieg waren sie innerhalb der Deutschen Gesellschaft für Psychotherapie und Tiefenpsychologie weitaus zahlreicher als die anderen Therapeuten, so daß die anderen Mitglieder sie zufriedenstellen wollten, um die deutsche Regierung zur Zustimmung für die Versorgungseinrichtungen für psychisch Kranke zu bewegen. Im Unterschied zu den Freudianern traten die Psychagogen jedoch weiterhin dafür ein, die „Anpassung" dadurch zu fördern, daß Störungen und Neurosen bei Kindern, deren Familienprobleme sich in den Schulen bemerkbar machten, geholfen werden sollten (Cocks, 1985, S. 185). Da die Psychagogen wußten, daß das Schicksal der Psychoanalytiker untrennbar mit dem ihren verbunden war, konnten sie ihre Stellung bis lange nach der Gründung der DPV halten. Für sie war es in der Tat eine bequeme Verbindung. Theoretisch war der Vorrang des Unbewußten bei den Psychoanalytikern mit dem pragmatischen Ansatz der Psychagogen unvereinbar; zusammen bildeten sie jedoch den Ausgangspunkt der deutschen Psychoanalyse der Nachkriegszeit. Es war wohl ihre Kollusion, die das vierzigjährige Schweigen über das Dritte Reich ermöglichte (Kurzweil, 1985).

Auch wenn die Vorgehensweise der Psychagogen gegen die psychoanalytischen Grundsätze verstieß, schien sie doch das beste Mittel zu sein, um die Deutschen zur Demokratie zu bekehren. Deshalb waren die Lehren Freuds, wenn man sich überhaupt an sie erinnerte, Ende der vierziger Jahre auch ziemlich verzerrt. Margarete Mitscherlich-Nielsen erinnerte vor kurzem daran, daß sie den wenigen „ehrlichen" Freudianern 1949 erklärt hatte, was sie praktizierten, sei keine Psychoanalyse. (Aufgrund ihrer doppelten Staatsbürgerschaft – die dänische und die deutsche – hatte sie die Erlaubnis bekommen, zur Analyse und zur Ausbildung nach London zu gehen.) Die deutschen Psychoanalytiker verstanden oder erkannten die Übertragung noch nicht. Als kundiger Psychoanalytiker trat der Nazigegner Alexander Mitscherlich rasch für die Anwendung der Psychoanalyse als Weg zu einem neuen Bewußtsein ein: seine Aufrufe innerhalb der DGPT waren ebenso beredt wie die an die Öffentlichkeit und an die Regierung gerichteten.[6]

---

[6] Die Mehrheit der früheren „Nazi-Analytiker" unterstützten Mitscherlichs Pläne zur Umerziehung der Bevölkerung, auch wenn sie es ihm als Standesverstoß verübelten, bei den Nürnberger Prozessen die Nazi-Ärzte angezeigt zu haben.

Die Regierung erließ jedoch Gesetze, die das trübe Gemisch der Psychagogen aus freudianischen, jungianischen, seifianischen und ad hoc-Therapien vereinten. Görings Psychagogen konnten somit weiterhin ihrer Arbeit in Schulen und Privatpraxen nachgehen. Um die Mitte der fünfziger Jahre klangen ihre Berichte allerdings mehr psychoanalytisch. Und auch wenn ihre analytischen Kollegen dagegen protestierten, mit den Psychagogen in einen Topf geworfen zu werden, obsiegte zuletzt doch das gemeinsame Interesse des Berufsstandes: die Analytiker brauchten alle Unterstützung, die sie erhalten konnten, um für eine bessere Gesetzgebung sorgen zu können. Deshalb spielten sie die internen Auseinandersetzungen herunter und brachten sie bei den IPA-Konferenzen nicht zur Sprache.

Heutzutage, da einige deutsche Freudianer sich zum ersten Mal mit der Geschichte dieser Auseinandersetzungen befassen, hoffen sie erneut darauf, in den Schulen psychoanalytisches Wissen verbreiten zu können, diesmal allerdings etwas sorgfältiger und nicht mit dem Ziel der Anpassung. Einige hegen die Hoffnung, die psychische Gesundheit der Schüler mit der Entwicklung neuer, progressiver Unterrichtstechniken zu fördern (Körner, 1980, S. 781). Wenn der Lehrer in der Lage sei, die Übertragung zuzulassen, sich dann aber nicht zum Ersatz-Vater oder zur Ersatz-Mutter machen lasse, dann könnten die Schüler frühere Erlebnisse weniger konflikthaft erinnern und damit „korrigierte" Einsichten erlangen. Oder sie könnten lernen, daß „die Wirklichkeit nicht (...) [immer] zutreffend wahrgenommen wird" (781). Körner weist jedoch auch auf das Problem hin, vor dem die Lehrer stehen, wenn sie sich zum Vertreter von Primärobjekten machen lassen und damit eine Übertragung fördern, die in der Schulsituation unangebracht und einer gefährlichen Manipulation ausgesetzt ist. Es wurde indes behauptet, daß solche Anwendungen dennoch ein aktuelleres psychoanalytisches Wissen verbreiten und den Schülern die Augen für die romantischen und revolutionären Ideale der frühen Freudianer öffnen könnten.

Was in Deutschland und Österreich als psychoanalytische Pädagogik bezeichnet wird, ähnelt freilich dem, was in amerikanischen Schulzimmern als Erziehungspsychologie oder als Kommunikation bezeichnet wird: hier verwenden Lehrer und Sozialarbeiter schon seit Jahren einen umgangssprachlich vereinfachten Psychoanalysejargon, und die Schulberater überweisen Kinder mit schweren Störungen gewohnheitsmäßig an Psychoanalytiker und Psychiater, ähnlich wie es die deutschen Psychagogen machten. Die Popularisierungen der Psychoanalyse in den USA verkörpern eine Mischung aus verhaltenspsychologischen, gestalttheoretischen, transaktionspsychologischen und ad hoc-Theorien. In Deutschland dagegen werden die verschiedenen Begriffe nicht so sehr vermischt. Auch wenn die deutschen Psychagogen auf größtmöglichen Einfluß in den Schulen bedacht sind, diskutieren sie die direkte Rolle des Erziehers nicht so emsig wie ihre amerikanischen Kollegen. Die meisten deutschen Therapeuten, von den klassischen Freudianern bis zu den Erziehern, befürchten vielmehr, daß eine autoritäre Stellung zum Autoritarismus führen könnte. In dem vom Laissez-faire-Prinzip und einer gewissen Progressivität geprägten amerikanischen Schulsystem – das auch anarchische Tendenzen enthält – ist der Autoritarismus eine geringere Gefahr, während er in Deutschland stark gefürchtet wird.

In Frankreich verkündete Jacques Lacan nach 1968, die Übertragung sei überall und sie lasse sich sogar durchs Fernsehen „vermitteln". Diese Ankündigung hing freilich mit seiner provozierenden Technik und seinem Hang zur Übertreibung zusammen: sie hat ebensowenig mit dem zu tun, was die deutschen Lehrer unter „Übertragung" verstehen, wie mit dem privilegierten Dialog zwischen Analytiker und Analysand. Im Grunde hielten weder die französischen noch die angelsächsischen klassischen Freudianer die Pädagogik jemals mit der Psychoanalyse für vergleichbar. Für sie läßt das Unbewußte sich nur in der Analysestunde erreichen, und diese unterscheidet sich völlig von anderen Arten der Interaktion. Kurzum, weder Lacanianische noch klassische Psychoanalytiker pflegten sich direkt mit der

Pädagogik zu befassen. So wurde der Großteil der 'angewandten Psychoanalyse' an den Rand gedrängt, und die angelsächsischen Freudianer schränkten den Terminus immer mehr auf Einzeluntersuchungen ein, die ihre Theorien stützen, oder auf Diskussionen über Literatur, Film, Kunst und andere kulturelle Hervorbringungen.

Die angelsächsische Forschung über Kinder (Child Studies)

Anna Freud und Melanie Klein waren über die Eigenart der psychischen Entwicklung beim Kind und über die Mittel zur Förderung seiner psychischen Gesundheit schon lange uneinig, bevor sie sich in der Britischen Psychoanalytischen Gesellschaft trafen. Für Anna Freud waren präödipale Kinder (bevor im dritten bis fünften Lebensjahr ihr Ödipuskomplex in der Beziehung zu den realen Eltern auftaucht) andere Lebewesen als die Erwachsenen. Klein dagegen war überzeugt, daß die frühesten Erlebnisse zum Ödipuskomplex beitragen und daß der Psychoanalytiker in erster Linie die vom Geburtstrauma und den frühen Objektbeziehungen hervorgerufenen Ängste vermindern sollte. Da sie außerdem das Leiden für einen notwendigen Bestandteil der Psychoanalyse hielt, bestritt sie auch Anna Freuds Annahme, das Kind könnte verrückt werden, wenn die tieferen Schichten des Unbewußten berührt würden (Grosskurth, 1986, S. 169).

Als die Freudianer 1939 nach England kamen, hatte Klein ihre Stellung bei den britischen Analytikern und den Einwanderern aus Deutschland gefestigt. Sie hatte sich auf recht konkretistische Formen der Steuerung von Mutter-Kind-Beziehungen eingelassen. Da die Mutterbrust nicht immer zur Verfügung stand, wurde das Kleinkind bis zum Alter von sechs oder neun Monaten in einem dauernden Entwöhnungszustand gesehen. Die Mütter wurden dazu angehalten, Daumenlutschen oder Masturbieren nicht zu verhindern, auch keine frühe Reinlichkeitserziehung zu beginnen und keine sexuellen Empfindungen zu wecken. Klein hatte bei

Donald Winnicott, einem berühmten Kinderarzt, der später ein führender Kinderanalytiker wurde, die Supervision durchgeführt. Sie behandelte die Kinder mehrerer Psychoanalytiker und führte außerdem zahlreiche Ausbildungskandidaten in ihre Techniken ein. Ende der dreißiger Jahre hatte sie bereits begonnen, vom unvermeidlichen psychischen Schaden des Geburtstraumas und von „Wiederherstellung" und „Wiedergutmachung" zu sprechen. Nach der Ankunft der Freuds war Melanie Kleins Gefolgschaft – Joan Riviere, Susan Isaaks, Eva Rosenfeld, Paula Heimann – jedoch in der Minderheit gegenüber der Gruppe um Anna Freud, der neben anderen ihre Freundin Dorothy Burlingham, Melanie Kleins Tochter Melitta Schmiedeberg, Edward Glover und die Prinzessin Marie Bonaparte angehörten. Nicht lange danach begann Anna Freud in ihrem Haus Versammlungen abzuhalten und erklärte, Ausbildungskandidaten für die Arbeit mit Kindern, die von Kleinianern analysiert worden waren, könnten von ihrem eigenen Unterricht nicht profitieren (Grosskurth, 1986, S. 243).

Sigmund Freud starb am 23. September 1939, zwanzig Tage nach der Kriegserklärung Englands an Deutschland. Nach seinem Tod wurde Anna Freud die treibende Kraft in der psychoanalytischen Bewegung. Obwohl Melanie Klein an ihrer Position in der Britischen Psychoanalytischen Gesellschaft festhielt (siehe 9. Kapitel), gewannen Anna Freuds Theorien der Kindertherapie fast überall die Oberhand. Nach 1940 leitete sie die Kriegskindergärten in Hampstead, die sie zusammen mit Dorothy Burlingham nach dem Modell von Siegfried Bernfelds „Kinderheim Baumgarten" betrieb und in denen Kinder, die aus Kriegsgründen von ihren Eltern getrennt waren, betreut werden. Ihre klinischen Methoden sollten die Kinderforschung der Freudianer auf der ganzen Welt viele Jahre beherrschen, und damit beherrschten sie ebensosehr die Pädagogik.

Die Forschung über Kinder in den USA

Zu der Zeit, als die Emigranten in den USA ankamen, gewannen in den amerikanischen Schulen die Ideen der Psychoanalyse an Boden. Junge Mütter erzogen ihre Kinder nach den permissiven Richtlinien des Kinderarztes Benjamin Spock, die hauptsächlich den Denkweisen von Freud, William James und John Dewey verpflichtet waren. Die Freudianer lieferten allerdings die wichtigste theoretische Grundlage für die amerikanische Kinderpsychologie. Als die Psychologen sich mit den Folgen der mütterlichen Fürsorge und der Trennung sowie mit der Entwicklung der Ich-Struktur des Kindes zu befassen begannen, trat die Familiendynamik als Interessenschwerpunkt allmählich an die Stelle der Pädagogik. Diese Veränderung vollzog sich ebenso wenig bewußt wie der Rückgang des Interesses bei den Analytikern für kulturelle Fragen im allgemeinen oder ihre zunehmende Beschäftigung mit Kindheitstraumen, die auf den Krieg, auf Unglücksfälle oder Familiensituationen zurückzuführen waren. Die Freudianer konzentrierten sich zusehends auf das Verhalten der Kinder und beobachteten die Unterschiede zwischen gesunden, neurotischen und perversen Kindern. Jenen Anthropologen entsprechend, die meinten, einfachere Gesellschaften seien naturnäher und deshalb leichter zu verstehen, beobachteten die Analytiker immer jüngere Kinder, um den Einfluß des emotionalen Erlebens besser verstehen zu lernen.

In den fünfziger Jahren zogen die amerikanischen Freudianer ihre verallgemeinernden Schlußfolgerungen meist anhand von psychoanalytischen Untersuchungen an Kleinkindern (viele von ihnen gingen auch nach London, um bei englischen Analytikern zu lernen). Um ihre Techniken für den Umgang mit der schwer faßbaren Persönlichkeit des Kindes, mit seiner mangelnden Einsicht, seiner Unfähigkeit zur freien Assoziation, seiner eigentümlichen Art der Übertragung und der geringen Angst- und Frustrationstoleranz zu verbessern, arbeiteten sie vor allem mit der „Independent Group" [der Unabhängigen Gruppe] zusammen, deren Theorien zwischen den Kleinianern und den Freudianern zu vermitteln suchten und häufig beide in Frage stellten (siehe 11. Kapitel).

Die Freudianer, die auf eine Verfeinerung der therapeutischen Techniken bedacht waren, griffen auf Freuds Fallgeschichte vom „Kleinen Hans" (1909*b*) zurück, der von einer Pferdephobie geheilt worden war. Inzwischen experimentierten die Kinderanalytiker mit der Verwendung von Bauklötzen, Spielkarten, Autos, Pferden und Puppen als Requisiten, die zu einer positiven Übertragung beitragen und es den Kindern ermöglichen sollten, ihre Phantasien auszuleben. Sie überprüften Melanie Kleins Vorliebe für kleine Spielsachen anstelle von großen. Sie beobachteten, wie Winnicott seine jungen Patienten dazu ermutigte, einfache und spontane Zeichnungen von Menschen anzufertigen. Ebenso wie Freud hatte er festgestellt, daß kleine Kinder besser mit den Ängsten infolge der mütterlichen Abwesenheit fertigwerden konnten, wenn sie gelernt hatten, ein Lieblingsspielzeug mit einem Bindfaden loszulassen und zurückzuholen. An der Columbia University stützte sich Lawrence Kubie auf Kinderzeichnungen, während Erik Erikson Gebilde aus Bauklötzen betrachtete, um kindliche Konflikte mit Hilfe von räumlichen Konfigurationen zu erläutern. Ob die Analytiker nun anhand der therapeutischen Dyade oder anhand von Spielen in Kindergruppen verallgemeinerten oder ob sie sie durch Einwegspiegel hindurch beobachteten, so nahmen sie an, daß ihre vereinten Bemühungen genügend viele individuelle Neurosen „heilen" würden, um schließlich die Gesellschaft zu verändern. Im Unterschied zu den frühen Freudianern waren sie nicht länger der Ansicht, die Psychoanalyse könne die Gesellschaft direkt revolutionieren.

Die Psychoanalytiker konzentrierten sich nun auf die Wechselbeziehungen zwischen Kinder- und Erwachsenenanalyse. Sie sammelten anregende Fallgeschichten, um allgemeine Erkenntnisse über Verhaltensmuster und über die Auswirkung mütterlicher Eigenheiten und Gewohnheiten, der Persönlichkeiten der Eltern und der Geburtenfolge zu gewinnen. Dutzende von Forschungsprojekten zur Überwachung früher Erlebnisse wurden ins Leben gerufen, um

Annahmen über die Persönlichkeit des Erwachsenen zu beweisen oder zu widerlegen. In der Hoffnung, den Anfangspunkt psychischer oder auch physischer Krankheiten lokalisieren zu können, analysierten die Freudianer die der ödipalen Phase vorhergehenden Zustände und lernten dabei immer mehr über immer kürzere Lebensspannen. Mit der zunehmenden Spezialisierung der Untersuchungen nahmen auch ihre allgemeinen Aussagen über die Gesellschaft im ganzen ab.

Mit zunehmender Professionalisierung begannen die Freudianer auch die Schmerzen beim Geburtsvorgang zu untersuchen und die Mutter-Kind-Kommunikation bis hinunter zu den flüchtigsten Worten, Gesten und Blicken zu überwachen. Das Interesse an der Beobachtung von Säuglingen während der ersten Lebensmonate wurde angeregt durch Theorien zum Übergang vom primären Narzißmus (wo das Kleinkind nur sich selbst gewahrt) zum objektbezogenen Interesse (das Kleinkind unterscheidet zwischen sich und anderen). Margaret Mahler, eine Amerikanerin österreichisch-ungarischer Herkunft, legte den Schwerpunkt auf das zweite Lebensjahr, wenn die Loslösung-Individuation zu jenem entscheidenden Faktor wird, der sich auf die künftige Unabhängigkeit des Kindes und sein Identitätsgefühl auswirkt. Als man in die Kinderstuben eindrang und die Verhaltensmuster bei der Kinderernährung im Hinblick auf die beginnende Ich-Entwicklung des Kindes untersuchte, stieß man in den Worten, Handlungen und Zeichnungen der Kinder auf ödipale Themen (Kris, 1955). Philosophien des Lernens (etwa von Francis Bacon und John Dewey sowie die pädagogischen Doktrinen des Christentums) wurden gelesen, und man hielt es für nützlich, „das Beste aus der Medizin, der Pädagogik und jener Erkenntnisse [zu verbinden], die mit den in der psychodynamischen Therapie angewandten Techniken gewonnen wurden" (Liss, 1955). Zwar wurden Tausende von anregenden Fallgeschichten geschrieben, vorgestellt und diskutiert und Freuds Ideen damit bestärkt, aber es fehlte seine schöpferische Kraft.

Die besten Fallgeschichten ähnelten Freuds „Wolfsmann" oder dem „Kleinen Hans" darin, daß sie wie Märchen zu lesen waren. Die schlechtesten dagegen beschrieben die Entfaltung der ödipalen Verwicklungen in einer nur allzu durchsichtigen Art. Insgesamt liefen die Fallgeschichten jedoch darauf hinaus, den jeweiligen ortsansässigen Zweigen der Ich-Psychologie Bestätigungen zu liefern. Da man nur klinische Erfolge präsentierte und die Fehlschläge entweder ignorierte oder wegerklärte, waren die Vergleiche zwischen den Therapieergebnissen ohne jede Beweiskraft.

Als Mahler und Gosliner (1955) zum Beispiel von Kindern zu sprechen begannen, deren Ich auf einer frühen Stufe „konstitutionell ungeschützt und symbiotisch fixiert" war[7], und Phyllis Greenacre (1955) Fetische als „Stabilisatoren für das allgemeine Funktionieren des Patienten" untersuchte, legten sie für eine neue Generation von amerikanischen Freudianern die zulässigen Methoden der Psychoanalyse und Metapsychologie fest. Ebenso René Spitz (1955), als er – zum Teil, um Melanie Kleins Gewichtung der mütterlichen Brust einzuschränken – feststellte, daß Säuglinge beim Stillen das Gesicht und die Brust der Mutter als Einheit wahrnehmen.

Nachdem die amerikanischen Freudianer Einigkeit über den Vorrang der Ich-Psychologie erzielt hatten, unterstützten sie wechselseitig ihre Thesen. Sie mögen zwar beispielsweise mit Isakower darüber uneins gewesen sein, daß Sinnesempfindungen des Mundes oder der Haut an die Mutterbrust erinnern, oder über die Formulierungen von Spitz zur Erlebniswelt der (oralen) Urhöhle, aber sie waren sich einig, daß konvergierende Resultate aus verschiedenen psychoanalytischen Verfahrensweisen als theoretische Bestätigung gelten können, und sie feierten jeden Beitrag als Wohltat für ihre „Wissenschaft". Jede nationale Bewegung bewachte sozusagen ihr eigenes Revier.

---

[7] 1949 hatte M. Mahler postuliert, die Schizophrenie gründe ebenso wie die frühkindliche Psychose entweder im Autismus oder in der Symbiose, und 1955 formulierte sie (zusammen mit Gosliner) die Hypothese, die Symbiose des Kleinkinds sei eine universale menschliche Gegebenheit und die Loslösung-Individuation ein normaler Entwicklungsvorgang.

Nachdem die Hegemonie der Ich-Psychologen sich gefestigt hatte, verdrängte die schiere Menge ihrer Veröffentlichungen alles, was anderswo gemacht wurde. Immerhin gelang es den Deutschen, diese Ergebnisse für ihre eigenen Interessen an den psychosozialen Entwicklungsprozessen nutzbar zu machen. Die Franzosen untersuchten deren metaphorische und psychosomatische Bedeutung, und die Kleinianer gingen ihren eigenen Weg, oft voller Groll darüber, daß ihre Erklärungen übergangen wurden.

Gleichgültig, wie viel die Freudianer über die Entwicklungsstufen der Kindheit auch in Erfahrung brachten – von der libidinösen Abhängigkeit bis zur Selbständigkeit, von der Egozentrizität bis zur Beziehung zu Gleichaltrigen; von der Unfähigkeit, Körperfunktionen zu kontrollieren, bis zu deren Beherrschung, und vom Spiel bis zur Arbeit –, sie konnten sich nicht darüber einig werden, ob die Interaktion mit der Umwelt dann beginnt, wenn das Es Gratifikationen aufzuschieben vermag und das Ich Objekte wie die abwesende Mutter zu erinnern lernt (Anna Freud, 1980, S. 4). Anna Freud, die das Gewicht auf die strukturellen Beziehungen und die Konflikte zwischen Es, Ich und Über-Ich legte, spürte die Quellen verborgener Phantasien und die Ursachen der unabgeschlossenen Entwicklung, der Verwirrtheit, der Disharmonie und der Pathologie auf (S. 5–6) und verband den Prozeß der Trennung-Individuation mit der körperlichen Beweglichkeit, mit der Verminderung libidinöser Abhängigkeit und mit der mütterlichen Rolle bei der Förderung oder Behinderung des kindlichen Strebens nach Unabhängigkeit. Die Kleinianer behandelten diese Punkte im Hinblick auf frühe Objektbeziehungen, während die Kognitionspsychologen, die sich ausschließlich mit bewußten Inhalten beschäftigen, sich mehr für die Interaktionen als solche interessierten als für deren unbewußte Quellen.

Die Freudianer sprachen nun von den inneren und äußeren Welten des Kindes (Vorstufen zum Realitätssinn des Erwachsenen), von Lücken und Fortschritten beim Spracherwerb (wenn der Primärprozeß den Sekundärprozeß ersetzt) oder von der Impulskontrolle und dem (wahrgenommenen) Erfolg.[8] Häufig wiesen sie darauf hin, daß die Interaktion im ersten Lebensjahr auf Kleinkind und Mutter beschränkt ist; daß dabei Soma und Psyche getrennt werden, der Körper der Mutter und der des Kindes sowie Selbst und Objekt und daß das Scheitern dieses Lernprozesses eine Katastrophe bedeutet. Die „Abweichler" – Frommianer, Jungianer und Adlerianer – waren hinsichtlich der späteren Formbarkeit der Kinder zuversichtlicher, und ihre Anwendungen der Psychoanalyse richteten sich weiterhin auf die Gesellschaft im ganzen. Allerdings leugneten auch sie nicht die Bedeutung der präödipalen Stufen und die damit einhergehende Entwicklung von Motilität, Impulskontrolle, des Funktionierens von Sekundärprozessen und der Objektkonstanz, auch wenn sie die Betonung weiterhin auf die Umwelteinflüsse legten.

Eine Reihe von amerikanischen Kinderanalytikern, unter ihnen John Sours, Manuel Furer und Samuel Ritvo, hielten den Kontakt mit den Forschern in London aufrecht. Wer mit den Kleinianern in Kontakt blieb, akzeptierte Kleins frühere Indikatoren des Erwachsenenverhaltens und ihre Akzentuierung der primitiven Phantasiewelt der frühesten (sogar der pränatalen) Erlebnisse. Bis Anfang der siebziger Jahre gingen die klassischen Freudianer der USA den Kleinianern freilich aus dem Weg. Schließlich ließen sie sie sozusagen durch die Hintertür ein – und zwar im Zusammenhang mit den Auseinandersetzungen über Kohuts Erklärungen des narzißtischen Selbst und mit Kernbergs Objektbeziehungstheorie (siehe 11. Kapitel).

Lange vor seiner Veröffentlichung von *Playing and Reality* (1971) hatte sich Winnicott die Lautäußerungen der Neugeborenen angehört, zum Beispiel beim Daumenlut-

---

[8] Zu einem Überblick über die Vielfalt der Problematik vgl. z. B. S. I. Greenspan und G. H. Pollock, *The Course of Life: Psychoanalytic Contribution toward Understanding Personality Development*. Vol. I., National Institute of Mental Health, 1980. Dieser erste von drei Bänden, die das NIMH finanzierte, enthält 29 verschiedene Beiträge über „Infancy and Early Child Care".

schen, Babbeln und Greifen. Er hatte festgestellt, daß an den von ihm als „Übergangsobjekte" bezeichneten emotionalen Hilfsmitteln häufig bis ins Kindesalter festgehalten wurde und daß sie beim Schlafengehen oder wenn Einsamkeit und depressive Stimmungen drohten, absolut notwendig waren (1971, S. 4). Auch sollte die paradoxe Verwendung des Teddybären oder einer Windel nicht analysiert werden: das Übergangsobjekt „gehört" dem Kind (um gehätschelt, geliebt oder verstümmelt zu werden) und darf niemals weggenommen werden. Als er sagte, dieses Objekt sei stellvertretend für die Mutterbrust und gleichzeitig auch nicht stellvertretend (S. 6), hielten ihn einige amerikanische Freudianer doch für zu Kleinianisch.

Selbst die hartnäckigsten Ich-Psychologen stimmten manchen Schlußfolgerungen Winnicotts zu, auch wenn sie sich zunächst dagegen wandten, daß er erstens behauptete, aus der Psychotherapie ebenso viel gelernt zu haben wie aus der Psychoanalyse; daß er zweitens Melanie Kleins Konzepte lobte und Margaret Mahlers Gebrauch des Wortes „Symbiose" als zu sehr in der Biologie verankert kritisierte (1971, S. 130), und daß er drittens den Einfluß von Lacans „Spiegelstadium" (1949; siehe 11. Kapitel) einräumte, auch wenn Lacan nach seinem Eindruck den konkreten Spiegel durch dessen Vorläufer, nämlich das Gesicht der Mutter, und durch die Wahrnehmung des Anblicks der Eltern durch das Kleinkind ersetzt hatte (1971, S. 111).

In den siebziger Jahren drangen Kohuts und Kernbergs Auffassungen der Objektbeziehung allmählich in die Metapsychologie und in die klinische Praxis ein (siehe 11. Kapitel), und damit fanden auch die Ideen von Klein und Winnicott Eingang in die amerikanische Hauptströmung. Zwanzig Jahre nach der Veröffentlichung einiger Aufsätze von Winnicott in England (1951) wurde sein Buch *Playing and Reality* (1971) in den USA veröffentlicht. Einige Ich-Psychologen hießen nun den Gedanken willkommen, daß Wärme und Lebendigkeit eines Übergangsobjekts das Kind mit der Außenwelt verbinden können – durch Spiel, Kunst, religiöse Gefühle, Träume, Fetische, ja selbst durch Lügen, Stehlen usw. Jene Kinderanalytiker, die bereits der

Auffassung waren, daß das Spiel das beste Mittel zur Integration von innerer und äußerer Realität sei, griffen Winnicotts Objekte nun als den Ort späterer Phantasien und Symbole sowie des sich einstellenden kindlichen Vertrauens auf.

Die zunehmende Beschäftigung der Amerikaner mit theoretischen Kleinigkeiten hatte unmerklich zu einer Blickverengung geführt. Die Diskussion über das Übergangsobjekt und seine Zulässigkeit stellte jedoch eine Öffnung dar, die einen Theoriewechsel innerhalb der IPA ankündigte. Als die Amerikaner ihren Einfluß jenseits des Atlantiks nach und nach verloren, begannen sie einzusehen, daß sie sich mit der Einwirkung jener Kinder auf die Gesellschaft befassen sollten, die unter dem Einfluß der Psychoanalyse großgeworden waren. Dies taten sie, indem sie die Adoleszenten „wiederentdeckten", die die meisten von ihnen ignoriert hatten – und zwar indem sie nun über sie theoretisierten und sie behandelten.

Die angelsächsische Adoleszenz

Die meisten amerikanischen Freudianer hatten die Adoleszenz außer acht gelassen. Bis in die sechziger Jahre hinein waren sie der Auffassung, daß sich in der Latenzperiode aufgrund der „herabgesetzten" Sexualität kaum eine psychische Entwicklung zeige und daß die Adoleszenten wegen ihren sehr wechselhaften Emotionen nicht analysierbar seien. Deshalb hatten sie auch kaum adoleszente Analysepatienten. Einige klassische Analytiker arbeiteten trotzdem mit psychisch kranken Teenagern. Um 1960 beschrieben sie die Kompliziertheit der Adoleszenzprobleme und das Wiederauftauchen früherer, ungelöster Sexualitäts- und Aggressionskonflikte und ödipaler Wünsche. Einige behaupteten, der „Familienroman" werde in der Pubertät reaktiviert, um das Individuum davor zu „schützen", sich der Wettbewerbswelt stellen zu müssen. Andere glaubten dies darauf zurückführen zu können, daß der Adoleszente in einer von Unsicherheit, Unruhe und Konflikten zwischen Triebre-

gungen und Außenweltansprüchen belasteten Übergangs-
phase zwischen Kindheit und Erwachsenenalter schwebt
(Lorand und Schneer, Hrsg., 1961, S. X). Peter Blos (1962)
bezeichnete die Adoleszenz als „zweite Individuierung", zu
der die Versöhnung von Genitalität und Moralität gehört.
Und Erik Erikson (1968) gewahrte in der Entwicklung der
adoleszenten Ichstärke Ansätze zu „Kerntugenden"
(S. 235). Im wesentlichen stimmten die Freudianer darin
überein, daß die Adoleszenz ein friedliches Wachstum
unterbricht und mit neurotischen, psychotischen und asozialen Symptomen befrachtet ist, die dem Borderline-
Zustand oder sogar der Geisteskrankheit nahekommen
(Lorand und Schneer, Hrsg., 1961, S. 221). Solche „biologischen" Formulierungen verschoben die Last jedoch auf
den einzelnen Jugendlichen und standen damit im Gegensatz
etwa zu den Annahmen von Aichhorn (1925) oder Bernfeld
(1931), daß neue Rollenmodelle und die Gruppeninteraktion
eine psychische Umstrukturierung bewirken können.
Anders gesagt, die Freudianer verhielten sich ganz ihrem
„konservativen" Ruf entsprechend.

Als diesen Analytikern mehr oder weniger deutlich bewußt
wurde, daß sie mit der Gesellschaft, in der sie lebten, nicht
mehr Schritt hielten, begannen sie über die Adoleszenten als
potentielle Patienten nachzudenken (Lorand und Schneer,
1961, S. 241). Lorand schlug nun vor, das Ich der Adoleszenten zu stärken und für die Identifizierung ein besseres Ich
anzubieten. David Beres vertrat (unter Hinweis auf E.
Glover) die Auffassung, daß der Charakter des Adoleszenten
gerade aufgrund seiner Empfänglichkeit gegenüber der
Umwelt auch für Einwirkungen von seiten des Analytikers
empfänglich sein könnte (Beres, 1971, S. 1–9).

So begannen die amerikanischen Freudianer also, die
zunehmende Delinquenz in ihrer Umwelt zu beobachten
und eine gewisse soziale Verantwortung auf sich zu nehmen.
Die recht primitiven Experimente von Aichhorn und Bernfeld mit Kriminellen (Alexander und Staub, 1929) konnten
sie allerdings nicht wiederholen, und ebensowenig stimmten
sie Alexanders und Reiks (1925) Parallelisierung von Neurose und Kriminalität zu. Muensterberger dagegen verglich

Initiationsriten in primitiven und modernen Gesellschaften als Formen des Zwangs zum Gehorsam, zur Trennung von der Mutter oder zum Ausdruck genitalen Interesses (Lorand und Schneer, 1961). Leo Spiegel (1974) beschrieb den Studentenprotest als Nachwirkung einer unbewußten kollektiven Atmosphäre der Depression und der Sinnlosigkeit, von Regression und labiler psychischer Struktur. Das abweichende Verhalten von Halbwüchsigen schrieb er den Störungen des Selbst zu und meinte, die Psychoanalyse könne ihnen helfen, so „abweichende" Verhaltensweisen wie Homosexualität, Kriminalität, Exhibitionismus, Schuleschwänzen, Stehlen und Selbstmordversuche ebenso zu überwinden wie Lernstörungen. Obwohl man diese „Probleme" allgemein als Widerspiegelung größerer gesellschaftlicher Schwierigkeiten und als Reaktion auf diese wahrnahm, neigten die Freudianer doch zu der Behauptung, daß intrapsychische Phänomene einen größeren Einfluß hätten als gesellschaftliche Bedingungen. Nach den Diagnosen zu urteilen, änderte sich freilich ihr klinisches Vorgehen: nun fand man, daß einige Jugendliche an einer „zeitweiligen Psychose" litten; andere erwiesen sich als gute Forschungsobjekte, und wiederum andere wurden einer „eingeschränkten Behandlung" zugeführt.

Hyman Spotnitz (1961) führte Untersuchungen an, die darauf hinweisen, daß zwischen 1936 und 1946 zwar keine Kinder in Psychotherapie waren, daß aber im anschließenden Jahrzehnt 40 % der psychisch gestörten Kinder, die behandelt wurden, einer Psychotherapie unterzogen wurden, und daß fast die Hälfte von ihnen in Psychoanalyse war. Spotnitz gab zu verstehen, daß die fruchtbaren Untersuchungen an Kleinkindern den Freudianern den Boden dafür bereitet hatten, sich mit den vormals unbeachtet gebliebenen Adoleszenten zu befassen.[9] Die Halbwüchsigen, anfällig für

---

[9] Spotnitz ließ meines Erachtens die zunehmenden Finanzierungsmöglichkeiten außer acht, die ihrerseits Reaktionen auf ideologische oder gesellschaftliche Interessenschwerpunkte darstellten, und ebenso die Tatsache, daß man die Forschungsarbeit an Kleinkindern so weit wie nur möglich vorangetrieben hatte.

Selbstzweifel und zur Kriminalität neigend, sollten nun den Analytikern einen einmaligen Blick auf den erneuten Ausbruch des primären Narzißmus gewähren. Da die Generation des Säuglingsbooms, die in den frühen sechziger Jahren ins Teenager-Alter kam, sich als eine überaus selbstgefällige Gruppe erwies, konstruierten Soziologen und Psychologen ihre eigenen Narzißmustheorien. Während diese Sozial- und Verhaltenswissenschaftler den Terminus deskriptiv oder kognitiv benutzten, bezogen sich die Psychoanalytiker auf die interne Dynamik des Adoleszenten-Ichs. Mit einem besseren Verständnis der Ich-Schwächen und der Abwehrformen hofften sie in Erfahrung zu bringen, wie man das Ich stärken und dadurch den Realitätszugriff ihrer Patienten verbessern könnte. Als dann die Freudianer neue Identifizierungen im Ich-Ideal feststellten, schrieben sie diese der „Rückprojektion der narzißtischen Libido auf neue Objekte" zu (Staples und Smarr, 1980, S. 481).

Um 1984 hatte die Freudianische Psychologin Louise Kaplan alle diese Untersuchungen zusammengefaßt, wobei sie die Adoleszenz von der griechischen Antike an über Darwin und Rousseau bis zu Freud nachzeichnete, um die Verbindungen zwischen psychischen und sozialen Umwandlungen zu enträtseln, von denen Halbwüchsige betroffen sind (Kaplan, 1984, S. 185). Sie betrachtete die historische Stellung der Halbwüchsigen und sprach von deren uralter Sehnsucht nach Nähe, nach der Wiederherstellung von Bindungen ans Familienleben, die sie beim Erwachsenwerden preisgeben müssen (S. 331). Sie zog daraus Verallgemeinerungen für die Menschengattung und für den menschlichen Trieb zur Aggression und Selbstzerstörung. Die *tour de force* Louise Kaplans stellte sowohl eine Rückkehr zu den größeren Themen dar, mit denen Freud und seine Schüler sich in der Anfangszeit befaßt hatten, als auch eine Annäherung an die kulturelle Thematik, die ein Interessenschwerpunkt einiger europäischer Freudianer ist.

Die klinische Psychologin Katherine Dalsimir entwickelte einen weiteren Ansatz (1986). Sie betrachtete die weibliche Adoleszenz anhand der Darstellung in fünf literarischen Werken: *The Member of the Wedding* [Carson McCullers],

The Prime of Miss Jean Brodie [Muriel Spark], *Romeo und Julia*, *Emma* [Jane Austen], *Das Tagebuch der Anne Frank*. Im Blick auf die Suche der Halbwüchsigen nach neuen Beziehungen zu einer Zeit, da ödipale Leidenschaften sowohl der Rivalität als auch der Sexualität wiederbelebt zu werden drohen, untersuchte Dalsimer die Art, wie diese neuen Erlebnisse die Individuen zur Übereinstimmung mit größeren Segmenten ihrer Gesellschaft bringen. Wie jedoch Margaret Mead zum Beispiel entdeckte, bedeutete das Mündigwerden auf Samoa, daß die Kinder in eine bestimmte strukturierte Situation eingeführt wurden, während ihnen in den USA eine *Auswahl* aus einer Vielzahl einander widerstreitender Möglichkeiten angeboten wird (Dalsimir, 1986, S. 10). Dalsimir zufolge regt die Pubertät deshalb ganz unterschiedliche Phantasien an, welche auf früheren Identifizierungen mit der Mutter als einer inneren Präsenz beruhen, die das ganze Leben lang ständig neu definiert wird. Und nach Dalsimir lernen alle jungen Mädchen „aus eigener Erfahrung oder von den Dichtern", was Weiblichkeit sei (1986, S. 12).

Kriminalität in Deutschland

Die deutschen Psychoanalytiker befaßten sich nicht mit „narzißtischen" Halbwüchsigen, sondern mit den Kindern früherer Nazis. Deshalb waren sie an einer Wiederbelebung der Experimente von Aichhorn und Bernfeld mit straffällig gewordenen und verwahrlosten Jugendlichen interessiert. Einige Analytiker hielten das eigene adoleszente Verhalten in der Nazizeit für eine kriminelle Manifestation; für eine Art von Kriminalität, die allerdings von den Behörden gebilligt worden war (de Boor, 1981, S. 2). Ihre persönlichen „Heilungen" schrieben sie der nachdrücklichen Umerziehung nach dem Krieg zu, deren erstes Ziel die Adoleszenten als die künftigen Verantwortlichen für das Land waren. Da sie Mitglieder der Hitler-Jugend, des Bundes Deutscher Mädchen und der Armee gewesen waren, half man ihnen mit der Psychoanalyse, sich mit ihrer Komplizenschaft auseinanderzusetzen. Diese Bedingungen veranlaßten einige deutsche Freudianer dazu, die Psychotherapie mit einer „Soziotherapie" zu verbinden.[10] Dabei bezogen sie sich zuweilen auf die Entnazifizierung, bald aber auch auf die Bekämpfung autoritärer Einstellungen oder auch auf die gesellschaftliche Wiedereingliederung von Dieben und Mördern. Anders gesagt, sie hofften auf psychoanalytische Wunder als Mittel zur individuellen und kollektiven Erlösung.

Dementsprechend mußten die deutschen Psychoanalytiker die Erziehungstheorien und die Sozialpolitik neu formulieren, um sie dann durchzusetzen und anzuwenden. Man bat sie beispielsweise, ihre psychoanalytische Fachkompetenz einer verunsicherten Justiz zur Verfügung zu stellen, als ob sie Experten für alle Aspekte der Kriminalität wären. Erst bei dieser Gelegenheit entdeckten sie, wie de Boor erinnert (1981), die Grauzonen zwischen Unschuld und verbrecherischer Schuld und die Komplexität konkurrierender Rechte. Die Deutschen, mit dem Abschütteln ihrer Nazivergangenheit beschäftigt, hatten vergessen, daß diese Probleme in allen demokratischen Gesellschaften vorkommen. Außerdem begannen sie sich mit moralischen Fragen zu befassen: Wann sind psychische Störungen auf gesellschaftliche Bedingungen zurückzuführen, mit denen kriminelle Handlungen sich entschuldigen ließen? Wo beginnt die Grenze zwischen individueller Schuld und Kollektivschuld? An welchem Punkt wird abweichendes Verhalten zu einer psychischen oder somatischen Krankheit – zu einer Krankheit, die einer psychoanalytischen Heilung zugänglich ist?

Der deutsche Psychoanalytiker Tilmann Moser (1974) zum Beispiel ist ein Repräsentant für jene, die nach den gesellschaftlichen Ursachen der Psychopathologie forschten und die dafür eintraten, daß Kriminelle aufgrund ihrer Herkunft und nicht „objektiv" abgeurteilt werden sollten. Weil sich aber eine übertriebene Empathie des Psychiater-

---

[10] Der Ausdruck wird sowohl für die Umerziehung von Gruppen früherer Nazis als auch für die Umerziehung von Kriminellen verwendet.

Kriminologen für den Kriminellen leicht in ein Arzt-Patient-Verhältnis verwandelt, war er auch gegen eine Zusammenarbeit zwischen Anwälten und Ärzten. Stattdessen sollten Kriminelle in psychoanalytisch ausgerichteten Kliniken beobachtet und nach Möglichkeit von erfahrenen Analytikern behandelt werden.

Eben dies konnte Clemens de Boor (1982), Direktor des Sigmund Freud-Instituts Frankfurt von 1979–1985, in seinem Rehabilitationszentrum durchführen. Er machte jedoch die Erfahrung, daß er und sein Team die „asoziale Rigidität" der rückfällig Gewordenen nicht beseitigt hatten. Die emotionale und erzieherische Vernachlässigung in den ersten Lebensjahren hatte nach de Boor zum psychischen Fehlverhalten der Insassen geführt, was sie zunächst in der Schule und bei der Arbeit scheitern ließ und ihnen dann auch die Anpassung an die Gefängnisroutine unmöglich machte. Selbst eine Belegschaft von zwanzig psychologischen Spezialisten vermochte die psychische Struktur von zehn hartgesottenen Kriminellen nicht zu verändern. Außerdem lernte auch niemand sehr viel über Rückfälligkeit. Bei der Beschreibung der theoretischen Grundlage dieses Projekts war Ellen Reinke (1987) allerdings optimistischer. Ihr zufolge ist eine psychoanalytische Soziotherapie mit Delinquenten „operabel" [S. 901], wenn man von Lorenzers Konzept des szenischen Materials (eine Mischung aus verinnerlichten persönlichen und elterlichen (Nazi-)Erfahrungen) ausgeht und annimmt, „daß das Handlungsrepertoire der Betroffenen in ähnlicher Weise wie bei der Neurose von unbewußten Prozessen eingeschränkt und determiniert wird" (1987, S. 902). Im Mittelpunkt des Projekts stand die one-to-one-Beziehung des Bewohners mit einem Soziotherapeuten, welche eine korrigierende emotionale Beziehung zu den Teilnehmern herstellte (S. 903). Die Therapeuten besprachen sich beim Schichtwechsel ausführlich mit ihren Kollegen und sie hielten tägliche Konferenzen ab, in denen eine ausführliche Reflexion und Selbstreflexion betrieben wurde. Letztlich war aber das Projekt auch nach Einschätzung von Reinke ziemlich erfolglos, doch führte sie dies auf die mangelnde Finanzierung zurück.

Knut Engelhardt (1976) suchte dagegen bei Durkheim nach einer Lösung für Kriminalität. Er entwickelte seine Gedanken über die wichtige, wenn auch irrationale Funktion, die der Kriminelle bei der „Regulierung kollektiver Affekte" und bei der Förderung von Gehorsam und Rechtsfrieden erfüllt (S. 11). Im Unterschied zu Durkheim kam Engelhardt schließlich auf ein Modell, das auf dem praktischen (psychoanalytischen) Diskurs beruht. Ihm zufolge könnte die Irrationalität der Produktion und Reproduktion der Kriminalität gestoppt werden durch eine an Emanzipation gebundene Aufklärung und durch die Zusammenarbeit der Machtträger, Gefängniswärter und der Gefangenen (S. 316). Ähnliche Modelle, die in den angelsächsischen Ländern angewandt wurden, stützten sich dagegen auf die Durchsetzung verschiedener Etikettierungstheorien [labeling theories] und nicht auf die von den Deutschen so bezeichneten reflexiven Dialoge – ob in Balint-Gruppen (siehe unten) oder durch Analytiker im Hause.

Eine andere Reformerin, Julia Schwartzmann (1971), legte den Akzent auf die Prävention. Sie arbeitete in einem Heim für straffällig gewordene Mädchen, die kleine Delikte begangen hatten, und orientierte sich an den Prinzipien von Aichhorn und Zulliger, in der Hoffnung, die Neigung zu Straftaten dadurch zu heilen, daß die emotionale Deprivation ihrer Schützlinge im frühen Lebensalter gemildert und sie dadurch davor bewahrt würden, später straffällig zu werden.

In den USA gehören solche liberalen Einstellungen, wenn auch nicht deren praktische Anwendung, zur Tradition und könnten somit für selbstverständlich gehalten werden. Doch die deutsche Geschichte sowie die Tatsache, daß alle diese Projekte vom Staat finanziert wurden, weisen darauf hin, daß um 1970 zumindest ein gewisses Maß an demokratischen Vorgehensweisen akzeptiert wurde.

In Hamburg wurde schon um 1950 eine besondere Art von Gruppentherapie eingerichtet – in der Hauptsache für Ärzte, die in psychoanalytischer Technik unterrichtet wurden. Die Ärzte wurden gewonnen, indem man ihnen sagte, sie könnten dabei lernen, die ohnehin schon emphatische

Arbeit mit ihren Patienten noch besser durchzuführen. Die Gruppen wurden nach Michael Balint benannt, der solche pädagogischen Interventionen entwickelt hatte, um die größtmögliche Zahl von Patienten zu erreichen. Später wurden auch Balint-Gruppen für Sozialarbeiter, Gefängniswärter und Angehörige anderer Pflegeberufe gegründet, die zur Verbreitung von Freuds Ideen in Deutschland beitrugen. 1973 wurde die Deutsche Balint-Gesellschaft gegründet, um die „patientenzentrierte" Therapie zu verbreiten. In Österreich wurde die psychoanalytische Pädagogik weiterhin von den Adlerianern beherrscht, die erneut die Mehrheitspartei der Sozialdemokraten auf ihrer Seite hatten, nachdem die Russen 1955 abgezogen waren. Ihre einfachere Therapie ist zwar gegenüber der Freudschen Therapie eher marginal, aber sie trägt doch zu den ad hoc-Praktiken vieler Lehrer bei, die sich sonst vermutlich weder der Psychoanalyse noch der Libidopsychologie zuwenden würden. Gleichzeitig rückten die anpassungsbezogenen Komponenten der Ich-Psychologie die Adlerianer näher an die Freudianer heran.

Französische Beiträge zur Pädagogik

Bis vor kurzer Zeit sprachen die Franzosen überhaupt nicht von psychoanalytischer Pädagogik. Als sie damit begannen, hoben sie Freuds diesbezügliche Ambivalenz hervor und schoben das Ganze auf Fragen der Sprache. In diesem Sinne behauptete Claude Schauder (1982) im Anschluß an Lacan, die Psychoanalyse sollte das Kind nicht an seine Umwelt anpassen (siehe 11. Kapitel), wie die amerikanische Ich-Psychologie dies mache, und er übersteigerte Freuds Ablehnung pädagogischer Anwendungen. Obwohl er vergaß, daß die amerikanischen Freudianer gegenüber der Transaktionsanalyse kritisch sind („Ich bin o.k., du bist o.k."), ebenso wie gegenüber Rogerianischen und anderen Simplifizierungen, fuhr er damit fort, sein Sammelsurium von populären amerikanischen Pädagogikprojekten mit den Balint-Gruppen zu kontrastieren – „der einzigen Psychoanalyse, die eine 'analytische Ordnung' in die Pädagogik hineinbringen kann" (S. 180). René Gelly dagegen lobte Balint dafür, die Psychoanalyse in den Dienst der Medizin gestellt zu haben. Balints größte Stärke sah er darin , „die biologische Strömung der offiziellen Psychoanalyse" an die Seite der „rationalen Praxis" gestellt zu haben und die Individuen als Teil ihrer Umwelt aufzufassen, ohne dabei die Freudschen Entwicklungsstufen – die orale, anale und genitale – preiszugeben (Gelly, 1982). Jede Stufe, die von der dazugehörigen erogenen Zone (Mund, Anus, Genitalien) beherrscht wird, soll für die psychoaffektive Integration einstehen. Balint lehnte somit (wie Melanie Klein und im Gegensatz zu den Amerikanern) die theoretische Zentralstellung des Narzißmus ab. Gelly lobte Balint, weil er den amerikanischen Freudianern den Glauben verweigerte, aber auch für seinen Beitrag zur Pädagogik und für die Entwicklung einer psychoanalytisch geprägten Anleitung für das Verhalten gegenüber Kranken, die den Ärzten gewöhnliche Patienten zu heilen half.

Die Umerziehung von Drogensüchtigen und Alkoholikern und die Psychoanalyse von Delinquenten wird in Frankreich beinahe ebenso akzeptiert wie in England oder in den USA, obwohl diese Praxis meist unter klinischen Bedingungen stattfindet (Olievenstein, 1982). Wie ich indessen im 4. und im 10. Kapitel festhalte, faßte das Freudsche Denken in Schulen und Krankenhäusern fast auf dieselbe Weise Fuß wie in der Kultur insgesamt. Deshalb ist die Psychoanalyse, auch wenn sie erst spät ankam, inzwischen tief in die Gesellschaft eingedrungen. Sie erhebt in Frankreich keinen Anspruch darauf, Pädagogik zu sein. Gleichwohl würde ich behaupten, daß die psychoanalytische Pädagogik in der postlacanianischen Ära zum Bestandteil der zentralen Denkströmung geworden ist. Aus diesem Grund schicken Eltern ihre fünfjährigen Kinder in die Schule, nachdem sie sie bereits im Freudschen Geist erzogen haben, und deshalb brauchen Lehrer auch keine Proselytenmacherei mehr zu betreiben.

Wie weit ist die psychoanalytische Pädagogik verbreitet?

Nahmen die theoretischen Entwicklungen in den einzelnen Ländern ihren eigenen Verlauf, so wurden die spezifischen Konfigurationen durch die Zahl der Anhänger bestimmt, die Wissenschaftler wie Anna Freud, Melanie Klein, Margaret Mahler, Donald Winnicott und René Spitz um sich versammeln konnten, und auch durch die Fähigkeit, Forschungsgelder aufzutreiben. Aufgrund der Arbeit in kleinen und homogenen Gruppen war diesen Analytikern häufig nicht bewußt, daß Freudianer, die ähnlich dachten – d. h. diejenigen in ihren eigenen Forschungsgruppen –, sie automatisch unterstützen würden. Das heißt daß örtliche Gruppen entweder positiv reagierten oder Einzelheiten kritisierten (Einzelheiten der Konzeptualisierung, der Forschungsarbeit oder der Berichte), aber nicht die umfassenderen theoretischen Vorstellungen. Auf den internationalen Kongressen waren die Reaktionen auf die Forschungsberichte höchst unterschiedlich. Da sich jedoch keine Ergebnisse aus der Zeit nach 1945 direkt mit Psychagogik befaßten und die Forschung selbst bis vor kurzem im angelsächsischen Bereich verblieb, sprachen nun alle von den Wahrnehmungsfähigkeiten des Kleinkindes, von motorischen Reflexen, von der Stärke innerer Reize oder von den Fähigkeiten, ein Grundmuster von Neigungen, Energien, Antrieben und Überlebensinstinkten zu organisieren. Diese Themen festigten die amerikanische Hegemonie noch mehr als die Mitgliedermehrheit in der IPA. Umgekehrt wurde aus mangelndem Interesse an der angewandten Psychoanalyse und aufgrund des (berechtigten) Einwandes der Freudianer, die Anwendungen würden die intrapsychische Welt einfach preisgeben, der Großteil der deutschen Diskussionen vom Programm der IPA-Konferenzen ferngehalten.

Einige Ich-Psychologen gingen in ihrer Wissenschaftssprache über die Interessen ihres Faches hinaus. So befaßten sich neben anderen Mortimer Ostow, Judith Kestenberg und Leo Spiegel sowohl mit philosophischen und pädagogischen Untersuchungen als auch mit physiologischen und wahrnehmungstheoretischen Untersuchungen von Reaktionen und Perzeptionen. Ihr Wissen auf diesen Gebieten blieb indessen auf spezifische Bereiche beschränkt. Außerdem befaßten die meisten Analytiker sich mit diesen Punkten unter Betonung der damit verbundenen ödipalen Thematik. Dennoch schien die daraus hervorgehende psychoanalytische Hermeneutik die Intellektuellen zu beeindrucken. Die deutschsprachigen Analytiker versuchten dagegen, auf der Basis der Psychologie, die sie in ihren klinischen Settings im Hinblick auf bestimmte gesellschaftliche Themen, besonders auf den von ihnen so gefürchteten Autoritarismus praktizierten, allgemeine Aussagen zu machen. Angesichts des Umstandes, daß es sich dabei um ein besonderes Phänomen der Zeit nach dem Nationalsozialismus handelt, zeigten viele englischsprachige Kollegen kaum Interesse.[11] Weil in Deutschland die Psychoanalyse jedoch die Massen umerziehen sollte, nahm man die Rehabilitierung von Kriminellen in einer permissiven Gesellschaft als Modell. Die Deutschen zogen freilich doch den Schluß, daß die Erfolgsquote sehr gering und eine solche Therapie ein noch größerer Luxus war als eine Einzelanalyse mit fünf Wochenstunden. Ebenso wie in den USA erwies sich deshalb die Psychoanalyse in anderen institutionellen Settings als denen für schwere Neurotiker als zu kostspielig. Stattdessen trat man nun für eine Art „präventive" Psychoanalyse für Kinder und Halbwüchsige ein. Und am Ende erwies sich dies als das Thema, das die Pädagogik ersetzte, und als die beinahe einzige psychoanalytische Tätigkeit, über der die Freudianer der ganzen Welt sich wieder zusammenraufen konnten.

---

[11] Nach persönlichen Mitteilungen und Kommentaren bei Kongressen.

7. Kapitel
Die Psychologie der Frau

Freuds Anhänger wie auch seine Kritiker sind sich darüber einig, daß Freud nie herausgefunden hat, „was das Weib will". In den angelsächsischen Ländern behaupten die einen, der Gedanke des Penisneides sei ein Produkt des Wiener fin de siècle, und für die anderen ist die Psychoanalyse nur noch ein viktorianisches Fossil. In Frankreich kreist die Debatte meist um Fragen der Sexualität, über zulässige Ansichten zu hetero- und homosexuellen Praktiken. Verleumder in allen Ländern haben Freud für die Existenz des Patriarchats verantwortlich gemacht, statt ihn als eine von dessen aufgeklärtesten Hervorbringungen zu betrachten.

In einem Brief vom 8. Dezember 1925 brachte Freud sein Interesse für Abrahams Vorstellung über die „vermutete vaginale Beteiligung an der infantilen Frühblüte der Libido" zum Ausdruck. Er räumte ein, „daß die weibliche Seite des Problems mir außerordentlich dunkel ist. Wenn Ihre Gedanken und Beobachtungen bereits eine Mitteilung vertragen, würde ich sehr gerne davon hören, kann aber warten" (Abraham und Freud, 1965, S. 350). Als Freud seinen Aufsatz über „Einige psychische Folgen des anatomischen Geschlechtsunterschieds" (1925j) schrieb – ebenfalls im August 1925 –, äußerte er zum ersten Mal Zweifel an seiner Theorie der „sexuellen Äquivalenz" und stellte seine eigenen Annahmen in Frage, derzufolge sich der Ödipuskomplex bei beiden Geschlechtern in derselben Weise entwickle. Vielmehr begann er mit der Feststellung, daß Knaben und Mädchen mit unterschiedlichen Sexualorganen ausgestattet sind, unterschiedliche biologische Produkte erzeugen (Spermatozoen und Ova) und (zahlreiche) unterschiedliche sekundäre Geschlechtsmerkmale aufweisen [1933*a*; 33. Vorlesung]. Dies war für ihn auch ein Hinweis darauf, daß die *Bisexualität* ein universales Phänomen ist – daß nämlich ein Individuum nicht einfach ein Mann oder eine Frau ist, sondern beides –; und daß dies nur dann zum Problem werde, wenn das sekundäre Merkmal nicht hinreichend sekundär sei. Nach seiner Folgerung wird Männlichkeit oder Weiblichkeit nicht allein durch die Anatomie definiert, denn: „Die Bedingungen der Objektwahl des Weibes sind häufig genug durch soziale Verhältnisse unkenntlich gemacht. (...) Wir sagen auch von den Frauen aus, daß ihre sozialen Interessen schwächer und ihre Fähigkeiten zur Triebsublimierung geringer sind als die der Männer. Das erstere leitet sich wohl vom dissozialen Charakter ab, der allen Sexualbeziehungen unzweifelhaft eignet" (1933*a*; *Stud.*, Bd. I, S. 563–564).

Nach Freud sind „Männlichkeit" und „Weiblichkeit" sowohl körperliche als auch psychische Attribute. Wendet man den Begriff der Bisexualität auf das Seelenleben an, dann zeigt sich, daß die Männer und die Frauen sich sowohl männlich als auch weiblich verhalten (1933*a*). Diese Unterscheidung gilt freilich nur in einem deskriptiven Sinn für „Aktivität" und „Passivität" und nicht für angeborene Züge. Gleichwohl korreliert das entsprechende Verhalten mit der Aktivität der männlichen Geschlechtszelle, die die weibliche aufsucht [1933*a*; *Stud.*, Bd. I, S. 546], und mit der Verfolgung des Weibchens durch das Männchen. Männlichkeit wird deshalb mit Aggressivität gleichgesetzt, während die weibliche *Aktivität* – bei den unteren Arten, bei der Aufzucht des Nachwuchses und bei der Laktation – „durch die Bevorzugung passiver Ziele" charakterisiert zu sein scheint. Ferner: „Die dem Weib konstitutionell vorgeschriebene und sozial auferlegte Unterdrückung seiner Aggression begünstigt die Ausbildung starker masochistischer Regungen" (1933*a*; *Stud.*, Bd. I, S. 547). Der Masochismus, fährt Freud fort, ist ein Ergebnis früher erogener Erlebnisse, bei denen die destruktiven Impulse nach innen gerichtet wurden. Außerdem nahm er an, daß Ereignisse und Episoden in der ganz frühen Sozialisation in die Persönlichkeitsstruktur einverleibt werden – einer seiner zentralen Grundsätze. Diese Formulierung sollte sich als ein Hauptangriffspunkt für ganze Generationen von Feminist(inn)en erweisen. Der übrige Teil des Aufsatzes, der die aufeinanderfolgenden Phasen der Libidoentwicklung behandelt, sollte dann allerdings noch mehr Stoff für Auseinandersetzungen liefern. Die Beobachtung des kindlichen Spiels hatte nämlich ergeben, daß Mädchen ebenso aggressiv sein können wie Knaben und daß sie, beim Eintritt in die phallische Phase, bei der Masturbation die Klitoris als Penisäquivalent benutzen. Die besondere zeitliche Situierung dieser Gewohnheit war für Freud der Beweis dafür, daß die Entwicklung der Weiblichkeit sich während der ödipalen Phase vollzieht und mit einer Verlagerung der erogenen Empfindlichkeit von der Klitoris auf die Vagina zusammenfällt. Diese Verschiebung „wäre die eine der beiden Aufgaben, die von der Entwicklung des Weibes zu lösen sind" (1933a; *Stud.*, Bd. I, S. 550). Die zweite ist die Verschiebung der Objektbesetzungen von der Mutter auf den Vater.

Freud zufolge durchläuft der normale Knabe den Ödipuskomplex auf „natürliche" Weise [S. 559]; um der Kastrationsdrohung zu entgehen, verzichtet er auf inzestuöse Ansprüche gegenüber seiner Mutter, identifiziert sich mit dem Vater und baut dabei eine starke sexuelle Identität sowie ein starkes Über-Ich auf. Das normale Mädchen muß hingegen seine frühe erotische Bindung an die Mutter aufgeben und mit dem Penisneid fertigwerden. Während der Knabe an seiner Liebe zur Mutter festhalten kann, muß das Mädchen genau das Gegenteil leisten, indem es etwas übernimmt, was es jetzt als Unterlegenheit oder Abwertung der Mutter wahrnimmt. Ohne Angst vor einer Kastration „verbleibt" das Mädchen „unbestimmt lange" im Ödipuskomplex, „baut ihn nur spät und dann unvollkommen ab" [S. 560]. Deshalb muß die „Bildung des Über-Ichs unter diesen Verhältnissen leiden, es kann nicht die Stärke und die Unabhängigkeit erreichen, die ihm seine kulturelle Bedeutung verleihen und – Feministen hören es nicht gerne, wenn man auf die Auswirkungen dieses Moments für den durchschnittlichen weiblichen Charakter hinweist" (1933*a*, S. 560).

Schon bevor Freud diesen zukunftsweisenden Aufsatz schrieb, hatte er gesagt, es bestehe keine direkte Wechselbeziehung zwischen Biologie und Psychologie und keines der beiden Geschlechter sei entweder nur „aktiv" oder nur „passiv". Er bezog sich dabei zwar nicht direkt auf die weibliche Sexualität, aber unter seinen Anhängern gab es viele Frauen, und sie achteten von Anfang an auf die unterschiedlichen Reaktionen von männlichen und weiblichen Patienten. Mit der Ausnahme von Aichhorn und Bernfeld befaßten sich nur weibliche Analytiker mit empirischen Untersuchungen an Kindern; einige von ihnen, darunter Helene Deutsch, Karen Horney, Edith Jacobson und Melanie Klein, untersuchten auch die Bildung der weiblichen Identität.

Zunächst wollte Freud auf Abrahams Spekulationen über die zwei aufeinanderfolgenden Stufen der weiblichen Sexualität antworten – die Verschiebung von der Klitoris zur Vagina. Abraham hatte die Vermutung geäußert, daß kleine Mädchen vaginale Empfindungen haben könnten, die möglicherweise zu einer psychischen Verschmelzung zwischen dem vaginalen und dem analen Bereich führen. Ferner hatte er die Vermutung geäußert, daß psychische Ereignisse in der Kindheit und in der Pubertät wohl ähnlich seien und daß das Mädchen in der Adoleszenz, wenn es den Wunsch nach Klitorisreizung durch den Wunsch nach vaginaler Penetration ersetze, ihre frühen Erlebnisse in umgekehrter Reihenfolge wiederhole. Demzufolge wäre die psychische (vaginale) Weiblichkeit von Anfang an präsent und würde das Gegenteil der (penisbezogenen) Männlichkeit darstellen. Wenn Freud eine solche Konzeption akzeptiert hätte, dann hätten die Klitoris als Ort der Masturbation und die daraus resultierenden Schuldgefühle nicht mehr die Bedeutung gehabt, wie er dachte. Außerdem hätten die Mädchen ohne solche Schuldgefühle keine so große Last mehr zu verdrängen gehabt, wie er meinte, und dies hätte wiederum bedeuten können, daß entgegen seiner Auffassung auch weniger strenge psychoanalytische Therapien hätten genügen können.

Abraham starb 1926, im Jahr darauf, und konnte seine Ideen nicht mehr weiterentwickeln. In der Folge dachten jedoch viele Feministinnen über sie nach. Eine der erfolgreichsten Abweichlerinnen von der Freudschen Theorie war Karen Horney. Sie behauptete, die sogenannte männliche (ödipale) Phase des Mädchens sei eine Abwehr der Angst vor einer bevorstehenden Gewalttätigkeit durch den Vater; eine Angst aufgrund des „biologischen Prinzips" ihrer sexuellen Anziehungskraft auf ihn. Einer anderen Analytikerin, nämlich Melanie Klein zufolge, hat das Mädchen deshalb Angst, weil es ein unbewußtes Wissen von seiner ursprünglichen, frühkindlich-weiblichen Sexualität besitzt.

Die weiblichen Pioniere der Psychoanalyse gehörten zwar ebenso wie manche andere keiner feministischen Bewegung an, aber sie wollten trotzdem untersuchen, in welcher Weise die Psychoanalyse die Gleichheit der Geschlechter herbeiführen könnte. Ihre Ideen wurden deshalb den jeweiligen zeitbedingten Interessen in der Gesamtkultur entsprechend entweder akzeptiert oder abgelehnt. Es gab jedoch keine offenkundige Geschlechterdiskriminierung, da die Psychoanalyse den Frauen ebenso zugänglich war wie den Männern und weil sie außerdem Frauen von höchstem Rang und größtem Format auf sich zog (Coleman, 1985).[1] In Wien verteidigte Anna Freud die Ideen ihres Vaters gegen die österreichischen Feministinnen, die außerdem für den Sozialismus kämpften und deshalb 1913 zusammen mit Adler aus der Bewegung ausgetreten waren. In Frankreich wäre die Psychoanalyse ohne die Bemühungen von Marie Bonaparte und Eugénie Sokolnicka vermutlich niemals in Gang gekommen. Als später Anna Freud und Melanie Klein in England um die Vorherrschaft über die Psychoanalyse kämpften, hatte sogar Jones nichts dagegen einzuwenden, daß der Kampf um die Nachfolge unter Frauen und nicht unter

---

[1] Vgl. die neuere Analyse von Nellie Thompson (1987b) über die Zahl der Frauen, die sich der frühen Bewegung anschlossen, über ihre klinischen und theoretischen Beiträge sowie ihren späteren Zugang zu Führungspositionen, insbesondere in der Rolle von Ausbildungsanalytikerinnen.

Männern ausgetragen wurde. In den USA hatte sich Karen Horney, die 1932 emigriert war, zwar von den Freudianern getrennt, aber Helene Deutsch, Edith Jacobson, Phyllis Greenacre und andere Frauen folgten mehr oder weniger dem traditionellen freudianischen Weg. Sie waren Lehranalytikerinnen, hatten damit eine wichtigere Führungsrolle inne und trugen mehr zur Theorie bei als Frauen in anderen medizinischen Spezialgebieten. Viele von ihnen befanden sich in einflußreichen Positionen in psychoanalytischen Instituten: Helene Deutsch in Wien und Boston, Phyllis Greenacre in New York, Helen McLean und Therese Benedek in Chicago, Irene Josselyn in Phoenix und Joan Fleming in Denver.

Ende der sechziger und Anfang der siebziger Jahre begannen Jean Strouse, Juliet Mitchell, Jean Baker Miller und andere Autorinnen, eine auf der Freudschen Psychoanalyse beruhende feministische Theorie zu entwickeln. Einige französische Autorinnen entwickelten die Lacanschen Theorien weiter, die die feministischen Grundsätze stützten. In Deutschland führte Margarete Mitscherlich-Nielsen ihre eigenen, auf Edith Jacobson und anderen aufbauenden Ansichten eines „Freudianischen Feminismus" ein. Seit der Mitte der siebziger Jahre arbeiten Feministinnen diesseits und jenseits des Atlantiks zusammen, so daß die Theorien der französischen Feministinnen in die amerikanischen Fachbereiche der Literaturwissenschaft und in die Frauenforschungsprogramme an Universitäten wie Yale, Johns Hopkins, Cornell und Northwestern Eingang fanden.

Horney, Deutsch, Klein und Jacobson

Drei von den Frauen, für die das Thema Weiblichkeit zentral war – Helene Deutsch, Karen Horney und Melanie Klein - waren von Karl Abraham analysiert worden. Ihre Theorien werden von den Feministinnen nach wie vor überall diskutiert. Horney äußerte Zweifel an Abrahams Auffassung, wonach das präödipale Mädchen nach der Erkenntnis, daß sie niemals einen Penis haben werde, jedoch ein Kind haben kann, ihre Mutter zu beneiden beginnt und den Wunsch nach einem Kind vom eigenen Vater hegt. Ihren eigenen Beobachtungen zufolge versetzt das Fehlen des Penis das ödipale Mädchen in eine „konkret" nachteilige Situation, weil der Besitz des Penis sozial hoch bewertet wird. Das Mädchen identifiziert sich mit der Mutter und wird dann durch die unvermeidliche Zurückweisung von seiten ihres Vaters in die präödipale Phase zurückgestoßen. Dieses Erlebnis färbt alle künftigen Beziehungen zu Männern: das Mädchen kann rachsüchtig und enttäuscht reagieren, es kann rebellisch werden, statt passiv und unterwürfig zu sein (wie Abraham und Freud behaupteten), oder in einer „fiktiven männlichen Rolle" Zuflucht suchen.

Helene Deutsch war hingegen ganz einer Meinung mit Freud, daß der Ödipuskomplex des Mädchens mit der Kastrationsangst zusammenhänge. Sie wies jedoch darauf hin, daß die Klitoris nicht dem Penis gleichgesetzt werden könne. Horney tadelte sie, weil sie das männliche Gegenstück zum weiblichen Penisneid nicht erkannte – den Gebärmutterneid bei Knaben. Sie zog daraus bald den Schluß, daß bei der Wahrnehmung und der Entwicklung aller Kinder soziale Faktoren wohl ebenso wichtig sein können wie biologische.

Nach Melanie Klein wehrt sich das Mädchen gegen die weiblichen Einstellungen, die es aufgrund der Beziehung zur Mutter verinnerlichen muß, nicht so sehr wegen seiner männlichen Neigungen, sondern weil es Angst und Groll gegenüber der Mutter hat, die seinen echten weiblichen Bedürfnissen zuwiderhandelt (seinen Wünschen gegenüber dem Vater) und es zu vernichten droht, wenn es daran festhält. „Es schaudert sie beim Gedanken an die sexuelle Vereinigung mit dem Vater" (Grosskurth, 1986, S. 204). Jones stimmte zu, daß der Penisneid die grundlegende Abwehr des Mädchens sei. Durch die Leugnung der eigenen Weiblichkeit hofft das Mädchen sich vor Angriffen seitens der Mutter und vor dem gefährlichen Penis des Mannes zu schützen. Phyllis Grosskurth zufolge war dies nach Jones' (1933) Auffassung die einzig mögliche Reaktion des Mädchens auf seine Angst in den ersten Lebensjahren, und damit bestätigte Jones die Ansicht von Melanie Klein, daß der Haß des Mädchens gegen die Mutter nicht auf den Groll über seinen fehlenden Penis zurückgeht, wie Freud behauptete, sondern auf die Rivalität mit der Mutter um den Penis des Vaters.

Dies waren nicht die einzigen Erkundungen über die Weiblichkeit, auch wenn sie die wichtigsten Richtungen anzeigen. Marie Bonaparte zum Beispiel befaßte sich mit den ungleichen Rollen von Mann und Frau bei der Sexualität und der Fortpflanzung – lustvoller Koitus beim Mann; unangenehme Menstruation und Blutungen bei der Defloration und der Geburt bei der Frau. Sie sah einen Gegensatz zwischen der fehlenden sexuellen Lust der Frau und der Lust des Mannes und folgerte daraus, daß die Frauen sich von ihren infantilen Ängsten befreien mußten, um nicht masochistisch zu bleiben. Helene Deutsch zufolge werden diese Ängste schließlich überwunden, wenn die Frau ein eigenes Kind austrägt. Anna Freud erörterte die Unterschiede zwischen Knaben und Mädchen, indem sie die besondere emotionale Ausstattung und die Abwehrmechanismen mit der Auflösung des Ödipuskomplexes in Verbindung brachte. Alles in allem unternahmen die Analytikerinnen zwar vielfältige Ansätze, aber sie hatten ein gemeinsames Interesse daran, ob, wie und inwieweit Biologie nun Schicksal war.

Natürlich sollten die Erklärungen der männlichen und weiblichen Sexualität auch eine Erweiterung der psychoanalytischen Theorie bedeuten und gleichzeitig den Weg zur psychischen Befreiung sowohl der Männer als auch der Frauen bahnen. Allerdings nahm sich nicht einmal Karen Horney ein feministisches Programm vor. Die Analytikerinnen erweiterten ebenso wie ihre männlichen Kollegen Freuds „Wissenschaft" zu einer Zeit, da „Wissenschaft" gleichbedeutend war mit Fortschritt. Nachdem Melanie Klein 1926 nach England abgereist und Karen Horney 1932 nach Chicago (und 1936 nach New York) umgezogen war, Helene Deutsch sich 1934 in Boston niedergelassen hatte und Edith Jacobson 1936 nach New York gekommen war, wichen ihre Theorien als Reaktion auf die neue Umgebung und auf die Schlußfolgerungen aus dem Fallmaterial sowie auf literarische Werke und anthropologische und soziologische Daten immer stärker voneinander ab.

Helene Deutsch zum Beispiel leitete den zweiten Band ihrer *Psychology of Women* (1945; 1973), der sich mit der Mutterschaft befaßt, mit Erwägungen über die unterschiedliche Sozialisation der Frauen in Europa und in den USA ein. Ihrer Auffassung zufolge waren die Amerikanerinnen emanzipierter als die Europäerinnen, weil sie ihren Männern bei der Besiedlung des neuen Kontinents geholfen hatten. Allerdings nahm sie an, daß in der Kolonialzeit die Frauen nicht mehr ganz so seltene Sexualobjekte waren, so daß ihr Wert sank – auch wenn sie in der Familie immer stärker dominierten.[2] Nachdem sie dieses Urteil anhand von anthropologischen Untersuchungsresultaten Briffaults und Malinowskis sowie von Tieruntersuchungen erhärtet hatte, folgerte Deutsch das Offenkundige: die mütterlichen Emotionen unterscheiden sich bei Mensch und Tier deshalb, weil die tierischen Instinkte physiologisch festgelegt sind, während die menschlichen von psychischen Faktoren beeinflußt werden. Deutsch sprach von der Sublimierung mütterlicher Triebe und unterschied zwischen der „femininen" Frau, deren narzißtische Selbstliebe und masochistische Bereitschaft zum schmerzhaften Geben und Lieben harmonisieren, und der mütterlichen Frau, deren narzißtischer Wunsch, geliebt zu werden, vom egoistischen Ich altruistisch auf das Kind oder auf seine Vertretung übergeht (1945, deutsche Ausgabe, Bd. II, S. 19).

Allerdings kann Mütterlichkeit entweder Mutterliebe und Zärtlichkeit auslösen oder übermäßige und fehlgeleitete Bemutterungsgefühle; sie kann mit anderen psychischen Neigungen im Einklang sein oder diese stören; und der

---

[2] Die Analytikerinnen waren beileibe nicht die einzigen, die ihre Schlüsse aus dem neuen Typus von Frauen zogen – sie waren „Taxifahrerinnen, Liftmädchen und Straßenbahnschaffnerinnen geworden und hatten sich einen jungenhaften Haarschnitt zugelegt"; man hielt sie für die Wegbereiterinnen eines „neuen Zeitalters des Amazonentums" und sie bestanden auf „ihrem ursprünglichen Freiheitszustand" (Deutsch, 1944, Kap. X).

Konflikt zwischen Sexualität und Mütterlichkeit verleiht der Psychologie der Mutterschaft ihre Tiefe und Fülle (1945, S. 22–23, dt. Ausg. Bd. II, S. 23–24). Als Deutsch jedoch behauptete, „eine psychisch integrierte Frau" könne „sowohl die Sexualität als auch die Mutterschaft mittels ein und desselben Mannes befriedigen", führte sie eine moralische Komponente ein. Sie verdeutlichte ihre Behauptung mit der Psychoanalyse der beiden weiblichen Hauptfiguren in Balzacs *Mémoires de deux jeunes mariées*[3] – die eine von ihnen Kurtisane und eine der Liebe hingegebene Frau, die andere die Verkörperung von Mutterschaft und Mütterlichkeit (S. 26, dt. Ausg. S. 24). Ebenso wie Freud benutzte Deutsch die Psychoanalyse zur Erhellung der Fiktion, vernachlässigte dabei jedoch den Umstand, daß das Werk selbst auf psychologischen Bedingungen beruhte, die ihren Ursprung sowohl in gesellschaftlichen Bräuchen, Sitten und Gesetzen – Ergebnis von äußeren Kräften, die die Psyche und das Verhalten der beiden Frauen beeinflussen – haben können als auch in Balzac selber. Und ebenso wie Freud wies sie auf die Ähnlichkeiten zwischen den Phantasien von Balzacs Frauenfiguren und denen ihrer Patienten hin. Auf diese Weise 'amerikanisierte' Helene Deutsch Freuds Bild der Weiblichkeit:

„Mit der Ablenkung des Interesses von dem nicht vorhandenen Penis auf das ebenfalls nicht vorhandene Kind wird eine tiefberechtigte Analogie zwischen den zwei Vorstellungen hergestellt. Über diese Gleichstellung Penis–Kind scheint mir eine große Konfusion zu bestehen. Diese Konfusion hängt mit dem Umstand zusammen, daß man die zweckmäßige Leistung in der weiblichen Entwicklung, durch die das Mädchen den Peniswunsch überwindet und sich ein Kind wünscht, für eine 'Ersatzbildung' hält, in der es sich für den Mangel des Penis mit dem Versprechen eines Kindes tröstet. De facto handelt es sich um einen biologisch vorbedingten, dynamischen Entwicklungsprozeß. Nur einer mißglückten Entwicklung stehen sich die zwei Dinge: Kind–Penis als konkurrierende Werte gegenüber. Aber auch dann nicht einfach als Tauschobjekte,

---

[3] [*Memoiren zweier junger Frauen*; 1842 innerhalb der *Scènes de la vie privée* in der *Comédie humaine* erschienen. Deutsch: *Zwei Frauen*. Übersetzt von Gabrielle Betz. Berlin 1923; Zürich: Diogenes, 1977. *A. d. Ü.*]

sondern als zentrale Vertreter der zwei Komponenten der Bisexualität, die es zu keiner Harmonie miteinander gebracht haben, nämlich der Männlichkeit und der Weiblichkeit.

Allerdings gibt es in der infantilen Periode eine Gleichsetzung Penis–Kind, in der jedoch das Kind noch gar nicht als Wunschobjekt in der Außenwelt in Betracht kommt. Es scheint, daß in dem Prozeß der Verlegung des Interesses von außen nach innen sich – sozusagen – auch die Körpervorstellung des Penis mitbewegt, um sich eine Zeitlang als Idee vom 'inneren Penis' zu konservieren. Der äußere Mangel führt das Mädchen zur 'Verinnerlichung', der erwünschte Besitz ist jetzt ein inneres Körperorgan, dem später die Rolle eines Kindes zukommen wird. In dieser Phase betrifft die Gleichsetzung Penis–Kind zwei Dinge, die ihre Identität dadurch bekommen, daß beide als dem Körper zugehörig betrachtet werden. In den Ängsten der Pubertät, in dem Drang zu Operationen finden wir oft noch diese Identität konserviert. Ja sogar die reale Schwangerschaft mobilisiert bei vielen Frauen die alte Idee von einem inneren Körperbesitz, der sich von der Identität mit dem Sexualorgan des Knaben nicht weit entfernt hat. Ich glaube jedoch, daß die Bedeutung des Kindes als Rekompens für die anatomische Benachteiligung des Mädchens nicht eine Allgemeingültigkeit hat. In der Kindheit und Pubertät kann etwas nicht Vorhandenes keine Entschädigung bieten, in der Phase der Fortpflanzung hat das Kind seine eigene, aus anderen Quellen kommende Bewertung bekommen." (1945, S. 65, dt. Ausgabe 1954, S. 47).

Natürlich sprach Deutsch von unbewußten Mechanismen und nicht allein von bewußten Phantasien. Dennoch spiegelten ihre Ansichten der Mutterschaft die Ideale der vierziger Jahre wider, und die Mädchen, die sie kennenlernte, wuchsen in einer Zeit groß, als man die Mutterschaft für den einzigen Weg zur weiblichen Erfüllung hielt. Da damit auch die männliche Überlegenheit und der Paternalismus akzeptiert wurde, folgte daraus, daß Deutsch die Frauen naturgemäß als masochistisch, narzißtisch und passiv ansah.[4]

---

[4] Nellie Thompson (1987a), die Helene Deutschs Psychologie der Frau und ihre Charakterisierung der „weiblichen" Frau als narzißtisch, passiv und masochistisch analysiert, ist der Auffassung, daß die Rolle der Identifizierung und Helene Deutschs eigene persönliche Entwicklung ihre Theorien sowohl förderten als auch hemmten.

Noch bevor Helene Deutsch in die USA gekommen war, kritisierte Karen Horney sie, weil sie sich auf die vermeintlich hemmenden Effekte der phallischen Phase konzentriert habe (in der Klitoris und Penis gleichgesetzt werden), statt anzuerkennen, daß gerade diese Vorstellung die Einseitigkeiten einer männlich geprägten Zivilisation zum Ausdruck bringe (Horney, 1926, S. 325, dt. Ausg. S. 36), in welcher der Männlichkeitsneid – eine Triebkraft bei der Festlegung kultureller Werte – erfolgreicher sublimiert werden kann als der Penisneid (S. 331). 1935 ging sie noch weiter und sagte, die Psychoanalyse habe die angenommenen Verbindungen zwischen Masochismus und weiblicher Biologie bekräftigt, ohne die gesellschaftlichen Voraussetzungen zu berücksichtigen (1935, S. 241). Sie bezweifelte das Vorhandensein eines „masochistischen Triebs" beim Mädchen anhand von eigenen Analysen literarischer Figuren, von anthropologischen Beobachtungen an Frauen in Stammesgesellschaften und von Beobachtungen an Patientinnen. Mit Clara Thompson ([1943]; 1973) vertrat sie die Auffassung, daß klinische Diagnosen auch ein Ausdruck der Kultur sind. Weil die amerikanische Neigung zum Konkurrenzverhalten bei Männern und bei Frauen Neid auslöst und weil Frauen den Männern gegenüber als minderwertig eingestuft werden, scheint Thompson zufolge die kulturelle Unterprivilegierung die Gefühle der Unzulänglichkeit bei den Frauen zu bestätigen (Horney, 1935, S. 11). Die Charakterentwicklung kann deshalb ins klinische Bild des Penisneides passen, ohne daß ein Kindheitstrauma zugrundegelegt werden müßte, das auf dem Vergleich der Geschlechtsorgane beruht (S. 57).

In ihrem Buch *The Neurotic Personality of Our Time* (1937) behauptete Horney, neurotische Versuche, Zuneigung durch Bestechung zu gewinnen, würden häufiger von Frauen als von Männern unternommen, weil man den Frauen beigebracht habe, die Liebe als ihren eigenen Sonderbereich anzusehen – als das einzige Mittel, alles zu bekommen, was sie sich emotional oder materiell erhofften. „Während die Männer in der Überzeugung aufwachsen, daß sie im Leben etwas leisten müßten, um es zu etwas zu bringen, erkannten die Frauen, daß sie durch Liebe – und nur durch Liebe – Glück, Sicherheit und Prestige erlangen konnten" (S. 140). In ihren späteren Arbeiten befaßte sich Horney offenbar nicht mehr mit der Psychologie der Frauen im besonderen: sie sprach von den inneren Konflikten *aller* Neurotiker in der modernen Gesellschaft. Auch wenn ihr Umgang mit Patienten sich nicht wesentlich von dem der klassischen Freudianer unterschied, hätte sie sich von ihnen durch diese umfassenderen Anliegen auch dann entfremdet, wenn sie sich nicht dazu gezwungen gefühlt hätte, ihr eigenes Ausbildungsinstitut zu gründen (siehe 2. Kapitel). Ihre Lebensgeschichte schien in der Tat zu beweisen, daß Frauen ihren „angeborenen" Nachteil überwinden können (siehe Quinn, 1987).

Während sich Helene Deutsch mit dem Ödipuskomplex beschäftigte und Karen Horney nach den sozialen Ursachen von Phantasien und Neurosen forschte, befaßte sich Melanie Klein immer genauer mit der frühesten Kindheit – mit den unbewußten Mechanismen der Interaktion zwischen Mutter und Kind im Anschluß an das Geburtstrauma. Freud und Deutsch stimmte sie zwar darin zu, daß die sexuelle Entwicklung der Frau erst nach der Verlagerung der Libido von der oralen auf die genitale Stufe abgeschlossen ist, aber sie vertrat die Ansicht, dieser Prozeß beginne mit den ersten Regungen genitaler Impulse, und die orale, rezeptive Zielsetzung der Geschlechtsorgane übe bei der *Hinwendung des Mädchens zum Vater* einen bestimmenden Einfluß aus (Grosskurth, 1986, S. 177). Klein war mit Horney der Ansicht, daß die Masturbation für Mädchen weitaus weniger befriedigend sei als für Knaben und eine weitere Enttäuschung bei der weiblichen Entwicklung darstelle. Weil jedoch das ödipale Mädchen sich zudem des „Mangels" bei der Mutter bewußt wird, macht es sie für alles verantwortlich und verstärkt dadurch seine Angst, die durch die Impulse ausgelöst wird, die Mutter zu berauben und zu zerstören (S. 177). Das Mädchen wendet sich dem Vater zu, weil ihm die Brust weggenommen wird und es sich zwangsläufig weiterhin von der Mutter enttäuscht fühlen muß, vor der es Angst hat. Erst wenn es selbst Mutter geworden ist,

wird es die damals hervorgerufene Angst überwinden können. Nach Melanie Klein entspricht die Angst des Mädchens
vor der Mutterschaft den Kastrationsängsten des Knaben.
Außerdem sind die ödipalen Phasen bei Melanie Klein
flexibler als bei Freud, weil sie von den Ereignissen in der
prägenitalen Situation bestimmt werden. Klein nahm ferner
an, daß der Knabe eine weibliche (orale) Entwicklungsstufe
durchläuft (siehe 11. Kapitel). Außerdem wird der Kleinianische „Raum" anders konzeptualisiert als in den topischen
und strukturellen Modellen der Psyche bei Freud. Es besteht
ein „Phänomenbewußtsein von der 'Verschiebung' eines
Erlebnisaspekts", welches es dem Kleinkind ermöglicht,
schmerzliche Reize (innere Objekte) zur Veränderung und
Aufbewahrung [containment] in der Mutter zu „plazieren"
(Ashbach und Schermer, 1987, S. 60–61). Anders gesagt, ein
böses Objekt oder ein schlechtes Erlebnis wird in die Mutter
hineinprojiziert.

Edith Jacobson (1937) entdeckte, daß das Über-Ich ihrer
Patientinnen durch Interaktionen gebildet wird, die komplexer sind, als ihre Kolleg(inn)en annahmen. Weder „Masochismus" noch „Vermännlichung", wie Hanns Sachs (1928)
behauptet hatte, noch „nach außen projizierte Kastrationsängste", wie Radó (1934) gesagt hatte, konnten für die Angst
verantwortlich gemacht werden, die während der kindlichen
Triebentwicklung erzeugt wird. Die Erkenntnis des kleinen
Mädchens, kastriert worden zu sein, ist sehr viel differen-
zierter, als die Freudianer dachten – sie schließt auch
Haßgefühle und den Wunsch nach Vergeltung und Wiederherstellung ein, lange *bevor* eine Depression, die Abwertung
der Mutter und die Hinwendung zum Vater einsetzt. Die
Art und Weise, wie dieser Zeitabschnitt erlebt wird, ist
gesellschaftlich determiniert. Jacobson setzte sich also mit
Klein über die Bedeutung der frühen Sexualität bei Mädchen
auseinander und legte als Zeitpunkt das dritte Lebensjahr
fest. Jacobson stützte zwar Horneys Hinweis auf die
gesellschaftlichen Ursachen, war aber der Ansicht, daß bei
Mädchen „soziale Angst" sich aus einer „weiblichen masochistischen und oralen Disposition für Objekte" heraus
entwickle, die zu Abwehrformen des Über-Ichs führten,

welche später für eine übergroße Abhängigkeit von Liebes-
objekten verantwortlich sind. Deshalb folgerte sie, daß der
Aufbau des Über-Ichs gefördert wird, wenn das Mädchen
davon überzeugt ist, seine Vagina sei ebenso wichtig wie der
Penis des Knaben: Kastrationsangst und die Angst vor der
Verletzung des eigenen Geschlechtsorgans dienen bei der
Entwicklung der Sexualität dem selben Ziel (S. 409). (Jacobson analysierte 1950 Schwangerschaftsphantasien und Kinderwünsche bei Knaben [1950, S. 139–152].)

Offensichtlich befaßten sich Deutsch, Horney, Klein und
Jacobson im Anschluß an Freud mit den Fragen der
Weiblichkeit unter Bezugnahme auf die weibliche Sexualität.
Horney und Jacobson machten bei ihren Darstellungen
allerdings die kulturell bestimmten männlichen Einseitigkei-
ten deutlich; Deutsch wies die hemmenden Wirkungen
biologischer Unterschiede auf die weibliche Identität nach;
Melanie Klein erörterte die größere Angst des Mädchens
aufgrund (ödipaler) Phantasien, den Körper der Mutter mit
Kot und Urin zu verletzen. Sie alle befaßten sich jedoch mit
der Ungleichheit zwischen den Geschlechtern, und alle
faßten das Thema der Weiblichkeit in erster Linie als einen
Schwerpunkt in der psychoanalytischen Forschung auf.[5]
(Die Konzentration auf die Mutterschaft, so konservativ sie
auch gewesen sein mag, wurde zum Ausgangspunkt der
Objektbeziehungstheorie – einem wichtigen theoretischen
Eckpfeiler – in den USA, in England und in gewissem Maße
auch in Frankreich.)

Die Bemühungen der frühen Analytikerinnen sollten erst
viel später Anerkennung finden, als Feministinnen alle
vorhandenen Theorien zu untersuchen begannen, um ihre
eigene Bewegung voranzutreiben. Auch wenn also nicht alle
diese Analytikerinnen ein klares feministisches Programm

---

[5] In den nachfolgenden Generationen kamen besonders in den USA
nur noch wenige Frauen in die Führungspositionen der angesehensten Institute: nicht allein aufgrund negativer Vorurteile,
sondern auch deshalb, weil der Zugang zur medizinischen
Ausbildung für die Frauen erschwert wurde, so daß ihre Zahl
überaus gering war.

hatten und nicht alle über die sozial bedingten Ungleichheiten sprachen, werden einige ihrer Untersuchungen von den heutigen Feministinnen doch weitgehend genutzt.

Was wollen die Frauen denn sonst noch?

Die erste angelsächsische Feministin, die die Psychoanalyse ganz offen als Mittel zur Frauenbefreiung benutzte, war Juliet Mitchell. Aus Protest gegen ihre marxistischen Freunde, die mit Frantz Fanon der Ansicht waren, die Frauen (in der Dritten Welt) sollten erst nach der Revolution emanzipiert werden, begann sie sich mit der Ideologiekritik des marxistischen Philosophen Louis Althusser zu beschäftigen und kam auf diesem Weg zur Psychoanalyse (1966, S. 17–18). Ihrer These zufolge waren die Frauen von der Arbeitswelt nicht ihrer körperlichen Schwäche wegen ferngehalten worden, sondern weil sie in der Familie gebraucht wurden, um den Männern sexuell zu gefallen, um Kinder zu gebären und sie zu sozialisieren. Anschließend untersuchte sie eine Reihe von Synthesen von Marx und Freud. Im Unterschied zu anderen Feministinnen, die die Psychoanalyse häufig als logische Grundlage des bürgerlichen und patriarchalischen status quo verunglimpften, war sie der Auffassung, daß Feministinnen mit ihrer Ablehnung Freuds nur sich selbst schadeten.

Mitchell kritisierte die Feministinnen, weil sie Freud einfach beschuldigten, ohne seine Ideen in einen größeren theoretischen und ideologischen Kontext zu stellen. Sie entwickelte ihre Konzeption im Ausgang von Freuds grundlegenden Sexualtheorien, wies jedoch darauf hin, daß antifreudianische Feministinnen Freuds Texte zu wörtlich nehmen und leicht übersehen, daß er von unbewußten Mechanismen sprach, als er sein Konzept des Penisneids einführte. Stattdessen verschieben diese Feministinnen das Konzept in den Bereich der bewußten Entscheidungen und Wahrnehmungen [deutsche Ausg., S. 26–27]. Außerdem nehmen sie, Mitchell zufolge, irrtümlicherweise an, Freud habe vorgeschrieben, was „normal" sei, und sie verkennen, daß Freud

zeit seines Lebens darauf hingewiesen habe, „daß die sog.
‘Normalität’ nur ein relativer Begriff ist und in sich selbst
‘neurotisch’, ‘pathogen’, ‘psychotisch’ usw. sein kann.“ (dt.
Ausgabe S. 29–30). Als Beweis zitierte sie aus Freuds
Fallgeschichte der Dora, wo Freud sagt: „Die minder
abstoßenden unter den sogenannten sexuellen Perversionen
erfreuen sich der größten Verbreitung unter unserer Bevölkerung, wie jedermann mit Ausnahme des ärztlichen Autors
über diese Gegenstände weiß“ [1905e; *Stud.*, Bd. VI,
S. 125]. Und sie erinnerte daran, daß Freud keine starre
Vorstellung des Anormalen hatte; er schrieb [1935] an die
Mutter eines Homosexuellen: „(...) Es ist eine große Unge-
rechtigkeit, Homosexualität als ein Verbrechen zu verfolgen, und auch eine Grausamkeit (...)“ (1974, S. 8, 11;
deutsche Ausg. S. 27, 30 [vgl. Jones, 1957, deutsche Ausg.
Bd. III, S. 233–234]).

Nur dort, wo Mitchell den Narzißmus zu erklären
versucht, ließ sie den Einfluß der französischen Psychoana-
lysediskussionen durchblicken: sie wies auf Octave Manno-
nis Unterscheidung zwischen den *Drei Abhandlungen* –
„das Buch vom Trieb“ – und der *Traumdeutung* – „das Buch
vom Wunsch“ – hin. Außerdem betonte sie, daß Freud –
ebenso wie die Feministinnen – die „Unangemessenheit
einer biologischen Triebtheorie“ festgestellt habe (Mitchell,
1974; deutsche Ausg. S. 51). Sie befaßte sich auch mit dem
„megalomanischen Augenblick“ des Narzißmus beim Neugeborenen, mit der „Suche des Kindes nach sich selbst, in der
Reaktion auf den Gesichtsausdruck der Mutter“, nach der
„ersten Verwurzelung des Selbst“ [Mitchell 1974; deutsche
Ausg. S. 60–61]. Hier berief Mitchell sich auf Winnicott
(siehe 6. Kapitel), wenn sie die heutigen Sprachverwirrungen
auf die unzulängliche Sprache zurückführte, die Freud zur
Verfügung stand, und sie wiederholte Lacans Kritik an der
Vernachlässigung der Sprache in der Psychoanalyse. Ihrer
Ansicht nach war die Knappheit des Vokabulars für die
Begriffsverwirrung bei Wörtern wie *männlich, weiblich* und
Bisexualität verantwortlich [deutsche Ausg. S. 68–69].
Indem Mitchell die Freudschen Bedeutungen erweiterte und
den Kontext zu seinen Interpretationen lieferte, gelang es

ihr, die Psychoanalyse vielen Feministinnen schmackhaft zu machen. Nach Erörterung der präödipalen Sexualität, der Kastrationsängste, des Penisneides, der präödipalen Mutter und des ödipalen Vaters wandte Mitchell sich den vorherrschenden Anwendungen der Psychoanalyse auf die Befreiung der Familie zu. Sie zeichnete den intellektuellen Weg Wilhelm Reichs nach. Weil nach seiner Auffassung die Massenneurose zum großen Teil auf sexuelle Unterdrückung zurückzuführen war, trat er für eine sexuelle Befreiung als Weg zum Sozialismus ein (siehe oben, S. 46–47). Zu diesem Zweck konstruierte er auch seinen Orgon-Kasten – das mechanische Mittel, um dieses Ziel zu erreichen. Reich hatte allerdings die verwickelte Familiendynamik nicht untersucht, sondern alles das, was er am Ende von der Psychoanalyse für brauchbar hielt, politischen Zwecken zugeführt. Diese Orientierung brachte ihn auf zahlreiche außergewöhnliche Schlußfolgerungen: „Reich behauptet, unsere heutige Form von Eifersucht sei pathologisch, da die ökonomische Abhängigkeit der Frau bewirke, daß jeder Partner den anderen als seinen Besitz behandle", und weiter: „Beide Elternteile kompensieren ihre eigenen Entbehrungen durch die 'Liebe' zu ihren Kindern" [ebd., dt. Ausg. S. 252]. Außerdem postulierte er die Überlegenheit der Vagina [S. 259]. Mitchell zufolge scheiterte seine sexuelle Revolution deshalb, weil die sogenannte dialektische Einheit der Geschlechter unerreichbar war [S. 259–260].

Ronald D. Laing war mit seiner radikalen Psychoanalyse ebenfalls gescheitert, als er die sozialen Ursachen der Schizophrenie dadurch zu beseitigen versuchte, daß man „Menschen als Menschen" behandelte. In der Skizzierung seines Denkwegs zeigte Mitchell, wie in Laings Auffassung die Familie sich der Mutter gegenüber immer feindseliger verhielt. Wenn aber die Psychose eine präödipale Bildung ist, dann muß sie ganz einfach sehr viel mit der präödipalen Mutter und der Abwesenheit des ödipalen Vaters zu tun haben.[6]

---

[6] [In der deutschen Ausgabe, S. 334, fehlt der Schlußteil des Satzes: „and with the absence of the Oedipal father".]

Schließlich untersuchte Mitchell noch die Beziehung der Psychoanalyse zur „zweiten Welle des Feminismus", verkörpert durch Simone de Beauvoir, Betty Friedan, Eva Figes, Germaine Greer, Shulamith Firestone und Kate Millet. Die Frauenprobleme lagen für Mitchell im Patriarchat und in der Familienideologie: „Heute tischt unsere spezifische Ideologie der natürlichen, biologischen Familie (unserer 'Heiligen Familie') die Verwandtschaftsstruktur, zu der sie in Widerspruch steht, als verdrängte ödipale Saga auf (...)" (1974, S. 416; deutsche Ausg. S. 477).

Nach der Veröffentlichung von *Psychoanalysis and Feminism* (1974) wurde Mitchell selbst Psychoanalytikerin, wobei sie sich weiterhin die Untersuchung feministischer Themen zum Ziel setzte. Dank ihrer Vertrautheit mit den unterschiedlichen psychoanalytischen Schulen war ihre Arbeit gründlich. Ursprünglich war sie von Lacans Ideen eingenommen gewesen, weil er den ungewissen und illusorischen Charakter des Subjekts (des Ego oder Ich) unter dem Hinweis betonte, daß dieses 'Ich' eine Konstruktion sei, die im Unbewußten verschwinde, und weil Frauen für ihn nichts anderes waren, als die unterschiedlichen gesellschaftlichen und ökonomischen Strukturen, in denen sie hervorgebracht wurden (1984, S. 249).

Nachdem sie 1982 Psychoanalytikerin geworden war, befaßte sich Mitchell mit der engen Beziehung zwischen Psychoanalyse und Weiblichkeit in ihren jeweils wechselnden Orientierungen. Das sei *nicht* die Aufgabe von Freud gewesen, da er sich andere konzeptuelle Ziele gesetzt habe. Als Antwort auf die biologistischen Neigungen von Fließ beispielsweise erklärte Freud die Libido zum männlichen Faktor und die Verdrängung zum weiblichen: als Teil seiner Suche nach der inneren Logik dessen, was er zu beschreiben hatte. Und er lehnte sowohl Fließ' biologischen als auch Adlers soziologischen Zugang zu diesen Fragen ab (1984, S. 305; deutsche Ausg. S. 201). Wie es sich für ein Mitglied der sogenannten Middle Group in der British Psycho-Analytical Society gehört, vermittelte Mitchell zwischen Freud und Klein (siehe 11. Kapitel) und stellte ihre Ansichten zur Weiblichkeit einander gegenüber:

„Knabe und Mädchen haben sowohl gleiche als auch verschiedene Triebe: Wo ihre Biologie verschieden ist, müssen sich ihre Antriebe unterscheiden. Für Klein ist der Trieb biologisch, für Freud ist die 'Trieblehre' 'sozusagen unsere Mythologie'. Knabe und Mädchen haben die gleichen Objekte. In Kleins Theorie ist das erste Objekt, das sie aufnehmen, zunächst ein Teil der Mutter, dann die ganze Mutter. Das verleiht ihnen, nach Klein, eine 'primäre Weiblichkeit'. Wir haben es hier mit einem Betonungswechsel zu tun, den ich für entscheidend halte. Nach Klein: Was der Mensch bekommen hat, transformiert er durch seine Phantasien, nimmt es dann in sich auf und wird er selbst. Für Freud wird die Bindung an das, was man aufgeben mußte, angenommen – das Subjekt wird durch das Ausfüllen der Lücke konstituiert; man halluziniert, hat Einbildungen, erzählt Geschichten." (1984, S. 310; deutsche Ausg. S. 207).

Mitchell vermittelte nicht nur zwischen den Freudianischen und den Kleinianischen Ansichten des Feminismus und zwischen Feminismus und Psychoanalyse, sondern auch zwischen den französischen und den angelsächsischen Feministinnen.

Was wollen die französischen Frauen?

In mancher Hinsicht gleicht die Laufbahn von Juliet Mitchell derjenigen von Julia Kristeva: beide begannen als Literaturwissenschaftlerinnen, wurden dann politisch aktiv, gerieten in den Bann von Lacans Ideen und wurden schließlich Freudianische Psychoanalytikerinnen. Weil Kristeva jedoch aus Bulgarien nach Paris gekommen war, deckten sich ihre Voraussetzungen nicht ganz mit denen von Mitchell. Sie gehörte zu einer Gruppe von Feministinnen, die behaupteten, der Feminismus existiere deshalb, weil die Frauen auf jeder Stufe ihrer Existenz, vom einfachsten gesellschaftlichen Umgang bis zum kompliziertesten Diskurs, unterdrückt werden und wurden (Marks und Courtivron, 1980, S. 4). Ebenso wie ihr Lehrer Roland Barthes, war sie empfänglich für die Klänge der Sprache, und sie besuchte die Vorlesungen Lacans, der darauf bestand, daß wir nur durch *Miß*verstehen – d.h. durch Deuten sowohl des Gesagten als auch des

Ungesagten – überhaupt jemals etwas verstehen können. Als Kristeva selbst Analytikerin wurde, trat sie allerdings der klassischen Société Psychanalytique de Paris bei.

Natürlich haben sich die Franzosen an Lacans philosophische Anspielungen gewöhnt. Diese ließen allerdings die Kluft zwischen französischer und angelsächsischer Psychoanalyse einerseits und zwischen den Feministinnen in den beiden Gebieten andererseits nur noch breiter werden. Im *International Journal of Psychoanalysis* stammen die meisten Aufsätze von angelsächsischen Analytikerinnen. Mit Ausnahme einiger weniger Beiträge in *Signs* und in dekonstruktivistischen Zeitschriften wie *SubStance* sind kaum feministische Arbeiten von Französinnen in die USA gelangt (Marks und Courtivron, 1980, S. IX). Zahlreiche Französinnen haben jedoch im Anschluß an die Studentenproteste 1968 feministische Fragen gestellt: sie stützten ihre Argumente allerdings noch stärker als die Amerikanerinnen auf Theorie und Geschichte. Weil sie außerdem Lacans Ideen für brauchbar hielten, wandten sie sich auch der Psychoanalyse zu.

Eine der einflußreichsten Feministinnen aus dieser Gruppe war Hélène Cixous (1975; 1980). Sie entwickelte Lacans Kritik an Jones' Auseinandersetzung mit Freud (in „Early Female Sexuality"[7]) weiter und sagte, der Geschlechtsunterschied werde „nicht allein von der phantasierten Beziehung zur Anatomie, mithin zur Äußerlichkeit und zum Spiegelbildlichen in der Sexualentwicklung bestimmt – eine Voyeurtheorie" (S. 95). Nach Cixous sollte die Frau gefragt werden, was *sie* will; inwiefern sich ihr sexuelles Lusterleben (jouissance) von dem der Männer unterscheidet und wie sich diese Lust auf den Stufen ihres Körpers und ihres Unbewußten einschreibt. Für Cixous gibt es nichts Schicksalhaftes,

---

[7] [Vortrag von Ernest Jones, Wiener Psychoanalytische Gesellschaft, 24. April 1935; in: ders., *Papers on Psychoanalysis*, Reprint, New York 1977; deutsch: *„Über die Frühstadien der weiblichen Sexualentwicklung"*, Zeitschrift für Psychoanalyse. 1935, Nr. 21, S. 331–341; vgl. die Zusammenfassung bei Chasseguet-Smirgel, Hrsg., 1964, deutsche Ausg. 1974, S. 62–66.]

Natürliches oder Wesenhaftes, sondern nur strukturelle Bedingungen, die es auf jeder Stufe zu bekämpfen gilt, besonders auf der unbewußten (vgl. auch Cixous und Clément, 1986).

Luce Irigaray, eine Kollegin von Hélène Cixous, war sogar noch militanter. Nach ihrer Ansicht hatte man die Sexualität immer in ein männliches Bezugssystem gerückt, ob nun die „virile" klitorale Aktivität der „femininen" vaginalen Passivität entgegengesetzt oder die Klitoris als kleiner Penis wahrgenommen wurde. Weil die Lust der Frau nie berücksichtig wird, muß die Frau sie also finden, wo sie nur kann: „vermittels ihrer leicht unterwürfigen Liebe zum Vater-Gatten, der sie ihr verschaffen kann; durch ihren Wunsch nach einem – vorzugsweise männlichen – Penis-Kind, und indem sie Zugang zu jenen kulturellen Werten erlangt, die immer noch 'von Rechts wegen' den Männern vorbehalten sind" (1977; 1980, S. 99). Deshalb ist der Autoerotismus der Frau auch wichtiger als der des Mannes. Außerdem braucht die weibliche Lust an der vaginalen Zärtlichkeit die klitorale Zärtlichkeit nicht zu ersetzen; die Frau kann den Geschlechtsakt sogar als Zudringlichkeit erleben, besonders wenn der Mann sie nur als Objekt *seiner* Lust nimmt. Weil aber die „Frau beinahe überall Geschlechtsorgane besitzt, ist die Geographie ihrer Lust vielfältiger und reicher in ihren Differenzierungen und sie ist komplexer und subtiler, als die Männer sie sich vorstellen" (S. 102–103).

Mit der Anpassung des Lacanschen Diskurses an die Zwecke des Feminismus lieferten Cixous und Irigaray eine umfassende Gesellschaftskritik. (Es würde hier zu weit führen, wenn ich mich darauf einlassen würde.) Die amerikanische feministische Kritikerin Jane Gallop (1982) ging bei einer ihrer Dekonstruktionen von feministischen (und anderen) Texten der französischen Autorinnen in ihrer „Lacanianischen" Lesart der Geschlechterdifferenzen sogar noch weiter (siehe 8. Kapitel). Sie schenkte jedoch der Bedeutung des Unbewußten in der klinischen Theorie kaum Beachtung. (Das Problem wird noch komplizierter, wenn die Psychoanalytiker sich mit Politik befassen.) Allerdings stellte sich

Kristeva diesem Dilemma: weil jede praktizierende Psychoanalytikerin sich davor hüten muß, ihre eigenen Ideen den
Patientinnen aufzudrängen, kann sie es sich nicht leisten,
öffentlich Stellung zu beziehen. Außerdem könnte es zu
einem Hindernis für die Übertragung werden, meinte
Kristeva, wenn die politischen Auffassungen eines Analytikers bekanntgemacht würden. Seit sie Analytikerin ist,
besteht ihr Engagement darin, mit einzelnen Patientinnen zu
arbeiten, was zwar ihr früheres politisches Engagement,
nicht aber ihre politische Meinung ersetzt (Kurzweil, 1986,
S. 222).

In der Einleitung zu ihrer Lacan-Übersetzung (in: *Feminine Sexuality: Jacques Lacan and the Ecole Freudienne*,
1982) behandelten Mitchell und Jacqueline Rose feministische Fragen im Kontext von psychoanalytischen Fragestellungen.[8] In ihrem Kommentar zu Freuds Sexualtheorien
stellten sie fest, daß Feministinnen häufig den Fehler
machen, eine einzelne Idee auszusondern und sie dann
weiterzuentwickeln. Es könnte nützlich sein, die Widersprüche im Werk Freuds zu untersuchen (S. 1), so wie
Lacan dies getan habe, und zwar nicht nur Freuds Werk
allein, sondern auch das fast aller bedeutenden Analytiker.

Nach Mitchell und Rose war Lacans Konzentration auf
den *Wunsch* (désir) und auf den *Vorgang* des Triebes (das
spezifische Mittel des Subjekts, sich zu anderen in Beziehung
zu setzen) für die weibliche Sexualität zentral. Sie erwähnten
Lacans Lektüre von Melanie Klein, die die Beziehung zur
Mutter als eine gespiegelte Beziehung beschreibt: „(...) der
mütterliche Körper wird zum Aufnahmegefäß der Triebe,
die das Kind darauf projiziert, und zwar von Trieben, die auf

---

[8] In der Einleitung zu ihrem Buch *Sexuality in the Field of Vision*
(1987) führte Jacqueline Rose den brillanten Nachweis, daß „ein
radikaler Freudianismus immer behaupten muß, das Soziale
produziere das Elend des Psychischen in einem Einbahnprozeß,
der das Psychische seiner eigenen Mechanismen und Antriebe
völlig entkleidet (...). Die Idealisierung des Unbewußten und die
Entäußerung des Ereignisses wirken beim Versuch, einen politischen Freud zu konstruieren, zusammen" (S. 9).

eine aus fundamentaler Enttäuschung heraus entstandene
Aggression zurückgehen. Damit wird aber außer acht
gelassen, daß das Außen der Ort ist, wo er/sie der dritten
Person begegnen wird, nämlich dem Vater" (S. 37). Da der
Vater gleichbedeutend ist mit dem Gesetz, also auch mit dem
Konzept der Kastration, hatte Lacan die symbolische
Bedeutung der Kastration dem familialen Dreieck zugeord-
net und nicht einer mythischen Vergangenheit – dem Phallus
(als Symbol der Einheit und Fruchtbarkeit, das beiden
Geschlechtern zugehört und sie vereint), der auch als
Vatermetapher gilt. Aus dieser phallischen Definition sah die
Frau sich ausgeschlossen, weil sie *nicht* Mann ist (S. 49).
Weil es für Lacan indessen keine weibliche Sprache des
Außen gab und das „Weibliche" in der Sprache als etwas
Negatives produziert wurde, zogen Mitchell und Rose den
Schluß, daß auch Lacan in jenem Phallozentrismus mit
eingeschlossen war, den er beschrieb, so wie seine Äußerun-
gen stets jene Art von Meisterschaft/Herrschaft erreichten,
die er eigentlich unterlaufen wollte (S. 56).

Die Frauen in der Société Psychanalytique de Paris
machten ihren Feminismus nicht publik, und keine von
ihnen trat der feministischen Bewegung bei. Dennoch haben
manche von ihnen feministische Grundsätze verteidigt und
sind in die Fußstapfen von Marie Bonaparte oder Melanie
Klein getreten, indem sie versuchen, die weibliche Sexualität besser zu verstehen. Am prominentesten sind Janine
Chasseguet-Smirgel und Joyce MacDougall.

Chasseguet-Smirgel veröffentlichte 1964 eine Sammlung
von Aufsätzen zum Feminismus. In der Einleitung gab sie
eine Literaturübersicht und untersuchte die Beziehung
zwischen Vater und Tochter im Zusammenhang mit Problemen der elementaren weiblichen Neigung, analsadistische
Komponenten zusammen mit dem väterlichen Penis anzueignen. Den weiblichen Masochismus brachte sie mit dem
Schuldgefühl und mit der Revolte gegen eine omnipotente
Mutter in Verbindung und nicht etwa mit dem Wunsch, ein
Mann zu werden. Den „grundlegenden weiblichen Wunsch,
von der Mutter freizukommen", brachte sie in Verbindung
mit dem Werk von Jeanne Lampl-de Groot (für die der

Kastrationskomplex eine Sekundärbildung war), Ruth Mack Brunswick (die der Auffassung war, daß der Kinderwunsch dem Penisneid vorhergehe) und Josine Mueller (die die Vagina als von Anfang an zentral ansah). Außerdem erwähnte sie Beiträge von Carl Müller-Braunschweig, Annie Reich, Hanns Sachs und Phyllis Greenacre (Chasseguet-Smirgel, 1964).[9] Später, in einem klinischen Fall, den sie 1987 auf dem Kongreß in Montreal vorstellte – „Une tentative de solution perverse chez une femme et son échec" – wurden die Träume und Phantasien ihrer Patientin mit den theoretischen Grundannahmen zur weiblichen Sexualität in Verbindung gebracht. In eine etwas andere Richtung ging die Vermutung von Maria Torok [„Die Bedeutung des Penisneides bei der Frau", in: Chasseguet-Smirgel, Hrsg., 1964; deutsche Ausg. 1974, S. 192–232], daß der beneidete Penis idealisiert werde. Catherine Luquet [„Der Objektwechsel", in: Chasseguet-Smirgel, Hrsg., 1964; deutsche Ausg. S. 120–133] vertrat die Ansicht, eine „masochistische weibliche Bewegung" wehre sadistische Triebregungen gegen den väterlichen Penis ab, und Joyce MacDougall [„Über die weibliche Homosexualität", in: Chasseguet-Smirgel, Hrsg., 1964, deutsche Ausgabe S. 233–291] sah ein gewisses Maß an weiblicher Homosexualität als notwendigen Bestandteil der Psyche jeder Frau an.

Später untersuchte Chasseguet-Smirgel die klassischen Konzeptionen der Psychoanalyse nochmals, als sie sich mit den Perversionen und mit gewissen metaphorischen Formulierungen Lacans befaßte. So sagte sie zum Beispiel, wenn das Kind das ödipale Objekt preisgebe, könne dies mit der schmerzlichen Erkenntnis des Kindes von seiner Kleinheit, seiner Unzulänglichkeit zusammenhängen. Die Tragödie des Kindes ist hier die der verlorenen Illusion. (Dies ist auch eine Anspielung auf Lacans *petit* a.) (1975, S. 60). Der Realitätsbezug gilt nicht nur dem Geschlechter-, sondern

---

[9] Ebenso wird Phyllis Greenacre (1950) häufig zitiert, weil sie auf Abrahams Gedanken einer möglichen Verbindung von Vaginal- und Analerotik in der Kindheit als Ursache für spätere Perversionen zurückgriff.

auch dem Generationsunterschied: „Die Mutter besitzt eine Vagina, die der Penis des kleinen Jungen nicht befriedigen kann (...) Der Anblick des weiblichen Geschlechtsorgans ist deshalb so 'traumatisch', weil er den kleinen Jungen mit der eigenen Unzulänglichkeit konfrontiert" (1984, S. 15–16). Lacan hatte auf McDougall einen noch größeren Einfluß als auf Chasseguet-Smirgel: McDougall behauptete nämlich, der Phallus – d. h. die symbolische Funktion, die der Penis in seiner intra- und intersubjektiven Dialektik übernimmt, und nicht der seiner symbolischen Bedeutung entkleidete Penis – sei der eigentliche Bedeutungsträger (1985, S. 44). Außerdem sagte sie, der Phallus sei grundlegend für die Bestimmung dessen, wie die weiblichen Genitalien im Unbewußten eines Individuums repräsentiert werden. In einem früheren Aufsatz über weibliche Homosexualität hatte sie gesagt, der (Lacanianische) Phallus werde als Symbol der narzißtischen Integrität oder als der grundlegende Signifikant des Wunsches aufgefaßt (1980, S. 118).

Es sind dies nur wenige Beispiele, um anzudeuten, daß die Frage, „was die Frauen wollen", ein wesentlicher Bestandteil jener theoretischen Fragen war, mit denen sich die Freudianerinnen in Paris befaßten. Da die auffälligen Aktivitäten Lacans gewöhnlich im Vordergrund stehen, wird sein Einfluß auf die Theorien der französischen Freud-Schule über die weibliche Sexualität häufig übersehen.

Die deutschen Feministinnen

Chasseguet-Smirgels deutsches Ebenbild war Margarete Mitscherlich-Nielsen. Als erste deutsche Analytikerin, die in London nach dem Zweiten Weltkrieg Psychoanalyse studierte, war sie auch die erste, die sich direkt mit Fragen der Sexualität befaßte. Bei ihren durchwegs radikalen Ansichten überraschte es nicht, daß sie in den siebziger Jahren die Psychoanalyse für die Befreiung der Frauen einzusetzen versuchte (Mitscherlich-Nielsen, 1975). Der Feminismus hatte sich inzwischen weit verbreitet, und Analytikerinnen außerhalb Deutschlands hatten die weibliche Sexualität zu erforschen begonnen. Mitscherlich-Nielsen fühlte sich seit ihrem Aufenthalt in Palo Alto 1972–73 zum amerikanischen Feminismus hingezogen und sie freundete sich wenig später mit der deutschen Radikalfeministin Alice Schwarzer an. Der psychoanalytische Feminismus von Mitscherlich-Nielsen läßt sich vom Feminismus ihrer Ebenbilder in anderen Ländern darin unterscheiden, daß er explizit politisch ist. In dieser Hinsicht erregt sie Anstoß bei jenen Kolleginnen, für welche die Neutralität der wichtigste Bestandteil der psychoanalytischen Technik ist.

In der Einleitung zu ihrem Buch *Die friedfertige Frau* (1985) fragte Mitscherlich-Nielsen sich, warum die Männer in den Krieg ziehen und die Frauen die kriegerischen Triebe der Männer mehr oder weniger bereitwillig akzeptieren: „fast immer waren sie, ob als Vergewaltigte, Gefolterte, Getötete, Sklavinnen – Kriegstrophäe" (S. VII). Wie sie sich erinnert, hatte sie sich schon sehr viel früher für die gesellschaftlichen Determinanten der psychischen Realität interessiert (1985, S. VIII). Sie wandte sich erneut einigen wichtigen Arbeiten der Freudianer zu (auch solchen von Freud selbst), um den Beweis zu unternehmen, daß Frauen zur Bekämpfung der Irrationalität in der modernen Gesellschaft besser ausgerüstet sind als Männer. Freilich war dies nur ein Zwischenziel: sie wollte die Mittel zur Rettung der „vaterlosen Gesellschaft" eruieren, die ihr verstorbener Gatte, Alexander Mitscherlich, auf so brillante Weise beschrieben hatte. Mit ihm zusammen hatte sie die psychische Hinterlassenschaft des Hitlerregimes dargestellt, um die Demokratie in der Bundesrepublik voranzubringen. Ihre jüngeren feministischen Freundinnen bekämpften nun die Unzulänglichkeiten dieser Demokratie: sie stimmte ihnen darin zu, daß die vorherrschenden Praktiken in Wirtschaft und Politik einer Doppelmoral gehorchten. Wie sie feststellte, sind Männerbünde, Bruderschaften und Männlichkeit Selbstidealisierungen, die sich der echten Väterlichkeit widersetzen, welche für Menschlichkeit, Pflichtbewußtsein und Integrität einsteht (S. 172).

Mitscherlich-Nielsen erläuterte die psychischen Prozesse ihrer Patienten immer im Zusammenhang mit der Lebens-

geschichte, die sie wiederum mit der deutschen Nachkriegs-
wirklichkeit in Beziehung setzte. Ihrer Auffassung nach war
der Haß ihrer Mitbürger gegen die Türken oder gegen andere
„Gastarbeiter" mit dem Antisemitismus der Nazis vergleichbar und hing mit der maßgeblichen Sozialisation (unbewußter) männlicher und weiblicher Ausdrucksformen der
Aggression zusammen, die wiederum in der Arbeitsteilung
institutionalisiert war. Aber selbst bei den deutschen
Psychoanalytikern waren die Schriften zur weiblichen Psychologie – von der Gruppe um Chasseguet-Smirgel von
1964, von den Neo-Kleinianern und von den Autoren der
Sondernummer des *Journal of the American Psychoanalytic
Association* 1976 – fast unbemerkt geblieben (S. 22). Wären
ihre Kollegen und Kolleginnen darauf aufmerksam geworden, sagte sie, dann hätten sie vielleicht dem unbewußten
Haß der Frauen gegen die Mütter, der seine Ursache in den
patriarchalischen Familienbeziehungen hat (oder von diesen
verschärft wird), mehr Aufmerksamkeit geschenkt. Dort,
wo die Väter bei der Kindererziehung nicht mitwirkten,
werden Störungen der frühen Mutter-Kind-Beziehung später häufig in Form von sexuellen Störungen oder von
Alkohol- und Drogenmißbrauch ausgetragen, wie Mitscherlich-Nielsen immer wieder feststellte. Unter Bezugnahme
auf Freudianische und neofreudianische Diskussionen zur
Objektbeziehungstheorie, zum Narzißmus, zum Gebärmutterneid und zur Triebtheorie schloß sie, mit Ellen
Reinke-Köberer, daß die meisten Psychoanalytiker wahrscheinlich auch wenig Interesse für diesen Bereich haben,
daß die Hypothesen Freuds über die weibliche Sexualität
nicht mehr den Charakter der Vorläufigkeit haben, sondern
zum Status einer etablierten und gesicherten Theorie erhoben wurden (S. 47).

Allerdings hielt Mitscherlich-Nielsen abstrakte Diskussionen der Frauenemanzipation nicht für sinnvoll. Sie
befaßte sich vielmehr mit konkreten Problemen wie Abtrei-
bung und Überbevölkerung. Sie stimmte Annie Reichs
Beobachtung zu, daß Frauen alles „Männliche" gerne über-
bewerten und daß die frühe, auf Rücksichtnahme ausgerichtete Sozialisation des Mädchens dessen spätere Entschei-

dungsfreiheit einschränkt (S. 145). Unter ständigem Wechselbezug zwischen unbewußten Trieben und politischer Realität urteilte sie schließlich gegen jene, die sowohl über die Weltereignisse als auch über Krieg und Frieden entscheiden: es sind dieselben Männer, die ihre Macht auch über die Frauen ausüben.

In diesem Punkt traf sie sich mit den Marxisten, besonders mit den männlichen Vertretern des Marxismus im Umkreis der *Psyche*, ihrer „eigenen" Zeitschrift (siehe 10. Kapitel). Für die deutschen Feministinnen, deren wissenschaftliche Arbeit sie nachdrücklich beeinflußte, wurde sie zum Idol. Eine Schweizer Feministin – Maja Nadig (1986) – entdeckte in ihrer klassen- und kulturüberbrückenden Ethnopsychoanalyse von mexikanischen Bäuerinnen jene unbewußten Bedeutungen und die Psychodynamik der weiblichen Sozialisation, auf die Mitscherlich-Nielsen ständig hingewiesen hatte. Waltraud Gölter (1983), eine andere Feministin, stand ebenfalls unter dem Einfluß von Mitscherlich-Nielsen, als sie die problematische Sozialisation der weiblichen Identität in den Werken von Marguerite Duras, Christa Wolf, Anaïs Nin, Simone de Beauvoir und anderen untersuchte und zeigte, daß eine notwendigerweise „offene" Identitätsbildung sowohl von zwanghaften Denkgewohnheiten befreien als auch ein utopisches und Kreativität freisetzendes Bewußtsein herbeiführen kann. Eine weitere feministische Schülerin von Mitscherlich-Nielsen, Ellen Reinke-Köberer (1978), bestritt die Thesen der Gruppe um Chasseguet-Smirgel mit dem Einwand, die Auffassungen der Analytiker beeinflußten ihre eigenen Triebe (und Triebtheorien), und dauerhafte kulturelle Rollenmodelle für Individuen und Familien verleiteten sie zu dem (irrtümlichen) Schluß: „Kultur ist Schicksal".[10] Carol Hagemann-White gelangte zu einer ähnlichen Schlußfolgerung: die psychoanalytische Praxis und besonders die Schwierigkeiten von Analysepatientinnen lassen sich – zusammen mit den

---

[10] Zusammen mit vielen anderen Psychoanalytikern und politischen Denkern schrieben diese Feministinnen Beiträge zu einer Festschrift für Mitscherlich-Nielsen (Brede et al., 1987).

Definitionen psychischer Krankheit und Gesundheit im Patriarchat – durch den feministischen Protest beeinflussen.

Mitscherlich-Nielsen hatte jedoch auch Anhängerinnen unter eher konservativen Analytikerinnen. Es waren dies Frauen, die ähnlich wie Chasseguet-Smirgel hofften, die Psychoanalyse zur Befreiung der weiblichen Psyche einsetzen zu können, ohne der Politik ins Gehege zu kommen. Letztlich gerieten Chasseguet-Smirgel und Mitscherlich-Nielsen wegen der Vermischung von Psychoanalyse und Politik aneinander: Chasseguet-Smirgel bestand darauf, daß die Psychoanalyse sich in erster Linie ihrem eigenen Auftrag widmen sollte, während Mitscherlich-Nielsen antinukleare Resolutionen und andere linke Aufrufe unterschrieb (siehe 12. Kapitel).

Das Los der Weiblichkeit

Wenn die angelsächsischen Feministinnen mit den Ansichten von Mitscherlich-Nielsen besser vertraut wären, würden viele von ihnen sich ihrer Politisierung der Psychoanalyse anschließen. Doch sowohl die männlichen als auch die weiblichen Freudianer im angelsächsischen Bereich neigen eher zur „wissenschaftlichen" Argumentation, und deshalb begannen sie auch die Streitpunkte zu untersuchen, welche die Feministinnen im Rahmen der traditionellen psychoanalytischen Theorien formuliert hatten. So unterschieden beispielsweise William Grossman und Walter Stewart 1976 zwischen der Frühphase des Penisneides, die in den ersten beiden Lebensjahren auftritt und als narzißtische Kränkung aufgenommen wird, und einer späteren Phase, die den Versuch verkörpert, ödipale Konflikte zu lösen. Unter Hinweis auf Fallgeschichten schlugen sie vor, den Penisneid als „manifesten Inhalt eines Symptoms" zu betrachten und nicht als „unerschütterliches Fundament" (1976). Eleanor Galenson und Herman Roiphe (1976) untersuchten frühe Erlebnisse im Zusammenhang mit der Genitalzone im Hinblick auf deren Einfluß auf die spätere sexuelle Identität und die Ich-Funktionen. Anhand von Beobachtungsdaten folgerten sie, daß Freud hinsichtlich der Zusammenhänge zwischen Penisneid, weiblichem Kastrationskomplex und weiblicher Entwicklung nur zum Teil recht hatte; sie treten früher auf, als Freud dachte, und sie hängen mit der Angst vor Objektverlust und analem Verlust und mit affektiven Erlebnissen mit den Eltern zusammen. Robert Stoller, der sich schon früher (1964) mit der mehrdeutigen männlichen Geschlechtsidentität befaßt hatte, stellte die Hypothese vom Eindringen einer unbekannten „biologischen Kraft" als Determinante der sexuellen Identität auf. Roy Schafer (1974) formulierte die These, daß Psychoanalytiker, die die Ich-Psychologie wirklich anerkennen, sich mit den Problemen im Zusammenhang mit der Ausbeutung der Frauen beschäftigen sollten. Er war der Auffassung, daß Freud in seinem Denken über die Frauen eine medizinisch-biologische Begrifflichkeit des neunzehnten Jahrhunderts angewandt hatte, die seine klinischen und theoretischen Einsichten beeinträchtigen mußte. Es sind dies nur einige wenige Beispiele, die darauf hinweisen, daß die klassischen amerikanischen Freudianer die feministischen Ideen ernst nahmen.[11]

In einem Überblick über diese Themen stellte Ethel Person (1980) die verbreiteten Annahmen in Frage, die Sexualität sei eine angeborene Kraft, die ihren idealen Ausdruck dann erreiche, wenn sie nicht durch kulturelle Repression gehindert werde, und daß die weibliche Sexualität gehemmt (hyposexuell) sei, während die männliche Sexualität die Norm verkörpere (S. 36). Sie unterschied zwischen biologischem Geschlecht, Genus, Sexualverhalten und Fortpflanzung sowie zwischen Theorien über die Natur der Sexualität und über die sexuelle Motivation. Von allen diesen Theorien werden ihr zufolge zu viele Erklärungen erwartet: für die treibende Kraft hinter dem Wunsch nach sexueller Aktivität; für die als subjektiv erlebte Stärke der sexuellen Triebregung; für den Mangel, die Vermeidung

---

[11] Vgl. auch die beiden Bücher von zwei Freudianern: Reuben Fine (1987) und, in einer mehr philosophischen und literarischen Orientierung, Martin S. Bergmann (1987).

oder Hemmung der Sexualität und für die wechselnde Intensität des sexuellen Begehrens; für die Vielfalt erotischer Reize und der Situationen, die sie auslösen können; und für das Bestehen einer „sexuellen Ausprägung" – d. h. die Beschränkungen eines Individuums hinsichtlich der erotischen Reaktionen, das Ineinanderfließen von sexuellen und nichtsexuellen Bedeutungen im sexuellen und nichtsexuellen Verhalten und das ausgeprägte kulturelle Interesse an der Sexualität (S. 37–38). Außerdem wies Person darauf hin, daß zwei Paradigmen die Quelle der sexuellen Motivation erklären: eine biologische (Libido-)Theorie, die einen festgelegten Sexualtrieb postuliert, und eine (auf die äußeren Bedingungen bezogene) Appetenztheorie, die für die orgasmische Entspannung einen neuralen Reflex voraussetzt. Während die erste Theorie unterstellt, daß die Spannung sich über Sublimierung, Neurose oder Perversion entlädt, hält letztere das Streben nach Vergnügen für das Motiv, das der Sexualität zugrundeliegt. Keine von beiden ist allerdings so zufriedenstellend, wie die „Amalgamierung von Freuds psychologischer Theorie und der Objektbeziehungstheorie, die die Appetenzkomponente in den Kontext der motivationalen Entwicklung rückt" (S. 38). Nach Erörterung der Vor- und Nachteile der ersten beiden Paradigmen und einer Zusammenfassung der Hauptargumente ihrer Verfechter und Gegner, trat Person schließlich für eine Variante der Objektbeziehung ein – auch wenn diese wiederum durch spezifische Probleme der Internalisierung hinsichtlich der Affekte, der Wahrnehmung, der Reifungsstufen, des Konflikts usw. zu stark eingeschränkt ist. Anders formuliert: nach ihrer Auffassung ist die Objektbeziehungstheorie in der Lage, kulturelle Einwirkungen auf die Sexualität zu erklären. Dennoch räumte sie ein, daß „Kultur" weder den Einfluß der Sexualität auf die Entwicklung der autonomen Persönlichkeit noch die Abweichungen der individuellen Persönlichkeitsstruktur innerhalb der einzelnen Kulturen erklären könne (S. 46). Person akzentuierte im Zusammenhang mit den von ihr aufgezählten Themen auch die entsprechenden Probleme und deren Manifestationen bei Adoleszenten beider Geschlechter, und zwar sowohl im

Verhalten als auch in sexuellen Phantasien, in denen sexuelle und nichtsexuelle Motive zum Ausdruck kommen. Ihr zufolge sind sexuelle Befreiung und Frauenbefreiung zwar voneinander getrennt, aber Strukturen des Genus und der sexuellen Ausprägung (sex print) vermitteln zwischen Sexualität und Identitätsbildung. Deshalb kann es nach ihrer Folgerung schwierig sein, die „Sexualität" von den Verunreinigungen der Macht zu befreien, doch äußerte sie die Hoffnung, daß in diesem Kampf die Frauenbefreiung als Geburtshelferin mitwirken könne (S. 61).

Persons (1983) Neubewertung der weiblichen Sexualität veranlaßte sie zum Nachdenken darüber, inwiefern Ansichten zur männlichen Sexualität unvollständig oder schief sein könnten, da ja auch sie von kulturellen Vorurteilen geprägt sind. In ihrer Besprechung von Alan P. Bells und Martin S. Weinbergs Bericht *Homosexualities* (1978) untersuchte sie deren Ansichten über sexuelle Erlebnisse, die Typologien und die Beziehungen zwischen dem Lebensstil der Homosexuellen und der psychischen Anpassung. Und obwohl sie den Autoren vorwarf, viele schwierige Fragen zu umgehen oder Schlüsse zu ziehen, deren methodische Ausgangsbasis zu schmal war, oder sich zu stark auf behavioristische Konzepte zu stützen, gab sie doch eine positive Einschätzung des Buches, weil es darauf aufmerksam mache, daß männliche und weibliche Homosexuelle jeweils unterschiedliche Psychodynamiken, Symboluniversen und Genus-Organisationen hervorbringen. In *The Psychology of Men* (Fogel, Lane und Liebert, 1986) wies Person darauf hin, daß nicht nur die Konzeptualisierungen der weiblichen Sexualität, sondern ebenso die der männlichen Sexualität unvollständig, wenn nicht gar schief sind, weil sie nicht einräumen können, daß das „grundlegende sexuelle Problem des Knaben der Kampf um die Erlangung phallischer Stärke und von Macht gegenüber anderen Männern" ist und daß die mit der Mutter-Sohn-Beziehung einhergehenden Phantasien ihre eigenen Auswirkungen haben (S. 72). Um mehr über diese Dynamik zu erfahren, untersuchte Person die verbreiteten männlichen Phantasien über die „immer und allen verfügbare Frau und lesbischen Sex", die eine Entsprechung zu den

Lösungen des ödipalen Konflikts bei Homosexuellen und Transvestiten darstellen könnten (S. 73).

Eine der plausibelsten Thesen für die Verbindung zwischen Psychoanalyse und Feminismus präsentierte die Soziologin Nancy Chodorow (1978). Sie behauptete unter anderem, daß Juliet Mitchell die Frauen unter dem Patriarchat zu stark betont habe, kaum dagegen die „ungeprüften patriarchalischen Kulturvoraussetzungen Freuds, seine Blindheit, seine Frauenverachtung, seine Misogynie und seine [unbewiesenen] Behauptungen zur Biologie" (S. 142). Chodorow wollte herausfinden, warum Frauen *sämtliche* Mutterfunktionen übernehmen und nicht nur das Gebären. Nachdem sie physiologische, biologische, hormonale und sogar soziologische Theorien zu diesem Thema als nicht schlüssig zurückgewiesen hatte, stützte sie sich auf die Objektbeziehungstheorie als das beste Mittel, um die „Reproduktion der Mutterrollenausübung [mothering] als zentrales und konstitutives Element in der gesellschaftlichen Organisation und in der Geschlechterreproduktion" zu verstehen (S. 7). Chodorow verfolgte die Konsequenzen der Geschlechterunterschiede in präödipalen, ödipalen und nachödipalen Konfigurationen; sie wies nach, wie sexuelle Unterschiede zwischen männlich und weiblich bei jedem Sozialisierungsschritt in der individuellen Psyche verstärkt werden, und sie wies auf die Folgen dieser Praktiken für *alle* Frauen hin. Nach ihrer Auffassung war Freuds Darstellung der Über-Ich-Bildung plausibel. Als sie die psychischen Folgen der Mutterrollenausübung für die Frauen genauer untersuchte, stellte sie Asymmetrien bei den Erfahrungen von Mädchen und Knaben fest. Diese Erfahrungen wirken ihr zufolge auf das in der Familie wiederholte Erlernen von Rollen zurück (S. 169). Deshalb läßt sich sagen: „Mütter bemuttern Töchter, die bemuttern, wenn sie Frauen werden" (S. 209). Allerdings ließ dieses Argument „den Körper außer acht", wie der Psychoanalytiker und Historiker Peter Loewenberg feststellte. Er warf ebenso wie andere Kritiker Chodorow vor, die biologische Wirklichkeit ignoriert zu haben, etwa die Schwangerschaft und frühe Bindungen.

Noch nachdrücklicher als Mitchell oder die französischen Feministinnen wirkte Chodorow dabei mit, die nicht-psychoanalytischen amerikanischen Feministinnen davon zu überzeugen, daß es sich bei der Psychoanalyse keineswegs um die Pest handelte. Sie hätte sich freilich nicht die Objektbeziehungstheorie zunutze machen können, wenn nicht Freudianische Analytiker wie Otto Kernberg (siehe 11. Kapitel) und Person die theoretischen Werkzeuge zur Verfügung gestellt hätten. Andererseits trug auch die feministische Bewegung selbst dazu bei, eine solche Erweiterung der Psychoanalyse zu legitimieren. Die Notwendigkeit, mehr über Homosexualität zu erfahren und sie nicht länger als Krankheit oder als Entwicklungsstillstand anzusehen, löste zum Beispiel bei den Analytikern heftige Debatten aus; wie auch Fragen etwa nach der Ursache der weiblichen psychischen Mechanismen beim frühen Penisneid erneut in den Mittelpunkt des Interesses von Analytikern rückten. Ohne die Untersuchungen der Feministinnen wäre dies vermutlich nicht geschehen.

Und ohne die Feministinnen und die Dekonstruktivisten (Literaturwissenschaftler, die von Lacan beeinflußt waren; siehe 8. Kapitel) hätte die Psychoanalyse auch keinen Eingang als legitimes Fach in die Universitäten, d. h. in die Fachbereiche der Anglistik, Amerikanistik und Romanistik gefunden. Und während der von der Frauenbefreiungsbewegung initiierte psychoanalytische Feminismus die Psychoanalyse unversehens in das akademische Establishment einführte, war es in Ländern, die die Psychoanalyse nicht akzeptierten oder ihr nur Lippendienste erwiesen, wie in Österreich oder Ungarn, im allgemeinen vielmehr so, daß der Feminismus nicht aufblühte.

8. Kapitel
Literatur und
Literaturwissenschaft

Am 15. Oktober 1897 schrieb Freud an Fließ: „Ein einziger Gedanke von allgemeinem Wert ist mir aufgegangen. Ich habe die Verliebtheit in die Mutter und die Eifersucht gegen den Vater auch bei mir gefunden und halte sie jetzt für ein allgemeines Ereignis früher Kindheit, wenn auch nicht immer so früher wie bei den hysterisch gemachten Kindern. (Ähnlich wie den Abkunftsroman der Paranoia – Heroen, Religionsstifter.) Wenn das so ist, versteht man die packende Macht des Königs Ödipus trotz aller Einwendungen, die der Verstand gegen die Fatumsvoraussetzung erhebt, und versteht, warum das spätere Schicksalsdrama so elend scheitern mußte. Gegen jeden willkürlichen Einzelzwang, wie er in der Ahnfrau [Trauerspiel von Grillparzer, 1817] etc. Voraussetzung ist, bäumt sich unsere Empfindung, aber die griechische Sage greift einen Zwang auf, den jeder anerkennt, weil er dessen Existenz in sich verspürt hat. Jeder der Hörer war einmal im Keime und in der Phantasie ein solcher Ödipus, und vor der hier gezeigten Traumerfüllung schaudert jeder zurück mit dem ganzen Betrag der Verdrängungen, der seinen infantilen Zustand von seinem heutigen trennt" (Masson, Hrsg., 1985, deutsche Ausg. S. 293). Seither ist Ödipus, der entlaufene Sohn, der Anreger zahlreicher psychoanalytischer Literaturuntersuchungen, und die Beziehung zwischen Literaturwissenschaft und Psychoanalyse spiegelt die vielfältigen Interessen und Methoden von Angehörigen beider Fachrichtungen wider.

Kunst und Neurose:
Die frühen Verbindungen

An den Mittwochabenden befaßte sich der Kreis um Freud ausgiebig mit den Zusammenhängen zwischen Kreativität, Gesellschaft und Neurose. Nunberg zufolge hatten die Mitglieder am Anfang Schwierigkeiten, Patienten zu finden und auf diesem Weg Fallmaterial zu gewinnen, während literarische Werke als nichtklinische Quellen ohne weiteres zur Verfügung standen. Im Unterschied zu Freud waren die Schüler aufgrund ihres außerordentlich kreativen Ambientes auch mehr am Zugang zum künstlerischen Ausdruck des Unbewußten als an seiner Bedeutung für die psychoanalytische Theorie interessiert (Nunberg und Federn, 1962, Bd. I, S. XXVIII; dt. *Protokolle* I, S. XXX). In der Tat wurden bei 35 von den 53 Versammlungen zwischen dem 10. Oktober 1906 und dem 3. Juni 1908 – d. h. bei fast zwei Dritteln – Künstler mit ihren Werken entweder erwähnt oder zum Hauptthema der Diskussion gemacht.

In der Zeit als Freud *Die Traumdeutung* schrieb, um 1899, war er von der These überzeugt, daß uns Ödipus' Schicksal deshalb bewegt, weil wir spüren, daß es unser eigenes hätte sein können; weil wir alle mit demselben Fluch auf die Welt gekommen sind.[1] (In Wirklichkeit erklärte Freud zwar

---

[1] [Auffällig ist die Übereinstimmung der folgenden Textstelle aus der *Traumdeutung* mit dem Brief an Fließ vom 15. 10. 1897: „Es muß eine Stimme in unserem Innern geben, welche die zwingende Gewalt des Schicksals im *Ödipus* anzuerkennen bereit ist, während wir Verfügungen wie in der *Ahnfrau* (Grillparzer) oder in anderen Schicksalstragödien als willkürliche zurückzuweisen vermögen. Und ein solches Moment ist in der Tat in der Geschichte des Königs Ödipus enthalten. Sein Schicksal ergreift uns nur deshalb, weil es auch das unsrige hätte werden können, weil das Orakel vor unserer Geburt denselben Fluch über uns verhängt hat wie über ihn. Uns allen vielleicht war es beschieden, die erste sexuelle Regung auf die Mutter, den ersten Haß und gewalttätigen Wunsch gegen den Vater zu richten; unsere Träume überzeugen uns davon. König Ödipus, der seinen Vater Laios erschlagen und seine Mutter Jokaste geheiratet hat, ist nur die Wunscherfüllung unserer Kindheit. Aber glücklicher als er, ist es

männliches Verhalten, meinte aber, daß es eine allgemeine Komponente enthalte.) Auch wenn wir daran zweifeln, daß Männer ihre ersten sexuellen Regungen notwendigerweise auf ihre Mütter und die ersten Haßgefühle auf den Vater richten müssen, so erzählen uns ihre Träume doch etwas anderes, wie Freud sagte.[2] Freud zufolge erfüllte sich König Ödipus, der seinen Vater Laios erschlug und seine Mutter Jokaste heiratete, seinen Wunsch – einen Wunsch, den jeder Knabe hegt. Die meisten Knaben lernen allerdings, ihre sexuellen Impulse von der Mutter abzuziehen und die Eifersucht auf den Vater zu vergessen. Deshalb schaudern wir heute mit all dem Ekel, den die Verdrängung solcher Wünsche in unseren Köpfen hervorruft, vor einem Menschen, dem dieser primitive Kindheitswunsch gewährt worden ist.

Freud erkannte, daß in seinen eigenen Träumen der Tod des Vaters eine wichtige Rolle spielte und daß seine Träume voll waren von Reaktionen auf frühere Sexualphantasien, die mit seinem Vater zusammenhingen. Diese Belastungen veranlaßten ihn wiederum, die Überlegungen zur Ödipussage voranzutreiben, deren Quelle Freud im Traummaterial des unvordenklichen Altertums ortete. Auch Shakespeares *Hamlet* faszinierte ihn:

„Hamlet kann alles, nur nicht die Rache an dem Mann vollziehen, der seinen Vater beseitigt und bei seiner Mutter dessen Stelle eingenommen hat, an dem Mann, der ihm die Realisierung seiner verdrängten Kinderwünsche zeigt. Der Abscheu, der ihn zur Rache drängen sollte, ersetzt sich so bei ihm durch Selbstvorwürfe, durch

---

uns seitdem, insofern wir nicht Psychoneurotiker geworden sind, gelungen, unsere sexuellen Regungen von unseren Müttern abzulösen, unsere Eifersucht gegen unsere Väter zu vergessen. Vor der Person, an welcher sich jener urzeitliche Kindheitswunsch erfüllt hat, schaudern wir zurück mit dem ganzen Betrag der Verdrängung, welche diese Wünsche in unserem Innern seither erlitten haben" (1900a, Stud., Bd. II, S. 267).]

[2] Ganz offensichtlich sprach Freud vom Schicksal der Männer, obwohl er fast ausschließlich mit Frauen arbeitete, die unter Hysterie litten.

Gewissensskrupel, die ihm vorhalten, daß er, wörtlich verstanden, selbst nicht besser sei als der von ihm zu strafende Sünder" (Brill, 1938, S. 310) [= Freud, *Die Traumdeutung* (1900*a*), *Stud.*, Bd. II, S. 269].

Freud, der seine Spekulationen und Schlußfolgerungen in den Gang der Geschichte einstreut, fährt fort:

„Ich habe dabei ins Bewußte übersetzt, was in der Seele des Helden unbewußt bleiben muß; wenn jemand Hamlet einen Hysteriker nennen will, kann ich es nur als Folgerung meiner Deutung anerkennen. Die Sexualabneigung stimmt sehr wohl dazu, die Hamlet dann im Gespräch mit Ophelia äußert, die nämliche Sexualabneigung, die von der Seele des Dichters in den nächsten Jahren immer mehr Besitz nehmen sollte, bis zu ihren Gipfeläußerungen im *Timon von Athen*. Es kann natürlich nur das eigene Seelenleben des Dichters gewesen sein, das uns im Hamlet entgegentritt (…)" (Brill, 1938, S. 310) [= 1900*a*, *Stud.*, Bd. II, S. 269–270].

Es ist dies das erste Mal, daß Freud ein literarisches Werk mit dem Leben und den unbewußten Motiven des Autors in Verbindung bringt. Mehr als Literaturwissenschaftler denn als Arzt, erklärt er, daß die Unterschiede zwischen dem griechischen und dem modernen Drama die verschiedenen Arten aufzeigen, in denen die Gesellschaften mit der unvermeidlichen Sexualunterdrückung umgehen: die alten Griechen erkannten ihre Wunschphantasien und spielten sie aus, während die moderne Gesellschaft vorsichtiger ist. Direkt im Anschluß an dieses literarische Urteil fügte Freud jedoch eine medizinische Diagnose hinzu: Im *König Ödipus* wird die elementare Wunschphantasie des Kindes im Traum erkannt [vgl. die Sophokles-Stelle in 1900*a*, S. 268]; im *Hamlet* bleibt sie unterdrückt, und von ihrer Existenz erfahren wir nur aufgrund der hemmenden Wirkungen, die sie hervorruft – wenn wir die einschlägigen Fakten in einer Neurose aufdecken.

Freud sagte außerdem, daß den Dichtern das Unbewußte immer schon bekannt gewesen sei. Unter Hinweis auf Schiller, der die Hemmung von Phantasie und Kreativität durch den Verstand erkannt hatte, und auf Goethe, der glaubte, daß zur Kreativität die Suche nach „dem Guten und dem Wahren" gehöre, stellte Freud fest, daß unbewußte Triebe und Phantasien die eigentlichen Quellen sowohl der Einbildungskraft und der künstlerischen Schöpfung als auch der Neurose sind. In Freud spiegelte sich auch der literarische Geist des Wiener Fin-de-siècle. Die beiden führenden Dichter (in Wien sind nur noch die Statuen einiger habsburgischer Herrscher prominenter als die von Goethe und Schiller) wurden noch zur selben Zeit bewundert, da die Moderne schon an die Stelle der Romantik und verschiedener späterer Bewegungen trat. Freud hatte eine große Bewunderung für die führenden zeitgenössischen Schriftsteller: er korrespondierte unter anderem mit Lion Feuchtwanger, Thomas Mann, Romain Rolland sowie Arnold und Stefan Zweig.[3]

Nach Freud verkörperten die Dichter das Wesen des Schöpferischen, weil sie ebenso wie der Träumende ihrer Vorstellung freien Lauf lassen, sich ungezügelte Assoziationen gestatten und ein Maximum an Bedeutung in einem Minimum an Worten verdichten. Die Poesie, welche weniger organisiert ist als die Prosa, gibt sowohl den Träumen als auch den Sorgen gewöhnlicher Männer und Frauen einen dramatischen Ausdruck. Doch alle literarischen Werke, selbst weniger dichte Formen als die der Lyrik, haben nach Freuds Überzeugung ihre Wurzeln sowohl in den Träumen als auch im Leben der Dichter. Als Antwort auf Jungs besonderes Interesse an den Zusammenhängen zwischen dem kulturgeschichtlichen und dem individuellen Unbewußten schrieb Freud *Der Wahn und die Träume in W. Jensens 'Gradiva' (1907a)*. *Gradiva* ist eine bekannte Novelle von Wilhelm Jensen; sie handelt von einem neurotischen und tagträumenden Archäologen, der sich in die Statue einer jungen Frau verliebt, nach Pompeji reist, wo nach seiner

---

[3] Der Historiker und Psychoanalytiker David James Fisher (1976) gibt uns ein besonders ausführliches Bild von Freuds Beziehung zu Romain Rolland, die ebenso von Bewunderung wie von Ambivalenz bestimmt war. Siehe auch den Briefwechsel zwischen Freud und Arnold Zweig.

Überzeugung das Modell für die Statue lebt; dort trifft er eine Frau, die für ihn die Gradiva aus Fleisch und Blut verkörpert und erlebt so ihre Gegenwart in der Phantasie und in der Realität. Freud erläuterte das „wahnhafte" Erlebnis des Helden, dessen Interesse für den Gang der jungen Frau und für ihre Füße und Sandalen als Manifestationen unterdrückter Kindheitswünsche und als Ausdruck erotischer Phantasien, die das präödipale Glücksgefühl wiederholen sollten.

Freuds Analyse der *Gradiva*, die häufig als Beispiel für eine psychoanalytische Literaturdeutung angeführt wird (z. B. von Wyatt, 1981), lieferte ihm das Rohmaterial für den Aufsatz „Der Dichter und das Phantasieren" (1908e). Darin legte er das Fundament für zahllose Untersuchungen von Kunstwerken unter Bezugnahme auf das Leben und die psychischen Antriebe ihrer Urheber. Weil sowohl die Künstler als auch die Kinder ihre Phantasiewelten ernst nehmen und sie dennoch klar von der Realität unterscheiden, lassen sich ihre Phantasietätigkeit und ihr Verhalten miteinander vergleichen: beide schaffen eigene Werke und ordnen die Dinge in der Welt auf ihre eigene Weise neu. Wenn jedoch der Schriftsteller auf seine Phantasie zurückgreift und sie teilweise mit formalen Mitteln transformiert, geht er über seine eigene Person hinaus. Freud vergleicht dann das Spiel des Kindes mit dem 'Spiel' im Sinne von Lustspiel, Trauerspiel, Schauspieler: „Aus der Unwirklichkeit der dichterischen Welt ergeben sich aber sehr wichtige Folgen für die künstlerische Technik, denn vieles was als real nicht Genuß bereiten könnte, kann dies doch im Spiele der Phantasie, *viele an sich eigentlich peinliche Erregungen können für den Hörer und Zuschauer des Dichters zur Quelle der Lust werden*" (1908e, Stud., Bd. X, S. 172).

Kreativität und Neurose

Otto Rank machte sich als erster Freud-Schüler daran, die Existenz des (künstlerischen) Unbewußten zu beweisen: „jede echte dichterische Schöpfung geht von mehr als einem

Motiv, von mehr als einem Anstoß in der Seele des Dichters aus, und sie läßt mehr als nur eine Deutung zu". Ranks Aufsatz war die Eintrittskarte in die Mittwoch-Gesellschaft, und Freud sorgte dafür, daß er zwei Jahre später veröffentlicht wurde; seitdem ist er ein wichtiger Text für die meisten späteren Literaturpsychoanalysen geblieben. Ranks Biographen J. D. Lieberman (1985) zufolge ergänzten die beiden einander: Freud war der wissenschaftliche Künstler, Rank der künstlerische Wissenschaftler. Freud bedankte sich in den revidierten Auflagen der *Traumdeutung* bei Rank für dessen eigenständige Einsichten.[4]

Rank (1907) hob die Beziehungen zwischen dem bewußten Kunstwollen des Künstlers, seiner Selbsterziehung und Selbstausbildung, seiner Persönlichkeit und seiner Produktivität hervor. Nach seiner Auffassung liegt der schöpferische Impuls sowohl der künstlerischen Produktion als auch der Lebenserfahrung zugrunde und manifestiert sich in der Gesamtpersönlichkeit, die sich ihrerseits ständig neu erschafft und damit Kunstwerke und Lebenserfahrung auf ein und dieselbe Weise produziert. Rank sagte ferner, daß der schöpferische Impuls, der das flüchtige Leben in persönliche Unsterblichkeit zu verwandeln versucht, den Wunsch des Künstlers zum Ausdruck bringe, den Tod in Leben zu verwandeln (Kurzweil und Phillips, Hrsg., 1983, S. 41). Obwohl er zunächst annahm, dieser Impuls sei in der Sexualität verwurzelt, änderte er nach und nach seine Auffassung und nahm ihn nunmehr als Ausdruck *anti*sexueller Neigungen wahr – als Lebensimpuls im Dienst des individuellen Willens bzw. als Sublimierung (ebd., S. 41). Er betonte, daß die Dynamik zwischen Impuls, Angst und Willen die Produktivität bestimmt und daß der Künstler sich durch diese Dynamik selbst immer wieder von neuem umformt. Der Neurotiker dagegen ist unfähig, sich diesen schöpferischen Prozeß zunutze zu machen und ihn von der

---

[4] [Freud bedankt sich bei Rank für „zwei selbständige Beiträge" (Juni 1914), die er 1929 wieder streicht; ansonsten handelt es sich um Danksagungen für technische Hilfe (Bibliographie u.ä.). *A. d. Ü.*]

eigenen Person abzugrenzen. Sehr viel ausführlicher als Freud erörterte Rank die primitive Kunst (die eine mit der Religion verbundene kollektive Ideologie zum Ausdruck bringt), die klassische Kunst (ein gesellschaftliches Konzept der Kunst, das durch Idealisierung auf Dauer gestellt wird) und die moderne Kunst (die auf dem Genie, der Konkretisierung und der künstlerischen Individualität beruht). Dann befaßte er sich auch mit den Folgen der Wechselwirkung zwischen diesen Variablen im Hinblick auf einzelne Künstler. Künstler und Neurotiker leiden zwar an Ich-Konflikten, wie Rank feststellte, aber der Künstler vermag sie durch sein Werk zu sublimieren.

Während Rank herauszufinden versuchte, wie und von wem Kunst geschaffen wird, analysierten die meisten anderen Freud-Schüler einzelne Kunstwerke oder die psychische Verfassung einzelner Künstler. Nachträgliche Psychoanalysen von Leonardo, Shakespeare, Dostojewski, Swift, Poe und anderen wurden ebenso ernst genommen wie die Fallgeschichten von Analysepatienten. So stellte zum Beispiel Ernest Jones (1949) fest, daß Shakespeare zwar frühere Fassungen jener Geschichte benutzte, die er im *Hamlet* unsterblich werden ließ, daß aber seine eigene Fassung einen neuen Einblick in das Leben des Dichters vermittelt, wenn man sie richtig versteht. Jones zufolge veränderte Shakespeare den öffentlichen Mord in der Sage von François de Belleforest [*Histoires tragiques* (1582)] zu einem heimlichen Mord und intensivierte die Handlung durch den inzestuösen Ehebruch der Königin. Unter Hinweis auf diese und andere Veränderungen konnte Jones Claudius' Angriff auf den Bruder als mörderische Aggression und zugleich als homosexuellen Angriff deuten (die fortwährend gegebene Austauschbarkeit der Geschlechter sei ein vorrangiges Thema in allen Stücken Shakespeares, behauptete er). Seine Folgerung lautete: Shakespeare schrieb *Hamlet* als eine mehr oder weniger gelungene Abreaktion der unerträglichen Emotionen aufgrund der schmerzlichen Situation, die er in seinen Sonnetten schildert, nämlich sowohl von dem geliebten jungen Adligen als auch von der Geliebten betrogen worden zu sein. Shakespeare habe seinen Groll geschlichtet und sich mit den „Verrätern" „versöhnt". Auch wenn viele spätere Analysen von Shakespeares Grundkonflikten Jones' Diagnose in Frage stellten, ist seine Auffassung des Hamlet zu einem Klassiker der psychoanalytischen Interpretation geworden. Inzwischen ist *Hamlet* nicht mehr der melancholische Edelmann wie in der Sicht des achtzehnten Jahrhunderts oder der feinsinnige Poet des neunzehnten, sondern ein Mann mit einem Ödipuskomplex, der ihn am Handeln hindert (Holland, 1964, S. 158). Norman Holland erinnert uns ferner daran, daß Freuds Überlegungen zu *Hamlet* seinerzeit den Weg zum Ödipuskomplex bahnten. Allerdings weist er warnend darauf hin, daß es nicht sinnvoll sei, „Hamlet aus dem Stück herauszuholen und ihn wie einen Menschen aus Fleisch und Blut zu behandeln" (S. 158–159) und sich mit seinen Gefühlen der Fragmentierung, Zersplitterung und Zersetzung zu identifizieren.

Marie Bonaparte erweiterte die Anwendung der Psychoanalyse in der Literaturwissenschaft, als sie die psychischen Prozesse und deren Begleiterscheinungen beim literarischen Schaffen untersuchte. Bei Edgar Allan Poe zum Beispiel spricht sie vom „Untertauchen ins Unbewußte" und vom „Übergang des Unbewußten in das Vorbewußte" – Prozesse, die recht weit von der Logik entfernt sind (Bonaparte, in: Phillips, 1957, S. 58).[5] Bonaparte warnte davor, „Örtlich-

---

[5] [Es handelt sich hier um eine Stelle aus den Vorbemerkungen zur ersten Hälfte des Schlußteils von Bonapartes Poe-Studie: „Über die Arbeit am literarischen Kunstwerk und über die Funktion der Dichtung". Bonaparte vergleicht die Traumarbeit mit der Arbeit am literarischen Kunstwerk – und zwar generell, und nicht allein im Blick auf Poe – und beschreibt die dazugehörigen Vorgänge nach dem Modell von Freuds Traumdeutung: „... aber bei diesem Untertauchen ins Unbewußte, und vor dem Auftauchen in einer neuen Gestalt machen die vorbewußten Gedanken jene eigenartige Umwandlung mit, deren Gesetze von denen des logischen Denkens sehr abweichen und mit der wir uns nun beschäftigen wollen.

Vorher noch eine wichtige Bemerkung. Obwohl uns die Sprache dazu zwingt, vom *Untertauchen* ins Unbewußte, vom *Übergang* des Unbewußten in das Vorbewußte zu sprechen, muß man sich

keiten" – d. h. einzelne Bestandteile der Psyche – zu untersuchen, statt sich auf deren Gesamtdynamik und die wechselnden Voraussetzungen und Bedingungen zu konzentrieren. Bonaparte zeichnete auch die zunehmende „Verschiebung der psychischen Intensitäten" [Bonaparte, 1934, Bd. III, S. 239] im Verlauf von Poes Werk chronologisch[6] nach – die Darstellung der Frau als Gebäude in *The Fall of the House of Usher*, die Präsentation der Mutter in *Metzengerstein*, das indirekte Geständnis der Impotenz in *The Loss of Breath* – und demonstrierte damit, daß Poes Begabung sich aus seinen Abwehrmechanismen speiste.[7] Gleichzeitig unterstützten ihre Einsichten über Poe als Person Freuds Thesen, daß das „Kind in ontogenetischer Verwandtschaft mit unseren entfernten Vorfahren eine animistische Phase

---

hüten, sich das Unbewußte, Vorbewußte oder Bewußte als verschiedene *Örtlichkeiten* der Psyche vorzustellen. Es handelt sich nur um verschiedene *Zustände*." (Bonaparte, 1934, Bd. III, S. 238–239). *A. d. Ü.*]

[6] [Bonaparte, (1934) Bd. II, S. 7: „In dieser Studie folgen wir aber nicht der chronologischen Reihenfolge, in der die *Geschichten* Poes geschrieben wurden. Die Art, wie die alten und verdrängten Triebe eines Menschen aus dem Unbewußten hervorbrechen und einen Traum oder ein Kunstwerk verursachen, nimmt auf diese Reihenfolge keine Rücksicht. Wir sind daher berechtigt, die Schöpfung des Erzählers nach dem *unbewußten Thema*, das in ihnen vorherrscht, zu gruppieren; die Umstände des realen Lebens Edgar Poes hatten ja keine andere Aufgabe, als immer wieder jenes Thema zu wecken. Wir werden in jeder Gruppe die typischsten Werke auswählen, um durch sie das Leben des Dichters zu illustrieren." *A. d. Ü.*]

[7] [Marie Bonaparte hat in ihrer Poe-Untersuchung die beiden Erzählungen „Der Untergang des Hauses Usher" und „Metzengerstein" zusammen mit sechs weiteren Erzählungen im ersten Teil des zweiten Bandes unter dem Titel „Der Zyklus der tot-lebenden Mutter" interpretiert; der dritte Teil des zweiten Bandes behandelt unter der Überschrift „Geständnis der Impotenz" ausschließlich die Erzählung „Der verlorene Atem": Marie Bonaparte, *Edgar Allan Poe. Eine psychoanalytische Studie*. Mit einem Vorwort von Sigmund Freud. Übersetzt von Fritz Lehner. Wien: Internationaler Psychoanalytischer Verlag, 1934, 3 Bände. *A. d. Ü.*]

durchläuft, deren Symbole unsere Seele immer noch lenken,
ob wir nun Primitive oder hochgradig Zivilisierte sind" [8],
und daß Poes „sadistisch-nekrophiles Genie in anderen
Ländern und Herzen die gleichen machtvollen und ewigen
Instinkte bei jenen wecken mußte, die sich in ihm wieder-
erkannten" (Phillips, 1957, S. 64, 87).[9]

---

[8] [Paraphrase/Übersetzung von Bonaparte, (1934) Bd. II, S.
247–248; zur besseren Verständlichkeit im Kontext zitiert: „Die
ursprüngliche Autoerotik des Säuglings, der sich in ausgedehn-
tem Maße zu befriedigen sucht, führt zu der narzißtischen Stufe,
auf der das Kind sich selber als das erste Liebesobjekt ansieht. In
diesem Stadium kann das Kind noch nicht seinen Körper von der
nährenden Brust, dem guten und warmen Körper der Mutter,
unterscheiden; die Mutter wird erst sekundär für ihn zur ersten
Wahrnehmung der äußeren Welt. Der Vater, die Geschwister, die
ganze äußere Welt tauchen dann hinter der Mutter auf, sie müssen
nach und nach unter dem wachsenden Druck der Realität vom
Kind angenommen werden. Aber das menschliche Unbewußte
weiß sich für diese Entthronung der menschlichen Allmacht zu
rächen: die äußere Welt, welche die ursprüngliche, narzißtische,
menschliche Illusion vernichtet hat, wird vom Unbewußten zur
Revanche narzißtisch besetzt. Und das Kind, das darin ontoge-
netisch unserem Urahn gleicht, kommt in das Stadium des
Animismus, als dessen unentwurzelbaren Sprößling wir die
Symbolwelt, die von da an in der Seele eines jeden Menschen, des
primitivsten und geistig entwickeltsten, herrscht, anzusehen
scheinen." *A. d. Ü.*]

[9] [Bonaparte, (1934), Bd. II, S. 283: „Und sogar über den Ozean
hinweg schwebte das sadistisch-nekrophile Genie eines Edgar Poe
auf seinen Flügeln und weckte in anderen Herzen und anderen
Ländern die gleichen mächtigen und ewigen Triebe der Menschen, die sich in ihm erkannten." Gemeint ist vor allem
Baudelaire, dem Bonaparte in 1934, Bd. III, S. 284 ff. unter der
Überschrift „Poes Botschaft an die Menschheit" in einer Ver-
gleichsanalyse ihre Aufmerksamkeit widmet: „Poe war, wie wir
gesehen haben, im wesentlichen ein Nekrophiler. Baudelaire war
ein wahrer Sadist; der eine zog die tote oder schon vom Tod
berührte Beute vor (...), der andere die lebende oder zu tötende
(...). Wie war es nun möglich, daß der Sadist Baudelaire im
Nekrophilen Poe, obwohl jeder von ihnen eine andere Sexual-
natur besaß, seinen Bruder erkannte?" (Bd. III, S. 302)

Freud, der sich (um 1915) immer mehr mit der Ausbreitung der Bewegung und mit der Umarbeitung seiner zentralen Konzepte beschäftigte, schien damals weniger geneigt zu sein, die Psychoanalyse auf dem Weg über die Literatur zu legitimieren. Als die Freudianer die Literatur nicht mehr brauchten, um die Geltung der Psychoanalyse zu beweisen, wurde deshalb die Psychoanalyse dazu benutzt, das Studium der Literatur zu bereichern.

Bald waren Schriftsteller und Künstler bereit, Freudianische Grundsätze auf ihre eigene, kreative Weise anzuwenden. Die Blütezeit dieser Praxis lag in den USA in den vierziger und fünfziger Jahren, als die Schriftsteller, die eine Analyse gemacht hatten, das Gelernte ihrem Werk einverleibten. Mit den Jahren sind solche Untersuchungen zum Bestandteil der psychoanalytischen Unternehmung geworden. In den besten von ihnen werden neue Konzepte und subtile Werkzeuge der Kritik angewandt, um sowohl die Anliegen als auch die unbewußte Absicht eines Künstlers zu verstehen.

In England interessierten sich weder Anna Freud noch Melanie Klein für Literatur, und nur wenige ihrer Anhänger befaßten sich damit (siehe 7. Kapitel). In den siebziger Jahren begannen einige deutsche Analytiker, wie Johannes Cremerius und Peter Dettmering, die Literatur zum Thema „Psychoanalyse und Literatur" zu untersuchen. Viele dieser Untersuchungen gingen auf Kurt Eisslers (1971) Unterscheidung zwischen „exopoetischen" (äußere Einflüsse *auf* ein Kunstwerk betrachtenden) und „endopoetischen" (werkinternen) Interpretationen sowie auf Adornos *Ästhetische Theorie* (1970) zurück.

Vgl. die motivgeschichtliche Untersuchung und reich dokumentierte Darstellung von Mario Praz, *Liebe Tod und Teufel. Die schwarze Romantik* (¹1930). Übersetzt nach der Ausgabe von 1948 von Lisa Rüdiger. München: Hanser 1963, S. 76 ff. „Im Zeichen des göttlichen Marquis"; bes. S. 110–121, 304. Von den Untersuchungen Praz' scheinen die Psychoanalytiker keine Kenntnis genommen zu haben; vgl. dagegen Praz, „Poe davanti alla psicanalisi", in: ders., *Studi e svaghi inglesi*. Florenz 1937. A. d. Ü.]

In Frankreich hatte Lacan ([1]1966, 1977; deutsche Ausgabe 1973, S. 7–61) mit seiner linguistisch-strukturalen Deutung von Poes „Der entwendete Brief" bereits eine neue Form der psychoanalytischen Literaturanalyse eingeführt. Obwohl er Bonapartes französische Herkunft betonte und ihren „amerikanischen" Ansatz ablehnte (er warf ihre Ideen mit denen der Freudianischen Ich-Psychologen zusammen, die er verabscheute), wählte er diesen Text als Prototyp für seine neue Form psychoanalytischer Literaturwissenschaft [psychoanalytic criticism].[10]

Wie wir im 7. Kapitel festgestellt haben, übte die Lacanianische Psychoanalyse Einfluß auf Autoren aus, die den Marxismus widerriefen sowie auf die feministische Literaturwissenschaft in amerikanischen Universitäten. Schließlich wurden einige dieser Ideen in die deutschsprachigen Länder exportiert, wo sie in die dort heimischen psychoanalytischen Literaturtheorien einsickerten. Viele klassische Freudianer, die Lacans Praktiken nicht billigten, interessierten sich allmählich *doch* für Fragen der Sprache und befaßten sich mit einigen von Lacans eigenständigen, textbezogenen Fragestellungen über den Zusammenhang von Kunst und Neurose.

---

[10] [Im Text von Lacan bzw. in der deutschen Übersetzung kommt Marie Bonaparte nicht namentlich vor. Der Übersetzer glaubt auf S. 35–36 eine Anspielung auf sie zu sehen. Es geht dabei um das „Objekt" zwischen den Kaminsockeln – um das Versteck des entwendeten Briefs (einen Kartenhalter, der von einem Messingknopf herabhängt). Dazu Lacan: „Zwischen den Sockeln des Kamins befindet sich das Objekt, das mit der Hand erreichbar ist, die der Räuber nur noch auszustrecken braucht. Die Frage, ob er es auf dem Kaminsims, wie Baudelaire übersetzt, oder unter ihm ergreift, wie im ursprünglichen Text steht, kann ohne Schaden den Schlußfolgerungen der Interpretationsküche überlassen werden." Dazu merkt Lacan an: „Und sogar der Köchin." Der Übersetzer – Rodolphe Gasché – fügt in Klammern hinzu: „Wahrscheinlich ein Hinweis auf Marie Bonaparte." *A. d. Ü.*]

Einige klassische Vorgehensweisen

Vielleicht der eindrucksvollste Beitrag Freuds zur literarischen Psychoanalyse war seine Arbeit über Dostojewski (1928*b*), auch wenn einige seiner Aussagen in neuerer Zeit in Frage gestellt wurden. (Andere Arbeiten befassen sich mit Leonardo [1910*c*], Goethe [1930*e*] und Michelangelo [1914*b*]). Freud, der Dostojewski als den größten modernen Schriftsteller ansah, unterschied zwischen seiner Begabung und seiner Neurose, zwischen seiner Moral und seinen antisozialen Neigungen. Nach Freud war Dostojewskis Epilepsie neurotischer Herkunft, und er nahm an, daß seine Anfälle „nach dem erschütternden Erlebnis im achtzehnten Jahr, nach der Ermordung des Vaters die epileptische Form annahmen" [1928*b*; *Stud.*, Bd. X, S. 275]. „Die psychoanalytische Betrachtung (…) ist versucht, in diesem Ereignis das schwerste Trauma und in Dostojewskis Reaktion darauf den Angelpunkt seiner Neurose zu erkennen" [S. 276]: Freud führte Dostojewskis Schuldgefühle auf frühere, unbewußte Wünsche zurück, den Vater tot zu sehen. Diese Gefühle bestimmten nach Freud Dostojewskis Einstellung gegenüber autoritären Figuren wie Gott und dem Zar. Freud erhellte einige von Dostojewskis tiefsitzenden Ängsten und Konflikten, etwa die Spielsucht [S. 283], indem er das Leben des Autors mit dessen Werken und mit Hinweisen auf Heterosexualität und Homosexualität in Beziehung setzte. Für Freud erklärte Dostojewskis grundsätzliche Ambivalenz auch dessen schrankenlose Sympathie für den Verbrecher, den er beinahe als einen Erlöser auffaßte, welcher eine Schuld auf sich geladen hat, die andere hätten tragen sollen – eine Identifizierung, die auf Dostojewskis eigene Mordimpulse zurückgeht (Freud, in: Phillips, 1957, S. 15).

Phyllis Greenacres Untersuchung über Swift ist unter den vielen Beiträgen späterer Psychoanalytiker beispielhaft. Sie schilderte Swift als einen geistreichen, charmanten und gequälten Menschen, der an ödipalen Problemen, Hypochondrique, Todesangst und Angst vor der Sexualität, unter Masturbationsphantasien und Homosexualität litt. Greenacres Zusammenfassung der psychischen Biographie Swifts demonstriert denn auch die typische Anwendung der Freudianischen Ich-Psychologie in den USA der fünfziger Jahre:

„Die Untersuchung über Swift wurde angeregt durch das Interesse am Fetischismus und an der Rolle, die die Empfindungen der unbeständigen Körpergröße bei seiner Entwicklung spielen. Es ist deshalb angebracht, auf diese Fragen hier etwas genauer einzugehen. Es gibt keinen Hinweis darauf, daß Swift ein offenkundiger Fetischist war, obwohl er in seiner Persönlichkeitsstruktur vieles mit denen gemeinsam hat, die das manifeste Symptom entwickeln. Die anale Fixierung war stark und zwingend, die genitale Reaktion dagegen bestenfalls so beeinträchtigt und begrenzt, daß er zur späteren Schwäche bereits disponiert war. In seinem frühen Erwachsenenleben kam denn auch ein Rückzug von der genitalen Sexualität tatsächlich vor, und er begann vermutlich mit der unglücklichen Beziehung zu Jane Waring, der ersten unter den Göttinnen. Danach schien er eine Ehe nie wieder zu erwägen, während er deutlich zum Ausdruck brachte, daß die Frauen, die ihm am nächsten standen, so weitgehend wie möglich den Jungen gleichen sollten. Seine genitalen Ansprüche wurden wohl zum Teil durch seine kreativen Schriften sublimiert, doch selbst diese waren deutlich von seinem starken analen Charakter geprägt. Er benötigte keinen Fetisch, weil er auf die genitale Sexualität verzichtete. In gewisser Weise erfüllte seine Umwandlung der Frauen seiner Wahl in Jünglinge ein fetischistisches Bedürfnis. Besonders Stella sollte das treue, verläßliche, unveränderliche, bi-sexualisierte Objekt sein – ein Eckpfeiler seines Lebens. Mit ihrem Tod begann sein Zerfall. Lemuel Gulliver ging insofern noch einen Schritt über seinen Schöpfer hinaus, als er ein verheirateter Mann war, der ständig aus seiner Ehe floh, die ihn so gründlich anwiderte, obwohl seine kurzfristigen Aufenthalte zu Hause zuweilen ausreichten, um seiner Frau ein Kind zu hinterlassen (...) *Gullivers Reisen* erscheinen als Inszenierung von Lemuels Masturbationsphantasien, die ebenso wie der Charakter Swifts eng mit analen und nicht etwa genitalen Interessen und Ambitionen verbunden sind" (Greenacre, in: Phillips, 1957, S. 134).

Eine andere Methode stellte Henry Lowenfeld vor, der aus einer seiner Fallgeschichten verallgemeinernde Schlüsse zog. Bei der Nacherzählung einiger Kindheitserlebnisse und der traumatischen Ereignisse, an die sie sich erinnerte, gelang es einer Künstlerin, die bei ihm in Behandlung war, die

Wurzeln ihrer Neurose aufzudecken. Lowenfeld stellte fest, daß sie ebenso wie andere Künstler empfänglicher war für Reize als andere Menschen und deshalb traumatische Ereignisse leichter erinnern konnte. Auch die ödipalen Schuldgefühle sind bei Künstlern stärker, wie Lowenfeld glaubte, doch werden sie durch die Anerkennung für die kreative Arbeit gemildert, auf die sich ihre narzißtischen Gefühle übertragen lassen. Dennoch waren die Phantasien von Lowenfelds Patientin voll von Konflikten und Spannungen, und nach dem Abschluß einer künstlerischen Arbeit fühlte sie sich nur kurzfristig erleichtert. Wie er entdeckte, spielte ihre Bisexualität eine große Rolle, und sie verglich die künstlerische Produktion oft mit dem Gebären. Mit der Wiederholung unerfüllter Kindheitserfahrungen und durch den Wechsel zwischen Identifizierung mit äußeren Reizen und der Angst vor ihnen pendeln die meisten Künstler zwischen Introjektion und Projektion – der Prozeß künstlerischer Sublimierung – hin und her.

Andere Untersuchungen erbrachten Einblicke in spezifische Details der Klinik. So analysierte Wittels (1954; 1957) zum Beispiel das Werk von Kleist, der nach langwierigem Kampf gegen die Homosexualität sich mit 34 Jahren tötete. Reik (1949; 1957) erörterte die persönlichen Quellen von E. T. A. Hoffmanns Erzählungen über seine dreifache Liebe – zur Puppe, zur Verführerin, zur Künstlerin. Die zahllosen Untersuchungen brachten jedoch die Freudianer den Quellen künstlerischer Produktion keineswegs näher, denn sie waren ja durch ihre eigene Methode schon eingeschränkt. William Phillips stellte fest:

„Jede gesamthafte Erfassung von Kunst, die die kreative Begabung oder den schöpferischen Vorgang als eine Form von Neurose ansieht, muß zwangsläufig eine schiefe und absurde Theorie hervorbringen. Wird die Kunst als eine Form der Sublimierung, als Variante des Traums oder der Phantasie oder gar als therapeutische Tätigkeit betrachtet, dann haben wir keine Kriterien zu ihrer Beurteilung und auch keine Möglichkeit, sie von anderen Arten des Traums, der Phantasie oder der Therapie zu unterscheiden. Und was die vielen einfallsreichen Übungen betrifft, die Kunst als oral oder anal, als sadistisch oder masochistisch, als narzißtisch oder totemistisch zu enthüllen, so läßt sich von ihnen bestenfalls sagen, daß sie genau so gut auf eine Kritzelei wie auf ein Bild von Grandma Moses oder auf einen Jackson Pollock passen" (Phillips, 1957, S. XVI).

Literaturkritiker und Literaturwissenschaft

Nachdem das psychoanalytische Gedankengut sich überall verbreitet hatte und beinah schon zum allgemeinen Wissensbestand gehörte, schrieben die Analytiker hauptsächlich „wissenschaftliche" Arbeiten, um sie auf Konferenzen vorzutragen. Die besten Literaturkritiker und -wissenschaftler wie Lionel Trilling, William Empson, William Phillips, Alfred Kazin, William Barrett, Geoffrey Hartmann und Kenneth Burke sowie Kunsthistoriker wie E. H. Gombrich und Meyer Schapiro befaßten sich mit den unterschwelligen Zusammenhängen zwischen Kunst und Neurose. Amerikanische Literaturwissenschaftler nahmen Freudianische Analytiker zum Ausgangspunkt. Einige betrieben eine Psychoanalyse von literarischen Figuren; andere suchten in den Texten nach den Motiven der Autoren. Viele verfuhren polemisch und bestritten die Ergebnisse der Psychoanalytiker und anderer Literaturbetrachter. So kamen zahllose Bücher und Essays zustande, die von einem ganzen Spektrum von Grundannahmen ausgingen – und die *alle* den Anspruch erhoben, vom Meister abzuweichen.

Nicht nur wußten die Literaturwissenschaftler mehr über Literatur als die Freudianer, sondern sie brauchten auch nicht nach wissenschaftlicher Wahrheit oder nach dem Beweis einer Theorie zu streben. Lionel Trilling (1950) zum Beispiel bestritt nachdrücklich die These, die Tätigkeit der Einbildungskraft gleiche dem Wahnsinn. Obwohl Freud zahlreiche frühere Formulierungen selber schon modifiziert hatte, sah Trilling, daß einige Freud-Anhänger sich an Mythen über den Dichter als *genus irritabile* klammerten, der in der Krankheit die Vorzüge, in der Neurose das Geniale oder in seiner „Wunde" die Inspiration findet (S. 177). Trilling räumte zwar ein, daß psychoanalytische

Einblicke in Familiensituationen und in das Temperament erwiesen, daß neurotische oder psychotische Realitätswahrnehmungen meist intensiver sind als normale und daß schöpferische Individuen ihrem Unbewußten vielleicht näher sind als andere, aber seiner Ansicht nach liegt deswegen die Kraft des Künstlers nicht in der Neurose: damit wird nur anerkannt, daß der Schriftsteller sein Unbewußtes zur Schau stellt, daß er deutlicher wahrnimmt, was mit ihm geschieht, und daß er sich klarer und wahrhaftiger äußern kann als andere. Die Neurose eines Künstlers mag wohl in einer besonderen Beziehung zu seiner Tätigkeit stehen, und er kann seine Tätigkeit als eine *Konflikttätigkeit* nutzen, aber sein Genius – der Wahrnehmung, Erkenntnis und Darstellung – ist eine irreduzible Begabung.

Der Dichter W. H. Auden (1977) stimmte mit Trilling überein und fügte hinzu, daß das psychisch aufgeweckte Kind durch die Verbindung von Phantasie und handwerklicher Fertigkeit zum Künstler werden kann, um sich den Forderungen eines unglücklichen Familienlebens zu entziehen. Für Auden ist die künstlerische Schöpfung ebenso wie die Psychoanalyse ein Prozeß, bei dem der Künstler seine selektive Verinnerlichung der Welt in einer neuen Situation nacherlebt: er benützt das Kunstmedium als sein eigenes Kommunikationsmittel (Auden, in: Kurzweil und Phillips, Hrsg., 1983, S. 125). Die Psychoanalyse ist indessen auch zu einem Bestandteil der Umwelt geworden und übt sowohl auf den Künstler als auch auf den gewöhnlichen Menschen ihren Einfluß aus: Schriftsteller wie Thomas Mann und D. H. Lawrence schrieben über Freud; Robert Graves und Herbert Read benutzten ebenso wie viele andere Autoren Freuds Terminologie, und der Surrealismus übernahm Freuds klinische Technik. Die Ideen Freuds sind zwar ins moderne Bewußtsein eingedrungen, aber wie Auden warnte, kann weder die Psychologie noch die Kunst den Menschen sagen, wie sie sich verhalten sollen.

Ebenso wie Trilling und Auden wies der Literaturwissenschaftler Erich Heller (1976) darauf hin, daß zwar niemand von Freuds Theorien unberührt bleiben könne, daß es aber müßig sei, ständig danach zu fragen, ob bestimmte Schrift-

steller von ihm „beeinflußt" worden seien oder von ihm
„gelernt" hätten.[11] Heller entdeckte beispielsweise die Allgegenwart von Freuds Ideen in Thomas Manns Behandlung
moralischer Fragen im *Tod in Venedig*: der „wahre Wille"
Aschenbachs zeigt sich, nachdem er sich entschlossen hat,
aus Venedig abzureisen, sein Koffer verloren geht und er
zum Bleiben „gezwungen" wird. Sein unbewußter Wunsch
manifestiert sich, als er beim Aufschub der Abreise eine
„abenteuerliche Freude, eine unglaubliche Heiterkeit" verspürt.[12] Im *Zauberberg* wartet Hans Castorp sieben Jahre
auf die Rückkehr der Russin, in die er sich insgeheim verliebt
hatte, wobei er eine leichte Erkrankung als Vorwand
benutzt, um im Sanatorium bleiben zu können. Beide
Figuren scheinen Phantasien von Thomas Mann zu insze-
nieren und bestimmte Vorstellungen über das Unbewußte
zu bestätigen.[13]

Heller zufolge war Freud naiv mit seiner Hoffnung, den
psychischen Phänomenen auf den Grund gehen zu können,
da er vergaß, daß er die eigene, zeitgenössische Moral auf die
Urmörder projizierte (in *Totem und Tabu*), wobei er
annahm, diese Urmenschen seien psychisch dazu bereit

---

[11] [Heller, 1957, S. 238: „Sind Hofmannsthal, Schnitzler, Broch,
Musil, Kafka, Rilke, Hermann Hesse, Thomas Mann von Freud
'beeinflußt'? Haben James Joyce und Virginia Woolf, Heming-
way und Faulkner Freud 'studiert'. Die Frage, die manchmal mit
Ja und manchmal mit Nein zu beantworten wäre, ist so müßig,
wie es die Frage wäre, ob die ersten Flugzeugbauer von Newton
inspiriert waren. Flugzeuge fliegen im Newtonisch definierten
Raum, vertrauend auf die Gültigkeit der Gesetze von Schwer-
kraft. Wie nun steht es mit dem Freudschen Seelenraum, in
welchem die moderne Literatur sich bewegt?" *A. d. Ü.*]

[12] [Heller, S. 239: „Schicksal und Zufall sind alte Verbündete;
dieser Zufall aber konnte *so* nur in der Freudschen Ära ins
Schicksal verwoben werden." *A. d. Ü.*]

[13] [Heller, S. 239: „Gegen alle humane Vernunft und sittliche
Intention läßt ihn (d. h. Hans Castorp) sein *wahrer* Wille krank
sein. Also ist er, sein wahrer Wille, für die Krankheit verantwortlich. Und Thomas Mann las Freud erst nach dem *Zauberberg. Voilà*, der Zeitgeist!"]

gewesen, an Gott zu glauben.[14] Ebensowenig wie die
Philosophie oder die Religion konnte die Psychoanalyse eine
ethische Ordnung festlegen, um das moderne Bewußtsein zu
lenken, sagte Heller, auch wenn sie den Glauben an die
größtmögliche Ausdrucksfreiheit zu stützen vermag.[15]
Freudianische Grundsätze gaben seines Erachtens den
Anstoß zum Roman des Bewußtseinsstroms und anderen
experimentellen Werken.[16] Die Dichtkunst ließ sich nicht

---

[14] [„Es ist das Paradox der Psychoanalyse, daß Freud selbst sich
noch völlig geborgen fühlte im Glauben jenes Rationalismus,
dessen gesellschaftliche Erschütterung Grund sowohl wie fort-
wirkende Folge seiner Lehre war. Darum hatte er kein Ohr für
die *Seins*frage, die er selber aufwarf. Mit erstaunlicher Naivität
behandelte er die Theorien über das 'Wie' psychischer Zusammenhänge, als wären sie eindeutige Antworten auf die Frage nach
dem 'Was' psychischer Phänomene, ihres *Sinnes* und ihrer
möglichen Bezogenheit auf eine mögliche Wahrheit des Seins. Er
glaubte zum Beispiel zu wissen, daß urzeitliche Vatermörder sich
aus der Not ihrer Schuld einen anbetungswürdigen Gottvater
schufen – eine Vermutung, die doch nur insofern einige Über-
zeugungskraft besitzt, als sie voraussetzt, daß jene wilden Wesen
in all ihrer Wildheit ein Gewissen hatten und die seelische
Fähigkeit, an Gott zu glauben. Freud nun fragte nicht, welchen
Sinn es denn in der Ordnung des Seins habe, daß der Mensch zu
Schuld und Glauben befähigt ist, sondern setzte voraus und
erachtete wohl gar als erwiesen, daß jenes Gewissen und jener
Glaube der Wilden notwendig die Realität verfehlten, an der
Wirklichkeit vorbeifühlten und vorbeiglaubten." (Heller, 1957,
S. 242) *A. d. Ü.*]

[15] [Heller, 1957, S. 243: Die Psychoanalyse unternimmt „wohl als
erste in der Geschichte der menschlichen Selbsterkenntnis – das
Wagnis (...), von jeder vorgefaßt wertenden, von einem klaren
Glauben bestimmten Ordnung der Bewußtseinsinhalte abzuse-
hen. Sie läßt sich mit dem Chaos ein. Die Ordnung muß erst
geschaffen werden." – Aber eben nicht von der Psychoanalyse,
denn: „Psychoanalyse – das ist der zum System gewordene
Verdacht, daß alles und jedes, jeder Traumfetzen, jeder Erinne-
rungsrest, jede lose Assoziation, von ungeahnter Bedeutung für
die Ökonomie der Seele sein mag (...)." *A. d. Ü.*]

[16] [Heller stellt gerade keinerlei „Kausalbeziehung" zwischen
Freuds Theorien und zeitgenössischen literarischen Phänomenen
her; er sagt nach dem Vergleich mit dem Newtonischen Raum

länger als „Versteck der Wahrheit" begreifen, wie Goethe noch meinte[17], und man konnte auch nicht länger von der Spannung zwischen Mythologie und Psychologie sprechen wie Kleist.[18] (Heller verglich Nietzsche und Freud in ihrem psychologischen Wahrheitsfanatismus und bezeichnete Nietzsche als einen „erstaunlichen Souffleur der Psychoanalyse". So war nach Heller das moderne Bewußtsein vor der Ankunft von Freud und dem Zeitalter der Analyse verstanden worden. Nunmehr gehörte zur Psychologie auch die Reaktion gegen die Psychologie, etwa die Antwort von Kafka, der „gegen Psychologie" war.[19] Im großen und ganzen war Heller nicht gegen Freud, sondern gegen die

---

lediglich, Prousts *Recherche*, der *Ulysses* von Joyce, Hermann Brochs *Der Tod des Vergil* – „ganz zu schweigen von den vielen kleineren *'stream of consciousness'*-Romanen" – „all das ist das unverkennbare Literaturprodukt einer Epoche, deren Seelentheoretiker Sigmund Freud ist; und was immer bleiben wird von unserer Literatur, der von gestern und der von morgen, wird die Prägung eines Bewußtseins haben, dem Freud zu sich selbst verholfen hat." (S. 244) *A. d. Ü.*]

[17] [Heller, S. 245: Goethe glaubte, „daß das Geniale allein im sich selbst überlassenen Unbewußten zu Hause sei und daß die Dichtkunst von dem, der sie ausübt, 'eine gewisse gutmütige, ins Reale verliebte Beschränktheit' verlange, 'hinter welcher das Absolute verborgen liegt', wie er im Brief an Schiller vom 6. April 1801 schrieb." *A. d. Ü.*]

[18] [Heller spricht hier über Goethes Beziehung zu Kleist: „Goethe seinerseits beschuldigte Kleist, diesen Ur-Patienten und Ur-Praktiker der Psychoanalyse, er habe es auf die Verwirrung der Gefühle abgesehen. Was meinte er damit? Wohl die unheimliche Faszination des Krieges, den in Kleists Geist die heroisch-mythenbildende Phantasie mit der psychologischen Erkenntnisrealität führt, eines Krieges, der Kleists Vers und Prosa als das Zerwürfnis der Poesie mit der Seelenpathologie durchwaltet." (1957, S. 245)]

[19] [Heller, 1957, S. 245: „Ja, es wäre denkbar, daß einer zur Ehrung Freuds eine Geschichte der Literatur schriebe, die mit Goethes sehr bewußter Lobpreisung des Unbewußten begänne und sodann von Kleists tödlicher Spannung zwischen Mythologie und Psychologie zu Nietzsche führte, diesem erstaunlichen Souffleur der Psychoanalyse, welcher wußte, daß der Mensch in

„leichtfertigen" und verzerrten „Anwendungen" seiner Ideen.

In einer anderen Orientierung sprach der Philosoph William Barrett davon, daß Schriftsteller und Philosophen, auch wenn sie sich mit der Wahrheitssuche beschäftigen, sich der Eigentümlichkeit ihrer eigenen Existenz nicht entziehen können. Als Beispiel führte er Swifts Erzählung über Gullivers Reisen in die Länder der Verrückten an. Barrett behauptete, Swifts Buch sei das Produkt seiner Verrücktheit, seiner Anlage zur Introvertiertheit aufgrund eines exzessiven Liebesbedürfnisses in der ödipalen Phase – das zur Ambivalenz führte, ausgelöst durch die nur indirekte Befriedigung und das ungewöhnliche Schuldgefühl. Swifts psychische Existenz war gefährdet; seine Welt der Impulse und Motive glich zwar derjenigen gewöhnlicher Menschen, war aber von anderer Größenordnung. Swift war nach der Schlußfolgerung Barretts ebenso wie alle anderen Schriftsteller und Philosophen besonders empfindlich für die Zwänge des Zeitgeistes – Zwänge, die innere Spannungen nur noch verschärfen.

In den USA der sechziger und siebziger Jahre war die Zahl der Freudianischen Literaturwissenschaftler noch größer und ihre Schriften noch vielfältiger, aber sie arbeiteten weniger theoretisch. Sie hatten so wenig miteinander gemeinsam, daß man lediglich einzelne Beispiele für die Anwendung der Psychoanalyse auf die Literatur anführen kann. Die Literaturwissenschaftler befaßten sich jetzt nicht nur direkter mit Freuds Texten, sondern auch mit einzelnen literarischen Werken. Sie erweiterten die bisherigen Untersuchungen von Dostojewski, Shakespeare, Swift, Kafka, Lewis Carroll, der Schriftsteller von der Bloomsbury-Gruppe und andere, klassischer Gestalten. Zu den besten unter diesen Literaturinterpreten in Amerika gehören Eliza-

---

der Erkenntnis 'ein schönes Mittel zum Untergang' habe. Und am Ende dieser Geschichte würde eine der Kafkaschen Betrachtungen (93) 'über Sünde, Leid, Hoffnung und den wahren Weg' stehen, welche lautet: 'Zum letzten Mal Psychologie!'"]

beth Dalton, Cushing Strout, Jan Ellen Goldstein und Steven Marcus.

Dalton (1978) stimmte Freud darin zu, daß Dostojewskis Epilepsie „zentraler Ausdruck der Neurose des Autors war, mithin von grundlegender Bedeutung für sein Leben und seinen Charakter". Ein großer Teil von Dostojewskis fiktionalen Texten befaßt sich laut Dalton mit der indirekten Erforschung der Krankheit. Sie belegte dies mit dem Hinweis, daß in Dostojewskis Romanen mehrere Epileptiker vorkommen. Die Handlungsbrüche in *Der Idiot* hängen laut Dalton mit den Ausbrüchen der Epilepsie zusammen, die trotz ihrer organischen Basis eine psychologische Bedeutung annahm, welche auf Dostojewskis negativ aufgelösten Ödipuskomplex zurückgeht. Sie befaßte sich mit den Anfällen Myschkins und sagte, die Epilepsie, überdeterminiert durch seine passiven leidenschaftlichen Erlebnisse, durch seine Lust, durch Haß und Aggression, sei Myschkins (und Dostojewskis) einzigartiges Attribut. Myschkin verkörpere die „äquivoke Beziehung zwischen den niedrigsten und den erhabensten Aspekten des menschlichen Erlebens", die das Werk des Schriftstellers so tief und nachhaltig prägen. Nicht nur schwach und „idiotisch" sei er, sondern auch empfänglich für mystische Erlebnisse und für ein „Gefühl ekstatischer Verschmelzung, das ihm die Regression auf die zeitlose Welt des urtümlichen Ich gestattet, dergestalt, daß der Anfall zugleich die Rache des Über-Ichs ist, die sich nur zeitweise aufheben läßt, um sexuelle und aggressive Energie freizusetzen" (S. 607–608).

Cushing Strout (1979) schrieb über die Familie James und hielt den wechselseitigen Einfluß der verschiedenen Angehörigen aufeinander fest, besonders bei William und Henry James. Interessanterweise erzählten beide von einem nächtlichen Alptraum. Henry James brachte zwar seinen frühen Traum über den Louvre[20] nie explizit mit seinem Schreiben

---

[20] Henry James beschrieb diesen „erschreckendsten und dennoch bewundernswertesten Alptraum" seines Lebens in seiner Autobiographie *A Small Boy and Others* (1913); vgl. Cushing Strout, in: Kurzweil und Phillips, Hrsg., 1979, S. 217–231.

in Zusammenhang, aber Strout entdeckte, daß er als Inspiration für die Erzählung „The Jolly Corner"[21] gedient hatte.
Auch wenn zahlreiche Ereignisse und Ideen in der Geschichte abgeändert worden waren, stimmten Themen und Gedanken doch überein, und die Geschichte bezog sich auf Henrys
Rivalität gegenüber dem älteren Bruder William. Obwohl
Strout einräumte, daß sich gegen die Psychoanalyse eines
verstorbenen Autors viele Einwände erheben lassen, hatte er
den Eindruck, daß die Geschichten von James mit ihren
Mehrdeutigkeiten und Bedeutungsschwankungen „historische Dokumente im Leben der Person" sind und im Kontext
der Lebensgeschichte des Autors verstanden werden müssen. Zusammengefaßt läßt sich sagen: Strout meinte, daß die
nachhaltigen Themen in James' Vergangenheit, wenn man
sie im Zusammenhang alles dessen betrachtet, was wir über
seine Familie, über die Beziehungen der Familienangehörigen untereinander und über die Psychoanalyse wissen, in
seinen Werken zwar einen umfassenden Ausdruck fanden,
daß aber die schöpferische Tätigkeit das Gespenst in seiner
Seele nicht ganz austreiben konnte (S. 52).

Jan Ellen Goldstein (1974), eine Historikerin, versuchte
zu klären, warum die Schriftsteller des Bloomsbury-Kreises
mithalfen, die Psychoanalyse in England einzuführen: sie
standen unter dem Einfluß des Cambridge-Oberhaupts
George Edward Moore, dessen Wertesystem den Anstoß zu
Methoden der Selbstprüfung gegeben hatte, die sich als
Vorwegnahme Freuds ansehen lassen. Gleichwohl blieben
einige der zum Kreis gehörenden Schriftsteller ambivalent:
Virginia Woolf scheute trotz ihrer zahlreichen Zusammen-
brüche vor der Psychoanalyse zurück und „begnügte sich"
mit der Diagnose der „Neurasthenie". Nach dem Hinweis
von Goldstein spielte sie jedoch in *Mrs Dalloway* mit der
Anwendbarkeit einer freudianischen Konzeption des psychischen Zusammenbruchs. Und in „The Leaning Tower"

---

[21] [„Das glückliche Eck", übersetzt von Helmut Braem und
Elisabeth Kaiser. In: Henry James, *Gespenstergeschichten*. Köln:
Kiepenheuer & Witsch, 1979; Ullstein Taschenbuch 1982,
S. 477–523. A. d. Ü.]

schilderte Woolf die Selbstversunkenheit der Schriftsteller aus den dreißiger Jahren als Symptom einer allgemeinen kulturellen Neurose, wobei der Psychoanalyse durchaus die Möglichkeit eingeräumt wurde, Neurosen zu heilen (S. 463). Leonard Woolf dagegen veröffentlichte Freud aus Bewunderung und intellektueller Überzeugung, hielt sich persönlich aber in Distanz. *Seine* Version Freuds ließ sich in der Behauptung zusammenfassen, „(das Bewußtsein der Sünde ist beim Menschen universal', es entwickelt sich zwangsläufig aus infantilen Sexualempfindungen und aus dem ödipalen Konflikt; und es kann dann und wann unerwartet und 'mit verheerenden Resultaten' zum Ausbruch kommen" (S. 470). Woolfs Freudianismus verlagerte allerdings den Schwerpunkt. Während für Freud die „Zivilisation" die Beherrschung aggressiver Impulse – mit den dazugehörigen Schuld- oder Sündengefühlen – erforderlich macht, hielt Woolf eine solche Kontrolle für durchführbar, und er zog deshalb auch den Schluß, in einer „echten 'Zivilisation' gibt es kein Unbehagen" (S. 474).

Ein jüngerer, von Lionel Trilling beeinflußter Literaturkritiker, nämlich Steven Marcus, hat seine breiten Kenntnisse der Psychoanalyse bei seiner Untersuchung der sexuellen Sitten der *Other Victorians* (1966) angewandt. Etwas später untersuchte er in „Freud and Dora" (1974) die Fallgeschichte der Dora als einen Text – der aufgebaut ist wie ein Roman, welcher sich sowohl mit Symptomen und Träumen als auch mit Ereignissen befaßt. Freud benutzte seine Vorbemerkungen zum Fall Dora als Einrahmung, als Erprobung von Motiven, Gründen, Absichten und Ereignissen, wobei er gerade soviel von den Geheimnissen Doras und der Fallgeschichte durchblicken ließ, daß das Interesse des Lesers geweckt blieb. Freud, der literarische Interessen wiederholt in Abrede stellte, muß sich Marcus zufolge bewußt gewesen sein, wie wirksam er mit seiner „Präparierung des Lesers" durch seine einzigartige Darstellungs- und Erzähleautorität war. Marcus wies die Ähnlichkeit zwischen Freuds Prosa und der reifen Romanprosa des 19. Jahrhunderts sowie der modernen Fiktion zu Beginn des 20. Jahrhunderts nach. Dann legte er Freud selber auf die Couch des Analytikers und wies beispielsweise auf den Dialog zwischen Freud und Dora über die „heimlichen Verbindungen" hin und zeigte, wie Freud mit dem Ende der Fallgeschichte zu deren Zentralfigur geworden war. Freud schob den abrupten Abbruch der Analyse auf Dora und nicht etwa auf seine negative Gegenübertragung, wie Marcus feststellt, doch benutzte er die Abfassung der Fallgeschichte ebenso wie ein kreativer Schriftsteller dazu, den „Knäuel von unanalysierten Impulsen und Ambivalenzen" in ihm selbst zu neutralisieren.

Marcus behauptete, Freud habe eine neue Literaturform entwickelt, und der Literaturwissenschaftler Harold Bloom (1986) sprach, nachdem er an der Psychoanalyse als isolierter und wenig angesehener Therapie verzweifelt war, von Freud als dem größten modernen Schriftsteller, „der zentralen Einbildungskraft unseres Zeitalters" (S. 27). Bloom bezeichnete Freud ferner als den besten Exponenten von fiktionalen Texten über das Selbst, der mit seiner Anwendung des Ödipuskomplexes die modernen Dichter mit ihren Vorfahren in Beziehung setze. Bloom äußerte sich den amerikanischen Freudianern gegenüber sehr viel kritischer als früher Trilling. Außerdem distanzierte er sich von seinen dekonstruktivistischen Kollegen in der Literaturabteilung der Yale University, die zwar Freud wohlgesonnen waren, aber dennoch ihre eigene Fassung psychoanalytischer Literaturkritik vertraten. Die vielen Diskussionen, die sie miteinander führten, mögen Bloom zur Äußerung veranlaßt haben: „Freuds Bedeutung für unsere eigene Kultur nimmt zu, und zwar beinahe im direkten Verhältnis zum Schwinden der Psychoanalyse als Therapie" (Bloom, 1986, S. 26).

Die French Connection

Steven Marcus' Arbeit über „Freud und Dora", die ursprünglich in *Partisan Review* erschienen war, wurde praktisch in jeder Textsammlung über Literatur und Psychoanalyse nachgedruckt. In einer dieser Sammlungen schrieben die Herausgeber – Bernheimer und Kahane – Marcus das

Verdienst zu, die erste und vermutlich auch die beste Lektüre der Fallgeschichte als literarischen Text durchgeführt zu haben (1985, S. IX). Dies bedeutet nicht, daß Marcus ein Vertreter der Text-Dekonstruktion ist. Vielmehr wendet er sich ebensosehr gegen die allgemeinen Annahmen der Dekonstruktivisten wie gegen ihre Verschmelzung von Freuds Ideen mit marxistischen, feministischen und anderen radikalen oder pseudoradikalen Umdeutungen. In der Einleitung zu einer [englischsprachigen] Neuausgabe der *Drei Abhandlungen zur Sexualtheorie* (1984, S. 22–41) und in seinen Arbeiten über kulturellen Wandel (S. 165–208) und über den „Rattenmann" vertritt Marcus weiterhin das, was man im Gegensatz zur Praxis der Dekonstruktivisten als „traditionelle" Literaturkritik oder -wissenschaft bezeichnen könnte.

Lacans Beitrag zum Fall Dora, der unter anderem einen massiven Angriff auf Freud wegen Mißachtung der Gegenübertragung enthielt, war auf dem Kongreß der romanischsprachigen Psychoanalytiker 1951 vorgestellt worden. Jacqueline Rose übersetzte ihn für den von ihr und Juliet Mitchell herausgegebenen Band *Feminine Sexuality: Lacques Lacan and the Ecole Freudienne* (1983). Er wurde dann wegen seines außergewöhnlichen Einflusses auf spätere Interpreten auch von Bernheimer und Kahane nachgedruckt (1985, S. X).

Im Seminar über Poes „Entwendeten Brief" hob Lacan die Rolle der Sprache noch deutlicher hervor (1972, S. 38–72; deutsche Ausg. S. 7–60). Die Sprache, verkörpert im Brief/Buchstaben [franz. *lettre* bedeutet sowohl 'Brief' als auch 'Buchstabe'; die deutsche Übersetzung versucht dieser Doppeldeutigkeit mit dem Wort *Letter* beizukommen], überträgt Macht auf jeden, der ihn besitzt – Minister, Königin, Dupin. Lacan zufolge *schlossen* die „unbewußten Erinnerungen des Schöpfers und dessen Komplexe" die Person Poes aus dem Text *aus*; d. h. er wurde als eine Art von *Signifikant* ersetzt.[22] Mit der heuristischen Trennung von

---

[22] Im Anschluß an die Linguistik Saussures, mit der seine Zuhörer gründlich vertraut waren, postuliert Lacan eine dynamische

Dramenerzählung und Erzählbedingungen rekonstruierte und reinterpretierte er die Handlungsmotive des Protagonisten, die Manöver, den Betrug usw. auf verschiedenen Ebenen. Den Handlungsablauf selbst unterteilte er in die erste Szene im Boudoir der Königin, wo sie den kompromittierenden Brief erhält, den sie vor dem König verstecken muß. Minister D., der die Besorgnis der Königin bemerkt, vertauscht diesen Brief mit einem äußerlich ähnlichen – ein Manöver, das die Königin zwar beobachtet, aber nicht verhindern kann. In der zweiten Szene, die im Büro des Ministers stattfindet, gelingt es dem Minister zwar, die Polizei zu foppen, aber nicht den listigen und geheimnisvollen Dupin, der den Brief schließlich entwendet – ein Brief, der auch Gegenstand von Täuschung und Täuschungsabwehr durch Täuschung ist.

Dieser Aufsatz verhalf Lacan dazu, der französischen Strukturalismusbewegung in den fünfziger und sechziger Jahren seine Bedeutung aufzuprägen. Mit seiner immer tieferen Verstrickung in Wortspiele und seinen immer zahlreicheren Erfindungen von Metaphern und Metonymen, neuen Bedeutungszuweisungen und Aufhebungen alter Bedeutungen nahm seine psychoanalytische Sprache Gestalt an. In seiner Vermittlung zwischen *Signifikanten* und *Signifikaten* bezeichnete er nun den entwendeten Brief unter anderem als eine Ablehnung durch die Polizei. Er ging vom Siegel auf diesem Brief zur allgemeinen Bedeutung von Siegeln über und bemerkte, daß verschiedene Handschriften in Überschriften die unverbrüchlichste Art von Verheimlichung sind (1972, S. 55). Er ging seinen freien Assoziationen über Gegner und Besitzer von Briefen, über Verrat und Übersetzung nach. Seine einfallsreichen und spekulativen freien Assoziationen – die abwechselnd metaphorisch und metonymisch sind – schlossen mit der Behauptung der „Zirkularität" der Zusammenhänge zwischen Post, Baude-

---

Beziehung zwischen den Komponenten jedes sprachlichen Zeichens, mithin zwischen Lautbild (Signifikant) und Vorstellungsbild (Signifikat), wie auch zwischen Sprache als System (langue) und gesprochener Sprache (Rede, parole).

lairismen, gesellschaftlichen Phänomenen, Emotionen und Motivationen. Und er folgerte schließlich: „Ihr [der Lösung] zufolge, sagen wir, empfängt der Sender seine Botschaft vom Empfänger in umgekehrter Form wieder. Somit will 'entwendeter', eben 'unzustellbarer Brief' besagen, ein Brief (eine Letter) erreiche immer seinen (ihren) Bestimmungsort" (1974, S. 72; deutsche Ausg. S. 41).

Interkontinentale Übertragungen

In den USA öffnete Lacans Beispiel die Schleusen für die vielfältigsten Untersuchungen. Nachdem seine Assoziationsmethode im French Department der Yale University Fuß gefaßt hatte, griff sie auf Literaturbastionen wie Cornell, Johns Hopkins und Northwestern über. 1977 sagte Shoshana Felman in ihrer Einleitung zur Doppelnummer der *Yale French Studies*, daß die Dekonstruktivisten „die scheinbar selbstverständlichen Fragen der wechselseitigen Beziehung zwischen Literatur und Psychoanalyse" von neuem erfanden (S. 5).[23] Die „französischen" Literaturwissenschaftler erfanden sicherlich diese „Verbindung" von neuem –, indem sie die „monolithische Struktur von Herr und Knecht aufzubrechen versuchten" und die „Psychoanalyse einer literarischen Betrachtungsweise unterzogen". Felman zufolge untersuchten sie die unbewußten Anteile in Texten so, wie „ein Psychoanalytiker seinen Patienten betrachtet". Da Literatur und Psychoanalyse sich *überschneiden*, „enthält jede die andere in *ihrer Andersheit sich selbst gegenüber*, in ihrem *Unbewußten*", so daß der „selbstzerstörerische blinde Fleck des psychoanalytischen *Denkens*" freigelegt wird (S. 9–10).

Lacans Beitrag zum Projekt von Felman war die Übersetzung seiner Einleitung zu seinem Seminar „Desire and the

---

[23] Zehn Jahre später, im Jahre 1987, stellte Shoshana Felman Lacans Denken erneut vor. Obwohl sie von der Originalität aller seiner Arbeiten spricht, betont sie seine Verbindungen zu den klassischen Texten.

Interpretation of Desire in *Hamlet*" (1977, S. 11–52). Es
überrascht nicht, daß seine erneute Lektüre des Dramas sich
mit der Beziehung zwischen Hamlet und „dem Anderen"
befaßt – das abwechselnd von Ophelia und Claudius,
zuweilen auch von Laertes und Polonius verkörpert wird;
immer aber vom *Phallus*, der unbewußten narzißtischen
Bindung. Über Freud hinausgehend, der dazu neigte, die
Neurose der Gesundheit, der Kunst oder der Psychose
gegenüberzustellen, hoffte Lacan, „den wahren Gegensatz
zwischen Neurose und Perversion zu artikulieren" (S. 28).
Bei der Perversion liegt die Betonung „auf dem Objekt *a*" –
der Phantasie, welche die Substrate des Wunsches darstellt;
bei der Neurose liegt der Akzent „auf dem anderen Term der
Phantasie, dem \$". Mittels einer komplizierten Formel
erklärt Lacan den Fortgang der psychoanalytischen Erfahrung und die Beziehung zwischen Wunsch und Phantasie
(S. 28). Allein schon diese Formel löste einen Schwall von
(akademischen) psychoanalytischen Dekonstruktionen aus.
Während jedoch die Franzosen an den provozierenden
Aspekten von Lacans Spielereien ihre Freude hatten, ohne
ihn allzu ernst zu nehmen, und ihn als neuen intellektuellen
Superstar feierten, führten die amerikanischen Literaturwissenschaftler seine Ideen in die Universität ein – auf gleicher
Stufe wie Jacques Derrida, sein Ebenbild in der Philosophie
und sein intellektueller Gegenspieler.[24]

In den achtziger Jahren spalteten sich immer mehr
Anglistik-Fachbereiche an amerikanischen Universitäten in
„traditionalistische" und „dekonstruktivistische" Freudia-
ner-Fraktionen auf. (Die Psychoanalytiker hatten für die
Dekonstruktivisten selber wenig Aufmerksamkeit übrig.)[25]
Die klassischen Freudianer in Frankreich fühlten sich jedoch

---

[24] Vgl. als Übersicht zu den Methoden und Einflüssen Derridas
z. B. Smith und Kerrigan (1984) sowie Derrida (1967; 1974),
(1967; 1978) [zu Derrida jetzt das 'Dossier Derrida', in: *Maga-
zine littéraire* , Nr. 286, März 1991, S. 16–61. *A. d. Ü.*].

[25] Peter Brooks (1987) faßte die Streitpunkte in der Terminologie
des Dekonstruktivismus zusammen. Ihm zufolge ist die Psychoanalyse insofern „kein willkürlich ausgewählter Intertext, als die
Grenzüberschreitung von einem Territorium zum anderen unser

gezwungen, sich mit einigen Themen zu befassen, auf die Lacan aufmerksam gemacht hatte.[26] Als sich Janine Chasseguet-Smirgel mit dem Zusammenhang zwischen Kreativität und Perversion sowie mit dem Ich-Ideal zu befassen begann, sah sie sich vor die Aufgabe gestellt, Fragen der Literatur und der künstlerischen Kreativität zu behandeln (siehe 11. Kapitel). Chasseguet-Smirgel sorgte sich freilich weniger um die traditionelle oder dekonstruktivistische Analyse von literarischen Texten als um die Formulierung bestimmter theoretischer Grundsätze. Ebensowenig analysierte sie einzelne Autoren, wie es ihre Kollegen Gilles Deleuze (1969; 1979) oder Haidée Faimberg (1977) getan hatten. Vielmehr entdeckte sie, daß die Regression auf die anal-sadistische Phase zur Erosion des doppelten Unterschieds zwischen den Geschlechtern und der Generationen führt, und diese Regression kommt ihr zufolge im wesentlichen der Perversion gleich (1984, S. 2). Unter Hinweis auf ihre früheren Untersuchungen über die für die Perversion zentrale Bedeutung des Marquis de Sade, führte sie nun aus, wie Sades Phantasien der Transsexualität, des Ehebruchs und der austauschbaren erogenen Zonen mit seiner Lust an der Grenzüberschreitung zusammenhingen (S. 3). Sade wollte die Schranken zwischen Mann und Frau, Mutter und Sohn,

---

Verständnis dessen, wie die Psyche das Reale reformuliert – wie es die notwendigen Fiktionen konstruiert, mit denen wir träumen, wünschen, deuten, ja mit denen wir uns eigentlich als menschliche Subjekte konstituieren –, sowohl bestätigt als auch erschwert. Der Umweg über die Psychoanalyse zwingt den Kritiker, auf die Erotik der Form zu reagieren, d. h. er zwingt ihn zu einer Verpflichtung gegenüber der psychischen Besetzung der Rhetorik, den in Tropen ausgespielten Dramen des Wunsches« (S. 348).

[26] Julia Kristeva (1983; 1987), die unbestreitbar vom Dekonstruktivismus geprägt ist und die viele Jahre lang Lacan gefolgt war, dann aber eine klassische Freudianerin wurde, war an einer Überbrückung der Kluft zwischen diesen verschiedenen Schulen besonders interessiert. Siehe dazu ihre vielen Aufsätze in den von ihr herausgegebenen Sammelbänden mit dekonstruktivistischer Literatur.

Tochter und Vater, Bruder und Schwester sowie die zwischen den verschiedenen erogenen Zonen niederreißen. Er begann ein undifferenziertes *anales* Universum zu schaffen, voll von zahllosen, repetitiven Tabus und von Sakrilegien. Dieses anal-sadistische Universum der Vermischung und der Homogenisierung stellt Chasseguet-Smirgel zufolge eine Nachahmung oder eine Parodie des genitalen Universums des Vaters dar (S. 11). (Eben dieses Thema war in Roland Barthes' Buch *Sade Fourier Loyola* zentral; es war zu einem Hauptinteresse der Lacanianer und dadurch zu einem bevorzugten Thema bei den französischen Intellektuellen geworden.)

Da Chasseguet-Smirgel die Perversion als eine eher pathologische denn als sexuelle Abweichung definierte, behauptete sie zum Beispiel von Caligula: Weil er unter Soldaten aufgezogen worden sei und Folterungen und Hinrichtungen ebenso miterlebt habe wie Völlerei und Ehebruch, sei er schon in jungen Jahren an Grausamkeiten gewöhnt worden. Sie deutete die ursprünglichen *klinischen* Erzählungen von Freuds Fallgeschichten über den „Kleinen Hans" neu, indem sie sie mit den Erzählungen perverser Erwachsener verglich; und die Analyse von Freuds „Wolfsmann" – der unfähig blieb, sein frühkindliches ödipales (Vater-)Objekt loszulassen – erweiterte sie aus der Perspektive neuerer Narzißmustheorien. Sie zog den Schluß, daß der phallische Monismus ein Mittel zur teilweisen Heilung der narzißtischen Kränkung darstelle, die auf die kindliche Hilflosigkeit zurückzuführen sei (S. 53). Indem sie diese Konzepte auf „Ästhetik, künstlerische Schöpfung und Perversion" anwandte, befaßte sie sich nunmehr mit Rilke, Oskar Wilde und Shakespeare, um zu zeigen, daß die Angst des Perversen vor der Zurschaustellung des Analen ein notwendiger Bestandteil seiner Existenz ist. Chasseguet-Smirgel nahm sich somit auf eine provozierende und idiosynkratische Weise einen umfangreichen Literaturbereich von Sophokles bis Hans Christian Andersen vor.

In derselben Zeit verankerte der Philosoph J.-B. Pontalis, ein früherer Schüler von Lacan, die „Freud-Saga" in der Nietzsche-Überlieferung, in der Therapie und in Freuds

Interpretation des Moses von Michelangelo (1970). Pontalis veröffentlichte in seiner *Nouvelle Revue de Psychanalyse* die Beiträge zu philosophischen Symposien über umfangreiche Themenstellungen: Ideale, das Archaische, Ansichten der französischen Psychoanalyse, Denkverirrungen. Diese Beiträge waren eher im Bereich der Metapsychologie anzusiedeln, da ihre Autoren über die Vergangenheit der Psychoanalyse nachdachten und sich mit spezifischen klinischen Themen befaßten.

Die beiden klassischen französischen Analytiker Madeleine und Henri Vermorel (1985) zeichneten Freuds intellektuellen Weg von „Ödipus zu Moses", von der altgriechischen zur deutschen Kultur, insbesondere zu Goethe und Schiller nach. Indem sie Freud sowohl in die Tradition von Schlegel, Schleiermacher, Schelling, Spinoza und Rousseau als auch in die „deutsche wissenschaftliche Romantik" einrückten (Helmholtz' „unbewußtes Schlußfolgern", Brückes „physiologischer Reduktionismus", von Müllers „Idealismus", Meynerts „mythologische Anatomie und Physiologie des Gehirns") und ihn mit dem jüdischen Humor in Verbindung brachten, argumentierten die Autoren, die Psychoanalyse sei ein Produkt der vorherrschenden „romantischen *Bildung*" [deutsch im Original] (S. 4).

Maria Torok (1981), eine klassische Analytikerin, bezeichnete die analytische Reise als einen Durchgang durch Wörter – Wörter, die zwischen dem Patienten auf der Couch und dem Analytiker im Lehnstuhl hin und hergehen. Sie behandelte psychoanalytische Texte wie Erzählungen und wies insbesondere auf die Texte von Ferenczi, Melanie Klein und von anderen ungarischen Psychoanalytikern hin, um zu zeigen, daß diese Pioniere zu Unrecht an den Rand gedrängt worden waren.[27] Torok berief sich auf die Dekonstruktivisten, um die sprachlichen Überbleibsel und die Geschichte

---

[27] In Ungarn wird Ferenczi nach wie vor hochgelobt, und Märchen wie Pinocchio oder Rotkäppchen sind vor kurzem zusammen mit klinischem Material auf traditionelle Art psychoanalysiert worden, um solches Material anzureichern.

von Eigennamen zu betonen – besonders den Namen des Vaters, der aufgrund von Kindheitserlebnissen eine besondere Bedeutung annimmt. Was Torok als *Bizarrerie* der Kleinianischen Theorie bezeichnete, ließ sich beispielsweise nur dann verstehen, wenn man die Geheimnisse von Melanie Mells (Kleins) eigenen Kindheitsphantasien und die damit einhergehende zentrale Bedeutung der Mutterbrust aufschlüsselte (1981 S. 214).

Toroks charakteristische Thematik steht in einem engen Zusammenhang mit ihren Beobachtungen an Patients. Allerdings erregte sie bei den anderen Mitgliedern der Société Psychanalytique de Paris Anstoß, weil sie für einen von ihr so bezeichneten „engeren Kontakt", mithin für „ein anderes Zuhören" eintritt und es ablehnt, den Mechanismus hinter dem zu suchen, was der Patient sagt, etwa hinter dem ödipalen Trauma – wobei sie sich stärker auf die Wirkungen des Kontakts und auf die Erinnerung an Berührungen konzentriert (1983, persönliche Mitteilung).

Schon diese Aktivitäten hätten Torok in der SPP an den Rand drängen müssen. Sie lieferte indessen auch Beiträge für *Confrontation*, die umstrittene, vom Freudianer René Major gegründete Zeitschrift, und sie liebäugelte mit Derridas Zweig des Dekonstruktivismus. Zusammen mit ihrem inzwischen verstorbenen Ehemann Nicolas Abraham hatte sie die Fallgeschichte des Wolfsmanns noch einmal gelesen und den Schluß gezogen, daß Freud, Ruth Mack Brunswick und Muriel Gardiner, die alle über diesen Fall geschrieben hatten, den Wolfsmann nicht verstanden hätten, weil sie kein Russisch konnten – und weil sie nicht berücksichtigten, daß seine frühe Sprache das Deutsch seiner Kinderfrau [„Ninja"] gewesen war. Außerdem kritisierte Torok (mit Abraham, 1976; 1986) Jones' Übersetzungen und die Deutungen von Freuds informellen Anmerkungen, weil sie beispielsweise die Bedeutung von Freuds Gebrauch verschiedener Abkürzungen für das Unbewußte als UBw oder für Wahrnehmung-Bewußtsein als WBs außer acht lassen. Indem diese Abkürzungen im Vergleich zu ihrem üblichen semantischen Gebrauch *designifiziert* wurden, hatte Jones, laut Torok und Abraham, sie in einen Zustand der *Anasemie* verwiesen. Ein solcher Zustand gleicht dem Zustand gewisser Melancholie-Patienten, bei denen eine „autonome *Krypta* im Selbst eingerichtet worden sein kann" (der Zustand ist das Ergebnis eines frühen Traumas, das die Identifizierung mit einem Anderen verhinderte), die wiederum zu einem *Kryptophantasma* geführt haben kann, d. h. zu einem Phänomen, das zur Metapsychologie gehört (S. 299).

Confrontation war voll von dekonstruktivistischen Texten von Autoren wie Torok, Derrida und Felman sowie von Beiträgen von Psychoanalytikern wie Major und Imre Hermann (ein Schüler von Ferenczi, der sich in Ungarn in die innere Emigration begeben hatte). Aufgrund des dekonstruktivistischen Diktums, daß jeder Text sich als Behandlungsgegenstand eigne, begannen zahlreiche Vertreter über Balzac, Flaubert, Proust und Oscar Wilde zu arbeiten oder über biblische, politische und ethnische Themen zu schreiben. *Confrontation* zog immer mehr auch klassische Freudianer, Lacanianer sowie Analytiker anderer Richtungen an. Artikel von Nichtanalytikern wurden nur in Ausnahmefällen gedruckt.

Insgesamt schrieben die französischen klassischen Analytiker ebenso wie ihre amerikanischen Ebenbilder über Fragen des Unbewußten in der westlichen Literaturtradition und in einzelnen Werken. Weil die französische Sprache indessen rhetorischer ist als das Englische oder das Deutsche, griffen die französischen Freudianer häufiger auf literarische Analogien zurück, wenn sie klinisches Material erörterten. Einige von ihnen wurden dadurch auch veranlaßt, Lacanianische Formulierungen zu benutzen, die stark literarisch geprägt sind. Als ihre Texte übersetzt wurden, erschienen sie deshalb in Zeitschriften wie *Diacritics*, *Yale French Studies* und anderen, die von Dekonstruktivisten gelesen wurden, und nicht in psychoanalytischen Zeitschriften.

Jenseits des Ärmelkanals

Die Emigration Lacanianischer Konzepte nach England entsprach, wenn auch in einem weitaus geringeren Maße, ihrer Emigration in die USA. Neben der subversiven Politik des häretischen *Anti-Ödipus* von Deleuze und Guattari (1972; siehe 12. Kapitel)[28] wandten die englischen Literaturwissenschaftler Lacans Begriff zuerst auf feministische Themen an. Diese waren natürlich unlösbar mit literarischen Themen sowie mit individuellen und globalen politischen Zielen verbunden, aber auch mit den idealistischen Komponenten alter und neuer Synthesen von Marx und Freud. Außerdem wurden die Themen auf akademischen Tagungen vorgetragen, wo das abstrakte Diskussionsniveau theoretische und intellektuelle Ausflüge erlaubte, auf die sich praktizierende Psychoanalytiker gewöhnlich nicht einließen.

Victoria Hamilton zum Beispiel, die am University College in London einen akademischen Grad in Philosophie erwarb (bei Richard Wollheim, einem anderen psychoanalytischen Kritiker)[29] und dann ihre Ausbildung an der Tavistock Clinic begann, nahm in ihre Untersuchung über *Narcissus and Oedipus* (1982) den „Übergang" zwischen Psychoanalyse und Literatur auf. Im Anschluß an die Theorie der Objektbeziehung und der Bindung nahm sich Hamilton in Nacherzählung und Analyse die griechischen

---

[28] Siehe auch Deleuze und Parnet, *Dialogues*.

[29] [Richard Wollheim, geboren 1923, ist ein Philosoph, der sich insbesondere mit Fragen der Kunst und Kunsttheorie befaßt; außerdem hat er eine Monographie über Sigmund Freud geschrieben (deutsche Übersetzung München 1972). Seine wichtigsten Veröffentlichungen sind *F. H. Bradley* (1959), *Socialism and Culture* (1961), *A Family Romance* (Roman, 1969), *Freud* (1971, deutsche Übersetzung München 1972), *On Art and the Mind* (Aufsatzsammlung, 1973), *Art and its Objects* (Second Edition. With Six Supplementary Essays; 1980. *Deutsch: Objekte der Kunst*. Übersetzt von Max Looser. Frankfurt a. M.: Suhrkamp 1982), *The Thread of Life* (1984), *Painting as an Art* (1989). A. d. Ü.]

Mythen wieder vor, die Freud zur Erläuterung seiner Theorien der psychischen Entwicklung benutzt hatte – auf dem Wege ihrer Adaptation durch Shakespeare, Robert Graves, Gregory Bateson und viele andere –, und verband diese dann mit späteren psychoanalytischen Interpretationen. Sie stellte Freuds Theorie des Unbewußten aus der Perspektive der kindlichen Entwicklung in Frage, indem sie ihre eigenen Beobachtungen an Kindern mit Fragmenten des Narkissos-Mythos zusammenbrachte (S. 113).

Juliet Mitchell wies darauf hin, daß Freuds Werk sich mit dem Unbewußten befasse und nicht mit der kindlichen Entwicklung und daß Hamilton das Verhalten von Kindern betonte und nicht ihre unbewußten (und bisher noch unbekannten) Motive (1984, S. 280). Hamiltons Lektüre der klassischen Mythen hing jedoch meines Erachtens mit Problemen der Kinderanalyse (die meisten Wege der Psychoanalyse führen zur Entwicklung des Kindes) und mit den Auseinandersetzungen zusammen, die durch die traumatischen „Kontroversen" zwischen Anna Freud und Melanie Klein ausgelöst worden waren (siehe 11. Kapitel). Mitchell verteidigte indessen das Tragische an Freuds Sichtweise, während Hamilton in einer eher kleinianischen Orientierung die Auffassung vertrat, eine „hinreichend gute Mutter" könne die Anpassung erleichtern. Für Mitchells Radikalismus, der die Wurzeln der Neurose ebensosehr in der Gesellschaft wie in der Familie ansiedelte, war eine solche Ansicht natürlich unannehmbar.

Es gab außerdem „traditionelle" englische Literaturwissenschaftler wie Richard Ellman, die der Auffassung waren, die Psychoanalyse habe die Anmaßungen des literarischen Biographen zunichte gemacht und klargestellt, daß Schriftsteller, die sich für Adler hielten, bloß Stockfische sind (1984, S. 466).[30] Ellman, der sich auf ein breites literarisches Spektrum bezog, beschreibt, wie das Wort 'freudianisch'

---

[30] [Gemeint sind nicht nur die sog. Prätentionen oder Anmaßungen der Biographen allein, sondern die der Literatur insgesamt; unter dem Blick der Psychoanalyse leidet eben auch die Literatur: „Perhaps no part of society has been more disrupted by the

leider die gleiche Bedeutung wie 'sexuell' annahm. Außerdem kritisierte er einige nachfreudianische Biographen, weil sie die Tatsachen verzerrten, um innerhalb des Freudschen Theorierahmens zu bleiben; nach seiner Schlußfolgerung ist Freud nach wie vor ein Vorbild [für künftige literarische Biographen] – wenn auch ein „kniffliges" (S. 478).

Das deutsche Szenario

Im Nachkriegsdeutschland wurde die Beziehung zwischen Literatur und Psychoanalyse erst in den siebziger Jahren wieder aufgegriffen. Inzwischen war der große Bedarf an Therapeuten allmählich befriedigt, und die deutschen Psychoanalytiker konnten es sich gestatten, ihre Energien der Literaturforschung zuzuwenden, der Ermahnung Goethes folgend: „Was du ererbt von deinen Vätern hast, / Erwirb es, um es zu besitzen" [Faust, I, 682–3.] Ich glaube, daß jede frühere Deutung literarischer Texte durch einen deutschen Psychoanalytiker als leichtfertig und selbstgefällig erschienen wäre.

Die *Psyche* war die erste Zeitschrift, die solche Aufsätze druckte. Zu den frühesten Beiträgen gehörten die von Margarete Mitscherlich-Nielsen. 1977 interpretierte sie Tex-

---

coming of Freud than has the community of letters. During the nineteenth century, literature grew more and more in the habit of claiming autonomy as a privileged and separate subject. Words such as 'art' and 'artistic' took on an extraordinary dignity. Psychoanalysis has disrupted these pretensions in several distinct ways." „Durch die Ankunft Freuds ist vielleicht kein anderer Teil der Gesellschaft so sehr gestört worden wie die literarische Welt. Im neunzehnten Jahrhundert übernahm die Literatur immer mehr die Gewohnheit, Autonomie als ein privilegiertes und isoliertes Thema zu beanspruchen. Wörter wie 'Kunst' und 'künstlerisch' erhielten eine außerordentliche Würde. Die Psychoanalyse hat solche Anmaßungen auf mehrere, deutlich ausmachbare Weisen zerstört." Richard Ellman, „Freud and Literary Biography", in: ders., *a long the riverrun. Selected Essays*. London, Hamish Hamilton 1988, S. 256. A. d. Ü.]

te von Kafka so, wie sie einen psychoanalytischen Fall behandelt hätte. Durch Verstehen und Intuition vermöge der Analytiker zu den unbewußten Bedeutungen literarischer oder biographischer Texte vorzudringen, behauptete sie, als sie zu erklären versuchte, warum Kafka „Die Verwandlung" für eine Indiskretion hielt und warum er das Schreiben sowohl für das Wichtigste hielt, was es auf der Welt gebe, als auch für eine Form des Gebets. Sie untersuchte Kafkas Einsamkeitsgefühle, seine lebenslange Freundschaft mit Max Brod, die Nähe zu seiner Schwester Ottla, den Einfluß des Prager Antisemitismus und der Eltern sowie die Wurzeln der Selbstdestruktivität in frühen Objektbeziehungen. Zusammengefaßt läßt sich sagen: ihre Behandlung stützte sich insofern auf die Ich-Psychologie, als sie implizierte, daß die Kunst Kafkas ihn vor seiner Neurose „schützte", und sie folgerte, daß die Eigenart der Beschreibung das Bewußtsein des Lesers schütze (1977; 1983, S. 287).

Johannes Cremerius (1979) beschrieb Musils *Mann ohne Eigenschaften* als psychoanalytische Fiktion par excellence. Er wies darauf hin, wie Musil zwischen Annahme, Ablehnung und Verleugnung der Psychoanalyse schwankte, während er zugleich seine eigenen psychologischen Lösungen zu finden versuchte. Wie es für seine Zeit typisch war, „vergaß" er dieses Wissen, auch wenn er mit Alfred Döblin in Kontakt stand, der über Psychoanalyse geschrieben hatte und dessen Werk er bewunderte. Cremerius schloß mit der Feststellung, daß Musils Schriften sowohl die Paradoxien, Krisen und Bedürfnisse der Zeit als auch einen Spiegel für uns darstellen. Sein Aufsatz machte von den Methoden der eher traditionsgebundenen angelsächsischen Psychoanalytiker Gebrauch, in einer Zeit, als ein großer Teil von Musils Werk auf Englisch noch nicht zugänglich war. Diese Methoden werden auch weiterhin auf Werke von österreichischen und deutschen Autoren angewandt, etwa von Raimund, Nestroy und Eichendorff – die man vielleicht nie übersetzen wird –, sowie auf Rilke, der auf der ganzen Welt bekannt ist. Als die deutschen Psychoanalytiker jedoch in zunehmendem Maße einheimische Autoren „analysierten", wandten sie sich auch spezifisch deutschen Themen zu: der Hitler-Zeit und ihren Nachwirkungen.[31]

Die meisten deutschen Psychoanalytiker, die die Psychoanalyse auf die Literatur anwandten, waren stärker als Cremerius an den „anpassungsorientierten" Themen der Literatur und der Freudianischen Exegesen interessiert. „Anpassung" war zum Codewort für Konservativismus, Antimarxismus, Imperialismus und „amerikanische Hegemonie" geworden – ob den psychoanalytischen Vereinigungen oder den Besatzungsmächten zugeschrieben. Andere, insbesondere die Freudianer im Umkreis des Kasseler Instituts für Psychoanalyse, untersuchten die drei „Verwandten" – Psychoanalyse, Literatur und Literaturwissenschaft – aus aktuellen Perspektiven: gespaltenes Bewußtsein der Psychoanalyse, Spannungen zwischen Individuum und Gesellschaft, Folgen der „Medizinalisierung", Spaltung zwischen theoretischen und klinischen Bestrebungen, Einfluß der Umwelt auf das psychoanalytische Denken. Um solche komplizierten Gegenstände zu erfassen, zogen diese psychoanalytischen Kritiker bei ihren Untersuchungsgegenständen auch Kulturgeschichte und Mythologie hinzu. In ihrer Veröffentlichungsreihe *Fragmente* befaßten sie sich auch mit der Bedeutung des Vergessens – das sich in Deutschland *immer* auf die Nazi-Zeit bezieht, sei es in der allgemeinen Diskussion, in der fiktionalen Literatur allgemein oder in Rezeptionsanalysen von Filmen über Hitler oder von Fernsehsendungen über den Holocaust (Perner und Tholen, 1983, S. 10).

Da die Unternehmung „Literatur und Psychoanalyse" erst so spät in Angriff genommen wurde, konnten die Deutschen aus dem gesamten Spektrum der angelsächsischen Untersuchungen und Methoden auswählen. Amerika-

---

[31] Die Deutschen unterscheiden sich darin keineswegs von anderen, wenn sie sich zunächst der eigenen Tradition zuwenden. In Italien z. B. schreibt Maria Accerboni eine Biographie über Edoardo Weiss, der die Psychoanalyse in Italien einführte (er war auch das Vorbild für Italo Svevos bekannten Roman *Zeno Cosini*). Siehe auch R. S. Bagliacca (1974, 1988).

nisten untersuchten einzelne, oft unbedeutende amerikanische Schriftsteller mit Hilfe der verschiedensten psychoanalytischen Verfahrensweisen.[32] Häufiger wandten sie sich jedoch deutschen Autoren zu, deren Werk auch eine solide philosophische Grundlage erforderte. Diese deutschen Analytiker untersuchten beispielsweise bestimmte Ereignisse anhand der Schreckensträume jüdischer Protagonisten, oder sie befaßten sich mit den Abwehrmechanismen der Nazis. Psychoanalytische Kritiker dieser Art betrachteten beispielsweise Kants *Kritik der reinen Vernunft* als einen literarischen Text; sie verglichen deutsche und französische Interpretationen dieses Werks und zogen den Schluß, daß die Deutschen letztlich den öffentlichen Vernunftgebrauch auf Proklamationen von intellektuellen und politischen Autoritäten eingeschränkt hätten. Auf diese Weise hätten sie gelernt, zwar selbstkritisch zu sein, aber dennoch dem Staat gegenüber gehorsam (Perner und Tholen, 1983, S. 11). In Frankreich dagegen hatten die Kritiker der Monarchie und der Politik zur Emanzipation der Bürger ermutigt, mithin den Individualismus gefördert, wie diese Kritiker feststellten.

Als die Deutschen sich allmählich das zu eigen machten, was die angelsächsischen Freudianer schon seit Jahren praktizierten, wandten sich einige unter ihnen den Franzosen zu und erörterten die „u-topische Lokalisierung" der Sprache bei Roland Barthes – als mögliche Anregung zu einer gesellschaftlichen Veränderung. Die Literatur läßt sich als Mittel der Selbstkritik benutzen, wie Peter Dettmering (1983) ausführte, der Jean Pauls politischen Roman *Titan* [1800–1803] anhand der Motive des Autors untersuchte.[33]

In den achtziger Jahren wurden in Freiburg i. Br. regelmäßige Konferenzen von Psychoanalytikern und Literaturwissenschaftlern über Themen wie Methoden der

---

[32] Siehe z. B. Hans Borchers (1987).

[33] Der Band von Peter Dettmering (1979) enthält die besten von diesen deutschen Literaturuntersuchungen. Die Themen reichen von Musils Doppelgängerphantasie über Doderers „Dämonen" bis hin zu Rilke, Handke, Kafka, Peter Handke, Edvard Munch sowie Henry James und Coleridge.

Traumdeutung in literarischen Texten, Sartres Begriff der 'Kunst-Neurose' und über weibliches Schreiben (Krauß und Wolff, 1982) abgehalten. Die Psychoanalytiker behandelten nun Fragen der faschistischen Sozialisation in Werken wie Bernward Vespers Romanessay *Die Reise*; sozialpsychologische Gedanken über Rousseaus Autobiographie; die Phantasiewelt Karl Mays (Cremerius, 1981). Auf dem dritten Treffen der Freiburger Gruppe wurden Themen behandelt wie „Bruder Hitler, Faustus und der Doktor in Wien", „Die Subjektivität des Biographen" und die „Auferstehung Gottfried Benns aus dem Geist des Faschismus" (Cremerius, 1983). Die Buchreihe „Psychologie des Zwanzigsten Jahrhunderts" enthält einen Band über Transzendenz, Imagination und Kreativität, in dem Heinrich Mettler, Claus D. Eck, Sebastian Goeppert und Peter Dettmering den Einfluß der Psychoanalyse auf die moderne Literatur behandeln.[34]

Dettmering, der sich am ausführlichsten äußerte, schrieb wie viele andere Psychoanalytiker auch psychoanalytische Filmkritiken (1984). Margarete Mitscherlich-Nielsen und Mechthild Krüger-Zeul behandelten einzelne Filme und wandten die verschiedenen psychoanalytischen Methoden für literarische Werke auf Filme wie *Holocaust* (1979) und *Maria Braun* (1986) an. Historiker wie Barbara Eppensteiner, Karl Fallend und Johannes Reichmayr erinnerten daran, daß zu der Zeit, als die Psychoanalyse in den zwanziger Jahren in der Öffentlichkeit bekannt wurde, einige Regisseure von ihr Gebrauch zu machen begannen: obwohl Freud nicht miteinbezogen werden wollte, arbeiteten Karl Abraham und Hanns Sachs 1925 und 1926 mit G. W. Pabst bei der Produktion des Films *Geheimnisse einer Seele* [1925] zusammen, der das Publikum mit der Psychoanalyse vertraut machen sollte.[35]

Die Veröffentlichungsreihe *Fragmente* belegt die Ernsthaftigkeit der Bemühungen literaturorientierter Psychoanalytiker, eine „metadisziplinäre Methode der literarischen

---

[34] Siehe Gion Condrau, Hrsg. (1979).
[35] S. Bernfeld schrieb das Drehbuch zu einem weiteren Film dieser Art, der jedoch nie produziert wurde.

Analyse" zu konstruieren, wie u. a. Tholen und Wetzel in der Nummer vom November 1985 sagten. Die Methoden dieser deutschen Gelehrten und Analytiker lassen sich zwar mit den anderswo verwendeten vergleichen, doch bezogen sich Thematik und Schlußfolgerungen stets auf *deutsche Probleme,* und auch dies beweist erneut die wandlungsfähigen Eigenschaften psychoanalytischer Interessen. Thomas Mann und Robert Musil, Goethe und Max Frisch, Horkheimer und Adorno erscheinen ebenso wie andere deutschsprachige Autoren in den deutschen Beiträgen immer wieder. Und nirgendwo sonst als in Deutschland findet man etwas über Wilhelm Busch, den populären Verfasser von [Bilder-]Geschichten für Erwachsene und Kinder (Pietzker, 1984). In Deutschland ist jedoch das Interesse an „Kunst und Neurose" niemals so stark gewesen wie um die Jahrhundertwende.[36]

In einer ganz anderen Orientierung druckten die deutschen Lacanianer, die sich 1978 in Berlin etabliert hatten, zahlreiche Vorlesungen Lacans in *Der Wunderblock* zusammen mit ihren eigenen Ausführungen ab.[37] Ebenso wie Lacan rückten sie das Imaginäre, das Reale und das Symbolische zusammen und wiesen in jedem nur erdenklichen Zusammenhang auf die Bedeutung des Phallus hin. Zuweilen befaßten sie sich auch mit neuen Themen, von Leonardo bis Habermas und von Samuel Webers (1982) Lacan-Lektüre bis zu Genets Ansichten zur Sexualität.[38]

---

[36] Siehe Michael Worbs (1983) sowie viele andere Beiträge in den Veröffentlichungen der Kasseler und Freiburger Gruppe.

[37] Diese schön gedruckte Veröffentlichung war indessen weniger auf glanzvolle Äußerlichkeit ausgerichtet und provozierend als ihre französischen Ebenbilder *L'Ane* oder *Ornicar?*, und die Beiträge blieben Lacans Sprache besonders nahe.

[38] Vgl. Jean Genet, *Notre-Dame-des-fleurs* [1948; deutsche Übersetzung von G. Hock, Hamburg 1960].

Literatur und Psychoanalyse:
Mit vielen Zungen reden

Überall pflegten Psychoanalytiker, Schriftsteller, Literaturkritiker und -wissenschaftler ihre eigenen Versionen der
Psychoanalyse. In den USA konnten sich nicht einmal die
einzelnen Beiträger darüber einigen, was mit ihren Tätigkeiten bewiesen werden sollte oder worauf sie hinauswollten.
Sie hatten jeweils alle ihre vorgefaßten Meinungen. Deshalb
produzierten die Psychoanalytiker auch keine solchen
monumentalen Essays mehr wie Joseph Coltrera 1965, als er
den Versuch unternahm, auf einer breiten Grundlage westlicher Literatur und der Freudianischen Weiterentwicklungen eine auf der Ich-Psychologie beruhende, psychoanalytische Ästhetik zu entwickeln. 1978 gab z. B. Alan Roland
eine Übersicht über die französische Diskussion von
Psychoanalytikern wie Serge Leclaire, André Green und
J.-B. Pontalis heraus, in die er auch Aufsätze über den
Vergleich zwischen den soziokulturellen Milieus Frankreichs und der USA, amerikanische Untersuchungen über
Kreativität und den schöpferischen Prozeß sowie Lacaniani-
sche Diskussionen über Werke von Proust, Sartre und
Pirandello aufnahm. Im gleichen Jahr behauptete Geoffrey
Hartmann (1978), die literarischen Fallstudien und Interpre-
tationen, in denen die verborgenen Motive der Autoren (ob
Liebe oder Haß) aufgedeckt würden, seien veraltet und der
Akzent müsse nun auf das „Verstehen aus der institutionel-
len Entwicklung der Psychoanalyse und aus der inneren
Entwicklung von Freuds Schriften heraus" gelegt werden.
Hartmann, der Profession und Status des Psychoanalytikers
genauer untersuchte, faßte die Psychoanalyse als einen
sowohl schriftlichen wie gesellschaftlichen Text (S. VII).

In Frankreich machte Julia Kristeva von der Psychoanalyse Gebrauch, um die Illusionen des Faschismus wie auch
des Stalinismus darzulegen (1982a). Phantasien und Überzeugungen können ihrer Ansicht nach als Gegenmittel gegen
den politischen Diskurs eines Autors dienen. So faßte sie
zum Beispiel Célines Antisemitismus als eine Manifestation
der Krise moderner, der Symbolfunktion innewohnender

Interpretationssysteme auf. In einem im gleichen Jahr veröffentlichten Buch (1980) nahm sie eine psychoanalytische Untersuchung von literarischen Werken vor, die sich mit dem Ekel und dem Abscheu vor dem Unreinen, mit dem Selbstekel vor einer Ansteckung und den Ritualen der „Wiedergutmachung" befassen, die wir so häufig für selbstverständlich halten. In Deutschland befaßte sich Frederick Wyatt, ein gebürtiger Wiener, der nach Jahren der Praxis in den USA nach Freiburg zurückgekehrt war, um dort zu lehren und zu praktizieren, mit den narrativen Aspekten der Psychoanalyse, indem er den gesamten Analysevorgang, ganz im Sinne Freuds, mit dem Erzählen, Anhören und Deuten von Geschichten verglich (1986a, S. 193–210).

In einer eigenen Textsammlung nahm ich mir zusammen mit meinem Mitherausgeber vor, eine allgemeine Übersicht über das Thema „Literatur und Psychoanalyse" zu geben (*Literature and Psychoanalysis*, hrsg. v. Kurzweil und Phillips, 1983), indem wir einige der besten bisher unternommenen Arbeiten versammelten – von Freud bis zur damaligen „French connection". Seitdem ist die Zahl der Untersuchungen von Literaturwissenschaftlern und Analytikern und die der psychoanalytischen Deutungen von Künstlerseelen und Künstlerschöpfungen exponentiell gestiegen.

Die Gepflogenheit der Psychoanalytiker, literarische Werke zur Illustration eigener Theorien zu benützen oder eine neue Hermeneutik zu basteln, setzte sich in dem Versuch fort, Kritiker von außen in Schach zu halten oder Kollegen zur Übernahme der eigenen Ansichten und Analysemethoden zu überreden. Stanley Leavy, ein Freudianer, der 1970 über Keats geschrieben hatte, veröffentlichte zehn Jahre später ein Buch über Lacan und setzte sich für eine Vielzahl von linguistischen Zugängen zur Psychoanalyse ein (z. B. Leavy, 1980, 1983a, 1983b). Leavy, ein überaus gebildeter Mann, war nicht der einzige Analytiker, der einige Ideen von Literaturwissenschaftlern und Philosophen zu übernehmen begann und seinen Kollegen beibringen wollte, daß der ichpsychologische Ansatz zu dürftig war.

Als in den USA die interdisziplinären Versammlungen von Freudianern und Literaturwissenschaftlern zunahmen, erfuhren die Literaten immer mehr über die Zufälligkeiten und Rückwirkungen der klinischen Theorie und Praxis, und einige von ihnen dehnten ihre einstigen Vorlieben für Freud nunmehr auch auf dessen „Söhne" aus. Als die amerikanischen Analytiker immer mehr Patienten an nichtmedizinische Therapeuten zu verlieren begannen, 'demedizinalisierten' sie sich – wie inoffiziell auch immer –, indem sie zahlreiche Literaturwissenschaftler, Historiker und Philosophen ausbildeten. Einige der neuen Ausbildungskandidaten wurden nichtmedizinische Psychoanalytiker. Eine von ihnen, Gail Reed (1983), untersuchte Voltaires *Candide* im Zusammenhang mit den Abwehr- und Charakterreaktionen der Leser und deren Identifizierungen und Gegenübertragungen auf die „kindliche Offenheit" Candides. Wie sie feststellte, schwankt der Leser ständig zwischen der Anteilnahme an den Gefahren der Welt Candides und der besser gesicherten Welt des allwissenden, objektiven Erzählers, während der Handlungsablauf zu seiner Identifizierung mit Wünschen nach Geborgenheit und Sicherheit beiträgt. In einem späteren Beitrag „verteidigte" Reed (1985) das psychoanalytische Verfahren der Literaturkritik gegen jene Literaturkritiker, die an ihren Texten kleben bleiben und deshalb die unbewußten Elemente, mit denen die Psychoanalyse sich befaßt, gerne übersehen. Ihrer Ansicht nach geschieht dies deshalb, weil zwischen dem Anhören eines Patienten und dem Lesen klinischer Theorie ein gewaltiger Unterschied besteht – auch dann, wenn Freuds Leonardo-Studie tatsächlich einer klinischen Untersuchung ähnlich sah (S. 257). Reed, eine klassische Freudianerin, machte auch von der Sprache der Literaturkritiker Gebrauch, als sie (in ihren Bemerkungen zur Leonardo-Studie) die beiden Polaritäten der Interpretation diskutierte, die jeweils einer bestimmten Gruppe von Grundannahmen über die Sprache gleichkommen. Außerdem warnte sie die Freudianer davor, schlicht und einfach ihre Lehrmeinung zum besten zu geben oder sich von der klinischen Haltung „zu beurlauben" (1985).

Analytiker wie Leavy und Reed sind sicherlich die besten Werbeträger, die die Freudianer sich wünschen können. Louise Kaplan, deren besondere Kennerschaft auf der Arbeit mit perversen Patienten beruht, gehört mit ihrer Analyse der künstlerischen Hervorbringungen und Fälschungen sowie der Perversionen des „Dichter-Schwindlers" Thomas Chatterton aus dem 18. Jahrhundert ebenfalls dazu. Nachdem diese Psychoanalytiker – ob bereit- oder widerwillig – sich dem Dekonstruktivismus ausgesetzt hatten, befaßten sie sich mit den linguistischen Fragen in allen Verzweigungen. Und weil sie die richtigen Ausweise besaßen, konnten selbst die doktrinären Ich-Psychologen sie nicht einfach als für den Umgang mit unbewußten Inhalten ungeeignet oder als oberflächlich abtun. Als nun die Freudianer und die Neofreudianer, die dekonstruktivistischen und die „herkömmlichen" Kritiker, die psychoanalytischen Historiker und Biographen sich auf ein immer intensiveres Gespräch miteinander einließen, vollzog sich allmählich eine Vermittlung zwischen Ödipus und Anti-Ödipus sowie zwischen dem „traditionellen" Verfahren und seinem dekonstruktivistischen Widersacher.[39] Diese Durchdringungen haben überall die Debatten über Literatur und Psychoanalyse belebt, auch wenn es keine Möglichkeit zu geben scheint, die vielen psychoanalytischen Lesarten und Interpretationen aufeinander abzustimmen. In der Tat gehen Literatur und Psychoanalyse weiterhin ihrer endlosen Suche nach den Wurzeln des Unbewußten nach, und sie sind den Antworten nicht näher gekommen, als Ödipus am Ende seines Lebens. So wenig wie Ödipus aber können auch sie nicht aufgeben.

---

[39] Unter den neueren Theorieproduktionen, die teilweise die Arbeit mit Patienten, teilweise literarische Vergleiche in den Vordergrund rücken, vgl. z. B. Patrick Mahony (1987), Herbert Rosenfeld (1987), Gilbert J. Rose (1987), Peter L. Rudnytsky (1987) und Shlomith Rimmon-Kenan, Hrsg., (1987).

Dritter Teil

Die Psychoanalyse seit 1945

9. Kapitel
Das organisatorische Netz

Freud wollte, daß seine Bewegung kraft ihrer eigenen Entdeckungen vorangetrieben werde, und er erhoffte sich von seinen Getreuen, daß sie für ihre Verbreitung sorgten. Zu diesem Zweck baute er – mit Karl Abraham, Sándor Ferenczi, Ernest Jones, Otto Rank, Hanns Sachs und später Max Eitingon als Komitee [vgl. Jones, 1955, 6. Kap.] – eine starke internationale Organisation auf. Freud neigte jedoch dazu, die Begabung seiner Anhänger zu überschätzen, weil er sein eigenes Charisma und den Konkurrenzkampf unter seinen Erben unterschätzte.

Die Persönlichkeiten der führenden Schüler sollten sowohl die organisatorische als auch die theoretische Richtung der Bewegung beherrschen. Wäre es nach Ferenczi gegangen, dann hätte die Beziehung zwischen Analytiker und Analysand die Theorie überschattet; wäre Rank erfolgreich gewesen, dann wäre die Therapie ebenso wichtig geworden wie die Analyse. Es zeigte sich allerdings, daß Abraham und Eitingon siegten, und die wissenschaftliche Theorie gewann bald die Oberhand. Wir können nur darüber spekulieren, ob dies auch dann geschehen wäre, wenn sie weniger energisch und begabt gewesen wären oder wenn Jones schon früher am Ruder gewesen wäre. Allerdings wurden die Organisationstalente von Abraham und Eitingon durch die institutionellen Bedingungen in Berlin gefördert und auch dadurch, daß Eitingon einen wohlhabenden und großzügigen Vater hatte.

Zu Freuds Lebzeiten bestand zwischen den Schülern Kooperation. Ihm war es gelungen, durch Lob oder einfache Kontrolle die Rivalitäten in Schranken zu halten. Doch

Freud starb, als Europa zu zerfallen begann, als neunzig Prozent der Psychoanalyse auf angelsächsisches Territorium umzog, und dies genau zu dem Zeitpunkt, als die IPA die offizielle Kontrolle über die APA verloren hatte. Damals kamen viele Berliner in die USA, wo ihre Theorie- und Organisationsmodelle rasch übernommen wurden. Die deutsche Gruppe war in der Tat für die Verpflanzung der Bewegung von größter Bedeutung. Auch die beruflichen Zulassungsbedingungen, die sie entwickelt hatte, hingen damit zusammen. Anna Freud hatte eine solche Verständigung zwischen Deutschen und Amerikanern vorausgesehen. Da sie kein ärztliches Diplom hatte und kein zweitrangiges Mitglied irgendeiner psychoanalytischen Gemeinschaft sein wollte, die mit Sicherheit ihre intellektuelle Führungsrolle angezweifelt hätte, zogen sie und Freud die Einladung von Jones vor und gingen 1938 nach England.

In England stellte sie allerdings fest, daß die Ideen von Melanie Klein, die sich seit 1926 in London aufhielt, allmählich die Oberhand über die British Psycho-Analytical Association gewannen. Als Jones dann Anna Freuds Interpretationen nicht vorbehaltlos als die einzig gültigen unterstützte, führten die theoretischen Differenzen zu einer Spaltung der Freudianer. Jones vermittelte zwischen den beiden „Primadonnen", um die Einheit im Londoner Institut – wenn auch leider nicht die Harmonie – zu wahren.[1]

Die englische Auseinandersetzung

Der Streit zwischen Anna Freud und Melanie Klein beruhte auf theoretischen und persönlichen Rivalitäten, die den sogenannten kontroversen Diskussionen von 1943 und 1944 vorhergegangen waren. Beide Frauen wußten, daß die Art und Weise, wie die Psychoanalyse konzipiert wurde, über deren intellektuelle Zukunft, über die Auswahl der Ausbil-

---

[1] In einem Brief, den Jones 1944 an Marie Bonaparte schrieb, zeigt er sich über die Wahrung der Einheit äußerst besorgt (Torok, 1984).

dungskandidaten, über die Dauer der Analysen sowie über die Wahl der Analytiker entscheiden würde. Wer also bei dieser Auseinandersetzung siegte, konnte hoffen, die Kontrolle über Freuds Erbe auszuüben. Eben deshalb waren die Londoner Analytiker – selbst während der Belagerung durch die deutschen Bomber und während der Arbeit mit Kindern, die besonders unter dem Krieg zu leiden hatten – so sehr in ihre eigenen Kämpfe verwickelt. Jones fühlte sich zu den Ansichten Melanie Kleins hingezogen, wollte es jedoch gleichzeitig auch nicht mit Anna Freud verderben. Als Präsident des Londoner Instituts und der IPA wollte er vor allem die Bewegung zusammenhalten und alles tun, um eine Spaltung zu verhindern, die nur zu einer Schwächung geführt hätte. Auf typisch englische Art hoffte er, sich durch Vagheit und Geschicklichkeit „durchwursteln" zu können. In einem Land, das seit langem dafür bekannt war, die Dinge nicht auf die Spitze zu treiben, und wo die allseitige Rücksichtnahme als höchste Tugend gilt, war es möglich, und wahrscheinlich auch leichter als anderswo, die streitenden Psychoanalytiker so in Schach zu halten, daß nicht die Erbitterung obsiegte.

Wissenschaftliche Uneinigkeiten und Machtkämpfe ließen sich nicht vermeiden, besonders nicht bei der Festlegung der Kriterien für Ausbildungskandidaten. Um seine Gesellschaft zu erhalten, begann Jones damit, daß er Freuds Genius hervorhob und sein eigenes Interesse für Melanie Kleins Beschäftigung mit der Angst als Neurosenursache herunterspielte, während er gleichzeitig Anna Freud gegenüber seine Loyalität zum Ausdruck brachte. Er hielt sich aus dem Kampf heraus, indem er offiziell verkündete, sowohl Anna Freud als auch Melanie Klein setzten Freuds Ideen fort. Auf diese Weise gelang Jones ein schwieriger Waffenstillstand, auch wenn er es nicht verhindern konnte, daß die persönlichen Animositäten zwischen den beiden zunahmen oder daß die jeweiligen Anhänger eindeutig Stellung bezogen (Segal, 1979, S. 93).

Damit beide, Anna Freud und Melanie Klein, ihre eigenen intellektuellen Wege gehen und Studenten innerhalb des Instituts ausbilden konnten, kamen die britischen Analytiker überein, daß die Gesellschaft drei verschiedene Schulen zulassen sollte: die Anhänger Melanie Kleins (A-Gruppe), die Anhänger von Anna Freud (B-Gruppe) sowie die Middle Group, die mittlere oder unabhängige Gruppe, die anfänglich Ideen von beiden akzeptierte. Kohon (1986) zufolge erwies sich schließlich die Middle Group als unabhängig und zugleich innovativ, indem sie die Objektbeziehungstheorie entwickelte. Alle drei Gruppen sollten in der Verwaltung zu gleichen Teilen vertreten sein. Neue Kandidaten sollten jeweils den eigenen Neigungen nachgehen können: sie sollten zwei Jahre lang in einer der beiden Schulen unterrichtet werden und dann ein Jahr lang ein kombiniertes Seminar besuchen, das von Analytikern der verschiedenen Richtungen geleitet wurde (S. 110). Dieses „gentlemen's agreement" bot den englischen Psychoanalytikern ein breiteres Spektrum von Auswahlmöglichkeiten als die beschränktere „amerikanische" Ich-Psychologie. Wie Joseph Sandler (1984a) viele Jahre später feststellen sollte, „entsprach der psychoanalytische Geschmack zwar der Ausbildung, die man hatte, aber man lernte anderen zuzuhören, und dies ließ einen gewissen Eklektizismus zu". Allerdings war dies ein unerwarteter und unvorhergesehener Pluspunkt.

Während des Zweiten Weltkriegs trennten diese internen Auseinandersetzungen die englischen Analytiker noch stärker von ihren amerikanischen Kollegen ab als der verminte Atlantik. Die Situation der Londoner, deren theoretische Differenzen lebhafte Debatten zwischen Freudianern der dritten Generation wie Michael Balint, Wilfred Bion und Donald Winnicott anregten, wirkten gegen die immer stärker hierarchische Situation bei den Amerikanern. Die institutionelle Anpassung der Londoner ließ jedenfalls theoretische Unterschiede zu: in England hätte niemand den Vorschlag gemacht, wie es dann einige Amerikaner 1975 taten, die Kleinianer als Lehranalytiker auszuschließen (*IPA Bulletin*, 1976, S. 187). Die institutionsinterne Vielfalt der Londoner förderte nämlich die organisatorische Flexibilität. Wenn später irgendwo ideologische Faktoren die Mitglieder einer psychoanalytischen Vereinigung zu spalten drohten,

pflegte man das Londoner Institut als mustergültig hinzu-
stellen.

Solche Streitigkeiten hängen ja mit jeder vollzogenen oder
ansatzweisen Spaltung zusammen. Implizit geht es bei den
Problemen um die theoretische Vorherrschaft, die sich
wiederum auf die Überweisungspolitik und das mögliche
Einkommen auswirkt. Die Freudianer erklären die Meinungen von Kollegen, mit denen sie nicht übereinstimmen,
häufig als Übertragung auf die Theorie oder auf das klinische
Vorgehen ihrer eigenen Analytiker, als Sehnsucht nach
einem Vater oder als Identifizierung mit diesem. Ob sie nun
früher oder später ihre „Analytiker-Väter" für steril halten
oder von Generationskonflikt oder ödipaler Revolte sprechen, stets geschieht dies in der Terminologie der Psychoanalyse – wobei immer die unbewußten Motive von Individuen über die institutionellen Prioritäten gesetzt werden.
Letztere stehen meines Erachtens dabei ebenfalls auf dem
Spiel.

Wiederherstellung der IPA

Der IPA-Kongreß in Zürich im August 1949 war ein
Ereignis von großer Tragweite: es war der erste Kongreß
seit elf Jahren, der erste nach dem Krieg und zugleich der
letzte, bei dem noch ein Schüler der ersten Generation das
Ruder führte. Jones, der einzige Überlebende von Freuds
Komitee, war im Begriff, als Vorsitzender zurückzutreten.
Man hatte beschlossen, sich in der Schweiz zu versammeln,
wie er die Mitglieder informierte, zum einen, um die
Schweizer für ihre Neutralität im Krieg zu „belohnen", und
zum anderen, um an ihre frühere Unterstützung der IPA zu
erinnern. Jones nutzte diese „historische Gelegenheit", um
die Notwendigkeit der Einheit zu betonen und an die
Funktionen der IPA zu appellieren. Die Vorkriegskonflikte
zwischen den Amerikanern und den Europäern waren seiner
Meinung nach geschlichtet, und beide Gruppen waren nun
bereit, die internationale Zusammenarbeit wiederaufzuneh-
men.

Jones begann mit einem Bericht über die Zusammensetzung der Organisation. Von den etwa 800 Mitgliedern waren um die 450 Amerikaner (180 aus New York, 50 aus Chicago, 52 aus Boston, 43 aus Washington/Baltimore und die übrigen aus Detroit, Los Angeles, Philadelphia und San Francisco); 122 kamen aus Großbritannien. Das bedeutete: während früher 90 % der Mitglieder Deutsch sprachen, sprachen nun über 70 % Englisch (*IPA Bulletin*, 1949, S. 181). Außerhalb des „englischen" Bereichs hatten nur die Holländer ein funktionierendes Ausbildungsinstitut mit drei beglaubigten Lehranalytikern und 39 Mitgliedern. Die psychoanalytischen Gesellschaften in Italien, Israel und Schweden hofften indessen auf Zuwachs und auf die baldige Einrichtung von Instituten. Jones verkündete, daß zwanzig Gesellschaften Mitgliedschaftsanträge an die IPA gerichtet hatten. Einige wurden vorläufig anerkannt, andere bat man zu warten. Dann beschrieb er die außergewöhnlichen Schwierigkeiten, vor denen die psychoanalytischen Institutionen während der Nazi-Zeit gestanden hatten, und er gedachte Freuds sowie 82 weiterer Mitglieder, die gestorben waren, davon fünfzehn in Konzentrationslagern. Er bat die Mitglieder um die Lösung verschiedener Probleme, über welche die Komitees uneinig waren, beispielsweise die Zulassung zweier brasilianischer Gesellschaften und die Neugründung der deutschen Vereinigung. Beide Punkte hingen mit der Existenzmöglichkeit der Psychoanalyse in repressiven Gesellschaften zusammen. Die Mitglieder des Komitees hatten sich nämlich nicht darüber einigen können, wieviel politische Freiheit für die Patienten erforderlich ist, damit sie offen sprechen können, und wie groß der Abstand zwischen Analytikern und den herrschenden Politikern sein sollte. Obwohl sie an Freuds Ansicht festhielten, daß militärische oder politische Geheimnisträger nicht frei assoziieren können, vermochten sie sich nicht darüber zu einigen, ob sie selber in einem Polizeistaat ihre Funktion als Analytiker ausüben könnten.[2]

---

[2] Der chilenische Analytiker Juan Pablo Jiménez (1987) beschrieb, wie Analytiker, die ihre Funktion unter einem repressiven

Da Freud nun nicht mehr als Richter zu Rate gezogen werden konnte, mußten diese verwickelten Probleme durch neue Statuten geregelt werden. Die Analytiker stimmten dafür, alle Statuten im *Bulletin* der Vereinigung und im *International Journal of Psychoanalysis* zu veröffentlichen, das alle englischsprachigen Mitglieder abonnieren mußten. Um Analytiker aus Orten aufzunehmen, wo es keine psychoanalytische Gesellschaft gab, wurde eine Direktmitgliedschaft eingerichtet. Schließlich kamen sie überein, daß örtliche Statuten den Statuten der IPA nicht widersprechen durften. Alles in allem waren die Verhandlungen recht förmlich: die scheinbar so einfachen und objektiven revidierten Regeln enthielten viele komplizierte Kompromisse. Niemand schien zu erkennen, wie rasch diese Regeln umgangen werden mußten.

Im Grunde sollte die Wiederbelebung der IPA die internationale Zusammenarbeit und das Wachstum fördern. Die Freudianer erkannten, daß sie flexibel bleiben mußten, um den unterschiedlichen Bedingungen zu genügen, vor welche die Psychoanalyse sich in den einzelnen Ländern gestellt sah, und daß eine intellektuelle Einheit immer schwieriger zu erreichen war. Sie ahnten freilich noch nicht, wie unterschiedlich sich die Mitgliedsorganisationen aufgrund der nationalen und lokalen Bedingungen entwickeln würden.

Indem die Freudianer einen großen Teil der Autorität Komitees überließen, die auf Vertrauensbasis arbeiteten, besonders das Zulassungskomitee, hofften sie das grundlegende Problem der Zulassung von Kandidaten zu lösen. Man erwartete, daß solche Komitees zwischen ideologischen

---

Regime ausüben und die Legitimität der Machthaber selber in Frage stellen, mit Patienten umgehen können: sie müssen sich in der Übertragung und Gegenübertragung neben den Problemen ihrer Patienten auch mit ihren eigenen Problemen befassen, und sie müssen sich der realen Lage einzelner Patienten stellen, indem sie entweder zur Emigration, zu einer Psychotherapie oder zu einer Analyse raten. Die Politik muß von der analytischen Situation ferngehalten werden, auch wenn das Durcharbeiten politischer Anteile durch Deutung gefördert wird, wodurch sich die analytische Dyade festigt.

Differenzen zu vermitteln und Streitigkeiten im Keim zu ersticken in der Lage waren, bevor diese den Mitgliedern präsentiert werden mußten. Die ausgewählten Vertreter hatten umfangreiche Vollmachten und sollten potentielle Ausbrüche entschärfen. Deshalb vermitteln die Protokolle der IPA-Konferenzen sehr viel mehr an Harmonie, als es tatsächlich gab.

Nach 1949 bereiteten die ausgewählten Repräsentanten größere Entscheidungen auf Tagungen vor den jeweiligen Kongressen vor: sie schlugen Komiteemitglieder vor, einigten sich über künftige Kongreßorte und über Themen und Hauptreferenten. Eigentlich sollten sie die Mechanismen der internationalen Kooperationen und Übereinkünfte ausarbeiten. Die Freudianer entschieden ferner, daß die Mitglieder einer Vereinigung an dem Ort, wo der Kongreß stattfand, automatisch die Organisatoren des betreffenden Kongresses wurden. Diese Personen pflegten einen entsprechenden Einfluß auf das Programm zu haben, und ihr neu erworbener Bekanntheitsgrad verhalf ihnen später zu weiteren einflußreichen Positionen. Aufgrund der Demokratisierung der IPA und der demographischen Veränderungen unter den Mitgliedern mußten im Hauptkomitee neue Gebiete repräsentiert werden. Deshalb lag die Führung nicht immer in den Händen der erfahrensten Psychoanalytiker. Häufig wurden geeignete Kompromißkandidaten dazugewählt. In dieser Hinsicht glich die IPA anderen internationalen Körperschaften. Ungeachtet ihrer jeweiligen Eigenschaften bildeten die Führungspersönlichkeiten der IPA eine Elite, die mehr oder weniger wie das frühere Komitee funktionierte. Diese Ähnlichkeit ließ einige vergessen, daß Führungspositionen in gewissem Maße mehr auf den wechselnden Bündnissen beruhten, die mit der Arbeit in Komitees zusammenhing, als auf Begabung oder Charisma allein.

Ein Amt in der IPA sicherte den künftigen internationalen Rang der Analytiker und stellte ihnen ein Forum für ihre eigenen theoretischen Vorlieben zur Verfügung. Außerdem hatten die Mitglieder des IPA-Komitees, das über die Zulassung neuer Gesellschaften und Institute entschied, Zugang zu einem privilegierten Wissen über das berufliche und private Leben ihrer Kollegen. Auch wenn sie sich zur Geheimhaltung verpflichtet hatten, stellten die erlangten Kenntnisse doch eine Machtquelle dar, sowohl innerhalb der IPA als auch im Berufsstand insgesamt. Auch wenn diese Komiteemitglieder als Eingeweihte auf eine entsprechende Machtausübung verzichteten, wurden sie zuweilen beschuldigt, unaufrichtig, anmaßend oder autoritär zu sein, wenn sie eine neue Gesellschaft nicht willkommen hießen oder ein ordentliches Mitglied nicht als Lehranalytiker zuließen.

Dies bleibt ein ebenso entscheidendes wie unlösbares Problem bei allen psychoanalytischen Körperschaften. Geheimhaltung ist obligatorisch [ärztliche Schweigepflicht]. Sonst könnten potentielle Mitglieder nicht der notwendigen Überprüfung unterzogen werden, um sie beurteilen zu können: die Kollegen würden ihre Zweifel nicht äußern, und eine Vorhersage über ihre mögliche Kooperation mit Patienten wäre noch schwieriger. Allerdings verstößt ein solches Maß an Vertraulichkeit gegen alle Grundsätze der Demokratie.

Die Mitglieder finden nur selten heraus, was bei den geschlossenen Komiteesitzungen wirklich vor sich geht, und auch dann erst sehr viel später. Die IPA-Komitees verfügen somit über enorme Vollmachten.

„In Portugal bestand 1967 eine Gruppe von vier Analytikern, die, im Ausland ausgebildet (zwei in Genf, einer in Paris, einer in London), von der IPA die Delegation eines sponsoring committee's erbaten, um ihrer Ausbildungstätigkeit in Lissabon den Status einer 'study group', der Vorstufe zur internationalen Anerkennung als 'component society' der IPA zuzuerkennen. Das Komitee bestand aus Diatkine (Paris), Hannah Segal (London), Montessori (Amsterdam), de Saussure und mir (Schweiz) und fuhr wiederholt auf Kosten der portugiesischen Kollegen nach Portugal, um die nötigen Abklärungen, Interviews und Diskussionen durchzuführen. Über die gute Qualifikation der vier Senioren und der meisten Kandidaten ergab sich kein Zweifel. Doch zeigte es sich, daß zwei der prominenten Portugiesen keine Bedenken hatten, trotz der Rechtsdiktatur unter Caetano die Psychoanalyse offiziell zu etablieren. Beide waren Angehörige der superreichen gesellschaftlichen Oberschicht, denen das Regime nichts antat, auch wenn sie unliebsame Aktivitäten entfalteten. Zumindest einer der vier, der aus der

Unterschicht aufgestiegen war und sich uns gegenüber als entschiedener Gegner des Regimes bekannte, fürchtete für sich und die Kandidaten die schlimmsten Folgen, da die Psychoanalyse in den Augen des Regimes als ideologisch zersetzend und der Staatsdoktrin feindlich galt. Die Verhältnisse schlugen in dramatischer Weise auf unsere Tätigkeit durch, als uns die portugiesischen Senioren die beiden Kandidaten vorstellten, denen sie als ersten und am besten ausgebildeten den Status von Mitgliedern der zu bildenden 'study group' verleihen wollten. Die fünf Mitglieder unserer Kommission waren einig, daß es sich gerade bei diesen beiden um gänzlich ungeeignete Persönlichkeiten handelte: der eine war ein älterer, extrem starrer, zwanghafter Mann; der andere zeigte massive Symptome einer akuten paranoiden Schizophrenie. Als wir den portugiesischen Kollegen unsere Zustimmung zu diesen Kandidaturen verweigerten, kam es zu massiven Auseinandersetzungen. Schließlich stellte es sich heraus, daß den portugiesischen Analytikern die beiden unglücklichen Gestalten mit ihrer offensichtlich fehlenden Eignung gut bekannt waren. Beide waren jedoch einerseits ehrgeizig darauf bedacht, als Psychoanalytiker anerkannt zu werden, andererseits waren sie echte, verläßliche Freunde und gleichzeitig durch familiäre und berufliche Bindungen politisch außerordentlich einflußreich, d. h. unmittelbar mit dem damaligen Diktator und seiner Familie verbunden. Den Senioren der psychoanalytischen Gruppe wäre es unsinnig erschienen, die beiden ungeeigneten Kollegen zu brüskieren und ihr ohnehin gefährdetes Vorhaben einer offiziellen Gründung des im Notfalle sicheren Schutzes zu berauben. Da ich weder meine Kollegen noch die Portugiesen davon überzeugen konnte, daß unter solchen Umständen eine fruchtbare offizielle Ausbildung zum Analytiker nicht möglich sei und daß sie ihre Psychoanalysen wie bisher privat, ohne öffentliche Anerkennung, als diskret verborgene Therapien ausüben sollten, bis bessere politische Voraussetzungen bestünden, trat ich aus der Kommission zurück. Ich weiß, daß die Kommission bis zur 'Nelkenrevolution' (vom April 1974) weiter funktionierte und Kompromisse und Deformationen zuließ und mitmachte, die die Psychoanalyse unter einer zum Totalitarismus neigenden Diktatur unweigerlich erleidet" (Parin, 1984, S. 630–632).

Der deutsche Psychoanalytiker Hans Füchtner berichtete von einer ähnlichen Krise, an der Mitglieder von brasilianischen Psychoanalysevereinigungen in Rio de Janeiro beteiligt waren.

„Am zweiten Abend [einer Podiumsdiskussion zum Thema 'Psychoanalyse und Politik' in der Katholischen Universität von

Rio de Janeiro], an dem das Thema 'Psychoanalyse und Faschismus' behandelt wurde, berichtete ein Teilnehmer aus dem Publikum darüber, daß er als politischer Gefangener gefoltert worden war und dabei unter den Folterern einen Psychoanalytiker erkannt habe, der die Aufgabe hatte, den physischen und psychischen Zustand der Folteropfer zu überwachen. Es handelte sich um einen Ausbildungskandidaten der SPRJ [Sociedade Brasileira de Psicanálise de Rio de Janeiro], der Lobo (zu deutsch Wolf) heißt und sich für seine üble Tätigkeit sinnigerweise den Decknamen Carneiro (Schaf) zugelegt hatte" (Füchtner, 1984, S. 607).

Füchtner stützte sich auf seine eigenen Beobachtungen anläßlich der Versammlung brasilianischer Analytiker und auf Informationen der Leute, die in die Diskussion verwickelt waren. Angesichts der von den Bedingungen der Diktatur auferlegten Notwendigkeit der Geheimhaltung ist unklar, ob Füchtner nicht zu hart oder ob Galina Schneider (1985), eine frühere Präsidentin des brasilianischen Instituts, die den Beschuldigten verteidigte, nicht zu nachsichtig urteilte. Unbestritten bleibt, daß etwas Anstößiges geschehen war. Füchtner zufolge behandelten die brasilianischen Analytiker häufig Vertreter der Diktatur und der Guerilla, während Schneider zufolge „unsere Behandlungszimmer weder mit Repräsentanten der Diktatur noch mit Guerillakämpfern gefüllt (waren). Diese beiden Gruppen 'agierten' ihre Konflikte in der äußeren Realität und waren nicht geneigt, sich der Selbsterkenntnis zuzuwenden" (Schneider, 1985, S. 1139). Füchtner beschuldigte einzelne Analytiker, sie seien autoritär, während Schneider darauf hinwies, daß die brasilianischen Analytiker erfolgreich versucht hätten, ihre Satzung zu straffen und klarer zu fassen, um der Situation gerecht zu werden. Füchtner warf sie besonders dessen aburteilende Haltung und die daraus entstandene Polarisierung unter den Beteiligten vor. Ebenso wie Parin kämpfe er gegen „jede Form von politischer Unterdrückung", ohne den besonderen Zusammenhang richtig zu verstehen. Der neueste Kommentar von Helena Celinia Besserman Vianna (1988) weist indessen darauf hin, daß der Angeschuldigte von einem früheren Opfer beschuldigt wurde, und zwar nachdem das Regime sich stärker demokratisiert hatte, und daß er deshalb als Psychoanalytiker ungeeignet ist.

Die IPA entsandte damals eine Delegation zur Untersuchung der brasilianischen Krise. Schneider zog den Schluß, daß die Fairneß dieser Delegation dazu beigetragen hatte, eine Spaltung innerhalb der brasilianischen Organisation zu vermeiden und daß die Auseinandersetzung ihr Institut demokratisiert habe. Die IPA hatte freilich auch ihre eigenen Interessen, weil sie sich ihre Mitglieder erhalten, neue gewinnen und ihre wohltätige Oberherrschaft verstärken wollte. Angesichts der Bedeutung, die den Mitgliedszahlen zugeschrieben wird, scheint die IPA ihren Erfolg tatsächlich zum Teil an der Zunahme der Mitglieder zu messen.

Diese Zahlen sind allerdings nicht zuverlässig. Institute in Brasilien, Argentinien, Italien und Finnland geben in der Regel keine Mitgliederzahlen an. Einzelne Mitglieder, die ihre Beiträge nicht zahlen, werden manchmal mitgezählt, manchmal nicht. Personen, die im einen Land zugelassen wurden, können in ein anderes Land umziehen, ohne die IPA zu benachrichtigen. Gewiß wird die Beteiligung an den IPA-Kongressen im *Bulletin* (unterschieden nach Mitgliedern, Gästen und Ausbildungskandidaten) routinemäßig festgehalten, doch kann die Anwesenheit auch nur ein Indiz für den finanziellen Status oder für die Zahl der Analytiker im Urlaub sein und nicht für den aktuellen Stand der Institution. 1982 zum Beispiel verkündete der IPA-Präsident Limentani, ein Londoner von italienischer Herkunft, die Zahl der Mitglieder betrage um die 5000, jährlich kämen etwa 350 Mitglieder hinzu, und es sei eine demographische Verschiebung in vormals unterentwickelte Gebiete festzustellen, so daß Nordamerika nunmehr über 45 % aller Mitglieder umfasse, Europa, Asien und Australien 37 % und Lateinamerika 18 %. (Fünf oder sechs Jahre zuvor lauteten die entsprechenden Zahlen: Nordamerika 51 %; Europa, Asien und Australien 36 % und Lateinamerika 13 %; *Bulletin*, 1982, S. 102). Wären diese Zahlen und Zuwachsraten jedoch konstant geblieben und geht man von einem Mitgliedsstand von 800 im Jahre 1949 aus, dann hätte 1982 die

IPA 12350 Mitglieder (abzüglich der Verstorbenen) zählen müssen.

Die American Psychoanalytic Association (APA)

Das Interregnum der IPA während des Zweiten Weltkriegs hatte die APA ins Zentrum gerückt, und die Nachkriegssatzung der APA hatte den Einflußbereich der amerikanischen Gruppe ausgedehnt. Zwischen 1946 und 1960 wurden in den USA dreizehn psychoanalytische Gesellschaften, acht Institute und vier Ausbildungszentren offiziell anerkannt, wie auch zahlreiche, an Universitäten angeschlossene Institute, die nicht direkt mit den lokalen psychoanalytischen Gesellschaften verbunden waren. Ende der sechziger Jahre berichtete die APA, daß sie 1302 Mitglieder umfaßte, 29 lokale Gesellschaften und 22 anerkannte Ausbildungsinstitute. Offensichlich hatte die Verbreiterung der institutionellen Grundlagen keinen entsprechenden Mitgliederzuwachs zur Folge.

Als immer mehr Psychiater und Intellektuelle für die Psychoanalyse gewonnen wurden – für einige waren Eriksons Konzeptionen der Entwicklung und Identität ausschlaggebend, für andere die Popularisierungen durch Anthropologen und Soziologen –, meldeten sich immer mehr künftige Kandidaten zur Ausbildung an. Daraufhin straffte die APA ihre Ausbildungsbedingungen. Dieser Erfolg wurde von einigen denn auch als Beweis dafür angesehen, daß die Medizinalisierung ihnen nicht geschadet hatte. Deshalb ignorierten sie auch weiterhin sowohl die Existenz nichtmedizinischer Freudianer als auch die aller übrigen Therapien.[3]

---

[3] In New York wird zum Beispiel Psychologen, Sozialarbeitern, Kindertherapeuten und manchmal auch anderen Berufsgruppen eine freudianische Ausbildung von „kleineren" Instituten wie der New York Freudian Society, von der New York University mit ihrem Graduiertenprogramm für Psychotherapie und Psychoanalyse, und vom Postgraduate Center for Mental Health angeboten.

Nicht jeder Freudianer war über diese Situation erfreut. In einem Vortrag, den Siegfried Bernfeld 1953 in der San Francisco Psychoanalytic Society hielt, wies er auf die Widersprüche in der psychoanalytischen Ausbildung hin. Er behauptete, daß die beiden Gruppen der Theorie- und Psychoanalyselehrer als Angehörige eines Berufsstandes, der durch besondere Regeln und Satzungen kontrolliert wird, einen gewissen Autoritarismus verkörperten: einzig die Psychoanalyse, die sich mit unbewußten Mechanismen befasse, ermögliche es, daß diese autoritäre Haltung beim Lernenden zu einem Bestandteil des Ich-Ideals werden könne. Wenn dies geschehe, so Bernfeld, dann sei das analytische Paar nicht mehr in der Lage, frei zu interagieren. Und diese Gefahr werde noch erhöht, wenn eine medizinische Ausbildung durchgesetzt werde: von Ärzten wird einfach erwartet, daß sie Autorität ausstrahlen. Deshalb ließen sich innere Widersprüche der psychoanalytischen und medizinischen Ausbildung nicht analysieren, und die Kandidaten neigten zur Servilität, wodurch sie ihre infantilen Züge beibehielten.

1960 wandten sich Bertram Lewin und Helen Ross diesen Problemen zu, indem sie sich mit den didaktischen Mängeln der Supervisionsanalytiker befaßten sowie mit dem Umstand, daß die klinische Ausbildung häufig auf Kosten der Theorie erfolge. Sie stellten fest, daß die ungewöhnlich lange Ausbildungsdauer zur hohen Abbruchquote bei den Ausbildungskandidaten beitrug. Ebenso wie Bernfeld kritisierten auch sie die Abhängigkeit der Kandidaten von ihren Lehrern – ein Problempunkt, der bis zum Wiener Kongreß von 1971 nicht auf die Tagesordnung gesetzt wurde (Kurzweil, 1971).

Bernfelds Vortrag wurde erst 1962, neun Jahre nach seinem Tod, gedruckt, und das Problem wurde nicht ernst genommen, bis einige APA-Präsidenten sich damit befaßten: Bandler 1960, Rangell 1962 und 1967, Ritvo 1971 und Astley 1974. In ihrer offiziellen Eigenschaft erkannten die

---

Entsprechende Einrichtungen sind über das ganze Land verstreut (Lichtenberg, 1984, S. 137–152).

Präsidenten, daß bei der APA weniger Anträge für neue Organisationen eintrafen, daß sich weniger Ausbildungskandidaten anmeldeten, daß die Analytiker weniger Patienten zurückwiesen und daß das Durchschnittsalter der Mitglieder drastisch anstieg. Vermutlich waren sich die angesehensten Freudianer, die als Lehranalytiker gefragt waren, über die sinkende allgemeine Nachfrage weniger bewußt.

Einige ihrer Kollegen schrieben die Schuld für das Ausbleiben neuer Mitglieder dem Mangel an Ideen und nicht der organisatorischen Stagnation zu. Anna Freud war beispielsweise der Auffassung, die Psychoanalyse befinde sich nicht in einer „schöpferischen Ära". Dies veranlaßte Charles K. Hofling und Robert H. Meyers (1972) zur Frage an die amerikanischen Freudianer, welche „Entdeckungen" ihrer Auffassung zufolge in den dreißig Jahren seit Freuds Tod gemacht worden seien. Einem Drittel der Befragten war der Ausdruck 'Entdeckung' unbehaglich; ein weiteres Drittel führte Weiterentwicklungen Freudscher Ideen an (Narzißmus, Objektbeziehungstheorie, Trennung-Individuierung); andere erwähnten Forschungsarbeiten im Bereich „Gesellschaft" und „Verhalten". Weil „kein einzelner technischer Fortschritt eine Stimmenmehrheit bekam, obwohl die Ich-Analyse nahe daran war", folgerten die Autoren, daß die wichtigsten Entdeckungen von Freud gemacht worden waren (S. 520). Wir aber müssen uns fragen: Wie soll eine Bewegung, die aufgrund von Entdeckungen in Blüte kam, künftig ohne neue Entdeckungen gedeihen können?

Die APA wurde durch die zunehmende theoretische Verengung offensichtlich immer mehr geschwächt. Allerdings ging diese Verengung in erster Linie auf die Straffung und Perfektionierung einer Organisation zurück, die ihren Mitgliedern immer neue Vorschriften auferlegte. Ironischerweise wurde die Organisation noch rigider, als einige Europäer den amerikanischen Ich-Psychologen vorwarfen, sich zu sehr an ihre Umwelt anzupassen: je tiefer sich die Psychoanalyse gesellschaftlich verankerte, desto deutlicher trennten sich die klassischen Freudianer durch sektiererische Gewohnheiten – die durch organisatorische Bedingungen noch verschärft wurden – von der übrigen Gesellschaft ab. Selbst die Liberalisierung ihrer Einstellung zur Laienanalyse Ende der fünfziger Jahre (um einige Forschungsanalytiker zuzulassen) und erneut im Jahre 1972 änderte nichts an der Situation: diese verspätete Verbeugung vor der Laienanalyse öffnete die Pforten zu einer Zeit, als im Vergleich zu früher weniger Kandidaten an einer Ausbildung interessiert waren. Als 1985 die klinische Abteilung der American Psychological Association gegen die APA prozessierte, weil diese ihren Mitgliedern den Zugang verwehrte, wurden die Freudianer gezwungen, ihre Politik zu liberalisieren. Die allgemeine, oft an Arroganz grenzende Selbstisolierung der Freudianer hatte sie dem Publikum auch nicht gerade näher gebracht. Zu der Zeit also, da sie die Laienanalyse nicht mehr so stark kritisierten, war ihr Prestige am Schwinden.

Im Wesentlichen hatten die Amerikaner das Curriculum der Berliner eingeführt. Sie schrieben es jedoch für junge Ärzte vor, während die Berliner auch Nichtmediziner aufgenommen hatten. In den zwanziger Jahren, als die Psychoanalytiker eine heterogene Gruppe bildeten, war es durchaus sinnvoll, daß ein Kandidat nach drei Interviews mit Angehörigen des Exekutivkomitees aufgenommen oder abgelehnt wurde; daß das Exekutivkomitee einen Lehranalytiker ernannte, bevor es entschied, wann der Kandidat seine Ausbildung fortsetzen könne; daß die Ausbildung mindestens sechs Monate dauerte, und daß der Supervisor darüber entschied, wann die Analyse abgeschlossen war (Bernfeld, 1962). In Berlin, wo Ärzte, Laien, Sozialarbeiter und Lehrer die Seminare zusammen besuchten, lernten diese voneinander und erweiterten so ihren Horizont.

In den USA wurden diese Vorschriften von einer Gruppe medizinischer Spezialisten angewandt. Das Geben und Nehmen in Ausbildungsseminaren vollzog sich deshalb innerhalb einer homogenen Gruppe zukünftiger Ärzte, und in den Diskussionen ging es immer häufiger um medizinische und nicht um kulturelle Themen. Die Amerikaner, statt ebenso wie die Berliner minimale professionelle Maßstäbe festzulegen, beschäftigten sich nun mit der Festlegung ihrer Zeugnisse und Beglaubigungen, mit ihrer Integration in

Krankenhäuser und mit anderen „objektiven" Sachverhalten. Das Berliner Minimum von sechs Monaten Ausbildung hatte sich außerdem in ein Minimum von vier Jahren verwandelt. Dies steigerte nicht nur die Isolation der Freudianer, sondern führte auch dazu, daß sich nur noch Leute anmeldeten, die sich eine solche Ausgabe leisten konnten. Als die immer länger werdende Studienzeit zu einer finanziellen Belastung wurde, erhöhte sich auch die Abbruchquote. Einige dieser Leute, die ihr Studium abbrachen, sorgten dann wiederum für die einfacheren und billigeren Therapien, die in der Öffentlichkeit gefordert wurden. Hierin konvergierte die Auswirkung größerer sozialer Kräfte mit der Auswirkung der APA-Politik: mit zunehmender Nachfrage nach kürzeren Therapien wurden auch mehr von diesen angeboten, und um so weniger klassische Analytiker stiegen in den Beruf ein. (Als die New York Psychoanalytic Society vor kurzem „ausgewählte Nichtmediziner" zur Analyseausbildung zuzulassen begann, bewarben sich nur wenige.)

Psychoanalyse nach dem Dritten Reich

Die Politik der APA und der IPA fand außerhalb der angelsächsischen Länder zunächst eine starre Auslegung. Die Europäer, die für die amerikanischen Bedingungen und Zustände kein Verständnis hatten, verwechselten die oft als Antwort auf Regierungsanforderungen hin formulierten institutionellen Prioritäten mit klinischen und theoretischen Streitpunkten. Dennoch hatten die wenigen, in Deutschland verbliebenen Freudianer allen Grund, sich um die Gunst ihrer jüdischen Kollegen von früher zu bemühen. Sie übertrieben mit ihrer Darstellung, wie sie in den Hitlerjahren heimlich Psychoanalyse betrieben hätten, und sie spielten die Tatsache herunter, daß dies ja unter der Schirmherrschaft der Nazis geschehen war (Schwidder, 1950–51; Cocks, 1985).

Um bei der IPA wieder zugelassen zu werden, gründeten Felix Boehm, Karl Müller-Braunschweig und Werner Kemper im Oktober 1945 die Berliner Psychoanalytische Gesellschaft. 1946 benannten sie sie um in Deutsche Psychoanalytische Gesellschaft. Und im März desselben Jahres richteten Kemper und Schultz-Henke eine Poliklinik ein: das Zentralinstitut für psychogene Erkrankungen. Sie behaupteten, dies sei erst nach einem Jahr der Selbstaufopferung und der uneigennützigen Mitwirkung aller Mitarbeiter möglich gewesen (Schwidder, 1950–51, S. 383). Bald wurde sie von der Versicherungsanstalt Berlin übernommen, hinter der wiederum die Regierung stand. Offensichtlich war dies das erste Mal in der deutschen Geschichte, daß die öffentlichen Instanzen die Neurose als eine Krankheit ansahen, die von der staatlichen Krankenversicherung anerkannt wurde. Mit dem Argument, daß eine präventive Psychotherapie zehnmal billiger sei als eine Behandlung mit Schocks, Drogen oder anderen Interventionen bei fortgeschrittenen Störungen, hatten diese Analytiker die Behörden für sich eingenommen. (Sie sagten voraus, daß die plötzliche Niederlage der Nazis bei einem Großteil der Bevölkerung enorme psychische Leiden hervorrufen werde.)

Im Mai 1947 gründeten die Berliner das Institut für Psychotherapie, dem Freudianer, Jungianer, Adlerianer und „Neo-Psychoanalytiker" angehörten. Mit der Aufnahme aller dieser verschiedenen Richtungen war die Struktur des Instituts eine genaue Nachbildung der Einrichtung Görings. 1949 gründeten sie schließlich die Deutsche Gesellschaft für Psychotherapie und Tiefenpsychologie (DGPT) als Schirmorganisation zur Interessenvertretung aller Therapeuten.

Die Zusammenarbeit im Hinblick auf die berufliche Zulassung fiel allerdings leichter als die Einigung über die psychoanalytische Praxis. Als Jones der IPA berichtete, die deutsche Situation sei schwierig, wußte er nicht, wieviel Angst und Verstellung diesen Schwierigkeiten zugrundelag, da die deutschen Analytiker ihre Uneinigkeiten in der Öffentlichkeit auf Theoretisches beschränkten. Müller-Braunschweig griff Schultz-Hencke an, weil er auf Kosten von Widerständen systematisiere, die Libidostufen auf voranalytische Begriffe reduziere und Freuds Konzepte durch grundsätzlich antithetische Triebe ersetze (Ich und Sexualtriebe, Eros und Todestriebe). Er hielt Schultz-Henckes Gedanken eines Besitzstrebens und des Strebens nach Selbstbehauptung und Sexualität (einschließlich der Aggression und der „autochthonen" Zärtlichkeit) für konventionelle Formulierungen, mit denen der Umgang mit dem psychoanalytischen Unbewußten vermieden werde. Müller-Braunschweig wiederum warf Schultz-Hencke vor, ungenau, dogmatisch und terminologisch voreingenommen zu sein (*IPA Bulletin*, 1949, S. 204). Trotz der scharfen Angriffe auf die Theorien seines Kollegen schwieg sich jedoch Müller-Braunschweig über die Nazi-Vergangenheit ebenso aus wie alle anderen.

Ironischerweise wurde den Berlinern die Aufnahme in die IPA versagt, weil sie keine hinreichend klare Freudianische Orientierung hatten und weil ihre Ausbildungseinrichtungen nicht adäquat waren. Obwohl Boehm öffentlich behauptet hatte, die Gelder für ein Institut würden für die nächsten zehn Jahre nicht zur Verfügung stehen, gelang es Müller-Braunschweig im folgenden Jahr, die Deutsche Psychoanalytische Vereinigung (DPV) zu gründen. Dieser Schritt war es denn auch, der die IPA veranlaßte, die Berliner 1951 aufzunehmen.

Bald danach wurden Gesellschaften auch in anderen Städten gegründet – in Freiburg, Kassel, Ulm, Tübingen, Düsseldorf, Bremen und München. War eine solche Gesellschaft groß genug geworden, so richtete sie ein Institut ein und bat um Zulassung durch die DPV. Zunächst bildete Berlin den Mittelpunkt: die finanzielle Unterstützung durch die Berliner Versicherungsgesellschaft hatte die Ausbildung von Kindertherapeuten und pädagogischen Psychologen ermöglicht. Je zahlreicher die angelsächsischen Besucher wurden, die ankamen, um zu unterrichten, desto weiter schienen sich die Deutschen von ihrer Nazi-Vergangenheit zu entfernen. Den deutschen Psychoanalytikern gelang es jedenfalls, jene Therapeuten von ihren Zeitschriften und Organisationen fernzuhalten, die überzeugte Nazis gewesen waren. So lehnte die Münchner Gruppe 1947 Erna Göring als Mitglied ab, und die älteren Nazi-Therapeuten wurden mehr oder weniger in den Hintergrund gedrängt (Cocks, 1985, S. 235).

1951 gab Walter Seitz, Leiter der Ambulanz an der Universität München und Direktor des Forschungsinstituts für Psychologie und Psychotherapie, einen Überblick über die damals existierende psychotherapeutische Gemeinschaft und stellte fest, daß sie sich in vier Gruppen einteilen ließ:

1. die Therapeuten, die sich der „klassischen Tiefenpsychologie" widmeten;
2. psychotherapeutische Laien mit Psychologiediplomen;
3. „wilde" Psychotherapeuten, die aufgrund eines Krankenpflege-Gesetzes von 1939 zugelassen wurden, mithin weder Psychologen noch Ärzte waren, und
4. Psychiater, die der Deutschen allgemeinen ärztlichen Gesellschaft für Psychotherapie angehörten, die 1948 wieder eingerichtet worden war (Cocks, 1985, S. 236–237).

Seitz wies ferner darauf hin, daß einzig die Psychiater, unter der Führung von Ernst Kretschmer, auf Medizinalisierung drängten. Diese Auseinandersetzungen zwischen Psychiatern und Psychoanalytikern, die eine oberflächliche Ähnlichkeit mit den Auseinandersetzungen zeigte, die Freud dazu veranlaßten, *Die Frage der Laienanalyse* zu schreiben, fand jetzt nicht zwischen Freudianern statt, sondern zwischen einzelnen Personen, von denen einige während des Dritten Reiches eine mehr oder weniger zweifelhafte Therapie und Forschung betrieben hatten. Die Psychotherapeuten sorgten indessen einigermaßen dafür, daß die theoretischen Konflikte begrenzt blieben, um ihr übergeordnetes Ziel zu erreichen: die Behörden davon zu überzeugen, daß die Neurose als erstattungspflichtige Krankheit anerkannt wurde.

Die Krankenkasse übernimmt die Psychoanalysekosten

1967 zahlte sich die Zusammenarbeit der deutschen Psychoanalytiker aus: neue Versicherungsgesetze für psychische Erkrankungen schlossen nun die psychoanalytische Therapie mit ein. Diese Gesetze sind sehr kompliziert; sie beruhen auf Übereinkünften zwischen Arbeitgeberverbänden, Gewerkschaften und staatlichen Behörden und sind abhängig von der wechselseitigen Abstimmung zwischen den untereinander zerstrittenen Ländern und den Interessen des Berufsstandes (Brede, persönliche Mitteilung, 1984). Durchgesetzt wurden sie aufgrund der vereinten Bemühungen der Psychoanalytiker nach 1945, die für die gesellschaftlichen Rechte der Patienten kämpften und Therapiezentren und Kliniken für diejenigen Patienten einrichteten, die nicht einmal das Mindesthonorar von 15 DM aufbringen konnten (Haarstrich, 1977, S. 10).

Um den erforderlichen Druck auf die Behörden ausüben zu können, hatten die Psychotherapeuten aller Richtungen ihre Organisationen verstärkt und waren neue Bindungen eingegangen. Jeder einzelne Sieg spornte sie dazu an, weiter zu kooperieren und hinter den Kulissen zu agieren. Als das Gesetz von 1967 im Jahre 1976 revidiert wurde, schloß der Paragraph 386 zur finanziellen Regelung die „akute neurotische Erkrankung" sowie „neurotische Störungen mit psychischer und somatischer Symptomatologie" mit ein.

In 27 Punkten werden Erkrankungen definiert, die durch Psychotherapie behandelt werden können – einschließlich neurotischer Symptome, Phobien, Depression und psychisch bedingter Persönlichkeitsstörungen –, sowie die Bedingungen, unter denen eine psychoanalytische Psychotherapie angebracht ist. Da die Psychoanalytiker (nach langwieriger Uneinigkeit untereinander) dieses Gesetz durchgebracht hatten, mußten sie sich über potentielle Heilungen auch hoffnungsvoller ausdrücken, als es wahrscheinlich ihren eigenen Empfindungen entsprach. Und sie mußten genau darlegen, wieviele analytische Sitzungen erforderlich waren, um die erhoffte Heilung zu erzielen.

Schließlich einigten sie sich darauf, daß man am besten mit 40 bis 50 Stunden beginnen sollte, entweder als einstündige Einzeltherapiesitzungen oder als zweistündige Gruppensitzungen. Bald aber stellten sie fest, 'je mehr desto besser', und daß die meisten Patienten 160 Stunden Einzeltherapie oder 80–120 Zweistundensitzungen brauchten. Schließlich wurde eine Obergrenze von 300 Stunden festgelegt; ganz schwierige Fälle ausgenommen.

Die Analytiker hatten jedoch nicht über die verschiedenen Formalitäten der Kostenerstattung verhandelt, vor allem über die vor dem Behandlungsbeginn erforderlichen offiziellen Anträge. Die Analytiker müssen nämlich die Lebensgeschichte eines Patienten so schildern, daß die Behörden die Überzeugung gewinnen, eine Behandlung sei dringend erforderlich; sie werde Arbeit und Leben des Patienten verändern, und dies lasse sich nur mit Hilfe der Psychoanalyse erreichen (*Deutsches Ärzteblatt*, 1976). Unter diesen Voraussetzungen müssen sie es zumindest vor sich selbst rechtfertigen, die absolute Privatheit der analytischen Beziehung außer Kraft zu setzen.

Bald trat erneut das Thema 'Medizinalisierung' auf den Plan. Auf Anregung besonders von Mitscherlich hatten die deutschen Psychoanalytiker darauf bestanden, daß ein Verhältnis von eins zu eins zwischen medizinischen Analytikern und Laienanalytikern optimal wäre. Etwa die Hälfte der deutschen Analytiker waren Psychologen. Weil Neurosen jedoch per Gesetz als Krankheiten definiert wurden, war ein ordentlicher Mediziner erforderlich, um sie zu heilen. Die Freudianer überwanden dieses Hindernis durch den Zusatz, daß die offiziellen Anträge eines Psychologen von einem medizinisch ausgebildeten Psychoanalytiker unterschrieben werden mußten, bevor man sie bei der zuständigen Behörde einreichte. Der dortige Amtsinhaber mußte ein Psychoanalytiker sein. Damit führten die Freudianer einen weiteren Verstoß gegen die Geheimhaltung ein. Mit zunehmender Schreibarbeit machten sich die Psychoanalytiker auch immer mehr Gedanken über die Vertraulichkeit. Einige begannen sich zu fragen, ob die Einmischung der Behörden nicht der Integrität des Psychoanalytikers schade. Einige Linke gingen sogar noch weiter und warnten vor einer politischen Einmischung, von der schließlich die psychoanalytische Dyade betroffen werden könnte. Einige klassische Analytiker wandten sich gegen die Kostenerstattung, weil sie dadurch eine Störung befürchteten.

Als nun jeder Staatsbürger Anspruch auf Therapie anmelden konnte, war die finanzielle Sicherheit der Psychotherapeuten gewährleistet. Nach 1967 wurden die Honorare verdoppelt, der Status nichtmedizinischer Psychotherapeuten (die 90 % der vereinbarten Honorierung erhalten sollten) und der Erziehungspsychologen oder Psychagogen (die 80 % bekommen sollten) geklärt, und es wurden Richtlinien für die Kindertherapie erlassen. Bei der Lektüre der einschlägigen Bulletins stellt man fest, daß die Psychoanalytiker immer häufiger vom Umgang mit „Patienten" statt „Klienten" oder „Analysanden" sprachen und daß sie die Begriffe von Krankheit und Gesundheit deutlicher voneinander abhoben. Außerdem schien das Thema der Patientenrechte in den Hintergrund und die Politik der Psychoanalyse immer mehr ins Zentrum zu rücken. Das geschah natürlich zwangsläufig, als die Macht der Funktionäre zunahm und die Analytiker sich sowohl gegen Ungerechtigkeiten als auch gegen die Papierflut zu wehren hatten.

Mit der steigenden Nachfrage nach psychoanalytischer Therapie stiegen auch die Kosten. Deshalb versuchte die Regierung die Zahl der zulässigen Sitzungen zu reduzieren und die Ergebnisse strenger zu bewerten, wodurch die Machtstellung der Funktionäre noch einmal verstärkt wurde. Das kniffligste Problem war dabei, die Akten der Patienten aufzuheben. Obwohl man den Psychoanalytikern versicherte, diese würden für immer verwahrt bleiben, fragten sie sich, wie dies bei einem Personalwechsel in der Bürokratie, bei einem Feuer oder einem anderen Unglücksfall gesichert werden könnte. Einige Freudianer hielten das Risiko eines möglichen Verstoßes gegen die Vertraulichkeit akzeptabel, angesichts des Umstands, daß Patienten behandelt werden konnten, die sonst niemals in Behandlung gekommen wären, während einige Kollegen linker Provenienz auf den möglichen repressiven Gebrauch dieser Akten und die Vorbehalte hinwiesen, die gewisse Arbeitgeber nach wie vor gegenüber Personen anmelden, die um psychologische Hilfe ersuchen.

Liest man die jährlichen Berichte des Sigmund Freud-Instituts durch, dann fallen einem die immer häufigeren Hinweise auf die „Beiträge zur psychischen Gesundheit der Bevölkerung" auf. Beim Vergleich dieser Berichte mit denen aus anderen Ländern stellt man fest, daß den deutschen Ausbildungskandidaten unter anderem beigebracht wird, wie sie mit den technisch-administrativen Bedingungen umgehen müssen; daß mehr Kurzzeittherapeuten, Erziehungspsychologen, Theologen und Lehrer ausgebildet werden, entsprechend der Finanzierungsmöglichkeit durch die Kassenleistungen (de Boor, 1974, 1975), und daß gemeinsam versucht wird, Patienten aus der Unterschicht zu gewinnen, indem man bei ihnen für die Psychoanalyse wirbt und sie darüber informiert, daß Behandlung und Erstinterviews von der Krankenkasse bezahlt werden.

Alles in allem scheint die Therapie auf Kosten der Forschung an Bedeutung gewonnen zu haben – trotz einiger Untersuchungen über Unfruchtbarkeit, über die Midlifecrisis bei Frauen und über Interventionen im Krankenhaus und im Gefängniswesen –, als die Kooperation mit den Bürokratien immer wichtiger wurde (de Boor, 1975, 1976). Als Clemens de Boor, der Direktor des Sigmund-Freud-Instituts, 1977 über die Anzahl der behandelten Patienten berichtete (eine Notwendigkeit, um die weitere Finanzierung zu sichern), plädierte er dafür, mehr Mittel für die psychoanalytische Ausbildung zur Verfügung zu stellen.[4]

---

[4] De Boor (1977) führte aus, daß es im ganzen Land nur etwa 1500 Psychoanalytiker, Psychotherapeuten und Kindertherapeuten gebe und 600 Ausbildungskandidaten in einer fortgeschrittenen Ausbildungsphase, die zum Teil in Instituten, in Privatpraxen und als Lehranalytiker arbeiteten. Die Zahl der Analytiker, die sich ausschließlich potentiellen Patienten zuwenden konnten, betrug 1152 – d. h. es gab einen Analytiker auf 31690 Einwohner. Aus eben diesem Grund mußte die therapeutische Ausbildung und nicht die Forschung vorangetrieben werden.

Einige Kollegen, die eher für die von Mitscherlich initiierte sozialpsychologische Forschung eintraten, waren überzeugt, daß de Boor sich des Geldes wegen an den Staat verkauft habe. Sie fürchteten sich vor einer noch engeren Bindung an die Behörden und vor einer Kapitulation vor den zunehmenden Anforderungen von Berichten über therapeutische „Ergebnisse".

Ob Psychoanalytiker sich nun mit neurotischen oder psychosomatischen Symptomen befassen, ihre offiziellen Berichte müssen angeben, daß alle anderen Krankheitsursachen ausgeschlossen sind. An diesem Punkt scheint es im Interesse des Patienten zu liegen, die Aussichten auf seine Heilung zu übertreiben. Und die Glaubwürdigkeit des Analytikers ist in Frage gestellt, wenn der Patient genau zu dem Zeitpunkt für gesund gehalten wird, da die Kostenerstattung zur Neige geht. Um eine solche Situation zu vermeiden, gingen einige Analytiker dazu über, ihren Patienten in der ersten Sitzung zu sagen, daß sie ihre Krankheit zwar in höchstens dreihundert Stunden zu heilen hofften, daß es aber eine gute Idee wäre, schon jetzt mit dem Sparen zu beginnen, da der Patient vielleicht zusätzliche Hilfe fordern könnte, um sich „besser zu fühlen". Daß solche Praktiken Anlaß zu Fragen gaben, versteht sich von selbst.

Da die Behörden auf immer präziseren Beglaubigungen insistierten, wurden durch die Probleme im Zusammenhang mit der Kostenerstattung die Unterscheidungen zwischen Ärzten und Laienanalytikern noch einmal vor Augen geführt. Zahlreiche Ärzte drängten darauf, die Psychologen auszuschließen. Einige medizinische Analytiker schlugen vor, die Psychoanalyse zu einem medizinischen Spezialfach zu machen (Facharzt für Psychoanalyse). Solche Ärzte könnten dann ebenso viel verdienen wie ihre Kollegen in der Radiologie, Urologie oder Chirurgie. Die Psychoanalyse als medizinisches Spezialfach würde jedoch ein Universitätsexamen und die Auswahl und Beförderung von Kandidaten durch Nichtanalytiker erfordern, was wiederum die Einführung von unzulässigen, nichtprofessionellen Kriterien bedeuten würde (Loch, 1977, S. 50). Außerdem waren einige der Ansicht, daß damit das amerikanische Beispiel der Medizinalisierung nachgeahmt würde, das doch manche schon seit Jahren kritisierten.

Die Auswirkungen der Kostenerstattungspolitik beherrschen die Konferenzen und Kongresse weiterhin. Manche Analytiker treten für eine umfassendere Sozialpolitik als vorbeugendes Mittel gegen psychische Erkrankungen ein, und sie wenden sich gegen die Kostenerstattung, weil sie die Vertraulichkeit der persönlichen und privaten Beziehung gefährde. Oft ist freilich unklar, ob diese „Radikalen" prinzipiell gegen den Eingriff des Staates sind, ob sie solche Eingriffe mit Nazi-Praktiken gleichsetzen oder ob sie sich gegen Veränderungen wehren, die diese Gesetze der Psychoanalyse selber auferlegt haben. Immerhin erkennen die meisten Psychoanalytiker an, wie positiv diese Politik sich für sie auswirkt – auch wenn 1977 achtzig Prozent der DPV-Mitglieder meinten, es wäre sinnvoll, wenn die Patienten etwas zuzahlen würden, um den Analytiker nicht in die Rolle der schenkenden oder verweigernden Mutter zu versetzen (Rosenkötter und Schweinichen, 1981).

In einem Bericht zu diesen Fragen führte der Psychoanalytiker Johannes Cremerius aus, daß „die anstehenden Kontroversen – Eigenfinanzierung der Kur – Kassenfinanzierung – unbegrenzte Analysendauer – Limitierung derselben – exklusive Zweierbeziehung – Präsenz des Dritten – 'reine' Psychoanalyse – psychoanalytische Psychotherapie – durchweg *Scheinkontroversen* sind. Die Frage ist nicht, ob das eine oder andere richtig oder falsch, gut oder schädlich ist, sondern was es im analytischen Prozeß für die Akteure bedeutet, welche Funktion ihm zukommt und welche Konsequenzen es für die Gestaltung und Handhabung der Technik hat" (Cremerius, 1981a, S. 2). Er stellte fest, daß seine Kollegen entweder die von der psychoanalytischen Theorie abgeleiteten Regeln für entscheidend halten oder aus dem Umgang mit Übertragung und Gegenübertragung generalisieren würden (S. 2). Seines Erachtens sollten *alle* Fragen der Bezahlung – als Ausdrucksmittel für Verführung, Widerstand, Verachtung und „narzißtische Kränkung" – analytisch angegangen werden. Das soziale Gewissen gebietet ihm zufolge die Fremdfinanzierung, und er meint, die Psychoanalytiker sollten das praktizieren, was bei jedem Patienten jeweils am besten geeignet ist. Im Grunde lassen sich psychoanalytische Einsichten und Techniken nicht von ihrem Berufsumfeld abtrennen. Darauf wies der Krankenkassengutachter Ulrich Ehebald hin, der den Kollegen von der DPV vorwarf, angeblich den IPA-Regeln zu folgen, während sie doch nur einige dieser Regeln unreflektiert befolgten und andere einfach ignorierten (1977, S. 18). Paradoxerweise hatte die Entscheidung, Geld von der Versicherung anzunehmen, die Bindung der Analytiker an die DPV zu eben der Zeit verstärkt, als die Streitereien innerhalb dieser Organisation zunahmen. Die von den Analytikern hochgehaltene berufliche Unabhängigkeit wurde somit noch mehr angegriffen, und sie beschränkte sich immer mehr auf ihre Analysestunden. Sogar die Beziehungen zu den Patienten würden immer mehr durch die Verwicklungen mit dem Krankenkassensystem (bei der Fremdfinanzierung sowohl einer Behandlung als auch einer Lehranalyse) sowie durch die Beschäftigung des Analytikers mit diesen Angelegenheiten beeinträchtigt, wie der Pädagoge und Psychoanalytiker Horst-Eberhard Richter warnte.

Sicherlich wurde der enorme deutsche „Psychoboom" durch die vereinten Bemühungen der gesamten therapeutischen Gemeinschaft noch gefördert. Der Einfluß der Psychoanalytiker erweiterte sich auf Kosten einer gewissen Autonomie. Außerdem verstärkte ihre Integration in das öffentliche Gesundheitswesen auch die Bindungen an die DGPT, die Lobby-Organisation für alle Therapeuten. Anfang der achtziger Jahre waren die deutschen Analytiker zur zweitstärksten Gruppe innerhalb der IPA angewachsen – direkt hinter den Amerikanern.

Die Psychoanalyse im Nachkriegsösterreich

Nach 1945 war die Psychoanalyse in Österreich beinahe ebenso in Unordnung wie in Deutschland. Während die Deutschen jedoch begierig auf einen Wiederaufbau aus waren, wollten die Österreicher diese Situation einfach ignorieren. Ob dies auf die Präsenz der Russen bis ins Jahr 1955 zurückzuführen ist, auf die Kleinheit des Landes oder auf den Widerwillen der Wiener, sich ihrer Nazi-Vergangenheit zu stellen, ist bedeutungslos: das allgemeine Desinteresse an der Psychoanalyse war handgreiflich. Der Psychoanalytiker Solms-Rödelheim erinnerte sich, daß ein führender Arzt zu ihm gesagt hatte, es sei kaum sinnvoll, irgendetwas für die Psychoanalytiker unternehmen zu wollen (1959, S. 1185).

Innerhalb und auch außerhalb der akademischen Welt standen die prominenten Psychologen der Analyse ebenso feindselig gegenüber wie die Ärzte. Deshalb gab es auch niemanden in Wien, der die Ausgewanderten zur Rückkehr aufgefordert hätte, wie dies die Deutschen getan hatten. Ebensowenig kümmerten sich die Ausgewanderten selber darum. August Aichhorn und Alfred von Winterstein, die beiden einzigen übriggebliebenen Analytiker aus der Zeit vor 1938, wollten für eine Rückkehr sorgen. Aichhorn wollte zwar seine Arbeit mit Straffälligen wiederaufnehmen, entschied dann aber, daß es wichtiger sei, junge Analytiker anzuwerben und auszubilden. Im April 1946 machte er den Vorschlag, daß die Wiener Analytiker Vorträge in Vereinen abhielten, um ihre Ideen zu verbreiten. Auch wenn die amerikanische Besatzungsmacht solche Unternehmungen als Mittel zur Entnazifizierung begrüßte, gab es kaum eine Reaktion. Aichhorn starb 1949, und Winterstein, der ihm als Präsident der WPV nachfolgte, informierte Müller-Braunschweig darüber, daß die Mitgliederzahl von dreizehn im Jahre 1948 auf zehn im Jahre 1950 gesunken war (Solms-Rödelheim, 1959, S. 1185). Der Umstand, daß Winterstein kein medizinisches Examen abgelegt hatte und daß die unnachgiebigen Behörden darauf insistierten, nur mit Ärzten umzugehen, verbesserte die Lage auch nicht: wenn er einen Patienten übernehmen wollte, mußte er jedesmal einen Psychiater heranziehen. Werden die Gesuche „ordnungsgemäß" vorgelegt, dann bezahlt die staatliche österreichische Krankenkasse auch die Psychoanalyse. Die Kostenerstattung erfolgt jedoch nach dem Grad des Ansehens, so daß es den berühmteren Ärzten schon immer etwas besser ging, wie mir gesagt wurde. Außerdem können Patienten mit guten Verbindungen auch selbst eine Kostenerstattung arrangieren.

Die Wiener Behörden nahmen von der Psychoanalyse keine Notiz, bis 1970 Anna Freud zugestimmt hatte, den IPA-Kongreß von 1971 in Wien abzuhalten. Ein Jahr später schätzte man die Zahl der ortsansässigen Analytiker zwischen 7 und 27 (Kurzweil, 1971). Unter solchen Umständen konnte man kaum von einer psychoanalytischen Organisation sprechen, auch wenn die WPV nie offiziell aufgelöst worden war. Noch im Jahre 1983 schien es in Wien nur neun Lehranalytiker zu geben, so daß die Ausbildungskandidaten zwei bis vier Jahre warten mußten. Unter solchen Umständen waren natürlich persönliche Kriterien ausschlaggebend. Auseinandersetzungen, die sich zuweilen zu offenen Streitigkeiten steigerten, spielten sich zwischen Individuen und nicht zwischen Gruppierungen ab, und sie wurden rasch persönlich.

Neben der Sigmund-Freud-Gesellschaft gilt das Institut für Tiefenpsychologie am Allgemeinen Krankenhaus als *das* Zentrum für Psychoanalyse. Sein langjähriger Direktor, Hans Strotzka, dessen bevorzugte Behandlungsart seit jeher eine Form der Kurztherapie war, stand einer Gruppe von zehn Adlerianern, Rogerianern, Verhaltenstherapeuten, Jungianern und Freudianern vor. Da das Institut zum Krankenhaus gehört und seine Angehörigen an der Wiener Universität lehren, mußte die freudianische Analyse sich stets mit den hinteren Rängen begnügen. Im Jahre 1982 wurde jedoch der jüngere und nachgiebigere Peter Schuster als Strotzkas Nachfolger gewählt. 1983 wurde das Institut mittels einer Art Komitee geleitet, und um 1984 war Schuster zum Rücktritt von der belastenden Aufgabe bereit und wurde durch Wolfgang Berner ersetzt. Schusters psychoanalytische Orientierung lag in der Richtung von Otto Kernbergs Objektbeziehungstheorie, auch wenn er selber feststellte, daß bei den meisten Klinikpatienten die kostengünstigeren Kurztherapien ratsam waren. Zweifellos geht diese Praxis zumindest teilweise darauf zurück, daß ein vom

Wohlwollen der Krankenhausbeamten abhängiges Institut sorgfältig mit den Geldern umgehen und mit einer großen Zahl von Patienten zurechtkommen muß, die hoffen, daß sich ihre Erkrankungen als physisch und nicht als psychisch herausstellen. Außerdem müssen die österreichischen Psychoanalytiker zuerst eine vollständige psychiatrische Ausbildung absolvieren, was bedeutet, daß sie eine schlecht bezahlte Ganztagsstelle übernehmen und für ihre analytische Ausbildung sehr viel Geld ausgeben müssen. Deshalb kommt es vor, daß sie zuweilen aufgeben und in der Psychiatrie bleiben.[5]

Die meisten älteren Mitglieder der WPV arbeiten in Privatpraxen: sie vermeiden es, mit den österreichischen Gesundheitsbehörden in Kontakt zu kommen. Ihnen zufolge ist die Privatpraxis das einzige Mittel, um richtige Psychoanalysen durchzuführen, ohne in ein bürokratisches Schlamassel hineinzugeraten. Wie Harald Leupold-Löwenthal und Solms-Rödelheim, die beiden vormaligen Präsidenten der Vereinigung, lehnen auch sie die Kooperation mit „minderwertigen" Therapien ab. Deshalb zeigten sie sich auch verärgert darüber, daß 1981 Hedda Eppel – eine Kinderanalytikerin, die die Kriegsjahre in England zugebracht hatte – die Psychoanalyse mit einer Gruppentherapie verbinden wollte, was nach Auffassung der Wiener eine „Verwässerung" der Psychoanalye bedeutete.

Trotz der Auseinandersetzungen arbeiteten die Freudianer jedoch zusammen, um die Wiener Psychoanalyse wiederzubeleben. Sie drängten die Behörden dazu, sie bei der Gründung der Sigmund-Freud-Gesellschaft zu unterstützen. Wie Leupold-Löwenthal 1982 berichtete, zählte sie 1200 Mitglieder (je ein Drittel in Österreich, im übrigen Europa und in den USA). Ohne den Druck von seiten dieser

---

[5] Obwohl auch in anderen Ländern die zukünftigen Analytiker neben ihrer Ausbildung – mit zwei Ausbildungsfällen, Supervision, usw. – als psychiatrische Krankenhausärzte arbeiten müssen, scheint die österreichische Gehaltsskala das Verfahren noch beträchtlich zu erschweren.

Organisation hätte die österreichische Regierung die finanzielle Unterstützung für die Gesellschaft und deren Bibliothek wohl gestrichen. Die Wiener Analytiker begannen überdies eine jährliche Vorlesung an der Universität zu finanzieren (die erste hielt Anna Freud 1980), um die „intellektuelle Sterilität und Isolation" zu überwinden. Und um in einem engeren Kontakt mit den Kollegen von der IPA zu bleiben, laden sie diese zu Seminaren, Arbeitstagungen und internationalen Symposien in Grundlsee ein. Keines dieser Unternehmen ist jedoch forschungsorientiert, obwohl Leupold-Löwenthal 1984 meinte, es würden wohl einige Versuche in dieser Richtung unternommen (persönliche Mitteilung).

Anfang der achtziger Jahre schienen die Wiener Freudianer auf die Anforderungen ihres eigenen kleinen „Psychobooms" zu antworten – ein Boom, der auf die Nachfrage nach Adlerianischer oder Rogerianischer Therapie, nach Psychiatrie und nach Ideologien der „persönlichen Reifung" zurückging (Komitee für Alternativen, 1980, S. 11). Auch wenn die psychoanalytische Praxis nur minimal ist, glauben viele Österreicher heute, daß die Therapie ihnen helfen werde, sich „besser zu fühlen". Elisabeth Jandl-Jager, Soziologin, Verhaltenstherapeutin und Professorin an der Wiener Universität, meinte 1984, daß es bei den Wienern eine allgemeine Zunahme an Neurosen und psychosomatischen Krankheiten gegeben habe, und sie stellte fest, daß die hartnäckigen Vorurteile gegen die Psychoanalyse schwanden. Einen großen Teil der psychologischen Hilfe organisierte denn auch die katholische Kirche: sie stand bereits mit den Familien in Verbindung, mit der *Caritas* und anderen Einrichtungen (Jandl-Jager, 1984, persönliche Mitteilung). Die WPV konnte freilich kaum mehr ausrichten, als weiterhin für die Akzeptanz bei den Krankenkassen und in den Bildungs- und Rehabilitationsinstitutionen einzutreten und gleichzeitig neue Ausbildungskandidaten anzuwerben.

In neuester Zeit ist ein Aufschwung zu verzeichnen. Seit der Verabschiedung eines Gesetzes, das die Ausbildungspraxis und die Kostenerstattung für die Hilfe durch Psychologen regelt (das *Psychologengesetz* von 1986), hat die Zahl der

Ausbildungsbewerber und das Prestige der Psychoanalytiker ständig zugenommen. Außerdem wandern jedes Jahr etwa zwanzigtausend Besucher durch die Wohnung Freuds, auch wenn dies vielleicht nur darauf hinweist, daß es den Freudianern inzwischen gelungen ist, auch die Touristen anzuziehen.

Die Erneuerung der Société Psychanalytique de Paris

Bei Kriegsende siechte die Psychoanalyse in Frankreich ebenso dahin wie im übrigen Europa. Die seit 1948 wieder erscheinende *Revue Française de Psychanalyse* berichtete, daß jene Mitglieder der psychoanalytischen Gesellschaft, die nach Paris zurückgekehrt waren, sich 1945 und 1946 gelegentlich getroffen hatten. Ende 1946 konnte die Société Psychanalytique de Paris (SPP) wieder wie vor dem Krieg ihre monatlichen Sitzungen abhalten (Mijolla, 1982, S. 46).

1947 wurde Sacha Nacht zum Präsidenten gewählt, und man richtete zur Vorbereitung eines Instituts eine Ausbildungskommission ein. In der *Revue* erschien ein ausführlicher Text über „Reglement und Lehrinhalt" der Ausbildung, „abgefaßt in einem deutlich erkennbaren Lacanianischen Stil" [Mijolla, 1982, S. 52].

Damals hatte niemand auch nur die leiseste Ahnung, welche Verheerungen Lacan in der Organisation anrichten würde oder daß er bald die französische Psychoanalyse beherrschen würde.[6] Es begann mit seinem Eintreten für

---

[6] [Daß sich Lacan nicht an die Vereinbarungen über die Lehranalysen hielt, war seit 1951 bekannt: „Es dauerte keine zwei Jahre, bis man Lacan beschuldigte, sich nicht an die Vereinbarungen [über Stundenfrequenz und Gesamtdauer von Lehranalysen; *A. d. Ü.*] zu halten. (...) Im Laufe des Jahres 1951 verlangt die Ausbildungskommission von Jacques Lacan zum ersten Mal in offizieller Form das feierliche Gelöbnis, spätestens im Mai seine Lehranalysen vorschriftsgemäß durchzuführen. Lacan verspricht

kurze Sitzungen und seinem Infragestellen der Minimalbedingungen für die Lehranalyse, auf die die anderen sich einzulassen bereit waren: drei wöchentliche Sitzungen von je 45 Minuten während eines Jahres.[7] Da die Ausbildungsbedingungen bereits einen erheblichen Kompromiß seitens der IPA im Hinblick auf die Nachkriegssituation bedeuteten und Nacht die Verbindung mit der IPA anstrebte, kämpfte er energisch gegen Lacan.

In den letzten Jahren haben einige Lacanianer die Frühgeschichte als eine Reihe großer Auseinandersetzungen beschrieben (siehe z. B. J. A. Miller, 1976, 1977; Roudinesco, 1982, 1986). Weil die Verhandlungen jedoch vertraulich waren, läßt sich nur vermuten, was vor sich ging und ob die persönlichen Spannungen zwischen Lacan und Nacht wirklich so groß waren, wie behauptet wird. Allerdings wissen wir, daß die französischen Freudianer der IPA gegenüber unbedingt beweisen wollten, daß sie eine funktionsfähige Gruppe waren, und daß sie so bald wie möglich ein anerkanntes Institut haben wollten.

1953 berichtete Serge Lebovici der IPA, daß das 1952 eingerichtete Institut de Psychanalyse siebzig Studenten und einhundert Ausbildungskandidaten zählte und daß wöchentliche Seminare über die Technik (Nacht), über Freuds

---

dies umgehend zu tun, doch dieses Versprechen wird nicht gehalten, und zwar unter einem Vorwand, den er erst 1953 vorbringt: einige Zeit nach der Forderung der Ausbildungskommission hatte Nacht ihm vorgeschlagen, seine [Lacans] Theorien 'über die psychoanalytische Technik' während einer Versammlung der eingeschriebenen Mitglieder im Dezember 1951 vorzutragen. Seitdem habe er die Sache so eingeschätzt, daß ein solcher Vorschlag ihn stillschweigend von seinen früheren Verpflichtungen entbinde (...)" (Mijolla, 1982, S. 53). *Übersetzung und A. d. Ü.*]

[7] [Mijolla, 1982, S. 52: „Der Verfasser [des Textes über Reglement und Lehrinhalte der Ausbildung] weist ferner darauf hin, daß 'nach allgemeinem Brauch zum Prinzip erhoben wird, daß die Zwecke der Lehranalyse einen Rhythmus von vier bis fünf wöchentlichen Sitzungen – drei sind ein Minimum – und eine Gesamtdauer von mindestens zwei Jahren verlangen'". *A.d.Ü.*]

Texte (Lacan) und über Kinderanalyse (Lebovici) abgehalten wurden. Da die Aufnahme in die IPA entscheidend war, machte Lebovici nicht öffentlich bekannt, daß Lacan bei etwa vierzig Kandidaten die Supervision durchführte und deshalb dem einzelnen Kandidaten auch gar nicht mehr als zwanzig bis dreißig Minuten pro Woche widmen konnte. Lebovici und seine Kollegen wollten Lacan zur Räson bringen, schienen dazu aber nicht in der Lage zu sein. Deshalb bat Nacht in seiner Rolle als Präsident die IPA um die Ernennung einer Untersuchungskommission. Weil Nacht in den Verhandlungen über diese immer härtere Kontroverse eine zentrale Bedeutung hatte, forderten die Mitglieder der SPP ihn auf, ein weiteres Jahr im Amt zu bleiben (er sollte sein Amt 1952 niederlegen).

Als sich die IPA-Kommission 1953 gegen Lacan aussprach, gaben ihm zahlreiche Studenten und Kollegen (Lagache, Dolto, Favez-Boutonier, Reverchon-Jouve) öffentlich ihre Unterstützung und gründeten zusammen die Société Française de Psychanalyse (SFP). Seither ignorierten die Mitglieder der SPP offiziell die Lacanianer, obwohl sie sich gelegentlich gezwungen sahen, auf die flammenden öffentlichen Verkündigungen Lacans zu antworten.

Die Lacanianer hatten um 1959 ihre eigenen Auseinandersetzungen zwischen denjenigen, die Lacan durch dick und dünn folgen wollten, und den Mitgliedern der „Französischen Forschungsgruppe" (Lagache, Anzieu, Granoff), die sich der IPA so weit anpassen wollten, daß sie aufgenommen werden konnten. Einige waren auch der Ansicht, daß Lacan in seinen Freud-Revisionen zu weit ging. Es wurde eine weitere IPA-Kommission gegründet, die 1963 empfahl, die SFP unter der Voraussetzung zuzulassen, daß Lacan und Dolto als Lehranalytiker abgesetzt und die Supervision ihrer Ausbildungskandidaten von anderen Analytikern durchgeführt wurden.

Lacan schlug zurück, in öffentlichen Vorträgen über den „Nom-du-Père" ['Namen des Vaters'; ironische Anspielung auf einen Fluch: 'Nom de Dieu!', 'Herrgott...!'], in denen die im Namen Freuds praktizierten autoritären Methoden einfallsreich denunziert wurden. Außerdem gründete er die

Ecole Freudienne. Mit wachsendem öffentlichen Ansehen griff Lacan die klassischen Freudianer immer häufiger an, und die SPP konnte ihn nicht länger ignorieren. Lacan behauptete nicht nur, Freud neu zu lesen, „so wie er gelesen werden sollte", sondern attackierte auch die zwangsläufige Unfruchtbarkeit und den Konservativismus aller Organisationen, insbesondere der psychoanalytischen. Wie er behauptete, konnte es eine Erneuerung nur außerhalb von formalen Strukturen geben. Das Aufdecken des Unbewußten als fortlaufender Prozeß wurde von Lacan einer permanenten Revolution gleichgesetzt, doch als solche konnte es höchstens ein Mythos sein, weil man erwartete, daß es innerhalb einer zur Routine gewordenen bürokratischen Struktur vorkomme (Jacqot, 1975).

1969 nahmen sich einige seiner Mitarbeiter – darunter Piera Aulagnier, François Perrier und Jean-Paul Valbrega – seine antiinstitutionelle Haltung zu Herzen und traten zurück, um die Quatrième Groupe zu gründen. Auch wenn diese Abspaltung keine direkte Auswirkung auf die SPP hatte, wurde doch die gesamte Psychoanalyse davon betroffen, daß einige Schüler Lacans an der Universität von Vincennes einen Fachbereich Psychoanalyse einrichteten. Die daraus entstehenden Unruhen wurden für revolutionär gehalten, während man die Mitglieder der SPP dagegen als Bestandteil des verhaßten Establishments ansah.

Immerhin hatten viele klassische Freudianer medizinische Diplome und Verbindungen zur Psychiatrie und konnten gelassen ihr medizinisches Prestige ausnutzen.[8] Einige von ihnen dienten als Berater für Regierungskommissionen zur psychiatrischen Krankenversorgung und zur Kinderpsychiatrie, und sie bauten alle ihre Stellungen in Krankenhäusern

---

[8] Der Zugang zum Medizinstudium setzt eine Aufnahmeprüfung voraus und die Ausbildungskosten sind ziemlich niedrig. Deshalb ist es relativ leicht, eine psychoanalytische Ausbildung mit einer psychiatrischen zu kombinieren. In Frankreich können Ärzte verschiedene staatliche Kostenerstattungsgesetze in Anspruch nehmen, sofern sie die entsprechenden Antragsformulare ausfüllen (Castroce-Loray, 1973).

und Kliniken aus, die sie schon innegehabt hatten, bevor die Lacanianer Vincennes „eroberten". Dennoch wurde fast jeder Psychoanalytiker von Lacans Betonung der Sprache und von seinem über alle Schranken sich hinwegsetzenden Stil beeinflußt. Und selbst die klassischen Freudianer stellten fest, daß mehr Patienten zu ihnen kamen: das von Lacan erregte Aufsehen steigerte die öffentliche Nachfrage nach Psychoanalyse.

Als nach 1970 einige Schüler Lacans beschlossen, Patienten aufzunehmen, erfand Lacan *la passe* – den Brauch, einen Fall zwei älteren und erfahrenen Analytikern zu präsentieren, bei denen der behandelnde Analytiker nicht gelernt hatte –, um Mißbräuchen entgegenzuwirken und zugleich zu vermeiden, daß sich innerhalb seiner Gruppe eine Hierarchie herausbildete. Diese vermeintlich demokratische Praxis erwies sich jedoch bald als ebenso „repressiv" wie die der „autoritären" SPP. Lacan hatte übertriebene Erwartungen genährt, die bald zur totalen Anarchie führten, weil weder er selbst noch die Autoritäten und Behörden wußten, wie sie Leute daran hindern konnten, sich als rechtmäßige Analytiker auszugeben. Um die Sache in Ordnung zu bringen, legte Lacan an der Universität von Paris VIII Regeln für die Psychoanalyse fest – einen theoretischen Studiengang, begleitet von einer „persönlichen, bis zur sogenannten didaktischen Stufe fortgesetzten Analyse", der zu einem „doctorat du troisième cycle" führen sollte („Annonces", 1975, S. 119). Bald darauf boten Psychoanalytiker der SFP unter der Leitung von Jean Laplanche an der Universität Paris VII ihr eigenes „doctorat du troisième cycle" an – in Verbindung mit Doktorarbeiten über psychoanalytische Methoden, Theorie und Geschichte. Serge Lebovici setzte sich damals in einem offenen Brief an seinen Kollegen André Green dafür ein, Doktorandenstipendien im Bereich der psychiatrischen Krankenversorgung zu gewähren, bestand jedoch darauf, daß die in der Krankenversorgung Tätigen in psychoanalytischen Instituten ausgebildet wurden, die der IPA angeschlossen waren (Lebovici, 1977). Unter dem bestehenden System beurteilten alle Freudianer die emotionalen Eigenschaften und

Mängel der künftigen Studenten und sie stellten sich die Frage, wie fair oder demokratisch es denn eigentlich war, Kandidaten aufgrund eines einzigen Interviews auszuschließen oder welches Verhältnis zwischen emotionaler Verfassung und intellektueller Leistung bestehe. Inzwischen verwehrten ihnen die Behörden weiterhin den Zugang zu den begehrten Posten im Centre National de Recherche Scientifique (CNRS) – die mit einem lebenslangen Forschungsstipendium ausgestattet waren (Laplanche, 1982). Sie waren sich alle darüber einig, daß diese Situation auf den Widerstand der Bürokraten gegen die Psychoanalyse zurückzuführen war. Im Grunde versuchten die klassischen Freudianer mit den populär gewordenen Lacanianern Schritt zu halten, ohne ihre strengeren Analyseregeln preiszugeben.

Den theoretischen und ethischen Fragen und den Fragen zur Demokratie und zur politischen Liberalisierung lagen Zwistigkeiten über den Zugang zum Berufsstand, über die Anwerbung von Studenten, über Stellenbesetzungen und über die ständige Erweiterung der psychiatrischen Krankenversorgung zugrunde. Diese Anliegen beschäftigten die Analytiker, obwohl eine Umfrage in der Gesamtbevölkerung ergeben hatte, daß achtzig Prozent Lacans Namen nicht kannten und daß fünfundsechzig Prozent sich weigern würden, eine Analyse zu beginnen, selbst wenn sie kostenlos wäre (Ouzouf, 1980). Um 1984 hatte die Nachfrage in Paris denn auch nachgelassen, und viele Analytiker hielten nach Patienten Ausschau.

In dieser Hinsicht waren die Probleme in Frankreich und Deutschland ähnlich: in beiden Ländern arbeiten die Krankenhäuser fast ausschließlich unter der Ägide von Regierungskörperschaften, so daß durch die nach 1968 eingeleiteten Gesetzgebungsmaßnahmen die Psychoanalytiker gegen die Psychiater und verwandte Berufe einerseits und gegen konkurrierende Psychotherapien andererseits ausgespielt wurden. Um ihren Lebensunterhalt sicherzustellen, sahen sie sich in beiden Ländern dazu gezwungen, ihre institutionellen Interessen in einer überschwenglichen und selbstanpreisenden Sprache zur Geltung zu bringen. Um ihre Sache voranzutreiben, verwiesen sie häufig auf die Praktiken in anderen Ländern – wenn auch ohne den entsprechenden Kontext.

Ende der siebziger Jahre waren also sowohl die deutschen als auch die französischen Psychoanalytiker (persönlich und durch ihre repräsentativen Vereinigungen) ausgiebig mit ihrer berufsständischen Politik beschäftigt, um ihre Laufbahn und ihr Ansehen zu fördern. (Auch die Österreicher waren die ganze Zeit daran beteiligt, wenn auch – mit der Ausnahme Salzburgs – nur in einem ganz geringen Maße.) Außerdem wurde der Einbezug der Politiker auf die Übernahme alternativer Therapien abgestimmt – ein interessantes Thema, das freilich über den Rahmen des vorliegenden Buches hinausgeht.

1982 zählte die SPP 62 ordentliche und 340 außerordentliche Mitglieder. Dieses Ungleichgewicht vermittelt jedoch kein richtiges Bild, da es aufgrund einer Auseinandersetzung über eine Praxis entstand, die das Mitglied René Major eingeführt hatte: er hatte beschlossen, „Konfrontationen" anzuregen – offene Diskussionen mit Analytiker-Dissidenten, und zwar sowohl auf Kongressen als auch in seiner neuen Zeitschrift *Confrontation*. Dies geschah gegen den Willen der älteren und erfahrenen Analytiker der SPP und veranlaßte diese, René Major die reguläre Mitgliedschaft zu verweigern. (Sie schlossen ihn allerdings nicht aus, obwohl er keine Beiträge mehr zahlte.) Die meisten anderen außerordentlichen Mitglieder verblieben freiwillig auf der niedrigeren Stufe der außerordentlichen Mitgliedschaft, um ihm gegenüber ihre Solidarität auszudrücken. Dies war jedoch nur ein Beispiel für die zunehmende Gewöhnung an die pariserische Vorliebe für intellektuelle Dramen und die damit einhergehende Beugung von IPA-Regeln.

Von den französischen Vereinigungen führen nur die SPP und die SFP (die 1968 achtzehn ordentliche und sechzehn außerordentliche Mitglieder zählte) ihre Mitgliederlisten sorgfältig weiter. Lacans Abneigung gegen Listen und Protokolle und sein Hang zur Befreiung von organisatorischen Zwängen hatte schon lange vor seinem Tod im Jahre 1981 zum Chaos geführt. Seither ist die Situation noch mehr aus der Kontrolle geraten, und niemand hat eine klare

Vorstellung davon, wieviele Leute inzwischen *la psychanalyse* praktizieren.

1983 wurden fünf Personen als mögliche Nachfolger Lacans genannt. Die größte und am besten organisierte Gruppe, La Cause de l'Ecole Freudienne, stand unter der Leitung von Jacques-Alain Miller, dem Schwiegersohn und literarischen Nachlaßverwalter Lacans. Diese Gruppe richtete eine Freud-Bibliothek ein, veranstaltet regelmäßige Seminare, betreibt einen formellen Studiengang, veröffentlicht Informationsblätter und Zeitschriften und hat in ganz Frankreich und in Übersee Filialen gegründet. Eine weitere Bewerberin, Françoise Dolto, die hoffte, im Andenken an Lacan als intellektuellen Vater und durch den Ansporn zur Weiterarbeit auf der Grundlage seiner Werke die Leute sammeln zu können, brachte 250 Personen zusammen. (Sie starb 1988.) Charles Melman, der in Habitus und Stil Lacan nachahmt, veranstaltete Seminare an der Salpêtrière – ein guter Einfall, um auf seine Abkunft von Charcot via Freud und Lacan anzuspielen. Er konnte zwischen 150 und 200 Personen um sich scharen. André Green, der zwar der SPP angehört, aber einen Vorlesungsstil à la Lacan pflegt (einschließlich komplizierter Diagramme über die Reaktionen des Ohrs auf Töne und über die Bedeutungen der Sprache), hielt öffentliche Vorträge in einem überfüllten Hörsaal an der Universität Paris-Jossieux. Majors Zeitschrift *Confrontation* wurde zunächst als ein Mittel angesehen, mit dem er sich in die vorderste Front bringen könnte, doch hielt er immer weniger Veranstaltungen ab. Wie man mir sagte, ist er der Ansicht, er habe seine Arbeit getan, und er interessiere sich nun mehr für die Behandlung von Patienten. Kleinere Grüppchen entstehen und vergehen, doch vermochte keines davon mehr als fünfzig Personen anzulocken. 1986 gab es vierzehn Lacanianische Gruppen, von denen jede behauptete, der „wahre" Nachfolger zu sein; einige haben auch Zeitschriften gegründet.[9]

---

[9] Dazu gehören die *Revue Française de Psychanalyse*, das offizielle Organ der SPP; die *Nouvelle Revue de Psychanalyse* der SFP; die Publikation der Quatrième Groupe und die Informationsblätter,

Die Organisationskritik ist zu einer Pflichtübung geworden. Als Reaktion auf diese allgemeine Haltung erwarten gewisse neue Gruppen, daß die Teilnehmer aller Veranstaltungen sich zuvor anmelden; andere verlangen lediglich eine jährliche wiederholte Einschreibung. Die anarchischsten unter diesen Gruppen, die nach „völliger Befreiung" von organisatorischen Zwängen – und nach Zuhörern aus allen Sekten – rufen, zahlen Zulassungsgebühren, ohne die Zulassung zu beantragen. Diese Praxis macht es unmöglich, die Überschneidung zwischen den einzelnen Gruppen festzustellen: bestimmte Personen besuchen stets die Vorlesungen von zweien oder mehreren der Mini-Gurus; viele Analytiker genießen die intellektuellen Bravourstücke auf psychoanalytischen Veranstaltungen; und dann gibt es auch jene, die sich nur beteiligen, um berufliche Kontakte herzustellen. In dieser Kakophonie Freudianischer Interessen und Stimmen bleibt die SPP die einzige institutionelle Gruppe mit soliden Verbindungen zur Psychiatrie und zum übrigen Establishment der psychiatrischen Krankenversorgung in Frankreich, und auch die einzige (neben der kleineren SFP und der Quatrième Groupe), die an einem festen Ausbildungsprogramm festhält. Insgesamt ist die SPP weniger starr als die anderen Organisationen, die der IPA angeschlossen sind. Die meisten Mitglieder halten auch den Kontakt mit „Abweichlern" aufrecht. So organisierte beispielsweise Alain de Mijolla, ein Mitglied der SPP, eine Konferenz über „Spontane klinische Wechselwirkungen" unter den Auspizien der neugegründeten International Freudian Society: dabei wurden drei Fälle von Vertretern sechs verschiedener Richtungen diskutiert. Und im Jahre 1987 gründete de Mijolla seine Internationale Vereinigung zur Geschichte der Psychoana-

---

Bulletins und Publikationen der bedeutenderen Lacanianer (dazu gehören *L'Ane*, *Ornicar?* und *La coute*). Es gibt die Protokolle von regelmäßigen und gelegentlichen Konferenzen, die Sonderausgaben von *Confrontation*, wie – *Geopsychanalyse*; die Publikationen von Alain de Mijolla; Conrad Steins *Etudes freudiennes*; *Psychanalystes* vom Collège des Psychanalystes sowie die *Nouvelle revue d'ethnopsychiatrie*.

lyse, mit heterogenen Teilnehmern aus den meisten europäischen Ländern und aus Amerika.

Aktuelle organisatorische Verbindungen

Während Institute auf der ganzen Welt die Regeln der IPA verachteten, behauptete deren Zentralkomitee, sie hielten die Maßstäbe der Amerikaner aufrecht, selbst wenn sie sie zuweilen beugen mußten. 1979 berichtete jedoch Edward Joseph, der als Präsident der IPA aufgefordert worden war, genau festzustellen, was in den angeschlossenen Instituten vor sich ging, über die zwischen ihnen bestehenden Differenzen.[10] Er stellte fest, daß die Psychoanalyse staatlichen und institutionellen Zwängen nachgegeben hatte und daß viele Regeln der örtlichen Einrichtungen gegen die Regeln der IPA verstießen. Altersbedingungen und andere Zulassungskriterien zur Ausbildung, persönliche Analyse, Supervision, klinische Erfahrung vor und nach dem Examen – alles dies bewegte sich in einem enorm großen Spektrum (Joseph, 1979). Joseph, ein geschickter Vermittler, erklärte zum einen, die Psychoanalyse befinde sich in einem Zustand der Anarchie, und pries zum anderen ihre Allgegenwart in sämtlichen modernen Gesellschaften. In der Hoffnung, Ordnung in das Chaos zu bringen, tadelte er seine Kollegen wegen ihrer Unfähigkeit, sich nicht einmal darüber einigen zu können, ob denn die Psychoanalyse nun eine Naturwissenschaft oder eine Geisteswissenschaft sei. Er beschrieb die Folgen konkurrierender Definitionen der Psychoanalyse für die pädagogische und klinische Praxis und behauptete, daß es möglich sei, Therapie zu betreiben *und* sich mit philosophischen Fragen zu befassen, ohne aus dem Auge zu verlieren, daß die Psychoanalyse vor allem eine Kur, ein

---

[10] Zwei Jahre zuvor hatte Robert S. Wallerstein auf dem Kongreß in Jerusalem 1977 über die in Gang befindliche Untersuchung berichtet („Perspectives on Psychoanalytic Training around the World", in: *International Journal of Psychoanalysis*, 59, 1978, S. 477–502).

Heilverfahren sei. Diese Wiederholung einer Freudschen These diente als diplomatischer Vorwurf an die Adresse jener Analytiker, die unter französischem Einfluß von der Philosophie verführt worden waren – vermutlich auf Kosten der klinischen Arbeit –, und als indirekte Anregung an die „amerikanische Hauptströmung". Seine Präsidentenrolle verlangte von ihm die Herstellung von Einheit und Konsens. Die IPA-Repräsentanten sind der Schaukelei müde: weil ihnen klar ist, daß Abweichler ständig neue Konkurrenzorganisationen gründen, streben sie danach, weitere Abspaltungen zu vermeiden. So versetzte Joseph auch der strengen Ich-Psychologie einen Dämpfer, um den organisatorischen Zusammenhalt und die Eintracht zu fördern. Und überaus vorsichtig befaßte er sich mit dem Dauerkonflikt zwischen den Grundsätzen der Vertraulichkeit und der institutionellen Demokratie.

Die Uneinigkeiten zu Beginn der achtziger Jahre gingen wieder einmal auf die Fragen der Wissenschaftlichkeit zurück, die ja die organisatorischen Differenzen überhaupt erst hervorgebracht hatten. Weil jedoch diese Fragen mindestens teilweise durch spezifische Milieus bestimmt waren, befaßten sich nicht alle Analytiker mit Streitpunkten außerhalb ihres eigenen Theoriebereichs. So lehnten viele Franzosen zum Beispiel Teile der Ich-Psychologie als zu eng gefaßt ab und übernahmen eine Reihe von Kleinianischen und Lacanianischen Begriffen. Die Berliner aus der DPV, die den New Yorkern und den Londonern recht nahe stehen, teilten die soziologischen Neigungen ihrer Frankfurter Kollegen nicht, von denen einige behaupteten, die Betonung der Ich-Abwehr habe die Triebtheorie beseitigt. Die Gruppe aus Buenos Aires und andere Südamerikaner unterstützen in diesem Punkt jedoch die Frankfurter, wenn auch aus einer Kleinianischen Perspektive (ihr zufolge ist das Ich ja weniger wichtig, weil der Beginn der Persönlichkeitsbildung einsetzt, *bevor* das Ich strukturiert wird). Die Wiener schließlich erinnerten alle anderen daran, wie sehr sie Freuds Wien verpflichtet seien.

Offensichtlich haben sich lokale und nationale Vereinigungen ihren eigenen Interessen und Bedürfnissen entsprechend entwickelt, und sie wurden jeweils von den eigenen dominierenden Figuren gestaltet, die wiederum im Namen der jeweiligen Mitglieder handelten. Deshalb haben die Persönlichkeiten und die Überzeugungen der Lehranalytiker und Supervisoren die jeweiligen Institute unauslöschlich geprägt. In den einzelnen Instituten ergaben sich zwangsläufig unterschiedliche Prioritäten, und deshalb wird die Kooperation in der IPA auch immer problematischer. Was hält denn nun eigentlich die IPA zusammen? Ist es Sentimentalität, die Gefolgschaft gegenüber Freuds Träumen, die Gelegenheit, einen steuerlich absetzbaren Ferienaufenthalt zu genießen, wissenschaftliche Neugier oder der Umstand, daß Organisationen sich gewöhnlich nicht freiwillig auflösen. Oder ist der wissenschaftliche Austausch auf den IPA-Kongressen ein unabdingbares Mittel für die intellektuelle Reifung, besonders wenn es dabei um zentrale psychoanalytische Themen wie Aggression, projektive Identifizierung, Abwehrmechanismen oder Verdrängung geht?

Diese Fragen stehen seit 1985 im Mittelpunkt, als vier Mitglieder der Sektion 39 der APA (Group for the Advancement of Psychotherapy and Psychoanalysis in Psychology, abgekürzt GAPP: Gruppe zur Förderung der Psychotherapie und Psychoanalyse innerhalb der Psychologie) einen Prozeß (class action suit) gegen die APA, gegen zwei angeschlossene Institute (das Columbia University Center for Psychoanalytic Training and Research und das New York Psychoanalytic Institute) und gegen die IPA anstrengten. Die Kläger prozessierten, weil ihnen (und einigen Tausend weiteren nichtmedizinischen Psychoanalytikern und Psychotherapeuten) der Zugang zur Ausbildung an den beiden Instituten und damit auch der Zugang zur APA und zur IPA verwehrt wurde. Durch diese Verweigerung seien die im psychiatrischen Gesundheitsdienst Tätigen und die Psychologen vom Erwerb der besten verfügbaren Ausbildung, von der Beteiligung an der psychoanalytischen Forschungsarbeit und von internationalen Kontakten ferngehalten worden. Sie erhoben Anklage wegen Diskriminierung und Einschränkung des freien Wettbewerbs, um sich der psychoanalytischen Elite anschließen und deren höhere

Honorare fordern zu können. Im November 1988 informierte der APA-Präsident die Mitglieder, daß eine Einigung erzielt worden sei. Allerdings sagte er, daß die Kläger ihren Prozeß nicht gewonnen hätten, wie sie der Presse berichteten: es handelte sich um eine einvernehmliche Einigung im Interesse beider Parteien. In der Vereinigung werde nämlich schon seit 1970 darüber debattiert, wie nichtmedizinische Kandidaten ausgebildet und integriert werden sollten. Es sei bereits ein Plan aufgestellt worden, der zur Abstimmung vorlag, als der Prozeß beantragt wurde. Außerdem seien seit Mai 1988 zweiundfünfzig Anträge positiv beantwortet worden: die 650000 Dollar, die den Klägern zugesprochen wurden, seien nicht für Schadenersatz, sondern für die Verfahrenskosten gezahlt worden – und sie würden von den Versicherungen der Beklagten erstattet. Die Nachwirkungen dieses Gerichtsverfahrens wecken allerdings keine besonderen Hoffnungen im Blick auf eine zukünftige Kooperation.

1987 stimmte die IPA – die von ihren Mitgliedern bisher nie ein medizinisches Examen gefordert hatte (obwohl ihre amerikanischen Mitglieder der APA angeschlossen sein müssen, die fast ausschließlich Ärzte aufnahm) – für die Zulassung von Freudianischen Instituten und ihrer Mitglieder, deren Ausbildung den Standards der IPA entsprach. Die IPA-Kommissionen besuchten im Frühjahr zahlreiche Institute. Sicherlich werden sich Kompromißlösungen ergeben, die von der Zulässigkeit der Ausbildung der einzelnen Mitglieder (in diesen Instituten und häufig auch an Orten wie der Tavistock- oder der Hampstead-Klinik) abhängen werden. Die Übereinkunft zwischen IPA und APA von 1938 über die regionalen Vereinigungen wird wohl geändert werden müssen (Wallerstein, 1987). Es besteht die Wahrscheinlichkeit, daß die APA in den USA weiterhin als Torhüter fungieren wird. Doch wird allein schon die Mitgliedschaft bei der IPA ein Geschenk bedeuten: ihr anzugehören, ist mit Prestige verbunden, und wenn eine Person einmal aufgenommen wurde, gehört sie auch ihr ganzes Leben lang dazu – ganz im Gegensatz zur Situation anderer Ärzte oder Psychologen, die eine Prüfung ablegen müssen, wenn sie den Bundesstaat oder das Land wechseln. Die Selektivität des Ausbildungsprozesses, der durch internationale Standards festgelegt ist, gibt den Psychoanalytikern die Sicherheit, daß sie überall auf der Welt praktizieren können, wenn sie ihr Examen einmal bestanden haben.

10. Kapitel
Das kulturelle Unbewußte in nationalem Gewand

Um 1945 besaß jedes Land entweder seine eigene psychoanalytische Tradition oder war sich bewußt, daß ihm eine solche fehlte. Als Freuds Ideen immer mehr den nationalen Interessen angepaßt wurden, nahmen sie auch eine den institutionellen Anforderungen und den Deutungen prominenter Persönlichkeiten entsprechende Prägung an. In den USA hatten viele prominente Intellektuelle und Freiberufler eine Analyse gemacht, und einige redeten sogar öffentlich darüber. Unterhaltungsstars machten ihre gewohnheitsmäßigen Witze über eigene Erlebnisse und äfften den deutschen Akzent der Analytiker nach – machten damit aber auch das Publikum mit dem psychoanalytischen Prozeß vertraut.

Die Auseinandersetzungen zwischen Freudianern und „Abweichlern" – besonders die Gruppe um Horney und Fromm – hatten den Glauben genährt, daß die Psychoanalyse zu einer größeren Öffentlichkeit Zugang finden könnte. Außerdem „konkurrierten" Ende der vierziger Jahre die Freudianer mit den kritischen Theoretikern der Frankfurter Schule, angeführt von Theodor W. Adorno (1950), um die Erklärung des Holocaust, des Antisemitismus und der deutschen Aggression. Als dann einige Psychologen begannen, sich die Sprache Freuds anzueignen, und die Kooperation mit den Anthropologen sich ausweitete, fand die Psychoanalyse Eingang in das kulturelle Unbewußte und „legitimierte" es zugleich. Anfang der fünfziger Jahre hatte das Prestige der Psychoanalyse seinen Höhepunkt erreicht: die Analytiker verdienten einen Haufen Geld, und an ihren Instituten meldeten sich mehr Bewerber für eine Ausbildung an, als sie überhaupt aufnehmen konnten.

Wir haben im 2. Kapitel festgestellt, daß die Ankunft der ausgewanderten Analytiker in den USA so etwas wie ein Geschenk war. Lewis Coser zufolge „veröffentlichten sie mehr Bücher und Zeitschriftenbeiträge [als ihre einheimischen Kollegen] und sie veränderten nicht nur die amerikanische Psychoanalyse, sondern auch die Psychologie und die Kultur im allgemeinen" (Coser, 1984). Bei der Auswertung von Fragebögen, die den Institutsmitgliedern in Boston, San Francisco und New York zugeschickt worden waren, stellte er zusammen mit Rose Laub Coser fest, daß acht von den zehn „einflußreichsten" Freudianern und über die Hälfte der Lehranalytiker, die mehr als zweimal als „am stärksten im Gedächtnis haftend" angegeben worden waren, Flüchtlinge waren; alle drei Lehranalytiker, die zehn Stimmen erhielten, waren in Europa geboren (S. 52). Als Hofling und Meyers (1972) fragten, wer die wichtigsten psychoanalytischen Entdeckungen gemacht habe, zeigte sich, daß fünfzehn von den siebzehn Analytikern, die mehr als viermal erwähnt worden waren, aus Europa stammten (S. 520). Bei der Frage, wem neue Entdeckungen zugeschrieben werden können, wurden bei den 258 Antworten nur zehn einheimische Amerikaner genannt (S. 519). Die amerikanischen Freudianer veröffentlichten jedoch inzwischen auch mehr theoretische Artikel als vor der Zeit, als die ausländischen Analytiker sich niederließen, und sie alle zogen aus ihren Erfahrungen verallgemeinernde Schlüsse über die Kultur im ganzen.

In Deutschland waren die wagemutigeren Freudianer auf seiten der Psychoanalyse der Kultur zu finden; einige „Puristen" behaupteten indessen, die von Soziologen und Anthropologen vorgenommenen Untersuchungen des deutschen Charakters seien oberflächlich, weil sie sich nicht mit den charakterbestimmenden unbewußten Mechanismen befaßten. Zahlreiche, von den Mitscherlichs angeleitete Analytiker trugen ihre eigenen Theorien über die Ursachen der Nazi-Verbrechen vor.

Die meisten der klassischen amerikanischen Psychoanalytiker arbeiteten einen Teil ihrer Zeit unentgeltlich in Kliniken. Ihre Ausbildungskandidaten analysierten Klinikpatienten und informierten Sozialarbeiter, Stationsärzte und Allgemeinpraktiker über die neuesten Entdeckungen in der psychischen Dynamik und über klinische Methoden. Weil sie dabei Personen unterrichteten, die keine Psychoanalytiker wurden, vereinfachten sie natürlich ihre Wissenschaftssprache. Damals erkannten sie allerdings noch nicht, daß diese Vereinfachungen zur Spaltung zwischen einer immer abstruseren psychoanalytischen Theorie, die in ihren eigenen Instituten entwickelt wurde, und deren Anwendung durch Leute beitrugen, die von dem komplizierten Gefüge dieser Theorie keine Ahnung hatten.

Die weitreichende Verbreitung der Psychoanalyse erhöhte den Status der Psychoanalytiker: man schrieb ihnen die Fähigkeit zu, einen ganz besonderen Einblick in *alle* Menschen zu haben. Deshalb wurden sie von einigen Menschen ebenso gefürchtet, wie sie von anderen bewundert wurden. Immer häufiger hielt man die Psychoanalytiker für diejenigen, die den Durchblick hatten, und man holte sie in jeden Gerichtssaal, wo es um menschliche Dinge ging. Sie fällten Urteile – über die psychische Gesundheit von Kriminellen, über die Motive armer Studenten, über die Realisierbarkeit des Familienlebens, über die Mutterrolle – in einer Sprache, die immer szientistischer und abstrakter wurde. Eindruck machten sie damit freilich nur auf jene, für die theoretische Argumente als solche schon Tiefe bedeuten. Daneben trugen die öffentlichen Einrichtungen der Freudianer (die häufig von Stiftungen und von seiten der Regierung finanziert werden) zur Verbreitung der Psychoanalyse bei, außerdem auch die Präsenz der Psychoanalytiker, die Krankenhausverwaltungen übernahmen.

Die Verbreitung der Psychoanalyse und ihre Verbindungen zur Psychiatrie und anderen Berufsständen erforderte ein gewisses Maß an Kontrolle, um professionelles Fehlverhalten und Mißbräuche zu verhindern. Mit ihrer bekannten Einstellung zur Laienanalyse hielten es die amerikanischen Freudianer für angebracht, die Einwanderer genau zu überprüfen und Nichtmediziner fernzuhalten. Einige Amerikaner befürchteten, der Einfluß allzuvieler Europäer könnte ihre Einkommenschancen schmälern. Deshalb drängten sie die Einwanderer dazu, Institute außerhalb von New York, Los Angeles oder Boston zu gründen. Die Verbreitung der Psychoanalyse an Orten wie Detroit, Philadelphia und Washington trug weiter dazu bei, Einfluß und Status der Freudianer zu fördern.

In England war die Situation kaum anders, auch wenn sich dort alles in kleinerem Maßstab abspielte und die Londoner die Laienanalytiker nicht ausschlossen. Die dortigen Freudianer, die sich zunächst Sorgen gemacht hatten, die Einwanderer würden ihnen die wenigen Patienten abnehmen, die zu ihnen kamen, fanden nach der Ankunft Freuds 1938 neue. Trotz der Beeinträchtigung durch den deutschen Bombenkrieg wurden die Tätigkeiten und das Prestige der Analytiker durch die Arbeit von Anna Freud und Dorothy Burlingham an der Hampstead-Kinderklinik noch gefördert.

Nach dem Krieg schlossen sich viele Londoner den amerikanischen Freudianern zur „Umerziehung" der Kontinentaleuropäer an: Paula Heimann und Michael Balint waren ebenso einflußreich wie Kurt Eissler und René Spitz. Der unvermeidliche „Matthäus-Effekt" – die Aura, von der sie aufgrund ihrer Erfolge im Exil umgeben waren[1] – ging ihrer Rückkehr in ein demoralisiertes Nachkriegseuropa voraus: Sie wollten möglichst rasch nicht nur die Psychoanalyse, sondern auch alle anderen Institutionen wieder aufbauen. Und die Europäer erwarteten die Freudianer voller Ungeduld, während diese wiederum die neuen Erfahrungen möglichst bald exportieren wollten. Ihre Ambitionen stimmten mit den Absichten der Berater der Alliierten überein, die nach und nach an die Stelle der siegreichen amerikanischen Armee traten.

---

[1] Robert Merton hat festgestellt, daß Wissenschaftler, die sich ein Ansehen erworben haben, gerade deshalb noch mehr an Ansehen gewinnen.

Im 5. Kapitel haben wir festgestellt, daß die angelsächsischen Psychoanalytiker zur Legitimierung der deutschen Psychosomatik beitrugen, und im 6. Kapitel, daß sie auch auf die allgemeine Erziehung einwirkten. Ihr Einfluß auf die Psychologie und auf die Rückkehr der Psychoanalyse war zwar weniger direkt, aber noch entscheidender: in gemeinsamer Anstrengung gelang es ihnen, ein der Psychoanalyse feindlich gesonnenes Europa in ein gastfreundliches zu verwandeln. Da sie einen Teil der Behörden davon überzeugen konnten, daß psychoanalytische Forschungen zur Erklärung der Nazi-Aktivitäten beitragen und ein Mittel zur Rehabilitierung der ganzen deutschen Bevölkerung bereitstellen könnten, fanden die Bemühungen der Psychoanalytiker relativ breite Unterstützung.

In Frankreich begannen solche Untersuchungen erst viel später als in Deutschland. Ausgelöst wurden sie durch die „Strukturalisten", nachdem Lévi-Strauss seine *Strukturale Anthropologie* ([1]1955) und Foucault sein Buch *Wahnsinn und Gesellschaft* (1961) veröffentlicht hatte. Die Psychoanalyse wurde nun neben anderen Themen zu einem Bestandteil der allgemeinen intellektuellen Diskussionen, die sich um die existenzialistische Phänomenologie und die Antipsychiatrie drehten. Untersuchungen über das kulturelle Unbewußte aus einer freudianischen Perspektive regten nun die besten französischen Köpfe an und lösten eine umfassende Übernahme der Freudianischen Schriften aus. Auch wenn der Anthropologe Lévi-Strauss, der marxistische Philosoph Louis Althusser, der Philosoph und Historiker Michel Foucault und der Schriftsteller Roland Barthes bald bestritten, Strukturalisten zu sein, lehnte keiner von ihnen die (Lacanianische) „strukturale" Psychoanalyse als eines ihrer theoretischen Werkzeuge ab. Ob es Lacan nun gelungen war, die Psychoanalyse durch Umformulierung des Ödipuskomplexes oder durch die Überhöhung von Freuds Sprache gegenüber seinen Ideen zu popularisieren, ist sekundär gegenüber der Tatsache, daß die Psychoanalyse allmählich die Stellung des Existenzialismus übernahm.

Von den Nazi-Praktiken zum neuen Deutschland

Alexander Mitscherlichs Einfluß auf die deutsche Psychoanalyse war spürbar, lange bevor Lacan Paris eroberte. Noch bevor er selber Arzt geworden war, war Mitscherlich ein unabhängiger Denker am Rand der Linken gewesen. Deshalb ging er nach der Machtübernahme Hitlers nach Zürich, um dort Medizin zu studieren (1939, S. 628). Während einer illegalen Reise nach Deutschland wurde er verhaftet, kam ins Gefängnis und blieb nach seiner Entlassung in Heidelberg. „Der lebendige Geist Heidelbergs hielt Mitscherlich gefangen, auch wenn die alltäglichen Universitätszustände der damaligen Zeit keineswegs angenehm waren. Neben Jaspers und Heidegger hatte vor allem von Weizsäcker starken Einfluß auf Mitscherlichs damaliges Denken. Dieser Einfluß wiederum führte zu der entscheidenden geistigen Auseinandersetzung mit Sigmund Freud" (Argelander, 1983, S. 294). „Von den Schriften Weizsäckers fasziniert, bewarb sich Mitscherlich schon als Medizinstudent um eine Assistentenstelle an der Nervenabteilung der Ludolf-Krehl-Klinik und setzte sein Studium in Heidelberg fort. In der Bibliothek dieser Klinik, seiner Arbeitsstätte ab 1941, blieben Freuds *Gesammelte Schriften* zugänglich, so daß Mitscherlich autodidaktisch in die Psychoanalyse hineinwuchs (...)" (Thomä, 1983, S. 323). Mitscherlich (1980) konnte deshalb 1945 eine „saubere" politische Vergangenheit vorweisen, und so konnten die Alliierten ihn auch auffordern, bei der Aufdeckung der Ärzteverbrechen in der Nazizeit mitzuhelfen. Dadurch erfuhr er von den unbeschreiblichen medizinischen Menschenversuchen und von den Vorgängen in den Vernichtungslagern. Empört über diese Barbarei, aber auch identifiziert mit dem Wiederaufbau der Bundesrepublik, hielt er leidenschaftlich bewegte Vorträge über die Notwendigkeit, die Deutschen zur „Humanität" zurückzuführen. Er attakkierte alle, die glaubten, das Land könne ohne die Anerkennung der Schuld der Deutschen aufblühen. Seine medizinischen Standesgenossen wandten sich allerdings gegen ihn, weil er ihre früheren Tätigkeiten publik gemacht hatte (Fetscher, 1983, S. 301). Sie bezeichneten ihn unter anderem als Verleumder und Nestbeschmutzer; sie bestritten die Mittäter- und sogar die Mitwisserschaft, und sie ächteten ihn. In einer seiner Antworten auf einen der Angreifer schrieb er: „Wer Prof. Heugners Erklärung liest, muß den Eindruck gewinnen, die Veröffentlichung 'scheinbar so unantastbarer Dokumente' (so die Worte des Kritikers) sei 'die eigentlich ehrenrührige Tat, nicht die Verübung dessen, was die Dokumente spiegeln'" (Mitscherlich, in: *Göttinger Universitätszeitung*, Nr. 10, 23. April 1948; zit. in Fetscher, 1983, S. 301). So fuhr er denn mit seinen Untersuchungen über die psychischen Mechanismen fort, die sich hinter dieser irrationalen Abwehr verbargen. Mitscherlich sah sich dabei als Gewissen der Nation und untersuchte die Zusammenhänge zwischen individueller und kollektiver Schuld. „Von einer Kollektivschuld *aller* Deutschen und *nur* der Deutschen zu sprechen, steht wohl nicht in der Machtvollkommenheit eines heute lebenden Menschen. Aber es bliebe doch eine *beschämende Ausflucht*, wenn wir uns verhehlen wollten, daß *wir alle betroffen sind*, durch jene Taten, die im Namen des Nationalsozialismus Geschichte geworden sind" (Mitscherlich, 1947, zit. in Fetscher, 1983, S. 302). Nur wenn man sich dem stelle, was deutsche Ärzte im Namen der Wissenschaft begangen hatten, könne Deutschland den Weg zurück zur Humanität finden. Der Weg zur Zivilisation, sagte er, werde durch die Psychoanalyse gebahnt.

Mitscherlich, der in seinen Jugendjahren Kommunist gewesen war, hatte gelernt, rechtsgerichtete und faschistische Neigungen ausfindig zu machen. Diese Erfahrung machte ihn wachsam auch gegenüber linker Propaganda, und dem Stalinismus mißtraute er schon früh. In gedanklicher Übereinstimmung mit den Ideen der kritischen Soziologen Horkheimer und Adorno, die 1950 nach Frankfurt zurückgekehrt waren, um an der dortigen Universität zu lehren, arbeitete er bald mit Jürgen Habermas, ihrem besten Schüler, zusammen. Obwohl Habermas schließlich zu der Überzeugung gelangte, daß „kommunikative Kompetenz"

ein besseres Mittel zur Rehumanisierung sei als die Psychoanalyse, blieb Mitscherlich Psychoanalytiker.

Er schrieb 1947:

> „In der Ideologie der Diktatur werden alle verwerflichen, einer
> moralischen Kontrolle nicht standhaltenden Neigungen der *Einzel-
> persönlichkeit* und der *Kollektivperson der Masse* in der *Figur eines
> teuflischen, gefährlichen, mit tödlichen Aggressionen geladenen
> Gegners formuliert.* Er wird zum Erb- und *Erzfeind* erklärt und ist
> doch bei genauerer Betrachtung nichts anderes als die Projektion
> unbewußter *eigener Qualitäten* auf ein Opfer" (Mitscherlich,
> „Endlose Diktatur", Heidelberg 1947; zit. in Fetscher, 1983,
> S. 303).

Mitscherlich und Habermas befaßten sich im Grunde
beide mit theoretischen Fragen der politischen Legitimation,
und sie versuchten, Nazi-Kollaborateure von allen Ämtern
fernzuhalten. Außerhalb Deutschlands verstanden allerdings nur wenige, daß die junge Generation sich einem
überhöhten, idealisierten Marxismus als Bollwerk gegen
autoritäre Tendenzen zuneigte, die sie in sich selber spürte.
Habermas brachte dieser Generation marxistische Kritik bei
und Mitscherlich deren psychoanalytisches Gegenstück.
1968 sahen die Studenten in beiden nur noch „liberale
Schwätzer", die Ost und West unparteilich kritisierten und
nicht ihren Überzeugungen gemäß gegen die Herrschaft des
Totalitarismus und der Konsumideologie handelten.

Mitscherlich erinnerte seine Landsleute nun daran, daß sie
Juden und Bolschewiken schon lange vor Hitler ideologisch
karikiert und geschmäht hatten: indem sie negative Eigenschaften auf sie projizierten, fielen sie in ihre frühere
Gewohnheit der psychischen Verleugnung zurück. In der
Hoffnung, jeden Weg zu versperren, der zu einem inhuma-
nen Verhalten führen könnte, ermahnte er seine Mitbürger,
den Kalten Krieg nicht zur Verstärkung des Antibolschewis-
mus zu benutzen. Er behauptete sogar, der Wiederaufbau,
das deutsche „Wirtschaftswunder" sei nicht nur eine Manifestation der sprichwörtlichen Arbeitsmoral, sondern auch
ein Mittel, um die deutsche Überlegenheit zu beweisen oder
sich mit der Generation der Großväter zu identifizieren –

eine unbewußte Rechtfertigung autoritärer Praktiken. Später beschrieb er in *Auf dem Weg zur vaterlosen Gesellschaft* (1963) die Folgen des „psychischen Waisenhauses", das die deutsche Jugend bewohnte.

Mitscherlich stellte fest, daß die deutschen Jugendlichen ihre Einsamkeit darauf zurückführten, daß die Väter an der Front waren, als sie aufwuchsen. In Wirklichkeit litten sie jedoch weitaus mehr, als die Väter zurückkehrten und ihre bewußte und unbewußte Komplizenschaft „vergaßen", indem sie die jüngste Vergangenheit einfach völlig ignorierten. Anders gesagt, Mitscherlich verurteilte die Väter, weil sie sich weigerten, nach ihrer Rückkehr auf die Fragen der Kinder zu antworten. In dem späteren Buch *Die Unfähigkeit zu trauern* (zusammen mit Margarete Mitscherlich-Nielsen geschrieben) attackierte er die Mehrheit jener Deutschen, die es geschafft hatten, sich so einfach von ihren emotionalen Bindungen an den Nationalsozialismus und den Führer zu befreien. Die Mitscherlichs zeigten, daß Hitler deshalb nicht betrauert worden war, weil die kollektive deutsche Identifizierung mit ihm ein spezifisch „deutscher Weg zur Liebe" gewesen war. Weil dies über das Ich-Ideal geschehen sei, seien echte Objektbeziehungen umgangen worden, um das einstige Idol spurlos verschwinden zu lassen. Die fehlende Trauer und das „traumähnliche" Verschwinden der Vergangenheit mußten deshalb, wie die Mitscherlichs sagten, zu einem Verlust an Selbstachtung, zur Melancholie und zu psychischen Spannungen führen. Und die Deutschen gingen nun mit diesen Gefühlen so um, daß sie sich mit den Siegern identifizierten – mit den Russen im Osten und mit den Amerikanern im Westen. Die Mitscherlichs appellierten deshalb an die Deutschen, sich allen Ideologien zu widersetzen und ihre emotionalen „Charakterstörungen" mit Hilfe der Psychoanalyse zu beheben. Wie sonst sollten unbewußte Schuld und Aggression zutagetreten und behandelt werden können?

1949 trat Mitscherlich auf dem ersten Kongreß für Innere Medizin nach dem Krieg für eine umfassende Anwendung und Verbreitung psychosomatischen Wissens ein, weil dessen Potential weit über die Heilung von körperlichen und psychischen Erkrankungen Einzelner hinausreiche. Bei der Durchsetzung dieses grandiosen Plans sollte ihm sein Ansehen, seine außerordentliche Willenskraft, das Wohlwollen amerikanischer und britischer (meist jüdischer) Analytiker und der Ruf helfen, den seine neue Klinik für Psychosomatik in Heidelberg inzwischen erworben hatte.[2]

Die Psychoanalyse à la Mitscherlich wurde vorangetrieben, als er 1956 in Frankfurt und Heidelberg zwei große Feiern zum einhundertsten Geburtstag Sigmund Freuds veranstaltete. Führende ausländische Psychoanalytiker hielten Vorträge, und Mitscherlich gelang es unter Hinweis auf den Erfolg dieser Ereignisse, mächtige und einflußreiche Politiker (die überdies Gegner der Nazis gewesen waren) zu gewinnen, um den „Status der Psychoanalyse zu heben". Die Verantwortlichen des Landes Hessen stimmten daraufhin der Gründung und finanziellen Unterstützung des Sigmund-Freud-Instituts in Frankfurt zu.

Das Institut zog neue Schüler an. Zu ihnen gehörten Alfred Lorenzer und Lutz Rosenkötter, die die Langzeitwirkungen von Traumen untersuchten und die Behörden informierten, daß die Opfer der Nazis in den künftigen Jahren Anspruch auf Wiedergutmachungszahlungen hätten. Margarete Mitscherlich-Nielsen, Hans-Eberhard Richter und Johannes Cremerius gründeten einen „Bernfeld-Kreis", um die mögliche Anwendung gesellschaftskritischer Bestandteile der Psychoanalyse zu untersuchen. In einer Gedenkschrift des Sigmund-Freud-Instituts berichtete Karola Brede über ein früheres Projekt (1964–1970), bei dem Eignung und Wirkung psychoanalytischer Deutungen im Verlaufe des psychoanalytischen Prozesses untersucht wurden (1986).

Auch wenn einige dieser Nachkriegsmitarbeiter später die bürokratischen Eingriffe kritisieren sollten, die durch die Regierungsunterstützung gefördert wurden, so erhielt Mitscherlich in der Zeit seines Wirkens die Unterstützung von so prominenten Persönlichkeiten wie Heinrich Böll, Jürgen Habermas, Rudolf Augstein, Kurt Biedenkopf, Hellmuth

---

[2] Eine ähnliche Klinik wurde von Johannes Cremerius in München und von Horst-Eberhard Richter in Gießen eingerichtet.

Becker und René König. Noch heute erzählt man sich von den Anregungen, die er ständig gab: er zog vielversprechende jüngere Leute an, er brachte Soziologen und Psychologen dazu, ihre theoretischen Fachkenntnisse zur Verfügung zu stellen, und er veranlaßte die Psychoanalytiker, ihre klinischen Erfahrungen einzubringen. Schließlich vereinten die Psychoanalytiker ihre Kenntnisse über die unbewußten Mechanismen, die bei ihren Patienten während des Hitlerregimes wirksam gewesen waren, mit den Kenntnissen der Soziologen aus der Massenpsychologie, um daraus Schlüsse für das künftige Deutschland zu ziehen. Dieser Zugang zum Nexus der individuellen und gesellschaftlichen psychischen Mechanismen war Mitscherlich zufolge – er paraphrasierte dabei Freud – das einzige zuverlässige Mittel, um die Suche nach Wahrheit über uns selbst gegen die Unmenschlichkeiten von Zivilisation und Fortschritt zu verteidigen.

Mitscherlichs Gewandtheit, die eigenen Ansichten zu ändern und unpopuläre Standpunkte einzunehmen, und sein Beharren darauf, daß die Selbstmotivierung entscheidend sei, förderten sowohl die deutsche Psychiatrie als auch die Psychoanalyse (Loch, 1983, S. 342–343). Seine Ratschläge an junge Psychoanalytiker waren, wie man mir erzählte, einfühlsam, höflich und immer aufrichtig – ob er sie nun vor einem unklugen „Eklektizismus" warnte oder davor, allzu philosophisch zu werden. Ein solches kritisches Unterlaufen des herkömmlichen Wissens galt als Fortsetzung der Nietzscheanischen Tradition, nach „Wahrheit" jenseits der Wahrheit zu suchen und das deutsche idealistisch-humanistische Vermächtnis Hegels wieder zur Geltung zu bringen. Im wesentlichen untersuchten die Soziologen an seinem Institut die sozialpsychologischen Wurzeln der Aggression, und sie erforschten die gesellschaftlichen Elemente, die zu psychosomatischen Krankheiten führen, aus einer psychoanalytisch orientierten Perspektive. Ihre Beiträge halfen den Psychologen bei der Untersuchung von Symbolen, Traumen, Sprache und Ethnologie.[3] Die Forschungsarbeiten

---

[3] Siehe z. B. Eckstaedt und Klüwer (1982); Kutter (1982); Horn (1970); Dahmer at al. (1973); Brede (1986).

wurden in der von Mitscherlich 1947 als Forum für die Psychosomatik wie auch für psychoanalytische und neomarxistische Kritik gegründeten Zeitschrift *Psyche* veröffentlicht. In der *Psyche* wurden ausführliche Fallgeschichten gedruckt sowie Arbeiten von Personen, die sich sonst wohl kaum zusammengefunden hätten.

Als Mitscherlich die *Psyche* gründete, so erzählte man mir, hatte er noch keine Ahnung, wie nützlich sie einmal sein würde. Er selbst hatte nämlich das Ausmaß der Komplizenschaft deutscher Psychotherapeuten mit den Nazis unterschätzt (Cocks, 1985). Das plötzliche Ende des Krieges hatte es vielen deutschen Therapeuten ermöglicht, ihre frühere Kollaboration als „Überlebensstrategie" [Loch, 1983, S.339] zu erklären und zu „vergessen", daß sie zwischen 1933 und 1945 reicher geworden waren und daß der Nazi-Staat sie kontrolliert hatte. Nach dem Krieg erinnerten sie sich nur noch an das, was für sie nützlich war: sie „vergaßen", daß 1941 John F. Rittmeister, ein Mitglied des Reichsinstituts und eine Zeitlang Direktor an dessen Poliklinik, als Feind des Reichs hingerichtet worden war[4], oder daß Matthias Heinrich Göring die Institutsleitung innehatte.

In Wirklichkeit brauchte es beinahe vierzig Jahre, bis die überlebenden Beteiligten offen reden konnten. Walter Bräutigam erinnerte sich, daß er als junger Ausbildungskandidat am Institut die Freudianischen Mitglieder – Müller-Braunschweig, Schultz-Hencke, Riemann und Kemper – vertrauenswürdiger gefunden hatte als ihre Jungianischen und Adlerianischen Kollegen (1984, S. 911). Erinnerungen sind freilich nicht so einfach: nach Käthe Dräger, die ein Mitglied der sogenannten (Freudianischen) Arbeitsgruppe A gewesen war, gehörten nicht mehr als 5% der Nationalsozialistischen Partei an. Der Historiker Geoffrey Cocks, der keine direkte Unterscheidung zwischen der Arbeitsgruppe A und den anderen machte, stellte fest, daß der „Prozentsatz der Parteimitglieder unter den frühen Vertretern der Psycho-

---

[4] Rittmeister und seine Ehefrau, eine Schauspielerin, waren Kommunisten, so daß angeblich nicht einmal der Name Görings sie schützen konnte.

therapie im Dritten Reich und innerhalb der Führung der Deutschen Allgemeinen Ärztlichen Gesellschaft für Psychotherapie und im Göring-Institut weitaus höher war – zwischen 1930 und 1938 waren 37,17 % in die Partei eingetreten" (1985, S. 48). Die Erinnerungen wichen noch mehr voneinander ab, als es um die Rolle von Erna Göring, der Frau des Direktors ging [vgl. Grunert, 1984, S. 886–887]. Sie war als Mitglied aufgenommen worden, obwohl sie weder eine Lehranalyse durchgeführt noch Behandlungserfahrungen hatte. War sie nun eine Nationalsozialistin oder eine wohlgesonnene Informantin? Angeblich soll sie ihrem Analytiker von offiziellen Verdächtigungen gegenüber seinen Kollegen erzählt haben, so daß er sie vorwarnen konnte. Von den meisten wurde sie jedoch gefürchtet, so daß allein schon ihre Anwesenheit genügt hätte, um das psychoanalytische Vertrauensverhältnis zu stören. Jedenfalls waren die meisten Psychoanalytiker Mitläufer Görings, in der Auffassung, es sei eine patriotische Pflicht, sich um die psychische Gesundheit der Deutschen zu kümmern (Brainin und Kaminer, 1982, S. 994).

Nach 1945 hegte Mitscherlich lediglich den Verdacht auf Kollusion. Er konnte nicht wissen, daß die materielle Zerstörung des Reichsinstituts dazu beigetragen hatte, die Kooperation vieler Therapeuten zu verschleiern, einschließlich jener der Arbeitsgruppe A. Vor wenigen Jahren entdeckte jedoch Johannes Grunert zufällig einige Akten des Berliner Instituts im Archiv der Münchner Psychoanalytischen Gesellschaft. Grunert zog aus diesen Dokumenten den Schluß, daß die Psychotherapeuten sich den Nazis zur Verfügung gestellt hatten und daß es der medizinischen Psychologie als institutioneller und professioneller Einheit unter dem Nationalsozialismus weitaus besser ergangen war, als zu erwarten gewesen wäre (Grunert, 1984). Einerseits hatten die Therapeuten sich eingelassen, andererseits war es ihnen gelungen, sich einer direkten Kontrolle zu entziehen: die Nazis waren sich nicht klar über den Willen jener Massen, bei deren Manipulation die Psychotherapeuten mithelfen sollten, und das Chaos unter den konkurrierenden Bürokratien verleitete die Therapeuten zu dem

Glauben, sie seien beruflich autonom. Immerhin gehörte eine Reihe von Psychoanalytikern der Nazi-Elite an. Deshalb stellte sich Grunert die Frage: „(...) erlebten die Akteure damals den April 1945 als Zusammenbruch oder als Befreiung? Vieles spricht dafür, daß der Verlust der Vorteile und Privilegien schmerzlicher erlebt wurde als die Entlastung von Angst, Schande und Joch" (Grunert, 1984, S. 875). 1950 behauptete dagegen der Berliner Therapeut Werner Schwidder in einem Bericht in der *Psyche* über die Nazi-Zeit, daß die therapeutische und wissenschaftliche Arbeit von den damals befürworteten politischen Zielen nicht beeinflußt worden sei (1950–51, S. 382).

Die alliierten Besatzungsmächte konnten nicht wissen, daß im April 1945 die Hinterlassenschaft des Berliner Instituts aus Sicherheitsgründen nach München transportiert worden war. Die Besatzungsbehörden waren empfänglich für Kooperationsangebote aller berufsständischen Organisationen, weil sie als Kontaktstellen dienten, und sie hießen das psychologische Expertenwissen besonders willkommen: die deutschen Therapeuten tauschten freilich nur den Segen der Nazis gegen den der Alliierten aus. Die *Psyche* wurde zu einem Informationsbulletin für die Rekonstruktion der Vergangenheit, für die Anwendung der Ich-Theorien und für die Stärkung des antifaschistischen Denkens. Ferner diente sie als Forum für Kommentare zur Ich-Psychologie, für Angriffe auf die „konservative" Psychoanalyse und für Diskussionen über die angewandte Psychosomatik. Außerdem wurden in der *Psyche* Kulturvergleiche zwischen Stammesgesellschaften und fortgeschrittenen Gesellschaften von Paul Parin, Mario Erdheim, Helmut Dahmer, Fritz Morgenthaler und Klaus Horn abgedruckt. Sie übernahmen alle eine gegnerische Perspektive, im Einklang mit Mitscherlichs Antifaschismus.

„Deutsche" Revisionen des kulturellen Unbewußten

Der Schweizer Psychoanalytiker Paul Parin, der die unbewußten Mechanismen genauer kennenlernen wollte, indem
er Angehörige des westafrikanischen Stammes der Agni
analysierte, ließ sich zwei Jahre in Afrika nieder. Er stellte
fest, daß die Agni und die Europäer Traditionen und
Bräuche unterschiedlich internalisieren (Parin et al., 1971).
Unter Ausklammerung des psychoanalytischen Denkens
hoffte er sogenannte kulturbedingte Fehler dadurch zu
vermeiden, daß er in einer neuhegelianischen Weise zwischen den vorherrschenden provinziellen Perspektiven und
den psychoanalytischen Ideen vermittelte.[5] Es wurde festgestellt, daß die Männer bei den Agni eine zuversichtliche
Perspektive und Geisteshaltung idealisierten und daß ihnen
die westlichen Ideale der Leistung und der Selbstverwirklichung fehlten. Weil weder Aktivität noch Passivität von sich
aus gut oder schlecht ist, behauptete Parin, entwickle sich
das Selbst bei den Agni ohne anale Regression, urethrale
Ambition oder phallisch-ödipale Zentrierung des Libidoob-
jekts (S. 546). Parin faßte somit die Agni als eine moderne
Version von Rousseaus edlen Wilden auf – als edle Wilde, die
sich zum Teil der industriellen Zivilisation bewußt sind, die
sie ablehnen. Parins Ethnopsychoanalyse war eine Verbindung von Marxismus, Moralismus, Idealismus und der
Sprache von *Totem und Tabu*. Er attackierte das kulturelle
Unbehagen der westlichen Zivilisation: Man fragt sich, ob
nicht irgendwo in der Welt bessere sozialpsychologische
Lösungen zu finden sind; eine Erziehung zu freieren,
glücklicheren Menschen, deren Aggression nicht in mörde-
rischen oder selbstmörderischen Kriegen endet; die ihre
Kinder nicht opfern, die ihre Erzeuger nicht hassen und ihr
Liebesleben nicht verstümmeln (S. 549).

---

[5] Fritz Morgenthalers Ethnopsychoanalyse in Neuguinea folgte
einer ähnlichen Richtung, obwohl Morgenthaler später eher
Aufsätze zur Homosexualität schrieb.

Im Anschluß an Freud nahmen Mitscherlich und Parin an, daß wir aus der Untersuchung primitiver Gesellschaften etwas über unsere eigene Gesellschaft lernen können. Um auf die Mißstände der Klassengesellschaft hinzuweisen, schloß Parin indessen auch eine Analyse der deutschen intellektuellen Traditionen mit ein. Und um die gesellschaftlichen Normen zu beurteilen, nahm er die *Völkerkunde* [deutsch im Original] aus Freuds Zeiten wieder auf.

Als Parin nach Afrika reiste, war er ein klassischer Freudianer und ein führendes Mitglied der IPA. Bald darauf kritisierte er jedoch seine klassischen Kollegen, weil sie sich zu sehr mit dem Ich und dessen Objektbeziehungen beschäftigt und bürgerliche Werte übernommen hätten.[6] Da er diese Werte nicht in seine Theorie aufnehmen wollte, erweiterte Parin Freuds frühere Triebkonzepte und Bernfelds Einsichten über die Identitätsbildung der Adoleszenten. Um Freuds ursprüngliche Beobachtungen vom idealistischen Humanismus seiner Zeit abzugrenzen und die intrapsychischen Prozesse in der modernen Klassenstruktur – in der Familie; das Schicksal einzelner Triebe; die Bildung von Klassen- und Persönlichkeitsbewußtsein – besser erfassen zu können, zeichnete er den Weg nach, den Freud gegangen war. Doch selbst mit der Übernahme von Freuds umstrittenen ethnologischen Annahmen gelang es ihm nicht, den Punkt zu bestimmen, an dem die Triebe eines Individuums mit kulturell bedingten psychischen Prozessen „verschmelzen". Immerhin hoffte Parin, in Übereinstimmung mit Mitscherlich und Habermas, den Beweis antreten zu können, daß die Psychoanalyse nicht einfach eine Behelfstheorie ist.

Der Soziologe Helmut Dahmer, Mitherausgeber der *Psyche*, unternahm es, die von dem Philosophen Herbert Marcuse begonnene Synthese von Marx und Freud voran-

---

[6] Es mag ein Zufall sein, daß die bereits in den sechziger Jahren durchgeführte Untersuchung über die Agni erst 1971 veröffentlicht wurde, als Parin die radikale Gruppe unter den Zürcher Ausbildungskandidaten unterstützte, die dabei waren, aus der Vereinigung auszutreten.

zutreiben ([1]1973, [2]1982). Er sah Marx und Freud als kritische
Theoretiker, die das Bewußtsein jener Menschen zu fördern
hofften, deren Schicksal sie verändern wollten. Was Marx
mit der Revolution des Proletariats zu erreichen hoffte,
wollte Freud – so Dahmer – dadurch erreichen, daß er das
Bewußtsein durch das „Probehandeln" steigerte, das die
Patienten in ihren Psychoanalysen lernten. Deshalb sagt
Dahmer: „Die Objekte der beiden kritischen Theorien
haben das Privileg, daß sie zu Subjekten werden können,
Subjekten der kollektiven wie der individuellen Lebensgeschichte" (1982, S. 9).

Um diese Theorie zu entfalten, rekonstruierte Dahmer die
Entstehung der Psychoanalyse am Werk Freuds und seiner
linksorientierten Schüler (Ferenczi, Reich, Fromm und
Fenichel). Dabei wehrte er sich ebenso gegen den üblichen
Antipsychologismus der Marxisten wie gegen die von ihm so
bezeichnete amerikanische oder „anpassungsorientierte"
Psychoanalyse. Da der Kapitalismus die Psychoanalyse
zwangsläufig beeinträchtigt und die *Gemeinschaft* auf
Gesellschaft reduziert hatte, sagte er, waren falsche Perspektiven und gesellschaftliche Blindheit unvermeidlich. Deshalb
mußten auch die Marxisten, weil sie in die kapitalistische
Gesellschaft einsozialisiert worden waren, zwangsläufig an
falschem Bewußtsein leiden. Dahmer zufolge ließen sich
Soziologie und Psychoanalyse eben deshalb nicht integrieren. Marxisten wie Bernfeld aber, die sich auf die Psychoanalyse eingelassen hatten, sollen den intellektuellen Sprung
vollzogen haben: die Hauptaufgabe der Psychoanalyse (der
richtigen, im Gegensatz zur 'halbierten' amerikanischen
Psychoanalyse) sei „die Modifikation der Menschennatur in
der Geschichte der Gegenwartsgesellschaft, das heutige
Schicksal der Individuen in der Kultur zu erforschen"
(S. 385). (Dahmers Gegner erhoben gegen seine Theorie
letztlich immer den Haupteinwand, er habe keine Analyse
gemacht.) Kurz gesagt, Dahmer entwarf eine erweiterte
Kritische Theorie, die den „pseudokonkret-familialistischen
Rahmen" sprengt, um bessere gesellschaftliche Praktiken
einzuleiten und uns alle zur Erkenntnis der historischen
Wahrheit verhelfen soll (S. 386).

Dahmers Synthese endete bei denselben theoretischen Schwierigkeiten wie die seiner Vorläufer – Reich, Fromm und Marcuse –, nur daß sie in Frankfurt mehr Anklang fand als eine konservative Ich-Psychologie, von der – ob zu Recht oder Unrecht – angenommen wird, sie ermögliche die Beherrschung der Patienten durch den Analytiker, mithin eine autoritäre Haltung. Dahmer schien anzunehmen, es ließen sich genügend viele Psychotherapeuten ausbilden, um die psychischen „Mißverständnisse" potentieller Patienten zusammen mit den gesellschaftlichen zu entwirren, wobei er offensichtlich das unüberwindliche Hindernis, daß fast jeder deutsche Bürger analysiert werden müßte, nicht erkannte. Er war außerdem für die Abschaffung der Couch, mithin für die Abschaffung der ungehinderten Äußerung der unbewußten Inhalte des Patienten.

Mario Erdheims „Ethnopsychoanalyse" nimmt *Totem und Tabu* zum Ausgangspunkt. Erdheim vermittelt zwischen Freudschen Konzepten und empirischen Fakten, wobei er das Selbst des Ethnologen (analog zu dem des Psychoanalytikers aufgefaßt) als das Forschungsmittel par excellence postuliert.[7] Weil sich die kulturelle Rolle des teilnehmenden Beobachters bei der Feldforschung unweigerlich auflöst und unbewußte Werte und Identitätshilfen bei Wahrnehmungsveränderungen versagen, erleben die Forscher in der Regel etwas, das dem „sozialen Tod" gleichkommt (1982, S. 25–38). Dieser Zustand [Erdheim, S. 34: der „ethnopsychoanalytische Prozeß"] bewegt sich zwischen „der Analyse der eigenen und derjenigen der fremden Kultur. Aber schon die Probleme des zurückkehrenden Ethnologen zeigen, daß diese Pendelbewegung nicht leicht einzuhalten ist. 'Dort' Dinge zu sehen, zu erfahren und sie 'hier' zur Wissenschaft zu verarbeiten, produziert eine Spannung, die sich nur selten als produktiv für die Arbeit erweist (Nadig und Erdheim, 1980, S. 50f.). Der soziale Tod, die Erfahrung einer fremden Lebensweise, können im Ethnologen Wünsche wecken und Prozesse

---

[7] Erdheims Beispiele beruhten größtenteils auf seiner eigenen Feldforschung in Mexiko.

auslösen, die bei der Rückkehr in die eigene Gesellschaft nicht erfüllt und weitergeführt, sondern abgeblockt werden müssen" (Erdheim, S. 34).

Im Grunde verglich Erdheim Freuds kreativen Zustand bei der Entdeckung der Psychoanalyse mit dem des Ethnopsychoanalytikers in der Feldforschung.[8] Nach der Zusammenfassung dessen, wie Freud die allgemeinen Bestandteile der Familienbeziehungen mit der österreichischen Politik und dem Judentum, mit seinen Berufs- und Statuswünschen, mit Kindheitserinnerungen und Größenphantasien zusammengebracht hatte, folgerte Erdheim, Freud sei nunmehr mit dem Nietzscheanischen Willen zur Macht fertiggeworden – der Angelpunkt von Erdheims These. Freud hatte, als Produkt seiner Umgebung, den Ödipuskomplex entdeckt, indem er „die an sich banale Tatsache, daß jeder Erwachsene einmal ein Kind war, in Zusammenhang mit einer Theorie der Kultur" brachte (S. 184).

Im Rückgriff auf die Anthropologie (Tylor, Marx, Lévi-Strauss) beschrieb Erdheim die Unterschiede in der Persönlichkeitsbildung zwischen Menschen in „heißen" Gesellschaften (die unterschiedliche Entwicklungstempi zulassen) und in „kalten" und äußerte sich dann ausführlicher über jene Gesellschaften, die eine Massenkultur ausbilden. In letzteren ist der psychische Wandel das Produkt von unpersönlichen Institutionen. In *Totem und Tabu* standen die Massen laut Erdheim, der Marx reinterpretierte, näher beim Führer. Deshalb waren sie zugleich sein direktes Produkt

---

[8] Der Ethnopsychoanalytiker Georges Devereux nutzte diesen Zustand, wie Erdheim sagt, um die Dialektik zwischen 'Übertragung' und 'Gegenübertragung' zu enträtseln, die von der fremden Kultur ausgelöst wurde. Weil Freud zum Beispiel in *Der Mann Moses und die monotheistische Religion* vom archaischen Erbe als vom Erbe der Erinnerungsspur der Erfahrungen unserer Vorfahren, ohne Bezug zur direkten Mitteilung und Beeinflussung in der Erziehung durch Vorbild sprach, war Erdheim der Meinung, Freud folge hier Lamarck – gemäß dem Zitat aus *Der Mann Moses*. Und dieser Einfluß soll, zusammen mit den Manifestationen der Wiederholungsneurosen, zu dem Vorwurf geführt haben, daß die Psychoanalyse ahistorisch sei.

und die Basis für eine Herrschaft in der Sicht der Unterschicht.[9] Wenn sich die präödipale Identifizierung indessen
vom Vater auf den Führer „verschiebt", verwandelt sich die
Massenpsychologie in Individualpsychologie. Wie Erdheim
sagt, müssen deshalb die Individuen in den modernen
Gesellschaften ihre sexuellen und aggressiven Triebe zugunsten anderer Interessen unter Kontrolle halten (S. 197); und
zugunsten der Zivilisation übertragen sie die Dynamik der
Familieninteraktionen auf andere Institutionen. Die Herrschenden profitieren dann von der resultierenden 'Unbewußtheit', von einer gesellschaftlichen Produktion des
Unbewußten (S. 199), die mit dem grundlegenden Sozialisationsprozeß zwischen heranwachsenden Männern und
Frauen und nachher zwischen den Herrschenden und
Beherrschten einhergeht (S. 301–306).

Im Übergang von der Azteken-Religion des 16. Jahrhunderts zum Europa des 19. Jahrhunderts stellte Erdheim fest,
daß Kontrolle stets durch Identifizierung mit dem Aggressor
erreicht wird und daß sie von der Initiation des Adoleszenten
in den Erwachsenenzustand abhängt: in modernen Gesellschaften werden Kinder zur Arbeit und zur Sexualität der
Erwachsenen „manipuliert". Dadurch werden ihre schöpferischen Impulse und die freie Kommunikation zwischen Ich,
Es und Über-Ich gedämpft, so daß sie immer mehr an einem
unflexiblen, „verkrüppelten" Ich, an Schuldgefühlen und
unter dem erzwungenen Gehorsam gegenüber gesellschaftlichen Verpflichtungen leiden. Diese Faktoren spielen wiederum den mächtigen Herrschern in die Hände, die das
Unbewußte „regulieren" und dadurch das „Phantasma vom
guten Herrscher" produzieren, der den Narzißmus ausnützt
und von einer Gruppe geliebt und bewundert werden will,
die sein Bedürfnis nach „Bewunderung" in minimaler Form

---

[9] Sigmund Freuds *Massenpsychologie und Ich-Analyse*, *Die
Zukunft einer Illusion* und *Das Unbehagen in der Kultur* werden
als Kritiken an Institutionen postuliert (Familie, Kirche, Schule).
Allerdings wird dann von einer trüben Äquivokation von 'Masse'
und 'Institution' ausgegangen und die ganze seitherige Soziologie
zu diesen Themen ignoriert.

„kontrolliert". Weil Beherrschung zum Narzißmus führt, ist die Psychoanalyse der einzige Ausweg.

Auf diese Weise erklärte Erdheim den Aufstieg Hitlers. Aufgrund seiner Begabung und seines weiten Bildungshorizontes konnte Erdheim die Psychoanalyse auf Machtbeziehungen ausdehnen: er ist Schweizer, verbrachte seine Kindheit in Südamerika, war Lehrer und wurde von den Debatten des französischen Strukturalismus geprägt, bevor er sich einer psychoanalytischen und ethnologischen Ausbildung unterzog. Erdheims Arbeit ist außerhalb des deutschen Sprachbereichs ebenso unbekannt geblieben wie die Beiträge von Dahmer, Brede, Lorenzer oder Morgenthaler. Dies geht allerdings nur teilweise auf das Übersetzungsproblem[10] zurück: die marxistische „connection" findet in Ländern mit anderen Traditionen weniger Anklang, und selbst in Deutschland bleibt sie auf einen recht kleinen Zirkel von lautstarken „kritischen" Psychoanalytikern beschränkt. In Wirklichkeit versuchen sich viele praktizierende Psychoanalytiker von den politischen Auseinandersetzungen fernzuhalten, wie ich feststellen konnte. Außerdem sind theoretische Untersuchungen über die Nazi-Zeit (mit Ausnahme sensationslüsterner Medienverarbeitungen) außerhalb von Deutschland weniger naheliegend, mithin weniger dringlich, außer wenn sie auf allgemeine Fragen über das Vorurteil bezogen sind.

Das kulturelle Unbewußte in Frankreich

Das französische Unbewußte wurde in einer umfassenden, ungehinderten und phantasievollen Weise konzipiert und hat seine Wurzeln eher in der Philosophie als in der Psychiatrie oder Ethnologie. Deshalb vollzieht sich die gedankliche Fassung der Ätiologien des Unbewußten bei den Franzosen auch auf höchster Abstraktionsstufe.

---

[10] [Vgl. dagegen die Darstellung von Jacques le Rider, „La psychanalyse en Allemagne", in Jaccard, Hrsg., 1982, Band II, S. 119–162. A. d. Ü.]

Psychoanalytische Ideen sind in Frankreich peripher, weil sie für die Leitthemen der führenden Intellektuellen oder des psychiatrischen Establishments keine Unterstützung liefern.

1945, unmittelbar nach Kriegsende, gerieten die Intellektuellen durch die Diskussionen zwischen den Nazi-Kollaborateuren und den Widerstandskämpfern unter ihnen ins Rampenlicht. Sartre, der im Mittelpunkt stand, war rasch mit der Behauptung zur Hand, die Psyche koexistiere mit dem Bewußtsein und gehe diesem nicht voraus (obwohl die Existenz der sogenannten Essenz des Menschen vorausgehe), wodurch er ergebnisreiche Diskussionen über die Psychoanalyse ausschloß. Der Erfolg des Existenzialismus sowohl in seiner seriösen als auch in seiner populären Spielart hielt die Psychoanalyse bis 1956 in Schach, als sich durch Chruschtschows Anklagen gegen Stalin Sartres Unterstützung der Kommunisten als verfehlt herausstellte. Sartres politische Auffassung begann nun an Ansehen zu verlieren und seine Philosophie wurde in Frage gestellt.[11] 1960 organisierte der Philosoph Henri Ey eine Konferenz über „Das Unbewußte" (1966, S. 14–15), das er, ganz im Stil

---

[11] Um die gleiche Zeit, nämlich 1958, nahm Sartre, verlockt durch ein hohes Honorarangebot, die Aufforderung des amerikanischen Filmregisseurs John Huston an, ein Drehbuch über Freud zu schreiben. Sartres Drehbuch war jedoch ebenso wie die vielen späteren Fassungen zu lang (neun Stunden), zu philosophisch und im Grunde langweilig. So wurde es zwar veröffentlicht, aber niemals in einen Film umgesetzt. Siehe besonders die Einleitung von J.-B. Pontalis (1984) zur Veröffentlichung von Sartres Drehbuch.
[Jean-Paul Sartre, *Le scénario Freud.* Préface de J.-B. Pontalis. Paris: Gallimard, 1984, Collection Connaissance de l'Inconscient, dirigé par J.-B. Pontalis. Abgedruckt sind hier die erste, an Huston abgelieferte Fassung I (370 Druckseiten) sowie ein Anhang mit Sequenzen aus der umgearbeiteten Fassung II (ca. 170 Druckseiten). Dem Vorwort von Pontalis (ebd., S. 9–23) zufolge hätte die Fassung I einen Film von etwa sieben Stunden ergeben; eine reduzierte und umgeschriebene Fassung diente als Drehbuch für John Hustons Film von 1962, *Freud, the Secret Passion*, mit Montgomery Clift in der Rolle Freuds. Sartre ließ seinen Namen zurückziehen (ebd., S. 10). *A. d. Ü.*]

Sartres, als „Tiefe des Seins, als Gegensatz des Nichts, etwas vom Feld des Bewußtseins Abwesendes, gleichwohl etwas anderes als eine Negation" beschrieb. Auf diese Weise kam die Psychoanalyse durch die Hintertür herein, und zwar nicht in Form einer Therapie, sondern als Bestandteil einer weiteren politischen Philosophie. Zum größten Teil war dies auf die von einigen Leuten so bezeichnete 'Poetik von Freuds Denken'[12] zurückzuführen.

Serge Moscovici stellte in seiner umfassenden soziologischen Übersicht (1961) fest, daß die Franzosen in den fünfziger Jahren von der Psychoanalyse nur wenig wußten, daß sie in den Medien kaum erwähnt wurde und daß Bücher zum Thema kaum verkäuflich waren. Außerdem stellte er fest, daß viele die Psychoanalyse für einen amerikanischen Import hielten wie das Coca Cola und die Supermärkte. Lacan dagegen brachte sie auf die kulturelle Landkarte. Er forderte die klassischen Freudianer heraus, kleidete seine Angriffe in eine politische Rhetorik und regte damit die Phantasie der Öffentlichkeit an.

Lacans frühere Verdikte gegen die von den Amerikanern beherrschte IPA und die scharfen Auseinandersetzungen, die dadurch ausgelöst wurden, hatten sich im Rahmen des Berufsstandes abgespielt. Nunmehr lenkte er die Aufmerksamkeit auf das befreiende Potential der Psychoanalyse. Innerhalb weniger Jahre richteten die Pariser Buchhandlungen ganze Abteilungen für Psychoanalyse ein: das Thema galt als attraktiv und ließ sich gut verkaufen. Bis 1980 waren über drei Millionen Exemplare von Freuds Werken und über 110 000 Exemplare von Lacans *Ecrits* (ein für das größere Publikum völlig unverständliches Werk) verkauft worden (Castel, 1980). Jährlich erscheinen einhundertfünfzig neue

---

[12] Siehe z. B. Jean Laplanche (1970, amerikanische Übersetzung 1976): in der Einleitung zur Übersetzung behauptet der Übersetzer Jeffrey Mehlman: „Das Hintergrundargument der französischen Lesart besagt, daß uns die allgemeine Ökonomie von Freuds Werk so lange entgehen wird, bis wir die Poetik dieses Werks erfaßt haben". Er fährt fort mit dem Nachweis, daß dieser Ansatz und das Werk Lacans für dekonstruktivistische Literaturwissenschaftler unentbehrlich seien.

Titel, und praktisch jeder Verlag gibt eine Reihe über Psychoanalyse heraus (Clément, 1981, S. 8). Selbst die klassischen Freudianer „profitierten" von Lacans häufigen Auftritten im Fernsehen und in anderen Medien. Dies geschah jedoch erst nach 1968, als Lacan bei den radikalen Studenten und anderen Linken einen gewissen Anklang gefunden hatte. Die Psychoanalyse, die man zuvor irgendwie dem Konservativismus zugerechnet hatte, wurde nun plötzlich als etwas Revolutionäres wahrgenommen, und sie rückte ins Zentrum der Kultur (Kurzweil, 1980; Turkle, 1978).

Nach 1945 hatten die klassischen Freudianer die IPA wiederbelebt: sie stritten über die optimale Dauer von Lehranalysen und Einzelsitzungen und wetteiferten im Namen Freuds um den Einfluß in der Organisation. Lacan stellte sich jedoch in typisch französischer Manier gegen diese „Amerikaner": auf dem Kongreß in Rom behauptete er 1953, die amerikanischen Analytiker seien von den Empiristen vereinnahmt worden, hätten Aspekte des Behaviorismus übernommen und das Fach nicht nur medizinisiert, sondern auch einen falschen Szientismus ins Leben gerufen. Deshalb wollte Lacan, daß sich die französische Vereinigung von der IPA löste. Da die Amerikaner jedoch über die Stimmenmehrheit verfügten und viele Franzosen gegen Lacans Praktiken Einwände erhoben, scheiterten seine Vorschläge. Nach seinem Ausschluß konnte er seinem Zorn gegen das „Establishment" ungehindert Luft machen und seine Version Freuds „auf die Straße" tragen – d.h. in die Kultur als ganzes einbringen. Er vollzog in der Tat einen Gesinnungswandel, ließ seine IPA- und amerikafeindlichen Gefühle in eingängige Schlagworte über die Sprache der Psychoanalyse einfließen und wurde ein Held der Kultur.

Als Lacan für die strukturalistische Bewegung als Gottvater, Hebamme und Public Relations-Manager amtierte, zeigte sich die Bewegung erkenntlich. Foucaults Untersuchungen über die Geschichte der Medizin und der Sexualität berührten sich beispielsweise mit Lacanianischen Feststellungen ebenso wie Barthes' Erkundungen über die unausgesprochenen erotischen und emotionalen Gehalte von Texten. Althussers Versuch, Lacans Begriff des Spiegelstadiums (siehe 11. Kapitel) zu übernehmen, um den frühesten Sozialisationsprozeß besser zu verstehen (er hoffte in Erfahrung zu bringen, wie man der Identifizierung des Kleinkinds mit Erwachsenen beikommen könnte, deren Unbewußtes von kapitalistischen Denk- und Handlungsweisen indoktriniert worden war), verhalf Lacan zur Legitimation unter den Linken. Die Idee einer möglichen Persönlichkeitsumformung in zukünftigen Generationen mittels einer Veränderung der Sprache (einschließlich der Körpersprache und der emotionalen Botschaften) des Anderen (gewöhnlich der Mutter) eröffnete eine Perspektive der Hoffnung für die französischen Marxisten, die erkannt hatten, daß die kapitalistischen Herrschaftsbeziehungen auch in den sozialistischen Gesellschaften weiterlebten – wie schon Lenin festgestellt hatte.

Lacan hatte den Zeitpunkt genau richtig gewählt: er hatte sich bei den Ereignissen 1968 den Studenten „angeschlossen", auch wenn seine Aktionen ausschließlich aus Worten und Gesten bestanden. So gelang es ihm, den Fachbereich Psychiatrie an der Universität Vincennes zu übernehmen. Der neue Fachbereich Psychoanalyse, dessen Zulassungsbedingungen überaus liberal waren, bot für das Studium anrechenbare Universitätskurse in Psychoanalyse an – Kurse, in denen hauptsächlich Lacan im Mittelpunkt stand. Die Schüler ergingen sich in theoretischen Disputen, zerpflückten jede seiner Äußerungen und assoziierten endlos darüber. Einige der Studenten behaupteten, sie seien politisch aktiv geworden, weil sie Lacan so verstanden hätten, daß er die Politik mit der Verfolgung des eigenen Interesses gleichsetze. Auf der Anrechnung von Psychoanalysekursen zu bestehen wurde deshalb als ein politischer Akt angesehen. Später warf Lacan diesen Studenten jedoch vor, sie hätten ein erfolgreiches Spiel betrieben – ein Spiel, das seiner Ansicht nach analysiert werden mußte, wenn die Spieler nicht „Marionetten der Regierung" bleiben wollten. Diese Polemik etablierte nun „la psychanalyse" im Stil Lacans. J.-B. Pontalis zufolge, einem Analytiker-Philosophen, der zwischen 1953 und 1959 Lacan nahestand, gelang es Lacan mit seinen Seminaren, die anwesenden Philosophen und Schriftsteller beinahe auf einen Schlag für die Psychoanalyse einzunehmen.

Die klassischen Freudianer in Frankreich haben Lacans Einfluß heruntergespielt. Auffällig ist indessen, wie sehr sie selber nun die Sprache betonen; eine Betonung, die sie mit Lacan teilen. Auch wenn sie seine Theorien ablehnen, sind sie sich des Sprachgebrauchs und der Unterschiede des Zuhörens (écoute) zwischen den einzelnen Analytikern bewußt. Dies geht zum Teil darauf zurück, daß Patienten, die zuvor bei Lacanianern gewesen waren, Lacans Sprachgebrauch und Denkweise mitbringen. Noch wichtiger ist allerdings, daß Lacanismen in der gesamten Kultur Verbreitung finden.

Lacan behauptete, Übertragung gebe es überall und sie wirke hauptsächlich außerhalb der psychoanalytischen Sitzung – und zwar nicht nur in Bezug auf den Analytiker, sondern auch auf Politiker und andere dominierende Figuren. Eben diese Ausdehnung der Übertragung rechtfertigte unter anderem die strukturalistischen Untersuchungen über die Reden von und zwischen Autoritätsfiguren – zu denen auch Schauspieler, Ärzte und Fernsehjournalisten gerechnet wurden. Allerdings könnten wir die Frage stellen, ob diese Art von „Analyse" den Umgang der Einzelnen mit Autoritäten ändern konnte, ohne irgendeine Form von Psychotherapie, oder ob öffentliche Reden tatsächlich unbewußte Reaktionen zur Folge haben, selbst wenn das Verhalten wirklich beeinflußt wird. Anders gesagt, die kulturelle Wirkung der Lacanianischen Analyse konnte weder der Möglichkeit nach noch in Wirklichkeit eine Population von analysierten Bürgern hervorbringen. Einerseits verfolgten die Lacanianer das weiter, was Freud schon früher in einer sehr viel einfacheren und verständlicheren Sprache gesagt hatte. Andererseits erkannten die klassischen Freudianer rasch, daß sie sich auf den lacanianischen Dialog einlassen mußten, um gewissen Patienten antworten zu können. Einige ihrer Kollegen in der IPA gewannen allerdings die Überzeugung, daß sie „angesteckt" worden seien.

Lacans Tod 1981 hinterließ ein Vakuum, und der Kampf um die Nachfolge verstärkte die Lacanianische Polemik noch. Seinen Ideen ging man weiterhin nach, auch wenn nun die marktschreierischen Verkündigungen und die Aufregung fehlten. Viele Führer der rivalisierenden Gruppen, die mit dem einen oder anderen lacanianischen Schlagwort als Leitmotiv warben, wirkten langweilig und unaufrichtig. Einige Gruppen gründeten ihre eigene Zeitschrift. Andere luden Analytiker verschiedener Richtungen zu Auseinandersetzungen auf ihren Konferenzen und in ihren Veröffentlichungen ein. Wiederum andere fuhren mit ihrer Lacan-Verehrung fort – in der Zeitschrift *L'Ane*, herausgegeben von Lacans Tochter, Judith Miller –, indem sie sich über seine Beiträge ausließen: über seine Äußerungen in öffentlichen Seminaren und in *Écrits* (Schriften[13]) wie „Intervention sur le transfert" (1952), „Position de l'inconscient" (1966), „La chose freudienne ou Sens de retour à Freud en psychanalyse" (1956) und in „La science et la vérité" (1966). Lacans Stil und sein Charisma fehlten freilich.

In den sechziger Jahren begann eine breite Schicht der intellektuellen Öffentlichkeit in Paris Begriffe der Symbolik und der unbewußten Bedeutung von Träumen, Witzen und Ritualen zu akzeptieren und zu diskutieren. Die Leute lasen Freud sowohl in popularisierten als auch in Lacanianischen Fassungen. Dieses Neulesen oder Umlesen [rereading]

---

[13] [Hermann Lang zufolge, dem eine der gründlichsten philosophisch und analytisch informierten Lacan-Interpretationen zu verdanken ist, resultiert Lacans Stil „aus sachangemessenen Intentionen (...), sofern es gilt, einem insistenten Infragestellen offenzubleiben und sich nicht in einen resonanzlosen Jargon, trüge er auch zuweilen das wissenschaftliche Gewand psychoanalytischer Terminologie, einzunisten. So ist wohl auch der paradoxe Titel 'Ecrits' für die 1966 erschienene Sammlung seiner (d.i. Lacans) wichtigsten Arbeiten – es sind fast ausschließlich Vorträge – als warnender Wink zu lesen, kommt doch das geschriebene Wort, im Vergleich zu dem im Gespräch gesprochenen, vergegenständlichenden Tendenzen eher entgegen." (Hermann Lang, *Die Sprache und das Unbewußte. Jacques Lacans Grundlegung der Psychoanalyse*. Frankfurt a. M.: Suhrkamp, 1973, S. 45). *A. d. Ü.*]

verstärkte wiederum den Begriff der Psychoanalyse *à la française*. Deshalb spielt es auch keine Rolle, ob man Lacan als Genie und intellektuellen Helden betrachtet oder als Hochstapler und Betrüger. Seine Präsenz, oder wie er gesagt haben könnte, seine Absenz, waren dafür verantwortlich, daß die Psychoanalyse zu einem weit verbreiteten Diskussionsthema wurde, das allmählich den früheren, zum Automatismus gewordenen Marxismus ersetzte, ohne daß der Antiamerikanismus ganz aufgegeben worden wäre.

Sowohl in den USA als auch in Frankreich trug die Psychoanalyse zur Verbreitung von Vorstellungen über die individuelle Selbstverwirklichung bei, und in beiden Ländern wurden die klassischen Psychoanalytiker als konservativ, als zu sehr auf Konvention bedacht geschmäht. An diesem Punkt hört allerdings die Ähnlichkeit auf. Denn die Popularisierungen Freuds in den USA, wo der Marxismus unpopulär war, stammten meist von Freudo-Marxisten wie Fromm, Reich und Marcuse, während sie in Frankreich, wo der Marxismus zu Hause war, auf die Anwendungen des Strukturalismus durch die Intellektuellen zurückgingen. In beiden Ländern beruhten deshalb die radikalen Ansprüche an die Psychoanalyse auf dem Gegensatz zu den vertrauten und anerkannten Theoriediskussionen und auf bestehenden Einseitigkeiten.

Die klassischen Freudianer konnten den Primat der soziokulturellen und sprachlichen Symbolik gegenüber der individuellen Erfahrung nicht akzeptieren. Wenn Strukturen sich dem Kind faktisch auferlegen, und zwar bevor das (Selbst-)Bewußtsein einsetzt, wie Lacan sagte, und das Kleinkind die symbolische Ordnung als Korollar zu seiner Sprache und seiner sprachlichen Ordnung „absorbiert", dann würde Freuds Theorie des Ich, Es und Über-Ich in den Schatten gestellt oder beseitigt. Und indem Lacan deutlich machte, wie die Sprache das Erleben durch Eintauchen in eine symbolische Ordnung statt in die unmittelbar erlebte Wahrheit interpretiert, postulierte er die Sprache als eine „Falle" für das Selbst und für das Erleben. Eine solche Revision der psychoanalytischen Theorie und unmittelbarer kultureller Variablen (soziale Herkunft und Schicht) sollte den schichtspezifischen Sprachgebrauch und die „elitäre Haltung" unterlaufen.

Selbst wenn Lacan sich nicht darin gefallen hätte, „mißverstanden" zu werden, so ließ der Umstand, daß er der Psychoanalyse eine Sprachtheorie überlagerte, seine Verkündigungen für Uneingeweihte immer unverständlicher werden. Um die Mitte der sechziger Jahre schloß sich Lacan mit Althusser, Lévi-Strauss und Barthes zusammen, um die Zeitschrift *Les cahiers pour l'analyse* zu veröffentlichen, und verwandelte ihre kritischen Unternehmungen damit in eine intellektuelle Bewegung (Barthes, 1967, S. 7). In diesem Klima verwandelten sich die Aussagen der „linguistischen" Psychoanalyse in Grundannahmen. Bald stellte niemand mehr in Frage, ob sich hinter einer selbstsicheren Veranlagung wirklich eine verletzliche unbewußte Struktur verbergen könne oder ob unbewußte, durch metaphorische und metonymische Assoziationen zeitlich gesteuerte Signifikanten ein immer komplexeres Netz hervorbringen: die meisten französischen Intellektuellen nahmen es als gegeben an, daß sowohl das unbewußte als auch das bewußte Denken im Einklang mit sprachlichen Strukturen organisiert war.

Die Überlagerung der Psychoanalyse durch die strukturelle Linguistik führte zu zahllosen intellektuellen Problemen. Erstens ist es einfacher zu behaupten, der Inzest sei verboten und der Ödipuskomplex wurzle in unbewußten gesellschaftlichen Strukturen, als genau zu beweisen, wie sich ein Individuum in der Gesellschaft seiner Autonomie bewußt wird, während es in die symbolische Ordnung hineinwächst. Zweitens ist die Lacansche Akzentuierung des Fließens und der Vermittlung dem angelsächsischen Empirismus fremd, auch wenn die meisten Intellektuellen es als gegeben annehmen, daß die Beziehungen zwischen den Menschen oder zwischen Selbst und Anderem durch Symbole vermittelt werden und daß diese Vermittlung das Kind mit Hilfe der kodierten Sprache in die Familie einfügt. (In der Tat zogen traditionale Gesellschaften aus der Familie umfassendere Schlüsse als modernere Gesellschaften.) Selbst wenn sie Lacans zentrale These über *le nom du père* [den 'Namen des Vaters'] in Bezug zum *non du père* [dem 'Nein des Vaters'] ernst nehmen[14], neigen sie doch eher dazu, viele seiner Alliterationen und Wortspiele als leichtfertige Spielereien anzusehen. Angesichts des komplexen Jargons fiel es den Leuten schwer, sich den Neurotiker als jemanden vorzustellen, „der die symbolische Bezugnahme [référence] der Signifikanten verloren hat, welche die Zentralpunkte seiner Persönlichkeitsstruktur bilden", oder als jemanden, der „das vom Symptom Bezeichnete verdrängt hat" (Lemaire, 1977) – Formulierungen, die sich aus den Unterscheidungen zwischen dem Realen, dem Imaginären und dem Symbolischen ergeben.

Nach Anika Lemaire, einer Schülerin Lacans, bestand „Lacans Genius darin, die Entwicklung der jüngsten und zur Mode gewordenen Denkweisen für sich nutzbar gemacht zu haben" (1977, S. 227). Sie war überzeugt, daß dieser Einzelgänger die freudianische Psychoanalye belebt und verjüngt habe (S. 247). Ob wir nun Lacans klinische Beiträge überschätzen oder bestreiten, so rückte er die Psychoanalyse doch ins Zentrum des intellektuellen Lebens in Frankreich. Allein dies hätte ihn nach seinem Tod zu einer Legende gemacht, wäre er nicht schon zu Lebzeiten eine Legende gewesen.

Die österreichische Psychoanalyse nach 1945

Österreichs erlahmtes Interesse an der Psychoanalyse wird von neuem deutlich. Die Ideen Freuds sind immer noch nicht in die österreichische Kultur eingedrungen, auch wenn heutzutage viele österreichische Schulkinder in das Freud-Museum geführt werden. Die österreichischen Psychoanalytiker reden denn auch weiterhin von einem allgemeinen Widerstand, auch wenn sie feststellen, daß einfachere The-

---

[14] Lacan sagt, soziale Stellung und Status des Individuums leiteten sich vom Familiennamen des Vaters her, und dessen Verbote hätten den gleichen Gesetzescharakter wie das Inzesttabu. Dadurch würden *nom* und *non* des Vaters unauflöslich miteinander verbunden.

rapien wie die Transaktionsanalyse oder die Gestalttherapie zunehmend Anklang finden. Erst 1971, nachdem Anna Freud zugestimmt hatte, den 27. Kongreß der IPA in Wien abzuhalten, wurde Freuds Wohnung zu einem historischen Ort – in einer Stadt, die sonst doch von ihrer Geschichte lebt. Und die Sigmund-Freud-Gesellschaft, die ihren Sitz ebenso wie das Museum an der Berggasse 19 hat, wird von der österreichischen Regierung nur zu einem Teil finanziell unterstützt. Die IPA sorgt für den Ausgleich.

Die Wiener verhalten sich gegenüber den Freudianern ebenso zweideutig wie früher gegenüber anderen Intellektuellen, etwa Wittgenstein und Popper und außerdem gegenüber Freud selbst. So wurde 1971 in der Presse berichtet, daß die meisten Wiener immer noch nicht wußten, daß Freuds Ansehen außerhalb Österreichs dasjenige von Mozart oder Johann Strauß noch übertraf, und daß viele Österreicher seinen Namen noch nie gehört hatten. Diese Situation ist in letzter Zeit etwas besser geworden, zum Teil deshalb, weil die sieben von der IPA anerkannten Lehranalytiker inzwischen eine Reihe von Kandidaten ausgebildet haben und weil einige radikale Studenten von 1968 auf die Psychoanalyse aufmerksam machten. Die meisten Wiener Psychoanalytiker arbeiten jedoch auf Teilzeitbasis, und nur ganz wenige betreiben Forschungen. Dem Psychoanalytiker Hans Strotzka zufolge wirkte das österreichische Klima der wissenschaftlichen Forschung entgegen, weil „die Juden im Geistesleben fehlen" und weil es 1934, 1938 und 1945 aus politischen Gründen jeweils einen „brain drain", einen Verlust an intellektuellen Köpfen gegeben hatte. Strotzka selbst ist ein überaus produktiver Autor und dem amerikanischen Analytiker Leopold Bellak zufolge ein erstklassiger Fachmann für Kurztherapien. Aufgrund der engen Zusammenarbeit zwischen Freudianern, Adlerianern, Rogerianern und Verhaltenstherapeuten sind allerdings die theoretischen Grenzen unscharf. Die orthodoxeren Freudianer, denen diese Situation mißfällt, ziehen ihren engeren Kreis vor und bleiben lieber mit ihren Kollegen in der IPA im Gedankenaustausch. Im Allgemeinen Krankenhaus arbeiten die meisten nur, um sich staatliche Zuschüsse zu sichern und

Probleme der Zulassung und Kostenerstattung zu lösen. Sie treffen sich bei Fallbesprechungen, um über die am besten geeignete Behandlung einzelner Patienten zu entscheiden: ihre persönlichen und theoretischen Uneinigkeiten gelangen nur selten an die Öffentlichkeit.

Die Psychoanalyse oder psychoanalytische Therapie im Rahmen des Krankenhauses kann sich als problematisch erweisen: die Patienten müssen durch andere Krankenstationen gehen, um zum Analytiker zu gelangen; die Ärzte tragen weiße Kittel; die formalen Aufnahmebedingungen machen deutlich, daß die Patienten psychisch krank sind. Sicherlich weist die Behandlung in einer solchen Umgebung auch darauf hin, daß die Psychoanalyse im Sinne eines demokratischen Rechts allen zur Verfügung steht. Patienten, die nicht intellektuell geschult sind, werden jedoch auch abgeschreckt und bleiben deshalb häufig weg.

Wie mir gesagt wurde, richten sich trotz des egalitären Prinzips die endgültigen Diagnosen häufig nach den Grenzen der Gesellschaftsschicht: wer selbst bezahlen kann, ist in der Regel gebildeter und damit auch sprachlich gewandter, so daß bei ihnen eine Psychoanalyse oder Psychotherapie häufig angezeigt erscheint, während die Ärmeren häufig für eine Verhaltensmodifikation vorgesehen werden. Zum Teil scheint dies darauf zurückzugehen, daß bei der Behandlung psychisch Kranker die Psychiater dominieren und im Krankenhaus die Entscheidungsbefugnis über die Patienten haben. Jedenfalls tragen diese Umstände neben der Bedingung, daß Psychoanalytiker vor ihrer Zulassung einige Jahre als Psychiater gearbeitet haben müssen und daß die adlerianische Therapie besser etabliert ist, zur Aufrechterhaltung des niedrigen Status der freudianischen Psychoanalyse bei.

Kein Wunder also, daß die Position der Psychoanalyse in Österreich schwach ist. 1985 änderte sich die Situation allerdings und es zeigte sich ein steigender Bedarf. 1987 zählte die WPV sogar mindestens vierzig Ausbildungskandidaten, die alle als Analytiker arbeiten wollen, statt nur Therapien durchzuführen. Auch das allgemeine Interesse hat zugenommen, zumindest wenn man nach der stark anwachsenden Zahl von österreichischen Besuchern im Freud-Museum urteilen will und wenn man sieht, wie die Psychoanalyse als Bestandteil des Wiener Fin-de-siècle hervorgehoben wird, zuletzt in einer riesigen Ausstellung.

Außerdem gibt es auch in Salzburg inzwischen eine größer werdende Gruppe – einen Ableger der radikalen Münchner Analytikergruppe, die vom verstorbenen Igor Caruso gegründet worden war. Caruso lehrte in Buenos Aires, arbeitete zunächst im Institut für Tiefenpsychologie und hatte dann einen Lehrstuhl für Psychoanalyse an der Universität Salzburg. Seine politischen Ideen wirkten anregend auf marxistische Studenten – Studenten, die auf die radikale deutsche Tradition und auf die Arbeiten der Zürcher Analytiker Erdheim, Morgenthaler und Parin eingestimmt waren. Aufgrund dieser Wurzeln erscheinen die Salzburger Ausbildungskandidaten geistig eher „schweizerisch" als österreichisch geprägt.

Die Neubewertung durch die Angelsachsen

1958 befaßte sich Sidney Hook auf einem von Philosophen, Soziologen und Psychoanalytikern organisierten Symposion mit dem Stand der Psychoanalyse „als wissenschaftlicher Theorie, hauptsächlich aus metapsychologischer Perspektive". Die Teilnehmer konnten sich nicht darüber einigen, ob die Psychoanalyse nun eine Wissenschaft oder Philosophie sei, Metapsychologie oder Therapie. Robert Waelder (1962), ein in Philadelphia niedergelassener Wiener, behauptete, die Annahmen der Psychoanalyse ließen sich eines Tages testen, und gerade weil sie alles das verkörpere und weil die Leute darüber unterschiedslos redeten oder nicht einmal wüßten, daß sie auf verschiedenen Ebenen sprechen, mußten die Animositäten ins Kraut schießen. Jahrelang wurde Waelders Pyramide der Unterscheidungen – klinische Beobachtung, Deutung, Verallgemeinerung, Theorie, Metapsychologie und Philosophie – anerkannt.

Außerhalb der philosophischen Bewertungen hatte Erik Erikson mit einer neuen Gattung der historischen Analyse begonnen – der Psychohistorie. Erikson behandelte in seiner Martin-Luther-Monographie (1958) die Hauptfigur als Produkt ihrer sozioökonomischen Schicht, der nordeuropäischen Bewußtseinslage, ihrer frühen Ausscheidungserlebnisse und ihrer Sprache, was zu einer kompromißlosen Selbstgewißheit und Aufrichtigkeit geführt hatte (Loewenberg, 1983, S. 25). Erikson hatte somit Luthers Lebensgeschichte und sein gesellschaftliches Milieu miteinander verflochten, um seine Identitätsbildung zu erklären.

Peter Loewenberg, ein Historiker und Psychoanalytiker aus Los Angeles, verfeinerte später diese psychohistorische Methode. Nach Loewenberg läßt sich die Psychohistorie, auch wenn sie von bestimmten Leuten für wertfrei gehalten wird, in den Dienst sowohl radikaler als auch konservativer Kulturpositionen stellen. Nach seiner Auffassung ist sie ein Werkzeug für den Historiker – ein Werkzeug, das noch zu verbessern ist. Er selbst wandte dieses Werkzeug bei seinen ausgezeichneten Darstellungen von Persönlichkeiten der Linken an – Otto Bauer und Friedrich Adler – wie auch bei der Darstellung des Nationalsozialisten Heinrich Himmler (S. 33–34).

In einer etwas anderen Richtung beschrieb der Geisteshistoriker Christopher Lasch (1978) den Narzißmus eher als Abwehr aggressiver Impulse, denn als Eigenliebe, und den pathologischen Narzißmus als ein kritisches Werkzeug zur Erfassung des kulturellen Wandels. Die Anwendung dieser komplexen Begriffe in einem Buch, das populär werden sollte, weist darauf hin, wie umfassend die Psychoanalyse in den USA der achtziger Jahre inzwischen anerkannt wurde. Die Tatsache, daß dieses Buch in viele Sprachen übersetzt wurde, scheint die „intellektuelle Hegemonie" der Amerikaner zu bestätigen.

Die Allgegenwart der Psychoanalyse belebte auch das Interesse an biographischen Neuinterpretationen. So rekonstruierte beispielsweise der Historiker William J. McGrath (1986) Freuds Studentenzeit (wobei er Freuds bisher unveröffentlichte Briefe an Eduard Silberstein[15] einsehen konnte) im Hinblick auf den zunehmenden Antisemitismus und Nationalismus. Ebenso wie der Historiker Carl Schorske sah er den Ort Freuds im philosophischen und literarischen Strudel des zerfallenden Habsburgischen Kaiserreichs, wo die Entstehung seiner Ideen gefördert wurde – Ideen, die sich wiederum von frühen Träumen, Phantasien und Hoffnungen nährten. Ronald Clarks (1980) kompetente Biographie ist inzwischen übertroffen worden von der Biographie Peter Gays (1988), die sich vor allem durch eine sorgfältige Benutzung bisher unveröffentlichter Materialien auszeichnet.

Die Mehrzahl der amerikanischen Soziologen scheut die Psychoanalyse, obwohl Talcott Parsons sie zum Eckpfeiler seines Persönlichkeitssystems gemacht hatte (Kurzweil, 1987b). Sein Schüler Gerald Platt befaßte sich zusammen mit Fred Weinstein (1973) – beiden waren die Probleme einer Verschmelzung von Psychoanalyse und strukturellem Funktionalismus bewußt – erneut mit den theoretischen Problemen und stellte fest, daß die Objektbeziehungstheorie sich für ein soziologisches Projekt am besten eignete. Da jedes Netz von Objektbeziehungen den Alltagssituationen psychische Stützkraft und Bedeutung verleiht, führt sein Verlust deshalb auch zu psychischer und sozialer Instabilität. Nach Robert Endleman (1981), der eine Ausbildung in Soziologie, Anthropologie und Psychoanalyse absolviert hat, sind relevante Aspekte aller drei Disziplinen erfolgreich auf die Themen der menschlichen Evolution, der Geschlechterunterschiede, der Homosexualität und der Beziehung zwischen Devianz und Psychopathologie angewandt worden. Nach einem Überblick und einer Zusammenfassung der ungeheuren Literatur zu diesen Bereichen zog Endleman den Schluß, daß die Psychoanalyse, obwohl sie keineswegs abgeschlossen oder vollkommen ist, doch die beste Psychologie ist, die wir bisher haben (S. 4).

[15] [Sigmund Freud, *Jugendbriefe an Eduard Silberstein 1871–1881*. Herausgegeben von Walter Boehlich. Frankfurt a. M.: S. Fischer, 1989. *A. d. Ü.*]

In den letzten Jahren sind – trotz geringerer Popularität
der Philosophie im Vergleich zu den Schmähungen der
Psychoanalyse, den Umwertungen der Geschichtsschreibung und der Veröffentlichung von Freud-Briefen und
-Biographien – zahlreiche philosophische Beiträge geschrieben worden. Sie greifen auf die Themen des Symposions von
1958 zurück und behandeln sie nun systematischer. Allerdings befassen sich diese Beiträge nicht mehr mit Waelders
„Ebenen", sondern mit spezifischen Kritikpunkten.[16] Zu
den interessantesten und anregendsten Beispielen gehören
die der „Hermeneutiker" – die Philosophen Jürgen Habermas und Paul Ricoeur und die Psychoanalytiker George
Klein und Roy Schafer. Im Grunde sagten sie alle, bzw.
nahmen an, daß kausale Validierungen nicht an wissenschaftlichen Maßstäben zu messen seien – wie die Anhänger
Karl Poppers und der Empiristen behaupteten –, weil die
Psychoanalyse ihre eigene wissenschaftliche Methode be-
sitze, um zu interpretativen Einsichten zu gelangen.

Adolf Grünbaum (1984) brachte indessen die ernsthafte-
sten Einwände gegen diese hermeneutischen Positionen vor.
Er begann damit, den Status der Psychoanalyse als Naturwissenschaft anhand von Freuds eigenen widersprüchlichen
Aussagen in Frage zu stellen. Freud hatte ursprünglich die
methodologische Abtrennung der *Geisteswissenschaften*
[deutsch im Original] abgelehnt, dann die Psychoanalyse als
einen „Zweig der Psychologie – Tiefenpsychologie oder
Psychologie des Unbewußten" (1933a; *Stud.*, Bd. I, S. 586)
betrachtet und war trotzdem zu der Behauptung gelangt, „es
ergeben sich keine neuen Quellen des Wissens oder Methoden des Forschens" (ebd., S. 587). Dies veranlaßte Grünbaum zu dem Schluß, daß Freud die neurologische Terminologie des „Entwurfs" von 1895 in einem zunehmend
„mentalistischen" Sinne gebraucht habe, so daß die empirische Grundlage des Zentralbegriffs 'Verdrängung' nicht
bewiesen werden konnte – selbst wenn man seine Grundlage

---

[16] Siehe beispielsweise Satow (1979), Sennett (1977), Smith-Rosenberg (1972), Malcolm (1981), Masson (1984), Lieberman (1985),
Grosskurth (1986), Stannard (1980), Isbister (1985).

im (universalen) sexuellen Streben des Kleinkinds, in Träumen, sprachlichen Fehlleistungen, im Erinnern und Vergessen akzeptiert. Aufgrund der Abtrennung der „Metapsychologie" von der klinischen Theorie der Verdrängung, fuhr Grünbaum fort, „war Freuds Kriterium für *Wissenschaftlichkeit* die ganze Zeit über *methodologisch* und nicht *ontologisch* reduktiv" (Grünbaum, 1984, S. 7; dt. Ausg. 1988, S. 19).

Deshalb lehnte Grünbaum die „hermeneutische" Rekonstruktion ab: „Worauf läuft nun letzten Endes meine Untersuchung der wesentlichen Grundsätze von Habermas, Ricoeur und Klein hinaus? Erstens beruht ihre philosophische Rekonstruktion der klinischen Theorie auf einer mythischen Exegese des Wissenschaftsbegriffes, wie ihn Freud immer vertreten hatte. Im Zusammenhang mit dieser Interpretation ist ihr Paradigma von den Naturwissenschaften ganz und gar anachronistisch" (Grünbaum, 1984, S. 93; deutsche Ausg. 1988, S. 161). Er bestritt indessen auch die Behauptung Poppers, die Psychoanalyse sei empirisch nicht überprüfbar, indem er nachwies, daß sich bestimmte Voraussagen Freuds, besonders über den Zusammenhang zwischen verdrängter Homosexualität und Paranoia, sehr wohl empirisch testen ließen. Er sagte dann, daß das klinische Material – als Produkt der freien Assoziation – stärker kontaminiert[17] werde als Freud angenommen hatte, wobei er den Psychoanalytiker Judd Marmor zitiert, der festgestellt hatte: „In Sitzungen, wo man sich von Angesicht zu Angesicht gegenübersitzt, wirkt der Gesichtsausdruck des Therapeuten, ein fragender Blick, ein Heben der Augenbrauen, ein kaum wahrnehmbares Kopfschütteln oder Achselzucken auf den Patienten als bedeutsamer Hinweis. Aber auch *hinter* der Couch wirken unsere 'Hm-Hmms' ebenso wie unser Schweigen, das Interesse oder Desinteresse, das sich in unserem Tonfall widerspiegelt, oder unsere Posi-

---

[17] [Marmor, zit. in Grünbaum, 1984, S. 211; deutsche Ausg. 1988, S. 345: Die freien Assoziationen des Patienten werden „durch die Werte und Erwartungen des Therapeuten stark beeinflußt (...)". A. d. Ü.]

tionsverlagerungen wie subtile Funksignale, die die Antworten des Patienten beeinflussen (...). Im Endeffekt tendieren Patienten jeder psychoanalytischen Schule in Abhängigkeit vom Standpunkt des Psychoanalytikers dazu, *bei freier Assoziation* 'genau die Art phänomenologischer Daten zur Sprache zu bringen, die die Theorien und Deutungen ihrer Analytiker bestätigen! So neigt jede Theorie zur Selbstbestätigung'" (Judd Marmor, zit. bei Grünbaum, 1984, S. 211; deutsche Ausg. 1988, S. 345).[18] Dies stützte nun angeblich Freuds klinische Beobachtungen, bewies jedoch, daß sein Gebäude – weil es auf Beobachtungen von Daten beruhte, die von den Patienten „produziert" werden – rissig war.[19] Letztlich zog Grünbaum den Schluß, daß die psychoanalytische Methode zwar epistemisch mangelhaft ist, daß jedoch außerklinische Untersuchungen Freuds Haupthypothese wohl noch beweisen könnten.[20]

---

[18] [Grünbaum greift dieses Zitat in der deutschen Übersetzung S. 428 nochmals auf und führt es weiter: „Freudianer bringen Material über den Ödipuskomplex und Kastrationsangst ans Licht, Jungianer Material über Archetypen, Rankianer über Trennungsangst, Adlerianer über Männlichkeitsstreben und Minderwertigkeitsgefühle, Horneyaner über Idealbilder, Sullivianer über gestörte zwischenmenschliche Beziehungen usw." *A. d. Ü.*]

[19] [Grünbaum, deutsche Ausg. 1988, S. 163: „Rechtfertigten seine (d.i. Freuds) klinischen Argumente die Erkenntnisansprüche, die er für seine entstehende Theorie erhob, indem er sie als 'wissenschaftlich' bezeichnete?
Meine Antwort ist zweifach. Die Argumentation, auf die Freud die Hauptthesen seines Werkes stützte, war im wesentlichen fehlerhaft, auch wenn die Redlichkeit der von ihm angeführten klinischen Beobachtungen nicht in Frage stünde. Darüber hinaus sind klinische Daten aus der psychoanalytischen Behandlungssitzung selbst epistemisch ziemlich fragwürdig, geschweige denn, daß man sie für bare Münze nehmen kann." *A. d. Ü.*]

[20] [Grünberg, deutsche Ausgabe 1988, S. 429: „Ich behaupte also nicht, daß jegliche Art von klinischen Daten als Beweis ganz und gar irrelevant sind. Aber intraklinische Ergebnisse können doch nur ganz eingeschränkt eine *potentielle* Relevanz, die über einen heuristischen Wert hinausginge, beanspruchen, und zur

Grünbergs komplexe Argumentation wurde nicht nur von den Philosophen kritisiert, die er widerlegte, sondern auch von manchen unter jenen, die die Psychoanalyse begraben wollten. Der Literaturkritiker und einstige „Freudianer" Frederick Crews (1985) schrieb zum Beispiel vom Ableben der Psychoanalyse und bemitleidete die Analytiker, die sich in einer „medizinischen und intellektuellen Scharade" verfangen hätten. Er brandmarkte Ernest Jones als Hagiographen und Freud als jemanden, der allenfalls Einblicke in seine eigene Seele geliefert habe.

Rechtfertigung der Überprüfbarkeit auf der Couch in dem Sinne, wie ihre freudianischen Vertreter sie behaupten (...), reicht das mit Sicherheit nicht aus."
Grünbergs Schlußfolgerungen stehen am Ende des 10. Kapitels (deutsche Ausg. S. 443: „Aus den Bewertungen, die ich in den vorangegangenen Kapiteln vorgenommen habe, gehen drei wesentliche Schlußfolgerungen hervor:

1. Sofern man nunmehr die Evidenz für das psychoanalytische Gedankengebäude aus den Produktionen der Patienten in der Analyse meint herleiten zu können, ist die Begründung dafür bemerkenswert schwach.

2. Angesichts meiner Darstellung der epistemischen Mängel, die der psychoanalytischen Methode eigen sind, scheint es so, daß die Bestätigung der Haupthypothesen Freuds, wenn überhaupt, in erster Linie über gut geplante *extra*klinische Untersuchungen entweder epidemiologisch oder auch experimentell erfolgen muß (...). Diese Einschätzung bedeutet jedoch weitgehend eine Aufgabe für die Zukunft. (...) Selbst wenn die bislang gewonnenen experimentellen Daten nützlich waren, so haben sie es doch nicht vermocht, irgendeine der *wesentlichen* Hypothesen Freuds zu stützen, deren klinische Beglaubigung ich als unzureichend kritisiert habe.

3. Trotz der Dürftigkeit der klinischen Zeugnisse kann es sich vielleicht doch noch herausstellen, daß Freud mit seiner glänzenden theoretischen Vorstellungsgabe tatsächlich einen guten Spürsinn hinsichtlich der Psychopathologie oder des Verständnisses einiger Unterarten von Fehlleistungen bewiesen hat. Während man also sagen kann, die Psychoanalyse sei wissenschaftlich 'lebendig', ist sie gleichwohl derzeit sicher nicht 'gesund', zumindest was ihre klinischen Grundlagen betrifft. (...)." A. d. Ü.]

Einer von den Geisteswissenschaftlern – Ilham Dilman (1984) – behauptete, Freud habe einen eigenständigen und bleibenden Beitrag zur Psychologie durch den Nachweis geliefert, daß seine Auffassung „eine nichtkausale Auffassung des Geistes [mind] war und daß sein Determinismus eine Sicht der Versklavung des Menschen unter einen Teil seiner selbst war, wie auch der Möglichkeit, daß der Einzelne sich aus einer solchen Bindung befreien kann" (S. 3). Dilman äußerte sich ausführlich über Freuds prägnante Denkweise und über den Wert seines Weges zur Selbsterkenntnis. Grünbaum wies natürlich ein solches Argument als übertrieben idealistisch zurück – mit der Behauptung, er habe keineswegs die Bedingungen nachweisen wollen, welche die Individuen fesseln. Ebensowenig befaßte sich Grünbaum mit Fragen der Freiheit und der Autonomie, da Dilman ja den Moralisten Freud angesprochen habe – und zwar aus einer moralphilosophischen und nicht aus einer wissenschaftsphilosophischen Perspektive.

Judith van Herik (1982) befaßte sich hingegen mit Phillip Rieffs Buch *Freud: The Mind of the Moralist*, wo Freuds „abschätziges Bild der Frauen" als Bestandteil der „allgemeinen kritischen Komponente westlicher Philosophien" angesehen wurde (S. 3). Bei der Parallellektüre von Freuds Ideen über Religion und über die Geschlechterfrage stellte sie fest, daß Freud verwandte mentale Strukturen in der Weiblichkeit und in der christlichen „Illusion", in der Männlichkeit und dem „jüdischen Wunschverzicht", im menschlichen (männlichen) Ideal und der nachreligiösen psychoanalytischen „Wissenschaftshaltung" ausfindig gemacht habe (S. 2). Der Vorrang und die Bedeutung des Vaters, die Gefahren von Wunscherfüllungsillusionen und die unterschiedlichen Wahrnehmungen der männlichen und weiblichen Entwicklung wurzelten alle in Freuds Psychologie der Religion, wie sie zeigte. Sie hielt allerdings Freuds Leistungen nicht für erledigt.

W. W. Meissner (1984a), ein Jesuit und Psychoanalytiker aus Boston, wies auf die Dynamik zwischen Religion und Psychoanalyse hin. Weil die Psychoanalyse in einer religionsfeindlichen Kultur entstanden sei, sagte er, habe Freud ein naturwissenschaftliches Modell des Geistes benutzt, so daß für ihn alles, was den Anschein des Spirituellen oder des „Übernatürlichen" hatte, Anathema war (S. 3–4). Die Religion tauchte bei ihm jedoch zeitlebens in den Traumerzählungen, in seinem Briefwechsel und in den eigentlichen Arbeiten über Religion auf. Wie Meissner feststellte, hatte Freud deshalb die Entwicklung des jüdischen Monotheismus in bezug zur psychischen und religiösen Dynamik und zum Wechselspiel zwischen gemeinschaftlichen und intrapsychischen Kräften – die Wurzeln religiöser Phänomene – erklärt (S. 133). Immerhin war auch Meissner der Auffassung, daß sich die Spannung zwischen Psychoanalyse und Religion wohl nicht ganz auflösen lasse, weil sie mehrere Dialektiken einschließe: die relative Betonung des Bewußten gegenüber dem Unbewußten; der Freiheit gegenüber dem Determinismus; des Verstehens der Erfahrung in epigenetischen oder reduktionistischen Termini; des Verhaltens entweder als teleologisch, moralisch oder triebbedingt motiviertem; und des Glaubens der Theologen an das Übernatürliche, den der Psychoanalytiker ablehnt (S. 205). Diese Schwierigkeiten könnten nach Meissner allerdings überwunden werden, wenn man die Zusammenhänge zwischen Kompatibilität und Inkompatibilität untersuchen würde, um Einblick in die menschlichen Freiheitsbedingungen zu gewinnen (S. 239–250).

In den sechziger Jahren trugen einige Soziologen interessante Erklärungen des sozialen Verhaltens vor. Zum Beispiel gab es David Riesmans (1950) Theorie vom „außengeleiteten" Menschen. Peter Berger (1963) sprach vom „Charaktermangel" aufgrund der vielen Rollen, die die Individuen in modernen Gesellschaften spielen müssen, und Erving Goffman (1959) stellte ein entsprechendes Bedürfnis nach einem „Beeindruckungsmanagement" fest.

In den siebziger Jahren vollzog sich ein bedeutsamer Wandel in den soziologischen Konzeptionen des Selbst, die alle unausgesprochen auf den Narzißmus ausgerichtet waren und allmählich zu einer freudianischen Konzeption neigten. Die einschlägigen Untersuchungen sollten das wachsende Eigeninteresse der „egoistischen Generation" erläutern.

Außerdem schienen die Diagnosen der Psychoanalytiker die Aussagen der Soziologen zu bestätigen, denn die Patienten, mit denen es die Analytiker jetzt zu tun hatten, zeigten weniger Symptome von strukturellen Neurosen, und die Hysterietypen, die Freud beschrieben hatte, kamen nicht mehr vor. Die Patienten zeigten jetzt Störungen in ihrer Arbeits-, Liebes- und Beziehungsfähigkeit. Hans Morgenthau und Ethel Person (1978) bemerkten, daß dem Symptomwechsel ein Wechsel in der theoretischen Akzentuierung entsprach: man orientierte sich nun an den Erklärungen und Ergebnissen von Mahler, Jacobson, Kohut und Kernberg. Sie stellten fest: „Die Bildung und Aufrechterhaltung des Ich-Ideals oder des idealen Selbst und des Über-Ichs in der Persönlichkeitsstruktur spiegeln den historischen Prozeß und die veränderten kulturellen Werte (...). Die aktuelle Kulturkrise zeigte sich in den vielen Facetten des Narzißmus und brachte den Verlust eines konsensuell bestätigten Wertemusters zum Ausdruck". Nach dem Hinweis der beiden Autoren kann die narzißtische Persönlichkeit als Antwort auf kulturelle Dilemmata entstehen und nicht einfach nur wegen einer gestörten individuellen Entwicklung. Allerdings hatte Freud diese Auffassung schon immer vertreten.

Als der kanadische Psychologieprofessor Morris Eagle (1984) die *Neueren Entwicklungen in der Psychoanalyse* zusammenfaßte, hob er hervor, daß Störungen des Selbst nicht nur aufgrund der kulturell anerkannten Praktiken der Kinderaufzucht entstehen können, sondern auch aufgrund von anderen gesellschaftlichen Faktoren (S. 73; deutsche Ausg. 1988, S. 96). Allerdings sagte er in erster Linie, daß die vielen Umformulierungen und Veränderungen mehr seien als bloße Erweiterungen von Freuds Thesen.[21] Mit dem

---

[21] Aufschlußreich ist die Feststellung, daß Eagle kein eigenständiges Kapitel für Kernberg reservierte (Eagle vermochte bei ihm „kein kohärentes System theoretischer Formulierungen" ausfindig zu machen) [Eagle, dt. Ausg. 1988, S. 5] und daß er Benjamin B. Rubinstein nicht mit aufnahm („Zum einen handelt es sich bei Rubinsteins Arbeiten (...) nicht um klinische und theoretische

Nachweis (anhand von Vergleichen mit aufwendigen Untersuchungen an Affen), daß die mütterliche Fürsorge (Objektbeziehungen) einen entscheidenden und selbständigen Faktor bei der Festlegung der affektiven und kognitiven Bindungen des Kindes darstellt, stützte er Balints Konzeption der „primären Objektliebe" und Fairbairns Konzeption der „objektsuchenden Libido" – im Gegensatz zu Freuds „nach Lust strebender" Libido und zum „primären Narzißmus". Eagles eigene Konzeptualisierung brachte ihn schließlich auf die Schlußfolgerung, daß biologische Imperative, als Quellen unseres Begehrens, ihren Weg zu unserer psychischen Welt und zur Erfahrungswelt finden müssen: die Organisation des Selbst ist eine biologisch entwickelte, adaptive und hierarchische Struktur, die mancherlei Funktionen koordiniert (S. 207; dt. Ausg. S. 267 f.) Eine solche Theorie oder vielmehr Synthese von divergierenden „klassischen" Theorien ist meines Erachtens eine Antwort auf das Babel der psychoanalytischen Praktiken und Sprachen, und sie könnte einen Angelpunkt bilden, um den die Fraktionen innerhalb der verschiedenen psychoanalytischen Vereinigungen sich sammeln könnten.

Die amerikanischen Freudianer mußten sich zudem mit einer Reihe von konkreten Auseinandersetzungen befassen. Bei seinem Kampf um die Konsumentenrechte Ende der sechziger und Anfang der siebziger Jahre forderte z. B. Ralph Nader, daß alle freiberuflich Praktizierenden, einschließlich der Psychoanalytiker, über ihre Tätigkeit Rechenschaft ablegen sollten. Das bedeutete unter anderem, daß die Freudianer unter Druck gesetzt wurden, ihre Professionalität dadurch zu „beweisen", daß sie Nachweise für die Wirksamkeit ihrer Therapien lieferten. Einige Analytiker, z. B. Otto Kernberg, Margaret Mahler und Robert Wallerstein, organisierten Kontrollgruppen, um den Fortschritt bei Psychoanalysepatienten so zu messen, wie dies andere Psychologen machen. Es gab andere Psychoanalyti-

---

Modifizierungen der Psychoanalyse, sondern vielmehr um begriffliche Analysen und Klärungen grundlegender psychoanalytischer Vorstellungen (...)" (Eagle, dt. Ausg. 1988, S. 5).

ker, die sich einfach wieder auf ihre medizinischen Beglaubigungen beriefen.[22] Um 1980 hatten die Behörden die Gelder für die Behandlung psychisch Kranker in Kliniken und Ambulanzen ebenso reduziert wie die Gelder für die Grundlagenforschung. Mit der schwersten Beeinträchtigung hatte sich allerdings die American Psychiatric Association zu befassen, als in der dritten Auflage des Diagnostic Manual (DSM III; 1980) [Diagnose-Handbuch] die Psychoneurose als eigenständige Krankheitskategorie gestrichen wurde: damit entfiel ein großer Teil der bisher gewährten Kostenerstattung. Dies führte zu einer Akzentuierung der physischen Anzeichen bei psychischen Krankheiten – der endgültige Schlag, um die „Kunst" der freudianischen Therapie einzuschränken und sie auf die Medizin „zurückzuführen".

Vergleiche zwischen dem kulturellen Einfluß Freuds in den verschiedenen Ländern

Siebzehn Jahre nachdem die Behandlung psychischer Störungen per Gesetz als kostenerstattungspflichtig deklariert wurde, behauptete der deutsche Soziologe und Journalist Hans-Martin Lohmann, daß ganze Heerscharen von Ärzten auf dem gebahnten Weg der Psychoanalyse zum sozialen Ansehen marschierten (1984a, S. 11). Er stellte die Frage, welche Korrumpierung des Bewußtseins dies zur Folge habe. Eine solche Konventionalisierung durch Selbstkastration war ihm zufolge schon von Adorno (1951) (und von Kurt Eissler) konstatiert worden, der vorausgesagt hatte, daß die Psychoanalyse schließlich aus Konformität und Selbstzufriedenheit zugrundegehen werde – etwas, das nicht

---

[22] Auch die Psychologen unterstrichen die Wissenschaftlichkeit ihrer Arbeit, und unter Mithilfe der American Psychological Association erhielt etwa die Hälfte ihrer fünfzigtausend Mitglieder, die eine Variante der klinischen und angewandten Psychologie praktizieren, aus der Öffentlichkeit ein positiveres Echo als die Freudianer.

länger an den Schlaf der Menschheit rührt. Allerdings sprachen Adorno und Eissler über die USA, wo Lohmann zufolge die Laienanalyse, die wohl weniger rigide sein konnte, schon viel früher, nämlich um 1928, ausgeschaltet worden war.

Allerdings konnte sich eine Professionalisierung in jedem Land erst dann ergeben, nachdem ein bestimmter Sektor der Öffentlichkeit psychoanalytische Prämissen akzeptiert hatte und nachdem führende Psychoanalytiker mit den Behörden zusammengearbeitet hatten, um die berufliche Zulassung zu reglementieren. (Es wird indessen auch behauptet, daß die Amerikaner ihre Pforten schon sehr früh schlossen und die Deutschen zwar Laienanalytiker auszubilden begannen, dann aber nur diejenigen zuließen, die eine „klassische" Ausbildung abgeschlossen hatten, spiegle die Interessen etablierter Gruppen wider.) Jedenfalls sprach die Psychoanalyse in den USA breite Bevölkerungsschichten an und ihr Überleben in der einen oder anderen Form wurde durch Maßnahmen der Regierung gesichert. In Deutschland war man dagegen auch der Auffassung, die Psychoanalyse müsse außerdem die Gesellschaftskritik vorantreiben. Als die Psychoanalyse jedoch durch den Erfolg von Mitscherlichs Unternehmung in einen therapeutischen Berufsstand umgewandelt worden war, verwandelte sie sich für einige dieser Therapeuten allmählich in eine Sinekure, ein einträgliches Amt. Die Einzeltherapie allein schloß nun die frühere Gesellschaftskritik – das kritische Element der Psychoanalyse – nicht mehr mit ein.

Mitscherlichs intellektuelle Nachfolger befaßten sich nun mit diesem „neuen Unbehagen". Sie schilderten die deutschen Psychoanalytiker als Geldscheffler, die ebenso wie ihre amerikanischen Ebenbilder hinter der Couch sitzen und sich zusammentun, um den Zugang zum Berufsstand einzuschränken und so ihren elitären Status zu schützen. Indem sie an Mitscherlichs Nachdruck erinnerten, die Psychoanalyse sollte auch ein Forschungsinstrument sein und es sollten Soziologen mit den Analytikern zusammenarbeiten, wandten sie sich nachdrücklich gegen die vorgeschlagene Medizinalisierung der deutschen Psychoanalyse. Sie argumentierten gegen die Vorbereitung einer Situation, in der ähnlich wie in den USA dürftig ausgebildete Therapeuten auf einem „Schwarzmarkt" praktizierten und die „bevollmächtigten" Praktiker als „elitär" abkanzelten. Natürlich kämpfen in Deutschland diese „Schwarzmärktler" auch um Patienten, die die von den Krankenkassen genehmigte Zahl von Behandlungsstunden bereits überschritten haben. Es wurde ausführlich Kritik an der Kurzsichtigkeit der Psychoanalytiker im Augenblick ihres Triumphes betrieben, weil sie sich so erneut in eine Kaste verwandelten, die eine Niederlage heraufbeschwöre – wenn nicht die „kritische Psychoanalyse" am Leben erhalten werde.

In Frankreich wurde eine solche Kritik von Lacan und von Gegenbewegungen wie der des „Anti-Ödipus" geübt (siehe 12. Kapitel), die die Legitimationsprozesse jeglicher Bewegung ausdrücklich in Frage stellten. Aber auch dort gewannen einfachere und kostengünstigere Therapien an Boden, nachdem die Psychoanalyse einmal akzeptiert worden war. Anderswo verlief dieser Prozeß ziemlich langsam, doch in Frankreich erlebte die Psychoanalyse einen ziemlich schnellen quantitativen Sprung.

In England faßte die Psychoanalyse außerhalb Londons nie wirklich Fuß und sie wahrte auch ihre Oberschicht-Aura. Immerhin sorgte der Umstand, daß die theoretischen Neuerungen von den Kinderuntersuchungen an der Hampstead- und Tavistock-Klinik sowie von den Objektbeziehungskonzepten der Middle Group ausgingen, für eine solide Verankerung der englischen Psychoanalyse.

In Österreich hatten die Adlerianer den Freudianern zwar den Weg in die Öffentlichkeit gebahnt, doch hatten den Freudianern zufolge die Adlerianer es den Individuen gestattet, ihre Abwehr gegen die Erkenntnis des Unbewußten unbeschädigt aufrechtzuerhalten, so daß ihre Patienten keine echte Psychoanalyse erlebt hatten. Dies scheint indessen für die meisten Länder zuzutreffen, die entweder vom Katholizismus oder vom Kommunismus beherrscht werden – in ersteren aufgrund der Religion, in letzteren aufgrund der Repression.

Freilich waren überall Generationsunterschiede festzustellen. Während ältere Leute die Psychoanalyse nach wie vor scheuten, außer wenn man sie als letztes Hilfsmittel benötigte, benutzten rebellierende Studenten sie in vielen Ländern dazu, um die ältere Generation zu kritisieren, wie man mir sagte. Nachdem die deutsche Jugend amerikanische Ideale, d. h. zumindest diejenigen ihrer eigenen Generation übernommen hatte, sah sie sich ermutigt, Freud in Verbindung mit Marx erneut zu überprüfen, und zwar hauptsächlich als Gegenmittel gegen den Faschismus. Als die deutschen Jugendlichen jedoch einem Antiamerikanismus verfielen (angeblich als Reaktion auf den Vietnamkrieg), veranlaßten die – allerdings oberflächlichen – Untersuchungen über die amerikanische Geschichte sie dazu, auch ihre eigene Vergangenheit etwas genauer zu betrachten. Dies wiederum nötigte sie dazu, von ihren eigenen Ambivalenzen Notiz zu nehmen und sie psychoanalytisch zu überprüfen. In Österreich gab es weniger radikale Studenten, und Figuren wie Horkheimer und Adorno, die als Lehrer nach Wien zurückkehrten, fehlten dort (nachdem sie für die Verbreitung des kritischen Denkens gesorgt hatten, wurden sie als zu unkritisch angegriffen). Somit waren die deutschen Intellektuellen gezwungen, sich mit ihrer Komplizenschaft mit den Nationalsozialisten zu befassen, während es den österreichischen Intellektuellen gelang, sie zu vertuschen oder zu „vergessen": sie verhielten sich so, als wären sie Hitlers Opfer und nicht seine Gastgeber gewesen.

Die USA ist mit ihren 250 „offiziellen" Therapien – von der „aktiven analytischen Psychotherapie" Wilhelm Stekels bis zu Zaraleyas „psychoenergetischer Technik" – zur führenden „therapeutischen Gesellschaft" geworden. Freud würde nur die wenigsten dieser Therapien akzeptieren, obwohl alle in einer gewissen Beziehung zur Psychoanalyse stehen: einige leugnen die Existenz des Unbewußten, wenn sie sich nicht auf die Arbeit an diesem beziehen; andere sprechen zwar von Ich oder Selbst, leugnen indessen jeden Bezug zur klassischen Analyse, indem sie die Einzigartigkeit oder Wirksamkeit der eigenen Praktiken behaupten; und wiederum andere bestehen auf ihrer Herkunft von Freud (auch wenn sie „offiziell abweichen"). (Immer mehr von diesen „leichteren" Therapien werden nach Europa verpflanzt, wo man sie den jeweiligen Bedingungen anpaßt.) Auch wenn sich die klassischen Freudianer auf eine immer kleiner werdende Kaste beschränken, sind psychoanalytische Ideen bis ins kleinste amerikanische Dorf und in jede intellektuelle Unternehmung eingedrungen – wenn nicht direkt, dann indirekt. Und ebenso wie das Coca-Cola, die Ivory-Seife und die Blue Jeans werden sie in der gesamten übrigen Welt gehandelt und anerkannt.

11. Kapitel
Theoretische Neuerungen

Am Ende des Zweiten Weltkrieges waren die theoretischen Grenzlinien gezogen. Obwohl Adlerianer und Jungianer unter dem Nationalsozialismus gemeinsame Sache mit den Freudianern gemacht hatten, galten sie für die Freudianer nunmehr als unerwünschte Persönlichkeiten. Die Anhänger Otto Ranks bevorzugten Kurztherapien und entwickelten lieber Techniken für sich selbst und für andere „Nachahmer". Die „Kulturalisten" hatten sich abgesondert, so daß die „Szientisten" ihre Theorien ohne störende Eingriffe weiterentwickeln konnten. Sie alle hatten auch ihre eigenen Vereinigungen. Die meisten Anhänger von Abraham und Eitingon bevorzugten Anna Freuds Auffassungen über die Abwehrmechanismen; die meisten Anhänger Ferenczis hingegen die Techniken von Melanie Klein. Die eklektischeren Analytiker der Middle Group untersuchten die Einzelheiten der Objektbeziehungen. Als jedoch immer mehr Freudianer, ebenso wie ihre Nachahmer, Vermittler und Erneuerer, die von Freud hinterlassenen psychologischen Rätsel zu lösen versuchten, brachten sie ein wahres Babel von Theorien hervor.

Der erzwungene Exodus aus Mitteleuropa hatte nicht nur die frühen Analytiker über die ganze Welt verstreut, sondern auch ihr Bewußtsein für neue Situationen geweckt, die sie unverzüglich analysierten.[1] Dabei formulierten sie zahlreiche Freudsche Begriffe um und fügten neue hinzu. Da Freud ihre Beiträge nun nicht mehr aufnehmen und zusammenfas-

---

[1] Siehe z. B. die Bemerkungen über die amerikanische Kultur bei Schick (1968), Deutsch (1945; 1973), Hartmann (1939).

sen konnte und Anna Freud dazu nicht genügend Autorität besaß, fehlte den Freudianern ein echtes theoretisches Einheitszentrum. In England ließen die institutionellen Bedingungen es zu, daß „viele Blumen blühten", während in den USA die sogenannten Ich-Psychologen die Oberhand hatten. Weil die Analyse der Abwehrmechanismen ichorientiert ist, neigten Anna Freud und die Amerikaner zu einer völligen Übereinstimmung, während Melanie Kleins Ideen bei zahlreichen Südamerikanern Anklang fanden, von Lacan gelobt wurden und Londoner Analytiker wie D. W. Winnicott, Joan Riviere und Paula Heimann anregten. Da sich einige Ideen von Melanie Klein und ihren Anhängern wie auch solche von französischen Analytikern wie Béla Grunberger und Maria Torok (die aus Ungarn kam) sich auf Ferenczi zurückführen lassen, wurde von einigen Leuten behauptet, sie setzten die Budapester Schule fort. (Deren Wiederbelebung in Budapest ist wiederum ein anderes Phänomen.)

Wo auch immer die Freudianer ihren Ursprung sahen, sie stellten sich in eine Verbindungslinie zu Freud, und zwar nicht nur aus Loyalität, sondern aus dem Wunsch heraus, ihre eigenen Konzepte zu fördern: sie alle wollten neue Mitglieder gewinnen und über ihre unmittelbare Umgebung hinaus wirken. Mit dem Vortrag der Arbeiten auf den IPA-Kongressen wurden die besten oder zumindest die überzeugendsten Theoretiker geehrt. Auf diese Weise übertrugen die Globetrotter-Psychoanalytiker neue Ideen von einem Kontext in den anderen und setzten die Bewegung fort.

Die Entstehung der angelsächsischen Ich-Theorie

Wir haben bereits festgestellt, weshalb Anna Freud und Melanie Klein sich nicht vertrugen und daß Jones versuchte, ihre Differenzen „aufzulösen". Die Spaltung in der Londoner Gruppe reicht jedoch nicht aus, um den außergewöhnlichen Erfolg der Ich-Psychologie in den USA oder die bereitwillige Gefolgschaft der amerikanischen Freudianer gegenüber Heinz Hartmann zu erklären. Hartmanns „Ego Psychology and the Problem of Adaptation" (1958) wurde ursprünglich der WPV 1937 präsentiert, ein Jahr nachdem Anna Freud (1936) gezeigt hatte, daß das Ich aufgrund seiner Verbindung mit der wahrgenommenen Realität zur Beherrschung der Es-Mechanismen tendiert. Zuvor hatte überdies auch Ivo Hendrick (1936) nachgewiesen, daß die Individuen die Realität unter Anwendung ihrer Kompetenz und Ich-Stärke beherrschen, und Siegfried Bernfeld war zu dem Ergebnis gekommen, daß die Menschen ihre eigenen Interaktionsweisen meist auf andere projizieren.

Theorien werden freilich stets in besonderer Weise projiziert und übernommen. Hartmanns These, daß die Anpassung an Gesellschaftsstruktur und Kooperation für die Menschen wesentlich sei, fand beispielsweise erst 1939 nach seiner Ankunft in den USA Beachtung (1939; 1958, S. 31). Sie stimmte allerdings mit der populären Ideologie vom Schmelztiegel überein und lieferte einen theoretischen Hintergrund für allgemeine Überzeugungen. Außerdem konnte sie erklären, weshalb es bestimmten Gruppen von Immigranten besser erging als anderen und warum sich in Europa ganze Bevölkerungen dem Faschismus anpaßten. Im Zweiten Weltkrieg untersuchten die Freudianer die relevanten Mechanismen des intrapsychischen Konflikts, indem sie sich mit der Integration und Koordination gegensätzlicher Triebe befaßten, wie Freud in *Das Ich und das Es* (1923b) vorgeschlagen hatte.

Bei Kriegsende konnten Hartmann, Kris und Loewenstein (1946) zuversichtlich behaupten:

„Die Psychoanalyse hat sich unter sozialen Bedingungen weiterentwickelt, wie sie für die Wissenschaften selten sind. (...) Die Situation der vierziger Jahre erinnert kaum noch an die Zeit der einstigen Zusammenarbeit; große Gruppen von Psychoanalytikern arbeiten so, daß ihr Kontakt untereinander immer lockerer wird, und die Verbreitung psychoanalytischer Konzepte in der Psychiatrie, ihre Ausdehnung auf die psychosomatische Medizin, die Sozialarbeit und auf verschiedene pädagogische und psychologische Techniken eröffnet neue Entwicklungsaussichten" (S. 11).

Die Autoren, die sich vorgenommen hatten, alle Modifizierungen und Umformulierungen von Freuds Theorien unter einen Hut zu bringen, wollten die früheren Hypothesen und die späteren Veränderungen integrieren und sich mit den Problemen der Ich-Entwicklung und der Bildung des Über-Ichs befassen (1946, S. 13). Sie hofften die psychoanalytischen Termini in einer strukturellen Perspektive zu klären, indem sie sie von Fragen der Libidoentwicklung abtrennten und diesen unterordneten. Ferner behaupteten sie, die Begriffe 'Es', 'Ich' und 'Über-Ich' seien bereits in gewissen Formulierungen aus der Zeit nach 1890 angelegt gewesen. Und mit dem Nachweis, daß in jüngster Zeit gesammelte empirische Daten tatsächlich in Freuds „drei psychische Funktionszentren" paßten, die charakterisiert werden durch ihre Entwicklungsstufe, ihren Energiebetrag und ihre jeweilige Abhängigkeit voneinander, lieferten sie eine weitere Rechtfertigung für ihre Behauptungen (S. 14). Ihre Beziehung zur Freudschen Orthodoxie sollte zum Gegenstand mancher späterer Auseinandersetzung werden. Freud selber hatte sich keineswegs klar geäußert: In *Jenseits des Lustprinzips* (1920g) hatte er den Schluß gezogen, daß „das Ich das eigentliche und ursprüngliche Reservoir der Libido sei" [1920g; *Stud.*, Bd. III, S. 261], wohingegen er zwei Jahre später das Es als „das große Reservoir der Libido" bezeichnete [ebd., S. 261, Anm. 1]. Strachey zufolge hatte Freud zwei Prozesse im Auge: 1. ursprüngliche Libidobesetzungen gehen vom Es indirekt ans Ich; 2. die gesamte Libido geht vom Es ans Ich und erreicht die Objekte nur indirekt (*S. E.*, Bd. XIX, S. 63–66).[2] Jedenfalls entschieden sich Hartmann, Kris und Loewenstein für die folgende Lesart Freuds:

1. Sie nahmen von physiologischen Zuordnungen Abstand, obwohl Freud ein solches Modell für seine

---

[2] Oberflächlich gesehen lassen sich Objekte mit Menschen oder Personen vergleichen, Objektbeziehungen mit interpersonalen Beziehungen: allerdings verweisen diese Konzepte auf unbewußt „internalisierte" Bedeutungen und potentielle Interpretationen, die das Subjekt zu einem bestimmten Verhalten veranlassen.

Begriffsbildung benutzte. Doch Freud hatte einmal geäußert, er bevorzuge solange die psychologische Terminologie, bis ein adäquates physiologisches Vokabular zur Verfügung stehe (1946, S. 15).[3] Da die Zeit für eine solche Substitution noch nicht reif war, entschieden sie sich dafür, von Freuds Parallelen zwischen dem psychischen System und dem Zentralnervensystem Abstand zu nehmen. (Dadurch setzten sie sich, besonders in Frankreich, den Angriffen einiger Psychosomatiker aus, die forderten, die Psychoanalyse müsse biologische, psychische *und* sprachliche Faktoren miteinander verbinden.)

2. Sie lehnten den Gebrauch einer Metaphernsprache als unwissenschaftlich ab, weil die Metapher in die Bedeutung eingreife und die Strukturkonzepte anthropomorphisiere. Deshalb wandten sie sich auch gegen Franz Alexander, für den Es, Ich und Über-Ich zu „exaltierten Schauspielern auf der psychischen Bühne" geworden waren (S. 15). (Die Ablehnung metaphorischer Formulierungen richtete sich auch gegen die französische Spielart.)

3. Sie beschlossen das Wort 'Ich' in Freuds Texten durch das Wort 'Selbst' zu ersetzen, weil Freud den Terminus zweideutig gebraucht hatte, manchmal für die gesamte Person, manchmal für ihre psychische Organisation. (Diese Unterscheidung sollte die Psychoanalyse wissenschaftlicher erscheinen lassen, wie es hieß.)

4. Statt von Zustimmung oder Ablehnung des Über-Ichs zu sprechen, befaßten sie sich mit den Spannungsgraden zwischen psychischen Mechanismen. Dieses Vorgehen sollte zu einem Entwicklungsmodell der Ich-Kontrolle

---

[3] Z. B. wurde von der englischen Übersetzung von *Jenseits des Lustprinzips* in *Beyond the Pleasure Principle* gesagt, daß sie die Freudsche Bedeutung nicht korrekt wiedergebe und dennoch für bare Münze genommen werde. Das entscheidende Wort dabei ist *jenseits*, das sich übersetzen ließe mit 'on the other side of' ('auf der anderen Seite von'), mit der Nebenbedeutung von 'on the other side of life' (im Jenseits).

führen. Untersuchungen an Kindern hatten umfangreiche empirische Informationen über die Auswirkungen
der Reinlichkeitserziehung ergeben – über Reize, die auf
die Konflikte zwischen Ausscheiden und Zurückbehalten, Kontrollversuche des Kindes und Forderungen der
Mutter einwirken –, und man hoffte diese Daten
systematisch fassen zu können. Weil die Metaphern
Freuds ihnen Einsicht in die Rolle der Anthropomor-
phisierung im introspektiven Denken verschafft hatten,
entschlossen die Autoren sich dazu, seine Struktur-
begriffe zu verwenden und diese von den Trieben
abzugrenzen (S. 17–21).

5. Nach ihrer Auffassung setzen die Abwehrmechanismen
zur Kontrolle der Triebe gegen Ende des ersten Lebensjahres ein, und zu dieser Zeit sind auch die dauerhaften
Objektbeziehungen (zur Mutter) vorhanden. Aufgrund
dieser neuerworbenen Sicherheit nimmt die Angst neue
Formen an (S. 27).

6. Nachdem die zentrale Bedeutung der Abwehrmechanismen ermittelt worden war, befaßten die Autoren sich
mit den spezifischen Formen der Ich-Abwehr – um mit
Es-Impulsen, mit der Außenwelt und später mit dem
Über-Ich zurechtzukommen. Die Verdrängung wurde
nun als scharfe Abgrenzung zwischen Es und Ich
konzipiert (S. 28–29). (Deshalb brachte man in den
fünfziger und sechziger Jahren den amerikanischen
Ausbildungskandidaten bei, der analytische Fokus müsse auf den Abwehrmechanismen liegen.)

7. Die Autoren beschrieben die Ersetzung des Lustprinzips durch das Realitätsprinzip als einen Lernprozeß,
bei dem libidinöse Energie in zielgehemmte libidinöse
Energie umgewandelt wird. Mit diesem Prozeß wird
zudem die innere Welt des Kindes reicher, wie sie
feststellten (S. 30).

8. Indem sie Freuds Ideen über die Bildung des Über-Ichs
in der ödipalen Phase zusammenfaßten, wollten die
Autoren erläutern, wie frühes (und starres) Moralver-
halten differenziert wird; d. h. sie unterschieden zwischen der Identifizierung des Kindes mit dem idealisier-

ten Elternteil (dessen Wahrnehmung sich im Laufe des Reifungsprozesses verändert) und der psychischen Energie, die sublimiert und bei der Idealisierung gebraucht wird, sowie den verinnerlichten aggressiven Haltungen, die sich als die Energie hinter den Forderungen des Über-Ichs herausstellten.

9. Im Gegensatz zu Freud, der die Persönlichkeitsentwicklung an diesem Punkt für mehr oder weniger abgeschlossen hielt, waren Hartmann, Kris und Loewenstein der Ansicht, daß bestehende psychische Strukturen gerade durch die Entwicklung selbst verändert werden. (Dies bedeutete eine Bestätigung von Piagets Theorie über die moralische Entwicklung des Kindes – von einem moralischen Absolutismus zur Differenzierung – auf dem Weg einer allmählichen Anpassung der Über-Ich-Funktionen in der Latenzzeit.)

10. Wenn die Halbwüchsigen außerhalb der Familie nach Unterstützung suchen, können sie sich auch für eine neue Reihe von Idealen entscheiden. Dabei werde die zur Entwicklung des Über-Ichs gehörende Voraussetzung – nämlich die Rebellion – reaktiviert. Diese Situation löst wiederum Veränderungen in der Identifizierung aus, wie festgestellt wurde.

11. Das Über-Ich nimmt aber auch Hinweise und Anregungen von kulturellen Kräften auf, die seine Funktion beeinflussen. Die Autoren verfolgten diesen Punkt jedoch nicht weiter, sondern sagten einfach, wenn die gesellschaftlichen Werte sich rasch veränderten und nicht durch neue ersetzt würden oder wenn die ältere Struktur des Über-Ichs nicht durch neue Verhaltensideale ergänzt würde, dann entwickelten sich die Individuen zum Gehorsam (S. 34–35).[4]

---

[4] Sie stellten zudem fest, daß Konformität (gehorsame Anpassung) in der Adoleszenz entstehe, und sie lokalisierten die Fragen der Massenpsychologie und des Faschismus genau an diesem Punkt. Allerdings erklärten sie nicht, wie sie von den Beobachtungen an einzelnen Halbwüchsigen zu gesellschaftlichen Phänomenen gelangten.

12. Zum Schluß wiederholten sie, für die Bildung der psychischen Struktur seien dynamische und genetische Variablen verantwortlich, und sie schlugen vor, ihre Hypothesen mittels psychoanalytischer Beobachtung von Kleinkindern und Kindern zu beweisen (S. 36).

Die grundlegenden Aussagen von Hartmann, Kris und Loewenstein wurden für die amerikanischen Freudianer für die beiden folgenden Jahrzehnte zur Bibel. Sie förderten und unterstützten die wissenschaftliche Forschung in Pädagogik, Entwicklungspsychologie und Sozialpsychologie. Auf dem IPA-Kongreß von 1949 standen die Blumen, die sie gepflanzt hatten, nach wie vor in voller Blüte. Die renommiertesten Publikationen der Freudianer – *International Journal of Psychoanalysis*, *Psychoanalytic Quarterly* und *Psychoanalytic Study of the Child* – veröffentlichten immer häufiger Beiträge zu den Themen 'Ich' und 'Über-Ich' und über die Techniken zur Aufhebung der Ich-Abwehr. Die Ich-Psychologie gewann allmählich die Oberhand über die meisten anderen Ansätze. Obwohl auch die Freudianer ihre Quasi-Häretiker vorzuweisen hatten, trieben die von ihnen ausgelösten Diskussionen die Ich-Psychologie voran und legitimierten diese.

So behauptete z. B. Jeanne Lampl-de Groot, die Konzentration auf Ich und Über-Ich tendiere dazu, die Bedeutung der Es-Triebe bei ihrer Bildung zu leugnen. Mit Hartmann stimmte sie zwar darin überein, daß das Ich sich aus einem angeborenen Kern heraus entwickle, legte aber den Akzent mehr auf das Es (als Reservoir psychischer Kräfte und als determinierend für die Triebentwicklung). Damit warf sie die Frage auf, ob es denn wirklich eine undifferenzierte Phase gebe, aus der sowohl das Ich als auch das Es entstehe. Ihrer Ansicht nach entwickelt sich der Intellekt vielmehr aus einem angeborenen Ich-Kern, aus Freuds „Triebregungen", die ebenso wie Piagets „réflexe héréditaire" [erblicher Reflex] in Kontakt mit der Umwelt stehen – zunächst mit dem Es und später mit dem Über-Ich. Damit stützte Lampl-de Groot die Aussagen von Hartmann, Kris und Loewenstein, indem sie behauptete, die Selbstachtung werde gestärkt, wenn Ich-Ideal und Urteilsfunktion eine Einheit bildeten (S. 10). Sie hielt sich freilich nicht streng an die orthodoxen Auffassungen, sondern machte sogar Anleihen bei Adlers Ideen über die Macht und stimmte einigen Beobachtungen der Psychologen Karl und Charlotte Bühler und William Stern zu. Und ebenso wie Anna Freud postulierte sie das Über-Ich als Erbe des Ödipuskomplexes – verinnerlicht mittels Identifizierung, mithin vom elterlichen Einfluß abhängig.

Die radikaleren theoretischen Ansichten, die auf dem ersten Nachkriegskongreß der IPA diskutiert wurden, wurden rasch preisgegeben. 1949 präsentierte Lacan die neue Fassung seiner Arbeit über „Das Spiegelstadium als Bildner der Ich-Funktion, wie sie uns in der psychoanalytischen Erfahrung erscheint"; Daniel Lagache von der SPP „Von der Homosexualität zur Eifersucht"; Henri Flournoy aus der Schweiz sprach über „Poesie und Kindheitserinnerung", während Karl Müller-Braunschweig und Harald Schultz-Hencke darüber diskutierten, ob Schultz-Henckes Neo-Psychoanalyse noch Psychoanalyse war oder ob sie eine Handreichung für Hitler gewesen sei (*Bulletin*, S. 177–208). Ein sehr viel breiteres Spektrum von Aufsätzen wies jedoch auf die künftige Vorherrschaft der Ich-Theorie hin: der Londoner Edward Glover sprach über die „Funktionalen Aspekte des psychischen Apparats", sein Kollege Willy Hoffer über „Orale Aggressivität und Ich-Entwicklung", René Spitz über „Angst in der Kindheit: Eine Untersuchung ihrer Phänomenologie", Gustav Bychowski vom New York Psychoanalytic Institute über die „Therapie des schwachen Ichs". Anna Freud präsentierte „Einige klinische Bemerkungen über die Behandlung der männlichen Homosexualität"; die Freudianer debattierten über die Verdienste von Michael Balints „Veränderungen in therapeutischen Zielen und Techniken" und über Rosenfelds Beitrag „Zur Psychopathologie von Verwirrtheitszuständen bei chronisch Schizophrenen". Insgesamt wirkten die von einer Reihe von Londonern unterstützten wissenschaftlichen Formulierungen der amerikanischen Ich-Psychologen auf ihre Kollegen so nachhaltig, daß diese sie zu übernehmen suchten. Jedenfalls waren Hartmann, Kris und Loewenstein bereits dabei, die theoretische Tendenz zu beherrschen.

Anna Freud versus Melanie Klein

Melanie Kleins Beitrag zum Kongreß von 1949 hieß „On the Criteria for the Termination of a Psycho-Analysis" [„Über die Kriterien zur Beendigung einer Psychoanalyse"]. Sie sprach über die Konflikte und Ängste im ersten Lebensjahr und befaßte sich vor allem mit den beiden ihrer Ansicht nach wichtigsten Entwicklungsprozessen – der „paranoid-schizoiden Position", bei der die Angst am größten ist, und der „depressiven Position", bei der das Kleinkind sich von der Mutter abzugrenzen beginnt und erkennt, daß es sie zugleich liebt und haßt. Sie postulierte, daß das kindliche Ich aus den frühesten Mechanismen der Projektion und Introjektion entstehe und sprach davon, daß „Dinge nach außen verlagert" und „innerlich aufgenommen" werden. Aus der Aussage, daß die ersten oralen Erlebnisse des Kindes, seine Wahrnehmungen, seine Befriedigungen und seine Reaktionen auf das Stillen alle späteren Entwicklungsstufen beeinflussen, ergibt sich, daß die frühesten somatischen Erlebnisse sich zwangsläufig um die Ernährung drehen. Für Anna Freud hingegen gehen Störungen bei Kindern auf die mißglückte Auflösung des Ödipuskomplexes zurück – eine Stufe, die erst lange nach dem ersten Lebensjahr eintritt. In ihrem heuristischen Schema wird das kindliche Ich primär durch die Art und Weise gebildet, wie es seine Triebe verdrängt und mit der Integration dieser Instinkte während der ödipalen Phase fertig wird. Damit begründete sie ebenso die Ödipustheorie ihres Vaters wie ihre eigene Betonung der Abwehrmechanismen.

Melanie Klein entwickelte in *Die Psychoanalyse des Kindes* (1932; 1934) Freuds Gegenüberstellung von Lebens- und Todestrieben weiter. Sie stellte fest, daß Trauer die erschreckendsten Ängste der frühen Kindheit reaktiviert. Anhand der Beobachtung, wie diese Angstanfälle bewältigt werden, entwickelte sie sowohl ihre Theorie der depressiven und der paranoid-schizoiden Position als auch ihre Gedanken über die Mechanismen der Wiederherstellung und Wiedergutmachung – aufgrund der kindlichen Wahrnehmung und anschließenden Internalisierung von Liebe, Haß und Sadismus und von guten und bösen Objekten. Freud hatte sich jedoch ausführlicher darüber geäußert, wie der Trauernde die Realität prüft, während Klein sich dafür interessierte, wie und warum die Trennung jene frühesten unbewußten Phantasien wiederbelebt, die zu den Verfolgungsgefühlen und zur manischen Abwehr geführt hatten. Sie stellte fest, daß jede Trennung von einer geliebten Person Trauer auslöst und dadurch die traumatischen Ereignisse zusammen mit dem Erschrecken des Kleinkinds vor der völligen Desintegration und totaler Vernichtung – der tiefsten Angst, die durch das innere Wirken des Todestriebs ausgelöst wird (Segal, 1979, S. 115).[5] Deshalb betrachtete Klein den Kampf zwischen Lebens- und Todestrieben schon vom Zeitpunkt der Geburt an als zentral für das Überleben. Freud hatte dagegen angenommen, daß der Umgang mit diesem Konflikt zusammen mit dem ödipalen Trauma gelöst werde und daß er überdies ein Ausdruck der Kastrationsangst sei.

In ihren späteren Arbeiten fügte Klein (1957) noch den Neid als eine der fundamentalen und ursprünglichen, in der frühkindlichen Phase enstehenden Gefühlsregungen hinzu. Sie hielt die (erfolgreichen oder mißlungenen) ursprünglichen Stillerlebnisse für den Dreh- und Angelpunkt des künftigen Seelenlebens und befaßte sich deshalb besonders mit den Reaktionen des Kleinkinds auf die mütterliche Brust:

> „Die von der Mutter empfangene Liebe, Fürsorge und Nahrung lösen im Kind zwei entgegengesetzte Reaktionen aus: einerseits eine Reaktion der Dankbarkeit, die zur Liebe führt, zu einer primitiven Form von Dankbarkeit, und andererseits Abneigung und Neid aufgrund der Erkenntnis, daß die Quelle von Nahrung, Liebe und Wohlbehagen außerhalb des eigenen Selbst liegt. Diese Gefühle

---

[5] Segal faßt hier die Arbeit von Melanie Klein (1935), „Zur Psychogenese der manisch-depressiven Zustände", zusammen.

hängen nicht nur mit der körperlichen Ernährung zusammen. Denn das zufriedengestellte Kind (...) idealisiert die Brust und erlebt sie als Quell der Liebe, des Verstehens, der Klugheit und der Kreativität (...) Neid gegenüber der Brust wird zwar durch Befriedigung ausgelöst (...), kann aber paradoxerweise auch durch Enttäuschung und Deprivation ausgelöst werden" (Segal, 1979, S. 139–140).

Als Klein zwischen Neid, Eifersucht und Gier detaillierte Unterscheidungen zu treffen begann, riet sie ihren psychoanalytischen Kollegen, wie sie dem Patienten helfen könnten, abgespaltenen Neid zu integrieren. Sie erwartete von ihnen, daß sie die „richtige" Technik erlernten, um die unvermeidlichen „negativen therapeutischen Reaktionen" zu überwinden, die von der anfänglichen Reaktion des Kindes auf den Therapeuten ausgelöst werden. Außerdem stellte sie fest, daß der Neid bei schwer gestörten Kindern konstitutionell war und deshalb weder geändert noch integriert werden konnte. Der Ausdruck 'Konstitution' brachte indessen erneut die „Natur" ins Spiel sowie jene metaphorischen und biologischen Zusammenhänge, welche die Ich-Psychologen lieber ausklammern wollten.

Die theoretischen Auseinandersetzungen zwischen den Anhängern von Anna Freud und Melanie Klein wurden zwangsläufig intensiver, nicht nur weil ihre Ideen immer stärker voneinander abwichen, sondern weil die Differenzen im Rahmen der Kindertherapie ausgetragen wurden, die den Kern ihrer Arbeit und den Mittelpunkt ihrer beruflichen Identität bildete. So brachte Anna Freud ihren Schülern bei, ein Bündnis mit den Ichfähigkeiten ihrer jungen Patienten einzugehen. So lange das Kind von seinen Eltern abhängig war, konnte es ihr zufolge keine praktikable psychoanalytische Übertragung geben. Kindertherapie war deshalb so lange nicht möglich, als kein ausreichend starkes Über-Ich ausgebildet war, das mit der tatsächlichen elterlichen Autorität umgehen konnte – d. h. nicht vor dem fünften Lebensjahr. Melanie Klein dagegen, die annahm, daß aufgrund der allgemeinen Angst und Abhängigkeit auch bei ganz kleinen Kindern eine starke und frühe Übertragung herstellbar war, vertrat die Auffassung, daß ungeachtet der Schwierigkeit, an die Kinder heranzukommen, die Analytiker versuchen sollten, die Störungen unverzüglich aufzuspüren und im geeigneten Augenblick über sie zu sprechen. Eben weil sie glaubte, daß das frühe Wechselspiel zwischen Liebe und aggressiven Impulsen den Verlauf des ödipalen Konflikts festlegt, hoffte sie diese frühesten Erlebnisse direkt ansprechen zu können. Je früher dies geschehe, behauptete sie, desto „leichter" könne es dem Kind fallen, sich daran zu erinnern, und um so weniger würde das Kind darunter leiden.

Dieser theoretische Konflikt wurde beispielhaft auf dem Hamburger Kongreß von 1985 vorgeführt, als die Londoner Kleinianerin Edna O'Shaugnessy beschrieb, wie sie einem dreieinhalbjährigen Jungen geholfen hatte. Sie schilderte seine erschreckenden Ängste, sein übermäßiges Anklammern an die Mutter und sein Mißtrauen ihr gegenüber, und berichtete dann, wie es ihr gelungen war, durch Spielen, Reden und Deuten sein Vertrauen zu gewinnen. Ihrer Ansicht nach half ihm die Analyse dabei, eine besondere Krise zu überwinden, und deckte gleichzeitig tieferliegende Probleme auf, die mit seiner frühen Entwicklung zusammenhingen. Kurz vor dem Ende ihres Vortrags erhob der französische Kollege und frühere IPA-Präsident Serge Lebovici den Vorwurf, sie habe zu stark interveniert und sich auf die Art von suggestiven Deutungen verlassen, welche die Ich-Psychologen vermeiden. Er bezweifelte, daß sie den von ihr behaupteten Einfluß habe nehmen können oder daß sie auch nur eine der tieferliegenden Störungen des Kindes erfaßt habe. Oberflächlich gesehen schienen seine Bemerkungen sich zwar ausschließlich auf Fragen der therapeutischen Methode zu beziehen, aber sie spielten auch auf die Geltung seiner eigenen, eher klassischen Theorien und Methoden an.

Immerhin ist zumindest eines von Melanie Kleins Konzepten – die projektive Identifizierung als Strukturierungsmechanismus für die Funktionen der Psyche – inzwischen von einer Reihe von Freudianern übernommen worden, die der Hauptströmung angehören. Im Kern bezieht dieses

Konzept sich auf die primitive Projektion und postuliert, daß das Selbst in der Phantasie entweder teilweise oder ganz 'in' (und nicht 'auf') ein Objekt projiziert wird. Die zu dieser besonderen Ansicht des psychischen Aufbaus gehörende Therapie wurde für die Behandlung von Patienten mit psychotischen Wahnvorstellungen und für Borderline-Patienten als besonders nützlich angesehen. (In den USA hatte man solche Patienten lange Zeit an die Psychiater überwiesen.) Als der Londoner Freudianer und frühere Direktor des Sigmund-Freud-Zentrums in Jerusalem, Joseph Sandler, demonstrierte, weshalb 'projektive Identifizierung' ein so hilfreiches Konzept ist, erklärte er, daß Anna Freud es in ihrem Begriff der „altruistischen Hingabe" [„altruistic surrender"] vorweggenommen habe, als sie das „Leben durch eine andere Person" beschrieb und auf die Bedeutung von Ersatzbefriedigungen und verbotenen Wünschen hinwies (1984b, S. 8). Klein war indessen über eine solche „oberflächliche" Projektion noch hinausgegangen:

> „Die projektive Identifizierung hat vielfache Ziele, insofern als sie sich, um eine Trennung zu vermeiden, auf das ideale Objekt richten kann (...) sowie auf das böse Objekt, um die Kontrolle über die Gefahrenquelle zu erlangen (...), weil nämlich böse Teile des Selbst projiziert werden können, um sie loszuwerden, aber auch, um das Objekt anzugreifen und zu zerstören; während gute Teile projiziert werden können, um eine Trennung zu vermeiden oder um sie vor bösen inneren Dingen zu schützen, oder um das äußere Objekt durch eine Art primitiver projektiver Wiedergutmachung zu verbessern." (Sandler, 1984b, S. 9)

Sandler zufolge lösen Individuen das projizierte Verhalten bei anderen durch unmerkliche unbewußte Zwänge im Alltagsleben aus, und sie tun dies in der Übertragung-Gegenübertragung – die eine Art von Ersatzbefriedigung ermöglicht – um so mehr. Natürlich hatten sich die Londoner Kinderpsychologen die ganze Zeit schon mit der projektiven Identifizierung befaßt, als sie zwischen Kleins „frühkindlichen Fähigkeiten und Ansätzen zu 'primitiven Beziehungen' in der frühesten Lebensphase (und) Anna Freuds (...) Trieben" zu vermitteln suchten, „die eher

'Objektbezug-herstellend' [object relating] als 'objekt-suchend' [object-seeking] sind" (Daws und Boston, 1977, S. 264).

Die amerikanischen Ich-Psychologen stimmten jedoch mit Anna Freud (und mit ihrem Vater) nicht nur im Hinblick auf die zentrale Bedeutung der Abwehrmechanismen überein, sondern hielten auch an einer genetischen Metapsychologie fest, die sich von derjenigen Melanie Kleins unterschied. Als Melanie Kleins Beschreibungen zunehmend metaphorischer oder physiologischer wurden, rückten sie auch weiter von ihren Annahmen immer zahlreicherer metapsychologischer Phänomene bei zunehmend jüngeren Kindern ab.

Als Hartmann sich mit diesen Themen in „Die Bedeutung der Ich-Psychologie für die Technik der Psychoanalyse" (1951) befaßte, setzte er voraus, daß die Psychoanalyse inzwischen erwachsen geworden war und daß die wechselseitig voneinander abhängigen Rollen von Theorie und Technik wichtiger geworden waren als klinische Entdeckungen. Seines Erachtens hatten sich die ich-psychologischen Theorien inzwischen über ihre Techniken hinaus entwickelt. Deshalb sollten die Bemühungen darauf gerichtet werden, die dynamischen und ökonomischen Eigenschaften des Seelenlebens und ihre intrasystemischen Funktionen zu verstehen (d. h. ob autonome Ich-Funktionen durch defensive Ich-Funktionen gestört oder sonstwie beeinträchtigt werden oder nicht). Und er betonte erneut, der einzige Weg zur Verbesserung der psychoanalytischen Techniken bestehe darin, mehr über die unbewußten Mechanismen des Widerstands in Erfahrung zu bringen – d. h. in einer intensiveren Forschung.

Die Amerikaner setzten sich dann auch wirklich dafür ein, wenn man die Anhäufung von empirischen Untersuchungen, von Kommentaren und Fallberichten betrachtet. Dabei untersuchten sie alle Freudschen Ideen und erweckten sie zu neuem Leben. Sie stellten die Frage, inwieweit die psychische Konstituierung des Ichs und der Außenwelt aufeinander abgestimmt sind; sie untersuchten, wie der schrankenlose Narzißmus des Neugeborenen sozialisiert wird, und sie fragten nach den Bedingungen des Übergangs vom primären zum sekundären Narzißmus. Nach Auffassung einiger Analytiker trägt die Transformation des Ichs – von den primitiven Anfängen bis zu seiner vollständigen Entfaltung – dazu bei, die Ich-Libido in Objektbeziehungen umzuwandeln. Nach Auffassung anderer, etwa des Wiener Emigranten Hans Loewald, geschieht dies, wenn „frühere und tiefere Stufen der Ich-Realität durchdrungen und als dynamische Quellen einer höheren Organisation integriert werden" (1951, S. 18). Die Freudianer bewegten sich nun auf eine Auffassung zu, die flexibler war als diejenige Hartmanns, da die weniger „wissenschaftlich" Orientierten unter ihnen der Auffassung waren, sein Ich-Konzept sei auf der Stufe der vollständigen Entfaltung „fixiert" geblieben.

Im allgemeinen gewährte das eigene Ambiente den Londonern größere Flexibilität. Die Angehörigen aller drei Gruppen sollten die verschiedenen Bedeutungen der projektiven Identifizierung bald feststellen und sich fragen, ob die Bildung des Über-Ichs tatsächlich schon in der frühen Kindheit einsetzen könnte statt erst in der ödipalen Phase. So konnte Paula Heimann behaupten, die Techniken der Freudianer und der Kleinianer würden tatsächlich konvergieren (1950, S. 81). Margaret Little (1951, S. 32–40) konnte von „einer Art synthetischem Abwehrmechanismus" sprechen, der „durch die vereinte unbewußte Arbeit von Analytiker und Patient hervorgebracht wird". Diese Feststellung schien in den USA bei Annie Reich (1951, S. 25–31) ein Echo zu finden, als sie behauptete, daß alle Patienten danach trachteten, den Analytiker in eine „Leinwand", eine Projektionsfläche zu verwandeln, „auf die sie ihre infantilen Objekte projizieren und auf die sie mit infantilen Gefühlsregungen und Impulsen oder mittels Abwehr reagieren können".

Anzeichen einer theoretischen Unruhe

Bis Anfang der sechziger Jahre gaben Variationen über diese
Themen bei den amerikanischen Ich-Psychologen und bei
den Angehörigen der Hampstead- und Tavistock-Klinik in
London den Theorieton an. Inzwischen hatten viele amerikanische und britische Analytiker potentielle Kollegen auf
dem Kontinent instruiert, und andere hatten Vereinigungen
in Südamerika gegründet. Nunmehr betrieben alle diese
jüngeren Psychoanalytiker ihre eigene Forschung, die nicht
nur auf dem beruhte, was sie von ihren Lehranalytikern und
Supervisoren gelernt hatten, sondern auch auf dem, was sie
selbst für die jeweiligen Situationen, mit denen sie es zu tun
hatten, als nützlich erachteten. Ihren Adaptationen und dem
Einfluß der Londoner gelang es schließlich, die Vorherrschaft der amerikanischen Ich-Psychologen, die sich immer
defensiver verhielten, in Frage zu stellen. Eine gewisse Zeit
kooperierten jedoch alle miteinander bei der Forschungsarbeit über Kinder und Halbwüchsige, oder zumindest bei den
Diskussionen ihrer Ergebnisse auf zahlreichen Symposien.
Die Hauptthemen auf großen Kongressen – „Sublimierung"
(APA 1954), „Aggression" (IPA, 1971), „Affekte" (IPA,
1977) und „Forschung und Praxis" (IPA, 1975) – ließen stets
Analytiker zu Wort kommen, die mit Kindern arbeiteten.
Außerdem besuchten viele amerikanische und kontinental-
europäische Freudianer Seminare in London. Trotz zunehmender theoretischer Divergenzen präsentierten sie der Welt
weiterhin eine einheitliche und mehr oder weniger allgemein
vertraute Front und akzeptierten Anna Freud als ihre
symbolische Führerfigur.

Um die Mitte der sechziger Jahre wurde die Selbstzufriedenheit der amerikanischen Analytiker von vielfältiger Kritik erschüttert. Kurt Eissler (1965) hatte auf eine ganz
ähnliche Weise wie früher Bernfeld die medizinische Orthodoxie attackiert und auf die Gefahren hingewiesen, die einer
„an die Universitäten gebundenen, respekterheischenden
Psychoanalyse" innewohnen. Diese Art von Selbstkritik war
freilich noch milde im Vergleich zu der Mißbilligung, wie sie
einige führende Londoner, etwa Wilfried R. Bion (1970),

John Bowlby (1970) und auch diejenigen formulierten, deren Theorien von den klassischen Ich-Psychologen gewohnheitsmäßig abgelehnt worden waren.

Sicherlich war Bions (1970) scharfer Angriff eben dadurch ausgelöst worden. Ihm zufolge hatte Freud gewöhnlichen Menschen beigebracht, wie man die Seele erhellt (so wie Faraday ihnen gezeigt hatte, wie man durch Umlegen eines Schalters einen Raum erhellt). Die amerikanischen Freudianer waren dagegen gewöhnliche Menschen, die zwar Freuds Attitüden übernommen hatten, denen aber seine Begabung fehlte: sie gingen in der Verwissenschaftlichung, Vulgarisierung und Vereinfachung auf (S. 74). Nach Bion hatten sie mit der Institutionalisierung der Psychoanalyse ihr eigenes Establishment und die Gruppenselbstkontrolle zur Institution gemacht (S. 82).

Bion war für die Ich-Psychologen aus mehreren Gründen Anathema. Erstens betrieb er Gruppentherapie und beobachtete die Bildung und den Widerstand von Untergruppen (siehe z. B. Pines, 1985). Er stellte fest, daß Gruppen sich insofern wie Individuen verhalten, als sie sich auf Kampf/Flucht, Paarbildung und Abhängigkeit stützen, und analysierte daraufhin die Erwartungen und Widerstände von Untergruppen hinsichtlich ihrer Führerfiguren genau so, wie er die Manifestationen von Übertragungsphänomenen bei Individuen analysiert hätte. Zweitens behandelte er Psychotiker und Borderline-Patienten. Im Anschluß an seine Grundannahme, derzufolge jeder Psychotiker sowohl eine normale als auch eine psychotische Persönlichkeit aufweist, untersuchte er „die schizophrene Erfahrung des Angriffs auf das Denken durch den Angriff auf die Verbindungen zwischen Objekten sowie auf die Verbindungen zwischen Objekten und Selbst, welche die Vorläufer des Denkens sind" (Grotstein, 1985, S. 302). Dies brachte ihn drittens zu der Schlußfolgerung, daß die psychotische Erfahrung auf das Scheitern der Mutter zurückzuführen sei, die Todesangst ihres Kleinkindes in sich aufzunehmen [to contain] – eine explizit Kleinianische Position. James S. Grotstein hat denn auch behauptet, Bions Konzepte *the container and the contained* – der Behälter und das Enthaltene/Behaltene – hätten sowohl Melanie Kleins Metapsychologie (bei ihrer Formulierung des Anpassungsprinzips, das erklärt, wie die innere psychische Realität Zugang zur äußeren Realität findet) als auch die übrige Freudianische Metapsychologie beeinflußt. Viertens ergänzte er die Sprache (das Übertragungsmittel des Wunsches) durch eine mathematische Symbolbildung, in Übereinstimmung mit Lacanianischen und dekonstruktivistischen Auffassungen, denen zufolge Sprache (S) [Language; L] und Wissen/Erkennen [Knowledge; K] höchstens eine annäherungsweise Wahrheit (W) [approximate Truth; T] sein können (S. 298–299). Und fünftens schließlich stützten sich seine Theorien der Transformation und der frühkindlichen psychischen Katastrophe als Entwicklungsgrundlage der psychotischen Persönlichkeit wiederum auf Melanie Kleins paranoid-schizoide und depressive Position (S. 304).

Offensichtlich ist nach Bions Auffassung der Ödipuskomplex nicht der Dreh- und Angelpunkt der psychischen Entwicklung. Bion wandte sich auch dagegen, daß der Analytiker Träume, Assoziationen, Gesten oder irgendwelche anderen Daten aufschreibt, weil dies ihn daran hindere, die Analysestunde richtig zu erleben. Nur wenn Geduld aufgebracht werde, könnten unbewußte Inhalte zutagetreten – auch wenn dieser Prozeß erleichtert werde durch Deutungen, mit denen die Angst gemildert und ein Sicherheitsgefühl erzeugt werde (1970, S. 124).

Bion bezeichnete die amerikanischen Ich-Psychologen als falsche Heilsbringer, als gierig und neidisch, als Vereinfacher und Schematisierer. Obwohl die Amerikaner eine Zeitlang bloß mit Schweigen antworteten und nicht mit einer Auseinandersetzung, wurden sie durch Bions Angriffe schließlich doch dazu veranlaßt, *über* die Psychoanalyse auch zu reden, statt sie einfach nur zu praktizieren – wozu Bion ihnen auch geraten hatte. Und ähnlich wie Lacan warf er ihnen vor, sich den eigenen Wünschen nach Validierung, nach öffentlichem Ansehen und nach Zustimmung bei ihren Analysen und Analysewiederholungen nicht zu stellen (S. 66).

Verständlicherweise hatten die Amerikaner ebensowenig Lust, Bions Beiträge zu diskutieren wie diejenigen von anderen Dissidenten, etwa von Melanie Klein oder John Bowlby. Bowlby (1969, 1980) traf im wesentlichen eine Unterscheidung zwischen verschiedenen Verhaltensformen: zwischen einem Verhalten, das Interaktionen in Gang bringt (Berührungen, Umarmungen, Anfassen, Ansprechen); einem Verhalten, das als Reaktion auf die Initiativen der Mutter hin erfolgt; einem Verhalten, um Trennungen zu vermeiden (Festklammern, Weinen, Nachlaufen) und einem Verhalten aufgrund von Angst oder Rückzug. Er stellte fest, daß die traumatischsten Bindungs- und Verlusterlebnisse des Kindes auf Trennungsangst und anschließender Trauer (um die Mutter, nicht um deren Brust) beruhten. Somit rückte die Oralität in den Mittelpunkt. Bowlby, der von der Kleinianerin Joan Riviere analysiert worden war, entwickelte sich zu einer unabhängigen Figur, als er Anna Freuds und Dorothy Burlinghams Arbeit mit Waisen und deportierten Kindern zu interpretieren begann. Bald darauf befaßte er sich mit den Ideen von René Spitz (1946, 1955), Winnicott (1960), Fairbairn ([1952] 1954), Freud, Karl Abraham und Melanie Klein. Er vertrat eine Triebtheorie, die stärker von der Ethologie geprägt war als diejenige Freuds: nach Bowlby folgt das Verhalten einem voraussagbaren (auf einer bestimmten Sequenz beruhenden) Muster zum Zwecke sowohl der Arterhaltung als auch der individuellen Erhaltung. Bowlbys Begriffe des *sozialen Auslösers* [social releaser] (menschliches Gesicht und Stimme lösen das Plappern aus) und der *sozialen Sperre* ['social suppressor'] (das Wiegen oder rasche Gehen mit dem Kind beenden sein Weinen aus Einsamkeit) setzen ein entspanntes (kleinianisches) therapeutisches Setting voraus (einschließlich der Phantasietätigkeit) und nicht die von den meisten Ich-Psychologen empfohlene persönliche Distanzierung und „strenge und objektive Wissenschaftlichkeit". Er achtete zudem stärker als Freud auf den sozialen Kontext. Er trennte zwischen Reizen und Reaktionen und legte dar, daß freundliche Reaktionen des Kleinkindes, etwa Lächeln und Plappern, sich durch menschliche Reize leicht auslösen und verstärken lassen. Nimmt man das Kind rasch auf und hält es fest, dann hört es mit dem Weinen wegen seiner Nacktheit auf, nicht aber mit dem Weinen vor Schmerzen, Kälte oder Hunger.

Anna Freud kritisierte Bowlby zunächst wegen seiner Annahme, daß der Säugling mit der Mutter durch eine angeborene Bindung verbunden sei, und später wegen der These, diese Bindung werde unterbrochen. Ihrer Ansicht nach befaßte sich Bowlby mit der Tätigkeit der Triebe und nicht mit ihren psychischen Repräsentanzen, wobei er übersehen habe, daß das Lustprinzip alle psychischen Aktivitäten und Prozesse steuere, einschließlich der Bindung an die Mutter (1960, S. 64). Da Anna Freud die Ideen Bowlbys in der Sprache der Ich-Psychologie kritisierte, konnte sie ihm vorwerfen, er habe den frühkindlichen Narzißmus deskriptiv und nicht metapsychologisch erfaßt und die Bindung des Kindes an die Mutter nicht aufgrund ihres Stillens und ihrer Pflege [nurture] wahrgenommen, sondern weil sie das Kind geboren habe. Und sie konnte vom *Rückzug* bei Kindern sprechen, nicht von deren *Verzweiflung*: weil sie Kinder beobachtet hatte, die Ich-Funktionen wie Sphinkter- oder Blasenkontrolle nach einer Trennung verloren hatten, stellte sie fest, daß die Pathologie auf Ereignisse während des Rückzugs der Libido von der Mutter zurückzuführen war (S. 61).

Max Schur (1960) entschied sich für eine andere Vorgehensweise. Unter Bezugnahme auf Bowlbys Vergleiche zwischen dem kindlichen Verhalten und dem triebhaften und phylogenetischen Verhalten bei Tieren gewann er den Eindruck, daß Bowlby artspezifische Unterschiede mißachtete und annahm, daß „der vollständig angeborene und nicht erlernte Charakter der meisten komplexen Verhaltensmuster (zu einem) triebmäßigen Reaktionssystem (gehöre)" wie Saugen, Weinen, Lächeln oder Festklammern (S. 64). Nach Schurs Auffassung bedeuteten Bowlbys Theorien eine „Umkehrung" der Freudschen Sequenz, da Bowlby von einem psychologischen Triebkonzept zu einem biophysischen überwechselte (S. 67) und damit das Triebverhalten mit seiner Charakterisierung und die Primärtriebe mit den

Sekundärtrieben durcheinanderbrachte. Deshalb konnte Bowlby auch die für die „primäre Angst" zentralen komplexen Interaktionen nicht angemessen erklären (S. 78).

René Spitz (1960) konnte Bowlbys kleinianischer Denkrichtung nicht zustimmen, weil nach seiner Auffassung der Verlust der Mutterfigur und der Verlust der Brust zwei nichtdynamische Formulierungen sind: Objektbeziehungen hängen von der wahrnehmungsmäßigen und emotionalen Reifung ab, und die Bedeutung des Verhaltens beim Austausch zwischen libidinösen und aggressiven Trieben zählt mehr als dessen Manifestationen. Die Tatsache, daß die klassischen Freudianer diese Dissidenten schließlich zur Kenntnis nahmen, weist darauf hin, daß ihre frühere Selbstzufriedenheit gewichen war und daß sie nunmehr für Neuformulierungen bereit waren – wie die Diskussionen über Heinz Kohuts Konzepte des Selbst und Otto Kernbergs Auffassungen der Objektbeziehungen zeigen sollten (siehe unten).

Gegen Ende der siebziger Jahre fühlten sich die Freudianer umzingelt, nicht zuletzt deshalb, weil die Medien ständig berichteten, daß kürzere Therapien sich als ebenso wirksam erwiesen wie vier bis fünf Wochenstunden während mindestens vier Jahren. Zwar ließen sich solche Behauptungen noch abtun, wenn sie von Außenseitern kamen, aber wenn sie von Personen wie Eissler, Bion oder Winnicott gemacht wurden, stellten sie innerhalb der IPA eine Bedrohung dar. Inzwischen unterstützte die anwachsende Gruppe der Südamerikaner ebenfalls die Opposition gegen die Ich-Psychologen. Unter der Führung von Angel Garma (1976), einem Gründungsvater der argentinischen psychoanalytischen Gesellschaft, traten sie dafür ein, Freuds Konzept des Todestriebs zu erweitern und auszuarbeiten. Die Argentinier führten dann sowohl die Kleinianische Praxis als auch ihre Metapsychologie auf die Metapsychologie Freuds zurück, und 1984 behaupteten sie die Überlegenheit und Legitimität der Kleinianischen Schule (Bianchedi et al., 1984).

Die anschließenden Diskussionen entsprachen letztlich den Uneinigkeiten zwischen Freud und Ferenczi, wobei die

Freudianer Partei ergriffen, als sie diesen alten Konflikt wieder aufleben ließen und zuspitzten. Nun erschienen die Ich-Psychologen konservativer als sie es tatsächlich waren. In Wirklichkeit betrieben sie Psychotherapie und behandelten immer weniger Analysepatienten. Sie brauchten jedoch sehr lange, bis sie zugeben konnten, daß sie ihre Psychoanalyse mit Psychotherapie verdünnten.

Lacan findet Gehör

Seit den frühen siebziger Jahren hatten Lacans Theorien in gewissem Maß in die IPA Eingang gefunden – zum Teil über die Südamerikaner und zum Teil über die jüngeren Mitglieder aus Frankreich. Durch den Bruch mit Lacan wurde natürlich sein Einfluß geschmälert. Seine zunehmende Bedeutung in der französischen Gesamtkultur ging jedoch praktisch mit der schwindenden Hegemonie der amerikanischen Ich-Psychologen einher. Ihre diametral gegenüberstehenden Voraussetzungen ließen ein Nebeneinander nicht zu. Lacan hatte ja erstens behauptet, die Sprache sei die intervenierende Struktur in der psychoanalytischen Beziehung und ihre Vernachlässigung verfälsche den ganzen Freud. Sein oft wiederholter Gedanke, das Unbewußte sei „wie eine Sprache strukturiert", der eine dialektische Beziehung zwischen Wort und Bedeutung, zwischen der spezifischen Rede und persönlicher Beziehung sowie zwischen allen möglichen Verbindungen und reziproken Zusammenhängen zugrundelegte, stellte die akzeptierten Freudianischen Methoden in Frage. Zweitens hatten Lacans Patienten keine heilungsbedürftigen Neurosen (oder Psychosen), sondern Körper, deren Symptome sich in metaphorischen Formen präsentierten – Symptome, deren Wurzeln mittels einer strukturalistischen Sprachanalyse aufzudecken (und zu beseitigen) waren. Drittens kritisierte er die Widerstandsanalyse der Ich-Psychologen, weil sie die objektivierende Position im Subjekt verstärke und dadurch verzerre oder verfehle, was nach wie vor unbewußt bleibe (1966; 1977, S. 30–39).

Lacan machte sich daran, mit Hilfe von Saussures dialektischen Beziehungen – zwischen *langue* [Sprache als System] und *parole* [gesprochene Sprache; Rede] und zwischen den Ebenen der Rede und den Zeichensystemen, die ebenfalls für den Doppelaspekt von Begriff und Lautbild verantwortlich sein sollen –, Freuds Texte neu zu lesen. Dieses Vorgehen brachte ihn zur Auffassung des Ichs als Ort der Mißverständnisse, als Ort der imaginären Identifizierungen, die von „außen" hergeleitet sind – d. h. von der ersten Selbstwahrnehmung des Kindes im Spiegel sowie von den „Spiegelungen" in den Eltern. Im Grunde behauptete Lacan, diese ursprüngliche Selbstwahrnehmung (im Alter zwischen sechs und achtzehn Monaten) sei von fundamentaler psychologischer Bedeutung, besonders weil sie im vorsprachlichen Stadium erfolge:

„Die jubilatorische Aufnahme seines Spiegelbildes durch ein Wesen, das noch eingetaucht ist in die motorische Ohnmacht und Abhängigkeit von Pflege, wie es der Säugling in diesem *infans*-Stadium ist, wird von nun an – wie uns scheint – in einer exemplarischen Situation die symbolische Matrix darstellen, an der das *Ich* (je) in einer ursprünglichen Form sich niederschlägt, bevor es sich objektiviert in der Dialektik der Identifikation mit den andern und bevor ihm die Sprache im Allgemeinen die Funktion eines Subjektes wiedergibt.
Diese Form könnte man als *Ideal-Ich* bezeichnen und sie so in ein bereits bekanntes Begriffsregister zurückholen; damit würde sie zum Stamm der sekundären Identifikationen, worunter wir die Funktionen der Libido-Normalisierung verstehen. Aber von besonderer Wichtigkeit ist gerade, daß diese Form vor jeder gesellschaftlichen Determinierung die Instanz des *Ich* (moi) auf einer fiktiven Linie situiert, die das Individuum allein nie mehr auslöschen kann, oder vielmehr: die nur asymptotisch das Werden des Subjekts erreichen wird, wie erfolgreich immer die dialektischen Synthesen verlaufen mögen, durch die es, als *Ich* (je), seine Nichtübereinstimmung mit der eigenen Realität überwinden muß" (Lacan, „Spiegelstadium", 1949, deutsch in: *Schriften I*, 1973, S. 64).

Nach Lacan scheint das Spiegelbild an der Schwelle der sichtbaren Welt zu stehen, die in ihrer Erscheinung des Doppelten, in der Imago des eigenen Körpers, physische (und heterogene) Realitäten manifestiert (1966; 1977, S. 3). Mithin baut es sich auf der Selbstwahrnehmung auf und funktioniert als eine Art *Imago*, die eine Beziehung zwischen Innenwelt und Umwelt herstellt (S. 4). In der Psychoanalyse werden dann die Repräsentationen dieses Erlebnisses rekonstruiert. Da aber jedes Wort mehrere, einander überschneidende Bedeutungen hat und jede sprachliche Äußerung wiederum in anderen Äußerungen wurzelt und nachklingt, kritisierte Lacan die Konzentration der Ich-Psychologen auf die Abwehr als unzulänglich. Seines Erachtens waren ihre Deutungen kontraproduktiv und wertlos, weil die Worte des Psychoanalytikers die Bedeutung ebensowenig festhalten können wie die Worte gewöhnlicher Sterblicher.

Meines Wissens hat kein amerikanischer Freudianer jemals behauptet, die „endgültige" Bedeutung der Assoziationen eines Patienten herausgefunden zu haben. In Wirklichkeit teilten viele von ihnen die Auffassung der beiden Freudianer Robert Stoller und Ralph Greenson aus Los Angeles und ihres Kollegen aus Yale, Stanley Leavy, Psychoanalytiker sollten sich einfach, klar, konkret und direkt ausdrücken und eine unmißverständliche Sprache benutzen. In der Praxis kollidierte diese Auffassung natürlich mit jener der Lacan-Anhänger, die sich an die Untersuchung von Signifikantenketten machten, um den Begehrungen und Wünschen auf den Grund zu gehen.

Freud war der Ansicht gewesen, daß zur Natur des Sexualtriebes etwas hinzugehört, das der vollständigen Befriedigung entgegenwirkt. Lacan behauptete, die Ich-Psychologen – eine Kategorie, unter die allmählich sämtliche amerikanischen Freudianer eingeordnet wurden – hätten die volle Bedeutung dieser Aussage nicht verstanden und Sexualität auf ein Bedürfnis reduziert (1966; 1977, 281–291). Statt einfach zu wiederholen, daß die ödipalen Wünsche des Kindes das Es unbefriedigt und auf alle Zeiten unzufrieden lassen *mußten*, sprach er vom Begehren vor und jenseits des Bedürfnisses [demand]: über endlose Sublimierungen und vielfache Verschiebungen von einem Signifikanten zum anderen hinweg wird der ursprüngliche unbewußte Wunsch zum Bedürfnis [demand] verfremdet, dessen wahre Eigenschaften im Begriff der Frustration umgangen werden (1977, 286). Lacan behauptete ferner: „Wenn der Wunsch nach der Mutter der Phallus *ist*, dann wünscht das Kind der Phallus zu sein, um jenen Wunsch zu befriedigen (…), weil der Wunsch von ihm ja verlangt, der Phallus zu sein" (1977, S. 289). (Wie sich diese Interpretation auf die feministische Theorie auswirkte, wurde im 7. Kapitel erörtert.)

Weil eine solche Äußerungsform nie zum Nennwert genommen werden darf, behauptete Lacan, daß Wortspiele, Fehlleistungen, Versprecher und andere Arten von Zweideutigkeiten mehr sagen als Worte dies tun könnten. Seine eigenen freien Assoziationen zu diesem Gemeinplatz und die Wortspiele wurden häufig in Theorie umgewandelt. Eine dieser Theorien geht auf die Beziehung zwischen dem Namen und der Autorität des Vaters zurück. Sie wurde als Waffe gegen Widersacher gebraucht, gegen die Berufung der Freudianer auf Freud. Lacans *nom du père* und seine Anspielung auf das *non du père* – als Träger des Gesetzes wie des Phallus – stieß nicht nur die Kollegen in der IPA vor den Kopf, sondern war auch eine Variante des Signifikanten für das Unbewußte – d. h. für das Imaginäre. Lacan verband dieses Konzept zum einen mit der *symbolischen* Ordnung und dem Tod (der symbolische Vater, der das Gesetz durch das Inzesttabu verkörperte, sollte der tote Vater sein) und zum anderen mit dem *Realen* – d. h. mit der Ordnung, die der Geburt der triadischen (ödipalen) Situation entspricht. Auch diese Situation wurde im Rahmen der analytischen Dyade erörtert, wo der Patient in der Beziehung von Übertragung und Gegenübertragung *regressive* Forderungen stellt.

Als Lacan vorschlug, diese Art von Interaktion dadurch zu verbessern, daß der Patient den Analytiker analysiert, waren die meisten seiner klassischen Kollegen entsetzt. Allerdings war Stanley Leavy, ein führender amerikanischer Freudianer, der Ansicht, daß Lacan eine „erneuerte und gewagtere Einsicht in die Seele des Patienten bot und die Psychoanalytiker von den pseudobiologischen Abhängigkeiten von der traditionellen Libidotheorie oder von den undurchsichtigen Tautologien befreite, welche einen erheblichen Teil der Ich-Psychologie ausmachen" (1983a, S. 6). Anders gesagt, Leavy schlug den amerikanischen Freudianern vor, ihre Therapieauffassungen zu überprüfen. Seiner Absicht, wenn auch nicht seiner Methode nach schien Lacan den Gedanken des Psychoanalytikers Leo Stone aufzugreifen, der die therapeutische Beziehung in „drei Typen von nebeneinander existierenden Mustern" aufteilte: „die reale und faktisch integrierte Beziehung; die Beziehung der Übertragung-Gegenübertragung, und die routinemäßigen Aktivitäten, Deprivationen und Verbote, welche in einer analytischen Technik gründen, die durchlebt werden muß" (Stone, 1961, S. 55).

Weder Leavy noch Stone traten für Lacans Methode ein, die Unsicherheit des Analysanden auszunutzen – beispielsweise dadurch, daß er dem Analytiker erlaubte, während der Analysestunde die Post zu lesen oder das Telephon abzunehmen, um schließlich eine Sitzung nach fünf bis fünfundzwanzig Minuten zu beenden. Lacan rechtfertigte diese Flexibilität mit dem Hinweis darauf, wie unstrukturiert Freuds frühe Analysen doch gewesen seien, und mit der Behauptung, Einsichten ergäben sich zwischen und nicht während den Sitzungen. Noch größere Verheerungen richtete er an, als er erklärte, Ausbildungskandidaten wüßten instinktiv, wann sie als Analytiker zu fungieren bereit seien, und sie sollten dabei nicht durch Organisationsregeln gehindert werden. Um dieses Hindernis zu überwinden, führte er *la passe* ein – eine Maßnahme, die den Ausbildungskandidaten von seinem Supervisor „befreien" sollte. Der Kandidat mußte einer Gruppe von „unparteilichen" Analytikern – d. h. Lacanianern, mit denen er nur geringen oder überhaupt keinen Kontakt hatte und denen die Fallgeschichte nicht bekannt war – einen „abgeschlossenen" Fall präsentieren.

Viele Lacanianer gingen jedoch schließlich zur Praxis über, ohne „passiert" zu haben. Denjenigen, welche diesen „Durchgang" absolviert hatten, fehlte freilich das Charisma ihres Lehrmeisters. Einige begannen seinen Kleidungsstil, seine Sprechweise und seine Verhaltensweisen nachzuahmen. Wiederum andere übernahmen seine Gewohnheit der zweideutigen Sprachverwendung, und dann gab es welche, die seine Ratschläge befolgten, indem sie ihr Schweigen so weit ausdehnten, bis sie schließlich gar nichts mehr sagten. Trotz ihrer theoretischen Schwäche achteten sie alle sorgsam auf das Auftauchen der „Sprache des Unbewußten".

Nachdem diese unbewußte Sprache zum Stadtgespräch geworden war, nahm sie ihren Einfluß auch auf die SPP. Bald begannen einige Mitglieder über den sprachlichen Ausdruck der Übertragung zu spekulieren. Sie stellten die Frage, wie denn die Wiederkehr des Verdrängten artikuliert werde; wie sich die Traumsymbole von Kindern im Gegensatz zu schriftlichen Symbolen und/oder Symbolen der Erwachsenen manifestierten und wie solche Symbole in der Analysestunde zum Ausdruck gebracht würden. André Green zum Beispiel, der indes nie mit der SPP brach, stellte Rede und Sprache einander gegenüber, indem er die körperliche Präsenz im Imaginären postulierte. Später griff Green (1973) Lacan an, weil dieser den Affekt vernachlässige: wenn er sich von der Repräsentation in der Sprache herleite, wie könne er dann außerhalb der Sprache verschoben werden? Sein Kollege J. A. Gendrot (1968) skizzierte die Unterschiede zwischen Lautsprache und semantischer Sprache. Guy Rosolato lehnte Jones' Auffassung der Symbolik als negativen und regressiven Aspekt der Abwehrmechanismen ab und entwickelte eine eigene Konzeptualisierung der Symbolbildung mit linguistischen Mitteln: durch metonymische Zusammenhänge und metaphorische Symbole, welche durch Sexualität ausgedrückt werden und Sprachgesetzen entsprechen, die der symbolische Vater festgelegt hatte (1978, S. 303–313).

Viele Jahre lang waren die meisten Mitglieder der SPP jedoch im klassischen Sinne linientreu gewesen. Ilse und Robert Barande zufolge diskutierten sie über Objektbeziehungen in einem mehr oder weniger klassischen Sinne. Béla Grunberger, ein gebürtiger Ungar, stellte 1954 fest, daß die Ideen von Freud und Ferenczi immer noch über diejenigen Melanie Kleins dominierten, daß Regression und nicht frühe Fixierung bei der infantilen Neurose das größte Gewicht

habe – auch wenn er implizit die „passive Introjektion"
als Bestandteil der Identifizierung anerkannte (Barande
und Barande, 1975, S. 85). Allerdings lehnte er den
Gedanken eines therapeutischen Arbeitsbündnisses zwischen Analytiker und Analysand ab, welches die amerikanischen Freudianer für selbstverständlich hielten: weil
nämlich ihm zufolge das Ich in Richtung des Widerstands
und nicht in Richtung Gesundheit wirkt (Oliner, 1988).
Serge Viderman präsentierte sich im günstigsten Augenblick mit einer konstruktiven Interpretation (Barande und
Barande, 1975, S. 87) und arbeitete später über die Spontaneität der Übertragung weiter, deren „Vergangenheit
durch Projektion verzerrt und deren Gegenwart durch
Abwehr herbeigeführt wird" (S. 89). Wie die Barandes
feststellten, versuchte Lebovici seine Kollegen zu einen,
indem er ihnen die französische Vorliebe für abstrakte
Deutungen und die blinde Gefolgschaft gegenüber einem
spezifischen (amerikanischen) Theoriemodell zum Vorwurf machte, das die Assoziationen der Patienten nur
unzulänglich erklärte. Ähnlich wie Freud schlug er vor,
daß die Psychoanalytiker doch von Konstruktionen und
nicht von Rekonstruktionen sprechen sollten (S. 87–88).
Conrad Stein (1971) stellte fest, daß die klinischen Techniken verbessert worden waren. F. Pasche (1969) machte
den Kleinianern zeitenthobene (atemporale) Deutungen
zum Vorwurf.

Alle diese Ablehnungen Kleinianischer Formulierungen –
zu einem Teil von den Lacanianern ausgelöst –, weisen
darauf hin, daß die Objektbeziehungstheorie bei den Parisern allmählich an Bedeutung gewann. Die Amerikaner
hatten damals andere Sorgen. Sie schrieben auch keine
Bücher gegen Lacan. Um 1970 sprach Didier Anzieu
(Mitglied der SFP und ehemaliger Schüler Lacans) sogar von
der „Introjektion des sprechenden Mundes der Mutter" –
eine Formulierung, die kein Amerikaner sich hätte ausdenken können. 1986 lehnte Anzieu Lacans Therapie und
insbesondere dessen Weigerung ab, die negative Übertragung durchzuarbeiten, wie auch die Erwartung, der ständige
maître penseur seiner „Schüler" zu bleiben (1986, 41–69).

1979 brüstete sich Serge Lebovici, der damalige Präsident der IPA, mit der klassischen Ausbildung, die von der SPP angeboten werde, während er sich vier Jahre später über den allgewaltigen Einfluß Lacans entrüstete (persönliche Mitteilungen). Außerhalb Frankreichs waren sich indessen viele Freudianer über diesen Einfluß nicht bewußt. Auf dem ersten Kongreß des Sigmund Freud Center in Jerusalem (im Mai 1984) sprach zum Beispiel ein französischer Teilnehmer im Zusammenhang mit einem Fall aus der Praxis über die Ordnung des Realen, des Imaginären und des Symbolischen. Niemand im Publikum schien indessen zu bemerken, daß es sich dabei um eine Lacanianische Reihenfolge handelte, als die Diskussion sich schließlich um die Frage der Symbolik drehte. Ebensowenig hielt sich jemand von den klassischen Freudianern aus Frankreich für einen Häretiker.

Theorietendenzen in Deutschland

Im Nachkriegsdeutschland schlugen die Freudianer zwei verschiedene theoretische Wege ein. Am Anfang war dies nicht so deutlich, als die an den Berlinern Orientierten alles daran setzten, um mit den Angelsachsen gleichzuziehen. Bald darauf informierte jedoch Mitscherlich Psychologen, Richter und Ärzte, daß die Psychoanalytiker keineswegs Tauben aus dem Hut zauberten wie die Zauberkünstler, sondern daß sie vielmehr eine komplizierte klinische Methode anwendeten, und er machte sich daran, sie als Wissenschaftler zu legitimieren (1967, S. 9). Gleichzeitig wollte er diese Methode verbessern, um die deutsche Psyche zu heilen – was sich auch die Frankfurter Schule zur Aufgabe gemacht hatte.

Wer nur darauf aus war, die Angelsachsen nachzuahmen, lieferte keine spezifischen theoretischen Beiträge. Diese Leute gründeten Gesellschaften und später Institute, um Kandidaten auszubilden, die Privat- oder Klinikpatienten empfingen. Wie im 5. und 6. Kapitel festgehalten wurde, wollte Mitscherlich die Psychoanalyse zu einem Instrument ummodeln, um Freuds Dialektik zwischen Ich und Es präziser zu untersuchen. Bei genauer Betrachtung fügte er der Theorie der psychoanalytischen Klinik nichts Neues hinzu. Indem er sie aber durch die Anwendung auf soziale und politische Faktoren in Deutschland (1970) ausdehnte, hoffte er die Identifizierung mit den nationalsozialistischen Vätern und Führern zu unterlaufen und die traditionellen Autoritätsbeziehungen zu verändern. Die Deutschen seien unfähig zu trauern (sei es über Hitler oder über die Scheußlichkeiten, die sie entweder begangen oder nicht verhindert hatten), sagte Mitscherlich, weil in ihrer „vaterlosen Gesellschaft" ihr Ich unterentwickelt geblieben war: allein die Psychoanalyse *könnte* sie retten. Im Kern behauptete Mitscherlich, daß ambivalente Wünsche, Ansprüche von Ich und Über-Ich sowie ihre gesellschaftlichen Manifestationen ins Bewußtsein gerückt werden müßten, bevor die Angehörigen „entindividualisierter Massen" ein brauchbares Ich-Ideal entwickeln und ihre einstigen Idole zerstören könnten. Jeder Deutsche hatte sich indessen dieser Vergangenheit auf dem Weg einer mehr oder weniger „pragmatischen" Freudianischen Analyse selbst zu stellen.

Mitscherlichs anfängliches Theorieinteresse richtete sich zwar auf die Psychosomatik, aber er regte seine Anhänger auch dazu an, weiter zu gehen. Am stärksten aufs Theoretische ausgerichtet war Alfred Lorenzer. Er versuchte beispielsweise Viktor von Weizsäckers (1947) experimentelle Untersuchungen über den Einfluß der *Umwelt* [deutsch im Original] auf das Nervensystem zu erweitern, die erklären sollten, wie und warum Körperreflexe durch bewegliche Objekte ausgelöst werden und weshalb gewisse Spontanreaktionen auf Geschwindigkeit und Licht von optischen Täuschungen begleitet sind und andere nicht, um die subjektiven Determinanten dieser und anderer Ereignisse ausfindig zu machen (1947, Einführung). Er bezog sich besonders auf den deutschen Biologen und Anthropologen Jakob von Uexküll, der die Umwelt als etwas konzeptualisiert hatte, das mit unserer „planmäßigen Körperlichkeit" [Uexküll, 1930; 1973, 8. Kap.: „Die Planmäßigkeit"] in Zusammenhang steht. Im Unterschied zu Uexküll setzte Lorenzer mit dem Hinweis auf die Unterschiede zwischen tierischem und menschlichem (sprachabhängigen) Verhalten ein und versuchte zur Verbindung zwischen individueller und sozialer Subjektivität vorzudringen, indem er sich einen Überblick über die Darstellungen verschaffte, die von allen möglichen Autoren, angefangen bei Kant über Marx bis Piaget, vorgelegt worden waren. Bei der Fülle der Theorien stellte er fest, daß Freuds Libidotheorie einem „Praxisverständnis" am nächsten komme.

Da die Sozialisation sowohl in der Mutter-Kind-Dyade als auch in der spezifischen Interaktion zwischen vorsprachlicher und sprachlicher Entwicklung und in der „biologischinstrumentellen Ausstattung" des Kindes gründet, postulierte Lorenzer: „Der Fortschritt von der oralen zur analen und zur phallischen Stufe z. B. wird gleichermaßen von Umstellungen der Objektbeziehungen vorangetrieben, wie umgekehrt die Verwandlung der Objektbeziehungen der biologischen Reifung folgt" (1981, S. 97). Er verglich dann die Bildung sprachlicher Signale und Symbole bei Psychotikern und Neurotikern und zog den Schluß, daß das Unbewußte *aller* Kinder eine klassenspezifische Sprache verinnerliche. (So wurde festgestellt, daß eine Mutter aus der Unterschicht beispielsweise bereitwilliger auf nichtsprachliche Gesten und Stereotypen reagierte als eine Mutter aus der Mittelschicht.) Lorenzer hoffte dieser Ungleichheit durch psychoanalytische Rekonstruktion des frühen Traumas beizukommen (indem er sich auf den Wechsel des Patienten zwischen libidinöser Nähe und Distanz konzentrierte und damit weiterarbeitete) (1981, S. 154–155).

Gleichzeitig kritisierte Lorenzer die Ich-Psychologie, weil sie sich dem status quo anpasse, und er versuchte die Psychoanalyse so zu konstruieren, wie sie sich hätte entwickeln können, wenn sie nicht in vielfältige Fraktionen zerfallen wäre. Teilweise übernahm er Lacans Sprachgebrauch, um zwischen psychischen, gesellschaftlichen und biologischen Daten zu vermitteln – wobei er darauf achtete, keinen Bereich dem anderen unterzuordnen (1973, S. 48–49). Doch sagte er auch, daß Lacan „übergangen werden mußte". Und er folgte weder Lacans Einwänden gegen die psychoanalytischen Organisationen noch dessen

Neigung zur freien Assoziation. Vielmehr hoffte Lorenzer „auf die Ursachen der Krankheit zu stoßen und deren Gesetzmäßigkeit erklären zu können", den „biologistisch" definierten Trieb zu entdecken, der „in Wirklichkeit aber nichts anderes ist als die organismische Synthese der gesellschaftlichen Auseinandersetzung des Menschen mit der Natur" (1984, S. 212).

Außerdem wandte sich Lorenzer erneut dem *Entwurf* von 1895 zu, den er als ein „Netzwerk von Metaphern" verstand, die „oberhalb von 'Physiologie' und 'Lebenswelt-Analyse' nach beiden Seiten den Anspruch einer Erfahrungswissenschaft festhalten und das verläßliche Fundament einer – nicht mystifizierenden – Hermeneutik des Leibes bilden" (1984, S. 214). Diese Rückkkehr in den theoretischen Schoß – mit Hilfe der raffiniertesten Methoden der französischen Sprachanalyse – band Lorenzer schließlich an seine idealistische deutsche Vergangenheit zurück. Ebenso wie die Mitscherlichs stellte er fest, daß regressive psychische Mechanismen und der Wunsch, Risiken zu vermeiden und gleichzeitig beschützt zu werden, in den Sozialstrukturen von Diktaturen zum Ausdruck kommen. So wollte auch Lorenzer herausfinden, in welcher Weise die Suche nach einem „Übervater" gute Eltern-Kind-Beziehungen zu stören vermag und wie die Erörterung realer Konflikte sowohl Aggression als auch einen „ins Groteske gesteigerten Narzißmus" (A. und M. Mitscherlich, 1967, S. 49) mindern könnte. Da man festgestellt hatte, daß die nationalsozialistische Vergangenheit die Entwicklung eines produktiven Narzißmus in der Pubertät beeinträchtigt hatte, weil sie die Auflösung früher Objektbeziehungen und die Schaffung neuer Ich-Ideale und Identifizierungen störte, war zu beobachten, daß die große Mehrheit der (nichtanalysierten) deutschen Eltern und Kinder nach wie vor den Rückzug in sich selbst pflegten.

Neue Verbindungen zwischen Objektbeziehungen, Perversion und Narzißmus

Während die Deutschen Freuds Narzißmustheorien heranzogen, um die Nebenwirkungen eines extremen Autoritarismus besser verstehen zu können, befaßten sich die französischen Analytiker zusehends mit dem narzißtischen Wunsch nach dem Penis als Omnipotenz- oder Machtsymbol. Ihre amerikanischen Kollegen hofften mit der Konzentration auf die narzißtischen Ich-Aspekte die unerwarteten Folgen der permissiven Erziehung erklären – und beseitigen – zu können. Obwohl sich also die Psychoanalytiker in diesen Ländern mit ganz verschiedenen Themen befaßten, hofften sie doch alle, die Antwort auf ihre Fragen in Freuds Formulierungen von 1914 und 1915 zu finden. In „Zur Einführung des Narzißmus" (1914c) hatte Freud behauptet, der Säugling verhalte sich zunächst der Außenwelt gegenüber indifferent, so daß Lust und Befriedigung primär autoerotisch seien. In „Triebe und Triebschicksale" (1915c) schrieb er, das Kleinkind nehme unlustvolle Objekte durch Berührung mit der Außenwelt auf: „Es nimmt die dargebotenen Objekte, insofern sie Lustquellen sind, in sein Ich auf, introjiziert sich dieselben (...) und stößt andererseits von sich aus, was ihm im eigenen Innern Unlustanlaß wird. (...) Es wandelt sich so aus dem anfänglichen Real-Ich, welches Innen und Außen nach einem guten objektiven Kennzeichen unterschieden hat, in ein purifiziertes *Lust-Ich*, welches den Lustcharakter über jeden anderen setzt. Die Außenwelt zerfällt ihm in einen Lustanteil, den es sich einverleibt hat, und einen Rest, der ihm fremd ist" (1915c; *Stud.*, Bd. III, S. 98). Freilich war dies eine Hypothese und keine wissenschaftliche Evidenz: sowohl die Mechanismen der Freudschen Formulierungen als auch Rolle und Schicksal des frühen Narzißmus mußten durch die Säuglingsforschung ja erst noch entdeckt werden. Aus der Fülle der amerikanischen Untersuchungen zu diesem Thema ragen die Beiträge von Margaret Mahler hervor.

Margaret Mahler, eine ausgebildete Kinderärztin, arbeitete zunächst in einer Säuglingsklinik in Wien mit autistischen Kindern. Unter Bezugnahme auf psychoanalytische Beobachtungen an diesen und anderen, normalen Kindern kam sie zu dem Ergebnis, daß Autismus und symbiotische Kindheitspsychose sich bei solchen Kindern entwickeln, die ihre Mütter emotional nicht erlebt haben, mithin an Ich-Schwäche leiden. 1959 leitete sie eine Gruppe von Forschern, welche die engen Wechselbeziehungen zwischen normalen Müttern und ihren kleinen Kindern beobachteten. Sie analysierten die entstehenden Mutter-Kind-Beziehungen im Zusammenhang mit dem sich entwickelnden kindlichen Selbstgefühl und begannen dadurch zwischen den Subphasen des Loslösungs- und Individuationsprozesses zu unterscheiden. Diese Konzentration auf die Entwicklung veranlaßte Mahlers Mitarbeiter Manuel Furer (1967) dazu, die „Identifizierung mit der trostspendenden Person" als ein Anzeichen für die künftige Über-Ich-Bildung wahrzunehmen. Außerdem stellte er fest, daß diese Identifizierung die „Fähigkeit des Kindes zu Aggressionsbindung" steigerte und dazu beitrug, die „erforderliche Reaktionsbildung hervorzubringen" (S. 277–280). Zusammen mit John B. McDevitt untersuchte Mahler die Zusammenhänge zwischen Anpassung und Abwehr und stellte fest, daß die Charakterzüge des Kindes durch dessen Anpassungsstil und das Abwehrverhalten, „die nach und nach als mehr oder weniger erfolgreiche Abwehrmechanismen verinnerlicht werden", bestimmt werden (1979, S. 100). Unter Hinweis auf die Trennungsempfindlichkeit des Kindes zwischen der Geburt und dem Alter von etwa drei Jahren faßte Mahler Einsamkeit, Verletzbarkeit und Hilflosigkeit aus der Perspektive des „Realitäts-Ichs". Sie beobachtete also Phänomene, die Melanie Klein auf einer noch früheren unbewußten Stufe angesiedelt hatte und die von Piaget der Kognition zugeschrieben worden waren. Ihre Mitarbeiter Anni Bergman und Steven Ellman sagten, Margaret Mahler habe ebenso wie Freud „kognitive Strukturen erkannt, die sich unter Beziehung auf das Selbst und wichtige Objektrepräsentanzen entwickeln", und sie stellten fest, daß die Grundlinien der Entwicklung und die kognitiven Strukturen bei Margaret Mahler nicht mit denen von Piaget übereinstimmten (1985, S. 251). In Wirklichkeit war Mahlers Interesse an der Loslösung-Individuation Bestandteil der amerikanischen Ich-Psychologie.

Dies gilt auch für die Arbeiten von Heinz Kohut. Während sich jedoch Mahlers Begriff des „Selbst" hauptsächlich auf Freuds Arbeiten von 1914–1915 stützte, nahm Kohut – ein aus Wien stammender Neurologe, der nach dem Zweiten Weltkrieg am Chicago Institute of Psychoanalysis seine Ausbildung erhielt – Freuds Arbeiten aus dem Jahre 1917 zum theoretischen Ausgangspunkt. Das heißt, er nahm Freuds Todestrieb ebenso ernst wie Melanie Klein, und sein Begriff des „Selbst" setzte im Vergleich zu dem Mahlers auf einer tieferen oder früheren unbewußten – oder metapsychologischen – Stufe an. Was für Mahler Individuation war, war für Kohut die Festlegung eines autonomen Selbst.

Kohut hatte festgestellt, daß Kinder die „unvermeidlichen Mängel" bei der mütterlichen Fürsorge und den damit einhergehenden primären Narzißmus durch Herstellung eines grandiosen und exhibitionistischen Selbstbildes oder einer idealisierte Eltern-Imago ausgleichen. Wird der Glanz im mütterlichen Blick zum Spiegel der kindlichen Exhibition, nehmen nach seiner Beobachtung die kindliche Selbsteinschätzung und Grandiosität außerordentlich zu. Kohut zufolge können narzißtische Störungen unmittelbar nach der Geburt einsetzen. Je nach der Schwere der Fehlwahrnehmungen kann das Kind dann an zeitweiliger oder dauerhafter Selbst-Fragmentierung oder an Beziehungsstörungen zwischen Selbst und Selbstobjekt (mißlungene Integration früher Erlebnisse) zu leiden beginnen, die zu Gefühlen der Leere und Einsamkeit führen können. Hyman L. Muslin (1985) faßte diese überaus komplexe Psychodynamik wie folgt zusammen:

„Wenn das zusammenhängende Selbst zusammenbricht oder als Reaktion auf den Bruch zwischen Selbst und Objekt fragmentiert wird, kann es einen Zustand der *chronischen Enttäuschung* (langwierige Fragmentierungsstörungen, Borderline-Persönlichkeit) aufrechterhalten (...); es kann sich selbst wieder herstellen (episodische Fragmentierung) oder mittels neu entwickelter Abwehrformen gegen Selbst-Objekt-Bindungen ein neues Gleichgewicht herstellen (narzißtische Persönlichkeitsstörungen), (...) oder es kann sich – als Manifestation einer regressiven Reaktion (neurotische Syndrome) – auf Triebe konzentrieren, die in der aktuellen Entwicklungsphase hervortreten" (S. 213).

Weil diese narzißtischen Strukturen bei Übertragungsneurosen zwangsläufig zutage treten müssen, entwickelte Kohut deshalb eine neue psychoanalytische Methode zu ihrer Heilung. Nach seiner Beobachtung werden frühere Erlebnisse sowohl des Größen-Selbst als auch der idealisierten Eltern-Imago während der *idealisierenden Übertragung* mobilisiert, und die wechselhaften Einflüsse des Narzißmus ließen sich durch Stärkung der Ich-Funktionen mildern (1971, S. 28; 2. Kapitel: „Die idealisierende Übertragung"). Dies bedeutete allerdings, daß der Analytiker die außerordentlich widerständigen Abwehrmauern des Patienten gegen frühkindliche (ödipale) Wünsche dadurch durchbrechen muß, daß er beim Prozeß des Durcharbeitens ein großes Maß an Zustimmung aufbringt. Wie Kohut feststellte, zeigen solche Patienten jedoch weiterhin große Angst vor einer Regression auf frühe traumatische Ereignisse und vor der Wiederholung der damit einhergehenden Zurückweisung, und deshalb bauen sie in der „Spiegelübertragung" – die allein dazu geeignet ist, die fast unüberwindlichen Enttäuschungen und das Unbehagen in den Griff zu bekommen, die die Analyse selber mit sich bringt – viele Hindernisse auf.

Selbst der geschickteste Analytiker kann in Schwierigkeiten geraten, wenn er mit einem Patienten umzugehen hat, der ihn plötzlich idealisiert und sich dann wieder ebenso rasch gegen ihn wendet. Er machte darauf aufmerksam, daß sogar der gewandteste Analytiker die eigene Intoleranz gegenüber dem Ausbruch narzißtischer Spannungen übersehen kann; daß er jedoch belohnt werden wird, wenn er sieht, wie sich ein realistisches Selbstwertgefühl, eine „wirklichkeitsgerechte Freude am Erfolg" und „differenzierte Fähigkeiten wie Humor, Einfühlung, Weisheit und Kreativität entwickeln" (1971, S. 199; deutsche Ausgabe, S. 230).

Kohuts Selbstbegriff war für die Sozialwissenschaftler und Philosophen von Nutzen, mit denen er in Chicago zusammenarbeitete, wie auch für andere Autoren, die nach einer Erklärung für die „gelockerte Moral" und die Überhöhung des Selbst bei der sogenannten „Ich-Generation" suchten. Allerdings stellten seine Theorien und Behandlungsmethoden für narzißtische Störungen, Psychosen und Borderline-Zustände eine Herausforderung für andere Analytiker, beispielsweise Otto Kernberg, den aufsteigenden Stern am psychoanalytischen Horizont, dar.

Im Gegensatz zu Kohut, der nicht der Auffassung war, daß narzißtische Personen ernsthaft von einem massiven Zerfall bedroht seien, litten diese Personen nach Kernberg unter einer Verbindung von pathologischer Verdichtung von realem Selbst, idealem Selbst und Objektstrukturen; unter Verdrängung und Abspaltungen; unter der Abwertung von Objektrepräsentanzen und unter Auflösungen der Über-Ich-Grenzen. Auch wenn ich hier einen Einzelaspekt aus einem fünfstufigen Entwicklungsmodell stark vereinfache, läßt sich sagen, daß Kernberg das Größen-Selbst sowohl in der Beziehung des Selbst zu Objektrepräsentanzen und zu äußeren Objekten als auch im Kampf zwischen Liebe und Aggression ansiedelt (Kernberg, 1976, S. 116; deutsche Ausgabe, S. 116).

Kernberg lehnte zunächst Kohuts Auffassung ab, narzißtische Besetzung und Objektbesetzung hätten denselben Ursprung und entwickelten sich danach unabhängig voneinander weiter. Nach seiner Auffassung gründen sowohl der normale als auch der pathologische Narzißmus in der Beziehung des Selbst zu den Objektrepräsentanzen und zu äußeren Objekten wie auch im Kampf zwischen Liebe und Aggression. Im Grunde vertritt Kernberg die Ansicht, daß die Individuen ihre intrapsychischen Strukturen vom Augenblick der Geburt an kontinuierlich erweitern. Sofern diese Strukturen auf die Interaktionen zwischen Mutter und Kind zurückgehen, kann die Psychoanalyse ihre sozialen Wurzeln aufdecken. Allerdings werden damit Objektbeziehungen und interaktives Verhalten einander nicht gleichgesetzt. Ebenso wie Freud in „Das Ich und das Es" verknüpfte auch Kernberg die Ursprünge von Ich und Über-Ich *und* die des Es mit den frühesten Objektbeziehungen. Er erinnerte seine Kollegen an die biologischen Determinanten psychischer Phänomene und schlug vor, Unterscheidungen zu berücksichtigen, wie sie der Anthropologe Nikolaas Tinbergen (1951) zwischen „Endhandlung" und „Appetenzverhalten"[6], Konrad Lorenz (1963) in den „Instinktbewegungen" bei Tieren, die auf zeitlich festgelegte Bedürfnisse reagieren, und Bowlby mit seiner „Planhierarchie" flexibler Reaktionen aufgezeigt hatten (Kernberg, 1976, S. 89; deutsche Ausg. S. 89–90).

Kernberg hielt zum größten Teil an der dreiteiligen Struktur von Ich, Über-Ich und Es fest, um die ödipale Phase zu analysieren, und er wandte dann die Objektbeziehungstheorie auf die Beschreibung der kindlichen Entwicklung an (Carsky und Ellman, 1985, S. 259–260). Damit benutzte er die Kleinianischen Theorien der Spaltung und projektiven Identifizierung für die sogenannten unteren Abwehrformen und leitete die Verdrängung und Isolierung für die sogenannten höheren Abwehrformen von der Ich-Psychologie ab. Um die verschiedenen Begriffe nicht zu relativieren, stellte Kernberg (1976, S. 86; deutsche Ausg. S. 84) folgendes Postulat auf: „Ich meine, daß die Einheiten internalisierter Objektbeziehungen Subsysteme bilden, auf deren Grundlage sowohl die Triebe als auch die psychischen Gesamtstrukturen von Ich, Überich und Es als integrierende Systeme organisiert sind. Die Triebe (durch psychisch organisierte Triebsysteme repräsentiert) und die psychischen Gesamtstrukturen werden so zu Teilsystemen der

---

[6] „Mit anderen Worten, die höheren Instinktmuster sind zielgerichtet und adaptiv; innere Faktoren wie innere sensorische Reize, Hormone und komplexe Reize, die aus dem zentralen Nervensystem der höchsten Ebene kommen (d. h. 'Motivation'), determinieren entweder eine offene Reaktion oder kontrollieren die Reaktionsschwelle gegenüber äußeren Reizen; äußere Reize können wiederum all diese inneren Faktoren aktivieren." (Kernberg, 1976, S. 89; deutsche Ausgabe S. 89).

Gesamtpersönlichkeit, die das Suprasystem bildet." Damit konnte er die neurophysiologischen und die neuropsychologischen Faktoren mitberücksichtigen und sowohl die schizoiden und depressiven Phasen der Kleinianer als auch die Entwicklungstheorien Mahlers integrieren.

Kernberg selber befaßte sich besonders mit erwachsenen Borderline-Personen – mit Individuen, die rasch wechselnde und widersprüchliche Ich-Zustände zeigen und deren Übertragungsreaktionen von Idealisierung und Liebe rasch zu Zorn und Haß überwechseln. Während nun Kohut solches Verhalten auf dessen narzißtische Ursachen zurückführte, siedelte Kernberg es im Spaltungsprozeß der frühen Kindheit und in der Wiederholung des Primärprozeß-Verhaltens an. Diese Diagnose brachte Kernberg wiederum auf die Unterscheidung von drei Typen der Internalisierung: Objektimagines oder Objektrepräsentanzen, Selbstimagines oder Selbstrepräsentanzen und Triebabkömmlinge oder partikulare affektive Dispositionen. Er konstruierte dann ein ausführliches Modell von Entwicklungsstufen – normaler Autismus (erster Lebensmonat), normale „Symbiose" (dritter oder vierter Monat bis zur Zeit zwischen dem sechsten und dem neunten Lebensmonat), Differenzierung zwischen Selbst und Anderen (zwischen sechstem und neuntem Monat bis zum achtzehnten oder sechsunddreißigsten Monat), und Integration widersprüchlicher Repräsentanzen (vom Ende des dritten Lebensjahres bis einschließlich der ödipalen Phase). Narzißtische Störungen wurden auf diese letzte Stufe zurückgeführt und die Bildung einer gesunden Persönlichkeit auf die darauffolgende. Außerdem unterschied Kernberg zwischen einer höherstufigen und einer niedern Charakterpathologie und erklärte, weshalb die Organisation der Borderline-Persönlichkeit als solche stabil war, auch wenn sie sich als Ich-Pathologie beschreiben läßt. Er schlug vor, die Analytiker sollten sich bei künftigen Patienten auf ihr Selbstverständnis konzentrieren, auf ihre Beziehungen zu anderen und auf ihre Realitätserfassung, und er gab die Empfehlung aus, die meisten narzißtischen Störungen sollten mittels Psychoanalyse behandelt werden, wobei gegebenenfalls Modifizierungen und eine stützende

Behandlung geboten seien. Seines Erachtens können bestimmte Patienten durch eine zeitweilige stationäre Behandlung vor irreparablen Schäden geschützt werden.

Mit der Integration der guten und bösen Objekte der Kleinianer und der depressiven Position brach Kernberg amerikanische Tabus, und mit seinem gegen die Kleinianer erhobenen Vorwurf der Ungenauigkeit und der Vernachlässigung Freudianischer Strukturkonzepte gelang es ihm, die immer breiter werdende theoretische Kluft zu überbrücken. Und eben darauf hatte Kernberg sich vorbereitet. Er war in Wien geboren, wurde in Chile Psychoanalytiker und ist gegenwärtig Mitglied des Columbia University Center für psychoanalytische Ausbildung und Forschung. Er ist inzwischen einer der wenigen Freudianer, die sich mit den anderen psychoanalytischen Schulen vertraut gemacht haben, und er ist überdies in der Lage, die Bedeutungen der analytischen Termini ineinander zu übersetzen, indem er den jeweiligen Hintergrund ihrer Benutzer mitberücksichtigt.[7] Diese Fähigkeit wie auch seine Beschäftigung mit der Pathologie anstelle der Neurose fand bei einer Reihe von französischen Psychoanalytikern Anklang. Außerdem belegte Kernberg seine Vertrautheit mit der französischen Diskussion der Perversionen in seiner Einleitung zur englischen Übersetzung von Janine Chasseguet-Smirgels Buch über *Kreativität und Perversion* (1984).

In diesem Buch lieferte Chasseguet-Smirgel eine überaus erhellende Darstellung von den vielen psychoanalytischen Erklärungen der Weiblichkeit und ihren Verbindungen zur gesellschaftlichen und politischen Realität. Christopher Lasch zufolge besteht Chasseguet-Smirgels wichtigster Bei-

---

[7] Auf dem Kongreß in Jerusalem 1984 erklärte Kernberg beispielsweise, daß Objektbeziehungen zwar stets auf die Beziehung zu einem bedeutsamen Anderen verweisen, daß dies für Fairbairn jedoch die Verlagerung von der „infantilen" zur „reifen" Abhängigkeit bedeutete, die eine Kooperation mit einem wahrgenommenen, getrennten Objekt erlaubt, während es für Jacobson die Fähigkeit bedeutete, „echte Objektbeziehungen" zu erreichen, und für Alice Balint die Ersetzung „egoistischer Liebe" durch „altruistische Liebe".

trag darin, Freuds „Ich-Ideal" als Erbe des primären Narzißmus gefaßt zu haben – als Erbe der frühkindlichen
Allmachtsillusion (1985; Einführung zu Lasch, S. IX).
Indem Chasseguet-Smirgel das Ich-Ideal vom Über-Ich
trennte, konnte sie nachzeichnen, wie idealisierte erotische
Leidenschaft, Religion und Kunst bei einigen Menschen an
die Stelle des ursprünglichen Wunsches zur Verschmelzung
mit der Mutter treten können und wie sich bei anderen die
narzißtische Täuschung in Perversionen verwandeln kann.
Für Lasch (1982), dessen Theorie der „narzißtischen Persönlichkeit" sowohl aus Kohuts als auch aus Kernbergs Arbeiten gewonnen worden war, trug diese Unterteilung dazu bei,
„emotionale Verflachung, Angst vor Nähe, Hypochondrie,
falsche Selbsterkenntnis und promiskuöse Pansexualität" zu
erklären.

Chasseguet-Smirgels Ideen erwiesen sich als überaus
nützlich für Nancy Chodorows These, das Bemuttern werde
strukturell reproduziert. Chasseguet-Smirgel hatte beschrieben, wie die omnipotente ödipale Mutter stets eine „narzißtische Verletzung" zufügt und damit „bei Kindern beider
Geschlechter Gefühle der Unvollständigkeit hervorruft"
(Chodorow, 1978, S. 122).

Chasseguet-Smirgels (1984) Erörterungen der „phallischen Macht" richteten sich im weiteren auf die Verbindungen zwischen Perversion, anal-sadistischer Regression,
Anomie und Hybris. Sie stellte beispielsweise fest, daß das
Ziel des Perversen darin besteht, die genitalen Fähigkeiten
des Vaters in Abrede zu stellen und durch das Eintauchen in
die undifferenzierte, anal-sadistische Dimension eine magische Verwandlung der Realität zu erlangen. Nach der
Idealisierung dieser Dimension verkündet er ihre Überlegenheit über das genitale Universum des Vaters (1984,
S. 78). Diese metaphorische Fassung des Ödipuskomplexes
veranlaßte Chasseguet-Smirgel dazu, die Leugnung der
Kastration mit der Leugnung des Geschlechterunterschiedes
gleichzusetzen. Sie beschrieb, inwiefern einige ihrer Patienten Freudianischen Prinzipien entsprachen, und äußerte
sich dann im folgenden über den Fetischismus und über die
Bedeutungsvielfalt, die Lacan ausgeklügelt hatte. Ihr zufolge

bedeutet der Fetisch zugleich die Bestätigung und die Verleugnung der sogenannten Kastration der Frauen (1984, S. 81). Als Beleg zitierte sie Joyce McDougall (1972), die in „Primal Scene and Sexual Perversion" [Urszene und sexuelle Perversion] das Rätsel etwas weiter auflöste, indem sie darauf hinwies, daß die Konstruktion des Fetischs nicht nur mit dem Bedürfnis zusammenhängt, den Penismangel zu verleugnen, wodurch die Kastrationsängste gefördert werden, sondern auch mit dem Bedürfnis, die mütterliche Körperöffnung zu verleugnen, die der Beweis für die sexuellen Beziehungen zwischen den Eltern ist – der Beweis für die Urszene. Ferner zitiert sie Béla Grunberger, demzufolge der Fetisch das Andenken an intensiven analen Austausch zwischen Mutter und Sohn verkörpert, für den der Ausschluß des genitalen Penis und des genitalen Vaters eben durch die Präsenz des Fetischs gekennzeichnet und aufrechterhalten wird (1984, S. 81).

In Frankreich wurde – vermutlich im Gefolge des wiedererwachten Interesses, das die Pariser Intellektuellen für Sade aufbrachten – der Perversion besondere Aufmerksamkeit gewidmet. Amerikanische Analytiker, die sich schon vor Jahren mit Perversionen befaßt hatten (vgl. Greenacre, 1950; Rangell, 1953; Bak, 1968) interessierten sich für Chasseguet-Smirgels Ansichten zur Perversion weniger als die Franzosen, für die sie zu einem Gegenstand des allgemeinen Interesses geworden war.

In den Arbeiten von Joyce McDougall wird unter anderem eine Unterscheidung zwischen homosexuellen und virilen Frauen getroffen: beiden mißlingt die Identifizierung mit der Mutter, wobei es von der homosexuellen Frau heißt, daß sie primär den Penis des Vaters und dessen Rechte über die Mutter „kastriere", während die virile Frau eine desexualisierte Männlichkeit idealisiere. McDougalls Darstellung und Deutung ihrer Arbeit mit Psychotikern sind brillant: nach ihrer Auffassung sind viele ihrer Patienten interessanter als die Helden eines Großteils der modernen Fiktion.

Trotz unterschiedlicher Grundhaltung zählen Chasseguet-Smirgel, Grunberger und McDougall innerhalb der SPP zu den Konservativen. Viele ihrer jüngeren Kollegen, besonders jene, die die psychoanalytischen Texte noch breiter diskutieren und mit den eklektischen Ansätzen des Kreises um *Confrontation* liebäugeln, neigen eher zu unorthodoxen Deutungen und stehen deshalb auch den Lacanianern näher. (Ihren Ausführungen zufolge stimmen freilich ihre klinischen Techniken trotzdem mit den von der IPA vorgeschriebenen Kriterien überein.)

Der gegenwärtige Stand der Theorie

Weil Freud seine Theorien ständig ergänzte und umformulierte, entstand nicht nur eine Vielfalt theoretischer Stimmen, sondern auch die Tendenz, daß seine Nachfolger seine Ideen ebenfalls ständig weiterentwickelten. Auf den internationalen Kongressen halten sich die älteren Freudianer erwartungsgemäß eher an die klassischen Themen, während die jüngeren gern neuere Abwandlungen vortragen. Im theoretischen Wirrwarr, der sich daraus entwickelt, sticht jemand wie Kernberg schon deshalb intellektuell hervor, weil er die vielen konkurrierenden Theorien mit einzubeziehen vermag. Er führt seine eigenen Formulierungen der Ichspaltung auf die Beobachtung Freuds zurück, wie sich Liebe in Haß verwandeln kann (1984); er definiert die Objektbeziehungen umfassender als Anna Freud (1936) und steht deshalb auch Melanie Klein näher. (Zuweilen scheint er sich allerdings in gefährlicher Nähe zu Lacans Dialog zwischen Selbst und Anderem zu befinden.) Seiner Ansicht nach sind bei den Anhängern sowohl von Kohut als auch von Sullivan die Objekte im psychischen Apparat steckengeblieben – wo die psychischen Strukturen so mühelos fixiert und wiederholt werden. Kernberg zufolge werden die Strukturen der Ich-Psychologen auf einem zu hohen Abstraktionsniveau gefaßt und führen deshalb auch zu einem Konflikt zwischen den Trieben und der Libido. Seine eigene Theorie entwickelt er auf der Grundlage von Mahler, Fairbairn, Klein und Edith Jacobson. Im Grunde verkörpert Kernberg eine Allgegenwart auf höchster theoretischer Abstraktionsstufe, während er zugleich auch Beiträge zu den klinischen

Techniken für den Umgang mit narzißtischen und Border-line-Patienten liefert.

Bei den metapsychologischen Diskussionen ist letztlich zwar schwer zu entscheiden, welche Theorien mehr Gültigkeit haben, aber es gibt eben bessere und schlechtere Kliniker und Psychoanalytiker mit einer größeren oder kleineren Anziehungskraft auf mögliche Patienten. Allerdings ist Popularität, sei es innerhalb der umfassenderen Kultur, sei es innerhalb des engeren Berufsstandes, nicht dasselbe wie theoretische Geltung. Und daß die Psychoanalytiker ebensowenig wie die Psychologen, die Ökonomen oder die Soziologen über eine umfassende oder einheitliche Theorie verfügen, ist ebenfalls kein Grund zur Klage: sie erweisen sich dadurch einfach als normale Kinder des Zeitgeistes. Zwar bestätigt dies, daß die aktuellen psychoanalytischen Theorien nicht mehr die dramatische Originalität Freuds verkörpern, aber dennoch scheinen sie bisher bessere Erklärungen für die Probleme des Selbst zu liefern als andere Theorien. Allerdings ist die Fragmentierung der psychoanalytischen Theorie auch ein Beweis dafür, daß die Freudianer in erster Linie durch ihre Profession und nicht durch ihre Ideen zusammengehalten werden.

12. Kapitel
Psychoanalyse und Politik

Gemäß Freuds „Abstinenzregel" dürfen Psychoanalytiker den Patienten nicht ihre persönlichen Überzeugungen aufzwingen. Nun traten Freud und seine frühen Anhänger aber auch für radikale und zuweilen für marxistische Ziele ein, und die Möglichkeit, daß diese politischen Ansichten sich der klinischen Praxis aufdrängen könnten, wurde von Anfang an erwogen. Inwiefern Therapie und Politik sich voneinander trennen lassen, ist seither ein Streitthema geblieben, und die Spannung zwischen beiden beschäftigt nach wie vor jeden Freudianer.

Paradoxerweise vollzog die Psychoanalyse während der beiden Weltkriege jeweils wahre Quantensprünge, weil die Politiker die Freudianer um Hilfe ersuchten. Am Ende des Ersten Weltkriegs war ihr Prestige sehr hoch, weil sie Tausenden von neurotischen Soldaten zur Genesung verholfen hatten. Bernfeld (1930) zufolge waren psychische und sexuelle Leiden sowie körperliche und Liebesstörungen, die sich bisher allen medizinischen Künsten entzogen hatten, heilbar geworden. Zu Beginn des Zweiten Weltkrieges beauftragte der amerikanische Colonel William J. „Wild Bill" Donovan, der Direktor eines neuen Amtes – des späteren Office of Strategic Services –, den Psychoanalytiker Walter Langer (1972), ein psychologisches Porträt Hitlers anzufertigen (S. 3). Donovan war nicht als einziger davon überzeugt, daß die Psychoanalyse bei der psychologischen Kriegsführung hilfreich sein könnte und sowohl die Anziehungskraft als auch das Verhalten autoritärer Politiker erklären und ihre künftigen Vorgehensweisen in der Öffentlichkeit voraussagen könnte (Loewenberg, 1983, S. 31).

Die Psychoanalytikerin Pearl King (1988) berichtete, daß die Freudianer auch in England mit den Streitkräften zusammenarbeiteten und 1944 dort die psychiatrische Abteilung unter ihre Kontrolle gebracht hatten. Zusammen mit der übrigen Öffentlichkeit erkannten sie, daß man Hitler mit Gewalt entgegentreten mußte, und sie boten ihre Dienste an, um Soldaten zu heilen, die kriegsmüde waren und an Depressionen litten, und um die allgemeine Moral der Menschen an der Front und jener, die zuhause unter Bombenangriffen litten, zu stützen. Somit erhielten die Freudianer auf beiden Seiten des Atlantiks Unterstützung von seiten der Regierungen und wurden dadurch veranlaßt, ihre theoretischen und ihre klinischen Anstrengungen zu verdoppeln. Dabei hofften sie, der menschlichen Aggression auf den Grund gehen zu können, um deren negative Auswirkungen zu mindern und um die Kriegslust bei Individuen und Nationen zu beseitigen.

Politik in Wien

Freud machte sich Sorgen über den Widerspruch zwischen wissenschaftlichen und politischen Zielen. Er ging damit meist so um, daß er die beiden Bereiche voneinander trennte. Viele seiner frühen Anhänger waren indessen von der Psychoanalyse angezogen worden, um von ihrem Demokratisierungspotential Gebrauch zu machen (Nunberg und Federn, 1962; Reichmayr und Wiesbauer, 1979). Besonders Adler und Stekel bestanden darauf, theoretische Einsichten mehr oder weniger direkt auf die Politik anzuwenden. Die meisten angelsächsischen Freudianer neigen dazu, in ihren Erinnerungen dieses Faktum zu übersehen. Vor kurzem haben jedoch einige radikale junge Österreicher die Archive durchgesehen und uns daran erinnert, daß die führenden Schüler glühende Verfechter der Sozialdemokratie waren: Josef K. Friedjung, Ludwig Jekels, Karl Furtmüller, David Ernst Oppenheim, Hugo Heller – Freuds Verleger –, Wilhelm Stekel und Margarete Hilferding – die Frau des bekannten Sozialdemokraten Rudolf Hilferding und erstes weibliches Mitglied der WPV (Reichmayr und Wiesbauer, 1979, S. 29).

Viele theoretische Streitigkeiten der frühen Freudianer hingen eng mit politischen Differenzen zusammen, auch wenn man sie gewissen Neurosen oder Charaktereigenschaften zuschrieb (siehe 2. Kapitel). Diese Vermischung von Politik und Neurose verdunkelte freilich die Tatsache, daß die Schüler – neben ihren Charaktereigenschaften – ihre eigenen, persönlichen Ziele und Prioritäten hatten. Als beispielsweise Wittels langatmige und recht fragwürdige Ausführungen zur unbewußten Bedeutung der Menstruation vortrug, zog er den Schluß, alle Feministinnen wären eigentlich lieber als Männer geboren worden. Adler antwortete in marxistischen Termini und behauptete, das Schicksal der Frauen sei auf patriarchalische Beziehungen und Eigentumsverhältnisse zurückzuführen. Wittels antwortete darauf, man könne nicht gleichzeitig Freudianer und Sozialdemokrat sein (Nunberg und Federn, 1962, Bd. I, S. 352–353; dt. Ausg. Bd. I, S. 329–333). Diese Äußerung polarisierte die Themenstellung und stärkte die Anschuldigungen ganzer Generationen von Feministinnen und Linken – ob sie nun darauf aus waren, den Konservativismus der Freudianer oder die Absurdität der Spekulationen über das weibliche Unbewußte zu beweisen. Auch wenn Hitschmann bald darauf den Vorwurf erhob, Wittels Untersuchungen seien von dessen Interesse an der Schwangerschaft, an keuschen Medizinstudentinnen und an der Syphilis angeregt worden, weil alle und alles sich gegen ihn stellte, so drehten sich die eigentlichen Auseinandersetzungen doch um die Verwirklichung sozialistischer Ideale.

Als Adler ein anderes Mal über die „Psychologie des Marxismus" sprach (am 10. März 1909), gerieten Freud, Paul Federn, Eduard Hitschmann, Albert Joachim, Rank und Maximilian Steiner in eine heftige Auseinandersetzung. Die unterschiedlichen Temperamente kamen zum Vorschein, und persönlicher Groll regte sich. Isidor Sadger empörte sich derart, daß er Freud dazu aufforderte, bei Konflikten eine entschiedenere Haltung einzunehmen, damit nicht persönliche Abneigungen zum permanenten

Bruch führten. (Sowohl Freud als auch Sadger betonten die persönlichen – d. h. die unbewußten psychologischen – Aspekte der Streitigkeiten und nicht deren politischen Gehalt.) In seiner Verstimmung gab Freud zur Antwort, wenn die Leute wissenschaftliche Uneinigkeiten nicht ertragen könnten, könne er ja den Laden gleich zumachen. Jedenfalls wurde der Grenzbereich zwischen den geselligen Annehmlichkeiten und dem „wissenschaftlichen" Nutzen von Auseinandersetzungen immer schmaler.

Obwohl Freud seine theoretischen Differenzen mit Adler zu betonen pflegte, hatten auch diese ihre politischen Ursachen. Adler wollte nicht abwarten, bis die Psychoanalyse ihre Vollkommenheit erreicht hätte, sondern sie vorher schon im Wiener Schulsystem bei der Ausbildung und Politisierung von Lehrern anwenden, die dann ihrerseits Schüler und Elternfamilien aufklären sollten. Seiner Auffassung nach war die Neurose ein Ausdruck der umfassenderen sozialpolitischen Organisation und nicht des Familienromans, und gesellschaftsfeindliches Verhalten war lediglich ein Mittel, um sich sozialen Zwängen zu entziehen (Sperber, 1972, S. 187). Das heißt nun keineswegs, daß Freud gegen den Sozialismus eingestellt war, wie behauptet wurde, sondern nur, daß er seine Psychoanalyse über seine politischen Auffassungen stellte.

Reichmayr und Wiesbauer haben darauf hingewiesen, daß Freud zu Unrecht als Konservativer abgestempelt wird. Bei der Analyse von österreichischen Wahlen entdeckten sie, daß er Sozialist gewesen war, wenn auch kein aktiver. Sie „bewiesen" ferner, daß Freud zusammen mit 80 bis 90 % der Mitglieder der Wiener Psychoanalytischen Vereinigung (WPV) bis lange nach der Trennung von Adler für die Sozialdemokraten gestimmt haben muß (1979, S. 31). Wäre er ein Konservativer gewesen, dann würde er in den Biographien von Zeitgenossen wie Ludwig Wittgenstein, Arthur Schnitzler und Hugo von Hofmannsthal keine so prominente Rolle spielen und er wäre auch nicht Mitglied der linksgerichteten Studentenorganisation oder des linksorientierten Lesevereins gewesen, wo er Victor Adler kennengelernt hatte. Freud idealisierte Adler so sehr, daß er in dessen früherer Wohnung leben wollte, als er seine Praxis gründete. Außerdem blieb Freud mit dem zionistischen Führer Theodor Herzl in Verbindung – den er ebenfalls als Kämpfer für die Menschenrechte ansah –, und zwar zu einer Zeit, als der Zionismus eine radikale Idee darstellte.

Reichmayr und Wiesbauer machten vor allem Ernest Jones für die vorherrschende Fehldeutung der Politik der frühen Freudianer verantwortlich. Sie wiesen darauf hin, daß Jones in seiner eindimensionalen Ergebenheit gegenüber der Psychoanalyse die politischen Überzeugungen der Freudianer abgeschwächt habe und daß die heutigen Freudianer, die ihre Kenntnisse der Psychoanalysegeschichte fast ausschließlich aus der Freud-Biographie von Jones beziehen, sich nicht klar darüber sind, daß diese „Bibel" lediglich Jones' angelsächsische Sichtweise und seinen Wunsch zum Ausdruck bringt, die IPA zusammenzuhalten. Reichmayr und Wiesbauer kritisierten Jones' Bericht über das Treffen von 1911, bei dem Adler als Präsident der WPV zurücktrat und daraufhin den Verein für Freie psychoanalytische Forschung gründete [Jones, Bd. II, S. 164]. Jones hatte von elf Nein- gegenüber fünf Ja-Stimmen berichtet, dabei jedoch zu erwähnen vergessen, daß bei dieser Sitzung 21 Personen anwesend gewesen waren und fünf sich der Stimme enthalten hatten, weshalb der Freudsche Sieg auch weitaus markanter aussah, als er in Wirklichkeit gewesen war. (Adler hatte bereits den Verein für Freie Psychoanalytische Forschung – VFPF – gegründet, und die Entscheidung ging darüber, ob man beiden Vereinigungen – dem VFPF und der WPV – angehören könne oder nicht.) Reichmayr und Wiesbauer urteilten, daß Jones' Weglassung seine gesamte Geschichtsschreibung kennzeichne und sowohl seine antisozialistischen Tendenzen als auch seinen Mangel an politischem Feingefühl beweise. Deshalb sahen sie sich auch zur Nachfrage berechtigt, welche anderen Aspekte der Psychoanalysegeschichte Jones denn sonst noch bereinigt haben könnte.

Humanistische Visionen

Je mehr die Freudianer von der Psychoanalyse als einer Wissenschaft überzeugt waren, desto seltener betraten sie die politische Arena. Nachdem mit Adler ihr Linksaußen gegangen war, machten die übriggebliebenen Linken keinen ernsthaften Versuch mehr, an der anerkannten psychoanalytischen Theorie herumzubasteln – die Angriffe gegen elitäre Ausbildungskriterien ausgenommen. Allerdings pflegten die Freudianer weiterhin ihre Auseinandersetzungen, wenn sie nach Mitteln suchten, um das soziale Geflecht ihrer Gemeinschaften zu verbessern. Zuweilen waren sie sich einigermaßen einig, wenn sie sich mit allgemeinen politischen Themen im Zusammenhang mit der Zukunft der Menschen befaßten: Kriegsvermeidung und (wenn auch erst viel später) nukleare Zerstörung. Gelegentlich nahmen sie auch öffentlich Stellung gegen Totalitarismus und Verbrechen. In autoritären Gesellschaften wie Argentinien, Brasilien und Ungarn bestanden sie zuweilen darauf, daß die Analyse einiger führender Einzelner sich am Ende auf andere politische Figuren auswirken und dadurch die Repression vermindern werde. Sie lieferten Einsichten in führende Persönlichkeiten wie Nixon und Reagan oder Diktatoren wie Hitler und Stalin. Diese Bemühungen wurden hauptsächlich durch Hinweis auf Freuds und Bullitts Porträt *Woodrow Wilson* (1966) gerechtfertigt – eine von Freuds weniger überzeugenden Arbeiten. Im Prinzip hielten die klassischen Freudianer freilich daran fest, daß ihre Arbeit – die Analyse von Individuen – aktive politische Stellungnahme ausschließe, weil das Auftreten in der Öffentlichkeit die Übertragung in der Einzelanalyse stören könnte. In den USA neigten sie dazu, eine direkte politische Beteiligung zu vermeiden.

Sowohl die politischen Auffassungen der Psychoanalytiker als auch ihre „Psychoanalysen" von Politikern wurden jeweils im heimatlichen, anerkannten Idiom ausgedrückt. So pflegten die Franzosen auf die unbewußten Bedeutungen von Wörtern, Handlungen, Gesten und Einfällen ihrer Führer hinzuweisen und deren Sprachgebrauch zu analysieren; die Amerikaner neigten dazu, sich auf die Gefahren der Idealisierung ihrer Führer und insbesondere ihrer Präsidenten zu konzentrieren; die Deutschen – in der Angst, einem weiteren Diktator anheimzufallen – versuchten Mittel und Wege zu finden, um ungesunde Autoritätsbeziehungen aufzudecken und darzustellen; die Engländer endeten früher oder später damit, Maßnahmen der Kindererziehung auf ungewünschte Ergebnisse hin zu untersuchen, um sie zu kritisieren; und die Österreicher ergingen sich meist in Ausflüchten. Ab und zu gab es Synthesen zwischen Freud und Marx, in denen die Mißstände der kapitalistischen Produktionsprozesse und die Prozesse der Entmenschlichung noch einmal dargestellt wurden, wobei man sie mit dem auf eigenem Boden gewachsenen Freudianischen Diskurs verknüpfte. (Dies gilt beispielsweise für Amerikaner wie Richard Lichtman [1982] und Lauren Langman [1978], die eine Integration von Freud und Marx unternahmen; für Joel Kovel [1981], der Marx für eine Rekonstruktion der Psychoanalyse einsetzen möchte.)

Wurden solche Themenstellungen aufgegriffen und von Anthropologen, Philosophen, Soziologen und Psychologen – oder von politischen Führern – weiterentwickelt, dann führte die Anwendung für politische Zwecke, sofern sie sich mit bewußten Phänomenen befaßte, tendenziell zu einer Vereinfachung oder zu einer Fehldeutung psychoanalytischer Grundsätze. Dieses Problem wurde noch größer, als Freudianer sich an die Öffentlichkeit wandten und Nichtintellektuelle mit den Mechanismen des kollektiven Unbewußten vertraut zu machen versuchten. Immerhin verließen auch die Anhänger Freuds ebenso wie er selbst zuweilen ihr Behandlungszimmer, um zu versuchen, die Welt zu retten, und ebenso wie Freud gingen sie dabei meist so vor, daß sie im Ausgang vom einzelnen Patienten auf der Couch Verallgemeinerungen über die Gesellschaft oder über die Menschheit formulierten.

Freuds politisches Unbewußtes

Die Wirkung des Krieges kann nach Aussage Freuds darin bestehen, eine Regression auf den frühesten Entwicklungsstand der Menschen hervorzubringen, auf dem Gefühlsreaktionen der Vernunft unzugänglich sind [1915*b; Stud.*, Bd. IX, S. 45–46]. Die Nähe des Einzelnen zum Tod (das Unbewußte leugnet die Möglichkeit des eigenen Todes, während es ihn gleichzeitig fürchtet) und die damit einhergehende Möglichkeit zum Heldentum scheinen das Leben weniger wertvoll zu machen, als „gewisse abstrakte und allgemeine Güter" [1915*b; Stud.*, Bd. IX, S. 56]. Die Psychoanalyse ließ sich nicht nur als eine Zerstörerin von Illusionen fassen, sondern auch als ein Mittel zum Frieden. Natürlich hatte Freud gesagt, er wisse nicht, wie der Frieden zu verwirklichen sei, weil zur Natur des Menschen sowohl gute als auch böse Triebe gehörten. Als Einstein ihn aufforderte, sich mit ihm dem Pazifismus anzuschließen, erklärte sich Freud zwar nachdrücklich als Pazifist, zweifelte aber daran, ob der Krieg jemals ausgerottet werden könne. Deshalb schrieb er an Einstein: „Wir sind Pazifisten, weil wir es aus organischen Gründen sein müssen" (1933*b; Stud.*, Bd. IX, S. 285).

Trotz Freuds Pessimismus im Hinblick auf die individuelle Menschennatur und die Gesellschaft hielten seine Nachfolger beim Ausblick auf die Zukunft an einem idealistischen Zug fest. Neben den Erwägungen zur Kriegsverhinderung befaßten sie sich auch mit Fragen der Demokratie und des Antisemitismus. Immer dann, wenn Freudianer aufgefordert wurden, Friedensbewegungen, Antiatomproteste, Antiapartheidbewegungen und Bewegungen gegen Neonazis zu unterstützen, pflegten sie gewohnheitsmäßig Freud zu zitieren, um die Sache zu unterstützen. Offensichtlich waren sie inzwischen von der Wirksamkeit dessen überzeugt, was Nathan Leites (1948) als „psychokulturelle Analysen gesellschaftlicher Ereignisse" bezeichnet hatte.

Die politischen Exkursionen der Amerikaner

Wie wir festgestellt haben, hatten die anthropologischen und soziologischen Untersuchungen von Stammesgesellschaften und später von fortgeschrittenen Industriegesellschaften fast immer politische Konnotationen. Auch wenn nicht jede Einzeluntersuchung Parallelen zwischen dem Wiederholungszwang des neurotischen oder psychotischen primärprozeßhaften Denkens und den magischen Ritualen in Stammesgesellschaften zog – wie Freud dies in *Totem und Tabu* unternommen hatte –, so war doch schon die Zusammenarbeit zwischen den Schülern von Franz Boas und Psychoanalytikern wie Kardiner und Radó an der Columbia University ein Hinweis auf den Glauben an solche Parallelen.

Als dann Erik Erikson (1950) beispielsweise feststellte, daß die kulturelle Erziehung der Dakota- und Yurok-Indianer ihre eigene immanente Richtigkeit aufwies und einen eigenen Typus von Reaktionen auf die genetischen Prozesse der psychosexuellen Entwicklung enthielt, formulierte er dies in rein psychoanalytischen Termini und zog seine Schlußfolgerungen aufgrund von rein psychoanalytischen Voraussetzungen. Das Bureau of Indian Affairs [Amt für die Indianer] benutzte diese Untersuchung jedoch als Grundlage, um seine Politik zu revidieren. Natürlich war Erikson nicht der einzige, der annahm, daß die Praktiken der Kindererziehung, zu denen auch die Einprägung des gesamten Spektrums unbewußter Abwehrformen, Interessen und Konkurrenzmechanismen gehören, am Ende für das private Verhalten und die politischen Einstellungen von Führerfiguren und Bürgern, mithin für das Schicksal der Nationen verantwortlich sind. Sicherlich war sich Erikson der Komplexität dieser Thematik bewußt. Dennoch waren einige deutsche Freudianer, als sie 1978 Eriksons Buch unter die Lupe nahmen, doch ziemlich „schockiert" über Eriksons „unterschwellig ethnozentrische Schilderung der Indianer (...) und über seine *systematische* Blindheit gegenüber Herrschaft" (Elrod, Heinz und Dahmer, 1978, S. 7–8).

Robert Waelder, der Wien verlassen hatte, um in Philadelphia zu praktizieren, schlug eine andere Richtung ein: er erörterte die den politischen Einstellungen zugrundeliegenden psychologischen Prozesse. Die grundlegende Differenz zwischen Autoritarismus und Totalitarismus sah er in der jeweiligen Wirkung dieser Systeme auf ihre Opfer: der Autoritarismus ist „nur" repressiv, während der Totalitarismus außerdem noch entwürdigt und demoralisiert. Während die Angehörigen eines autoritären Systems häufig außergewöhnlich hohe Steuern zu bezahlen haben, in der Armee dienen müssen und sich einer deutlichen Kritik an der Regierung enthalten müssen, kann es vorkommen, daß sie in einem totalitären System „geschlagen werden und dazu noch den Prügelstock küssen müssen" (Waelder, 1960, S. 12). Im Gegensatz zu Fromm, für den die Lösung in einer Neuorganisation der Gesellschaft lag, sprach Waelder sich gegen jene Amerikaner aus, die *nichts* gegen den Totalitarismus unternehmen wollten, „damit wir bei der Bekämpfung desselben nicht auch noch totalitär werden" (S. 18). Wir dürfen nicht annehmen, daß die Amerikaner niemals vor einer so ernsten Situation stehen werden, die eine verschärfte Disziplin verlangt. Wenn es so weit wäre, dann wäre nach seiner Auffassung die zeitweilige Beschneidung gewisser persönlicher Freiheiten nur ein kleiner Preis, den man für die Erhaltung der Demokratie zu zahlen hätte (S. 19). Psychologisch gesehen wurzelt der Totalitarismus in der Paranoia, wie er ausführte – entweder als Produkt einer Ideologie oder als Ergebnis einer extremen Gefahr. Eine rationale Paranoia hängt allerdings mit zeitlich bestimmbaren Notfällen zusammen, während ihre irrationale (ideologische) Form zeitlich unbegrenzt bleibt. Und die paranoide Persönlichkeit (der monistische Ideologe), dem die Komplexität nicht bewußt ist und der dem Einfluß der Vernunft unzugänglich ist, erklärt Tatsachen einfach hinweg. Bei solchen Leuten (als Beispiel wird Lenin angeführt) schafft die paranoide Ideologie die Überzeugung von der Gerechtigkeit ihrer Sache und erlaubt ihnen dadurch ein rücksichtsloses Verhalten, ohne daß sich bei ihnen das Gewissen zu Wort melden würde (S. 23). Im Grunde attackierte Waelder den Marxismus-

Leninismus wegen seines intellektuellen Dogmatismus und beschrieb seinen Zusammenhang mit dem Syndrom der Paranoia. Allerdings war er nicht der einzige, der auf die Ähnlichkeiten zwischen Sowjetkommunismus und Faschismus hinwies.[1]

Damals stimmte der Politologe Harold Lasswell – der bedeutendste Erforscher der Zusammenhänge zwischen Persönlichkeit und Politik – mit den Psychoanalytikern darin überein, daß private Motive auf öffentliche Objekte verschoben und als öffentliches Interesse wegrationalisiert werden können. So wie in den Kinderuntersuchungen auf die Folgen einer frühen und traumatischen Trennung von der Mutter, auf die Feindseligkeit und unerträgliche Angst aufgrund solcher Trennungen sowie auf unbewußte Feindseligkeit und Regression auf Urängste und Wut hingewiesen wurde, verband Lasswell diese Mechanismen mit jenen Mechanismen, die zum Nationalsozialismus beigetragen hatten: die deutsche Jugend zwischen den beiden Weltkriegen hatte an Hunger, an unzureichender mütterlicher Fürsorge und an familialen Störungen zu leiden gehabt. Sie hatte sich der Hitlerjugend angeschlossen, um den Mangel an mütterlicher Fürsorge und Familienleben zu kompensieren und sich mit den Vätern identifizieren zu können, die Uniform trugen (Loewenberg, 1983, S. 264).

Dem Psychoanalytiker Norbert Bromberg (1960) zufolge neigen die Individuen in allen repressiven Gesellschaften dazu, sich entweder mit der vorherrschenden totalitären Ideologie zu identifizieren oder sich diese als Mittel zum Überleben anzueignen. Er untersuchte, wie sich bei seinen Patienten die Abwehrmechanismen entwickelten, und zeig-

---

[1] Loewenberg (1983, S. 26) behauptete, Fromm und Adorno hätten irrtümlicherweise nur den Nationalsozialismus analysiert. Adorno und seine Forschergruppe (1950) untersuchten den autoritären Charakter in einer breit angelegten Untersuchung. Autoritäre Persönlichkeiten sind nach ihrer Feststellung machtorientiert in der Dimension Herrschaft-Unterwerfung und zeigen sich deswegen überheblich gegenüber ihren Untergebenen und unterwürfig gegenüber ihren Vorgesetzten.

te, wie die Beteiligung an einer totalitären Bewegung einem von ihnen geholfen hatte, mit den Ängsten fertigzuwerden, die auf eine konflikthafte Identifizierung zurückgingen.

„Die politische Arena schien ein beinahe maßgeschneidertes Medium für die den Ausdruck seiner Gefühle bereitzustellen. Er identifizierte sich selbst und die weiblichen Familienangehörigen mit dem Proletariat [in den USA] – nach seinem Verständnis eine zwar schwache und unterlegene, aber edle Klasse, die mit der machtvollen, tyrannischen Kapitalistenklasse im Konflikt stand und die sich unmittelbar in seinem Vater und prägnant im Präsidenten der Vereinigten Staaten verkörperte. In diesem Kampf sah er die Arbeiter und sich selbst von der Kommunistischen Bewegung sowie von Stalin als deren Führer unterstützt." (S. 37)

Das Beispiel eines anderen Untersuchungstypus für politische Probleme lieferte Kurt Eisslers psychoanalytische Studie von acht amerikanischen Soldaten (1960). Zur Straffung ihrer Organisation hatte die Armee ihn gebeten, eine Persönlichkeitstypologie aufzustellen, um bestimmen zu können, wer sich am besten als Offizier bzw. Soldat eignet. Eissler wählte acht offensichtlich „normale" Männer aus, die er anschließend analysierte. Er konnte jedoch kein übereinstimmendes Grundmuster herausfinden, obwohl sie alle den Konkurrenzkampf gegen den Vater erfolgreich bestanden hatten – gegen Väter, die sich mit der moralischen Entwicklung ihrer Söhne nicht sonderlich beschäftigt, sondern vielmehr den Rat erteilt hatten, zur Kirche zu gehen. Eissler stellte fest, daß ihre Neurosen mit den soldatischen Pflichten verträglich waren und daß einige von ihnen in der Armee besser vorankamen als im Zivilleben. Offensichtlich hielt ihre Psychopathologie sie nicht davon ab, „gesellschaftliche Aufgaben zu erfüllen".

Da pathologische Männer sich ebensogut wie normale Männer als gute Soldaten erweisen, verglich Eissler die Persönlichkeiten dieser acht Männer daraufhin mit Patienten, die er früher behandelt hatte. Seine allgemeine Schlußfolgerung (mit der einschlägigen Bezugnahme auf Hartmanns Konzept der psychischen Gesundheit) lautet wie folgt:

„Was die gegenwärtige Gesellschaft als Normalität bezeichnet, ist eine ausgewogene Mischung aus (...) der Notwendigkeit, die eigene Omnipotenz um jeden Preis zu beweisen; der Hingabe an die Anforderungen der Gegenwart oder der Zukunft – ob mit oder ohne inneren Kampf –, verstärkt durch das Auslöschen von Individualität; und der Projektion von Angst in einen Ausschnitt der Realität, der Ziel eines aggressiven Impulses wird, ohne daß das Über-Ich Schuldgefühle aufkommen läßt. (...) Durch die Unterwerfung unter die Realität erfährt das Ich eine masochistische Lust, und das Über-Ich wird durch die Hingabe an das Unbehagen über die Realität besänftigt. Indem eine paranoide Projektion an einen bestimmten Realitätsausschnitt geheftet wird, wird dem Es Aggression entzogen und das Über-Ich durch Rationalisierung beschwichtigt." (S. 88)

Der bekannte Politologe Nathan Leites hatte unter Bezugnahme auf Hartmann und Kris die Frage gestellt, ob Analysen des politischen Verhaltens tatsächlich aus „genetischen Bedingungen" hervorgehen, die „in der Vergangenheit eines Individuums wurzeln und später in strukturell ähnlichen politischen Situationen ein ähnliches Verhalten hervorbringen" (1948, S. 102–103). Leites stellte fest, daß solche Annahmen bestenfalls ungenau waren. Er fragte sich zum Beispiel, ob die Amerikaner aus dem „Leistungswillen", der an andern Orten sicherlich weniger wichtig war, nicht zu starke Verallgemeinerungen zogen, und ob es denn möglich sei, eine gültige Skala aufzustellen, anhand derer ein ausgeprägt leistungsorientiertes Individuum sich überhaupt mit Angehörigen der eigenen Kultur vergleichen lasse, geschweige denn mit solchen aus anderen Kulturen. Er kritisierte die Vagheit von Begriffen wie *Intention*, *Handlung* und *emotionale Gewichtung*. Vergleichsdaten über rumänische und amerikanische (oder japanische und chinesische) Leistungsorientierung waren alles andere als gültig, weil die Belohnungssysteme der einzelnen Kulturen sich ebenso voneinander unterscheiden wie das zulässige Verhalten im Sozialisationsprozeß. Außerdem werden die damit verbundenen Emotionen wiederum entsprechend den anerkannten Kommunikationsmitteln internalisiert (und ausgedrückt) – die sich ebenfalls von einer Kultur zur anderen unterscheiden. Die Erwachsenenmodelle, denen die Kinder nacheifern, unterscheiden sich ebenso, wie übrigens auch die sozialen, ökonomischen und politischen Aspekte der jeweiligen Erwachsenenwelt, die die Kinder zu internalisieren lernen. Somit unterstellten alle diese wissenschaftlichen Untersuchungen nichtexistierende 'Typen' und konnten weder Klassenunterschiede noch Eigentümlichkeiten des Phantasielebens noch den Umstand erklären, daß unterschiedliche Kinder auf eine gleichartige emotionale Umwelt positiv oder negativ reagieren können.

Bei der Lektüre dieser psychoanalytischen Untersuchungen über Politik wundert man sich über die 'unpolitische Politik', die ihnen allen gemeinsam ist. Die am vorsichtigsten verfahrenden Forscher halten alle an Freuds Strukturtheorie fest und ziehen häufig aufs Geratewohl medizinische Kenntnisse und Beispiele aus Philosophie und Literatur heran. Nur selten bezweifeln sie die Voraussetzung, daß psychoanalytische Einsicht bei Führungspersönlichkeiten und Anhängern ein ausgeprägteres politisch-moralisches Verhalten bewirke. Außerdem wird aufgrund der szientistischen, mehr oder weniger 'keimfreien' Grundhaltung dieser Untersuchungen einfach vorausgesetzt, daß Sozialwissenschaftler und Politiker auf die Analytiker hören werden.

Die Freudianischen Emigranten (die inzwischen das Establishment bildeten) waren rasch zu Erfolg gekommen und identifizierten sich mit den USA. Sie wurden von einer Gesellschaft akzeptiert, in der man den Antisemitismus unter Verschluß hielt. (Jedes Schuldgefühl, das bei ihnen wegen ihrer Rettung entstand, während andere europäische Juden, die weniger Glück hatten, in den Todeslagern der Nazis endeten, sollte Gegenstand späterer Untersuchungen werden.) In den vierziger und fünfziger Jahren waren die führenden Freudianer voll des Lobes über Amerika und boten die psychologischen Rezepte an, um seine demokratischen Einrichtungen zu beschützen. Sogar die „Marxisten" unter ihnen – Leute wie Fromm, Bernfeld und Fenichel –, die nicht nur gegenüber psychoanalytischen Institutionen, sondern auch gegenüber vielen politischen Leitfiguren und dem konsumorientierten Lebensstil kritisch eingestellt waren, beschäftigten sich in erster Linie mit ihren Patienten.

In gewissem Maße regten die Psychoanalytiker freilich die transkulturellen Untersuchungen der Sozialwissenschaftler ebenso an wie die Sammlung von Daten in flächendeckenden Untersuchungen und die Konstruktion von Persönlichkeitsprofilen, die für bestimmte Gesellschaften typisch waren. Gerade die Theorien der Psychoanalytiker halfen den Sozialwissenschaftlern dabei, die „relativ dauerhaften Persönlichkeitsmerkmale und die gemeinsamen Muster bei den erwachsenen Gesellschaftsangehörigen" festzulegen – das, was Inkeles und Levinson (1948) als „Nationalcharakter" bezeichneten (S. 983). Neben der Rolle der Analytiker als Regierungsberater, als Vorsteher psychiatrischer Kliniken und als Gurus bestätigte dies alles ihren hohen Status.

Mitte der sechziger Jahre begannen Freudianer wie Leo Stone und Charles Fischer die eigene Selbstzufriedenheit in Frage zu stellen, und zu Ende jenes Jahrzehnts begannen sie auf die Kritik zu achten, die deutsche und französische Kollegen an ihnen übten und die nicht nur an der Durchführbarkeit ihrer Organisationspolitik zweifelten, sondern auch an der Realpolitik, die von den amerikanischen Psychoanalytikern entweder verlautbart oder für selbstverständlich genommen wurde. Jetzt standen sie unter der Anklage, die allgemeineren kulturellen und politischen Ziele Freuds angepaßt und verkauft zu haben.

Antisemitismus und Realpolitik im Unbewußten und im Bewußten

Nach Hitlers Machtübernahme 1933 mußte man sich konkret mit dem Antisemitismus befassen. So schrieb Freud im September 1934 an Arnold Zweig: „Angesichts der neuen Verfolgungen fragt man sich wieder, wie der Jude geworden ist und warum er sich diesen unsterblichen Haß zugezogen hat. Ich hatte bald die Formel heraus: Moses hat den Juden geschaffen, und meine Arbeit bekam den Titel: Der Mann Moses, ein historischer Roman" [Jones, 1957; deutsche Ausgabe 1962, Band III, S. 231]. Im selben Brief berichtete er Arnold Zweig, daß der führende katholische Theologe

Pater Schmidt [„... zum Unglück selbst ein Ethnolog und Religionsforscher, der in seinen Büchern aus seinem Abscheu vor der Analyse und besonders meiner Totemtheorie kein Geheimnis macht"; Freud, ebd.] für die Wiener Strenggläubigkeit und für die antisemitische Politik Österreichs verantwortlich sei: er war überdies ein Vertrauter des Papstes und verachtete die Psychoanalyse. Schmidts Verbindungen zum Vatikan schrieb man auch die Ursachen dafür zu, daß in Rom Edoardo Weiss' Zeitschrift *Rivista di Psichoanalisi* eingestellt wurde – angeblich entgegen einer persönlichen Zusicherung von Mussolini. Deshalb entschloß sich Freud, den *Moses* zum damaligen Zeitpunkt noch nicht zu veröffentlichen: „Beträfe die Gefahr nur mich, so würde sie mir wenig Eindruck machen, aber alle unsere Mitglieder in Wien erwerbslos zu machen ist mir eine zu große Verantwortung" [Jones, ebd., Bd. III, S. 231]. Im Februar 1934 schrieb er seinem Sohn Ernst in London, daß die Zukunft ungewiß sei: „entweder ein österreichischer Fascismus oder das Hakenkreuz. Im letzteren Fall müssen wir weg; vom heimischen Fascismus wollen wir uns allerlei gefallen lassen, da er uns kaum so schlecht behandeln wird wie sein deutscher Vetter" (Brief von Sigmund Freud an Ernst Freud, 20. Februar 1934, in: Mitscherlich-Nielsen, Hrsg. 1972, S. 172). Freud unterschätzte offensichtlich die Stärke des österreichischen Antisemitismus.

Die meisten Anhänger Freuds hatten weniger Grund zur Zuversicht: sie hatten auf ihrem politischen Aktivismus bestanden und waren deshalb als Juden ebenso gefährdet wie als Sozialdemokraten. Das heißt, sie mußten schon vor dem „Anschluß" ihre radikale Politik verheimlichen, von der alle wußten, daß sie sich ihr verschrieben hatten. So kam zum Beispiel Edith Jacobson 1935 in Berlin ins Gefängnis. Allerdings war nicht klar, ob dies dem Umstand zuzuschreiben war, daß sie Jüdin war, oder weil sie der Widerstandsgruppe *Neu Beginnen* angehörte (Brecht et al., 1985).[2] Wer

---

[2] Nachdem Jones über ihre Verhaftung informiert worden war, beriet er sich mit Anna Freud in Wien und mit Otto Fenichel in Prag und hoffte auf ihre rasche Freilassung. Doch die deutschen

mit ihr zu tun gehabt hatte, wie Fenichel und Bernfeld – beide waren Angehörige der Wandervogelbewegung gewesen, einer linksgerichteten Organisation, die sich der Rettung der Umwelt vor einer bourgeoisen Entwicklung annahmen – mußte seinen Sozialismus verheimlichen. Jedenfalls verließen die Freudianer das Gebiet des Nationalsozialismus, um sich vor dem Antisemitismus zu retten, der nun Amok lief.

Nachdem diese Analytiker den Kontinent verlassen hatten, ließen sie all ihre Energien in die Theorie eingehen, in der Hoffnung, damit die endgültige Waffe gegen Faschismus, Antisemitismus und andere antiliberale Vorurteile zu schmieden. Deshalb vermischte sich die Theorie, wie oben schon festgestellt wurde, mit der Realpolitik und die Methoden der Kindererziehung und der Bemutterung mit politischer Aggression. Nach 1945 begannen die Angelsachsen, obwohl sie weiterhin nach besseren Lösungen forschten, ihre neuen Kenntnisse zu exportieren.

Die Freudianer lernen wieder Deutsch

Bekanntlich waren 1945 die sogenannten Freudianer des Göring-Instituts nur zu eifrig darauf aus, sich den Freudianern in den angelsächsischen Ländern anzuschließen. Deshalb steckten sie den größten Teil ihrer Energien in die Bemühung, den Kontakt mit früheren Kollegen wiederherzustellen und antinazistische und philosemitische Gefühle vorzutäuschen. Ihre Politik richtete sich auf das eigene Überleben, auf den Wiederaufbau ihrer Institute in Verbindung mit dem allgemeinen Wiederaufbau; sie spielten die *Gleichschaltung* [deutsch im Original] (die Zusammenarbeit mit Nicht-Freudianern) herunter und werteten ihre „Gefolgschaft" gegenüber Freud auf, und sie waren insgesamt

---

Freudianer boten kaum Hilfe, vor allem weil sie auf Boehm hörten, der angeblich befürchtete, eine Einmischung von seiten der DPG könnte die Auflösung dieser Organisation zur Folge haben.

auf Anpassung bedacht. Anders gesagt, die deutschen Psychotherapeuten entsprachen (unbewußt) dem Bild der „autoritären Persönlichkeit", indem sie blindlings die Ideen der Sieger übernahmen. Von den kooperierenden Angelsachsen stellten damals jedoch nur wenige diese Therapeuten zur Rede. Jene „Angelsachsen", die hofften, die Psychoanalyse rasch wieder aufbauen zu können und die das Land mittels ihres Fachwissens wiedergewinnen wollten, setzten mehr auf die Umerziehung der Deutschen als auf die Suche nach Antworten auf die jüngste Vergangenheit. Wer von ihnen sich weigerte, zu vergeben oder zu vergessen, wer es für zu schmerzhaft hielt, überhaupt wieder den Kontakt mit Deutschen aufzunehmen, war zu einer konstruktiven Kritik unfähig. Die emigrierten Analytiker, die sich nunmehr als Amerikaner oder Engländer betrachteten, neigten dazu, sich mit den politischen Zielen der Alliierten zu identifizieren – zuerst im Krieg gegen die Nazis und dann im Kalten Krieg.

Die anschließenden organisatorischen Manöver der deutschen Psychoanalytiker sind an anderer Stelle bereits beschrieben worden (siehe 9. Kapitel). Hier möchte ich nur daran erinnern, daß die deutschen Möchtegern-Freudianer die politische Sackgasse und die Naivität der Besatzungsmächte ausnutzten, um sich in der einzigen ihnen bekannten Manier wieder einzurichten – indem sie die Infrastrukturen des geschlagenen Nazisystems fortsetzten. Ihre deutschen Mitbürger – die sich alle entweder aktiv oder passiv durch Kollaboration schuldig gemacht hatten und denen einige Aktivitäten des Reichsinstituts bekannt waren – schwiegen dazu. Wie hätte es sonst vierzig Jahre dauern können, bis die Welt von der Deutschen Seelenheilkunde und ihren Verbindungen zur Euthanasie und zu den genetischen Experimenten erfuhr?

Die Deutschen, die aufrichtige Psychoanalytiker sein wollten, mußten natürlich analysiert werden, und dabei hatten sie sich auch dem Antisemitismus zu stellen, den sie mit der Muttermilch aufgenommen hatten. Aber selbst wenn die Deutschen das erforderliche Personal dazu gehabt hätten – unterschieden sie doch nicht klar genug zwischen der

Psychoanalyse und einer gegenseitigen Behandlung durch Psychotherapeuten. (1950 zum Beispiel hoffte man, daß einige Leute aus der ersten Gruppe, die ihr Examen im folgenden am Berliner Institut ablegen sollten, an der Klinik in Berlin-Grunewald arbeiten würden, zu deren Personal zwei „medizinische Psychologen" gehörten [Wiegman, 1950–51, S. 389]). Außerdem drehte sich die damalige Diskussion um psychische Krankheit (eine politische Bezeichnung, weil „Unbehagen" oder „Unwohlsein" nicht kostenerstattungspflichtig gewesen wäre), um das tiefreichende Unbehagen und die Depression aufgrund der nationalen Niederlage, und weniger um die Morde, die im Namen des Antisemitismus begangen worden waren – eine monströse Geschichte, mit der sie sich praktisch gar nicht mehr befassen konnten, weil es keine Juden mehr gab.

Die Spaltung der deutschen Psychoanalyse in zwei Gruppen (Deutsche Psychoanalytische Gesellschaft und Deutsche Psychoanalytische Vereinigung) hatte zu zwei apologetischen Darstellungen ihres Schicksals im Dritten Reich geführt: die Angehörigen der DPV behaupteten, die Organisation gerettet zu haben, um sie 1945 weiterführen zu können; die Angehörigen der DPV sprachen von einem Neubeginn (Lohmann und Rosenkötter, 1982, S. 961–962). Die Freudianer gehörten natürlich nur der DPV an. Innerhalb dieser Organisation ergab sich indessen eine neuerliche Spaltung zwischen den Anhängern der Mitscherlichs, die darauf bestanden, daß der Antisemitismus nur ein weiterer Ausdruck des infantilen deutschen Autoritarismus war, und den „unpolitischen" Mitgliedern des Berufsstandes, die einfach annahmen, ihre Wahl eines „jüdischen" Berufes und ihre damit einhergehende Identifizierung mit Freud würde sie über die Antisemiten stellen. Sie wollten ihr Handwerk lernen, ihre Patienten empfangen und die Politik umgehen.

Alle deutschen Freudianer entdeckten jedoch früher oder später, daß der Antisemitismus zum Kern der deutschen Inhumanität gehörte. Deshalb waren sie der Auffassung, allein in der Übertragung und Gegenübertragung könne mit der beruflichen und persönlichen Identifizierung sowohl mit dem Deutschsein als auch mit Freud umgegangen werden.

Durch diese Thematisierung hofften die Freudianer schließlich, sowohl die Juden als auch die Antisemiten zu retten. Zu diesem Zweck organisierte Mitscherlich 1962 ein internationales Symposion über „Die psychologischen und gesellschaftlichen Voraussetzungen des Antisemitismus: Analyse der Psychodynamik eines Vorurteils" (Mitscherlich et al., 1966). Mitscherlich, der die Diskussion eröffnete, hoffte Freud bei der „Versöhnung von Mensch und Kultur" noch zu übertreffen, um die schrankenlose Aggression und das Vorurteil auszurotten, die zum Genozid geführt hatten (1966, S. 256). Erzieher, die Gehorsam erwarten, nähren die Feindseligkeit, mahnte er, und sie verlangen anschließend, daß ihre Schüler diese Feindseligkeit unterdrücken. Deshalb identifizieren sich die Deutschen stärker mit dem Aggressor (wie es die Deutschen mit dem Führer getan hatten) und mit der Befürwortung des Krieges. In einer Übersichtsdarstellung hielt der Soziologe Alphons Silbermann fest, daß die Elite des Landes und besonders die Jugend zwar mehr philosemitisch geworden war, daß es aber auch eine Art von Xenophobie zur Unterdrückung jüdischen Einflusses gab (Mitscherlich et al., 1966, S. 258). Warum werden die Juden gehaßt und nicht andere, fragte der Pariser Analytiker Béla Grunberger. Weil es einen Teil des Ichs gibt, der von der übrigen Persönlichkeit abgespalten wurde und der, indem er einen großen Teil der Libido beseitigt, sich der Autorität unterwirft – gab er zur Antwort. Aufgrund dieser Spaltung war das zerbrochene Ich überaus furchtsam und großen Kastrationsängsten ausgesetzt. Grunberger führte dann die Projektion des Antisemiten auf Regressionsmechanismen zurück, die im prägenitalen Über-Ich und in den analen Bestandteilen seiner Sexualität wurzeln. Diese bieten sich den entindividualisierenden Regressionen an, die eine Entladung *aller* negativen Triebe und ein inneres Gleichgewicht ermöglichen. Das Ich des „erfolgrei- chen" Antisemiten befinde sich deshalb in völligem Einklang mit dem Ich-Ideal und könne deshalb einfach alles Böse dem Juden und alles Gute sich selbst zuordnen. Es ist sehr schwierig, dieser komplexen These gerecht zu werden oder auch nur anzudeuten, wie Grunberger unter Bezug auf Sartres Thesen in den *Betrachtungen zur Judenfrage* (1946) und auf die Geschichte des Judentums und des Christentums den Schluß zog, daß die ödipale Ambivalenz gegenüber dem Vater und anal-sadistische Beziehungen in der frühen Kindheit das unwiderrufliche Erbe des Antisemiten bilden.

Martin Wanghs Analyse des Antisemitismus konzentrierte sich ebenfalls auf die Regression und auf die Identifizierung mit vorurteilsbehafteten Eltern, auf psychoanalytische Vergleiche zwischen Judentum und Christentum und auf den Einfluß von Kirchenbesuch, politischen Familientraditionen und dem Status als Förderer des Antisemitismus. Wangh zufolge vermag jedoch keine der üblichen Erklärungen die Regression auf vormenschliches Verhalten, das Fehlen von Hemmungen gegenüber dem Menschenopfer, der Sklaverei und dem Kannibalismus zu fassen. Wangh machte vielmehr ebenso wie Lasswell die Bedingungen zwischen 1917 und 1920 verantwortlich, als viele der späteren Nazis kleine hungrige Kinder gewesen waren, deren Väter sich im Krieg befanden. Deshalb mußten sie zwangsläufig „stärkere Ödipuskomplexe" und Todes- und Mordphantasien haben, die der Psychoanalyse trotzten, weil sie auf Realität beruhten (Mitscherlich et al., 1966, S. 292). Außerdem hatte Wangh zufolge die Sehnsucht nach dem Vater die kindlichen homosexuellen Wünsche bekräftigt, die sich später in übermäßigen Patriotismus und Unterwürfigkeit gegenüber der Autorität verwandeln sollten. Die Abwesenheit des Vaters wurde als Zurückweisung gedeutet, die man dann auf die Juden projizierte; die Identifizierung mit der Soldatenrolle des Vaters wurde später dann im Gleichschritt mit der Nazi-Marschmusik wiederholt. Schließlich siedelte Wangh auch die weltweit erhöhte Kriminalität an der Schwelle zum Krieg an.

Der Pädagoge Wolfgang Hochheimer, der mit den übrigen Rednern auf dem Mitscherlich-Symposion einig ging, stellte die Frage, wie man in die psychischen Prozesse der Individuen dynamisch eingreifen könnte, um den Antisemitismus zu beseitigen. Andere Diskussionsteilnehmer, darunter die Soziologen Max Horkheimer und René König, brachten die Unterschiede zwischen dem Antisemitismus in

Deutschland und anderswo zur Sprache, indem sie darauf hinwiesen, daß die deutsche Vorliebe für Leistung und Organisation den Antisemitismus „perfektioniert" habe; indem sie ferner auf den Unterschied zwischen jüdischen und nichtjüdischen Müttern zu sprechen kamen und betonten, daß es sich beim Antisemitismus um eine gesellschaftliche Krankheit handele.

Mitscherlichs multidisziplinäre Vorgehensweise und sein Übergang vom Bereich der Psychosomatik in den gesellschaftspolitischen Bereich wurde auf dieser Frankfurter Konferenz deutlich. 1962 hatte er den Vorwurf gegen die Ich-Psychologie, sie sei zu sehr auf Anpassung bedacht, noch nicht erhoben. Er hatte auch die wenigen französischen Freudianer eingeladen, die bereit waren, den Rhein zu überqueren. Wenig später sollte er dann *Auf dem Weg zur vaterlosen Gesellschaft* (1963) und *Die Unfähigkeit zu trauern* (1967) veröffentlichen – beides Bücher, in denen die psychischen Folgen der Nazizeit auf die Deutschen, die auf der Gegenwart lastende Schuld der Vergangenheit und die persönlichen und politischen Folgen dieser Faktoren für die deutsche Jugend untersucht werden. Er förderte auch weiterhin soziologische und psychologische Untersuchungen über die nationale Psyche. In diesem Sinne organisierten er und seine Kollegen, zum Beispiel Habermas, Adorno, Horkheimer und Becker, eine Zusammenarbeit zwischen Soziologie und Psychoanalyse und betreuten zahlreiche Projekte von jungen Wissenschaftlern (Mitscherlich et al., 1970). Auch wenn diese kritischen deutschen Forschungsarbeiten eine gewisse Ähnlichkeit mit solchen aus der amerikanischen Linken aufwiesen, so nahmen sie doch im Gegensatz zu letzteren die Arbeiten von Talcott Parsons und Heinz Hartmann ebenso ernst wie diejenigen von Fromm, Bernfeld und Wilhelm Reich – und zwar zu einer Zeit, als deren Ideen in den USA ihren Höhepunkt schon seit geraumer Zeit überschritten hatten.

Die Bemühungen der Mitscherlichs um eine Umerziehung der Öffentlichkeit beruhten zum einen auf der psychosomatischen Medizin und zum anderen auf einer Kooperation mit Horkheimers und Adornos Institut für Sozialforschung. Als sie darauf bestanden, die Scheußlichkeiten der Nazis ans Tageslicht zu bringen, gelang es ihnen, einen Teil der deutschen Psychoanalyse von der Therapie zur Politik zu bekehren. Zum Teil gelang dies mithilfe von Kollegen aus der DPV, zum Teil aufgrund des linksorientierten Denkens an der Frankfurter Universität, das Mitscherlich billigte und das zunächst beinahe die einzige endogene Kraft war, die sich auf den Umgang mit der deutschen Vergangenheit richtete. Als jedoch Ende der sechziger Jahre deutsche Studenten Adorno in brutaler Weise als „Faschisten" attakkierten und ein Verhalten an den Tag legten, das dem der Hitlerjugend ähnelte, wurde Mitscherlich aufgeschreckt.[3] Gleichzeitig wurden die deutschen Studenten durch diese Auseinandersetzungen aber auch in die Psychoanalyse eingeführt.

Klaus Menne und Klaus Schröter (1980) untersuchten zum Beispiel die sprachliche Ausdrucksfähigkeit von Psychoanalysepatienten und den Ersatz des sprachlichen Ausdrucks durch Körpersprache bei Arbeitern. Wie sie feststellten, neigten Unterschichtpatienten nicht stärker als andere zu Ich-Schwäche und Ich-Störungen. Unter scheinbaren Ich-Störungen „verbergen" sie allerdings starre Abwehrformen, die mit unbewußten Phantasien zusammenhängen, mit den Normen der Unterschicht unverträglich sind: sie bringen ihre Gefühle eher durch Agieren zum Ausdruck als ihre Ebenbilder aus der Mittelschicht. In der *Psyche* wurde Bernfelds (1962; 1984) Plädoyer für die Laienanalyse wieder abgedruckt (eine Rede, die er 1952 kurz vor seinem Tod gehalten hatte): eine an die deutschen Psychoanalytiker gerichtete Warnung vor der Medizinalisierung ihrer Wissenschaft. Nach seiner Auffassung würde sie damit ihre kritische und politische Schärfe einbüßen. Veröffentlicht wurde auch Kurt Eisslers (1986) ironischer

---

[3] Deshalb ließ er Adornos (1951; 1970) Angriffe auf die sogenannte Psychologie des Faschismus – d. h. auf die Verschmelzung von Freuds Ansichten über Hypnose und über Massenpsychologie (weil es Hitler gelungen war, die Massen zu hypnotisieren) – nachdrucken.

Vorschlag, die Vereinten Nationen sollten sich darauf einigen, alle Angehörigen jener Nation zum Tode zu verurteilen, die als erste die Atombombe einsetzt (er zog eine Parallele zwischen Moses' Flüchen am Berg Ebal und der nuklearen Bedrohung), zum einen, um die Hilflosigkeit der Deutschen gegenüber dem Atomkrieg zu demonstrieren, und zum andern, um Eissler zu ehren, der sich um die deutsche Psychoanalyse verdient gemacht hatte.

Bekanntlich kamen in Österreich politische Aktivitäten eher selten vor. In Salzburg hatte Igor Caruso (1980) allerdings begonnen, klinische Psychologie auf psychoanalytischen Grundsätzen zu unterrichten, wobei neue psychotherapeutische Methoden und die psychoanalytische Gruppentherapie einbezogen werden sollten. Und das Ganze sollte auf die Forschung in der Ethnopsychologie, auf die Sozialarbeit und auf die politische Psychologie abgestimmt sein (S. 1). Nach Carusos krankheitsbedingtem frühem Rücktritt im Jahre 1979 rückte die Frage seiner Nachfolge die ideologischen Bestandteile dieses kontroversen Vorgehens ans Tageslicht. Seine Studenten protestierten lautstark gegen die nichtöffentlichen Verhandlungen, die mit der Ernennung eines Nichtpsychoanalytikers endeten (ihre Anschuldigungen veranlaßten den „schuldigen" Professor dazu, gegen den studentischen Anführer wegen Verleumdung zu klagen; er war mit seiner Klage erfolgreich). Offensichtlich wurde die Psychoanalyse mit einem Radikalismus gleichgesetzt, der das Offenlegen repressiver nichtöffentlicher Verfahren zum Ziel hatte, und ebenso offensichtlich wurde bei der Anwendung der Psychoanalyse in Verbindung mit anderen Therapien die Erforschung des Unbewußten vernachlässigt. Diese „radikale" politische Psychoanalyse gewann mehr Anhänger als die klassische Spielart, obwohl die wenigen Freudianer, die entweder privat praktizierten oder am Allgemeinen Krankenhaus arbeiteten, politisch nicht engagiert waren, zumindest nicht öffentlich.

Oberflächlich gesehen schienen die Deutschschweizer durch ihre Bindungen an Land und Sprache festgehalten zu werden: ihre frankophonen Kollegen in der IPA schlossen

sich meist den Parisern an, während sie selber mit Mitscherlichs Ideen bzw. mit ihrer Linken sympathisierten. Wie wir
bereits im 9. und 10. Kapitel feststellten, hatten sich die
Zürcher Paul Parin und Goldy Matthey-Parin linksorientierte politische Themen zu eigen gemacht, die sie schließlich
von der IPA trennten. Parin, der auf seiten Titos als Partisan
und Kommunist gekämpft hatte, hatte Jugoslawien verlassen, als der Stalinismus an die Macht kam. Parin (und
anderen neomarxistischen Intellektuellen wie etwa Günter
Grass) zufolge waren die schrankenlosen konsumorientierten Werte in den Demokratien fast ebenso repressiv wie der
Stalinismus und mußten deshalb bekämpft werden. Im
Gegensatz zu Fromm also – dessen Marxismus ebenso breit
angelegt war wie derjenige Parins, der jedoch hoffte, daß
„liebende" Individuen die Gesellschaft verändern würden –,
wollte Parin solche Veränderungen durch revolutionäre
Aktivitäten herbeiführen. Unter dem Einfluß des deutschen
Interesses an der Massenpsychologie vor der Individualpsychologie verglich Parin nun die Reaktionen der Deutschen
auf die Nazis mit Freuds Ansichten in *Massenpsychologie
und Ich-Analyse*. Ebenso wie Freud und Mitscherlich (1970)
behauptete er immer wieder: Je mehr sich die Individuen
ihrer Kultur anpaßten, desto mehr regredierten sie auf
primitive Verhaltensebenen; Aggression löse entweder
Flucht oder Gehorsam aus. Parin ging jedoch noch weiter
und gab zu verstehen, daß die Anpassung bei den amerikanischen Ich-Psychologen eine Form von Gehorsamkeit
gegenüber der amerikanischen Selbstzufriedenheit darstelle.
Damit rechtfertigte er auch seinen ausgeprägten Antiamerikanismus.

Nachdem Mario Erdheim einen Ruf an die Universität
Frankfurt erhalten hatte, zog er von Zürich dorthin. So
begann eine „radikale Psychoanalyse" – ein gegenseitiger
Austausch von Analytikern, Sympathien und politischen
Informationen – ihre Dreiecksbasis zwischen Frankfurt,
Salzburg und Zürich einzurichten und strahlte von dort nach
Bremen, Linz und Hamburg aus.

In derselben Zeit bildeten Mitscherlich und seine Mitarbeiter eine Schar von klinischen Analytikern aus, die sich

schließlich von der Politik lösten. Sie gründeten Privatpraxen und vertieften sich mehr oder weniger in die Ich-Psychologie, die sie gelernt hatten. Zwangsläufig gerieten sie über die Anpassung an amerikanische Freudianer, über Deutungen der Hitler-Vergangenheit und über die Themen der Medizinalisierung und der Kostenerstattung aneinander. Wie wir uns erinnern, erhielten diese Auseinandersetzungen ein besonderes Gewicht, nachdem die Gesetze zur Kostenerstattung, die den Psychoanalytikern ein hohes und kontinuierliches Einkommen sichern, 1967 und 1976 durchgesetzt wurden. Als dann nach und nach die Geschichte der Psychoanalyse im Nationalsozialismus enthüllt wurde, brachen weitere Konflikte aus. Psychoanalytische und nationale Politik überschnitten sich und divergierten.

Von der Psychoanalyse zur französischen *psychanalyse*

Lacan war der Motor, der in Frankreich die Psychoanalyse in Gang hielt – und manchmal auch überdrehte. Die französischen Freudianer hätten meines Erachtens aber auch ohne Lacan einige der zur Routine erstarrten praktischen Anwendungen und theoretischen Thesen Freuds als schal zurückgewiesen. Da die meisten Mitglieder der Société Psychanalytique de Paris darauf bedacht waren, in der IPA zu bleiben, trieben sie die Politik allerdings nicht so weit, daß sie ihre Mitgliedschaft gefährdet hätten. Sie identifizierten sich zwar sowohl mit ihrer eigenen Kultur als auch mit Freuds Universalismus, waren aber zu sehr damit beschäftigt, sich zu etablieren, um in aller Offenheit jenen Antiamerikanismus zu bekunden, der nach dem Krieg zum Bestandteil des französischen Patriotismus geworden war.

Auch wenn um 1969 viele Neomarxisten Freudsche Ideen übernahmen, unterschieden sie gewöhnlich nicht zwischen den Positionen der klassischen Freudianer und der Lacanianer und suchten sich einfach zusammen, was ihres Erachtens den eigenen Radikalismus förderte. Die Lacanianer antworteten darauf, wenn sie sich mit politischen Themen befaßten.

Deshalb wurde die (meist lacanianische) Rhetorik politisiert oder vielmehr scheinpolitisiert. So stellte z. B. François Gantheret (1969), ähnlich wie einige seiner deutschen Kollegen, fest, daß die Freudianer Freuds radikale Ansichten über Kultur abgeschwächt hätten, und er behauptete in Entsprechung zu Marx, daß die an ein Objekt gebundene Sexualfunktion den Einzelnen in eine Position versetze, die derjenigen des zwischenmenschlichen Austauschs von materiellen Gütern gleiche (S. 15). Er wiederholte den Schlachtruf gegen die psychoanalytischen Vereinigungen – ein Anklang an Lacan. Ähnlich wie viele Studenten war auch er davon überzeugt, daß die Psychoanalyse à la Lacan eine dem Marxismus gleichkommende linksgerichtete Kritik an der Gesellschaft darstellte. Gestützt wurde diese Auffassung von Louis Althusser, dessen Versuche, den eigenen wissenschaftlichen Marxismus mithilfe lacanianischer Formulierungen durchzusetzen, die Aufmerksamkeit von *tout Paris* weckten. Auch die klassischen Freudianer mußten ihn nun zur Kenntnis nehmen (Kurzweil, 1980, S. 35–56). Außerdem wollten auch sie mit dem immer populärer werdenden „sexuellen Diskurs" und mit dessen Kritik gleichziehen, wie sie Jean Baudrillard (1971) zum Beispiel übte, für den das ganze Gerede über diesen Gegenstand nur dazu diente, die Verteilungsverhältnisse der Macht im politischen, gesellschaftlichen und moralischen Bereich zu mystifizieren und zu rationalisieren.

Bald darauf schockierte der *Anti-Ödipus* von Gilles Deleuze und Felix Guattari alle Gruppierungen der Freudianer in Paris. Die beiden Autoren schilderten die moderne Gesellschaft als schizoid und bevölkert von menschlichen „Wunschmaschinen", von „organlosen Körpern", die „Wunschfabriken" gleichen – Fabriken freilich, deren Steuerung anderswo verbleibt. Indem sie Freuds Es durch diese Maschinen ersetzten, setzten sie voraus, daß Maschinen über alle möglichen Kupplungen und Verbindungen andere Maschinen antreiben: die Brust ist eine milchproduzierende Maschine, der Mund eine weitere, an sie gekoppelte Maschine. Alle Körpermaschinen unterstehen jedoch der gesellschaftlichen Produktion, d. h. der kapitalistischen

Produktion, und zwar in einer Ökonomie, von der es heißt, daß sie alle Rohstoffe und Energien einbeziehe, die im sozialen Feld existieren. Deleuze und Guattari postulierten mithin eine „Libidoökonomie" als unbewußte oder mikropolitische Ebene zur Ebene des Politischen. Die beiden Ökonomien sind durch das Geld miteinander verbunden, behaupteten sie, denn hinter jeder Investition von Interesse und Geld liege der Wunsch oder das Begehren, und hinter jedem Begehren lauere das Geld oder das (Zins-)Interesse. In ihrer eklektischen *tour de force* bezogen Deleuze und Guattari sich auf Ideen von Schriftstellern wie Samuel Beckett, Henry Miller und D. H. Lawrence und auf Philosophen wie Nietzsche, Henri Lefebvre und Martin Buber.

Im darauffolgenden Jahrzehnt wurde psychoanalytische Politik (einschließlich jener des Körpers) zu einer Pariser Hauptbeschäftigung. Die Freudianer konnten sich der Beteiligung an diesem Kampf nicht entziehen, wie sie es auch immer anstellten. Sie fühlten sich zum Beispiel gezüchtigt durch Robert Castels Buch *Le psychanalysme* (1973). Er hatte festgestellt, daß die Psychoanalyse allgegenwärtig geworden war – daß sie präsent war in der Psychiatrie, Parapsychiatrie, Medizin, Paramedizin, in der Pädagogik, in der Resozialisierung von Delinquenten, in der öffentlichen und privaten Industrie und in den Medien; daß die individuelle Analyse nicht neutral sei, sondern aktiv einen technischen Naturalisationsprozeß einsetze, wenn sie soziopolitische Dimensionen analytisch behandle, und daß sie eine personalisierte Dienstleistung sei, die „arme Studenten, proletarische Intellektuelle und marginalisierte Akademiker" mobilisiere, um sie am Ende durch ihre Symbolik zu beherrschen. Um ihren Mythos von der ständigen Revolution des Unbewußten aufrechtzuerhalten, mußte sie laut Castel alle Sektoren der psychiatrischen Krankenversorgung infiltrieren. Seiner Ansicht nach war dies leicht, da die Analytiker auf die Ursprünge des Unglücks ihrer Patienten eingestimmt waren und deshalb darauf spielen konnten. Castel zweifelte freilich ebensosehr an der Achse Althusser-Lacan wie an den klassischen Freudianern. Denn wer sich auf der Couch oder auf dem Sessel befunden hatte, behauptete er, war sich über eine gewisse Beziehung zur Macht, zu hierarchischen Formalitäten und der Aufrechterhaltung eines gesellschaftspolitischen Gleichgewichts bewußt geworden, das auf Ausbeutung und Absonderung beruht. Denn durch ihre Marginalisierung, durch ihre 'partikularisierende Segregation' und den 'symbolischen Ausschluß der Benachteiligten aus dem Bildungsbereich' mobilisiere sie besondere Anstrengungen.

Einige Mitglieder der SPP formulierten natürlich ihre eigene Kritik am Geschehen, und sei es auch nur deshalb, weil die Psychoanalyse tatsächlich zu einer Hauptströmung geworden war. Als Angehörige des intellektuellen Milieus in Paris waren sie ja zur Selbstkritik und zum Mißtrauen gegenüber einer offiziellen Anerkennung angehalten worden. Außerdem zeigte eine ihrer Hauptfiguren, Michel Foucault in *Wahnsinn und Gesellschaft* (1961), in *Ich, Pierre Rivière...* und später im ersten Band der *Geschichte der Sexualität* (1976), wie alle Ärzte seit der Französischen Revolution mit den Machthabern „konspiriert" hatten, um die Geisteskranken dort festzuhalten, wo sie hingehörten. Deshalb fühlten die Freudianer sich verpflichtet, ihre eigene Rolle in der Versorgung der Geisteskranken und ihre Verbindungen zur politischen Macht in den Krankenhäusern und in der Verwaltung des Gesundheitswesens ernsthaft zu überprüfen. Diese Auseinandersetzungen förderten zum einen die Popularität der Psychoanalyse und zum anderen sowohl ihre Politisierung als auch die Streitigkeiten innerhalb des Berufsstandes.

1978 stellte Marcel Jaeger fest, daß es in Frankreich über 130000 Betten in psychiatrischen Krankenhäusern gab, daß über eine Million Menschen mit der Psychiatrie zu tun hatten und daß man von einem Drittel der Kranken insgesamt annahm, daß sie an einer psychosomatischen oder einer psychiatrischen Krankheit litten. Weil alle medizinisch ausgebildeten Psychoanalytiker Verbindungen zu Krankenhäusern hatten, pflegten sie in die Machtkämpfe der Krankenhäuser hineinzugeraten, wie mir einige französische Analytiker berichteten.

Insofern als das Ergebnis solcher Kämpfe mit Machtpolitik zusammenhing, ließen sich Krankenhauspolitik und Universitätspolitik nicht vom umfassenderen politischen Bereich abtrennen. Es war nur nützlich, mit bestimmten Regierungsinstanzen freundliche Beziehungen zu unterhalten, und diejenigen, die solche Beziehungen hatten, konnten von der Aufrechterhaltung des status quo – d. h. davon, daß sie ihre politischen Verbündeten an der Macht beließen – nur profitieren. (Die meisten Beamten, mit denen sie es zu tun hatten, waren karrierebewußte Bürokraten.) Wenn ihnen dies gelang, war es natürlich ein Beleg für ihren Konservativismus.

Im Verlauf dieser Aktivitäten lernten die französischen Analytiker außerdem mit theoretischen Gegnern anderer Vereinigungen zu kooperieren, und zwar bis zu dem Punkt, daß sie sogar Patienten an sie überwiesen. Dagegen waren die deutschen Analytiker, ob sie der DPV oder der DPG angehörten, nicht nur gegenüber ihren Kollegen, sondern auch gegenüber ihren allgemeinen politischen Orientierungen strikt loyal; überwiesen wurde nur an Gleichgesinnte. Deshalb trugen in Paris die institutionellen Probleme dazu bei, die theoretischen Grenzlinien zu verwischen, auch wenn die Polemik sich allmählich erhitzte. In Deutschland bezogen sie sich zusehends auf Untersuchungen der Nazi-Politik und auf die Politik im allgemeinen. Wenn die Freudianer in Paris in solche Streitigkeiten verwickelt wurden, behandelten sie sie abstrakt; sie befaßten sich meist mit Phänomenen der individuellen und kollektiven Amnesie und schweiften in abstruse Philosophien ab (Cabestan, 1982; Rigoulet, 1978). Oder sie machten sich in Büchern wie *Les fils de Freud sont fatigués* (1977) und *L'effet 'Yau de Poêle* (1979) und anderen über alle Analytiker lustig. Dieses erheiternde Wortfeuerwerk entzieht sich jeder Beschreibung – intellektuelle Erfindungskraft, der Gebrauch von Anspielungen und Metaphern, theoretischer Weitblick, klassisches Spektrum und reine Phantasiefreude geben sich hier ein Stelldichein. Einiges davon wurde in der Zeitschrift *Psyche* übersetzt und kommentiert und überquerte nach einer gewissen Zeitverschiebung den Ozean, um dann zumeist von den Dekonstruktivisten aufgegriffen zu werden.

Politische Gezeiten und Flutwellen

Als Bürger ihres Landes waren die Freudianer natürlich in den politischen Diskurs ihrer jeweiligen Umwelt einbezogen. Da die Psychoanalytiker ihre Tage jedoch mit dem Zuhören und Nachdenken über die Beweggründe ihrer Patienten zubringen, neigen viele von ihnen dazu, ihre Politik zu personalisieren oder politische Führerfiguren zu psychoanalysieren. Weil sie Experten des menschlichen Verhaltens sind, halten sich gelegentlich einige von ihnen zudem für qualifiziert, schwungvolle politische Urteile abzugeben. Als Nachkommen Freuds unterstützen sie häufig seine humanistischen Ziele und vertreten öffentlich fortschrittliche Anliegen.

Bekanntlich war Freud politisch nicht gewitzt – er sagte den Dresdner Kongreß erst eine Woche vor dem Ausbruch des Ersten Weltkriegs ab und verließ Wien erst nach dem Anschluß statt davor. Wir erinnern uns auch daran, daß seine einfallsreichen psychoanalytischen Erklärungen für das Handeln bestimmter Politiker ohne jede Überprüfung von Einzelheiten verkündet wurden. Seine globalen Analysen wurden meist von einer Laienbevölkerung aufgenommen, der es an politischem Scharfsinn fehlte.

Die „Abstinenzregel" und der Umstand, daß Ausbildungskandidaten von ihren Supervisoren abhängig sind und sich mit diesen auch nach dem Zulassungsexamen noch identifizieren, sind eine Erklärung für die allgemein unpolitische Atmosphäre in den Instituten der Freudianer. Dennoch spiegelt die Institutspolitik (am auffälligsten dann, wenn sich bei Spaltungen die Ausbildungskandidaten ihren „Lehrmeistern" anschließen) nicht nur die theoretischen Positionen wider, sondern sie faßt auch allgemeine Einstellungen und Überzeugungen zusammen, die ebenfalls nationale Diskussionen und Tendenzen der Politik zum Ausdruck bringen. Auf den Wiener Konferenzen von 1971 – einige Jahre nach der Revolte der Hochschulstudenten – protestierten beispielsweise Ausbildungskandidaten in der Psychoanalyse vehement gegen die willkürlichen Zulassungs- und Ausbildungskriterien, gegen nichtöffentliche ad hoc-Entscheidungen und gegen das Ausbildungsprogramm als solches. Die Studenten zweifeln die organisatorischen Verfahrensweisen zwar weiterhin an, aber selbst dann, wenn ihre Fragen aus umfassenderen politischen Problemen hervorgehen, verwandeln sich diese schließlich in institutionelle Fragen. Die Statuten und Vorschriften für Ausbildungskandidaten haben eine merkwürdige Ähnlichkeit mit denen ihrer Vorgesetzten in der IPA. Das bedeutet nicht, daß die Freudianer im politischen Sinne tabula rasa sind oder sein sollten, sondern nur, daß ihre politischen Positionen meist unüberprüft bleiben. Vielleicht sind sie wie Freud ihrer Veranlagung nach Sozialdemokraten und zu sehr beschäftigt, um ständig auf dem Laufenden zu bleiben.

Wenn auf den IPA-Kongressen und auf den Vorbereitungstreffen politische Streitpunkte auftreten, werden die Konflikte meist in Form von Organisationsfragen zum Ausdruck gebracht – wo man sich beim nächsten Mal treffen soll, ob man eine etwas autoritäre Vereinigung zulassen soll oder ob man eine Friedenskundgebung abhalten soll. Natürlich spiegeln solche Streitigkeiten einiges von den politischen Spaltungen zwischen Links und Rechts in den verschiedenen Milieus wider und drehen sich darum, wie man die Demokratie am besten fördert und wie man Antisemitismus, Unterdrückung und Vorurteile unterdrücken kann.

Auf dem Hamburger Kongreß von 1985 – dem ersten Kongreß auf deutschem Boden seit 1932 – spitzten sich die politischen Probleme dramatisch zu. Vor allem die emigrierten Analytiker stellten sich die Frage, ob man ihre offizielle Rückkehr nach Deutschland als Billigung des Mordes an sechs Millionen Juden auslegen würde oder ob sie, persönlich gesehen, die Erinnerung an Eltern, Großeltern und Verwandte, die in den Konzentrationslagern getötet worden waren, verraten würden. Sie stellten sich die Frage, ob sie den deutschen Kollegen genügend Vertrauen entgegenbringen konnten, um ihre Konflikte mit ihnen durchzuarbeiten. Bei den deutschen Freudianern wiederum waren jene mit einer „sauberen Vergangenheit" darüber gespalten, ob sie an die trübe Geschichte des Wiederaufbaus ihrer Institute erinnern sollten, ob sie den Opportunismus einiger Mentoren abschwächen durften, wie sie mit (bewußten oder unbewußten) Schuldgefühlen umgehen sollten und ob sie die Schande auf sich nehmen und um Verzeihung bitten sollten.

Deutsche Psychoanalytiker mit einer fragwürdigen Vergangenheit oder einer fragwürdigen Analyse, die darauf bestanden, daß die einschränkenden Statuten auch noch vierzig Jahre nach der Niederlage der Nationalsozialisten angewandt werden sollten, wollten angeblich den Kongreß dazu benutzen, um internationales Ansehen zu gewinnen und alte Wunden zuzupflastern, statt sie offenzulegen. Jene Ausbildungskandidaten aber, die ihre Vorläufer für zu autoritär hielten, befürchteten ein (unbewußtes) Wiederauftauchen der Nazi-Ideologie – bei diesen und bei sich selbst – und bestanden auf vollständiger Offenheit. Weil Kinder sich mit ihren Vätern identifizieren und Ausbildungskandidaten diese frühe Identifizierung zusammen mit ihrem Analytiker durcharbeiten müssen, waren sie der Auffassung, daß nur eine überaus gründliche Psychoanalyse sie „heilen" könne. Aus Angst, sie könnten die nichtanalysierten Vorurteile ihrer „Analytikerväter" in sich aufgenommen haben, hofften sie nun den Einfluß von Freuds Massenpsychologie auf Individuen untersuchen zu können.

Mortimer Ostow (1985b) verglich die nationalsozialistische Bewegung mit anderen apokalyptischen Bewegungen: „Sie ziehen die Identifikationsneigungen der Borderline-Persönlichkeit und des Psychotikers auf sich, so daß diese sich in der Realität verankert fühlen und damit die Angst bekämpfen können, die durch diese psychotische Spaltung hervorgerufen wird" (S. 13). Ostow hoffte die durch Vorurteile ausgelösten Spannungen dadurch zu lösen, daß die Meinungsführer auf die katastrophalen Folgen des apokalyptischen Denkens aufmerksam gemacht werden. Andere Freudianer redeten über die Folgen der „autistischen Einkapselung" – Folge des Terrors und Schauplatz des inneren Dramas – der Todeswünsche, die mit der Unfähigkeit zu trauern einhergehen, und des „schamhaften Schweigens", das auf das Bedürfnis zurückgeht, zu vergessen.

Die Londoner Analytikerin Hanna Segal und der amerikanische Psychiater John Mack befaßten sich mit der
„bevorstehenden Apokalypse" bei einer politischen Kund-
gebung. Sie unterstellten, daß Menschen, die an die Wirksamkeit der Abschreckung statt an eine einseitige Abrüstung
glauben, Befürworter des Krieges seien, und sie bezeichneten die Zerstörungswaffen als Erweiterungen der primitiven
Allmacht und sprachen über die paranoiden Mechanismen
bei politischen Führern, die diese dazu veranlassen könnten,
„auf den Knopf zu drücken". Im Grunde hielten sie Reden
über die Abrüstung, auch wenn nicht klar war, ob die
Abrüstung nun einseitig erfolgen sollte oder nicht. Ihre
Bemerkungen eröffneten jedoch keinen praktikablen Dialog. Sie konzentrierten sich nämlich auf die von Großbritannien und den USA ausgehenden Übel und behaupteten,
die Sowjetunion reagiere meist nur auf die Aggression des
Westens. Es gab keinerlei Hinweise auf die Bedrohung
durch Kernwaffen in den Händen der Pakistaner oder
Lybier. Äußerungen: „Wir bereiten uns auf einen Krieg
gegen einen äußeren Feind vor, um mit inneren Problemen
fertigzuwerden" und: „Die Bereitschaft zum Krieg macht
uns noch paranoider", in denen der Wunsch zur Selbstzerstörung zum Ausdruck komme, waren nicht nur eine
Reduktion der Politik auf Psychologie, sondern erinnerten
auch an Friedensappelle von Bertrand Russell und von
früheren Friedensbewegungen. In Wien hatten sich 1971
Freudianer die Frage gestellt, wie die Psychoanalyse unsere
Kenntnisse von den tiefsten Schichten menschlicher Angst
erweitern könnte, die jene Aggression hervorbringt, die zum
Krieg führt. Die Analytiker, die zu dieser Konferenz kamen,
waren nicht darauf vorbereitet, sich den Tatsachen oder den
Argumenten zu stellen. In Montreal beteiligten sich jedoch
zwei Jahre später relativ wenige Psychoanalytiker an der
Friedenskundgebung, die nunmehr zu einem offiziellen
Programmbestandteil geworden war. Einige Redner wieder-
holten die Argumente gegen die Abschreckung und forder-
ten Verhandlungen, die damals bereits in Gang waren.
Außerdem wurde behauptet, „die USA stellen sich die
UdSSR als den Aggressor vor" und die Ausnahmesituation,

in der Atomwissenschaftler und Politiker zusammenarbeiteten, verstärke die Macht ihrer Krankheit – das Bedürfnis, an der Allmacht der Kindheit festzuhalten. (Auf einer Friedenskonferenz von Psychoanalytikern im April 1983 in Zürich ließ ein junger Analytiker seinen Hut herumreichen, um Geld für Waffen in Nicaragua zu sammeln. Niemand schien es für merkwürdig zu halten, daß der Frieden wohl durch Krieg gefördert werden sollte – wie George Orwell gesagt haben könnte.) Es ist hier nicht der Ort, um über das Verdienst solcher politischer Auffassungen zu sprechen; es soll nur darauf hingewiesen werden, daß solche Verschmelzungen von Politik und Psychoanalyse, wie sie einige Analytiker betreiben, weder kurz- noch langfristige Probleme der Realpolitik lösen können.

Beide Veranstaltungen, in Hamburg und in Montreal, waren auf die radikale Psychoanalyse der Deutschen abgestimmt, wie sie das Psychoanalytische Institut von Horst-Eberhard Richter in Gießen praktiziert. Richters Gruppentherapie mit Studenten hatte freilich eine andere Voraussetzung. Im Grunde wies er mit Recht darauf hin, daß deutsche Kinder weniger autoritär und mit mehr Toleranz erzogen werden sollten. Er hoffte so die Menschen dazu erziehen zu können, sowohl auf Kriege als auch auf Scheußlichkeiten zu verzichten, wie sie die Nationalsozialisten begangen hatten (1982a). Er überdehnte die Psychoanalyse allerdings in eine politische Richtung, als er Führungspersönlichkeiten analysierte wie Willy Brandt (der sich dem Osten gegenüber versöhnlich gezeigt hatte) und Franz-Josef Strauß (der einem Freund/Feind-Schema anhing) und ihre Rivalitäten mit denen zwischen Alexander Haig und Caspar Weinberger verglich. So kam er beispielsweise zu dem Schluß, daß bestimmte Menschen ihre persönlichen Haltungen in der Politik dadurch zur Geltung bringen, daß sie sich immer mehr hinter abstrakten Systemen und hinter der Technik verschanzen – zum Beispiel bei ihren Auseinandersetzungen über die Stationierung von SS 20- und Pershing-Raketen (S. 34–37). In einer anderen aus seinen zahlreichen Publikationen (1982b) schrieb Richter die Abneigung der Freudianer, sich an politischen Aktivitäten zu beteiligen, der

„Abstinenzregel" zu sowie dem Umstand, daß Ärzte (alle amerikanischen und über die Hälfte der deutschen) die Neutralität für ein unanfechtbares ethisches Gebot halten.

Neben der Gruppe um Richter und den Parins hatte auch Klaus Horn vom Sigmund Freud-Institut Politologen und Sozialwissenschaftler zusammengerufen, um psychologische Probleme zu erörtern. Sie trafen sich einmal im Jahr, um die Gefahren der Bürokratisierung, persönliche Einstellungen zu Krieg und Frieden und den Einfluß bestimmter Persönlichkeiten auf die Realpolitik zu erörtern (Horn und Senghaas-Knobloch, 1983, S. 16). Außerdem befaßten sich diese Psychologen mit Fragen von Macht und Ohnmacht und sie achteten – angesichts ihrer geographischen Lage – genauer als Nichtdeutsche auf Tendenzen, die an die Diktatur erinnern (Horn, 1985a). Nach dem Reaktorunfall in Tschernobyl setzte sich die Gruppe zusammen, um die Vernichtungsdrohung aus *allen* Richtungen zu diskutieren (einige der Beiträge erschienen im Juli-Heft der *Psyche* 1987).

Das Hauptinteresse der Freudianischen Politik in Deutschland liegt jedoch auf dem Frieden, der in der Linken zu einem Schlagwort geworden ist. Die gegen die eigenen politischen Führer gerichteten Anschuldigungen der Angelsachsen haben ganz automatisch zu vereinfachenden Parallelen zwischen den Darstellungen des Präsidenten Reagan und des Bundeskanzlers Kohl sowie zwischen deutschen und amerikanischen politischen Parteien geführt.[4]

In dem Maße, wie die deutschen Freudianer sich auf die Friedenspolitik ihrer Kultur einließen, wandten ihre französischen Kollegen – deren sozialistische Regierung die frühere gaullistische Außenpolitik fortsetzte – sich gegen Beschwichtigungspolitik und Neutralität. Von den Franzosen

---

[4] 1984 befaßte sich das Dezemberheft der *Psyche* mit dem Problem der Verhinderung des Atomkriegs: Peter Widmer, „Zum Problem des Todestriebs", Klaus Horn, „Wie kommen wir zu Intoleranz gegenüber Rüstung und Krieg", Horst-Eberhard Richter, „Die Verdrängung des Todes und die 'Krankheit' Atomrüstung".

kam fast niemand zu den Veranstaltungen in Montreal oder Hamburg: sie unterstützten den IPA-Präsidenten Limentani und die Vizepräsidentin Chasseguet-Smirgel, die gegen die Aufnahme von Friedenskundgebungen in das offizielle Kongreßprogramm gestimmt hatten. (Sie verteidigten ihre Entscheidung auf der öffentlichen Versammlung, mit der der Hamburger Kongreß beendet wurde.)

Die südamerikanischen Freudianer schienen Vermittler zu spielen: ihre Ängste vor einer Unterdrückung gehörten einem anderen Bereich an. Eine ganze Reihe unter ihnen – sie waren ebenso auf Frieden bedacht wie ihre deutschen Kollegen und mißtrauisch gegenüber dem amerikanischen „Imperialismus" – erinnerten die Teilnehmer an die Gefahren der sowjetischen Expansionspolitik, obwohl sie sich vor dem weitverzweigten Einfluß und dem Terror nichtliberaler Regimes fürchteten. Einige unter ihnen erinnerten an die eigene „innere Emigration" (ihr Ausdruck für Untergrundaktivitäten) und an die Gefahr, der sie ausgesetzt gewesen wären, wenn sie einen „nicht vertrauenswürdigen" Patienten angenommen hätten, der die Behörden über die Beteiligung des Analytikers an „subversiven Tätigkeiten" hätte informieren können. Diese Freudianer fürchteten sich ebensosehr vor einer linken wie vor einer rechten Diktatur, weil in einer Gesellschaft, die die Meinungsfreiheit verbietet, für die Psychoanalyse kein Platz ist. Allein schon ihre Ausübung könnte zu Repressalien führen. Wenn aber solche Gesellschaften die Psychoanalyse zulassen, versuchen sie sie häufig für ihre eigenen Zwecke einzusetzen – indem sie die Freudianer dazu auffordern, das Verhalten von Gefangenen zu erklären, Folterer zu „beraten" oder Dissidenten auszufragen.

Alles in allem sind psychoanalytische Erklärungen der Politik voll von Paradoxien: politische Ereignisse mit den psychischen Abwehrmechanismen von Führerfiguren in Verbindung zu bringen bedeutet, daß konkrete Probleme verharmlost werden müssen; humanistische Ziele zu befürworten, etwa die Verhinderung von Kriegen, Aggression oder totalitären Regimes, verwandelt den Diskurs in Ideologie und in etwas, das für eine praktische Umsetzung zu abstrakt ist. Und wenn die Analytiker hoffen, einzelne Menschen zu der Überzeugung zu bringen, diese unbestreitbar wünschenswerten Ziele zu verfolgen, kompromittieren sie unweigerlich ihre Neutralität. Was also soll getan werden?

Natürlich wußte auch Freud nicht, was zu tun war, um Frieden auf Erden zu bringen. Und Erikson, der in *Gandhis Truth* (1969) für gewaltlosen Widerstand eintrat und sich inzwischen locker mit der amerikanischen Friedensbewegung verbündet hatte, zog auf dem Wiener Kongreß den eher pessimistischen Schluß, daß die Menschen zum Überleben offensichtlich nicht nur Feinde benötigen, sondern auch ein gewisses Maß an Aggression. Leider eignen sich die Freudianer ebensowenig wie die anderen Bürger für die Politik. Was jedoch die Psychoanalyse betrifft, so steht sie dann am besten da, wenn sie die neurotischen Behinderungen einer geistigen Offenheit aufdeckt.

Im Bereich des Politischen sind die Freudianer also nicht über Freud hinausgelangt, der seine Betrachtungen „Zeitgemäßes über Krieg und Tod" (1915*b*) mit einer Äquivokation schloß: „Wir erinnern uns des alten Spruches: *Si vis pacem, para bellum*. Wenn du den Frieden erhalten willst, so rüste zum Kriege. Es wäre zeitgemäß, ihn abzuändern: *Si vis vitam, para mortem*. Wenn du das Leben erhalten willst, richte dich auf den Tod ein." (1915*b*; *Stud.*, Bd. IX, S. 60).

Schlußfolgerungen

Wo steht die Psychoanalyse heute und wohin bewegt sie sich in ihrer eigenen Entwicklung und in ihrer Wirkung auf andere Wissensgebiete? Der Bostoner Freudianer Stanford Gifford (1985) meinte, ihre jugendliche und revolutionäre Zeit, in der sie hauptsächlich auf intellektuelle Rebellen wirkte, sei vorbei – sie sei einem unvermeidlichen Verwandlungsprozeß unterworfen, den man entweder begrüßen oder beklagen könne. Sicherlich hat die amerikanische Psychoanalyse an Popularität eingebüßt und ihr Schicksal hat sich gewendet. Doch genau so, wie die Menschen ihr eigenes Kronstadt durchleben müssen – wie Daniel Bell im Zusammenhang mit dem Marxismus sagte –, d. h. sich ihrer Illusionen entledigen müssen, so wird die Psychoanalyse überall an Einfluß verlieren, nachdem ihre ursprünglichen (übertriebenen) Versprechungen sich nicht erfüllt haben. Ihre Ideen scheinen nun „mindere" Therapieformen anzuregen, während die Psychoanalytiker sich ihren „Elite"-Patienten und der Forschung widmen.

In den Blütezeiten pflegten die Freudianer an der Erweiterung sowohl der Theorie als auch der Therapie zu arbeiten, und dabei unterstützten sie zwangsläufig die idealistischen und humanistischen Ziele ihrer jeweiligen Gesellschaft. Wie wir feststellten, machten damals nicht nur Ärzte von den Freudschen Ideen Gebrauch, sondern auch Anthropologen, Soziologen, Psychologen und Politologen. Bereiche wie die Ethnopsychoanalyse oder Psychohistorie erhielten ihre Legitimation im Grunde erst dann, als das psychoanalytische Denken ein gewisses Ansehen erworben hatte. Und dies konnte erst geschehen, als die Gesellschaft einen gewissen

Wohlstand erreicht hatte – d. h. als es zumindest eine kleine Mittelschicht gab und das politische Klima einigermaßen liberal geworden war. Zuweilen geschieht dies während einer Befreiungsphase auch in repressiven Gesellschaften wie in Ungarn, Chile oder Argentinien, wenn die Psychoanalyse die Möglichkeit hat, aus einer „inneren Emigration" aufzutauchen und einen gewissen Freiraum für sich zu schaffen. (Unter repressiven Bedingungen wie im nationalsozialistischen Deutschland oder in Jugoslawien ließ die Psychoanalyse sich von den Machthabern manipulieren oder an die Verhaltenstherapie koppeln, so daß sie nur noch der Bezeichnung nach Psychoanalyse war.) Und bevor sie sich für feministische oder marxistische Zwecke einsetzen ließ, mußte erst ein großer Bereich der Gesellschaft mit den Begriffen des Unbewußten vertraut gemacht worden sein und die Gesellschaft mußte einen massiven inneren Protest aushalten können. Dementsprechend unterscheidet sich der Platz, welcher der Psychoanalyse in den einzelnen Ländern eingeräumt wird. In den USA scheint die klassische Analyse, die dort ihren größten Erfolg hatte, in ihrem Verfallsprozeß am weitesten fortgeschritten zu sein. Ein Zerfall freilich nur im Vergleich zu den übertriebenen Hoffnungen von früher, da die Ideen Freuds nun überall verbreitet sind. Es wird jetzt für völlig selbstverständlich gehalten, daß gewisse Symptome eines neurotischen Verhaltens geheilt werden können. Die Kritiker an der Psychoanalyse, die außer einer vollständigen „Heilung" nichts zulassen, sind freilich nie zufrieden, selbst wenn es den behandelten Patienten besser geht oder wenn sie sich auf einem gewissen Niveau stabilisieren. Sie erwarten von ihnen, daß sie eine sogenannte Normalität erreichen – einen Zustand, den weder Freud noch sonst jemand adäquat zu definieren vermochte. Es liegt jedoch eine Art von indirektem Erfolg darin, daß die Psychoanalyse den Weg für ihre bastardisierte Nachkommenschaft bahnte – d. h. für jene Schnellreparatur-Therapien, die zumindest zeitweise als überlegener Ersatz gefeiert werden.

Ich habe oben bereits darauf hingewiesen, daß die Geschichte der Psychoanalyse ständig aktualisiert wird, um bestimmte Themen in den Vordergrund zu rücken, wobei

Freud jeweils als Held oder als Schwindler, als Genie oder als Nachahmer aufgefaßt wird. Außerdem habe ich gezeigt, daß das Auf und Ab in der Popularität der Psychoanalyse sich ihrer Angemessenheit und ihrer Anpassung an zeitgeschichtliche Ereignisse und zeitbedingte Themen entsprechend an der Anzahl und den Arten der Anwendungen messen ließ, die sie hervorbrachte.

Im großen und ganzen zeigt das Eindringen der Psychoanalyse in Geschichte, Anthropologie, Psychologie und Soziologie eine Wirkung, die weit über den akademischen Bereich hinausgeht und noch den letzten Winkel der modernen Kultur erreicht. An den amerikanischen Universitäten ging die Anerkennung auch mit Ablehnung einher. Die Psychoanalyse ist zwar in die Frauenforschung und in die Literaturwissenschaft eingegliedert worden, aber auch dann, wenn man den Studenten der Sozialarbeit und Psychologie beibringt, Freud habe sich „geirrt", lernen sie auf die eine oder andere Art doch etwas von der Psychoanalyse. Im vergangenen Jahrzehnt sind viele Studenten über den Dekonstruktivismus zu Freud hingeführt worden. Diese Unternehmungen fanden sich zunächst in den Fachbereichen für französische und vergleichende Literaturwissenschaften, verbreiteten sich dann aber von dort aus in der Philosophie – dem eigentlichen Fach von Jacques Derrida. Dort wurden – neben anderen strategischen Lesarten – die freudianischen Hermeneutiker, die antifreudianischen Popperianer und die „szientistischen" Freudianer hinausgedrängt, oder, dekonstruktivistisch gesprochen, „dezentriert".

In einer neueren, von Joseph H. Smith und William Kerrigan herausgegebenen Aufsatzsammlung, *Pragmatism's Freud: The Moral Disposition of Psychoanalysis* (1986), schrieb der Philosoph Richard Rorty, Freud gehöre in die „Geschichte der 'Dezentrierung als Mechanisierung'". Nach Rorty hatte Hume die Ideen als geistige Atome behandelt, deren Zusammenfügung das *Selbst* bildet, aber im Gegensatz zu Freud unser Selbstbild nicht verändert (S. 2–4). Offenkundig mißfiel den meisten Philosophen die Freudsche Aufteilung des Selbst ebenso wie das bedrohliche Bild von

Quasi-Selbsten, die unterhalb des Bewußtseins lauern, und sie hielten lieber an der Überzeugung fest, daß ein Einzelkörper ein Einzelselbst enthält.[1] Rorty stellte allerdings fest, daß Freuds „revisionistische Auffassung der Menschenwürde" jedem von uns gestattet, „ein stimmiges Selbstbild" zu schneidern, das wir dann „unserem Verhalten ankleben können" – einem Verhalten, das die menschliche Solidarität weder fördert noch behindert (S. 19). Rortys Philosophie ist offenkundig von dekonstruktivistischen Theorien beeinflußt, die wiederum unter dem Einfluß von Derridas Lacan-Kritik stehen.

Die postlacanianische Ära

Zu den Leistungen der klassischen Analytiker gehörten zwar auch Beiträge zu Gebieten wie Psychosomatik und Literaturwissenschaft, aber die Wirkung der französischen Psychoanalyse auf das Pariser Publikum ging doch von Lacan aus. Seine philosophischen Ideen richteten sich denn auch auf eine große Zuhörerschaft, während er gleichzeitig die zum Establishment gehörenden Freudianer attackierte. Wie Clara Malraux mir mitteilte, verstanden Lacans Zuhörer (sie eingeschlossen) oft gar nicht, was er sagte, und empörten sich bei seinen offenen Seminaren über bestimmte Schweigepausen und über Angriffe auf Gegner. Trotzdem gingen sie hin, um ihm zuzuhören und ihn zu beobachten: er bot einfach die beste Show in der Stadt. Sein empörendes Verhalten sorgte für unerwartete Aufregung, und seine Ausführungen ließen die Zuhörer stets in einer intellektuel-

---

[1] Rorty bewegt sich in der philosophischen Literatur von Plato zu Davidson, von Kant zu Nietzsche, von Descartes zu den Zeitgenossen sowie von aristotelischen zu baconianischen Ansichten über die Natur der Erkenntnis. Die anderen Autoren des Bandes – Annette Baier, David Gamrosch, Gordon Braden, James W. Earl und Richard King – ergänzten die Thesen von Rorty oder setzten sich mit ihnen auseinander, so auch die beiden Herausgeber, der Psychoanalytiker Smith und der Anglist Kerrigan.

len Spannung zurück, in einem Zustand des Nachgrübelns über das, was er gemeint haben könnte, und in der Selbstbefragung, was sie denn davon nun für ihre „Selbstanalysen" herausholen könnten. In einem solchen Klima bestand so gut wie kein Bedarf nach Büchern, in denen Lacan erläutert wurde, auch wenn die Franzosen ganze Bände schrieben, in denen seine Ideen entweder verbreitet oder bestritten wurden.[2] Daneben gab es den Klatsch über die Abtrünnigen. Lacan wurde Nähe zum Okkultismus vorgeworfen; er selbst machte seine Sympathien für die Philosophie des Zen deutlich: er weckte bei seinem Publikum ständig den Eindruck des Scheinverständnisses, ohne daß er etwas zu verstehen gegeben hätte. Lacans Seminar mitzumachen war gleichbedeutend mit einem Pokerspiel, bei dem einem ein Gegner gegenübersitzt, der ständig blufft und den man niemals dazu bringen kann, seine Karten auf den Tisch zu legen.[3]

In diesem Klima war nicht zu erwarten, daß in Frankreich jemand Lacan auch nach seinem Tod als wichtigsten Denker seit Descartes und als den innovativsten seit Nietzsche und Freud bezeichnen würde, wie es vor einiger Zeit Elli Ragland-Sullivan in den USA getan hat (1986, S. IX). Indem er „die Psychoanalyse auf die Straße brachte", war er wohl doch der einflußreichste Psychoanalytiker seit Freud. Die klassischen französischen Freudianer, die sich nun mit den Nachwirkungen des „Lacanismus" befassen und die von seiner Präsenz, wenn nicht gar von seiner Philosophie beeinflußt wurden, nehmen zur Zeit eine Neubewertung der *gesamten* Psychoanalyse vor und befassen sich insbesondere mit der Zukunft der Therapie. Dasselbe gilt freilich auch für die Lacanianer.

---

[2] Anika Lemaire (1977) schrieb eine der wenigen Einführungen für Franzosen. Was die Amerikaner betrifft, vgl. z. B. Turkle (1978), Schneiderman (1980), Bär (1974), Kurzweil (1980, S. 135–164).

[3] François George, „Lacan ou l'effet 'Yau de Poêle'", in: *Les temps modernes*, Jg. 34 (1979), Nr. 394, S. 2038 f.

Um 1986 gab es mindestens vierzehn Lacanianische „Führer", die sich alle als legitime Nachfolger bezeichneten. Einige schienen sich enger an die klassischen Freudianer anzuschließen, z. B. Serge Leclaire und Didier Anzieu; andere behaupteten ihr eigenes Terrain, z. B. Françoise Dolto und Jacques-Alain Miller. Ihre zahlreichen Publikationen florierten. Neben dem monatlichen Informationsblatt der *Ecole de la Cause Freudienne*, *L'Ane* und *Ornicar?* gab es *Le Cout Freudien*, *Le Discours psychanalytique*, *Cahiers de lecture freudienne*, *Confrontation*, *Psychanalystes: le politique et l'exclusion du féminin*, *Littoral*, *Scilicet*, die Sitzungsprotokolle der Cartels Constituants de L'Analyse Freudienne, *Inceste: Nouvelle revue d'ethnopsychiatrie* und *Etudes freudiennes* usw.

Diese Veröffentlichungen, zwar voll von philosophischen und literarischen Exkursen, sollten allerdings Licht in die Therapien bringen, und mit Ausnahme der Medizin und Psychiatrie wurden sie nicht von akademischen Fachbereichen gefördert. Die Veröffentlichungen selber spiegelten die herrschende Verwirrung wider, die auch auf den vielen Konferenzen jener Psychoanalytiker spürbar war, die eine gewisse Ordnung in dieses Chaos bringen wollten. So organisierte die Association Fondation Rocinante – deren Mitglieder größtenteils aus südamerikanischen Lacanianern bestanden, die nach Paris übergesiedelt waren, um der Repression im eigenen Land zu entgehen – eine internationale interdisziplinäre Konferenz über „Psychoanalyse unter dem Terrorismus". Nach den Konferenzprotokollen zu urteilen, die Heitor O'Dwyer de Macedo (1988) herausgegeben hat, sprachen viele linke Analytiker, die ernsthaft und beredt das Ende der terroristischen Regierungen forderten, Lacanianisch.[4]

---

[4] Der Band gibt Einblick in die Schwierigkeiten, unter denen die Psychoanalytiker beispielsweise in Brasilien oder Argentinien leben. Als Antwort auf Psychoanalysekritiker, die behaupteten, „die *favelas* [die Armenviertel am Rande der Großstädte] brauchen Protein und keine Therapie", oder „Die Oralität der Armen braucht Nahrung und keine Reden", debattierten die Teilnehmer

Auch wenn den Mitgliedern der vielen postlacanianischen Fraktionen das Überleben mittels einer gegenseitigen Überweisung von Patienten gelingen sollte, erscheint es doch zweifelhaft, ob sie in der Lage sind, eine ordentliche Ausbildungsmöglichkeit für junge Analytiker einzurichten. In gewissem Maße ersetzen die Konferenzen inzwischen Lacans Seminare: sie ziehen bis zu tausend Zuhörer an. Sie sind auch demokratischer als Lacans Zusammenkünfte, weil sie mehrere Redner umfassen und auch in Publikum heftige Debatten auslösen.

Nachdem René Major seine Konferenzen im Zusammenhang mit der Zeitschrift *Confrontation* aufgegeben hatte, half Alain de Mijolla die Lücke zu schließen. Seit 1981 organisiert er jährliche Treffen in Aix-en-Provence, die von Psychoanalytikern und Leuten aus anderen Bereichen geleitet werden, und zwar über Themen wie „Leiden, Lust und Denken", „Sprachen", „Metapsychologie und Philosophie" und „Körper und Geschichte" (1986). De Mijolla war 1985 auch Mitbegründer der Internationalen Freud-Gesellschaft und gründete im selben Jahr die Vereinigung zur Geschichte der Psychoanalyse. Die Konferenzen haben auch dazu beigetragen, Wunden zu heilen, die noch vor dem Tod Lacans und der einsetzenden Enttäuschung über ihn zugefügt wurden, und sie helfen mit, die Psychoanalyse auf dem laufenden zu halten. Ebenso wie an anderen Orten leben auch die Pariser Psychoanalytiker von ihrem Ansehen. Aufgrund der lockeren Organisationsstrukturen und der tiefsitzenden Abneigung gegen Institutionen ist das französische Überweisungssystem dürftig. Deshalb sind die Franzosen sehr viel stärker als ihre ausländischen Kollegen von einer guten Darbietung auf einer öffentlichen Veranstaltung

---

darüber, ob es besser sei, vor lauter Schuldgefühlen zu zittern, weil man nur Patienten einer schmalen Elite behandelte; ob die Psychoanalyse europäisch bleiben könne oder sich den „politischen Aspekten der Psychoanalyse" zuwenden und religiöse und magische Glaubensformen armer Klienten ernst nehmen müsse, und ob Erziehungspsychologen, die in den *favelas* arbeiten, nicht wirkungsvoller wären als Psychoanalytiker (O'Dwyer de Macedo, Hrsg., 1988, S. 68–69).

oder von einem interessanten Buch abhängig. Dieses Bedürfnis, sich zur Geltung zu bringen und die Anerkennung der
Interdisziplinarität hat nicht nur zu einer Überfülle von
provokativen Lesarten psychoanalytischer Gegenstände,
sondern auch dazu geführt, daß viele Analytiker sich in
phantastische intellektuelle Darbieter verwandeln.

In den Jahren zwischen 1950 und 1980 glich Paris dem
Wien Freuds: die Psychoanalytiker beteiligten sich an
politischen und intellektuellen Debatten und versteckten
sich nicht hinter ihrer Couch. 1974 veröffentlichte Janine
Chasseguet-Smirgel z. B. eine Aufsatzsammlung über die
„Wege des Anti-Ödipus". Didier Anzieu, der 1949 bei
Lacan in Analyse gewesen war, trat 1953 aus der SPP aus und
tat sich mit Pontalis zusammen, um 1960 die Société
Psychanalytique Française zu gründen; dann arbeitete er die
These aus, Freud habe seine Selbstanalyse begonnen, um
seine neurotischen Ängste zu überwinden, und dann seine
späteren Theorien entwickelt, um eine Reihe von Abwehrformen gegen die Depression aufzubauen (Chasseguet-
Smirgel, Hrsg., 1974, S. 167). Explizit gegen Lacan gerichtet, gab Anzieu 1986 eine der besten Beschreibungen von der
Misere der Postlacanianer. Er empörte sich vor allem über
klinische Praktiken – die schwankende Aufmerksamkeit und
die systematischen Schweigepausen, die zwar die frühkindlichen Erinnerungen des Patienten hervorlocken sollten,
gewöhnlich aber nicht die erhofften Änderungen erbrachten
(1986, S. 42). Anzieu stellte die lacanianischen Techniken in
Frage, die davon ausgingen, daß die „buchstäbliche" Deutung der Analysandensprache in sein Unbewußtes eindringen und zu einem „Sprachspiel" werden würde – häufig auf
Kosten des Analysanden. Damit schloß er sich wieder den
klassischen Analytikern an, die nach der Behandlung von
Patienten, die bei Lacanianern gewesen waren, entweder
feststellten, daß die Sprachanalyse einer richtigen Übertragung entgegengewirkt hatte oder daß nicht sorgfältig genug
damit umgegangen wurde, wenn sie zustandekam.

François Perriers Übertragung war zum Beispiel in dem
Augenblick aufgetreten, als er mit Lacan zusammentraf. Wie
Perrier (1985) uns berichtete, gehörte er zusammen mit Serge

Leclaire und Vladimir Granoff zu Lacans Führungstroika. Weil er das Gefühl hatte, betrogen zu werden, wandte er sich gegen Lacan und schrieb einen humorvollen und scharfen Kommentar über seine Reise nach *Translacanien*, schilderte den Hintergrund der Spaltungen, die persönlichen Streitereien und Lacans Wendungen, Handlungsweisen und Indiskretionen. Tatsächlich ging Perrier noch über François George (1979a, 1979b) hinaus, für den Lacan inzwischen ein intellektueller Gauner geworden war – sein einstiges Idol stand nun auf tönernen Füßen.

Es handelt sich hier nur um eine Auslese aus den vielen „Nachrufen" auf Lacan, mit denen die Psychoanalytiker aller Richtungen versuchten, mit den unvermeidlichen Veränderungen in ihrem institutionellen Leben fertigzuwerden. Wieder einmal hofften die Franzosen, das Beste aus der Psychoanalyse herauszuholen, so wie sie es früher jedesmal dann getan hatten, wenn sie sich spalteten und neu gruppierten. Alle französischen Freudianer lasen Freud von neuem, fügten den Texten neue Wendungen hinzu oder erfanden ihn von Grund auf neu.

Mitscherlichs Erbe

Die deutschen Psychoanalytiker, die von der Psychoanalyse erhofften, sie würde sie von der nationalsozialistischen Vergangenheit befreien, traten für Mitscherlichs gesellschaftsbezogenen Fortschrittsgedanken ein, auch wenn einige unter ihnen sich allmählich darauf beschränkten, Patienten zu empfangen und die Politik nunmehr den Politikern überließen. Alle deutschen Analytiker mußten sich indessen damit abfinden, daß es zwischen 1933 und 1945 ein intellektuelles Vakuum gegeben hatte, und sie mußten sich dem stellen, was diese Jahre ihrer Psyche und ihrer Fähigkeit, zu anderen in Beziehung zu treten, angetan hatten. Analytisch gesprochen, hatten sie eine ganze Menge durchzuarbeiten. Nachdem sie und ihre Landsleute den Fernsehfilm *Holocaust* gesehen hatten, wurde vielen dieser Freudianer bewußt, daß sie sich mit einer noch größeren Schuld zu befassen hatten, und zwar täglich. Ferner erkannten sie, daß sie bei ihren Patienten noch viel sorgfältiger nach den Spuren dieser Schuld und nach den Übertragungen nationalsozialistischer Erinnerungen dieser Patienten auf sich selbst zu suchen hatten. Der Holocaust rückte auch immer mehr in den Mittelpunkt von philosophischen und literarischen Untersuchungen, und die klassischen Werke und Autoren der Deutschen wurden immer stärker in bezug darauf überprüft. Sogar Freundschaften mit Juden wurden nunmehr als Ausdruck des Philosemitismus, als mögliche Reaktionsbildungen auf den Antisemitismus untersucht.

Andererseits funktionierte die von der deutschen Regierung eingeführte Kostenerstattungspolitik als ein wohltätiger Großer Bruder. Es ist schwierig, die Atmosphäre dieses Einflusses zu schildern, es sei denn, man zieht Vergleiche heran: in den USA und in Frankreich gibt es zwar viele Möglichkeiten der Kostenerstattung, aber sie sind niemals so durchorganisiert worden wie in Deutschland – auch wenn es keineswegs an Versuchen gefehlt hat. Bei der Lektüre der vielen umfangreichen Dokumente dazu mußte ich ständig daran denken, daß einzig Max Weber uns das Modell der idealtypischen Bürokratie hätte liefern können, da er ja zur Zeit ihres Aufbaus lebte. Die Grundlage bilden natürlich die egalitären Grundsätze, die die „rechtsorientierten" Psychoanalytiker für selbstverständlich halten. Die „linksorientierten" Analytiker wollten nun diese Prinzipien zum einen erweitern, während sie zum anderen gleichzeitig die Bürokraten kritisierten, die sie durchzusetzen hatten: der Egalitarismus ist ihre Aufgabe. Doch selbst wenn sie dem Weberschen Ideal entsprechen würden, verkörpern sie doch auch die dominierende Gesellschaftsschicht des *Sozialstaates* [deutsch im Original].

Diese Paradoxie wird noch durch die realistische Befürchtung verstärkt, daß sich ein starker Staat unter einer rechtsorientierten Führung ohne weiteres wieder in einen faschistischen Staat verwandeln könnte. In dieser Hinsicht teilen die deutschen Analytiker die kritische Einstellung der Frankfurter Schule und hören auf die Ermahnungen Marcuses, daß die Politik der Massengesellschaft zu Hause beginne, mit dem Schrumpfen des Ichs und seiner Unterwerfung unter das kollektive Ideal, was sehr wohl bedeuten könne, in der Verweigerung und Opposition gegenüber dem Establishment leben zu müssen (1970, S. 61). Während somit „rechtsgerichtete" Freudianer unterstellen, daß gut analysierte Einzelne autonom und gegenüber unzulässigen Zwängen widerstandsfähig sein werden, nehmen ihre „linksgerichteten" Kollegen in Übereinstimmung mit Freuds *Massenpsychologie und Ich-Analyse* an, daß das Gewissen, die Verantwortung und das Ich-Ideal in Massengesellschaften immer auf einen Führer oder auf eine Regierung projiziert werden, weshalb die individuelle Autonomie aktiv erkämpft werden muß.

Die „rechtsorientierten" Freudianer in Deutschland konzentrieren sich deshalb auch eher auf klinische Fragen, während die „Linken" sich mehr mit sozialen und politischen Fragen befassen. Auch die Frage, wer um eine psychoanalytische Behandlung ersuchen darf, ist zu einer politischen Frage geworden, wenn die Steuerzahler für die Behandlung eintreten. Cremerius, Hoffmann und Trimborn (1979) erinnerten an die Aussage Freuds, es sollte eine gesellschaftliche Hilfe für die Armen geben, die krank werden, während die Reichen und Mächtigen alles kaufen können, was sie wollen, auch den Seelenfrieden, der es ihnen ermöglicht, sich krankmachenden Neurosen zu entziehen. Das bedeutet, daß einzig die Mittelschicht sich darum bemühen wird, die Eigenart einer Krankheit psychoanalytisch anzugehen. Cremerius beschrieb einige seiner Mittelschicht-Patienten, verglich sie mit ihren amerikanischen Ebenbildern bei Leo Srole und unterschied zwischen Neurotikern, die keine Behandlung brauchen, den Neurotikern, die ihre Krankheit funktionalisieren, und jenen, die Rollenkonflikte durch Identifizierung umgehen. Er zog den Schluß, daß den Individuen, deren Ich und Ich-Ideal mit Gruppenidealen verbunden sind, angemessene Schuldgefühle fehlen (S. 42). Deshalb sollten sich Psychoanalytiker schuldig fühlen, wenn sie hauptsächlich Mittelschicht-Patienten behandeln, auch wenn gerade sie es sind, die sie aufsuchen.

Angesichts der Tatsache, daß die deutsche Psychoanalyse 1945 gar nicht (mehr) existierte, mutet ihr Aufschwung in den letzten vierzig Jahren wie ein Wunder an. „Zu viel und zu schnell", wie einer meiner Informanten spöttelte. Auf der sogenannten Rechten gehörte er zu denen, die den Eindruck hatten, daß zu viele schlecht analysierte Freudianer ihre von den Nationalsozialisten ausgelösten Neurosen an ihre Ausbildungskandidaten weitergegeben hatten. Und weil ein so großer Teil dessen, was man als Psychoanalyse bezeichnete, in Wirklichkeit eine Kurztherapie gewesen war, und viele Analytiker selber nur dürftig analysiert worden waren, sprachen zahlreiche Freudianer von der Notwendigkeit, „Reparaturarbeiten" durchzuführen.

Die sieben Analytiker und fünf Sozialwissenschaftler, die sich 1983 in Frankfurt versammelten, um über das *Unbehagen in der Psychoanalyse* zu diskutieren, hielten die Forschung für ebenso wichtig. Sie klagten darüber, daß das Frankfurter Institut sich nach dem Tod Mitscherlichs tendenziell nur noch mit Therapie befasse und attackierten die zunehmende Medizinalisierung. Sie befürchteten, daß die Psychoanalyse dadurch in ein bloßes Anhängsel des staatlichen Gesundheitssystems verwandelt werde und dadurch auch ihre Kritikfunktion einbüße (Lohmann, Hrsg., 1983). Als sie darüber informiert wurden, daß diese Umwandlung deswegen befürwortet wird, weil das Land Hessen als Gegenleistung für die Finanzierung des Instituts (therapeutische) Resultate zu sehen wünschte, taten sie sich zusammen, um die Psychoanalyse als Gesellschaftskritik zu verteidigen. Indem sie unbewußte Lügen bestimmter (ungenannter, aber identifizierbarer) Analytiker, deren unglückliches Verhältnis zur Macht und häufige Vernachlässigung der Gegenübertragung attackierten, war ihnen nicht bewußt, daß diese Problempunkte so wichtig geworden waren, daß sie von Psychoanalytikern im ganzen Land aufgegriffen wurden. Als sie einen zweiten kritischen Band erscheinen ließen – *Psychoanalyse auf der Couch* (1984) – schlossen sich ihnen weitere zwölf Autoren mit Beiträgen an und erweiterten ihre kritischen Einwände zu jedem politischen Thema. Sie waren überrascht über die außergewöhnlichen Reaktionen auf ihre Anliegen und über die zahlreichen Zuhörer, die bei ihren Vorträgen und Diskussionen erschienen.

Dennoch gibt es noch nicht allzuviele, die am Morgen analysieren und am Nachmittag Gesellschaftskritik betreiben – eine Praxis, die auf deutschsprachige, linksorientierte Freudianer beschränkt zu sein scheint. (Eine enge Zusammenarbeit mit Nichtanalytikern und Studenten steht im Zusammenhang damit.) Vorsichtig und leise haben einige deutsche Freudianer die kritischen „Bernstein-Zirkel" wieder ins Leben gerufen, die 1950 in verschiedenen Städten gegründet worden waren und in denen die Analytiker Fragen nachgehen wie denen über den Status der Laienanalyse, über die Medizinalisierung und das Verhältnis zu den Einrichtungen der Kostenerstattung. Das bedeutet nicht, daß die Freudianer anderswo unkritisch wären, sondern nur, daß deren Kritik entweder eher privater Natur bleibt oder die Form eines gesellschaftlichen Protests im Namen von Gleichheit, Frieden oder Menschlichkeit annimmt.

Vergleichende Schlußbetrachtung

Vieles von dem, was für die amerikanischen Freudianer gilt, trifft auch auf ihre Londoner Kollegen zu, wenn auch in geringerem Umfang. Allein die amerikanische Psychoanalyse konnte sich unbehelligt vom Krieg oder von totalitaristischen Einwirkungen entwickeln: die Londoner hatten unter dem Blitzkrieg zu leiden, die Franzosen mußten eine Pause von sechs Jahren erdulden, und die zwölfjährige Lücke der Deutschen wurde durch das Trauma der Erbschaft Hitlers noch um ein vielfaches vergrößert. Alle diese Ereignisse veränderten das Leben der Freudianer. Daß so viele von ihnen nach England oder in die USA emigrierten und von den dort herrschenden sozialen, institutionellen und kulturellen Umständen beeinflußt wurden, begünstigte die Verbreitung psychoanalytischer Ideen in den USA. Dabei führten die verschiedenen Einflüsse auf die Psychoanalyse und die Ansprüche, die an sie gestellt wurden, zu einer

Vielfalt von neuen Lesarten und Interpretationen – die alle verteidigt und angegriffen wurden. Man kann deshalb nicht länger von einer theoretischen Einheitlichkeit sprechen.

Nach 1945 entstand die psychoanalytische Forschung vorwiegend im angelsächsischen Bereich. In jüngerer Zeit sind jedoch die Verbindungen von Kritischer Theorie und Psychoanalyse aus Deutschland und von feministischer und dekonstruktivistischer Psychoanalyse aus Frankreich in die englischsprachigen Länder exportiert worden. Freudianische, Lacanianische und Kleinianische Theorien verbreiteten sich in Südamerika und gelangten von dort in veränderten Fassungen nach Paris, London und New York zurück. Auch wenn einige daraus entstandene Schwierigkeiten mit Übersetzungslücken und -fehlern zusammenhängen, schien diese zeitliche Übereinstimmung doch auf bestimmte zeitbedingte Interessen und Vorurteile zu antworten.[5] Dennoch gewannen die psychosomatischen Institute, die schließlich in manchen Städten gegründet wurden, ihre eigenen Persönlichkeiten, die unter dem Einfluß jener Theorien standen, die ihre Mitglieder bevorzugten, sowie der Verbindung, wie sie jeweils zwischen Psychiatern und Psychologen arrangiert wurde. In erster Linie waren die Freudianer in allen Ländern jedoch von den Verlautbarungen abhängig, die zufriedene Patienten über sie abgaben. Und nirgendwo ließen sie emotional einfacheren und kürzeren Therapien freiwillig den Vortritt.

Steven Marcus (1984) sprach von der überdeterminierten Entwicklungssequenz in der Psychoanalyse, die von Abram Kardiners transkulturellen Beobachtungen der Überichbildung (als Indikator für kulturelle Stabilität) über Erik Eriksons Konzentration auf die Ich-Identität („aufgrund historischer Bedingtheit im Zentrum des Individuums und

---

[5] Siehe dazu bes. Bruno Bettelheim (1983), der die Auffassung vertrat, durch die Übersetzung von *Trieb* in „instinct" anstelle von „drive", von *Abwehrmechanismen* in „defenses" und von *Besetzungen* in „cathexes" seien die Freudschen Bedeutungen in einer szientistischen Richtung verzerrt worden, die seiner Absicht zuwiderlief.

der gemeinschaftlichen Kultur verankert") bis zu Kohuts Auffassungen des fragmentarischen und unzusammenhängenden Selbst führt (S. 186–189). Damit wird das amerikanische Szenario beschrieben, auch wenn einige Leute zu behaupten pflegen, die Theorien des Selbst würden inzwischen vom Interesse an der Objektbeziehung abgelöst. Ein Franzose sieht jedoch die Entwicklung der Psychoanalyse eher im Ausgang von Marie Bonapartes Poe-Buch über Lacan zum Dekonstruktivismus oder von den Experimenten Charcots mit Hysteriekranken über die Freudianische Psychoanalyse zu Lacan bzw. zur Psychosomatik von Fain oder Marty – je nachdem, mit wem man spricht. Ein deutscher Freudianer würde hingegen zunächst den anfänglichen Widerstand gegen die Psychoanalyse beklagen (indem er ihn der Nazi-Therapie im Dritten Reich zuschreibt oder ihrem Hinscheiden), Mitscherlich für seinen Wiederaufbau der Psychoanalyse loben und dann – mit unterschiedlichen Vorbehalten – die amerikanische Ich-Psychologie verteidigen. Sein Londoner Ebenbild würde Jones' Proselytenwerbung und Organisationsfähigkeit loben, auf die lebhaften theoretischen Entwicklungen hinweisen, die aus den Auseinandersetzungen hervorgingen, und stolz darauf sein, daß die von der Middle Group entwickelte 'projektive Identifizierung' schließlich auf der ganzen Welt Fuß faßte.

Alle diese Rekonstruktionen vernachlässigen jedoch die kulturelle Bedingtheit der Symptomatologie. In den USA und in England scheinen die klassischen Symptome der Hysterie verschwunden zu sein, während sowohl französische als auch deutsche Analytiker nach wie vor Hysteriekranke diagnostizieren und behandeln und angeblich dreißig Prozent der Wiener Patienten an hysterischen Symptomen leiden. Bekanntlich spiegeln psychoanalytische Diagnosen selbst die kulturelle Aneignung. Der Wiener Analytiker Hans Lobner hat darauf hingewiesen, daß in einem Milieu, wo man von einer respektablen Frau immer noch erwartet, daß sie beim Anblick einer Maus auf einen Stuhl springt und schreit oder gar in Ohnmacht fällt, häufiger Hysterie diagnostiziert wird als in einem Milieu, wo solches Verhalten nicht üblich ist. Liegt der Unterschied nun bei den Psychoanalytikern oder bei den Patienten? Sind Psychoanalytiker in eher „traditionellen" Gesellschaften rascher dazu bereit, ein Verhalten als „hysterisch" zu diagnostizieren, das den Männern unangemessen erscheint, oder ist es in solchen Gesellschaften eher so, daß die Frauen einen „unangemessenen" sexuellen Wunsch in Hysterie umwandeln? Oder müssen die Psychoanalytiker ihre Diagnosekategorien revidieren? Das sind einige eher vorsichtige Fragen, die nun wiederum je nach den herrschenden Vorurteilen beantwortet werden.

Wie diese Vorurteile oder Einseitigkeiten auch immer beschaffen sein mögen, die Psychoanalyse hat unser Wissen über Subjektivität erweitert. Wir wissen nun eine ganze Menge über die unbewußten psychischen Mechanismen, die auf das Alltagsverhalten einwirken, und über die vielfältigen Wege, die dieses Verhalten einschlagen kann. Tausende von Untersuchungen haben Freuds Beobachtungen ergänzt und bestätigt. Es sind Daten, die eine Voraussage ermöglichen. Zwar sind diese Voraussagen wissenschaftlich nicht verifizierbar, aber auch die Bedeutung der Verifizierbarkeit ist ein Ausdruck der kulturellen Voraussetzungen. Und es wird dabei übersehen, daß die Psychoanalyse zahllosen Einzelnen geholfen hat, mit sich und anderen besser zurechtzukommen, und daß sie die westlichen Praktiken der Kindererziehung, die familialen Interaktionen und die Auffassungen von der Moral verändert hat.

Was bedeutet dies alles nun für die Zukunft der Psychoanalyse? In den USA sieht Sanford Gifford eine geringere soziale Rolle voraus, eine geringere Auffälligkeit und größere wissenschaftliche Fortschritte durch eine geringere Anzahl von Personen – d. h. Forschungsergebnisse, die in den verschiedenen Pflegeberufen an andere weitergegeben werden können. Einige seiner Kollegen erhoffen sich therapeutische Einsichten aufgrund der Anwendung neuer Erkenntnisse über das Selbst oder über Objektbeziehungen. Die meisten Londoner würden dem meines Erachtens zwar zustimmen, dabei aber auf die große Zahl von Entdeckungen hinweisen, die im Bereich der kindlichen Entwicklung gemacht wurden. Die deutschen Psychoanalytiker konzentrieren sich dagegen wohl eher auf die soziale Auswirkung unbewußter Triebe, um Folgerungen hinsichtlich der Massenpsychologie zu ziehen, und streben zusammen mit ihren „unkritischen" Kollegen danach, eine aufgelockerte Psychoanalyse als optimale Methode zur Behandlung psychischer Krankheiten formell zu etablieren. Und was die Franzosen betrifft, so werden sie wohl eine Reihe von innovativen Verschmelzungen von klassischer und lacanianischer Therapie entwickeln.

Während diese psychoanalytischen Therapien ihre Umwandlungen erfahren, werden sich die Ideen der Psychoanalyse noch tiefer in der Gesamtkultur verankern. Diese Ideen werden jedoch wiederum durch praktizierende Psychoanalytiker verbreitet und leiten sich von Überlegungen und Verallgemeinerungen her, die auf einzelnen Erfahrungen mit Patienten beruhen. Da diese Patienten ihrerseits auf die theoretischen und klinischen Vorgehensweisen ihrer Analytiker antworten, ist die Psychoanalyse auf jeder Stufe eine Widerspiegelung kulturell akzeptierter Voraussetzungen. Deshalb entwickelt jedes Land mit der Zeit auch seinen eigenen Freud. Zuweilen geschieht dies unter Mitarbeit von Anthropologen, Literaturwissenschaftlern, Ethnologen, Soziologen oder Psychologen, zuweilen dominiert aber auch der Einfluß der Medien.

Jedenfalls wird das freudianische Denken auf die eine oder andere Weise seine Macht über die menschliche Einbildungskraft behalten. Auch wenn sich Freuds größere Hoffnungen auf eine bessere Gesellschaft nicht erfüllt haben und es ihm nicht gelungen ist, die Formel zu finden, um sowohl die großen Kriege als auch die individuelle Irrationalität zu beseitigen, bleibt er eine beherrschende Gestalt im modernen Geist, die unser Denken revolutioniert hat. Trotz weitverbreiteter und vielfältiger Kritik und einer häufigen Ablehnung der Psychoanalyse sind Freuds Ideen ins Bewußtsein der Menschen eingedrungen, und zwar auch in die Köpfe derjenigen, die darauf schwören, kein Unbewußtes zu besitzen. Freudianische Psychoanalytiker haben vielen Menschen geholfen und einen Großteil der Werkzeuge bereitgestellt, die in den Pflegeberufen benutzt werden.

Und selbst dann, wenn schließlich nur noch Ausbildungskandidaten vier- bis fünfmal pro Woche während vier bis
fünf Jahren ihr Unbewußtes erforschen, werden Freuds
Grundideen ihren Vorrang behalten. Er hat uns die Mittel
gegeben, die Wurzeln unserer modernen Phantasie „wissenschaftlich" zu erforschen – einer bewußten und unbewußten
Phantasie, die sich in verschiedene Richtungen bewegt und
auf kulturelle Überlieferungen, Einflüsse und Tendenzen
antwortet. Freud läßt sich aus seiner Rolle als „Vater"
unseres Jahrhunderts nicht verrücken: kein unparteiischer
Denker kann die Macht des Unbewußten mehr verleugnen,
und auch nicht die Wirkung sowohl des Namens als auch des
Neins des Vaters [le nom and le non du père].

Bibliographie

Abel, T. M., Metraux, R., und Roll, S. (1974; 1987). Psychotherapy and Culture. Albuquerque: University of New Mexico Press.

Abelove, H. (1986). Freud, Male Homosexuality and the Americans. Dissent, Winter, S. 59–69.

Abraham, H. C. und Freud, E. L., Hrsg. (1965). Sigmund Freud/ Karl Abraham: Briefe 1907 bis 1926. Frankfurt: S. Fischer.

Abraham, K. (1921). Äußerungsformen des weiblichen Kastrationskomplexes. In ders., Psychoanalytische Studien. Hrsg. J. Cremerius. Frankfurt: S. Fischer, 1971, Band II., S. 69–99.

Abraham, N. und Torok, M. (1976). Le verbier de l'homme aux loups. Paris: Aubier.

Adler, A. (1920) Praxis und Theorie der Individualpsychologie. Vorträge zur Einführung in die Psychotherapie für Ärzte, Psychologen und Lehrer. München und Wiesbaden: Bergmann, ²1924. (Franz. Übersetzung: Pratique et théorie de la psychologie individuelle. Paris 1951).

– (1929). Menschenkenntnis. Leipzig (6. Aufl. Zürich: Rascher 1947).

Adorno, Th. W. (1951a). Minima Moralia. Reflexionen aus dem beschädigten Leben. Frankfurt a. M.: Suhrkamp.

– (1951b). Die Freudsche Theorie und die Struktur der faschistischen Propaganda. Übersetzt von Rainer Koehne. Psyche 24, 1970, S. 486–509. (In englischer Sprache geschrieben: Freudian Theory and the Pattern of Fascist Propaganda, in Róheim, G., Hrsg., Psychoanalysis and the Social Sciences, Vol. 3. New York, 1951, So.279–300; wieder abgedruckt in Adorno, Th. W., Gesammelte Schriften, Frankfurt a. M.: Suhrkamp, 1972, Band 8: Soziologische Schriften 1, S. 408–433.

– (1955). Zum Verhältnis von Soziologie und Psychologie. In ders., Gesammelte Schriften. Frankfurt a. M.: Suhrkamp, 1975, Band 8, Soziologische Schriften 1, S. 42–85.

Adorno, Th. W. (1970). Ästhetische Theorie. In ders., Gesammelte Schriften. Frankfurt a. M.: Suhrkamp, 1970, Band 7.

Adorno, Th. W. et al. (1950). The Authoritarian Personality. New York: Norton, 1950 (Reprint New York: The Norton Library, 1969; deutsch [gekürzt]: Der autoritäre Charakter. Amsterdam: de Munter, 1968, 2 Bände).

Aichhorn, A. (1925). Verwahrloste Jugend. Zehn Vorträge zur ersten Einführung. Mit einem Geleitwort von Dr. Sigm. Freud. Wien/Leipzig/Zürich: Int. Psa. Verlag.

Aichhorn, Th. (1976). Wer war August Aichhorn? Briefe, Dokumente, unveröffentlichte Arbeiten. Wien: Löcker und Wögenstein.

Alexander, F. (1930). Der theoretische Lehrgang. In: Zehn Jahre Berliner Institut. Hrsg. von der Deutschen Pychoanalytischen Gesellschaft. Mit einem Vorwort von S. Freud. Wien: Int. Psa. Verlag.

– (1957). Psychoanalysis and Psychotherapy. Developments in Theory, Technique, and Training. London: Allen & Unwin.– (1962). The Development of Psychosomatic Medicine. Psychosomatic Medicine 24, S. 13–24.

Alexander, F., French, T. M. und Pollock, G. H. (1968). Psychosomatic Specifity. Vol. I., Experimental Study and Results. Chicago und London: University of Chicago Press.

Alexander, F. und Staub, H. (1929). Der Verbrecher und seine Richter. Ein psychoanalytischer Einblick in die Welt der Paragraphen. Wien: Int. Psa. Verlag. In: Moser, T., Hrsg., Psychoanalyse und Justiz. Frankfurt: Suhrkamp, 1971, S. 227–405.

Andreas-Salomé, Lou (1958). In der Schule bei Freud. Tagebuch eines Jahres (1912/1913). Aus dem Nachlaß herausgegeben von Ernst Pfeiffer. Zürich: Niehans [Taschenbuchausgabe Frankfurt/Berlin/Wien: Ullstein, 1983].

Annonces et informations. In: Ornicar?, 7, 1975, S. 119.

Anzieu, D. (1982). Comment on devient Melanie Klein? Nouvelle Revue de Psychanalyse, 26, S. 235–251 (Heftthema: L'archaïque).

Anzieu, D. (1986). Une peau pour les pensées. Paris: Clancier-Guenard.

Argelander, H. (1983). Der Weg Alexander Mitscherlichs. Psyche 37, 1983, S. 292–297.

Arlow, J. A. (1979). Metaphor and the Psychoanalytic Situation. Psychoanalytic Quarterly 48, 1979, S. 363–385.

Arlow, J. und Brenner, C. (1964). Psychoanalytic Concepts and Structural Theory. New York: International Universities Press.

Ashbach, C. und Schermer, V. (1987). Interactive and Group Dimensions of Kleinian Theory: Notes toward a Paradigm Shift. Journal of the Melanie Klein Society, 5, 1987, S. 43–68.

Auden, W. (1977). Psychology and Art Today. In: Kurzweil, E. und Phillips, W., Hrsg., Literature and Psychoanalysis. New York: Columbia University Press, S. 119–132.

Aulagnier, P. (1985). Quelqu'un a tué quelque chose. Topique, 35–36, 1985, S. 265–295.

Bär, E. (1974). Understanding Lacan. Psychoanalysis and Contemporary Science, 3, 1974, S. 473–544.

Bagliacca, R. S. (1974). Monsieur Bovary, c'est moi. Nuovi Argomenti, 38–39, 1974, S. 207–255.

– (1980). Lear, Cordelia, Kent, and the Fool: A Psychoanalytic Interpretation. International Review of Psychoanalysis, 7, 1980, So.413–428.

Bak, R. C. (1968). The Phallic Woman: The Ubiquitous Fantasy in Perversions. Psychoanalytic Study of the Child, 23, 1968, S. 15–36.

Baker-Miller, J. Hrsg. (1974). Psychoanalysis and Women. Harmondsworth: Penguin.

Balint, M. (1968). Die Struktur des 'Training-cum-Research'-Gruppen und deren Auswirkungen auf die Medizin. Jahrbuch der Psychoanalyse. Bern: Hans Huber, Band 5, S. 125–146.

Balmary, M. (1979). Psychoanalyzing Psychoanalysis: Freud and the Hidden Fault of the Father. Baltimore: Johns Hopkins Press.

Barande, I. und Barande, R. (1975). L'Histoire de la psychanalyse en France. Paris: Edouard Privat.

Barker, R. L. (1982). The Business of Psychotherapy. New York: Columbia University Press.

Barrett, W. (1947). Writers and Madness. Partisan Review, 14, 1947, S. 5–22 (jetzt in: Kurzweil, E. und Phillips, W. Hrsg., Literature and Psychoanalysis. New York: Columbia University Press, 1983, S. 85–100).

Barthes, R. (1967). Système de la mode. Paris: Editions du Seuil (deutsch: Die Sprache der Mode. Übersetzt von H. Brühmann. Frankfurt a. M.: Suhrkamp, 1987).

Bateson, G. (1948). Some Systematic Approaches to the Study of Culture and Personality. In: Haring, D. G., Hrsg. (1948) Personal Character and Cultural Milieu. Syracuse: Syracuse University Press (Third revised edition 1956), S. 131–136.

Bateson, G. und Mead, M. (1948). Balinese Character. A Photographic Analysis. New York: Academy of Sciences.

Baudrillard, J. (1971). Le corps ou le charnier des signes. Topiques, 3, 6, 1971, S. 75–107.

Baumeyer, F. (1971). Zur Geschichte der Psychoanalyse in Deutschland. 60 Jahre Deutsche Psychoanalytische Gesellschaft. Zur Psychosomatischen Med. Psychoanalyse, 17, 1971, S. 203–240.

Bekanntmachungen (1976). Deutsches Ärzteblatt. Information, 6, September-Oktober 1976, S. 1634–1636.

Benedict, R. (1934). Patterns of Culture. Boston: Houghton Mifflin (deutsch: Urformen der Kultur. Übersetzt von Richard Salzner. Reinbek b. Hamburg: Rowohlt, 1955).

Beres, D. (1971). Character Formation. Psychoanalytic Study of the Child, 26, 1971, S. 1–9 (zitiert nach Glover, E., The Neurotic Character. British Journal of Medical Psychology, 5, 1925, Teil 4).

Berger, P. (1963). Invitation to Sociology. New York: Doubleday (deutsch: Einladung zur Soziologie. Olten und Freiburg i. Br.: Walter, 1969).

– (1981). Sociology Reinterpreted. New York: Doubleday/Anchor.

Bergler, E. (1934). The Psychoanalysis of the Uncanny. International Journal of Psychoanalysis, 15, 1934, 2–3, S. 215–244.

– (1951). The Mirror of Self-Knowledge. In: Wilbur, G. und Muensterberger, W. Hrsg., Psychoanalysis and Culture: Essays in Honor of Géza Rèheim. New York: International Universities Press, S. 319–326.

Bergman, A. und Ellman, S. (1985). Symbiosis and Separation-Individuation. In: Reppen, J. Hrsg., Beyond Freud: A Study of Modern Psychoanalytic Theorists. New York: Analytic Press, S. 231–256.

Bergmann, M. S. (1987). The Anatomy of Loving. New York: Columbia University Press.

Bernfeld, S. (1925). Sisyphos oder die Grenzen der Erziehung. Frankfurt a. M.: Suhrkamp, 1967 (1973, 1985).

– (1930). „Neuer Geist" contra „Nihilismus". Die Psychologie und ihr Publikum. In Die psychoanalytische Bewegung, 2, 1930, S. 173–186; abgedruckt in: ders., Autoritäre Erziehung und Psychoanalyse. Ausgewählte Schriften. Hrsg. von Werder, L. und Wolff, R., Frankfurt a. M. 1969, Band 2, S. 541–555.

– (1931). Trieb und Tradition im Jugendalter. Kulturpsychologische Studien an Tagebüchern. Leipzig: J. A. Barth (Beihefte zur Zeitschrift für angewandte Psychologie, Nr. 54).

– (1935). Über die einfache männliche Pubertät. Zeitschrift für psychoanalytische Pädagogik, 9, 1935, S. 360–379. Abgedruckt in ders., Autoritäre Erziehung und Psychoanalyse. Ausgewählte

Schriften. Hrsg. von Werder, L. und Wolff, R., Frankfurt a. M. 1969, Band 2, S. 630–648.

– (1962). Über die psychoanalytische Ausbildung. Psyche 38, 1984, S. 437–459.

Bernfeld, S. und Cassirer, S. (1973). Freuds Early Childhood. In: Ruitenbeck, H. M., Hrsg., Freud as We Knew Him. Detroit: Wayne State University Press (deutsch: Freuds frühe Kindheit. In: Bernfeld, S. und Cassirer Bernfeld S., Bausteine der Freud-Biographik. Eingeleitet, herausgegeben und übersetzt von Ilse Grubrich-Simitis. Frankfurt a. M.: Suhrkamp, 1981, S. 78–92.

Bernheim, H. (1884). De la suggestion dans l'état hypnotique et dans l'état de veille. Paris: Doin.

Bernheimer, C. und Kahane, C. Hrsg.(1985). In Dora's Case: Freud-Hysteria-Feminism. New York: Columbia University Press.

Bettelheim, B. (1983). Freud and Man's Soul. New York: Knopf. (deutsch: Freud und die Seele des Menschen. Übersetzt von Karin Graf. Düsseldorf: Claassen, 1984).

Bion, W. R. (1970). Attention and Interpretation: A Scientific Approach to Insight in Psychoanalysis and Groups. London: Tavistock.

Bloch, E. (1959). Das Prinzip Hoffnung. Frankfurt: Suhrkamp, 2 Bände.

Bloom, H. (1986). Freud, The Greatest Modern Writer. New York Times, 26. Januar 1986, S. 1, 26, 27.

– (1987. The Strong Light of the Canonical. Kafka, Freud, Scholem as Revisionists of Jewish Culture. New York (deutsch: Kafka, Freud, Scholem. Übersetzt von Angelika Schweikhardt. Frankfurt a. M.: Stroemfeld/Roter Stern, 1990; Zu Freud: S. 31–58).

Blos, P. (1962). On Adolescence. A Psychoanalytic Interpretation. New York: Free Press (deutsch: Adoleszenz. Eine psychoanalytische Interpretation. Übersetzt von Gertrude Kassner. Stuttgart: Klett, 1973).

– (1979). The Adolescent Passage. Developmental Issues. New York: International Universities Press.

Bollas, C. (1987). The Shadow of the Object: Psychoanalysis of the Unthought Known. New York: Columbia University Press.

Bonaparte, M. (1934). Edgar Poe. Eine Psychoanalytische Studie. Autorisierte Übersetzung aus dem Französischen von Fritz Lehner. Wien: Int. Psa. Verlag 3 Bände.

– (1941). Poe and the Function of Literature. Psychoanalytic Quarterly, 10, 1941, S. 116–130.

de Boor, C. Hrsg. (1974). Jahresbericht. Sigmund-Freud-Institut.

– Hrsg. (1975). Jahresbericht. Sigmund-Freud-Institut.

– Hrsg. (1976). Jahresbericht. Sigmund-Freud-Institut.

– (1977). Information 7. Frankfurt a. M.: Sigmund-Freud-Institut.

– (1981). Begrüssung. Psychoanalyse und Justiz. Protokolle einer Konferenz im Sigmund-Freud-Institut. 4.-5. Dezember 1981.

– (1982). Soziotherapie mit Delinquenten. Typoskript.

Borchers, H. (1987). Freud und die amerikanische Literatur (1920–1940: Zur Rezeption der Psychoanalyse in den literarischen Zeitschriften und den Werken von Conrad Aiken, Ludwig Lewisohn und Floyd Dell. München: W. Fink.

Bowlby, J. (1960). Grief and Mourning in Early Infancy. Psychoanalytic Study of the Child, 15, 1960, S. 9–52.

– (1969). Attachment and Loss. New York: Basic Books, 1980, Vol. I: Attachment (deutsch: Bindung. Eine Analyse der Mutter-Kind-Beziehung. Übersetzt von Gertrud Mander. München: Kindler, 1975).

– (1970). Treatment or Diagnosis. London: Tavistock.

– (1979). Psychoanalysis as Art and Science. International Review of Psychoanalysis, 6, 1969, S. 3–14.

Brainin, E. und Kaminer, I. (1982). Psychoanalyse und Nationalsozialismus. Psyche 36, 1982, 11, S. 989–1012.

Brauns, H. D. (1981). Die Rezeption der Psychoanalyse in der Soziologie. In Cremerius, J. Hrsg., Die Rezeption der Psychoanalyse in der Soziologie, Psychologie und Theologie im deutschsprachigen Raum bis 1940. Frankfurt a. M.: Suhrkamp, S. 31–133.

Bräutigam, W. (1984). Rückblick auf das Jahr 1942. Betrachtungen eines psychoanalytischen Ausbildungskandidaten des Berliner Instituts der Kriegsjahre. Psyche 38, 1984, 10, S. 905–914.

Brecht, K., Friedrich, V., Hermanns, L. M., Kaminer, I. J. und Jülich, D. H., Hrsg. (1985). Hier geht das Leben auf eine sehr merkwürdige Weise weiter... Zur Geschichte der Psychoanalyse in Deutschland. Hamburg: M. Kellner, S. 110–115.

Brede, K. (1972). Sozioanalyse psychosomatischer Störungen. Zum Verhältnis von Soziologie und psychosomatischer Medizin. Frankfurt a. M.: Athenäum.

– Hrsg. (1974). Einführung in die psychosomatische Medizin. Klinische und theoretische Beiträge. Frankfurt a. M.: Athenäum Fischer.

– (1986). Individuum und Arbeit. Ebenen ihrer Vergesellschaftung. Frankfurt a. M.: Campus.

Brede, K., Fehlhaber, H., Lohmann, H.-M., Michaelis, D. und Zeul, M., Hrsg. (1987). Befreiung zum Widerstand. Aufsätze über Feminismus, Psychoanalyse und Politik. Margarete Mitscherlich zum 70. Geburtstag. Frankfurt a. M.: S. Fischer.

Breger, L. (1981). Freud's Unfinished Journey. London: Routledge and Kegan Paul.

Brenner, Ch. (1974). On the Nature and Development of Affects. A Unified Theory. Psychoanalytic Quarterly 43, 1974, S. 532–556.

Bril, J. (1983). Le masque ou le père ambigu. Paris: Payot.

Brill, A. A. Hrsg. (1938). The Basic Writings of Sigmund Freud. New York: Random House, Modern Library.

Brodthage,, H. und Hoffmann, S. O. (1981). Die Rezeption der Psychoanalyse in der Psychologie. In Cremerius, J., Hrsg., Die Rezeption der Psychoanalyse in der Soziologie, Psychologie und Theologie im deutschsprachigen Raum bis 1940. Frankfurt a. M.: Suhrkamp, S. 135–253.

Bromberg, N. (1960). Totalitarian Ideology as a Defense Technique. In Muensterberger, W. und Axelrod, S., Hrsg., The Psychoanalytic Study of Society. New York: International Universities Press.

Brome, V. (1978). Jung: Man and Myth. New York, Atheneum.

Brooks, P. (1987). The Idea of Psychoanalytic Literary Criticism. Critical Inquiry 13, 1987, 2, S. 334–348.

Bulletin of the International Psycho-Analytical Association. International Journal of Psychoanalysis 15, 1934, S. 486; 30, 1949, S. 178–208; 57, 1976, S. 181–256; 63, 1982, S. 102–136.

Bychowski, G. (1948). Dictators and Disciples. New York: International Universities Press.

Cabestan, P. (1982). Freud et les communistes. Cahiers Confrontation 7, 1982, S. 171–179.

Carotenuto, A. (1980). Diario di una segreta simmetria – Sabina Spielrein tra Jung e Freud. Roma: Casa Editrice Astrolabio – Ubaldini Editore (deutsch in: Spielrein, S., Tagebuch einer heimlichen Symmetrie. Sabina Spielrein zwischen Jung und Freud. Hrsg. Carotenuto, A.; Vorwort v. Cremerius, J.. Freiburg: Kore, 1986, S. 255–342.

Carsky, M. und Elman, S. (1985). Otto Kernberg: Psychoanalysis and Object Relations Theory: The Beginnings of an Integrative Approach. In Reppen, J., Hrsg., Beyond Freud. A Study of Modern Psychoanalytic Theorists. Hillsdale, N. J.: Analytic Press, S. 257–296.

Caruso, I. (1980). Dokumentation. Herbst 1979–1980, S. 1.

Carz Hummel (1987). Gen Italien! Jugend und Reifung im „Taugenichts". Psyche 41, 1987, 2, S. 148–172.

Castel, R. (1973). Le psychanalysme. L'ordre psychanalytique et le pouvoir. Paris: Maspéro (Taschenbuchausgabe: Union générale d'éditions, 10/18, 1976; deutsch: Psychoanalyse und gesellschaftliche Macht. Frankfurt a. M.: Athenäum, 1976).

– (1980). Le phénomène 'psy' et la société française. Le Débat, 1980, 1, S. 27–38.

Castel, F., Castel, R. und Lovell, A. (1979). La société psychiatrique avancée. Le modèle américain. Paris: Editions Grasset et Fasquelle (deutsch: Psychiatrisierung des Alltags: Produktion und Vermarktung. Übersetzt von Christa Schulz. Frankfurt a. M.: Suhrkamp, 1982).

Castoriadis-Aulagnier, P. (1981). La violence de l'interprétation. Paris: Presses universitaires de France.

Castroce-Loray, A. (1973). Rapport avec le public et politiques de gestion des caisses d'allocation familiale. Paris: Université de Paris et Caisses nationale des allocations familiales.

Chabot, C. B. (1982). Freud on Schreber: Psychoanalytic Theory and the Critical Act. Amherst: University of Massachusetts Press.

Chasseguet-Smirgel, J., Hrsg. (1964). La sexualité féminine. Paris: Payot (deutsch: Psychoanalyse der weiblichen Sexualität. Übersetzt von Grete Osterwald. Frankfurt a. M.: Suhrkamp, 1974).

– (1974). Les chemins de l'anti-oedipe. Paris: Privat (deutsch: Wege des Anti-Ödipus. Berlin/Frankfurt a. M./Wien: Ullstein).

– (1974). L'Idéal du Moi. Essai psychanalytique sur la „maladie d'idéalité". Paris: Tchou (deutsch: Das Ichideal. Psychoanalytischer Essay über die „Krankheit der Idealität". Übersetzt von Jeannette Friedeberg. Frankfurt a. M.: Suhrkamp, 1981).

– (1981). Une première introduction de la psychanalyse en France et sa difficulté. Revue Française de Psychanalyse, 45, 1981, S. 1383–1387.

– (1984). Creativity and Perversion. Foreword by Otto Kernberg (deutsch: Kreativität und Perversion. Übersetzt von Norbert Geldner. Frankfurt a. M.: Nexus, 1986).

– (1986). Sexuality and Mind. The Role of the Father and the Mother in the Psyche. New York: New York University Press.

– (1987). Une tentative de solution perverse chez une femme et son échec. Vortrag auf dem IPA-Kongreß im Juli 1987.

Chodorov, N. (1978). The Reproduction of Mothering: Psychoanalysis and the Sociology of Gender. Berkeley: University of California Press (deutsch: Das Erbe der Mütter. Psychoanalyse und Soziologie der Ge-schlechter. Übersetzt von Gitta Mühlen-Acks. München: Verlag Frauenoffensive, 1985).

Cixous, H. (1975). Demystifications. In: New French Feminisms. Amherst: University of Massachusetts Press, 1980, S. 90–98.

Cixous, H. und Clément, C. Hrsg. (1986). The Newly Born Woman. Minnneapolis: University of Minnesota Press.

Clark, R. (1979). Freud: The Man and the Cause. London: Jonathan Cape und Weidenfeld & Nicolson (deutsch: Sigmund Freud. Übersetzt von Joachim A. Frank. Frankfurt a. M.: S. Fischer, 1981).

Clément, C. (1978). Les fils de Freud sont fatigués. Paris: Grasset et Fasquelle (englisch: The Weary Sons of Freud. New York: Verso, 1978).

– (1981). Vies et légendes de Jacques Lacan. Paris: Grasset & Fasquelle [nouvelle édition augmentée et corrigée, Paris: Grasset (Le livre de Poche/biblio essais), 1985].

Cocks, G. C. (1985) Psychotherapy in the Third Reich: The Göring Institut. New York: Oxford University Press.

Coleman, E. (1985). From „Dear Lou" to Code Name „Mary": A Glorious Tradition. Vortrag zu einer Konferenz der Freud-Gesellschaft.

Condrau, G., Hrsg. (1979). Die Psychologie des 20. Jahrhunderts. Zürich: Kindler, Band XV: Transzendenz, Imagination, Kreativität.

Coser, L. (1974). Greedy Institutions: Patterns of Undivided Commitment. New York: Free Press.

– (1984). Refugee Scholars in America. Their Impact and their Experiences. New Haven: Yale University Press.

Cournut, J. (1979). Eclaircissements succincts à l'intention de ceux et celles qui pensent que les fils de Freud sont fatigués. Les temps modernes 34, 1979, 392, S. 1440–1452.

Cremerius, J. (1979). Robert Musil. Das Dilemma eines Schriftstellers vom Typus „poeta doctus" nach Freud. Psyche 33, 1979, S. 733–772.

– (1981a). Die Präsenz des Dritten in der Psychoanalyse. Zur Problematik der Fremdfinanzierung. Psyche 35, 1981, S. 1–41.

– Hrsg. (1981b). Die Rezeption der Psychoanalyse in der Soziologie, Psychologie und Theologie im deutschsprachigen Raum bis 1940. Frankfurt a. M.: Suhrkamp 1981.

– (1982). Die Bedeutung des Dissidenten für die Psychoanalyse. Psyche 36, 1982, S. 481–514.

– (1987). Der Einfluß der Psychoanalyse auf die deutschsprachige Literatur. Psyche 41, 1987, S. 39–54.

Cremerius, J., Hoffmann, S. O. und Trimborn, W. (1979). Psychoanalyse, Über-Ich und soziale Schicht. Die psychoanalytische Behandlung der Reichen, der Mächtigen und der sozial Schwachen. München: Kindler.

Cremerius, J., Mauser, W., Pietzker, C. und Wyatt, F., Hrsg. (1981). Freiburger literaturpsychologische Gspräche 1. Frankfurt a. M. : Peter Lang.

Crews, F. (1985). The Future of an Illusion. New Republic, 21. Januar, S. 28–33.

Cuddihy, J. M. (1974). The Ordeal of Civility: Freud, Marx, Lévi-Strauss, and the Jewish Struggle with Modernity. New York: Basic Books.

Curtius, M. (1984). Erotische Phantasien bei Thomas Mann. Königstein: Athenäum.

Dahmer, H. (1973). Libido und Gesellschaft. Studien überFreud und die Freudsche Linke. Frankfurt a. M.: Suhrkamp [zweite, erweiterte Auflage 1982].

Dahmer, H. Leithäuser, J., Lorenzer,. A., Horn, K., Sonnemann, U., (1973). Das Elend der Psychoanalyse-Kritik. Frankfurt: Athenäum.

Dalsimir, K. (1986). Female Adolescence: Psychoanalytic Reflections on Literature. New Haven: Yale University Press.

Dalton, E. (1978). Myshkin's Epilepsy. Partisan Review 45, 1978, S. 595–610 (jetzt in: Kurzweil, E. und Phillips, W., Hrsg., Literature and Psychoanalysis. New York: Columbia University Press, 1983, S. 175–188).

Daws, D. und Boston, M., Hrsg. (1977). The Child Psychotherapist and Problems of Young People. London: Wildwood House.

Decker, H. S. (1977). Freud in Germany. Revolution and Reaction in Science 1893–1907. New York: International University Press.

Deleuze, G. (1969). The Schizophrenic and Language: Surface and Depth in Lewis Carroll and Antonin Artaud. In: Harari, J. V., Hrsg., Textual Strategies. Ithaca: Cornell University Press, 1979, S. 277–295 (jetzt in: Kurzweil, E. und Phillips, W., Hrsg., Literature and psychoanalyis. New York: Columbia University Press, 1983, S 324–339) [Auszug aus: Deleuze, G., Logique du sens. Paris: Minuit, 1969].

Deleuze, G. und Guattari, F. (1972). L'Anti-Oedipe. Capitalisme et Schizophrénie I. Paris: Editions de Minuit [nouvelle édition augmentée 1980] (deutsch: Anti-Ödipus. Kapitalismus und Schizophrenie I. Übersetzt von Bernd Schwibs. Frankfurt a. M.: Suhrkamp 1974.

Deleuze, G. und Parnet, C. (1978) Dialogues (deutsch: Dialoge. Übersetzt von Bernd Schwibs. Frankfurt a. M.: Suhrkamp, 1980.

Derrida, J. (1967a). De la Grammatologie. Paris: Editions des Minuit (deutsch: Grammatologie. Übersetzt von Hans Jörg Rheinberger und Hanns Zischler. Frankfurt a. M.: Suhrkamp 1974).

– (1967b). L'écriture et la différence. Paris: Editions du Seuil (deutsch: Die Schrift und die Differenz. Übersetzt von Rodolphe Gasché und Ulrich Köppen. Frankfurt a. M. : Suhrkamp, 1972).

Dettmering, P. (1979). Psychologisch und psychoanalytisch beeinflußte Interpretationen in der Literaturwissenschaft. In: Condrau, G., Hrsg., Psychologie des 20. Jahrhunderts. Zürich: Kindler, Band XV, S. 868–875.

– (1981). Psychoanalyse als Instrument der Literaturwissenschaft. Frankfurt a. M.: Fachbuchhandlung für Psychologie.

– (1983). Literatur als Selbstbefreiungsversuch. Fragmente. Schriftenreihe zur Psychoanalyse, 7–8, 1983, S. 15–39.

– (1984). Literatur, Psychoanalyse, Film. Stuttgart: Frommann-Holzboog.

Deutsch, F. (1922). Über die Bildung des Konversionssymptoms. Int. Zeitschrift für Psychoanalyse 8, S. 480–482.

– (1924). Zur Bildung des Konversionssymptoms. Int. Zeitschrift für Psychoanalyse 10, 1924, S. 380–392.

Deutsch, H. (1944–1945). The Psychology of Women. A Psychoanalytic Interpretation. New York: Grune & Strutton, 2 Bände, Band 1: Girlhood (1945); Band 2 Motherhood (1945); Neudruck: New York: Bantam, 1973 (deutsch: Psychologie der Frau. Bern: Huber, Band 1: 1948; Band 2: 1952).

Devereux, G. (1951). The Primal Scene and Juvenile Heterosexuality in Mohave Society. In: Wilbur, G. B. und Muensterberger, W., Hrsg., Psychoanalysis and Culture: Essays in Honor of Géza Róheim. New York: International Universities Press.

Diatkine, R. (1985). La psychanalyse devant l'autisme infantile précoce. Topique 35–36, 1985, S. 25–46.

Dilman, I. (1984). Freud and the Mind. Oxford: Basil Blackwell.

Döhmann-Höh, G. Hrsg. (1981). Die neuen Narzißmustheorien: Zurück ins Paradies? Frankfurt a. M.: Syndikat.

Dolto, F. (1982). Séminaire de psychanalyse d'enfants. Paris: Editions du Seuil (deutsch: Praxis der Kinderanalyse. Ein Seminar. Übersetzt von Bettina Runge und Werner Damson. Stuttgart: Klett-Cotta, 1984).

– (1984). L'image inconsciente du corps. Paris: Editions du Seuil (deutsch: Das unbewußte Bild des Körpers. Übersetzt von Elisabeth Widmer. Weinheim: Quadriga, 1987).

Doolittle, H. (1956). Tribute to Freud. New York: New Directions (deutsch: Huldigung an Freud. Rückblick auf eine Analyse. Mit den Briefen von S. Freud an H. D. Übersetzt und mit Einleitung von M. Schröter. Frankfurt-Berlin-Wien: Ullstein, 1976).

Douglas, M. (1982). The Active Voice. London: Routledge & Kegan Paul.

Dräger, K. (1971). Bemerkungen zu den Zeitumständen und zum Schicksal der Psychoanalyse und der Psychotherapie in Deutschland zwischen 1933 und 1949. Psyche 25, 1971, S. 255–268.

Dührssen, A. (1962). Katamnestische Ergebnisse bei 1004 Patienten nach analytischer Psychotherapie. Zeitschrift für psychosomatische Medizin 8, 1961, S. 94–113.

Dunbar, F. (1943). Psychosomatic Diagnosis. New York: Höber.

Eagle, M. N. (1984). Recent Developments in Psychoanalysis. A Critical Evaluation. New York: McGraw-Hill (deutsch: Neue Entwicklungen in der Psychoanalyse. Eine kritische Würdigung. Aus dem Amerikanischen von Hilde Weller. München: Verlag Internationale Psychoanalyse, 1988).

Eck, C. D. (1979). Psychoanalytiker deuten Werke der Literatur. In Condrau, G. Hrsg. (1979) Die Psychologie des 20. Jahrhunderts. Zürich: Kindler, Band XV, S. 851–867.

Eckardt, B. v. (1985). Adolf Grünbaum: Psychoanalytic Epistemology. In: Reppen, J., Hrsg. (1985) Beyond Freud, S. 353–353.

Eckstaedt, A. und Klüwer, R., Hrsg. (1982). Zeit allein heilt keine Wunden. Psychoanalytische Erstgespräche mit Kindern und Eltern. Frankfurt a. M. : Suhrkamp.

Ehebald, U. (1977). Überlegungen eines Psychoanalytikers zu den Problemen der Durchführung psychoanalytischer Behandlung in der kassenärztlichen Versorgung. Referat auf der DPV-Tagung, Köln, Oktober 1977.

– (1978). Der Psychoanalytiker und das Geld – oder die Ideologie vom persönlichen finanziellen Opfer des Patienten. In Drews, S., et al., Provokation und Toleranz. Festschrift für Alexander Mitscherlich zum siebzigsten Geburtstag. Frankfurt a. M.: Suhrkamp, 1978, S. 361–386.

Eigen, M. (1985). Toward Bion's Starting Point: Between Catastrophe and Faith. International Journal of Psychoanalysis 66, 1985, S. 321–330.

Eissler, K. R. (1958). Goethe and Science: A Contribution to the Psychology of Goethe's Psychosis. In Muensterberger, W. und Axelrod, S., Psychoanalysis and the Social Sciences. New York: International Universities Press.

– (1963a). Notes on the Psychoanalytic Concept of Cure. Psychoanalytic Study of the Child 18, 1963, S. 424–463.

– R. (1963b). Goethe. A Psychoanalytic Study 1775–1786. Detroit: Wayne State University (deutsch: Goethe. Eine psychoanalytische Studie 1775–1786. In Verbindung mit W. Mauser und J. Cremerius hrsg. v. R. Scholz. Übersetzt von Rüdiger Scholz. Frankfurt a. M. /Basel: Stroemfeld/Roter Stern, 2 Bde., 1983 und 1985).

– (1965). Medical Orthodoxy and the Future of Psychoanalysis. New York: International Universities Press.

– (1971). Discourse on Hamlet and „Hamlet". A Psychoanalytic Inquiry. New York: International Universities Press.

– (1974). On some theoretical and technical problems regarding the payment of fees for psychoanalytic treatment. International Journal of Psychoanalysis I, 1974, S. 73–101.

– (1986). Moses' Flüche am Berg Ebal. Psyche 40, 1986, S. 1–20.

Eissler, K. R., Freud., S., Goeppert, S. und Schröter, K. (1974). Aus Freuds Sprachwelt und andere Beiträge. Jahrbuch der Psychoanalyse. Beiheft 2. Bern: Huber.

Eissler, R. S, Freud, A., Kris, M. und Solnit A. J., Hrsg. (1977). Physical Illness and Handicap in Childhood. An Anthology of The Psychoanalytic Study of the Child. New Haven & London: Yale University Press.

Ellenberger, H. (1970). The Discovery of the Unconscious. The History and Evolution of Dynamic Psychiatry. New York: Basic Books (deutsch: Die Entdeckung des Unbewußten. Geschichte und Entwicklung der dynamischen Psychiatrie von den Anfängen bis zu Janet, Freud, Adler und Jung. Übersetzt von Gudrun Theusner-Stampa. Bern:Huber, 1973, 2 Bde.; vom Autor durchgesehene und revidierte Taschenbuchausgabe [in einem Band] Zürich: Diogenes, 1985).

Ellman, R. (1984). Freud and Literary Biography. American Scholar, Herbst 1984, S. 465–478 [Vortrag am All Souls College, Oxford, 1984; abgedruckt in: Ellman, R., a long the riverrun. Selected Essays. London: Hamish Hamilton, 1988, S. 256–270].

Elrod, N., Heinz, R. und Dahmer, H. (1978). Der Wolf im Schafspelz. Erikson, die Ich-Psychologie und das Anpassungsproblem. Frankfurt a. M.: Campus.

Endleman, R. (1981). Psyche and Society. New York: Columbia University Press.

Engel, G. L. und Schmale, A. H. jr. (1966). Psychoanalytic Theory of Somatic Disorder. Journal of the American Psychoanalytic Association 15, 1966, 2, S. 344–365.

Engelhardt, K. (1976). Psychoanalyse der strafenden Gesellschaft. Frankfurt a. M.: Haag & Herchen.

Eppensteiner, B., Fallend, K. und Reichmayr, J. (1987). Die Psychoanalyse im Film 1925/26 (Berlin/Wien). Psyche 41, S. 129–139.

Erdheim, M. (1982). Die gesellschaftliche Produktion von Unbewußtheit. Eine Einführung in den ethnopsychoanalytischen Prozeß. Frankfurt a. M.: Suhrkamp, 1982.

Erikson, E. H. (1950). Childhood and Society. New York: Norton (deutsch: Kindheit und Gesellschaft. Übersetzt von Marianne v. Eckardt-Jaffé. Stuttgart: Klett, ³1968).

– (1958). Young Man Luther. A Study in Psychoanalysis and History. New York: Norton (deutsch: Der junge Mann Luther. Eine psychoanalytische und historische Studie. Übersetzt von Johanna Schiche. Frankfurt a. M.: Suhrkamp, 1975).

– (1964). Insight and Responsibility. Lectures on the Ethical Implications of Psychoanalytic Insight. New York: Norton (Deutsch: Einsicht und Verantwortung. Die Rolle des Ethischen in der Psychoanalyse. Übersetzt von M. v. Eckardt-Jaffé. Stuttgart: Klett, 1966).– (1968). Identity, Youth and Crisis. New York: Norton (deutsch: Jugend und Krise. Die Psychodynamik im sozialen Wandel. Übersetzt von M. v. Eckardt-Jaffé. Stuttgart: Klett, 1970).

– (1969). Gandhi's Truth. On the Origins of Militant Nonviolence. New York: Norton (deutsch: Gandhis Wahrheit. Über die Ursprünge der militanten Gewaltlosigkeit. Übersetzt von Jürgen Behrens. Frankfurt a. M.: Suhrkamp, 1978).

Erikson, E. H. (1985). The First Psychoanalyst. Yale Review 75, 1985, 1, S. 63–85.

Ey, H. (1966). L'Inconscient. Paris: Desclée de Brouwer.

Faimberg, H. (1977). The Snark was a Boojum. International Review of Psychoanalysis 4, 1977, 2, S. 243–249.

Fairbairn, W. R. D. (1954). An Object Relations Theory of the Personality. New York: Basic Books.

Feigenbaum, D. Hrsg. (1930). Character Diseases and the Neuroses. New York: Medical Review of Reviews, März.

Felman, S. (1977). To Open the Question. Yale French Studies 55–56: Literature and Psychoanalysis. The Question of Reading: Otherwise.

- (1987). Lacques Lacan and the Adventure of Insight. Psychoanalysis in Contemporary Culture. Cambridge, Mass.: Harvard University Press.

Ferenczi, S. (1908). Psychoanalyse und Pädagogik. In ders., Schriften. Hrsg. Balint, M. Frankfurt a. M.: S. Fischer, 1970, Band 1, S. 1–11.

- (1919). Zur Psychoanalyse der Kriegsneurosen. Mit Beiträgen von Freud, Ferenczi, Abraham, E. Simmel und Jones. Wien: Int. Psa. Verlag.– (1932). Sprachverwirrung zwischen den Erwachsenen und dem Kind. Die Sprache der Zärtlichkeit und der Leidenschaft. In ders., Schriften. Hrsg. Balint, M. Frankfurt a. M.:S. Fischer, 1972, Band 2, S. 303–313.

- (1955). Final Contributions to the Problems and Methods of Psychoanalysis. London: Hogarth Press; New York: Basic Books, 1955.

Fetscher, I. (1983). Alexander Mitscherlich – Zur Pathologie der bundesdeutschen Gesellschaft. Psyche 37, 1983, 4, S. 298–310.

Fine, R. (1979). A History of Psychoanalysis. New York: Columbia University Press.

- (1987). The Forgotten Man. Understanding the Male Psyche. New York: Harrington Park Press (deutsch: Der vergessene Mann. Männliche Psyche und Sexualität aus psychoanalytischer Sicht. Übersetzt von Brigitte Stein. München: Psychologie Verlags Union, 1990).

Fischer, P. (1986). Familienauftritte. Goethes Phantasiewelt und die Konstruktion des Werther-Romans. Psyche 40, 1986, 6, S. 527–556.

Fish, S. (1986). Withholding the Missing Portion. Power, Meaning and Persuasion in Freud's „The Wolf-Man". Times Literary Supplement, 29. August 1986, S. 935–938.

Fisher, C., (1965). Psychoanalytic Implications of Recent Research on Sleep and Dreaming. American Journal of Psychoanalysis 13, 1965, S. 197–270.

Fisher, D. J. (1976). Sigmund Freud and Romain Rolland. The Terrestrial Animal and his Great Oceanic Friend. American Imago 33, S. 1–59.

- (1982). Rereading Freud's „Civilization and its Discontents". In La Capra, C. und Kaplan, S. L. Hrsg., Modern European Intellectual History. Ithaca: Cornell University Press.

- (1982–1983). Lacan's Ambigous Impact on Contemporary French Psychoanalysis. CFC 6, S. 89–114.

Flader, D., Grodzicki, W.-D. und Schröter, K., Hrsg. (1982). Psychoanalyse als Gespräch. Interaktionsanalytische Untersuchungen über Therapie und Supervision. Frankfurt a. M.: Suhrkamp.

Flournoy, O. (1980). Sigmund Freud-Melanie Klein. Une querelle dépassée. Revue Française de Psychanalyse, 44, 1980, 5–6, S. 912–916.

Fogel, G. I., Lane, F. M. und Liebert, R. S., Hrsg. (1986). The Psychology of Men. New Perspectives. New York: Basic Books.

Fornari, F., Fontori, C. und Crugnola, C. R. (1985). Psicanalisi in ospedale. Milano: Raffaelle Cortina.

Forrester, J. (1980). Language and the Origins of Psychoanalysis. New York: Columbia University Press.

Foucault, M. (1961). Histoire de la folie à l' âge classique. Paris: Plon (deutsch [gekürzt]: Wahnsinn und Gesellschaft. Eine Geschichte des Wahns im Zeitalter der Vernunft. Übersetzt von Ulrich Köppen. Frankfurt a. M.: Suhrkamp, 1969).

– (1973). Moi, Pierre Rivière, ayant égorgé ma mère, ma sœur et mon frère... Paris: Gallimard/Juillard (deutsch: Der Fall Rivière, hrsg. v. Michel Foucault. Materialien zum Verhältnis von Psychiatrie und Strafjustiz. Übersetzt von Wolf Heinrich Leube. Frankfurt a. M.: Suhrkamp, 1975).

– (1976). Histoire de la sexualité 1: La volonté de savoir. Paris: Gallimard (deutsch: Sexualität und Wahrheit 1: Der Wille zum Wissen. Übersetzt von Ulrich Raulff und Walter Seitter. Frankfurt a. M.: Suhrkamp, 1977).

Fraiberg, L. Hrsg. (1987). The Selected Writings of Selma Fraiberg. Columbus: Ohio State University Press.

Freud, A. (1936). Das Ich und die Abwehrmechanismen. In: Die Schriften der Anna Freud. München: Kindler, 1980, Band I, S. 193–355.

– (1950). Probleme der Lehranalyse. In: Wulff, M., Hrsg., Max Eitingon in Memoriam. Jerusalem: Israel Psycho-Analytical Society (jetzt in: Die Schriften der Anna Freud. München: Kindler, 1980, Band V, S. 1397–1410).

– (1960). Discussion of Dr. John Bowlby's Paper: Grief and Mourning in Infancy and Early Childhood. Psychoanalytic Study of the Child 15, 1960, S. 53–62 (Die Schriften der Anna Freud, Band VI).

– (1977). The Role of Bodily Illness in the Mental Life of Children. In: Eissler, R. S., Freud, A., Kris und Solnit, A., Hrsg., An Anthology of the Psychoanalytic Study of the Child. New Haven, Yale University Press (= Die Rolle der körperlichen Krankheit im Seelenleben des Kindes [1952]. in: Die Schriften der Anna Freud. München: Kindler, 1980, Band IV, S. 1257–1274).– (1980). Child Analysis and the Study of Mental

Growth. In Greenspan, S. I. und Pollock, G. H., Hrsg., The Course of Life. Psychoanalytic Contributions toward Understanding Personality Development. Washington, D.C.: National Institute of Mental Health, Vol. 1, S. 1–10 (deutsch: Kinderanalyse als Untersuchung der psychischen Entwicklung: Normal und abnorm. In: Die Schriften der Anna Freud. München: Kindler, Band X, S. 2741–2757).

Freud, E. und Freud, L., Hrsg. (1960). Sigmund Freud. Briefe 1873–1939. Frankfurt a. M.: S. Fischer, 3., korrigierte Auflage 1980.

Freud, E. L. Hrsg. (1968). Sigmund Freud/Arnold Zweig. Briefwechsel. Frankfurt a. M.: S. Fischer, 3. Aufl. 1980.

Freud, E. L. und Meng, H., Hrsg. (1963). Sigmund Freud/Oskar Pfister. Briefe 1909–1939. Frankfurt a. M.: S. Fischer, 2. Aufl. 1980.

Freud, S. (1886f). Vorwort zur Übersetzung von Charcot, „Neue Vorlesungen über die Krankheiten der Nervensysteme". In Freud, S., The Standard Edition of the Complete Pychological Works. Edited and translated by J. Strachey. London: Hogarth Press, 24 Bände (fortan zitiert als Standard Ed.), Band 1, S. 19–22.

– (1988–89). Einführung zur Übersetzung von H. Bernheim, Die Suggestion und ihre Heilwirkung (übersetzt von O. v.Springer). Standard Ed., Band 1, S. 71–85.

– (1892–93). Ein Fall von hypnotischer Heilung nebst Bemerkungen über die Entstehung hysterischer Symptome durch den 'Gegenwillen'. In: ders., Gesammelte Werke. Chronologisch geordnet. Frankfurt a. M.: S. Fischer, 18 Bände und ein Nachtragsband; (fortan zitiert als G. W.), Band I, S. 1–17.

– (1893e). Les diplégies cérébrales infantiles. Revue neurologique, Bd. 1, (8), S. 177–183.

– (1893h). Über den psychischen Mechanismus hysterischer Symptome. In: ders., Studienausgabe [fortan zitiert als Stud.]. Frankfurt a. M.: S. Fischer, 1971, Band VI, S. 10–24.

– (1895) Entwurf einer Psychologie. In: Aus den Anfängen der Psychoanalyse. Briefe an Wilhelm Fließ. Abhandlungen und Notizen aus den Jahren 1887–1902. Frankfurt a. M.: S. Fischer, 1962; korrigierter Nachdruck 1975, S. 297–384.

– [mit J. Breuer] (1895d). Studien über Hysterie. Frankfurt a. M.: S. Fischer (Fischer Taschenbuch), 1970.

– (1896c). Zur Ätiologie der Hysterie. Stud., Bd. VI, S. 51–81.

– (1898a). Die Sexualität in der Ätiologie der Neurosen. Stud., Bd. V, S. 11–35.

– (1900a). Die Traumdeutung. Stud., Band II.

– (1901a). Über den Traum. G. W., Band II/II, S. 643–700.

- (1901b). Zur Psychopathologie des Alltagslebens. G. W., Band IV.
- (1905a). Über Psychotherapie. Stud., Ergänzungsband, S. 107–119.– (1905c). Der Witz und seine Beziehung zum Unbewußten. Stud., Band IV, S. 9–219.
- (1905d). Drei Abhandlungen zur Sexualtheorie. Stud., Band V, S. 37–145.
- (1905e). Bruchstück einer Hysterie-Analyse. Stud., Band VI, S. 83–186.
- (1907a). Der Wahn und die Träume in W. Jensens 'Gradiva'. Stud., Band X, S. 9–85.
- (1907b). Zwangshandlungen und Religionsübungen. Stud., Band VII, S. 11–21.
- (1908b). Charakter und Analerotik. Stud., Band VII, S. 23–30.
- Der Dichter und das Phantasieren. Stud., Band X, S. 169–179,
- (1909b). Analyse der Phobie eines fünfjährigen Knaben. Stud., Band VIII, S. 9–123.
- (1910a). Über Psychoanalyse. G. W., Band VIII, S. 3–60.
- (1910c). Eine Kindheitserinnerung des Leonardo da Vinci. Stud., Band X, S. 87–159.
- (1910d). Die zukünftigen Chancen der psychoanalytischen Therapie. Stud., Ergänzungsband, S. 121–132.
- (1910k). Über „wilde" Psychoanalyse. Stud., Ergänzungsband, S. 133–141.
- (1911c[1910]). Psychoanalytische Bemerkungen über einen autobiographisch beschriebenen Fall von Paranoia (Dementia paranoides). Stud., Band VII, S. 133–203.
- (1912b). Zur Dynamik der Übertragung. Stud., Ergänzungsband, S. 157–168.– (1912e). Ratschläge für den Arzt bei der psychoanalytischen Behandlung. Stud., Ergänzungsband, S. 169–180.
- (1912–13). Totem und Tabu. Stud., Band IX, S. 287–444.
- (1914b). Der Moses des Michelangelo. Stud., Band X, S. 195–222.
- (1914c). Zur Einführung des Narzißmus. Stud., Band III, S. 37–68.
- (1914d). Zur Geschichte der psychoanalytischen Bewegung. G. W., Band X, S. 44–113.
- (1914g). Weitere Ratschläge zur Technik der Psychoanalyse: II. Erinnern, Wiederholen und Durcharbeiten. Stud., Ergänzungsband, S. 205–215.

– (1915a). Weitere Ratschläge zur Technik der Psychoanalyse: III. Bemerkungen über die Übertragungsliebe. Stud., Ergänzungsband, S. 217–230.

– (1915b). Zeitgemäßes über Krieg und Tod. Stud. Band IX, S. 33–60.

– (1915c). Triebe und Triebschicksale. Stud., Band III, S. 75–102.

– (1915d). Die Verdrängung. Stud, Band III, S. 103–118.

– (1915e). Das Unbewußte. Stud., Band III, S. 119–173.

– (1916a). Vergänglichkeit. Stud., Band X, S. 223–227.

– (1916–17). Vorlesungen zur Einführung in die Psychoanalyse. Stud., Band I, S. 34–445.

– (1917e). Trauer und Melancholie. Stud., Band 3, S. 193–212.

– (1920g). Jenseits des Lustprinzips. Stud., Band III, S. 213–272.

– (1921c). Massenpsychologie und Ich-Analyse. Stud., Band 9, S. 61–134.

– (1923b). Das Ich und das Es. Stud., Band III, S. 273–330.

– (1925j). Einige psychische Folgen des anatomischen Geschlechtsunterschieds. Stud., Band V, S. 253–266.

– (1926d). Hemmung, Symptom und Angst. Stud., Band VI, S. 227–308.

– (1926e). Die Frage der Laienanalyse: Unterredungen mit einem Unparteiischen. Stud., Ergänzungsband, S. 271–349.

– (1927c). Die Zukunft einer Illusion. Stud., Band IX, S. 135–189.

– (1928b). Dostojewski und die Vatertötung. Stud., Band X, S. 267–286.

– (1930a). Das Unbehagen in der Kultur. Stud., Band IX, S. 191–270.

– S. (1930e). Ansprache im Frankfurter Goethe-Haus. Stud., Band X, S. 292–296.

– (1931b). Über die weibliche Sexualität. Stud., Band V, S. 273–292.

– (1933a). Neue Folge der Vorlesungen zur Einführung in die Psychoanalyse. Stud., Band I, S. 447–608.

– (1933b). Warum Krieg? Stud., Band IX, S. 271–286.

– (1936a). Brief an Romain Rolland: Eine Erinnerungsstörung auf der Akropolis. Stud., Band IV, S. 283293.– (1937c). Die endliche und die unendliche Analyse. Stud., Ergänzungsband, S. 351–392.

– (1939a). Der Mann Moses und die monotheistische Religion. Stud., Band IX, S. 455–581.

– (1941e[1926]). Ansprache an die Mitglieder des Vereins „B'nai B'rith". G. W., Band 17, S. 51–53.

- (1989). Jugendbriefe an Eduard Silberstein 1871–1881. Hrsg. v. Boehlich, W. Frankfurt a. M.: S. Fischer, 1989.

Freud, S. und Bullitt, W. C. (1938). Thomas Woodrow Wilson, Twenty-eighth President of the United States. A Psychological Study. Boston und London 1967.

Fromm, E. (1942). The Fear of Freedom. London: Routledge & Kegan Paul (deutsch: Die Furcht vor der Freiheit. Übersetzt von E. u. L. Mickel. Frankfurt a. M.: EVA, 1980) (Erich Fromm Gesamtausgabe, Stuttgart: DVA, 1980, Band I).

- (1956). The Sane Society. London: Routledge & Kegan Paul (deutsch: Wege aus der kranken Gesellschaft. Übersetzt von E. und L. Mickel. Erich Fromm Gesamtausgabe. Stuttgart: DVA, 1980, Band IV, S. 1–254).

- (1970). The Crisis of Psychoanalysis. Greenwich: Fawcett (deutsch: Analytische Sozialpsychologie und Gesellschaftstheorie. Übersetzt von R. u. R. Wiggershaus u. H. Weller. Frankfurt a. M.: Suhrkamp, 1970).

Füchtner, H. (1984). Traurige Psychotropen? Psyche 38, 1984, 7, S. 605–626.

Furer, M. (1967). Some developmental aspects of the superego. International Journal of Psychoanalysis 48, S. 277–280.

Furtos, J. und Roussillon, R. (1982). „L'Anti-Oedipe". Essai d'explication. Esprit 40, 418, S. 817–834.

Galenson, E. und Roiphe, H. (1976). Some Suggested Revisions concerning Early Female Development. Journal of the American Psychoanalytic Association 24, S. 193–212.

Gallop, J. (1982). Feminism and Psychoanalysis. The Daughter's Seduction Ithaca: Cornell University Press.

Gallop, J. (1987). Reading the Mother Tongue: Psychoanalytic Feminist Criticism. Critical Inquiry 13, 2, S. 314–329.

Gantheret, F. (1969). Freud et la question sociopolitique. Partisans 46, S. 9–16.

Gardiner, M. Hrsg. (1971). The Wolf-Man (With the Case of the Wolf Man by Sigmund Freud and Supplement by Ruth Mack Brunswick). New York: Basic Books (deutsch: Der Wolfsmann vom Wolfsmann. Sigmund Freuds berühmtester Fall. Erinnerungen, Berichte, Diagnosen. Mit der Krankengeschichte des Wolfsmannes von Sigmund Freud, dem Nachtrag von Ruth Mack Brunswick und einem Vorwort von Anna Freud. Herausgegeben, mit Anmerkungen, einer Einleitung und zusätzlichen Kapiteln versehen von Muriel Gardiner. Übersetzt von Gert H. Müller und Willi Köhler. Frankfurt a. M.: S. Fischer, 1972 [erweiterte und aktualisierte Ausgabe 1982]).

Garma, A. (1971). Within the Realm of the Death Instinct. International Journal of Psychoanalysis 65, 1971, S. 389–397.

Gay, P. (1978). Freud, Jews, and Other Germans. Masters and Victims in Modernist Culture. New York: Oxford University Press (deutsch: Freud, Juden und andere Deutsche. Herren und Opfer in der modernen Kultur. Übersetzt von Karl Berisch. Hamburg: Hoffmann & Campe, 1986).

– (1985). Freud for Historians. New York: Oxford University Press.

– (1987). A Godless Jew. Freud, Atheism, and the Making of Psychoanalysis. New Haven: Yale University Press (deutsch: „Ein gottloser Jude". Sigmund Freuds Atheismus und die Entwicklung der Psychoanalyse. Übersetzt von Karl Berisch. Frankfurt: S. Fischer, 1988).

– (1988). Freud. A Life for Our Time. New York: Norton (deutsch: Freud. Eine Biographie für unsere Zeit. Übersetzt von Joachim A. Frank. Frankfurt a. M.: S. Fischer, 1989).

Geertz, C. (1973). The Interpretation of Culture. New York: Basic Books.

Gelly, R. (1982). L'art de Michael Balint. Revue de Médevine Psychosomatique 24, S. 149–169.

Gendrot, J. A. (1968). Introduction au colloque sur analyse terminée, analyse interminable. Revue Française de Psychanalyse 32, S. 2.

George, F. (1979). Lacan ou l'effet 'yau de poêle. Les Temps Modernes 34, S. 1787–1894, 2038–2050.

George, F. (1980). L'Effet 'Yau de Poêle de Lacan et des Lacaniens. Paris: Hachette.

Gifford, S. (1985). Review of „Repression" or „Sea-change": Fenichels Rundbriefe and the „Political Analysts" of the 1930s. International Review of Psychoanalysis 66, S. 265–271.

Gill, M. M. (1982). Analysis of Transference. New York: International Universities Press; Vol. I: Theory and Technique.

Gill, M. M. und Hoffman, I. Z. (1982). Analysis of Transference. New York: International Universities Press; Vol. II: Studies of Nine Audio-Recorded Psychoanalytic Sessions.

Gillibert, J. (1981). L'énigme de la femme par Sarah Kofman. La femme dans les textes de Freud. Revue Française de Psychanalyse 3, 1981, S. 379–392.

Girard, C. (1982). La Psychanalyse en Grande-Bretagne. In Jaccard, R. Hrsg., Histoire de la Psychanalyse. Paris: Hachette, Band 2, S. 359–416 [Taschenbuchausgabe: Le Livre de Poche/biblio essais, 1985].

Goeppert, S. (1979). Psychoanalytische Kunst- und Literaturkritik. In: Condrau, G., Hrsg., Die Psychologie des 20. Jahrhunderts. Zürich: Kindler, Band XV, S. 1156–1163.

Goffman, E. (1959). The Presentation of Self in Everyday Life. New York: Doubleday (deutsch: Wir alle spielen Theater. Die Selbstdarstellung im Alltag. Übersetzt von Peter Weber-Schäfer. München: Piper, 1969).

Goldberg, A. und Stepansky, P. E. (1984). How Does Analysis Cure? Chicago: Chicago University Press.

Goldstein, J. E. (1974). The Woolf's Response to Freud. Water Spiders, Singing Canaries and the Second Apple. Psychoanalytic Quarterly 43, 1974, S. 438–476 (jetzt in: Kurzweil, E. und Phillips, W., Hrsg., Literature and Psychoanalysis. New York: Columbia University Press, 1983, S. 232–255).

Gölter, W. (1983). Zukunftssüchtige Erinnerung. Aspekte weiblichen Schreibens. Psyche 37, 1983, S. 642–668.

Gould, R. (1965). Dr. Strangelove or: How I Stopped Worrying about the Theory and Began Treating the Blue Collar Worker. Vortrag auf der jährlichen Konferenz der American Orthopsychiatric Association.

Graf-Nold, A. (1988). Der Fall Hermine Hug-Hellmuth. Eine Geschichte der frühen Kinder-Psychoanalyse. München: Verlag Internationale Psychoanalyse.

Granoff, W. (1975). Filiations, l'avenir du complexe d'Oedipe. Paris: Editions du Minuit.

Green, A. (1973). Le discurs vivant. Paris: Presses Universitaires de France.

– (1983). Narcissisme de vie, narcissisme de mort. Paris. Editions du Minuit.

Greenacre, Ph. (1950). Special Problems of Early Sexual Development. Psychoanalytic Study of the Child 5, 1950, S. 122–138.

– (1955). Further Considerations Regarding Fetishism. Psychoanalytic Study of the Child 10, 1955, S. 187–194.

– (1955). Swift and Carroll. A Psychoanalytic Study of Two Lives. New York: International Universities Press.

Greenspan, S. I. und Pollock, G. H. Hrsg. (1980). Child Analysis as the Study of Mental Growth, by A. Freud. In: The Course of Life: Psychoanalytic Contributions toward Understanding Personality Development. Washington, D.C.: National Institute of Mental Health; Vol. I.: Infancy and Early Childhood [Revised and expanded version: Greenspan, S. I., und Pollock, G. H., Hrsg., The Course of Life. Vol. I: Infancy. Madison, Conn.: Int. Universities Press, 1989].

Gross, E. B. (1979). Psychoanalysis as an Emerging Specialty. A Sociological Study of the Vienna Psychoanalytical Society.

Journal of the Philadelphia Association of Psychoanalysis 6, 1979, 3–4, S. 163–174.

Grosskurth, Ph. (1986). Melanie Klein. Her World and her Work. New York: Knopf.

Grossman C. M. und Grossman, S. (1965). The Wild Analyst. The Life and Work of Georg Groddeck. New York: George Braziller.

Grossman, W. I. und Stewart, W. A: (1976). Penis Envy: From Childhood Wish to Developmental Metaphor. Journal of the American Psychoanalytic Association 24 (Supplement), S. 193–212.

Grotjahn, M. L. (1956). A Letter by Sigmund Freud with Recollections of His Adolescence. Journal of the American Psychoanalytic Association 4, 1956, S. 644–652.

– (1967). Freud and the Art of Letter Writing. Journal of the American Medical Association 200, 1967, 1, S. 119–124.

– (1970). Sigmund Freud as a Consultant. Recollections of a Pioneer in Psychoanalysis. New York: Intercontinental Medical Book Corporation (deutsch: Sigmund Freud-Edoardo Weiss. Briefe zur psychoanalytischen Praxis. Mit den Erinnerungen eines Pioniers der Psychoanalyse. Vorbemerkung von Martin Grotjahn. Übersetzt von Martin und Etelka Grotjahn. Frankfurt a. M.: S. Fischer, 1973).

Grotstein, J. S. (1985). Wilfried R. Bion. An Odyssee into the Deep and Formless Infinite. In Reppen, J., Hrsg., Beyond Freud. A Study of Modern Psychoanalytic Theorists. Hillsdale, N. J.: Analytic Press, S. 297–313.

Grubrich-Simitis, I. Hrsg. (1985). Sigmund Freud. Übersicht der Übertragungsneurosen. Ein bisher unbekanntes Manuskript. Mit einem Essay von Ilse Grubrich-Simitis. Frankfurt a. M.: S. Fischer, 1985.

Grünbaum, A. (1983). Freud's Theory. The Perspective of a Philosopher of Science. 1982 Presidential Address to the American Philosophical Association, Eastern Division. In: Proceedings of and Adresses of the American Philosophical Association 57, 1983, 1, S. 5–31.

– (1984). The Foundations of Psychoanalysis. A Philosophical Critique. Berkeley/Los Angeles/London: University of California Press (deutsch [revidierte und erweiterte Ausgabe]: Die Grundlagen der Psychoanalyse. Eine philosophische Kritik. Übersetzt von Christa Kolbert. Stuttgart: Reclam, 1988).

– (1987). Psychoanalyse in wissenschaftstheoretischer Sicht. Zum Werk Sigmund Freuds und seiner Rezeption. Übersetzt von Christa Kolbert. Konstanz: Konstanzer Universitätsverlag, 1987.– Hrsg. (1991). Kritische Betrachtungen zur Psychoanalyse. Adolf Grünbaums „Grundlagen" in der Diskussion. Übersetzt von Christa Kolbert. Berlin: Springer, 1991.

– (1993). Validation in the Clinical Theory of Psychoanalysis. A Study in the Philosophy of Psychoanalysis. Madison, Conn.: International Universities Press.

Grunberger, B. (1971) Le narcissisme. Essais de psychanalyse. Paris: Payot (deutsch: Vom Narzißmus zum Objekt. Übersetzt von Peter Canzler. Frankfurt a. M.: Suhrkamp, 1975).

Grunert, J. (1984). Zur Geschichte der Psychoanalyse in München. Psyche 38, 1984, S. 865–904.

Guntrip, H. (1968). Schizoid Phenomena, Object Relations and the Self. London: Hogarth Press (²1974).

Haarstrich, R. (1977). Die Entwicklung der psychoanalytischen Versorgung in der Bundesrepublik. Tagung der Deutschen Psychoanalytischen Vereinigung; Köln, Oktober 1977.

Habermas, J. (1983). Die Verschlingung von Mythos und Aufklärung. Bemerkungen zur „Dialektik der Aufklärung" nach einer erneuten Lektüre. In Bohrer, K. H., Hrsg., Mythos und Moderne. Begriff und Bild einer Rekonstruktion. Frankfurt a. M.: Suhrkamp, 1983, S. 405–431.

Hagemann-White, C. (1978). Die Kontroverse um die Psychoanalyse in der Frauenbewegung. Psyche 32, 1978, S. 732–763.

Hale, N. G. (1971a). Freud and the Americans. Band 1: The Beginning of Psychoanalysis in the United States, 1876–1917. New York: Oxford University Press.

– (1971b). James Jackson Putnam and Psychoanalysis. Cambridge, Mass.: Harvard University Press.

Hamilton, V. (1982). Narcissus and Oedipus: The Children of Psychoanalysis. London: Routledge & Kegan Paul.

– (1985). John Bowlby: An Ethological Basis for Psychoanalysis. In Reppen, J., Hrsg., Beyond Freud. A Study of Modern Psychoanalytic Theorists. Hillsdale, N. J.: Analytic Press, S. 1–28.

Hampden-Turner, C. (1983). Gentlemen and Tradesmen. London: Routledge & Kegan Paul.

Haring, D. G., Hrsg. (1948). Personal Character and Cultural Milieu. Syracuse: Syracuse University Press. Third revised edition 1956.

Harris, J. und Harris J. (1984). The One-Eyed Doctor Sigismund Freud. Psychological Origins of Freud's Works. New York: Jason Aronson.

Hartman, G. H. (1978). Psychoanalysis and the Question of the Text. Baltimore: Johns Hopkins Press.

Hartmann, H. (1939). Ich-Psychologie und Anpassungsproblem. (Nach einem Vortrag in der Wiener Psychoanalytischen Vereinigung vom 17. November 1937). Internationale Zeitschrift für Psychoanalyse 24, S. 62–135 (Stuttgart: Klett, 1960); amerikanische Ausgabe: Ego Psychology and the Problem of Adaptation. New York: International University Press, 1958 (Neuausgabe: Ich-Psychologie und Anpassungsproblem. Stuttgart: Klett, 1972).

– (1939). Psychoanalysis and the Concept of Health. International Journal of Psychoanalysis 20, 1939, S. 308–321.

– (1950). Technical Implications of Ego Psychology. Psychoanalytic Quarterly 20, S. 31–43.

Hartmann, H. und Kris, E. (1945). The Genetic Approach in Psychoanalysis. Psychoanalytic Study of the Child 1, S. 11–30.

Hartmann, H., Kris, E. und Loewenstein, R. M. (1946). Comments on the Formation of Psychic Structure. Psychoanalytic Study of the Child 2, S. 11–38 (deutsch: Anmerkungen zur Entwicklung der psychischen Struktur. Übersetzt von Lenelis Kruse und Sibylle Drews. In Kutter, P. und Roskamp, H., Hrsg., Psychologie des Ich. Psychoanalytische IchPsychologie und ihre Anwendungen. Darmstadt: Wissenschaftliche Buchgesellschaft, 1974, S. 104–140).

Hartmann, H., Kris, E., und Loewenstein, R. M. (1949). Notes on the Theory of Aggression. Psychoanalytic Study of the Child 3–4, S. 9–46.

Hartmann, H., Kris, E. und Loewenstein, R. M. (1951). Some Psychoanalytic Comments on „Culture and Personality". In Wilbur, G. und Muensterberger, W., Hrsg., Psychoanalysis and Culture. New York: International Universities Press, S. 3–31.

Heimann, P. (1950). On Countertransference. International Journal of Psychoanalysis, 31, 1950, S. 81.

– (1969). Gedanken zum Erkenntnisprozeß des Psychoanalytikers. Psyche 23, 1969, S. 2–24.

Heimonet, J.-M. Politiques de l'écriture. Le sens du sacré dans la pensée française du surréalisme à nos jours. Chapel Hill: North Carolina Studies in the Romance Languages and Literatures.

Heller, E. (1957) Psychoanalyse und Literatur. In: ders., Die Wiederkehr der Unschuld und andere Essays. Frankfurt a. M.: Suhrkamp, 1977, S. 235–247.

Hendrick, I. (1934). Facts and Theories of Psychoanalysis. New York: Knopf (zweite erweiterte und revidierte Aufl. 1939).

– (1936). Ego Development and Certain Character Problems. Psychoanalytic Quarterly 5, 1936, S. 320–346.

Herink, R., Hrsg. (1980). The Psychotherapy Handbook. New York: Meridian.

Hidas, G. (1986). Zur Geschichte der Psychoanalyse in Ungarn. In Lobner, H., Hrsg., Psychoanalyse heute. Festschrift zum 60. Geburtstag von Harald Heupold-Löwenthal. Wien: Orac, S. 243–253.

Hidas, G. (1987). Die Psychoanalyse und ihre Schicksale in Ungarn. Sigmund Freud House Bulletin 11, 1987, 2, S. 1–12.

Hochheimer, W., (1962). Vorurteilsminderung in der Erziehung und die Prophylaxe des Antisemitismus. Psyche 16, 1962–63, 285–294.

Hofling, G. K. und Meyers, R. (1972). Recent Discoveries in Psychoanalysis. Archives of General Psychiatry 26, 1972, S. 518–523.

Holland, N. (1964). The Shakespearian Imagination. New York: Macmillan.

Holzhey, H. (1970). Psychoanalyse und Gesellschaft – Der Beitrag Herbert Marcuses. Psyche 26, 1970, S. 188–207.

Honegger, M., Hrsg. (1974). Georg Groddeck-Sigmund Freud: Briefe über das Es. Frankfurt a. M.: S. Fischer.

Hook, S., Hrsg. (1959). Psychoanalysis, Scientific Method and Philosophy. New York: New York University Press.

Horn, K. (1967). Dressur oder Erziehung? Schlagrituale und ihre gesellschaftliche Funktion. Frankfurt: Suhrkamp.

– (1984). Wie kommen wir zu einer „konstitutionellen Intoleranz" gegen den Krieg? Anmerkungen zum Einstein-Freud-Briefwechsel 50 Jahre danach. Psyche 38, 1984, S. 1083–1104.

– (1985a). Aggression und Gewalt. Vom gegenwärtigen Schicksal menschlicher Expressivität. In Schöpf, A. Hrsg., Aggression und Gewalt. Würzburg: Königshausen und Neumann, S. 123–142.

– (1985b). Politische Bildung und reale Beteiligungschancen. Eine sich öffnende Schere. Hrsg. von der Bundeszentrale für politische Bildung. Bonn, S, 95–109.

Horn, K. und Senghaas-Knobloch, Hrsg. (1983). Friedensbewegung – Persönliches und Politisches. Frankfurt a. M.: S.Fischer.

Horney, K. (1924). On the Genesis of the Castration Complex in Women. International Journal of Psychoanalysis 5, 1924, S. 50–65 (deutsch: Zur Genese des weiblichen Kastrationskomplexes. In: dies., Die Psychologie der Frau. München: Kindler, 1977).

– (1926). The Flight from Womanhood: The Masculinity Complex in Women. International Journal of Psychoanalysis 7, 1926, S. 324–339 (deutsch: Flucht aus der Weiblichkeit. Der Männlichkeitskomplex der Frau im Spiegel männlicher und weiblicher

Betrachtung. In: dies., Die Psychologie der Frau. München: Kindler, 1977, S. 34–56).

– (1935). The Problem of Feminine Masochism. Psychoanalytic Review 2, 1935, 3, S. 241–257 (deutsch: Zur Frage des weiblichen Masochismus. In: dies., Die Psychologie der Frau. München: Kindler, 1977, S. 191–219).

– (1937). The Neurotic Personality of Our Time. New York: Norton (deutsch: Der neurotische Mensch unserer Zeit. Übersetzt von G. Lederer-Eckardt. München: Kindler, 1964).

– (1939). New Ways in Psychoanalysis. New York: Norton (deutsch: Neue Wege in der Psychoanalyse. Übersetzt von Heinz Neumann. Stuttgart: Klipper, 1951).

– (1967). Feminine Pychology. New York: Norton (deutsch: Die Psychologie der Frau. München: Kindler, 1977).

Hug-Hellmuth, H. (1921). Zur Technik der Kinderanalyse. Internationale Zeitschrift für Psychoanalyse 7, 1921, S. 179–197.

Hughes, H. S. (1958). Consciousness and Society. The Reorientation of European Social Thought 1890–1930. New York: Vintage.

Inkeles, A. und Levinson, D. J. (1954). National Character: The Study of Modal Personality and Sociocultural Systems. In Lindzey, G. und Aronson, E., Hrsg., The Handbook of Social Psychology. Cambridge, Mass.: Addison-Wesley (1969), Band 4, S. 418–506.

Irigaray, L. (1977). Demystifications. In: Marks, E. und Courtivron, I., Hrsg., New French Feminisms. Amherst: University of Masschusetts Press, 1980, S. 99–110.

– (1986) This Sex Which Is Not One. In Cixous, H. und Clément, C., Hrsg., The Newly Born Woman. Minneapolis: University of Minnesota Press.

Isbister, J. N. (1985). Freud. An Introduction to His Life and Work. London: Polity Press.

Izenberg, G. N. (1976). The Existentialist Critique of Freud. The Crisis of Autonomy. Princeton, N. J.: Princeton University Press.

Jaccard, R., Hrsg. (1982). Histoire de la psychanalyse. Paris: Hachette, 2 Bände [Taschenbuchausgabe: Le livre de poche/folio essais, 1985, 2 Bände].

Jacobson, E. (1937). Wege der weiblichen Über-Ich-Bildung. Internationale Zeitschrift für Psychoanalyse 23, 1937, S. 402–412 [wieder abgedruckt in Psyche 32, 1978, S. 764–775].

– (1950). Development of the Wish for a Child in Boys. Psychoanalytic Study of the Child 5, 1950, S. 139–152.

Jacoby, R. (1983). The Repression of the Unconscious. New York: Basic Books (deutsch: Die Verdrängung der Psychoanalyse oder Der Triumph des Konformismus. Übersetzt von Klaus Laermann. Frankfurt a. M.: S. Fischer, 1985).

Jacquot, J. P. (1975). Le psychanalysme de Robert Castel. Revue Française de Psychanalyse 39, 1975, 4, S. 653–665.Jaeger, M. (1978). Le désordre psychiatrique. Les Temps Modernes 33, 1978, 378, S. 1040–1074.

Jameson, F. (1980). The Political Unconscious. Ithaca: Cornell University Press.

Janik, A. und Toulmin S. (1973). Wittgenstein's Vienna. New York: Simon and Schuster (deutsch: Wittgensteins Wien. Übersetzt von Reinhard Merkel. München & Zürich: Piper, 1987, 2. Aufl. 1989).

Jiménez, J. P. (1987). Einige Überlegungen zur Praxis der Psychoanalyse im heutigen Chile. Unveröffentlicht.

Jones, E. (1932). The Phallic Phase. Vortrag auf dem XII. Internationalen Kongreß 1932 in Wiesbaden. International Journal of Psychoanalysis 14, 1933, S. 1–33 (deutsch: Die phallische Phase. Übersetzt von Erich Homburger. Internationale Zeitschrift für Psychoanalyse 19, 1933, S. 322–357; abgedruckt in Jones, E., Die Theorie der Symbolik und andere Aufsätze. Mit einem Vorwort von Peter Krumme. Frankfurt a. M./Berlin/Wien: Ullstein, 1978, S. 262–301).

– (1948). The Death of Hamlets Father. International Journal of Psychoanalysis 29, 1948, 3, S. 174–176 (jetzt in: Kurzweil, E. und Phillips, W., Hrsg., Literature and Psychoanalysis. New York: Columbia University Press, 1983, S. 34–38; deutsch: Der Tod von Hamlets Vater. In: Hamlet heute. Frankfurt a. M. 1965, S. 45–52).

– (1949). Hamlet and Oedipus. London: V. Gollancz (Nachdruck New York: Norton, 1976).

– (1953–1957). The Life and Work of Sigmund Freud. New York/London : Basic Books, 3 Bände (deutsch: Sigmund Freud. Leben und Werk. Übersetzt von G. Meili-Dworetzki unter Mitarbeit von K. Jones. Bern: Huber, 1960–1962 [Taschenbuchausgabe: München: Deutscher Taschenbuch Verlag, 1984, 3 Bände]).

Joseph, E. (1979). Comments on the Therapeutic Action of Psychoanalysis. Journal of the American Psa. Ass., Vol. 27, Supplement, S. 71–79.

Julien, P. (1985). Hainamoration et réalité psychique. Littoral 15–16, S. 5–19.

Jung, C. G. (1934). Zur gegenwärtigen Lage der Psychotherapie. Zentralblatt für Psychotherapie und ihre Grenzgebiete 7, 1933,

S. 1–16 (in: Jung-Merker, L. und E. Rüf, Hrsg., C. G. Jung, Gesammelte Werke. Olten und Freiburg i. Br.: Walter, 1974, Band X, S. 181–199).

Kakar, S. (1982). Shamans, Mystics and Doctors. New York: Knopf (deutsch: Schamanen, Heilige und Ärzte. Psychotherapie und traditionelle indische Heilkunst. Übersetzt von Holger Fliessbach. München: Biederstein, 1984).

Kaplan, L. (1984). Adolescence. The Farewell to Childhood. New York: Simon and Schuster (deutsch: Abschied von der Kindheit. Eine Studie über die Adoleszenz. Übersetzt von Hilde Weller. Stuttgart: Klett-Cotta, 1988).

Kaplan, L. (1987). The Family Romance of the Impostor-Poet Thomas Chatterton. New York: Atheneum.

Kardiner, A. (1945). The Psychological Frontiers of Society. New York: Columbia University Press.

Kästle, O. U. (1987). Einige bisher unbekannte Texte von Sigmund Freud aus den Jahren 1893–1894 und ihr Stellenwert in seiner wissenschaftlichen Entwicklung. Psyche 41, 1987, S. 508–519.

Kernberg, O. F. (1965). Notes on Countertransference. Journal of the American Psychoanalytic Association 13, 1965, S. 38–56.

– (1975). Borderline Conditions and Pathological Narcisism. New York. Jason Aronson (deutsch: Borderline-Störungen und pathologischer Narzißmus. Übersetzt von Hermann Schultz. Frankfurt a. M.: Suhrkamp, ³1979).

– (1976). Object Relations Theory and Clinical Psychoanalysis. New York: Jason Aronson (deutsch: Objektbeziehungen und Praxis der Psychoanalyse. Übersetzt von H. Steinmetz-Schünemann. Stuttgart: Klett-Cotta, 1981).

– (1979). Some Implications of Object Relations Theory for Psychoanalytic Technique. Journal of the American Psychoanalytic Association 27 (Supplement), S. 207–239 [in revidierter Form als 9. Kapitel in Kernberg 1985; deutsch 1988, S. 175–203: Objektbeziehungstheorie und psychoanalytische Technik].

– (1984). The Influence of Projective Identification on Countertransference. Vortrag auf dem I. Kongreß des Sigmund Freud Center in Jerusalem, 27.-29. Mai 1984.

– (1985). Internal World and External Reality. Object Relations Theory Applied. New York: Jason Aronson 1985 (deutsch: Innenwelt und äußere Realität. Anwendungen der Objektbeziehungstheorie. Autorisierte Übersetzung aus dem Amerikanischen von Max Looser. München & Wien: Verlag Internationale Psychoanalyse, 1988.

– (1986). An Ego Pychology Object Relations Theory Approach to the Transference. Typoskript.

Kestemberg, E. und Jeammet, P. (1987). Le psychodrame psychanalytique. Paris: Presses Universitaires de France.

Kestenberg, J. S. (1985). Child Survivors of the Holocaust. Forty
Years Later: Reflections and Commentary. Journal of American
Child Psychiatry 24, 1985, 4, S. 408–412.

Kestenberg, J. S. und Gampel, Y. (1985). Growing up in the
Holocaust Culture. Israel Journal of Psychiatry rel. Science 20,
1985, 1–2, S. 129–146.

King, P. (1988). Early Divergences between the Psycho-analytical
Societies in London and Vienna. In Timms, E. und Segal, N.,
Hrsg., Freud in Exile. New Haven: Yale University Press,
S. 124–133.

Klein, D. (1981). The Origins of the Psychoanalytc Movement.
New York: Praeger.

Klein, M. (1921). Eine Kinderentwicklung. Imago 7, 1921,
S. 222–259 (in: Klein, M., Ein Kind entwickelt sich. Methode
und Technik der Kinderanalyse. Hrsg. und mit einem Vorwort
von Jochen Stork. München: Kindler, 1981).

– (1932). The Psycho-Analysis of Children. London: Hogarth
Press; New York: Grove Press, 1960 (deutsch: Die Psychoana-
lyse des Kindes. Wien: Int. Psa. Verlag, 1934; 2. Auflage
München/Basel: Ernst Reinhardt, 1971; Taschenbuchausgabe:
Frankfurt a. M.: S. Fischer, 1987).

– (1935). A Contribution to the Psychogenesis of Manic-Depres-
sive States. International Journal of Psychoanalysis 16, 1935,
S. 145–175 (deutsch: Zur Psychogenese der manisch-depressiven
Zustände. Internationale Zeitschrift für Psychoanalyse 23; abge-
druckt in Klein, M., Das Seelenleben des Kleinkinds und andere
Beiträge zur Psychoanalyse. Stuttgart: Klett, 1962; Reinbek b.
Hamburg: Rowohlt).

– (1957). Envy and Gratitude. London: Tavistock.

Kohon, G. 1986). The British School of Psychoanalysis. New
Haven: Yale University Press.

Kohut, H. (1971). The Analysis of the Self. A Systematic Approach
to the Psychoanalytic Treatment of Narcisstic Personality Disorders. New York: International Universities Press (deutsch:
Narzißmus. Eine Theorie der psychoanalytischen Behandlung
narzißtischer Persönlichkeitsstörungen. Übersetzt von Lutz
Rosenkötter. Frankfurt a. M.: Suhrkamp, 1976).

– (1977). The Restoration of the Self. New York: International
Universities Press (deutsch – die deutsche Ausgabe wurde vom
Autor überarbeitet und ergänzt -: Die Heilung des Selbst.
Übersetzt von Elke vom Scheidt. Frankfurt a. M.: Suhrkamp,
1981).

Körner, J. (1980). Über das Verhältnis von Psychoanalyse und Pädagogik. Psyche 34, 1980, S. 769–789.

Kovel, J. (1981). The Age of Desire. Case Histories of a Radical Psychoanalyst. New York: Pantheon.– (1988). The Radical Spirit. Essays on Psychoanalysis and Society. London: Free Association, 1988.

Kramer, R. (1976). Maria Montessori. A Biography. New York: Addison-Wesley, 1988.

Krauß, H. und Wolff, R., Hrsg. (1982) Psychoanalytische Literaturwissenschaft und Literatursoziologie 7 (Akten der Sektion 17 des Romanistentages 1979 in Saarbrücken). Frankfurt a. M.: P. Lang.

Kris, E. (1955). Neutralization and Sublimation. Psychoanalytic Study of the Child 10, S. 30–46 (deutsch: Neutralisierung und Sublimierung. Beobachtungen an Kleinkindern. In: Kris, E., Psychoanalytische Kinderpsychologie. Übersetzt von Peter Schütze. Frankfurt a. M.: Suhrkamp, 1979, S. 151–170).

– (1956). The Personal Myth: A Problem in Psychoanalytical Technique. Journal of the American Psychoanalytical Association 4, 1956, , S. 653–681.

Kris, E. und Kurz, O. (1979). Legend, Myth, and Magic in the Image of the Artist. A Historical Experiment. New Haven: Yale University Press (deutsch: Die Legende vom Künstler. Ein geschichtlicher Versuch. [Erstausgabe: Wien, Krystall, 1934] Mit einem Vorwort von Ernst H. Gombrich. Übersetzung der zusätzlichen Texte der amerikanischen Ausgabe und des Vorworts von Gombrich: Max Looser. Frankfurt a. M.: Suhrkamp, 1980).

Kristeva, J. (1980). Pouvoirs de l'horreur. Essai sur l'abjection. Paris: Editions du Seuil (englisch: Powers of Horror. An Essay in Abjection. New York: Columbia University Press, 1982).
– (1982). Psychoanalysis and the Polis. In: Mitchell, W. J. T. Hrsg., Politics of Interpretation. Chicago: University of Chicago Press.

– (1983). Histoires d'amour. Paris: Denoël (englisch: Tales. of Love. New York: Columbia University Press, 1987).

Krüger-Zeul, M. (1979). Bewirkt der Film „Holocaust" eine Klimaveränderung oder bleibt er eine Episode? PSA Information 13, S. 15–23.

Krüger-Zeul, M. (1986). Fassbinders „Maria Braun": Liebende Frau oder femme fatale? In: Heider, U., Hrsg., Sadomasochisten, Keusche und Romantiker. Vom Mythos neuer Sinnlichkeit. Hamburg: Rowohlt, S. 141–151.

Krüll, M. (1979). Freud und sein Vater. Die Entstehung der Psychoanalyse und Freuds ungelöste Vaterbindung. München: C. H. Beck.

Kurzweil, E. (1971). The (Freudian) Congress of Vienna. Commentary, November, S. 43–48.

– (1980). The Age of Structuralism. Lévi-Strauss to Foucault. New York: Columbia University Press.

– (1985). The Freudians meet in Germany. Partisan Review, 4, S. 387–397 (deutsch: Die Freudianer treffen sich in Deutschland. Übersetzt von Rainer Fellnith. Psyche 40, 1986, S. 909–921).

– (1986). Interview with Julia Kristeva. Partisan Review, 2, S. 216–226.

– (1987a). Freud in Montreal. Partisan Review, 4, S. 603–610.

– (1987b). Psychoanalysis as the Macro-Micro-Link. In Alexander, J. C. et al., Hrsg., The Macro-Micro Link. Berkeley: University of California Press.

Kurzweil, E. und Phillips, W. Hrsg. (1983). Literature and Psychoanalysis. New York: Columbia University Press.

Kutter, P., Hrsg. (1977) Psychoanalyse im Wandel. Frankfurt: Suhrkamp.

– (1981). Der Basiskonflikt der Psychosomatose und seine therapeutischen Impliationen. Jahrbuch der Psychoanalyse 13, S. 93–114.

– (1984). Die Dynamik psychosomatischer Erkrankungen – damals und heute. Psyche 38, S. 544–562.

Kutter, P. und Roth, J. K. (1981). Psychoanalyse an der Universität. München: Kindler.

Lacan, J. (1949). Le stade du miroir comme formateur de la fonction du Je, telle qu'elle nous est révélée dans l'expérience psychanalytique. In Lacan 1966, Ecrits, S. 93–100 (deutsch: Das Spiegelstadium als Bildner der Ichfunktion, wie sie uns in der psychoanalytischen Erfahrung erscheint. In: Lacan, Schriften I, 1973, S. 61–70).

– (1953). Fonction et champ de la parole et du langue en psychanalyse [Discours de Rome], in ders., Ecrits, 1966 (deutsch: Funktion und Feld des Sprechens und der Sprache in der Psychoanalyse. In Lacan 1966; 1973, Schriften I, S. 71–169; amerikanische Übersetzung: Wilden [1968]).

– (1956). Le séminaire sur la „Lettre volée" (deutsch: Das Seminar über E. A. Poes „Entwendeten Brief". In Lacan 1966, S. 11–61; deutsch in Lacan 1973, Schriften I, S. 7–60; amerikanische Übersetzung: Seminar on the Purloined Letter. In: French Freud. Yale French Studies 48, 1972, S. 38–72).

– (1966) Ecrits. Paris: Editions du Seuil (deutsch: Schriften I [Auswahl]. Übersetzt von R. Gasché u. a. Ausgewählt und herausgegeben von Norbert Haas. Olten/Freiburg i. Br.: Walter, 1973; Schriften II, 1975).

– (1974). Télévision. Paris: Editions du Seuil.

Lacan, J. (1977). Desire and Interpretation of Desire in Hamlet. In Literature and psychoanalysis. Yale French Studies 55–56, S. 11–52).

Lagache, D. (1947). La jalousie amoureuse. Paris: Presses Universitaires de France, 1981.

Laible, E. (1987). Marie Bonapartes Beiträge zur Anwendung der Psychoanalyse auf die Anthropologie. Vortrag auf dem Kongreß zur Geschichte der Psychoanalyse im Oktober 1987 in Triest.

Lampl-de Groot, J. (1947). On the Development of the Ego and Superego. International Journal of Psychoanalysis 28, 1947, S. 7–11.

Langer, M. (1985). Der Widerspruch in der Lehranalyse. In: Institutsgruppe Psychologie Universität Salzburg, Hrsg., Jenseits der Couch. Psychoanalyse als Sozialkritik. Frankfurt: S. Fischer.

Langman, J. (1978) The Crises of Self and State under Late Capitalism. A Critical Perspective. International Journal of Law and Psychiatry 1, S. 343–374.

Laplanche, J. (1970). Vie et mort en psychanalyse. Paris (deutsch: Leben und Tod in der Psychoanalyse. Übersetzt von Peter Stehlin. Olten und Freiburg i. Br.: Walter, 1974).

Laplanche, J. (1982). Reconnaître la recherche psychanalyti-que. Psychanalyse à l'université 7, S. 353–357.

Laplanche, J. und Pontalis, J.-B. (1967). Vocabulaire de la Psychanalyse. Paris: Presses Universitaires de France (deutsch: Das Vokabular der Psychoanalyse. Übersetzt von Emma Moersch. Frankfurt a. M.: Suhrkamp, 1972).

Lasch, C. (1979). The Culture of Narcissism. American Life in an Age of Diminishing Expectations. New York: Norton (deutsch: Das Zeitalter des Narzißmus. München 1980).

– (1984). The Minimal Self. Psychic Survival in Troubled Times. New York: Norton.

Lax, R. F., Bach, S. und Burland, J. A., Hrsg. (1986). Self and Object Constancy. Clinical and Theoretical Perspectives. New York. Guilford Press.

Leavy, S. A. (1970). John Keats' Psychology of Creative Imagination. Psychoanalytic Quarterly 39, 1979, S. 173–197 (jetzt in: Kurzweil, E. und Phillips, W., Hrsg., Literature and Psychoanalysis. New York: Columbia University Press, 1983, S. 201–216).

- (1980). The Psychoanalytic Dialogue. New Haven: Yale University Press.

Leavy, S. A. (1983a). Speaking in Tongues. Some Linguistic Approaches to Psychoanalysis. Psychoanalytic Quarterly 52, S. 34–55.

- (1983b). The Image and the Word. Further Reflections on Lacques Lacan. In Smith, J. H. und Kerrigan, W., Hrsg., Interpreting Lacan. New Haven: Yale University Press, S. 3–20.

Lebovici, S. (1977). „Un institut des sciences humaines cliniques". Réponse à André Green. Psychanalyse à l'université 2, 7, S. 537–539.

- (1980). L'expérience du psychanalyste chez l'enfant et chez l'adulte devant le modèle de la névrose infantile et de la névrose de transfert. Revue Française de Psychanalyse 44, 5–6, S. 733–857.

Lebovici, S. und Solnit, A. J. (1982). La formation du psychanalyste. Paris: Presses Universitaires de France.

Le Guen, C. (1974). L'Oedipe Originaire. Paris: Payot.

Leites, N. (1948). Psycho-Cultural Hypotheses about Political Acts. World Politics 1, 1948, S. 102–119.

Lemaire, A. (1977). Jacques Lacan. London: Routledge & Kegan Paul

Leupold-Löwenthal, H. (1981). Zur Beendigung der psychoanalytischen Behandlung. Jahrbuch der Psychoanalyse 12, S. 192–203.

- (1982). Bulletin. International Journal of Psychoanalysis 63, 1982, S. 115–117.

- (1984). Zur Geschichte der „Frage der Laienanalyse". Psyche 38, 1984, S. 97–120.

Levine, D. N. (1971). The Sociology of Georg Simmel. Chicago: University of Chicago Press.

Lévi-Strauss, C. (1958). Anthropologie structurale. Paris: Plon (deutsch: Strukturale Anthropologie I. Übersetzt von Hans Naumann. Frankfurt a. M.: Suhrkamp, 1978; Strukturale Anthropologie II. Übersetzt von Eva Moldenhauer, Henning Ritter und Traugott König. Frankfurt a. M.: Suhrkamp, 1975).

Lewin, B. und Ross, H. (1960). Psychoanalytic Study in the United States. New York: Norton.

Lichtenberg, J. D. (1984). The Talking Cure. A Descriptive Guide to Psychoanalysis. New York: Analytic Press.

Lichtman, R. (1982). The Production of Desire. New York: Free Press.

Lieberman, J. E. (1985). Acts of Will. The Life and Work of Otto Rank. New York: Free Press.

Lipowski, Z. J. (1977). Psychosomatic Medicine in the Seventies. American Journal of Psychiatry 134, S. 235.

Lipton, S. D. (1977). The Advantage of Freud's Technique as Shown in his Analysis of the Rat Man. International Journal of Psychoanalysis 58, 1977, S. 255–273.

Liss, E. (1955). Motivation in Learning. International Study of the Child 10, 1955, S. 100–116.

Little, M. (1951). Countertransference and the Patient's Response to it. International Journal of Psychoanalysis 32, 1951, S. 32–40.

Loch, W. (1977). Einige Thesen zu den Problemen der psychoanalytischen Facharztausbildung. Typoskript. Tagung der DPV, Köln, Oktober 1977.

– (1983). Alexander Mitscherlich und die Wiedergeburt der Psychoanalyse in Deutschland. Psyche 38, 1983, S. 336–345.

Lockot, R. (1985). Erinnern und Durcharbeiten. Zur Geschichte der Psychoanalyse und Psychotherapie im Nationalsozialismus. Frankfurt: S. Fischer.

Loewald, H. W. (1951). Ego and Reality. International Journal of Psychoanalysis 32, 1951, S. 10–18.

Loewenberg, P. (1971). „Sigmund Freud as a Jew": A Study in Ambivalence and Courage. Journal of the History of the Behavioral Sciences 7, 1971, 4, S. 363–369.

– (1983). Decoding the Past. The Psychohistorical Approach. New York: Knopf.

Loewenstein, R. M. (1982). Practice and Precept in Psychoanalytic Technique. Selected Papers. Introduction by Jacob A. Arlow. New Haven: Yale University Press.

Lohmann, H.-M. (1980). Psychoanalyse in Deutschland – eine Karriere im Staatsapparat? Ansichten von Jenseits des Rheins. Psyche 34, 1980, S. 945–957.

– Hrsg. (1983) Das Unbehagen in der Psychoanalyse. Eine Streitschrift. Frankfurt a. M.: Qumran.

– Hrsg., (1984a). Die Psychoanalyse auf der Couch. Frankfurt: Qumran.

– Hrsg. (1984b). Psychoanalyse und Nationalsozialismus. Beiträge zur Bearbeitung eines unbewältigten Traumas. Frankfurt a. M.: S. Fischer.

Lohmann, H.-M. und Rosenkötter, L. (1982). Psychoanalyse in Hitlerdeutschland. Wie war es wirklich? Psyche 36, 1982, S. 961–988.

Lorand, S. (1969). Reflections on the Development of Psychoanalysis in New York from 1925. International Journal of Psychanalysis 50, 1969, S. 589–595.

Lorand, S. (1973). Historical Aspects and Changing Trends in Psychoanalytic Therapy. Psychoanalytic Review 59, 19973, 4, S. 497–525.

Lorenz, K. (1963). Das sogenannte Böse. Zur Naturgeschichte der Aggression. Wien: Dr. G. Borotha-Schoeler Verlag.Lorenzer, A. (1970). Sprachzerstörung und Rekonstruktion. Vorarbeiten zu einer Metatheorie der Psychoanalyse. Frankfurt a. M.: Suhrkamp [Taschenbuchausgabe, mit neuer Einleitung, Frankfurt a. M.: Suhrkamp, 1973].

– (1972). zur Begründung einer materialistischen Sozialisationstheorie. Frankfurt a. M.: Suhrkamp.

– (1974). Die Wahrheit der psychoanalytischen Erkenntnis. Ein historisch-materialistischer Entwurf. Frankfurt a. M.: Suhrkamp.

– (1984). Intimität und soziales Leid. Archäologie der Psychoanalyse. Frankfurt a. M.: S. Fischer.

Lowen, A. (1983). Narcissism. Denial of the True Self. New York: Macmillan (deutsch: Narzißmus: Die Verleugnung des wahren Selbst. Übersetzt von Gudrun Theusner-Stampa. München: Kösel, 1984).

McCannel, J. F. und McCannel, D. (1982). The Time of the Sign. A Semiotic Interpretation of Modern Culture. Bloomington: Indiana University Press.

McDougall, J. (1974). The Psychosoma and the Psychoanalytic Process. International Review of Psychoanalysis 1, 1974, S. 437–459.

– (1980). The Homosexual Dilemma. A Study of Female Homosexuality. In dies., A Plea for a Measure of Abnormality. New York: International Unversity Press (deutsch: Das homosexuelle Dilemma. Eine Untersuchung zur weiblichen Homosexualität. In: dies., Plädoyer für eine gewisse Anormalität. Übersetzt von Klaus Laermann. Frankfurt a. M.: Suhrkamp, 1985 (nicht in der franz. Originalausgabe enthalten: Plaidoyer pour une certaine anormalité. Paris: Gallimard, 1978).

– (1985). Theaters of the Mind. New York: Basic Books (deutsch: Theater der Seele. Illusion und Wahrheit auf der Bühne der Psychoanalyse. Mit einem Vorwort von Otto F. Kernberg. Übersetzt von Klaus Laermann. Weinheim: Verlag Internationale Psychoanalyse, 1988.

McGrath, W. J. (1985). Freud's Discovery of Psychoanalysis. Ithaca: Cornell University Press.

McGuire, W. und Sauerländer, W., Hrsg. (1974). Sigmund Freud/C. G. Jung. Briefwechsel. Frankfurt a. M.: S. Fischer.

Maetze, G. (1976). Psychoanalyse in Deutschland. In: Die Psychologie des 20. Jahrhunderts. Zürich: Kindler, Band II: Freud und die Folgen, S. 1145–1179.

Mahler, M. S. 1949). Remarks on Psychoanalysis with Psychotic Children. Quart. J. Child Behavior. 1, 18–22.

Mahler, M. S. und Gosliner, G. J. (1955). On Symbiotic Child Psychosis: Genetic, Dynamic and Restitutive Aspects. Psychoanalytic Study of the Child 10, 1955, S. 195–212.

Mahler, M. S. und McDevitt, J. B. (1979). Observations on Adaptation and Defense in statu nascendi: Developmental Precursors in the First Two Years. Psychoanalytic Quarterly 37, 1979, S. 1–21.

Mahler, M. S., Pine, F. und Bergman (1975). The Psychological Birth of the Human Infant. New York: Basic Books (deutsch:Die psychische Geburt des Menschen. Symbiose und Individuation. Übersezt von Hilde Weller. Frankfurt a. M.: S. Fischer, 1980).

Mahony, P. (1986). Freud and the Rat Man. New Haven: Yale University Press.

– (1987). Psychoanalysis and Discourse. London: Tavistock.

Major, R. (1982). L'amour de transfert et la passion du signifiant. In: L'amour de transfert. Etudes freudiennes. Paris: Evel.

Malcolm, J. (1981). Psychoanalysis: The Impossible Profession. New York: Knopf (deutsch: Fragen an einen Psychoanalytiker: Zur Situation eines unmöglichen Berufs. Übersetzt von Günther Mecke. Stuttgart: Klett-Cotta, 1983).

Malinowski, B. (1927). Sex and Repression in Savage Society. New York: Harcourt, Brace (deutsch: Geschlecht und Verdrängung in primitiven Gesellschaften. Übersetzt von Hugo Seinfeld. Reinbek b. Hamburg: Rowohlt, 1962).

Mannheim, K. (1929). Ideologie und Utopie. Bonn: F. Cohen.

Mannoni, M. (1979). La théorie comme fiction. Freud, Groddeck, Winnicott, Lacan. Paris: Editions du Seuil.

– (1980). Ça n'empêche pas d'exister. Paris: Editions du Seuil.

Marcus, S. (1966). The Other Victorians. A Study of Sexuality and Pornography in Mid-Nineteenth-Century England. New York: Basic Books (deutsch: Umkehrung der Moral Sexualität und Pornographie im viktorianischen England. Übersetzt von Angela Praesent und Ann Anders. Frankfurt a. M.: Suhrkamp, 1979).

– (1974) „Freud and Dora: Story, History, Case History". Partisan Review 41, 1974, 1, S. 12–23, 89–108 (jetzt in: Kurzweil, E. und Phillips, W., Hrsg., Literature and Psychoanalysis. New York: Columbia Uniiversity Press, 1983, S. 153–174; deutsch: Freud und Dora – Roman, Geschichte, Krankengeschichte. Psyche 28, 1974, S. 32–79).

– (1984). Freud and the Culture of Psychoanalysis. Studies in the Transition from Victorian Humanism to Modernity. London: Allen & Unwin.

Marcuse, H. (1955). Eros and Civilization. Boston: Beacon Press (deutsch: Triebstruktur und Gesellschaft. Ein philosophischer Beitrag zu Sigmund Freud. Übersetzt von Marianne von Eckardt-Jaffe. Frankfurt a. M.: Suhrkamp, 1965).

– (1970). The Obsolescence of the Freudian Concept of Man (Vortrag von 1963). In Five Lectures. Boston: Beacon Press, S. 44–61 (deutsch: Das Veralten der Psychoanalyse. Übersetzt von Alfred Schmidt. In: ders., Kultur und Gesellschaft 2. Frankfurt a. M.: Suhrkamp, 1963).

Marks, E. und Courtivron, E., Hrsg. (1980). The New French Feminisms. Amherst: University of Massachusetts Press.

Marty, P. (1958). La relation objectale allergique. Revue Française de Psychanalyse 22, 1958, S. 3–35 (deutsch: Die „allergische Objektbeziehung". Übersetzt von Emma Moersch. In Brede, Hrsg., 1974, S. 420–445).

– (1968). A Major Proces of Somatization. The Progressive Disorganization. International Journal of Psychoanalysis 49, 1968, S. 246–249.

– (1969). Notes Cliniques et hypothèse à propos de l'économie de l'allergie. Revue Française de Psychanalyse 33, 1969, S. 243–253 (deutsch: Klinische Bemerkungen und Hypothesen zur Ökonomie der Allergie. In Brede, K., Hrsg., 1974, S. 446–455).

– (1976). Les mouvements individuels de vie et de mort. Paris: Payot.

Masson, J. M. (1984). The Assault on Truth. Freud's Suppression of the Seduction Theory. New York: Farrar, Straus, and Giroux (deutsch: Was hat man dir, du armes Kind getan? Freuds Unterdrückung der Verführungstheorie. Übersetzt von Barbara Brumm. Reinbek b. Hamburg: Rowohlt, 1984).

– (1985) The Complete Letters of Sigmund Freud to Wilhelm Fliess 1887–1904. Cambridge, Mass.: Harvard University Press (deutsch: Sigmund Freud: Briefe an Wilhelm Fließ. 1887–1904. Ungekürzte Ausgabe. Deutsche Fassung von Michael Schröter. Frankfurt a. M.: S. Fischer, 1986).

Maxmen, J. S. (1985). The New Psychiatry. New York: Morrow.

Mead, M. (1935). Sex and Temperament in Three Primitive Societies. New York: William Morrow (deutsch: Geschlecht und Temperament in primitiven Gesellschaften. Übersetzt von G. Carnegie. Reinbek b. Hamburg: Rowohlt, 1959 (= Band 3 von:

Jugend und Sexualität in primitiven Gesellschaften. München: dtv, 1970).

- (1959). Mental Health in World Perspective. In Opler, M. K. Hrsg. Culture and Mental Health. New York: Macmillan, S. 501–516.

Mechanic, D. (1980). Mental Health and Social Policy. Englewood Cliffs, N. J.: Prentice-Hall (deutsch: Psychiatrische Versorgung und Sozialpolitik. Übersetzt von S. Witschek und J. Bergmann. München, Berlin, Wien: Urban & Schwarzenberg, 1975).

Meisel, P. und Kendrick, W. Hrsg., (1985): Bloomsbury-Freud: The Letters of James and Alice Strachey 1924–1925. New York: Basic Books.

Meissner, W. W. (1966). Family Dynamics and Psychosomatic Process. Family Process, 5, S. 142–161.

- (1984a). Psychoanalysis and the Religious Experience. New Haven: Yale University Press.

- (1984b). Clinical Differentiation on Borderline Syndromes from the Psychoses. Psychoanalytic Review 71, 1984, 2, S. 185–210.

Menaker. E. (1982). Otto Rank. A Rediscovered Legacy. New York: Columbia University Press.

Meng, H. und Freud, E. L., Hrsg. (1963) Sigmund Freud/Oskar Pfister: Briefe 1909–1939. Frankfurt a. M.: S. Fischer, ²1980.

Menne, K. und Schröter, K. (1980). Soziale Herkunft – ein Hindernis für die psychoanalytische Behandlung? In Menne, K. und Schröter, K. Hrsg., Psychoanalyse und Unterschicht. Soziale Herkunft – ein Hindernis für die psychoanalytische Behandlung? Frankfurt a. M.: Suhrkamp, 1980, S. 7–34.

Mettler, H. (1979). Autoren schreiben anders. Der Einfluß der Psychoanalyse auf die moderne Literatur. In: Psychologie des 20. Jahrhunderts. Zürich: Kindler, Band XV, S. 836–850.

Meyers, H. C., Hrsg. (1986). Between Analyst and Patient. New Dimensions in Countertransference and Transference. New York: Analytic Press.

Mezzich, J. E. und Berganza, C. E., Hrsg. (1984). Culture and Psychotherapy. New York: Columbia University Press.

Michel, S. (1984). American Conscience and the Unconscious. Psychoanalysis and the Rise of Personal Religion 1906–1963. Psychoanalysis and Contemporary Thought 7, 1984, 4, S. 387–421.

Middendorp, V. (1956). Katamnestische Untersuchungen nach poliklinisch durchgeführter Kurztherapie. Psyche 10, 1956, S. 662–675.

Mijolla, A. de (1982). La psychanalyse en France (1926–1965). In Jacccard, R., Hrsg., Histoire de la psychanalyse. Paris: Hachette,

1982 [Taschenbuchausgabe Le Livre de poche folio/essais, 2 Bände, 1985, Band 2, S. 5–118].

– Hrsg. (1986). Corps et Histoire. Paris: Société des Editions „Les Belles Lettres" (Beiträge von J. McDougall, G. Gachelin, P. Aulagnier, O. Marty, J. Loriot und J. Cain).

– (1987). A propos de la pratique psychanalytique de Freud. In: La conduite de la cure. Etudes freudiennes 30, 1987, S. 17–37.

Mijolla-Mellor, S. de (1986). Aperçu sur des nouvelles perspectives dans la recherche psychanalytique. Topique 16, 1986, 37, S. 163–166.

Miller, J.-A., Hrsg. (1976). La scission de 1953. La communauté psychanalytique en France I. Paris (Supplement au N° 7de Ornicar?, Bulletin périodique du Champ freudien).

– Hrsg. (1977). L'excommunication. La communauté psychanalytique en France II. Paris (Supplément au N° 8 de Ornicar?, Bulletion périodique du Champ freudien).

Miller, J. W. (1983). In Defense of the psychological. New York: Norton.

Millet, J. P. (1966). Psychoanalysis in the United States. In: Alexander, F. et al., Hrsg., Psychoanalytic Pioneers. New York: Basic Books.

Mirsky, A. (1966). Physiological, Psychological, and Social Determinants of Psychosomatic Disorders. Bulletin, Association of Psychoanalytic Medicine 6, 1966, 1, S. 3–7.

Mitchell, J. (1974). Psychoanalysis and Feminism. Freud, Reich, Laing and Women. New York: Pantheon (deutsch: Psychoanalyse und Feminismus. Freud, Reich, Laing und die Frauenbewegung. Übersetzt von Brigitte Stein und Holger Fliessbach. Frankfurt a. M.: Suhrkamp, 1976).

– (1984). Women. The Longest Revolution. London: Virago Press (deutsch [gekürzt]: Frauen – die längste Revolution. Feminismus, Literatur, Psychoanalyse. Übersetzt von Max Looser. Frankfurt a. M.: S. Fischer, 1987.

Mitchell, J. und Rose, J. (1982). Feminine Sexuality. Jacques Lacan and the Ecole freudienne. New York: Norton.

Mitscherlich, A. (1938a). Deutsche Zweifel an Europa. Maß und Wert, 1938 (jetzt in: ders., Gesammelte Schriften. Frankfurt a. M.: Suhrkamp, 1983, Band VI, S. 31–40).

– (1938b). Ulysses Umfahr. Maß und Wert, 1938, S. 519–540 (jetzt in: Gesammelte Schriften. Frankfurt a. M.: Suhrkamp, 1983, Band VI, S. 11–30).

– (1962). Die Vorurteilskrankheit. Einleitungsreferat zu einem Symposion. Psyche 16, 1962–63, S. 241–245 (vgl. die bibliographischen Angaben zu Mitscherlich et al., 1962).

- (1963) Auf dem Weg zur vaterlosen Gesellschaft. München: Piper.
- (1967). Krankheit als Konflikt, Studien zur psychosomatischen Medizin 2. Frankfurt a. M.: Suhrkamp.
- (1974). Bedingungen der Chronifizierung psychosomatischer Krankheiten. Die zweiphasige Abwehr. In Brede, K. Hrsg., Einführung in die psychosomatische Medizin. Frankfurt: Athenäum Fischer Taschenbuchverlag, S. 396–406.
- (1980). Ein Leben für die Psychoanalyse. Anmerkungen zu meiner Zeit. Frankfurt a. M.: Suhrkamp.
- (1983). Gesammelte Schriften. Hrsg. Klaus Menne, Tilman Allert, Helga Haase, Herbert Wiegandt und Max Looser. Frankfurt a. M.: Suhrkamp, 10 Bände.
Mitscherlich, A. und Mielke, F. (1947). Das Diktat der Menschenverachtung. Eine Dokumentation (= Medizin ohne Menschlichkeit. Dokumente des Nürnberger Ärzteprozesses. Herausgegeben und kommentiert von Alexander Mitscherlich und Fred Mielke. Mit einem neuen Vorwort von Alexander Mitscherlich. Frankfurt a. M.: S. Fischer, 1977.
Mitscherlich, A. und M. (1967). Die Unfähigkeit zu trauern. Grundlagen kollektiven Verhaltens. München: Piper (jetzt in: Mitscherlich, A., Gesammelte Schriften, Band IV, S. 9–348).
Mitscherlich, A., Lorenzer, A., Horn, K., Dahmer, H., Schwanenberg, E. und Berndt, H. (1970). Über Psychoanalyse und Soziologie. Psyche 24, 1970, S. S. 157–187.
Mitscherlich, A., Silberman, A., Grunberger, B., Wangh, M. und Hochheimer, W. (1962). Die psychologischen und sozialen Voraussetzungen des Antisemitismus – Analyse der Psychodynamik eines Vorurteils. Symposion, IV. Kongreß der Deutschen Gesellschaft für Psychotherapie und Tiefenpsychologie. Psyche 16, 1962–63 (vgl. die bibliographischen Angaben zu Grunberger, 1962, Hochheimer 1962, Mitscherlich 1962, Silbermann 1962, Wangh 1962), Vorträge S. 246–294, Diskussion S. 295–317.
Mitscherlich-Nielsen, M., Hrsg. (1972). Sigmund Freud. Briefe. Ausgewählt und mit einem Vorwort versehen von M. Mitscherlich-Nielsen. Frankfurt a. M.: Suhrkamp.
- (1975). Psychoanalyse und weibliche Sexualität. Psyche 29, 1975, S. 769–788.
- (1977). Psychoanalytische Bemerkungen zu Franz Kafka. Psyche 31, 1977, S. 60–83.
- (1979). Die Notwendigkeit zu trauern. In Märtesheimer, P. und Frenzel, I. Hrsg., Im Kreuzfeuer: Der Fernsehfilm Holocaust. Frankfurt a. M.: S. Fischer, S. 207–216.– (1985). Die friedfertige Frau. Eine psychoanalytische Untersuchung zur Aggression der Geschlechter. Frankfurt a. M.: S. Fischer.

– (1987a). Theorie in der Krise. Psyche 41, 1987, S. 961–968.
– (1987b). Erinnerungsarbeit. Zur Psychoanalyse der Unfähigkeit zu trauern. Frankfurt a. M.: S. Fischer.
Moersch, E., Kerz-Rühing, I., Drews, S., Nern, R. D., Kennel, K., Kelleter, R., Rodriguez, C., Fischer, R. und Goldschmidt, R. (1980). Zur Psychopathologie von Herzinfarkt-Patienten. Psyche 34, 1980, S. 493–587.
Morgenthaler, F., Weiss, F., Morgenthaler M. (1984). Gespräche am sterbenden Fluß. Ethnopsychoanalyse bei den Iatmul in Papua-Neuguinea. Frankfurt a. M.: S. Fischer.
Morgenthau, H. und Person, E. (1978). The Roots of Narcissism. Partisan Review 3, 1978, S. 337–347.
Morton, F. (1979). A Nervous Splendour. Boston: Little, Brown.
Moscovici, S. (1961. La psychanalyse – son image et son public.Paris: Presses Universitaires de France.
Moser, T. (1971). Repressive Kriminalpsychiatrie. Vom Elend einer Wissenschaft. Eine Streitschrift. Frankfurt a. M.: Suhrkamp.
Moser, T., Künzel, E. (1974). Gespräche mit Eingeschlossenen. Gruppenprotokolle aus einer Jugendstrafanstalt. Tiefenpsychologische Analyse des Gruppenprozesses. Frankfurt a. M.: Suhrkamp
Muck, M., Schröter, K. Klüwer, R., Eberenz, U., Kennel, K. und Horn, K. (974). Information über Psychoanalyse. Theoretische, therapeutische und interdisziplinäre Aspekte. Frankfurt a. M.: Suhrkamp.
Muensterberger, W., Boyer, L. B. und Grolnick, S. A. (1984). The Psychoanalytic Study of Society. Band X. Hillsdale, N. J.: Analytic Press.
Muslin, H. L. (1985). Heinz Kohut: Beyond the Pleasure Principle. Contributions to Psychoanalysis. In: Reppen, J., Hrsg. (1985). Beyond Freud. New York: Analytic Press, S. 203–229.
M'Uzan, M. de (1977). De l'art à la mort. Itinéraire psychanalytique. Paris: Gallimard.
– (1983). Misère de l'idéal du moi. Ideaux. Nouvelle Revue de Psychanalyse 27, 1983, S. 273–276.

Nacht, S. et al. (1959). Psychanalyse d'aujord'hui. Pressses Universitaires de France [zweite, gekürzte Auflage Paris: Presses Universitaires de France, 1968].
Nadig, M. (1986). Zur ethnopsychoanalytischen Erarbeitung des kulturellen Raums der Frau. Psyche 40, 1986, 3, S. 193–219.
Nägele, R. (1987). Reading after Freud. Essays on Goethe, Hölderlin, Habermas, Nietzsche, Brecht, Celan, and Freud. New York: Columbia University Press.

Nelson, B. (1958). Freud and the 20th Century. New York: Meridien.

– (1968). Scholastic Rationales of Conscience. Early Modern Crises of Credibility and the Scientific-Cultural Revolutions of the Seventeenth and Twentieth Centuries. Journal of the Scientific Study of Religion 7, 1968, S: 157–177.

Nunberg, H., und Federn, E., Hrsg. (1962, 1967, 1974, 1975).

Minutes of the Vienna Pychoanalytic Society. Vols. I-IV. New York: International Universities Press (deutsch: Protokolle der Wiener Psychoanalytischen Vereinigung. Hrsg. v. Nunberg, H und Federn, E.. Übersetzung der Einleitung und Anmerkungen aus dem Amerikanischen von Nunberg, M. Nachwort von Leupold-Löwenthal, H. Band I: 1906–1908; Band II: 1908–1910; Band III: 1910–1911; Band IV: 1012–1918. Frankfurt a. M.: S. Fischer, 1976, 1977, 1979, 1981).

Oberndorf, C. P. (1949). Forty Years of Psycho-Analytic Psychiatry. International Journal of Psychoanalysis 30, 1949, S. 153–161.

Oberndorf, C. P. (1951). Obituary: August Aichhorn. International Journal of Psychoanalysis 32, 1951, S. 51–57.

O'Dwyer de Macedo, H., Hrsg. (1988). Le psychanalyste sous la terreur. Vigneux: Editions Matrice.

Oliner, M. (1988). Cultivating Freud's Garden in France. New York: Jason Aronson.

Olivienstein, C. (1982). La vie du toxicomane. Paris: Presses Universitaires de France.

O'Shaughnessy, E. (1985). A 3 1/2-Year-Old Boys Melancholic Identification with an Original Object. Vortrag auf dem IPA-Kongreß in Hamburg.

Ostow, M. (1985a). Revisions of Psychoanalytic Theory and Practice Required by Experience with Psychatric Drug Therapy. Typoskript.

– (1985b). The Psychodynamics of the Apocalyptic.Disussion of Papers on Identification and the Nazi-Phenomenon. Hamburg, 30. Juli 1985.

Ouzouf, M. (1980). Sondage. 65 % des Français refuseraient une psychanalyse, même gratuite. Le Nouvel Observateur 897, S. 42–43.

Overbeck, G. (1984). Krankheit als Anpassung. Der soziopsychosomatische Zirkel. Frankfurt a. M.: Suhrkamp.

Pankoff, G. (1981). L'être-l à du schizophrène. Paris: Aubier-Montaigne.

Parin, P. (1978). Warum die Psychoanalytiker so ungern zu brennenden Zeitproblemen Stellung nehmen. Eine ethnologische Betrachtung. Psyche 32, 1978, S. 385–399.

– (1984). Anpassung oder Widerstand. Bemerkungen zu dem Aufsatz von Hans Füchtner „Traurige Psychotropen". Psyche 38, 1984, S. 627–635.

Parin, P., Morgenthaler, F. und Parin-Matthey, G. (1963). Die Weissen denken zuviel. Psychoanalytische Untersuchungen bei den Dogon in Westafrika. Zürich: Atlantis.

Parin, P., Morgenthaler, F. und Parin-Matthey, G. (1971). Fürchte deinen Nächsten wie dich selbst. Psychoanalyse und Gesellschaft am Modell der Agni in Westafrika. Frankfurt a. M.: Suhrkamp.

Parsons, T. (1964). Social Structure and Personality. New York: Free Press, 1978 (deutsch: Sozialstruktur und Persönlichkeit. 2. unv. Aufl. Frankfurt a. M.: Fachbuchhandlung für Psychologie, 1977).

Pasche, F. (1969). A partir de Freud. Paris: Payot.

Perner, J. und Tholen, G. C. (1983). Einleitung. Fragmente. Schriftenreihe zur Psychoanalyse 7–8, 1983, S. 6–14 [Psychoanalyse-Literatur-Literaturwissenschaft].

Perrier, F. (1985). Voyages extraordinaires en Translacanie. Paris: Lieu Commun.

Person, E. S. (1978). Transvestism. New Perspectives. Journal of the American Academy of Psychoanalysis 6, 1978, S. 301–323.

Person, E. S. (1980). Sexuality as the Mainstay of Identity. Psychoanalytic Perspectives. In Stimpson, C. und Person, E. S. Hrsg., Women. Sex and Sexuality. Chicago: University of Chicago Press.

– (1983). Rezension von Bell, A. P. und Weinberg, M. S., Homosexualities. A Study of Diversity among Men and Women. Journal of the American Psychoanalytic Association 6, 1983, S. 301–323.

– (1988). Dreams of Love and Fateful Encounters. New York: Norton (deutsch: Lust auf Liebe. Die Wiederentdeckung des romantischen Gefühls. Übersetzt von C. Holfelder. Reinbek b.Hamburg: Rowohlt, 1990).

Person, E. S. und Ovesey, L. (1974). Transsexual Syndrome in Males. American Journal of Psychotherapy 28, 1974, S. 4–20.

Peters, U. H. (1979). Anna Freud. Ein Leben für das Kind. München: Kindler, 1979.

Pfennigsdorf, E. (1930). Praktische Theologie. Band 2. Gütersloh: Bertelsmann.

Pfister, O. (1913). Die psychoanalytische Methode. Eine erfahrungswissenschaftlich-systematische Darstellung. Mit einem Geleitwort von Sigm. Freud. Leipzig: Klinckhardt (Nachdruck 1921).

Phillips, W., Hrsg. (1957). Art and Psychoanalysis. New York: Criterion.

Pietzker, F. (1984). Wilhelm Busch – Schuld und Strafe in Werk und Leben. München: Minerva.

Pines, M., Hrsg. (1985). Bion and Group Psychotherapy. London: Routledge & Kegan Paul (Paperback-Ausgabe 1992).

Pohlen, M. und Wittmann, W. (1980). „Die Unterwelt bewegen". Versuch über Wahrnehmung und Phantasie in der Psychoanalyse. Frankfurt a. M.: Syndikat.

Pollock, G. H. (1975). The Psychosomatic Specificy Concept. Its Evolution and Reevaluation. Annual of Psychoanalysis 5, 1975, S. 141–167.

Pontalis, J.-B. (1970). La question de la psychanalyse. Nouvelle Revue Française 1970, 1, S. 5–8.

Pribram, K. H. und Gill, M. M. (1976). Freud's „Project" Reassessed. Preface to Contemporary Cognitive Theory and Neuropsychology. New York: Basic Books.

Quinn, S. (1987). A Mind of Her Own. The Life of Karen Horney. New York: Summit.

Radó, S. (1934). Die Kastrationsangst des Weibes. Wien: Int. Psa. Verlag.

Ragland-Sullivan, E. (1986). Jacques Lacan and the Philosophy of Psychoanalysis. Chicago: University of Illinois Press.

Rand, N. und Torok, M. (1987). The History of Psychoanalysis. History Reads Theory. Critical Inquiry 13, 1987, S. 278–286.

Rangell, L. (1953). The Interchangeability of Phallus and Female Genital. Journal of the American Psychoanalytic Association 1, S. 504–509.

– (1976). Lessons from Watergate. Psychoanalytic Quarterly 45, 1976, S: 37–61.

– (1980). The Mind of Watergate. An Exploration of the Compromise of Integrity. New York: Norton.

Rank, O. (1907). Der Künstler, Ansätze zu einer Sexualpsychologie. Wien: H. Heller, ⁴1925.

Rassial, A. und Rassial, J.-J., Hrsg. (1981). La psychanalyse est-elle une histoire juive? Colloque de Montpellier. Paris: Editions du Seuil.

Reed, G. S. (1983). Candide. Radical Simplicity and the Impact of Evil. In: Kurzweil, E. und Phillips, W., Hrsg., Literature and

Psychoanalysis. New York: Columbia University Press, S. 189–200.

– (1985). Psychoanalysis, Psychoanalysis Appropriated, Psychoanalysis Applied. Psychoanalytic Quarterly 54, S. 234–269.

Reich, A. (1951). On Countertransference and the Patient's Response to it. International Journal of Psychoanalysis 32, 1951, S. 25–31.

Reichmayr, J. (1986). Theoretische Annäherungen. In Rexilius, G. und Grubitzsch, S., Hrsg., Psychologie. Theorien-Methoden-Arbeitsfelder. Ein Grundkurs. Reinbek b. Hamburg: Rowohlt.

Reichmayr J. und Wiesbauer, E. (1978). Das Verhältnis von Sozialdemokratie und Psychoanalyse in Österreich zwischen 1900 und 1938. In Huber, W., Hrsg., Beiträge zur Geschichte der Psychoanalyse in Österreich. Wien und Salzburg: Geyer, S. 25–60.

Reik, Th. (1925). Geständniszwang und Strafbedürfnis. Probleme der Psychoanalyse und der Strafjustiz. In Moser, T., Hrsg., Psychoanalyse und Justiz. Frankfurt a. M.: Suhrkamp, 1974.

– (1948). Listening with the Third Ear. The Inner Experience of a Psychoanalyst. New York: Farrar, Straus (deutsch: Hören mit dem dritten Ohr. Die innere Erfahrung eines Pychoanalytikers. Hamburg: Hoffmann & Campe, 1975).

– (1949). The Three Women in a Man's Life. In Phillips, W., Hrsg., Art and Psychoanalysis. New York: Criterion, 1957, S. 151–164.

Reinke-Köberer, E. (1978). Zur heutigen Diskussion der weiblichen Sexualität in der psychoanalytischen Bewegung. Psyche 32, 1978, S. 695–731.

Reinke, E. (1987). Psychoanalytisches Verstehen im soziotherapeutischen Settting. Ein Modellprojekt mit Straftätern. Psyche 41, 1987. S. 900–914.

Reppen, J. (1985). Beyond Freud. A Study of Modern Psychoanalytic Theorists. Hillsdale, N. J.: Analytic Press.

Richter, H.-E. (1982a). Zur Psychologie des Friedens. Reinbek: Rowohlt.

– (1982b). Psychosoziale Medizin und Prävention von Militarisierungsbereitschaft. Psychsozial 5, 1982, 1, S. 134–145.

– (1984). Sterbeangst und Destruktivität. Psyche 38, 1984, S. 1105–1123.

– (1985). Als Psychoanalytiker in der Friedensbewegung. Psyche 39, 1985, S. 289–300.

– (1986). Amerikanismus, Antiamerikanismus -oder was sonst? Psyche 40, 1986, S. 583–599.

Ricoeur, P. (1965). De l'interpretation. Essai sur Freud. Paris: Editions du Seuil (deutsch: Die Interpretation. Ein Versuch über Freud. Übersetzt von Eva Moldenhauer. Frankfurt a. M.: Suhrkamp, 1969).

Rieff, Ph. (1961). Freud: The Mind of the Moralist. New York.

– Hrsg. (1963a). Sigmund Freud, Character and Culture. New York: Collier.

– Hrsg. (1963b). The History of the Psychoanalytic Movement. New York: Collier.

Riesman, D. (mit Nathan Glazer und Reuel Denney) (1950). The Lonely Crowd. New Haven: Yale University Press (deutsch: Die einsame Masse. Eine Untrsuchung der Wandlungen des amerikanischen Charakters. Reinbek b. Hamburg: Rowohlt, 1959).

Rigoulet, P. (1978). Marx, Freud et la mort. Les Temps Moder-nes 33, 1978, 380, S. 1525–1530.

Rimmon-Kennan, S., Hrsg. (1987). Discourse in Psychoanalysis. London: Methuen.

Rioch, M. J. (1970). The Work of Wilfried Bion on Groups. Psychiatry 33, 1970, 1, S. 56–66.

Roazen, P. (1985). Helene Deutsch. A Psychoanalyst's Life. New York: Doubleday/Anchor (deutsch: Freuds Liebling Helene Deutsch. Das Leben einer Psychoanalytikerin. Übersetzt von G. Theusner-Stampa. München: Verlag Internationae Psychoanalyse, 1989).

Roazen, P., Schoenwald, R., Zaretzki, E. und Gay, P. (1986). Symposium: Gay on Freud. Psychohistory Review 5, 1986, 1, S. 81–104.

Robert, M. (1972). D'Oedipe à Moïse. Sigmund Freud et la conscience juive. Paris: Calman-Lévy (deutsch: Sigmund Freud. Zwischen Moses und Ödipus. Übersetzt von Hans Krieger. München: List, 1975).

Rodman, F. R., Hrsg. (1987). The Spontaneous Gesture. Selected Letters of D. W. Winnicott. Cambridge, Mass.: Harvard University Press.

Róheim, G. (1919). Spiegelzauber. Leipzig und Wien: Int. Psa. Verlag.

Róheim, G. (1941). Psychoanalytic Interpretation of Culture. International Journal of Psychoanalysis 22, 1941, S. 147–169 (Die psychoanalytische Deutung des Kulturbegriffs. Internationale Zeitschrift für Psychoanalyse 26, 1941, S. 9–31).

Roland, A. Hrsg. (1978). Psychoanalysis, Creativity, and Literature. A French-American Inquiry. New York: Columbia University Press.

Roland, A. (1988). In Search of Self in India and Japan. Princeton: Princeton University Press.

Rorty, R. (1986). Freud and Moral Reflection. In Smith, J. H. und Kerrigan, W., Hrsg., Pragmatism's Freud. The Moral Disposition of Psychoanalysis. Psychiatry and the Humanities, Band IX. Baltimore: Johns Hopkins Press, S. 2–4.

Rose, G. J. (1987). Trauma and Mastery in Life and Art. New Haven: Yale University Press.

Rose, J. (1985). Dora. Fragment of an Analysis. In Bernheimer, C. und Kahane, C., Hrsg., In: In Dora's Case. Freud – Hysteria – feminism. New York: Columbia University Press.

– (1986). Sexuality in the Field of Vision. London: Verso.

Rose, R. M. (1983), What Are We Talking About and Who Listens? A Citation Analysis of „Psychosomatic Medicine". Psychosomatic Medicine 45, 1983, 5, S. 379–394.

Rosenfeld, H. (1987). Impasse and Interpretation. Therapeutic and Antitherapeutic Factors in the Psychoanalytical Treatment of Psychotic, Borderline and Neurotic Patients. London: Tavistock (deutsch: Sackgassen und Deutungen. Therapeutische und antitherapeutische Faktoren bei der psychoanalytischen Behandlung von psychotischen, Borderline- und neurotischen Patienten. Mit einem Vorwort von Otto Kernberg. Übersetzt von Max Looser. München/Wien: Verlag Internationale Psychoanalyse).

Rosenkötter, L. und von Schweinichen, M. (1981). Psychoanalyse als Teil der sozialen Krankenversicherung. Ein Meinungsbild aus dem Jahre 1974. Psyche 35, 1981, S. 42–45.

Rosolato, G. (1978). Le symbole comme formation. Colloque avec Hanna Segal au 30e Congrès International de Psychanalyse, Jerusalem, August 1977; in Psychanalyse à l'université, 30, 1983 (englisch: Symbol Formation. International Journal of Psychoanalysis 59, 1978, S. 303–313).

Roth, M. S: (1987). Psycho-Analysis as History. Negation and Freedom in Freud. Ithaca: Cornell University Press.

Rothstein, A., Hrsg. (1985). Models of the Mind. Their Relationship to Clinical Work. New York: International Universities Press.

Roudinesco, E. (1982). La bataille de cent ans. Histoire de la psychanalyse en France 1885–1939. Vol. I. Paris: Ramsay (Neuauflage Paris: Seuil, 1986).

Roudinsco, E. (1986): La bataille de cent ans. Vol. 2. Paris: Seuil, 1986.

Roussillon, R. (1984). Du baquet de Mesmer aus „baquet" de S. Freud. Premières réflexions sur la préhistoire du cadre psychanalytique. Revue Française de Psychanalyse 18, 1984, 6, S-1363–1383.

Roustang, F. (1982). Un destin si funeste. Paris: 1976 (englisch: Dire Mastery. Baltimore: Johns Hopkins University Press, 1982).

– (1980). Elle ne lâche pas. Paris: Minuit (englisch: Psychoanalysis never lets go. Baltimore: Johns Hopkins University Press, 1980).

– (1984). La psychanalyse peut-elle s'exporter? Psychanalystes, 11, S. 3–9.

Rudnitsky, P. L. (1987). Freud and Oedipus. New York: Columbia University Press.

Sachs, H. (1928). Über einen Antrieb bei der Bildung des weiblichen Über-Ichs. Internationale Zeitschrift für Psychoanalyse 14, 1928, 2, S. 163–174.

– (1930). Die Lehranalyse. In: Zehn Jahre Berliner Psychoanalytisches Institut. Wien: Int. Psa. Verlag, 1930, S. 53–54.

Safouan, M. (1983). Lacques Lacan et la question de la forma-tion des analystes. Paris: Seuil.

Saluti, J. (1986). Kein Näherkommen. Eine Jubiläumsbetrachtung. Werkblatt 3, 1986, 3–4, S. 107–111.

Sandler, J. (1975). Sexual Fantasies and Sexual Theories in Childhood. In Studies in Child Analysis: Pure and Applied. Monograph Series of The Psychoanalytic Studies of the Cild, 5. New Haven: Yale University Press.

– (1984a). Comment presented on the first Congress of the Sigmund Freud Center, Hebrew University, Jerusalem. 27.29. Mai, 1984.

– (1984b). Brief Notes on the Concept of Internalization and Externalization. Presented on the first Congress of the Sigmund Freud Center, Hebrew University, Jerusalem. 27.-29 Mai, 1984.

Sartre, J.-P. (1946). Réflexions sur la question juive. Paris: Morihien (deutsch: Betrachtungen zur Judenfrage. Psychoanalyse des Antisemitismus. Übersetzt von Hedi Wurzian. Zürich: Europaverlag. Nachdruck in: Sartre, Drei Essays. Frankfurt: Ullstein, 1960, S. 108–190).

– (1959). Le scénario Freud. Préface de J.-B. Pontalis. Paris: Gallimard (Connaisance de l'Inconscient; Série: La psychanalyse dans son histoire), 1984 (deutsch: Freud. Das Drehbuch. Hrsg. von Vincent von Wroblewsky. Deutsch von Traugott König. Vorwort von J. B. Pontalis. Reinbek b. Hamburg: Rowohlt, 1993).

Satow, R. (1979). Pop Narcissism. Psychology Today, 13–14, S. 17.

Scaluta, J. 1987). La psychohistoire. Paris: Presses Universitaires de France.

Schafer, R. (1974). Problems in Freud's Psychology of Women. Jornal of the American psychoanalytical Association 22, 1974, S. 459–485.– (1976). A New Language for Psychoanalysis. New Haven: Yale University Press (deutsch: Eine neue Sprache für die Psychoanalyse. Übersetzt von Wolfgang Krege. Stuttgart: Klett-Cotta, 1982).

Scharfenberg, J. (1981). Die Rezeption der Psychoanalyse in der Theologie. In Cremerius, J., Hrsg., Die Rezeption der Psychoanalyse in der Soziologie, Psychologie und Theologie im deutschsprachigen Raum bis 1940. Frankfurt a. M.: Suhrkamp 1981, S. 255–338.

Schauder, C. (1982). L'évènement balintien pour le pédagogue. Revue de Medicine psychosomatique 24, 1982, S. 1779–189.

Scheidt, C. E. (1986). Die Rezeption der Psychoanalyse in der deutschsprachigen Philosophie vor 1940. Frankfurt a. M. : Suhrkamp.

Schick, A. (1968). The Vienna of Sigmund Freud. Psychoanalytic Review 55, 1968, 4, S. 529–551.

Schmidl, F. (1981). On Applied Psychoanalysis. New York: Philosophical Library.

Schneider, G. (1985). Stellungahme zu „Traurige Psychotropen" von Hans Füchtner in Psyche 7/1984. Psyche 39, 1985, 12, S. 1133–1149.

Schneiderman, S. (Herausgeber und Übersetzer) (1980). Returning to Freud. Clinical psychoanalysis in the School of Lacan. New Haven: Yale Unversity Press.

– (1983). Jacques Lacan. The Death of an Intellectual Hero. Cambridge, Mass.: Harvard University Press.

– (1986). Rat Man. New York: New York University Press.

Schorske, C. E. (1978). Generational Tension and CulturalChange. Reflections on the Case of Vienna. Daedalus 107, 1978, S. 111–122.

– (1980). Fin-de-siècle Vienna. New York: Knopf (deutsch: Wien. Geist und Gesellschaft im Fin-de-siècle. Übersetzt von Horst Günther. Frankfurt a. M: S. Fischer, 1985).

Schott, H. (1985). Zauberspiegel der Seele. Sigmund Freud und die Geschichte der Selbstanalyse. Göttingen: Vandenhoek & Ruprecht.

Schur, M. (1955). Comments on the Metapsychology of Somatization. Psychoanalytic Study of the Child 10, 1955, S. 119–164 (deutsch: Zur Metapsychologie der Somatisierung. Übersetzt von H. Schultz. In Brede, K. Hrsg. (1974). Einführung in die psychosomatische Medizin. Klinische und theoretische Beiträge. Frankfurt a. M.: Athenäum Fischer, S. 335–395.

– (1959). Discussion of Dr. John Bowlby's Paper. Psychoanalytic Study of the Child 15, 1959, S. 65–94.

– (1972). Freud: Living and Dying. New York: International Universities Press (deutsch: Sigmund Freud: Leben und Sterben. Übersetzt von Gert Müller. Frankfurt a. M.: Suhrkamp, 1973).

Schuster, P. (1985). Korreferat zu A. de Blecourt. Zeitschrift für psychoanalytische Theorie und Praxis, S. 89–94.

Schwarzmann, J. (1971). Die Verwahrlosung der weiblichen Jugendlichen. Entstehung und Behandlungsmöglichkeiten. München und Basel: Ernst Reinhardt.

Schwidder, W. (1950–51). Die klinische Pychotherapie in Berlin (Mitteilungen). Psyche 4, 1950–51, S. 382.

Segal, H. (1964). Introduction to the Work of Melanie Klein. London: Hogarth Press (überarbeitete Ausgabe 1973; deutsch: Melanie Klein. Eine Einführung in ihr Werk. Übersetzt von Gerhard Vorkamp. München: Kindler, 1974; Frankfurt a. M.: S. Fischer, 1983).

Sennett, R. (1977). The Fall of Public Man. New York: Knopf (deutsch: Verfall und Ende des öffentlichen Lebens. Die Tyrannei der Intimität. Übersetzt von Reinhard Kaiser. Frankfurt a. M.: S. Fischer, 1983).

Sharaf, M. (1983). Fury on Earth. A Biography of Wilhelm Reich. New York: St. Martin's Press.

Silbermann, A. (1962). Zur Soziologie des Vorurteils. Psyche 16, 1962–63, 246–254.

Simenauer, E. (1981). Die zweite Generation – danach. Die Wiederkehr der Verfolgermentalität in Psychoanalysen. Jahrbuch der Psychoanalyse, Band 12, S. 8–17.

Simmel, E. (1918). Kriegsneurosen und 'psychisches Trauma'. Leipzig und München: O. Nemnich

Smirnoff, V. N. (1979). Regards sur la psychanalyse. Nouvelle Revue Française 20, 1979, S. 13–58.

– (1982). Le contre-transfert, maladie infantile de l'analyste. Topique 30, S. 5–25.

Smith, J. H. und Kerrigan, W., Hrsg. (1984). Taking Chances. Derrida, Psychoanalysis and Literature. Baltimore: Johns Hopkins Press.

Smith, J. H. und Kerigan, W., Hrsg. (1986). Pragmatism's Freud. The Moral Disposition of Psychoanalysis. Baltimore: Johns Hopkins Press.

Smith-Rosenberg, C. (1972). The Hysterical Woman. Sex Roles in 19th Century America. Social Research 39, 1972, S. 652–678.

Solms-Rödelheim, W. (1959). Psychoanalyse in Österreich. In Handbuch der Neurosenlehre und Psychotherapie. Band 3: Spezielle Psychotherapie I. München: Urban & Schwarzenberg [in: Psychologie des 20. Jahrhunderts. Zürich: Kindler, 1976, Band II, S. 1180–1191].

Solnit, A. (1975). Developments in Child Psychoanalysis in the Last Twenty Years, Pure and Applied. In The Psychoanalytic Study of the Child. Monograph N° 5. New Haven: Yale University Press, S. 1–14.

Sperber, M. (1972). Alfred Adler et la psychologie individuelle. Paris: Gallimard.

Spiegel, L. A. (1974). Youth, Culture and Psychoanalysis. American Imago 31, 1974, 2, S. 206–231.

Spiro, M. E. (1958). Children of the Kibbutz. Cambridge, Mass.: Harvard University Press.

– (1965). Religious Systems as Culturally Constituted Mechanisms. In: Content and Meaning in Cultural Anthropology. New York: Free Press.

– (1982). Oedipus in the Trobriands. Chicago: Chicago University Press.

Spitz, R. A. (1946). Anaclitic Depression. An Inquiry into the Genesis of Psychiatric Conditions in Early childhood. Psychoanalytic Study of the Child 2, 1946, S. 313–342.

– (1955). The Primal Cavity. A Contribution to the Genesis of Perception and Its Role for Psychoanalytic Theory. The Psychoanalytic Study of the Child 10, 1955, S. 215–240 (deutsch: 'Die Urhöhle'. Zur Genese der Wahrnehmung und ihrer Rolle in der psychoanalytischen Theorie. Psyche 9, 1955, S. 641–667).

– (1960). Discussion of Dr. Bowlby's Paper. Psychoanalytic Study of the Child 15, 1960, S. 85–94.

– (1963). Life and the Dialogue. In Gatskill, H. S., Hrsg., Counterpoint. Libidinal Object and Subject. New York: International Universities Press (deutsch: Das Leben und der Dialog. Übersetzt von Käte Hügel. Psyche 26, 1972, S. 249–264).

Spotnitz, H. (1961). Adolescence and Schizophrenia. In Lorand, S. und Schneer, H. I., Hrsg., Adolescents. New York: Hoeber, S. 217–237.

Stadler, H. P. (1982). Triebrepräsentanz, Orientierungsreflex, Alarmreaktion. Eine Skizze zu Gegenstand und Forschungslogik der Psychosomatik. Psyche 36, 1982, S. 97–122.

Stannard, D. E. (1980). Shrinking History. New York: Oxford University Press.

Staples, H. D. und Smarr, E. R. (1980). Bridge to Adulthood Years from Eighteen to Twenty-Three. In The Course of Life. Vol. 2:

Latency, Adoelscence and Youth. Washington, D. C.: National Institute of Mental Health, S. 477–496.

Stein, C. (1971). L'enfant imaginaire. Paris: Denoël.

– (1982). D'un amour qui ferait obstacle à l'amour. Etudes freudiennes 19–20, 1982, S. 147–163.

– (1987). Les erinyes d'une mère. Essais sur la haine. Quimper: Calligrammes.

Stepansky, P. E. und Goldberg, A. (1985). Kohut's Legacy.Contribution to Self Psychology. New York: Analytic Press.

Sterba, R. (1982). Reminiscences of a Viennese Psychoanalyst. Detroit: Wayne State University Press (deutsch: Erinnerungen eines Wiener Psychoanalytikers. Frankfurt a. M.: S. Fischer, 1985).

Stoller, R. (1964). A Contribution to the Study of Gender Identity. International Journal of Psychoanalysis 45, 1964, S. 220–226.

– (1968). Sex and Gender. New York: Science House.

Stone, L. (1961). The Psychoanalytic Situation. An Examination of Its Development and Essential Nature. New York: International Universities Press.

Storr, A. (1979). The Art of Psychotherapy. New York: Methuen.

Strotzka, H. (1969). Psychotherapie und soziale Sicherheit. Wien: Huber.

– (1983b). Fairness, Verantwortung, Phantasie.Eine psychoanalytische Alltagsethik. Wien: Franz Deuticke.

Strout, C. (1979). Henry James' Dream of the Louvre, „The Jolly Corner", and Psychological Interpretation. Psychohistory Review 8, 1979, 1–2, S. 47–52 (in: Kurzweil E. und Phillips, W., Hrsg., Literature and Psychoanalysis. New York: Columbia, 1983, S. 217–231).

Sullivan, H. S. (1953). The Interpersonal Theory of Psychiatry. New York: Norton (deutsch: Die interpersonale Theorie der Psychiatrie. Frankfurt a. M.: S. Fischer, 1983.

Sulloway, F. J. (1979). Freud, Biologist of the Mind. New York: Basic Books (deutsch: Freud. Biologe der Seele. Jenseits der psychoanalytischen Legende. Übersetzt von Hans-Horst Henschen. Köln-Lövenich: Hohenheim (Edition Maschke), 1982.

Sylwan, B. (1982). Sous le signe de Georg Brandes. Le cachet de Melanie Klein-Reizes. Confrontation 8, 1982, S. 133–152.

Takahashi, T (1982). La psychanalyse au Japon. In Jaccard. R. Hrsg., Histoire de la psychanalyse. Paris: Hachette, Band 2, S. 417–438.

Tholen, G. C. (1985). Dichtung und Verdichtung. Fragmente 17–18, S. 4–13.

Thomä, H. (1983). Von der Psychosomatischen Medizin zur Psychoanalyse – Heidelberg 1949–1967. Psyche 37, 1983, S. 322–335.

Thomä, H. und Kächele, H. (1985). Lehrbuch der psychoanalytischen Therapie. Band 1: Grundlagen. Berlin/Heidelberg/New York: Springer.

– (1988). Lehrbuch der psychoanalytischen Therapie. Band 2: Praxis. Berlin/Heidelberg/New York: Springer.

Thompson, C. (1943). Penis Envy in Women. In Baker-Miller, J., Hrsg. (1974). Psychoanalysis and Women. Harmondsworth: Penguin Books, S. 51–84.

Thompson, N. L. (1987a). Helene Deutsch. A Life in Theory. Psychoanalytic Quarterly 56, S. 317–353.

– (1987b). Early Women Psychoanalysts. International Review of Psychoanalysis 14, S. 317–353.

Timpanaro, S. (1974). Il lapsus freudiano. Psicanalisi e critica testuale. Firenze: La Nuova Italia [revidierte Neuauflage 1975; englische Ausgabe: The Freudian Slip. London: Verso, 1985].

Tinbergen, N. (1951). An Attempt at Synthesis. In ders., Study of Instinct. New York: Oxford University Press, S. 121–127 (deutsch: Kapitel V, Ein Versuch zur Synthese in: Tinbergen, N., Instinktlehre. Vergleichende Erforschung angeborenen Verhaltens. Übersetzt von O. Koehler. Berlin: Parey, 1952, S. 93–120.

Torok, M. (1981). (Avec la participation de Sylwan, B. et Covello, A.) Géopsychanalyse: Rencontre franco-latino-américain. Confrontation, Februar 1981, S. 215–242.

– (1984) La correspondance Ferenczi-Freud. Confrontation 12, S. 79–99.

Trilling. L. (1950). The Liberal Imagination. New York: Viking.

Turkle, S. (1978). Psychanalytic Politics. Freud's French Revolution. New York: Basic Books.

Uexküll, J. v. (1928). Theoretische Biologie. Mit einem Vorwort von R. Bilz. Frankfurt a. M.: Suhrkamp, 1973.

Van Herik, J. (1982). Freud on Femininity and Faith. Berkeley: University of California Press.

Vermorel, M. und Vermorel, H. (1985). Freud Romantique. Vortrag auf dem Kongreß der IPA, Hamburg, 30. Juli 1985.

Vianna, H. C. B. (1988). Psychoanalyse und Politik in Brasilien. Psyche 42, 1988, S. 997–1015.

Viderman, S. (1970). La construction de l'espace analytique. Paris: Gallimard.

Viderman, S. (1983). La toile, la mouche et l'araignée. Nouvelle Revue de Psychanalyse 27 (Idéaux), S. 171–183.

Voghera, G. (1980). Gli anni della psicanalisi. Pordenone. Edizioni Studio Tesi.

Vogt, R. (1986). Psychoanalyse zwischen Mythos und Aufklärung oder Das Rätsel der Sphinx. Frankfurt: Edition Qumran im Campus-Verlag.

Waelder, R. (1949). Authoritarianism and Totalitarianism. In Wilbur, G. V. und Muensterberger, W., Hrsg., Psychoanalysis and Culture. New York: International Universities Press, S. 11–25.

Waelder, R. (1960). Characteristics of Totalitarianism. In Muensterberger, W. und Axelrod, S., Hrsg., The Psychoanalytic Study of Society. New York: International Unversities Press, Vol. I, S, 11–25.

– (1962.) Psychoanalysis, Scientific Method and Philosophy. Journal of the American Psychoanalytic Association 10, 1962, S. 617–637.

Wallerstein, R. S. (1987). Presidential Message. Litigation. IPA Newsletter 19, N° 1.

Wangh, M. (1962). Psychoanalytische Betrachtungen zur Dynamik und Genese des Vorurteils, des Antisemitismus und des Nazismus. Psyche 16, 1962–63, S. 273–284.

Weber, S. (1982). The Legend of Freud. Minneapolis: University of Minnesota Press (deutsch: Freud-Legende. Drei Studien zum psychoanalytischen Denken. Olten und Freiburg i. Br.: Walter, 1984).

Weinstein, F. und Platt, G. (1973). Psychoanalytic Sociology. An Essay on the Interpretation of Historical Data and the Phenomenon of Collective Behavior. Baltimore & London: Johns Hopkins Press.

Weiss, E. (1985). Elementi di psicanalisi. Pordenone: Edizioni Studio Tesi.

Weiss, E. und English, O. S. (1943). Psychosomatic Medicine. Philadelphia: W.B. Saunders.

Weizsäcker, V. v. (1940). Der Gestaltkreis. Theorie der Einheit von Wahrnehmen und Bewegen. Mit einer Einführung von Rolf Denker. Frankfurt a. M.: Suhrkamp, 1973.

Wesiack, W. (1978). The Role of Psychoanalysis in Psychosomatic and General Medicine. Sigmund Freud House Bulletin 2, N° 1, S. 30–38.

Wetzel, M. (1987). Spurensicherung. Fragmente 17–18, S. 179–204.

Widmer, P. (1984). Zum Problem des Todestriebs. Psyche 38, 1984, S. 1059–1082.

Wiegman, H. (1950–51). Die Klinik für psychogene Störungen Berlin-Grunewald. Psyche 4, S. 389–393.

Wiesenhütter, E. (1958). Die Bedeutung individueller Konflikte für die politische Meinungsbildung. Psyche 12, 1958, S. 233–240.

Wilden, A. (1968). The Language of the Self. The Function of Language in Psychoanalysis, by Jacques Lacan. Translated with Notes and Commentary by Anthony Wilden. Baltimore: Johns Hopkins Press.

Winnick, H. Z., Moses, R. und Ostow, M. Hrsg. (1973). Psychological Bases of War. New York: Quadrangle.

Winnicott, D. W. (1957). The Child and the Outside World. Studies in Developing Relationships. London: Tavistock.

– (1960). Home Is Where We Start From. Essays by a Psychanalyst. New York: Norton.

– (1971). Playing and Reality. London: Tavistock (deutsch: Vom Spiel zur Realität. Übersetzt von Michael Ermann. Stuttgart: Klett, 1973).

Wirsching, M. und Stierlin, H.. (1982). Krankheit und Familie. Stuttgart: Klett.

Wittels, F. (1954). Heinrich von Kleist – Prussian Junker and Creative Genius. In Phillips, W., Hrsg., Art and Psychoanalysis. New York: Criterion, 1957, S. 165–182.

Wolff, K. (1950). The Sociology of Georg Simmel. New York: Free Press (= Teilübersetzung von Georg Simmel, Soziologie, Untersuchungen über die Formen der Vergesellschaftung. Leipzig: Duncker und Humblot, 1908).

Worbs, M. (1983). Nervenkunst. Literatur und Psychoanalyse im Wien der Jahrhundertwende. Frankfurt a. M.: Europäische Verlagsanstalt.

Wulff, M., Hrsg.(1950). Aus der Frühzeit der Psychoanalyse. Rede zu Freuds 81. Geburtstag. In Max Eitingon. In Memoriam. Jerusalem: Israel Psycho-Analytical Society.

Wyatt, F. (1981). Möglichkeiten und Grenzen der psychoanalytischen Deutung der Literatur. In Cremerius, J., Mauser, W., Pietzker, C. und Wyatt, F., Hrsg., Freiburger literaturpsychologische Gespräche 1. Frankfurt a. M.: Lang, S. 7–12.

– (1986a). The Narrative in Psychoanalysis. Psychoanalytic Notes on Storytelling, Listening, and Interpreting. In Sarbin, T. R., Hrsg., New York: Praeger, S. 193–210.

– (1986b). Aufarbeitung der Vergangenheit. Psychoanalyse unter dem Nationalsozialismus. Typoskript.

Ziferstein, R. (1970). Der Psychoanalytiker vor den Problemen der Gesellschaft. Psyche 24, 1970, S. 541–552.

Zilboorg, G. (1930). Ausländisches Interesse am Institut. A. Aus Amerika. In: Zehn Jahre Berliner Psychoanalytisches Institut. Herausgegeben von der Deutschen Psychoanalytischen Gesellschaft. Wien: Int. Psa. Verlag, 1930.

– (1944). Masculine and Feminine. Psychiatry 7, S. 257–298

Personenregister

Abraham, Karl   49, 56, 62, 65 ff., 70, 72 f., 76, 81, 95, 97, 115 f., 125, 166, 249, 252 ff., 326, 335

Adler, Alfred   8, 11, 43, 59 f., 63, 69, 77 f., 113–120, 125, 139, 212, 214, 221, 267, 321, 414, 437, 475–480

Adler, Victor   477

Adorno, Theodor W.   381, 387, 424 f., 427, 495

Aichhorn, August   77, 80, 214, 238, 252, 362

Alexander, Franz   74 ff., 86, 88, 93, 176 f., 185, 192 f., 203 f., 206, 238, 433

Allendy, René   95 f.

Althusser, Louis   264, 385, 405, 409, 500 f.

Andersen, Hans Christian   316

Andreas-Salomé, Lou   61

Anzieu, Didier   368, 457, 518, 520

Argelander, H.   386

Ashbach, C.   262

Astley   348

Atkinson, J. J.   30, 139

Auden, W. H.   302

Augstein, Rudolf   390

Aulgnier, Piera   369

Austen, Jane   241

Bacon, Francis   232

Balint, Michael   189, 203, 245 f., 338, 423, 437

Balzac, Honoré de   258, 319

Bandler   348

Barande, I.   49, 93 f., 456 f.

Barret, William   301, 306

Barthes, Roland   316, 325, 385, 404, 409

Bateson, Gregory   155, 321

Baudrillard, Jean   500

Bauer, Otto   414

Beauvoir, Simone de   267, 277

Becker, Hellmuth   391, 495

Beckett, Samuel   501

Bell, Alan P.   280

Bell, Daniel   513

Bellak, Leopold   411

Belleforest, François de   292

Benedek, Therese   254

Benedict, Ruth   155, 158

Benedikt, Moritz   16, 176 f.

Beres, David   238

Berganza, C. E.   174

Berger, Peter   54, 421

Bergman, Anni   463

Bergson, Henri   45, 92

Bernays, Martha   46, 179

Berner, Wolfgang   363

Bernfeld, Siegfried   74, 77, 89, 139, 238, 348, 350, 396 f., 431, 474, 487, 490, 495 f.

Bernheim, Hyppolyte   16, 39, 45 f., 179

Bernheimer   311

Bianchedi 450
Bibring, Grete 77
Biedenkopf, Kurt 390
Bilz, Rudolf 190
Binger, Carl 91
Binswanger, Otto 66
Bion, Wilfried R. 338, 445–448, 450
Bleuler, Eugen 62, 118
Bloch, Iwan 66
Bloom, Harold 310
Blos, Peter 238
Boas, Franz 39, 484
Boehm, Felix 77 f., 351, 353
Böll, Heinrich 390
Bonaparte, Marie 23, 56, 92, 94 f., 229, 253, 256, 272, 293 f., 297, 527
Boor, Clemens de 241 ff., 358
Boston, M. 443
Bowlby, John 219, 446, 448 ff., 467
Brainin, Elisabeth 210, 393
Brandt, Willy 508
Brauns, Hans-Dieter 29 ff.
Bräutigam, Walter 392
Brecht, Bert 489
Brede, Karola 188, 190, 193, 197–200, 355, 390, 401
Breton, André 165
Breuer, Josef 21, 46 f., 102 f.
Briffault 257
Brill, A. A. 39, 81, 86
Bromberg, N. 484
Brome, V. 115 f.
Brothage, A. 18, 32 ff.
Brücke, Ernst 21, 25
Brunswick, Ruth Mack 273
Buber, Martin 501
Bühler, Charlotte 437
Bullitt 479
Burke, Edmund 136
Burlingham, Dorothy 220, 229, 384
Bychowski, Gustav 437

Cabestan, P. 503
Caetano 343
Carsky, M. 467
Caruso, Igor 413, 497
Castel, F. und R. 403, 501
Charcot, Jean-Martin 16, 25 f., 29, 39, 46 ff., 113, 179, 373, 527
Chaseguet-Smirgel, Janine 50, 272 ff., 276 ff., 315 f., 469 ff., 510, 520
Chaterton, Thomas 331
Chodorow, Nancy 282 f., 470
Chrobak 103
Chruschtschow, Nikita 402
Cixous, Hélène 269 f.
Clark, R. 415
Clément, C. 270, 404
Cocks, G. C. 222 f., 225, 351, 354, 392
Coleman, E. 253
Coltrera, Joseph 328
Comte, Auguste 136
Coser, Lewis 68, 382
Coser, Rose Laub 382
Courtivron 268 f.
Cowles, Edward 41
Cremerius, Johannes 28 f., 33, 54, 69, 175, 296, 323 f., 326, 360, 523
Crews, Frederick 419

Dahmer, Helmut 394, 396 f., 401, 482
Dalsimir, Katherine 240 f.
Dalton, Elizabeth 307
Darwin, Charles 30, 240
Daws, D. 443
Deckenberger, Hanna S. 15
Decker, H. S. 29
Délasiauve 45
Deleuze, Gilles 315, 320, 500 f.
Derrida, Jacques 314, 515 f.

Descartes, René 517
Dettmering, Peter 296, 325
Deutsch, Felix 191, 206
Deutsch, Helene 7, 74, 215, 252, 254–261, 263
Devereux, Georges 157
Dewey, John 230, 232
Diatkine, R. 343
Dilman, Ilham 420
Dilthey, Wilhelm 32
Döblin, Alfred 323
Dolto, Françoise 368, 373, 518
Donovan, William J. 474
Dostojewski, Fjodor M. 292, 298, 306
Douglas, Mary 157, 168
Dräger, Käthe 392
Dührssen, Annemarie 187
Dunbars, Flanders 181 f., 202 f.
Duras, Marguerite 276

Eagle, Morris 422 f.
Eck, Claus D. 326
Eder, David 52
Ehebald, Ulrich 361
Eichendorff, Joseph Frhr. von 323
Einstein, Albert 481
Eissler, Kurt 189, 296, 384, 445, 450, 485, 469 f.
Eitington, Max 62 f., 70, 76, 78, 81, 115, 335
Ellenberger, Henry 15 f., 18 f., 45 f., 50, 100, 103, 117, 119, 122 f., 125, 175 f., 178, 180 f.
Ellis, Havelock 42, 58, 124
Ellman, Richard 321, 463, 467
Elrod, N. 482
Empson, William 301
Endleman, Robert 415
Engel, George L. 206 f.

Engelhardt, Knut 244
English 181, 183
Eppel, Hedda 364
Eppensteiner, Barbara 326
Erdheim, Mario 157, 394, 398–401, 413, 498
Erikson, Erik 89, 157, 231, 238, 414, 482, 511, 526
d'Esquirol 45
Ey, Henri 402

Faimberg, Haidée 315
Fain, Michel 196, 199 f., 527
Fairbairn, Ronald 167, 472
Fallend, Karl 326
Fanon, Frantz 264
Favez-Boutonier 368
Fechner, Gustav Theodor 32, 125
Federn, Paul 60 ff., 81, 108, 114, 132, 146, 286, 475 f.
Felman, Shoshana 313, 319
Fenichel, Otto 66, 74, 77, 89, 139, 162, 191, 397, 487, 490
Ferenczi, Sandor 3, 11, 17, 39, 52, 56, 67, 69, 71, 76, 81, 84 f., 92, 95, 97, 109, 114 f., 120, 127, 130 ff., 176, 195, 199, 209, 212, 317, 319, 335, 397, 429 f., 450, 456
Fetscher, J., 387 f.
Feuchtwanger, Lion 289
Figes, Eva 267
Firestone, Sulamith 267
Fischer, Charles 488
Flaubert, Gustave 319
Fleming, Joan 254
Fließ, Wilhelm 19, 110, 267, 285
Fluornoy, Henri 437
Flournoy, Théodore 49

Fogel, G. J. 281
Foucault, Michel 385, 404, 502
Frank, Anne 241
Frazer, J. G. 142
French 182, 193
Freud, Anna 8, 11, 17, 70, 74, 76f., 86, 88, 92, 130, 167, 198f., 212, 216–220, 229, 234, 247, 253, 256, 296, 321, 336ff., 349, 363, 365, 384, 411, 429ff., 437f., 440, 442f., 445, 448f., 472
Freud, E. L. 22
Freud, Ernst 217, 489
Frey, Philipp 146
Friedan, Betty 267
Friedjung, Josef K. 475
Frisch, Max 327
Fromm, Erich 1, 90, 139, 158, 160–164, 381, 397f., 408, 483, 487, 498
Fromm-Reichmann, Frieda 76
Füchtner, Hans 344f.
Furer, Manuel 235, 463
Furtmüller, Karl 475

Galenson, Eleanor 278
Gallop, Jane 270
Gantheret, Francois 500
Garma, Angel 450
Gay, Peter 24, 49, 60f., 180, 415
Gebsattel, Victor E. Freiherr von 80
Geertz, Clifford 143, 156
Geiger, Theodor 31
Gendrot, J. A. 456
George, F. 521
Gifford, S. 513, 528
Glover, Edward 52, 229, 238, 437
Glover, James 52
Goeppert, Sebastian 326

Goethe, Johann Wolfgang von 288f., 298, 322, 327
Goffman, Erving 421
Goldmann, Emma 40f.
Gölter, Waltraud 276
Gombrich, E. H. 301
Gorer, Geoffrey 158
Göring, Erna 353, 393
Göring, Heinrich Matthias 78, 221f., 392
Göring, Hermann 78, 93, 393
Gosliner 233
Graf-Nold, A. 217
Granoff, W. 368
Grass, Günter 498
Grath, William J. 414
Graves, Robert 302, 321
Green, André 328, 370, 373, 456
Greenacre, Phyllis 233, 254, 273, 298f., 471
Greenson, Ralph 453
Greer, Germaine 267
Grillparzer, Franz 285
Groot 436
Grosskurth, Phyllis 52, 74, 127, 129, 219, 228f., 255, 261
Grossmann, William 278
Grünbaum, Adolf 416ff., 420
Grünberg 419
Grunberger, B. 430, 456, 471, 493
Grunert, Johannes 79, 222, 393f.
Guattari, Felix 320, 500f.
Guntrip, Harry 167

Haarstrich, R. 355
Habermas, Jürgen 327, 387f., 390, 396, 416f., 495
Hagemann-White, Carol 277
Haig, Alexander 508

Hale, Nathan G. 38, 40–44, 82, 151
Hamilton, Victoria 320 f.
Hampdon-Turner, C. 53
Hartmann, Geoffrey 301, 328
Hartmann, Heinz 93, 96, 158 ff., 181, 220, 431 f., 435 f., 438, 442 f., 485 f., 495
Hegel, Georg Wilhelm Friedrich 144, 195, 391
Heidegger, Martin 386
Heimann, Paula 189, 229, 384, 430, 444
Heine, Heinrich 147
Heinz 482
Heller, Erich 302–305
Heller, Hugo 69, 475
Helmholtz 317
Hendrik, Ivo 431
Herbart, Johann Friedrich 217
Herik, Judith van 420
Hermann, Imre 319
Heugner 387
Hilferding, Margarete 475
Hilferding, Rudolf 475
Himmler, Heinrich 222, 414
Hirschfeld, Magnus 66
Hirschmüller 126
Hitler, Adolf 78, 80, 161, 165, 189, 324, 386 ff., 401, 427, 437, 459, 474 f., 479, 488, 525
Hitschmann, Edward 60, 146, 476
Hochheimer, W. 494
Hoffer, Willy 437
Hoffmann, E.T.A. 300, 523
Hoffmann, S. O. 18, 32 ff.
Hofling, Charles K. 349, 382
Hofmannsthal, Hugo von 60, 477

Holland, Norman 293
Homans, George 53
Honegger, M. 91
Hook, Sidney 413
Horkheimer, Max 327, 387, 427, 494 f.
Horn, Klaus 394, 509
Horney, Karen 7, 74, 86, 90, 160, 252–256, 260 ff., 381
Hug-Hellmuth, Hermine 74, 216 f., 220
Hughes, H. Stuart 143 f.
Hume, David 515

Inkeles, A. 1, 156, 488
Irigaray, Luce 270
Isaaks, Susan 229
Isbister 106

Jaccard, Roland 46, 94, 195
Jacoby, Russel 163
Jacquot, J. P. 369
Jaeger, Marcel 502
Jacobson, Edith 252, 254, 256, 262 f., 422, 472, 489
James, Henry 307 f.
James, William 24, 39, 230, 307 f.
Jandl-Jager 365
Janet, Pierre 39, 44 ff., 50 f., 92, 164
Jaspers, Willi 386
Jekels, Ludwig 475
Jensen, Wilhelm 289
Joachim, Albert 476
Jones, Ernest 15, 17, 22, 49, 51 ff., 65, 69 f., 73, 76, 78, 81, 87 f., 97, 103 f., 106, 114 f., 143, 151, 167, 175 f., 178, 180, 253, 255 f., 265, 269, 292 f., 318, 235 ff., 339 f., 352, 419, 430, 456, 478, 488 f., 527
Joseph, Edward 375 f.

Josselyn, Irene 254
Julius II, Papst 148
Juliusberger, Otto 66
Jung, Carl Gustav 22, 39,
43, 46, 49, 51, 58 f., 62, 64,
69, 79, 92, 113–119, 121,
123, 125, 148, 150, 152,
176, 195, 221, 289

Kafka, Franz 305 f., 323
Kahane, Max 60, 63, 311
Kaminer, Isidor J. 210, 393
Kant, Imanuel 113, 325, 460
Kaplan, Louise 240, 331
Kardiner, Abram 91, 139,
155, 158 f., 482, 526
Kazin, Alfred 301 Keats,
John 329
Kemper, Werner 352, 392
Kendrick 73, 134
Kernberg, O. F. 235 f., 283,
363, 422 f., 450, 466–470,
472
Kerrigan 515
Kestenberg, Judith 247
King, Pearl 52, 475
Klages, Ludwig 32, 34, 139
Klein, Dennis B. 23 f.
Klein, George 416 f.
Klein, Melanie 8, 74 f., 84,
87 f., 127, 129 ff., 166, 198,
218 ff., 228 f., 231, 233,
235 f., 246 f., 252 f., 255 f.,
261 ff., 267, 271 ff., 296,
317 f., 321, 336 ff., 429 f.,
438–443, 447 f., 456, 464,
472
Kleist, Heinrich von 300,
305
Knight, R. P. 89
Knowelden, J. 136
Kohl, Helmut 509
Köhler 212
Kohon, Gregory 52 ff., 87 f.,
166, 338

Kohut, Heinz 105, 155,
235 f., 422, 450, 464 ff.,
468, 470, 472, 527
Koller 179
König 494
Körber, Heinrich 66, 215 f.,
219 f., 226
Kovel, Joel 480
Kraeplin 118
Kraft-Ebbing, Richard von
16
Kramer, Rita 217 f.
Krauß, H. 326
Kretschmer, Ernst 354
Kris, Ernst 89, 158, 220, 232,
431 f., 435 f., 438, 486
Kristeva, Julia 268 f., 271,
328
Krüger-Zeul, Mechthild 326
Kubie, Lawrence 231
Kuns, Béla 74
Kurzweil, Edith 147 f.,
224 f., 271, 291, 302, 329,
348, 363, 404, 415, 500
Kutter, P. 191 ff.

Lacan, Jacques 2, 4, 10, 96,
127 f., 155, 165, 211, 227,
236, 245, 265, 267 ff.,
271–274, 283, 297, 311–315,
320, 327, 329, 367–373,
386, 403–410, 426, 430,
437, 447, 451–458, 460,
499 ff., 516 f., 519 ff., 527
Laforgue, René 92 f., 95
Lagache, Daniel 368, 437
Laing, Ronald D. 266
Lampl-de Groot, Jeanne 78,
272
Landauer, Karl 76
Lane 281
Langer, Walter 474
Langman, Lauren 480
Laplanche, Jean 122, 126,
128, 370 f.

Lasch, Christopher 127, 414, 469f.
Lasswell, Harold 484, 494
Lawrence, D. H. 302, 501
Leavy, Stanley 329, 331, 453ff.
Lebovici, Serge 130, 367f., 370, 441, 457
Leclaire 518, 521
Lefebvre 501
Leites, Nathan 481, 486
Lemaire, Anika 410
Lenin, W. I. 483
Leonardo da Vinci 292, 298, 327
Leupold-Löwenthal, Harald 364f.
Lévi-Strauss, Claude 385, 399, 409
Levison, D. J. 1, 156, 488
Lewin, Bertram 88
Lewin, Kurt 161, 348
Lichtman, Richard 480
Liébault, Ambreuse 20, 45, 179
Liebermann, James 84, 146, 291
Liebert 281
Liepmann, Karl Hugo 67
Limentani 346, 510
Linton, Ralph 158
Lipowski, Z. J. 205
Lipton, S. D. 105
Liss, E. 232
Little, Margaret 444
Lobner, Hans 527
Loch, W. 359, 391f.
Lockot, R. 222
Loewald, Hans 444
Loewenberg, Peter 282, 414, 474, 484
Loewenstein, Rudolph 93, 95f., 158, 341f., 435f., 438
Lohmann, H.-M. 424f., 492, 524

Lorand, Sándor 55f., 238f.
Lorenzer, Alfred 47, 116f., 121f., 126, 243, 390, 401, 467
Lowenfeld, Henry 299f.
Luquet, Catherine 273

MacDougall, Joyce 272ff.
Macedo, Heitor, O'Dwyer de 518
Mach, Ernst 32
Mack, John 507
Maeder, Alphonse 49
Maetze, G. 66f., 71, 76
Magnan 45
Mahler, Margaret 232f., 236, 247, 422f., 462ff., 468, 472
Main, Mary 130
Major, René 319, 372f., 519
Malinowski, B. 143, 257
Malraux, Clara 516
Mann, Thomas 289, 302f., 327
Mannovi, Octave 265
Marcus, Steven 307, 309ff., 526
Marcuse, Herbert 127, 164, 396, 398, 408
Marks, E. 268f.
Marmor, Judd 417f.
Marty, Pierre 196–200, 206, 527
Marx, Karl 76, 113, 264, 320, 396f., 399, 427, 460, 480, 500
Masson, Jeffrey M. 3, 19, 110, 285
Matthey-Parin, Goldy 498
Maxmen, J. S. 208
May, Karl 326
McCullers, Carson 240
McDevitt, John B. 463
McDougall, Joyce 196, 471
McGuire, W. 46, 49, 51, 109

McLean, Helen 254
Mead, Margaret 155, 158, 186, 241
Mechanic, David 205
Meisel, Alfred 63, 73, 134
Meissner, W. W. 204, 207, 420 f.
Melman, Charles 373
Meng, Heinrich 43, 76
Menne, Klaus 496
Menninger, Karl 88
Mesmer, Anton 20, 177 f.
Mettler, Heinrich 326
Meyer, Adolph 39, 41
Meyers, Robert H. 349, 382
Meynert, Theodor 21, 25 f., 46, 317
Mezzich, J. E. 174
Michelangelo 148, 298, 317
Michels, Robert 31
Middendorp, V. 186

Mijolla, A. de 93 ff., 366, 374, 519
Mill, J. S. 136
Miller, H. 501
Miller, Jacques-Alain 367, 373, 518
Miller, Jean Baker 254
Miller, Judith 407
Millet, J. P. 91
Mirsky, Arthur 206
Mitchell, Juliet 254, 264–268, 271 f., 282 f., 311, 321
Mitscherlich, Alexander 10, 188, 190–193, 200 ff., 225, 275, 356, 387–394, 396, 425, 459, 461, 492–496, 498, 521, 524, 527
Mitscherlich-Nielsen, Margarete 225, 254, 274–278. 322, 326, 389 f., 489
Moersch, Emma 200

Montessori, Maria 217, 343
Moore, George Edward 308
Morgenstern, Sophie 96
Morgenthaler, Fritz 157, 394, 401, 413
Morgenthau, Hans 422
Moscovici, Serge 403
Moser, Tilman 242
Mozart, Wolfgang Amadeus 411
Mueller, Josine 273
Muensterberger 238
Müller 317
Müller-Braunschweig, Karl 74, 77 f., 273, 351 ff., 362, 392, 437
Müller-Lyer, F. 30
Musil, Robert 323, 327
Muslin, Hyman L. 464
Mussolini, Benito 489

Nacht, Sacha 366
Näcke, Paul 124
Nader, Ralph 423
Nadig, Maja 276, 398
Nestroy, Johann 323
Nietzsche, Friedrich 107, 305, 316, 501, 517
Nin, Anais 276
Nixon, Richard 479
Notnagel, Hermann 21
Nunberg, H. 60, 81, 108, 114, 132, 146, 286, 475 f.

O'Shaugnessy 441
Oberndorf, C. P. 55, 86
Odier, Charles 93
Olievenstein, Claude 246
Oliner, M. 457
Oppenheim, H. 72, 475
Orwell, George 508
Ostow, Mortimer 247, 506
Ouzouf, M. 371
Overbeck, Gerd 194

Pabst, G. W. 326
Pappenheim, Bertha 112
Parin, Paul 157, 210, 344f., 394ff., 413, 498, 509
Parsons, Talcott 144, 415, 495
Pasche, F. 457
Paul, Jean 325
Pawlow 194, 212
Perner, J. 324f.
Perrier, Francois 369, 520f.
Person, Ethel 279ff., 422
Peters, U. H. 215
Pfister, Oskar 35ff., 42, 152, 176, 213
Philips, William 144, 147f., 291, 295, 298–302, 329
Piaget, Jean 435f., 460, 463f.
Pichon, Edouard 93–96
Pietzker, F. 327
Pirandello, Luigi 328
Platon 144
Platt, Gerald 415
Poe, Edgar Allan 95, 292–295, 297, 311
Politzer, Georges 164f.
Polock, George H. 193, 207
Pontalis, Jean-Bertrand 122, 126, 128, 316f., 328, 405
Popper, Karl 411, 416f.
Prince, Morton 41
Proust, Marcel 319, 328
Putnam, James Jackson 39, 41, 82, 141, 150ff.

Quinn, S. 261

Radó, Sándor 74, 91, 139, 158, 262, 482
Raimund 323
Rangell, L. 348
Rank, Otto 22, 69, 73, 83f., 86, 106, 115, 145f., 290f., 335, 429, 476

Reagan, Ronald 479, 509
Reed, Gail 330f.
Régis 49
Regland-Sullivan, Elli 517
Reich, Annie 273, 444
Reich, Wilhelm 74, 77, 121, 266, 397f., 408, 495
Reichmayr, Johannes 64, 326, 475ff.,
Reik, Theodor 74, 238
Reinke-Köberer, Ellen 243, 276
Reitler, Rudolf 60, 63, 147
Reverchon-Jouve 368
Ribot, Théodule 49
Richter, Horst Eberhard 361, 390, 508f.
Richter, Curt P. 24f., 122, 127
Ricoeur, Paul 211, 416f.
Rieff, Philip 146f., 420
Riemann 392
Riesmans, David 162, 421
Rigoulet, P. 503
Riklin, Franz 62
Rilke, Rainer Maria 60, 316, 323
Rittmeister 392
Ritvo, Samuel 235, 348
Riviere, Joan 52, 166, 229, 430
Roback, A. A. 22
Róheim, Geza 139, 143, 153ff.
Rolland, Romain 289, 328
Rorty, Richard 515f.
Rose, Jacqueline 271f., 311
Rose, Robert M. 207, 210
Rosenfeld, Eva 229, 437
Rosenkötter, Lutz 360, 390, 492
Rosolato, G. 456
Ross, Helen 348
Roussillon, R. 20
Roudinesco, Jenny 45, 49, 54, 93–96, 118f., 367

Rousseau, Jean Jacques 240, 317, 395
Russell, Bertrand 507

Sachs, Hans 69, 93, 147, 262, 273, 326, 335
Sade, Marquis de 315
Sadger, Isidor 60, 63, 147, 476 f.
Saint-Simon, Claude-Henri de Rouvroy 57
Sandler, Joseph 338, 442
Sartre, Jean-Paul 326, 328, 402 f., 493
Saussure, Raymond de 93, 343
Schafer, Roy 279, 416
Schapiro, Meyer 301
Scharfenberg, J. 35, 37
Schauder, Claude 245
Scheidt, Carl Eduard 34
Schelling, F. W. J. von 317
Schermer 262
Schiller, Friedrich 145, 288 f.
Schlegel, August Wilhelm 317
Schleiermacher, Friedrich 317
Schmale, Arthur M. 206 f.
Schmidt, Vera 215
Schmiedeberg, Melitta 229
Schneer 238 f.
Schneider, Galina 345
Schnitzler, Arthur 60, 212, 477
Schopenhauer, Arthur 106
Schorske, Carl 415
Schreber 125
Schröter, Klaus 496
Schulz-Henke 352 f., 392, 437
Schur, Max 184 f., 449
Schuster, Peter 363
Schwartzmann, Julia 244
Schwarzer, Alice 275
Schweinichen 360

Schwidder, W. 351 f.
Segal, Hannah 343, 439 f., 507
Seif 221
Seitz, Walter 354
Selyes, Heinz 194
Senghaas-Knobloch 509
Sennett, Richard 127
Shakespeare, William 147, 287, 292, 306, 316, 321
Sharaf, M. 77
Scharpe, Ella 52
Sidis, Boris 41
Silbermann, Alphons 493
Silberstein 415
Simmel, Ernst 66, 72, 191
Smarr 240
Smirnoff, Victor N. 44
Smith, Joseph H. 515
Smith, W. Robertson 139
Sokolnicka, Eugénie 92, 195, 253
Solms-Rödelheim, W. 362, 364
Solnit, A. 210
Sombart, Werner 31
Sophokles 145, 288, 316
Sours, John 235
Spark, Muriel 241
Sperber, Manès 11, 117, 477
Spiegel, Leo 239, 247
Spielrein, Sabina 108
Spinoza, Baruch de 317
Spiro, Melvin 143
Spitz, René 96, 233, 247, 384, 437, 448
Spock Benjamin 230
Spotnitz, Hyman 239
Spranger, Eduard 32
Srole, Leo 523
Stadler, Peter 194
Stalin, Jossip W. 402, 479
Staples, H. D. 240
Staub, Hugo 74, 238
Stein, Conrad 457

Steiner, Maximilian 476
Steckel, Wilhelm 59f., 63, 427, 475
Stephen, Adrian 166
Stern, William 34, 139, 437
Stewart, Walter 278
Stoller, Robert 279, 453
Stone, Leo 455, 488
Störring 33
Strachay, James 52, 73, 101, 133, 166f., 432
Strachey, Alix 52, 73, 166
Strachey, Lytton 133
Strauß, Franz-Josef 508
Strauß, Johann 411
Strotzka, Hans 363, 411
Strouse, Jean 254
Strout, Cushing 307
Sullivan, Harry Stack 84, 90
Sulloway, Frank J. 16f., 49, 54, 100, 103, 126, 192, 202
Sutherland, John 167
Svevo, Italo 212
Swift, Jonathan 292, 298, 306

Takahashi, T. 54
Tylor, Edward Burnett 399
Tholen, G. C. 324f., 327
Thomä, Helmut 193, 386
Thompson, Clara 90, 260
Thurnwald, Richard 142
Tinbergen, Nikolaas 467
Titchener, Edward Bradford 39
Tito, Josip 498
Torok, Maria 11, 273, 317ff., 430
Trilling, Lionel 144, 301f., 309f.
Trimborn, W. 523
Turkle, S. 404

Uexküll, Jakob von 189f., 459

Valbrega, Jean-Paul 369
Vermorel, Henri 317
Vermorel, Madeleine 217
Viana, Helena Celinia Basserman 345
Viderman, Serge 457
Voltaire 330

Waelder, Robert 413, 416, 483
Wallerstein 378, 423
Wangh, Martin 494
Weber, Max 28, 522
Weber, Samuel 327
Wedekind, Frank 147
Weinberg, Martin S. 281
Weinberger, Caspar 508
Weinstein, F. 415
Weiss, Eduardo 56, 181, 183, 489
Weizsäcker, Victor von 189f., 201f., 208, 386, 459
Wesiack, Wolfgang 201ff.
Wetzel, M. 327
White, William Alanson 83
Wiegman, H. 492
Wiesbauer, E. 64, 475ff.
Wiese, Leopold von 28
Wilde Oskar 316, 319
Winnicott, Donald 167, 229, 231, 235ff., 247, 265, 338, 430, 450
Winterstein, Alfred Freiherr von 80, 362
Wittels, Fritz 63, 300, 476
Wittgenstein, Ludwig 411, 477
Wolf, Christa 276
Wolff, K. 326
Wollheim, Richard 320
Woolf, Leonard 167, 308
Woolf, Virginia 166f., 308
Wulff, K. 63
Wundt, Wilhelm 32f., 141, 211, 217
Wyatt, Frederick 329

Zeise, Ludwig 229
Zilboorg, Gregory   76, 84
Zulliger, Hans   216

Zweig, Arnold   289, 488
Zweig, Stefan   289

Phyllis Grosskurth:
Melanie Klein

Ihre Welt und ihr Werk

Aus dem Amerikanischen
von Grudrun Theusner-
Stampa
1993. 623 Seiten,
41 Abb. Leinen,
ISBN 3-608-95902-5

Phyllis Grosskurths Buch
über Melanie Klein um-
faßt eine umfangreiche,
detaillierte und sorgfältig
recherchierte Biographie
über eine der wichtigsten
und kontrovers diskutier-
ten Psychoanalytikerin-
nen unserer Zeit, die
Freuds Theorien fortführ-
te und durch eigene
Ideen herausforderte.
Aufgewachsen um die
Jahrhundertwende, erleb-
te Melanie Klein in Wien
eine schwierige Kindheit.

Auf eine trostlose Ehe
folgte eine Depression.
Erst durch die Analyse
mit Ferenczi und Abra-
ham beschritt sie einen
neuen Lebensweg. Nach
ihren Anfängen als Psy-
choanalytikerin in Berlin
führte sie ihr Weg auf-
grund einer Einladung
von Ernest Jones nach
London, wo sie bis zu
ihrem Lebensende blei-
ben sollte. Dort baute sie
im Rahmen der Briti-
schen Psychoanalyti-
schen Gesellschaft ihre
Lehre auf und traf dabei
zugleich auf großen Wi-
derstand, nicht zuletzt bei
Sigmund Freud und sei-
ner Nachfolgerin Anna
Freud. Einfühlsam und
differenziert zeichnet
Phyllis Grosskurth ein
Bild dieser vielseitigen,
intelligenten und leiden-
schaftlichen Analytikerin.
Darüber hinaus werden
Melanie Kleins komplexe
Theorien zur Analyse bei
Kindern und Erwachse-
nen gut dargestellt.

Verlag
Internationale
Psychoanalyse

dialog
und praxis

Psychologie
Analyse
Therapie

Kathrin Asper:
**Verlassenheit und
Selbstentfremdung**
Neue Zugänge zum
therapeutischen
Verständnis
dtv 35018

Verena Kast:
**Wege aus Angst
und Symbiose**
Märchen psycho-
logisch gedeutet
dtv 35020

**Mann und Frau
im Märchen**
Psychologische
Deutung
dtv 35001

**Familienkonflikte
im Märchen**
Psychologische
Deutung
dtv 35034

**Wege zur
Autonomie**
Märchen psycho-
logisch gedeutet
dtv 35014

Frederick S. Perls:
**Das Ich, der Hunger
und die Aggression**
Die Anfänge der
Gestalt-Therapie
dtv/Klett-Cotta
15050

Frederick S. Perls,
Ralph F. Hefferline,
Paul Goodman:
**Gestalttherapie
Grundlagen**
dtv 35010

**Gestalttherapie
Praxis**
dtv/Klett-Cotta
35029

Jean Piaget:
**Das Weltbild des
Kindes**
dtv/Klett-Cotta
35004

**Das Erwachen
der Intelligenz
beim Kinde**
dtv/Klett-Cotta
15098

Jean Piaget:
**Die Psychologie des
Kindes**
dtv/Klett-Cotta
35030

Peter Schellenbaum:
**Die Wunde der
Ungeliebten**
Blockierung und
Verlebendigung
der Liebe
dtv 35015

**Tanz der
Freundschaft**
Eine ungewöhnliche
Annäherung an das
Wesen der
Freundschaft
dtv 35067

Claude Steiner:
**Wie man Lebens-
pläne verändert**
Das Skript-Konzept
in der Transaktions-
analyse
dtv 35053